個人情報保護法の
理念と現代的課題

プライバシー権の歴史と
国際的視点

石井夏生利

最近のプライバシー・個人情報保護研究の金字塔

一橋大学名誉教授・中央大学法科大学院フェロー
堀 部 政 男

　今日でこそ，プライバシーや個人情報という言葉は，広く知られるようになり，その法的問題が大きな関心を集めるに至っているが，このようになるまでには，多年にわたる研究，それらを基礎とする実践，地方自治体における個人情報保護制度化の先見的試みなどがあったことを改めて認識する必要がある．また，2003年に，ヨーロッパの個人情報保護先進国よりも20年以上も遅れてようやく制定された「個人情報の保護に関する法律」（平成15年法律第57号）をめぐる幾多の議論は，法律というものの威力を遺憾なく発揮しているという側面もあることを知らなければならない．この法律が制定されなかったならば，プライバシーや個人情報に対する関心はこれほどまでには高まらなかったであろう．

　私は，半世紀近くにわたってプライバシーや個人情報に関する研究と実践を重ねてきた．その過程でいくつか研究成果をまとめてきた．例えば，約30年前に執筆を始め，28年前に著わした『現代のプライバシー』（岩波書店，1980年）もそのひとつであるが，その「あとがき」で，次のように書いたことがある．

　「今回，本書をまとめるにあたり，プライバシーについて，広範囲にわたり検討を行なった．検討すればするほど，無限の拡がりと奥行きのある問題であることがわかってきた．このような形でまとめてみたものの，新たな課題がつぎからつぎへと脳裡を去来している」．

　また，20年前の1988年にまとめた『プライバシーと高度情報化社会』（岩波書店）では，ここに引用した文章を再掲し，それにつづけて，次のようにその後の状況を描写してみた．

「その後の発展をつぶさに観察してみると，約七年半前に記したことがます
ます真実味を帯びてきたように思えてならない．しかも，問題は，情報化社会
の高度化に伴って以前にも増して多様化・複雑化してきている．本書では，プ
ライバシー保護・個人情報保護の重要性・緊急性を一人でも多くの方に知って
いただくために，それらの問題のうち，今日の時点で取り上げておかなければ
ならないと考えられるものについて検討を加えた．

しかし，残された課題が多いうえに，高度情報化社会の進展につれてさらに
種々様々な問題が起こってくるであろう．前著でも情報化社会との関連で現代
的プライバシー権を論じたが，そこでいう情報化社会は主としてコンピュータ
社会を意味していた．だが，一九八〇年代に入り，今日では，情報化社会とい
う概念でとらえようとしている情報化はコンピュータと電気通信とが結合され
て広く社会に影響を与える現象として認識されているということができる．換
言すれば，現代から近未来にかけての情報化は，スタンドアローン（独立）の
コンピュータといういわば「点」が通信回線という「線」と結合して「面」へ
と拡大し（ネットワーク化の進展），加速度的に社会のあらゆる分野，特に家庭
生活にまで波及する傾向を示していると把握できる．そのため，今日いう情報
化は，ちょうど産業革命がそうであったように，既存の制度に計り知れないイ
ンパクトを与える必然性を具備している．」

それに関する研究は，「無限の拡がりと奥行きのある問題」という，いわば
“奥儀”を探究するようなものである．

私自身，その奥儀をきわめるべく，様々な方法で様々な研究と実践を試みて
きた．ときには充実感のあるリアクションがあるかと思えば，ときには徒労感
の残る反応に遭遇したこともある．

また，この間に，理論と実践の継続性という観点から，その承継にも努めて
きた．これまでにも多くの研究者や実務家が，研究と実践を試み，様々な成果
をあげてきている．

そういう中で，今回，出版の運びとなった，石井夏生利さんの『個人情報保
護法の理念と現代的課題』は，最近におけるプライバシー・個人情報保護研究
の金字塔であると評するに相応しい研究成果である．

本書の特徴は，次のようにまとめることができる．

第1に，本書は，プライバシー・個人情報保護に関するイギリス，アメリカ，国際機関，日本の法的問題を総合的に研究している，最新の貴重な学術的成果である．

第2に，本書は，原資料を渉猟し，丹念に分析しているところに特色があり，学術的な論文として評価に値する．

第3に，日本における個人情報保護法全面施行にかかわる現実的課題を整理し，それぞれについて的確な分析をしている．

第4に，アプローチとして，①イギリス及びアメリカの比較法的・歴史的研究を行うこと，②グローバル・スダンダードに着目すること，③立法過程を重視することとしたことは，現実的課題を解明する上で大きな示唆を与えることとなった．

第5に，先行研究の限界を指摘しながら本書で解明した成果は，それぞれ重要な意味を持つ．

第6に，歴史的発展から見た現代的課題を分析し，今後の方向性を明らかにしている．

第7に，日本における当面の現実的課題について具体的提言をしていることである．

ここにあげたような特徴を念頭に置きながら，本書を紐解くならば，石井夏生利さんがここ数年にわたって精魂をこめて研究した成果がよりよく理解できるであろう．

本書が広く読まれ，現実的課題の解決に資することを期待したい．

はしがき

　本書は，2006年度中央大学大学院博士論文「プライバシー・個人情報保護法の歴史的発展と現代的課題」に，その後の変化を踏まえて必要な加筆修正を施したものである．本書が2007年12月1日の状況までを論じたものである点はご容赦いただきたい．

　個人情報保護法は，かつてないほどに多くの社会的関心を集めたが，法律に対する考え方や運用は，必ずしも望ましい状態にあるとはいい難い．政府は法律の改正に極めて消極的であり，適用対象となる事業者は適切な対応を取れず，マスメディアは一部の現象面のみをさかんに取り上げて安易に態度を変遷させ，学界も国内の実務的な問題に着目した議論をする傾向にあると思われる．一方，国際的視点から見ると，日本は，情報化が高度に進んでいるにもかかわらず，先進国と比較して20年以上の遅れを取りながらようやく本格的な個人情報保護法制を実現させた．それでもなお，法律の内容は，国際的にはかなり緩やかだと評価されている．このように，法律に対する認識について，国際的視点と国内的視点に大きな隔たりが存在し，今後の舵取りが難しくなっているという点が，個人情報保護法をめぐる最も重要な現代的課題であると考えられる．

　ところで，法学は社会科学の一分野であることから，国内で生起する個別の事象から，個人情報保護法制を帰納的に論じることも重要であり，これについては実務家及び実務面を重視する研究者による貴重な研究成果が発表されてきた．他方で，グローバルな視点を重視し，個人情報保護法制に対して大所高所から問題提起を行う研究成果は，十分には発表されていないと考えられる．

　そこで，本書は，日本の議論の現状を踏まえながら，大局的な見地に立ち，個人情報保護法の理念と現代的課題について論じることを目的に据え，次のようなアプローチを採用することにした．

(1)　プライバシー権をめぐるイギリス，アメリカ，日本の比較法的・歴史的研究を行う．これは，個人情報保護の基礎にあるプライバシー権を正しく理

解することを目的とする．

(2) 国際機関等の動向を中心に，個人情報保護法制のグローバル・スダンダードを重視する．

(3) 立法過程を重視する．法律の皮相的な解釈ではなく，個人情報保護法それ自体を理解するためである．

　本書では，これらのアプローチに基づき，３つの部に分けて検討を行った．そして，終章では，プライバシー・個人情報の本質を論じ，結論として，独立の監視機関の設置，及び，開示制度の権利化を提案した．グローバル化を強調すれば，日本の個人情報保護法制に対して指摘すべき点は，他にも多く存在する．しかし，国内的視点から見た研究成果にも配慮し，まずは第一歩となる提案として，この２点に焦点を絞って結論を述べた．本書の研究成果が，個人情報保護法をめぐる諸課題を解決するために少しでも役に立つことができれば，筆者にとって望外の幸せである．

　筆者は，2003年４月に中央大学大学院法学研究科国際企業関係法専攻博士前期課程に入学し，翌2004年４月から，同研究科同専攻の博士後期課程へと進学し，2007年３月に博士（法学）を取得して同大学院を修了した．大学院の研究生活の中で，最もお世話になったのは，堀部政男一橋大学名誉教授・中央大学法科大学院フェロー（2007年３月までは中央大学大学院法務研究科教授）である．堀部教授には，実務家出身の筆者に対し，研究者としての心構え，研究テーマの設定，比較法的アプローチ，個人情報保護法を考えるに当たってのグローバルな視点の重要性など，温かくまた時には厳しいご指導をいただき，かつ，学位論文の審査へのご尽力を賜った．まずは，堀部教授に，心より深く感謝とお礼を申し上げたい．また，ここに至るまで，数多くの先生方，先輩方に多くのご指導及びご鞭撻を賜ったことに対しては，感謝の念に耐えない．

　本書は，筆者が勤務する情報セキュリティ大学院大学・セキュアシステム研究所の出版助成を受けて刊行することができた．博士論文及び本書の執筆の際に，業務上多くの配慮を賜り，また，出版及び助成の機会を与えて下さった同大学副学長の林紘一郎教授に，深くお礼を申し上げたい．

　そして，出版事情の厳しい折，本書の刊行を快諾して下さった勁草書房の井村寿人社長，及び，編集作業に当たっていただいた同社編集部の古田理史氏に，

この場をお借りして心より感謝申し上げたい．

　最後に，大学院での研究生活や本書の刊行を応援してくれた家族に，お礼を申し上げることをお許しいただきたい．

2007年12月

石井　夏生利

目　次

最近のプライバシー・個人情報保護研究の金字塔　　堀部政男

はしがき

序　章　個人情報保護法の理念型と日本における各界の認識 ……………………1

第1節　個人情報保護法の理念型 ………………………………………………1

第2節　日本における個人情報保護法への各界の認識 ………………………3

　　1　政　　府 4

　　2　事 業 者 6

　　3　マスメディア 8

　　4　学　　界 10

　　5　日本の議論の問題点と本書の視点 12

第3節　従来研究の到達点と本書のアプローチ ………………………………13

　　1　イギリス，アメリカ，日本の比較法的・歴史的研究 13

　　2　グローバル・スダンダードを重視 15

　　3　立法過程を重視 16

第4節　本書の構成 ………………………………………………………………17

第Ⅰ部　プライバシー権の提唱と判例法的展開

第1章　プライバシー権の提唱とその背景 ……………………………………25

第1節　「プライバシーの権利」の執筆動機 …………………………………26

　　1　時代背景と個人的事情 26

　　2　ブランダイスという人物 27

第2節　「ひとりにしておかれる権利」の提唱（第1段落）…………………28

　　1　概　　略 28

　　2　クーリーによる「ひとりにしておかれる権利」 29

第3節　プライバシー権の本質（第2段落）……………………………31
　　1　名誉毀損法との比較　32
　　2　知的財産法との比較　32
　　3　プライバシー権の保護対象　33
　　4　プライバシー権の本質　35
第4節　イギリスの諸判決とプライバシー権（第3段落）……………35
　　1　アバーネシー対ハッチンソン事件（Abernethy v. Hutchinson）　36
　　2　アルバート公対ストレンジ事件（Prince Albert v. Strange）　41
　　3　タック対プリースター事件（Tuck v. Priester）　51
　　4　ポラード対フォトグラフィック社事件（Pollard v. Photographic Co.）　55
　　5　諸判決の評価　59
第5節　プライバシー権の限界（第4段落）……………………………60
第6節　プライバシー権の救済方法（第5段落）………………………62

第2章　イギリスの判例法とプライバシー………………………………67
第1節　信頼違反という訴訟原因…………………………………………67
第2節　20世紀のプライバシー侵害訴訟………………………………69
　　1　1950年代まで：名誉毀損・財産権侵害論議期　69
　　2　1960年代以降：私的事柄の保護認識期　73
　　3　1970年代以降：プライバシーと言論・出版の自由対抗期　74
　　4　1990年代：プライバシー権承認検討期　82
第3節　21世紀のプライバシー侵害訴訟………………………………88
　　1　1998年人権法の影響　88
　　2　2001年以降：新展開期　90
第4節　刑事事件とプライバシー：私的通信と証拠利用………………107
　　1　手　　紙　107
　　2　電　　話　107
　　3　会　　話　110

第3章　アメリカの判例法とプライバシー………………………………121
第1節　憲法上のプライバシー権…………………………………………121
　　1　「通信の秘密」の侵害　122

目　次　　　　　xi

 2　無令状捜索・差押え　130
 3　「自己決定権」の侵害　136
 4　私的事実の公開　144

第2節　不法行為法上のプライバシー権 ……………………………149
 1　プライバシー権の承認　149
 2　プロッサーの4類型　150
 3　第1類型：不法侵入　157
 4　第2類型：私的事実の公開　166
 5　第3類型：公衆の誤認　179
 6　第4類型：盗用　187

第4章　日本におけるプライバシー・個人情報をめぐる判例の展開……207
第1節　プライバシー権承認判決登場期（1960年代以降） ………………207
 1　研究業績の恩恵　207
 2　1960年代〜1970年代　209
第2節　プライバシー・個人情報関係判例蓄積期（1980年代以降） ………216
 1　主要な判決　216
 2　その他　220
第3節　プライバシー・個人情報関係判例の発展期（1990年代以降）……221
 1　1990年代前半　221
 2　1990年代後半　227
第4節　プライバシー・個人情報関係判例の拡大期（1999年以降） ………231
 1　①のカテゴリに属する事件　231
 2　②のカテゴリに属する事件　238
 3　③のカテゴリに属する事件　248

第5章　考　　察 ……………………………………………………257
第1節　「プライバシー権の提唱とその背景」……………………………257
第2節　「イギリスの判例法とプライバシー」……………………………261
第3節　「アメリカの判例法とプライバシー」……………………………267
第4節　「日本におけるプライバシー・個人情報をめぐる判例の展開」……275

第II部　現代的プライバシー権の議論と国際的動向

第6章　現代的プライバシー権の議論⋯⋯⋯⋯⋯⋯⋯⋯⋯⋯⋯⋯⋯283
　第1節　現代的プライバシー権⋯⋯⋯⋯⋯⋯⋯⋯⋯⋯⋯⋯⋯⋯283
　第2節　『プライバシーと自由』の概要⋯⋯⋯⋯⋯⋯⋯⋯⋯⋯288
　第3節　『プライバシーと自由』の提言⋯⋯⋯⋯⋯⋯⋯⋯⋯⋯290
　第4節　結　　語⋯⋯⋯⋯⋯⋯⋯⋯⋯⋯⋯⋯⋯⋯⋯⋯⋯⋯⋯298

第7章　プライバシー保護の国際水準⋯⋯⋯⋯⋯⋯⋯⋯⋯⋯⋯301
　第1節　OECDの勧告⋯⋯⋯⋯⋯⋯⋯⋯⋯⋯⋯⋯⋯⋯⋯⋯⋯301
　　1　OECDプライバシー・ガイドライン　301
　　2　プライバシー保護法執行における越境協力勧告　311
　第2節　欧州評議会の条約⋯⋯⋯⋯⋯⋯⋯⋯⋯⋯⋯⋯⋯⋯⋯315
　　1　欧州評議会の発足　315
　　2　個人保護条約の締結　315
　第3節　EU個人保護指令⋯⋯⋯⋯⋯⋯⋯⋯⋯⋯⋯⋯⋯⋯⋯319
　　1　欧州連合の発足　319
　　2　個人保護指令の採択　320
　　3　日本への影響　321
　　4　指令の趣旨・目的　322
　　5　内　　容　323
　　6　十分性の認定と日本　333
　第4節　データ保護・プライバシー・コミッショナー国際会議⋯⋯⋯⋯⋯336
　　1　資格認定委員会の基準及び諸規則並びに認定の諸原則　336
　　2　モントルー宣言　338
　第5節　APECプライバシー・フレームワーク⋯⋯⋯⋯⋯⋯340

第8章　考　　察⋯⋯⋯⋯⋯⋯⋯⋯⋯⋯⋯⋯⋯⋯⋯⋯⋯⋯⋯347
　第1節　「現代的プライバシー権の議論」⋯⋯⋯⋯⋯⋯⋯⋯⋯347
　第2節　「プライバシー保護の国際水準」⋯⋯⋯⋯⋯⋯⋯⋯348

目　次　　　　xiii

第Ⅲ部　個人情報保護法制の実現・展開

第9章　イギリスのデータ保護法とその運用状況 ……………………353

第1節　プライバシー権・データ保護の立法提案 ……………………353

1　伝統的プライバシー権の立法化提案　353
2　現代的プライバシー権の立法化提案　358

第2節　1984年データ保護法の成立と概要 ……………………369

1　成　　立　369
2　概　　要　370
3　当時の運用状況　373

第3節　1998年データ保護法の成立と概要 ……………………374

1　1998年データ保護法の成立　374
2　1998年データ保護法の構成　375
3　適用対象　377
4　データ保護原則とその遵守　382
5　データ主体の権利　388
6　データ管理者による通知　391
7　適用除外　394
8　執　　行　396
9　雑則及び総則　397
10　命令・規則・規定の制定　399

第4節　運用状況 ……………………400

1　年次報告書　400
2　統　　計　402
3　データ保護法の運用　404

第10章　アメリカのプライバシー保護諸法 ……………………419

第1節　公的部門のプライバシー保護立法 ……………………420

1　1974年プライバシー法の成立　420
2　1974年プライバシー法の構成　422
3　合衆国議会の認識・立法目的　424
4　定　　義　425

xiv 目　次

　　5　プライバシー法の8原則　427

　　6　データ・マッチングに関する改正　434

　　7　そ　の　他　435

第2節　民間部門のプライバシー保護立法 ……………………………436

　　1　信用・金融分野　436

　　2　情報通信分野　438

　　3　医療分野　446

　　4　そ　の　他　448

第3節　セーフ・ハーバー原則 ……………………………………………449

　　1　セーフ・ハーバー協定の締結　449

　　2　セーフ・ハーバー原則の内容　452

第4節　アメリカのプライバシー保護立法と最近の議論 ……………457

第11章　日本における個人情報保護法制の実現・展開 ………………471

第1節　個人情報保護法制の実現 ………………………………………471

　　1　従来の取組　471

　　2　個人情報保護法の成立　474

　　3　個人情報保護検討部会の中間報告　475

　　4　個人情報保護法制化専門委員会の大綱　483

　　5　個人情報保護法案の国会提出・成立　486

第2節　個人情報保護法の概要 …………………………………………487

　　1　構　　成　487

　　2　基　本　法　487

　　3　一　般　法　493

　　4　附　　則　508

第3節　行政機関個人情報保護法の概要 ………………………………508

　　1　旧行政機関個人情報保護法の改正と新法の構成　508

　　2　第1章　総則　510

　　3　第2章　行政機関における個人情報の取扱い　512

　　4　第3章　個人情報ファイル　517

　　5　第4章　開示，訂正及び利用停止　518

　　6　第5章　雑則　519

　　7　第6章　罰則　520

目　次　　　　xv

第12章　考　　察 ……………………………………………………525
　第 1 節　「イギリスのデータ保護法とその運用状況」……………525
　第 2 節　「アメリカのプライバシー保護諸法」……………………529
　第 3 節　「日本における個人情報保護法制の実現・展開」………533

終　章　個人情報保護法の理念と将来展望 …………………………539
　第 1 節　日本が歩んだ第三の道 ……………………………………539
　第 2 節　プライバシー・個人情報の本質 …………………………541
　　1　保護対象及び権利の性質をめぐる問題　541
　　2　伝統的プライバシー権　541
　　3　現代的プライバシー権　544
　　4　イギリスの議論　546
　　5　個人情報保護　549
　　6　財産権理論とプライバシー・個人情報　552
　第 3 節　検討結果 ……………………………………………………556
　　1　保護対象としての状態・情報　556
　　2　「コントロール」の意味　558
　　3　人格権的アプローチと財産権的アプローチ　560
　第 4 節　個人情報保護法の将来展望 ………………………………562
　　1　独立の監視機関の設置　562
　　2　開示制度の権利化　564
　結　　語 ………………………………………………………………565

索　　引 …………………………………………………………………567
日本判例索引 ……………………………………………………………575
外国判例索引 ……………………………………………………………579

序　章　個人情報保護法の理念型と日本における
　　　　各界の認識

第1節　個人情報保護法の理念型

　個人情報の保護に関する法律（以下「個人情報保護法」という場合が多いが，普通名詞として使うこともある）が，2005年4月1日に全面施行されてから，2008年4月1日で3年が経過する．この法律に対しては，社会全体が高い関心を寄せ，多数の関連書籍の出版や，全国各地で講演会などが行われてきた．1つの法律にここまでの注目が集まったのは，歴史的にも極めて稀であるといって良い．なお，法律の1つである個人情報保護法は，他の関連4法とあわせて「個人情報保護関連5法」と総称される．

　個人情報保護をめぐる法制度を考える際には，グローバルな視点，ナショナルな視点，ローカルな視点の3つが存在する[1]．

　そして，個人情報保護法制の議論は，それと非常に関連の深いプライバシー権の発展過程を無視して語ることはできない．後に述べるように，プライバシー権は，19世紀の終わりに提唱され，20世紀前半は，主としてマスメディアとの関連でその議論を発展させてきた（マスメディア・プライバシー）．1960年代中葉以降に入ると，コンピュータ化の進展に伴うプライバシー問題が注目を集めるようになった（コンピュータ・プライバシー）．個人情報を保護するための法律は，コンピュータ・プライバシーの問題に対応すべく，1970年代以降，ヨーロッパ諸国やアメリカを中心に制定されるようになった．とはいえ，この時代は，まだその国の事情を考慮して一国の法制度を制定することが可能であったということができる．しかし，1980年代以降になると，コンピュータ技術・通信技術が飛躍的に発展し，情報量及び通信量が増大するようになった．この関係で主張されるようになったのは，ネットワーク・プライバシーである[2]．

1990年代中葉以降は，インターネットが高度に発達し，現在は，「ユビキタスネット社会」という言葉に象徴されるように，あらゆる情報が一瞬にして世界中に発信される時代である．

　日本は，世界的に見ても情報化が高度に発達した国である．例えば，2007年版の情報通信白書によれば，2006年のインターネットの人口普及率は68.5パーセント，利用人口は8,754万人（対前年比2.6パーセント増）と推定されている．また，全国の総世帯数のうち，ブロードバンド利用可能世帯数について，2005年度末と2006年度末を比較すると，FTTH（Fiber To The Home），DSL（Digital Subscriber Line）又はケーブルインターネット等は94パーセントから95パーセントへ，超高速ブロードバンドは80パーセントから84パーセントへと増加しており，いずれも高い水準となっている．世界平均で見れば，インターネットの普及率は6パーセント，ブロードバンドの普及率は3.3パーセントであることから，日本の情報化がいかに進んでいるかは一目瞭然である[3]．

　このような情報技術の発展に伴う問題は世界共通で解決しなければならず，個人情報保護の問題は，国の違いでは片付けられないという状況になっている．すなわち，グローバルな視点を重視しなければならない時代が到来している[4]．

　グローバルな視点から見た個人情報保護法制の1つの理念型を挙げるとすれば，データ保護・プライバシー・コミッショナー国際会議（International Conference of Data Protection and Privacy Commissioners）の「モントルー宣言」（Montreux Declaration）が存在する．詳しくは第II部第7章で述べるが，その第27回国際会議において，2005年9月16日，モントルー宣言が採択された．

　この宣言は，ユニバーサルな性格を持つデータ保護諸原則を承認し，次のような11原則を掲げた．

「―適法かつ公正なデータ収集及び取扱いの原則（Principle of lawful and fair data collection and processing）
　―正確性の原則（Principle of accuracy）
　―目的明確化・制限の原則（Principle of purpose-specification and limitation）

序　章　個人情報保護法の理念型と日本における各界の認識　　3

　　―比例の原則（Principle of proportionality）

　　―透明性の原則（Principle of transparency）

　　―個人参加・特に関係者のアクセス権保障の原則（Principle of individual participation and in particular the guarantee of the right of access of the person concerned）

　　―無差別の原則（Principle of non-discrimination）

　　―データ・セキュリティの原則（Principle of data security）

　　―責任の原則（Principle of responsibility）

　　―独立監視及び法的制裁の原則（Principle of independent supervision and legal sanction）

　　―個人データの国際流通における十分なレベルの保護の原則（Principle of adequate level of protection in case of transborder flows of personal data）」

　この国際会議は，データ保護及びプライバシーに関する権利をユニバーサルなものと捉え，この諸原則を世界的に発展させることを目指している．諸原則は，独立の監視機関（第三者機関）を持つ国々のデータ保護諸原則を要約したものであり，あるべき個人情報保護法制の基本原則を表している．

　また，個人情報保護法の理念を考えるに当たっては，プライバシー権の本質を無視して語ることはできない．個人情報，プライバシーというものが，一体何を保護しているのか，権利の性質は何かを考えることも重要である．

第2節　日本における個人情報保護法への各界の認識

　国内における本格的な個人情報保護法の立法化の議論は，1999年7月14日，内閣の高度情報通信社会推進本部長（小渕恵三内閣総理大臣（当時））決定に基づく個人情報保護検討部会（以下「検討部会」という．座長・堀部政男中央大学教授（当時））により始められた[5]．堀部教授は，同年10月20日，「個人情報の保護について（骨子・座長私案）」（「堀部私案」と呼ばれることもある）を発表し，日本における個人情報保護システムのグランドデザインを描くという重要な役割を果たした．この私案は，メディアが事前にスクープするほどの関心を集め，

新聞の社説でも取り上げられた[6].

　法律に対する社会の関心が急速に高まったのは，この頃からであると思われる．そこで，個人情報保護法に対する1999年以降の対応・反応について，政府，事業者，マスメディア，学界に分け，その傾向を整理してみることにする．

1　政　　府

　検討部会は，座長私案をもとに，1999年11月19日，「我が国における個人情報保護システムの在り方について（中間報告）」を発表し，その後の検討は，個人情報保護法制化専門委員会（委員長・園部逸夫元最高裁判所裁判官）に委ねられた[7].

　専門委員会は，2000年10月11日，「個人情報保護基本法制に関する大綱」を発表した．専門委員会の取りまとめた大綱は，検討部会が打ち出した基本法＋重点分野の個別法の案とは異なり，「個人情報取扱事業者（仮称）の義務等」を盛り込んだものであった．大綱に基づいた個人情報保護法案は，2001年3月27日，閣議決定され，国会に提出されたものの，野党，社団法人日本民間放送連盟等様々なメディア関係者が，メディア規制法案であるとの反対意見を次々と明らかにするなどしたため，法案は，2002年12月13日，廃案となった．

　政府は，法案が廃案になったことを受け，2003年1月20日召集の通常国会において，与党の修正要請に基づき，表現の自由に配慮する修正を加え，同年3月7日，閣議決定の上，国会に提出した．修正法案は，同年5月23日，参議院本会議での可決をもって，法律として成立した．同時に，行政機関の保有する個人情報の保護に関する法律を含む関連4法もあわせて成立した．

　その後，政府は，個人情報保護法第7条第1項に基づき，2004年4月2日に「個人情報の保護に関する基本方針」を閣議決定し，各省庁は，この基本方針及び同法第8条に基づき，それぞれの分野におけるガイドラインや指針を制定した．2007年5月31日現在，22分野で35のガイドライン・指針が成立している．また，同法第53条に基づき，内閣府は，毎年，「個人情報の保護に関する法律施行状況の概要」を公表している．

　ところで，衆議院及び参議院の各個人情報の保護に関する特別委員会は，個人情報保護関連5法[8]が成立する際の附帯決議において，第三者機関の意義

序　章　個人情報保護法の理念型と日本における各界の認識　　5

等について交わされた論議を踏まえ，「全面施行後 3 年を目途として，本法の施行状況について検討を加え，その結果に基づいて必要な措置を講ずること」としている[9]．前記「個人情報の保護に関する基本方針」も，「8　その他個人情報の保護に関する施策の推進に関する重要事項」の「(2)　国民生活審議会の役割」の中で，「内閣府は，経済・社会事情の変化に応じた基本方針の見直しに当たり，国民生活審議会の意見を聴くほか，法の施行状況について，法の全面施行後 3 年を目途として検討を加え，その結果に基づいて必要な措置を講ずる」と述べている．

　そこで，内閣府の国民生活局第20次国民生活審議会個人情報保護部会（部会長・野村豊弘学習院大学大学院法務研究科教授）では，2005年11月30日から2007年 6 月11日にかけて，全18回にわたり，施行状況の評価及び個人情報保護制度の見直しに向けた検討を行った．議論の過程において，一橋大学名誉教授の堀部政男委員からは，第三者提供制限の例外規定である第23条第 1 項第 2 号が定める「人の生命，身体又は財産の保護のために必要がある場合であって」に「安全」という概念を追加することへの提案などが出され[10]，第三者機関の設置については，独立した監視機関を持たない日本の国際的立場を含めた形での問題提起がなされた[11]．また，「諸外国等における個人情報保護制度の運用実態に関する検討委員会」（委員長・藤原静雄筑波大学法科大学院教授）の結果を含めた国際的な動向に関する報告もなされたが，積極的な反応は見られなかった．

　個人情報保護部会は，2006年 7 月28日付「個人情報保護に関する主な検討課題」を同年 9 月21日に公表し，それに関するパブリック・コメントを同年 9 月25日から同年10月27日までの期間で募集した．その結果を踏まえるなどして，2007年 5 月21日，「個人情報保護に関する取りまとめ（素案）」を明らかにした．しかし，素案は，いわゆる「過剰反応」，第三者提供の制限，第三者機関の意義など，多くの課題を掲げつつも，現行法の枠組みのドでの運用改善が必要であるとして法改正には踏み込まず，第三者機関の意義についても主務大臣制を維持することが妥当と述べるにとどまった．

　これに対して，堀部委員からは，少なくとも報告書を 1 冊読めばどういう議論があったのかが分かるようにすべきだとの意見が出される[12]などしたため，個人情報保護部会は，同年 6 月11日に追加修正した取りまとめ（案）を発表し，

同年6月29日，再修正を加えた「個人情報保護に関する取りまとめ（意見）」を高市早苗・内閣府特命担当相に提出した．6月11日の案は，「個人情報保護法施行後の取組状況」「第三者提供制限の例外事由の追加をめぐる議論」「おわりに」といった項目を追加し，第三者機関の設置については，本論の中で中長期的課題として位置づけた．また，「おわりに」では，「個人情報保護法における第三者提供制限の例外事由や，第三者機関の在り方等については，当審議会でも様々な議論が行われたところであり，これらについては，中長期的な課題として，引き続き検討を深める必要がある」ことを明らかにした．6月29日の意見も，ほぼそれを踏襲する形でまとめられた．

日本において，初の本格的な個人情報保護法制が実現したことは，ようやく国際水準へと足並みを揃えるための第一歩を踏み出したという点で，非常に大きな意味を持つ．しかし，今回の国民生活審議会の検討経過及び結論は，法改正に対して極めて消極的な政府の態度が表れていたといえる．

2 事業者

個人情報を取り扱う事業者は，個人情報保護法の適用対象となり得ることから，法案及び成立した法律に対して，高い関心を寄せてきた．特に，2005年4月1日の個人情報保護法の全面施行に近づくに連れ，数え切れないほどのセミナーやシンポジウムが行われるようになり，極めて多くの参加者が集まった．近年，コンプライアンスの重要性が強調されるようになった関係で，事業者にとっては，どのようにすれば法律違反を回避できるかが専らの関心事となり，そのことが，前記セミナーやシンポジウムの開催，シュレッダー特需，個人情報流出保険の登場などをもたらすこととなった．結果として，セミナー業者やコンサルティング会社，一部のメーカー，保険会社等を利することになったともいえる．

個人情報保護法の影響もあって，プライバシー・マーク（Pマーク）制度や情報セキュリティマネジメントシステム（Information Security Management System, ISMS）の適合性評価制度が活発に利用されるようになった．2007年9月現在，Pマーク取得事業者数は8,000件を超え，ISMS認証取得事業者数は約2,300件へと上っている．

序　章　個人情報保護法の理念型と日本における各界の認識　　7

　ところが，全面施行直後に，対象事業者が個人情報保護法への抵触をおそれて過度に萎縮するという「過剰反応」と呼ばれる事態が生じた．この問題を投げかけたのは，全面施行直後の2005年4月25日に発生したJR福知山線脱線事故であった．この事故では，JR西日本や病院などが，死傷者情報を，個人情報であることを盾にメディアに提供せず，この事態が大きな論議を呼んだ．より身近な例では，個人情報保護法のために学校の緊急連絡網が作れなくなったという「混乱」も生じた⁽¹³⁾．

　他方で，「過少反応」も存在するが，それにはあまり目が向けられていないようである．例えば，5,000件を超える個人情報を取り扱っていない者は，個人情報保護法第4章の定める「個人情報取扱事業者の義務等」を負わなくても良い場合がある⁽¹⁴⁾．内閣府国民生活局が2007年4月に発表した「個人情報の保護に関する事業者の取組実態調査（概要）」によると，有効回答のあった約4,000件の事業者のうち，個人情報を保有している人の数が5,000人以下の事業者は6割弱，このうち1,000人以下の事業者は約4割となっている．この結果を見ると，法律の適用を受ける事業者は半数以下である．そのため，この法律はあまり気にする必要はないという事業者も存在するとのことである⁽¹⁵⁾．

　また，個人情報保護法が施行されても，情報漏えい事件は頻繁に発生している．2007年7月に内閣府が公表した「平成18年度個人情報の保護に関する法律施行状況の概要」によると，事業者が公表した個人情報の漏えい事案は，2005年度で1,556件，2006年度で893件であったと報告されている．2005年4月には，みちのく銀行において，約128万件（うち個人情報約124万件）の情報が記録されたCD-ROM 3枚の紛失事故が発生した．これに対し，金融庁は，同年5月20日，安全管理措置の実効性を確保するための必要な措置を講じるよう勧告しており，これが法律に基づく初の勧告事案となっている．最近では，2007年3月に，大日本印刷株式会社が約860万件もの個人情報漏えい事故を起こしている．

　なお，行政機関の個人情報の取扱いについても，省庁幹部職員の学歴・天下り先などの非公開，国家試験合格者名の非公開，戸籍簿の非公開，住民基本台帳情報の非公開など，一部の公的部門が行政機関個人情報保護法等を名目に必要な情報公開を差し控えて情報隠しをするという「過剰保護」の事態が生じ

た[16]．他方，総務省が公表した，2006年度における国の行政機関及び独立行政法人の個人情報保護法施行状況の調査結果（2007年9月7日公表）によれば，行政機関での個人情報漏えい事案は530件（前年度320件），独立行政法人は1,277件（同855件）で，それぞれ前年度を上回っている．

事業者については，法律の適用対象であれば遵守に躍起になり，その結果ビジネスに利用される，法律の適用対象でなければ無視・軽視する，他方で漏えいは止められないという状況にあり，適切な対応はできていない．

3　マスメディア

個人情報保護法に対するマスメディアの反応には変遷がある．ここでは，いわゆる全国紙の傾向を中心に捉えてみることにする．

個人情報保護検討部会が開催されていた1999年の段階では，個人情報保護の法制化は必要であるとの論調であった．例えば，朝日新聞の同年5月31日付特集では，「個人情報の保護に法的整備を急げ」という記事が掲載され[17]，読売新聞の同年6月22日付社説でも，「個人情報保護法の制定を急げ」との記事が公表された[18]．

前記座長私案はマスメディアの高い関心を集め，朝日新聞では，私案が発表される当日の朝刊1面で，その内容をスクープしている[19]．また，同新聞は，同年10月21日付社説において，「座長私案を出発点に　個人情報保護」と題し，個人情報保護の法制化に非常に積極的な姿勢を示していた[20]．

マスメディアが主に取材の自由との関係で危機感を強く募らせるようになったのは，前記個人情報保護法制化専門委員会に入って以降である．上記のとおり，専門委員会の大綱は，「個人情報取扱事業者（仮称）の義務等」を盛り込んだものであったがために，メディアは，この頃から法案の批判を展開するようになった．例えば，読売新聞は，2000年9月22日及び30日の社説で，「知る権利」に配慮した基本法にすべきとの意見を明らかにしている[21]．

2001年も同様に，報道機関を個人情報保護法の適用除外とすべきことを求める記事が多く掲載された[22]．毎日新聞は，3月28日，「個人情報保護法「表現の自由」が危ない！」と題する社説を掲載するなどしている[23]．

2002年は，メディア規制法反対の記事が加熱した年であった．例えば，朝日

新聞は，4月25日，個人情報保護法案の論議に関する特集を組み，「組織も議論も変転」と題する記事を掲載している．この記事は，堀部教授を頼りに始められた検討部会から専門委員会までの議論の変遷を捉え，メディア規制法であるとの批判を展開した[24]．読売新聞は，特に4月から5月にかけて，メディア規制に反対する多数の記事を掲載した[25]．その後，12月7日，読売新聞は，与党が修正案を明らかにしたことを受け，社説の中で，「個人情報保護法案報道の自由への配慮は前進した」との記事を載せ，「国民の暮らしを守る重要な法案を，いつまでもたなざらしにしておくことは許されない」「与党も野党も，個人情報保護に対する政治の重い責任を自覚すべきだ」等と述べ，賛成意見へと転じている[26]．

　2003年は，法律の成立や，それに対する反応，法律を生かすための対策に関連する記事が登場した．朝日新聞は，成立日である5月23日，「個人情報保護法が成立　参院本会議で可決」という記事を公表し，翌24日には，「個人情報保護法成立で各界から抗議相次ぐ『国民監視の仕組み』」「法律を生かすには個人情報保護（社説）」といった記事を掲載している[27]．

　2004年頃からは，個人情報漏えい事故の報道が増えたように思われる．この年の12月21日，毎日新聞は，「[メディアを読む]サイバー漏えいとIT詐欺の1年」と題し，弁護士の岡村久道氏の執筆記事を公表した．その冒頭には，「今年のサイバー分野は個人情報大量漏えい事件と通信手段を悪用した詐欺被害に明け暮れた年であった」との記述がなされている[28]．

　2005年に入るとさらにその傾向は強まり，シュレッダー特需や顧客情報の流出保険，数多くのセミナーなど，個人情報保護ビジネスが活発であるという記事が紹介されるようになった[29]．読売新聞は，3月7日，「個人情報保護法来月1日全面施行　民間企業，対策進む」という記事を掲載している[30]．同年4月に法律が全面施行した後は，JR福知山線脱線事故における病院の対応，名簿が作れない，捜査情報を得られない，企業が萎縮しているなど，過剰反応を取り上げる記事が多く登場した[31]．

　また，全面施行から1年が経過した2006年には，各新聞・雑誌が特集を組み，過剰反応の問題を取り上げている．朝日新聞は，3月23日朝刊から3月29日朝刊において，「さまよえる個人情報　保護法施行1年」と題して，過剰反応の事

例を挙げた．それぞれのタイトルは，「悩める現場　強まる管理『どこまで』」「試行錯誤　患者の呼び出し，名？番号？」「ルール作り　従業員から『誓約書』」「議員資産公開，見直し論議」「取材現場で公表拒否，判断あいまい」となっている[32]．同様に，4月11日朝刊には，「個人情報　悪乗り保護は許せぬ」という社説が掲載された．日本経済新聞も，4月1日に「保護法施行1年，個人情報『萎縮』際立つ」という記事を掲載している．行政機関の過剰保護については，同新聞の5月22日付「弁護士からの個人情報照会，行政など拒否相次ぐ──目立つ誤解，過剰反応──」という記事が公表された[33]．

　2007年も同様に過剰反応の問題を取り上げるものが多数見られた[34]．また，この年は，前記国民生活審議会が発表した「個人情報保護に関する取りまとめ」に対する批判的記事も複数登場した．毎日新聞は，5月21日付の素案に対して，翌5月22日の朝刊第1面に「改正　踏み込まず」「過剰反応　解決策示さず」という見出しで取り上げている[35]．読売新聞も，6月12日の朝刊第1面で「個人情報の過剰保護対策　法改正は見送り/内閣府部会」という見出しでこの問題を取り上げ，7月5日付社説では「個人情報保護「過剰反応」の解決に必要な法改正」という記事を載せている[36]．

　こうして見ると，マスメディアは，検討部会の段階では法制化に賛成し，途中からメディア規制法であるとして強い批判を展開し，与党が修正案を明らかにした時点で，突如矛先を変え，法律の成立後は過剰反応の問題に専らの関心を奪われているようである．なお，読売新聞は，2006年3月20日及び21日の「異議あり・匿名社会」の中で，個人情報保護法をめぐる英米の現状を紹介しているが，実名報道の重要性を訴えるものであったり，イギリスにおけるデータ保護法の誤解事例を取り上げるにとどまり，一部の現象面を捉えるに過ぎないようである[37]．

4　学　　界

　学界の動向を見る1つの指針としては，日本評論社の『法律時報』という雑誌が，毎年12月号で公表している学界回顧を見るという方法がある．ここでは，「情報・メディア法」のうち，「情報公開・個人情報保護」の項目を見ることにする．

序　章　個人情報保護法の理念型と日本における各界の認識　　II

　1999年は，プライバシー・個人情報保護法の諸領域，諸論点について，比較法的な観点を含め総合的に検討するものや，法制化の1つの契機となった住民基本台帳法改正法との関係を論じるもの，個別分野の法的課題を論じるものが取り上げられた[38]．

　2000年は，専門委員会が発表した「個人情報保護基本法制に関する大綱」の発表に対応し，法制化の動向と課題，住民基本台帳法改正を論じるものが紹介された[39]．

　2001年の学界回顧は，法制化に向けた一連の動向を検討したもの，個人情報保護の諸課題を様々な角度から検討したものが多く紹介されている．また，メディアとの関係や個別分野の個人情報保護を論じたものも取り上げられた[40]．

　2002年は，個人情報保護法案に対して，メディア規制法であるとの批判が高まっていた年であったことから，それについて論じた著書や論稿が多く登場した．また，行政機関個人情報保護法制の改革について論じたものや，この年の8月から稼動を始めた住民基本台帳ネットワークに関するものも紹介されている[41]．

　2003年からは，項目が「個人情報保護・情報公開制度」となった．この年は，個人情報保護法が成立した年であることから，逐条解説，個別の論点を検討する論稿，マスメディアの表現の自由との関係を論じたもの，住基ネットとの関連を論じたものが多く登場した．また，2002年の『比較法研究』第64号に発表された「シンポジウム／個人情報保護法制の国際比較」が大きく取り上げられている[42]．

　2004年は，個人情報保護法の内容を検討するもの，医療・金融などの個別分野の実務対策を論じるもの，住基ネットと個人情報保護法制を検討したものなどが紹介されている[43]．

　2005年は，冒頭に，「個人情報保護法の施行（2005年4月）に伴い，これらに関する多数の解説等を得ることができた」とある．続いて，一般的な解説書，Q＆A，図解，ハンドブック，法律を分析する個別の論稿，個別分野にかかわる論考，判例や事件，国際動向を検討したものが紹介されている．この年の特徴は，対象事業者向けに実務知識を伝えるものが圧倒的に多いということである[44]．

2006年は，いわゆる「個人情報保護への過剰な反応」「情報隠し」「匿名社会」の問題等が浮上し，「事業者の個人情報保護対策に応える著書が数多く公刊された」とある．この年は，情報セキュリティや個人情報保護マネジメント，個人情報保護制度の運用や問題点，個人情報保護条例の問題，個別分野の個人情報保護のあり方，住基ネットの問題を取り上げる著書・論稿などが多数発表された[45]．

2007年も同様に，事業者等の個人情報保護対策，個人情報保護法制全般，法律の運用とそれに伴う課題，金融，医療・福祉，自治体，住基ネット，監視カメラ等の個別の問題を論じた研究成果が多く取り上げられた[46]．

ところで，国際的動向や各国の法制について比較法的検討を加えた研究も，毎年紹介されている．しかし，全般に数が多いとはいえず，全面施行後は特に国内の問題に着目するものが増えているようである．

確かに，法学は社会科学の一分野であることから，実務に生かせる知識を整理し，一般社会に浸透させることが不可欠である．他方で，学界は，基礎から積み重ねられた体系的な専門知識を明らかにするとともに，国際的動向に関心を向け，より広い見地に立って，法制全体に対する提言を行うという役割を担わなければならない．

5 日本の議論の問題点と本書の視点

以上の傾向をまとめると，①政府は法律の改正に消極的，②事業者は法律への適切な対応ができていない，③マスメディアは一部の現象だけを強調し，態度を変遷させる，④学界も国内の実務的な問題に着目した議論をしがちである，ということができる．

しかし，冒頭で述べたように，情報化が高度に進んだ日本において，今後の個人情報保護法制を考えるに当たって，グローバルな視点は最も重視すべきであり，現象面だけを捉えた皮相的な議論を続けるべきではない．

また，日本における個人情報を保護するための総合的法律の制定は，1980年の段階において，既に，堀部政男教授による『現代のプライバシー』（岩波新書）の中で，国際機関・諸外国の水準を踏まえた上で提唱されていた．しかし，日本で本格的な法律が成立・施行したのは，それから20年以上も経過してから

であり，先進国と比較すると，非常に遅れを取ることとなった．それでもなお，法律の内容は，国際的に見てかなり緩やかなものとなっている．

このように，個人情報保護法に関しては，国内の対応・反応と，国際的な認識に大きな隔たりがあるために，今後いかなる舵取りを行うべきかが非常に難しい問題となっている．

そこで，本書では，こうした日本の議論の現状を踏まえながら，大局的な見地に立ち，個人情報保護法の理念と現代的課題について論じたい．また，国内的視点から見た個人情報保護法の問題点を論じた成果は多数公表されているため，本書では，グローバルな視点からの提案を行うこととする．

第3節　従来研究の到達点と本書のアプローチ

プライバシー・個人情報保護法の問題を考える際に，①個人情報保護の基礎にあるプライバシー権を理解する必要性，②個人情報保護のグローバル・スタンダードを理解する必要性，③個人情報保護法それ自体を理解する必要性が重要といえる．こうした考え方を繰り返し説いてきたのは，堀部政男教授である[47]．そこで，本書では，教授の教えに従い，また，従来研究の到達点との関係で，次のようなアプローチを採ることとした．

1　イギリス，アメリカ，日本の比較法的・歴史的研究

本書では，まず，イギリス及びアメリカとの比較法的・歴史的研究を通じて，問題へのアプローチを行いたい．それには次のような理由がある．

アメリカでは，サミュエル・D・ウォーレン（Samuel D. Warren）とルイス・D・ブランダイス（Louis D. Brandeis）が，1890年にハーバード・ロー・レビューに「プライバシーの権利」（The Right to Privacy）[48]を発表し，20世紀には判例法上のプライバシー権が発展した．これまではあまり取り上げられてこなかったが，この論文が引用したのは，19世紀のイギリスの諸判決であった．しかし，イギリスの判例法は，プライバシー権を正面からは認めないまま今日に至っている．一方，制定法を見ると，アメリカはセクトラル方式を採用し，民間部門において，自主規制を基本とし，特に機密性が高い情報を扱う分

野を対象に個別法を制定している．これに対し，イギリスは，欧州評議会（Council of Europe, CoE）や欧州連合（European Union, EU）の影響を強く受け，1984年データ保護法（1998年に新法）により，公的部門，民間部門を対象にした包括的な立法（オムニバス方式）を実現させた．

このように，アメリカとイギリスは，いずれも，プライバシー権提唱の契機を与えた国であるにもかかわらず，判例法上のプライバシー権の承認について，また，立法的対応について，対照的な道のりを辿った．日本は，両国の影響を受けながら，プライバシー・個人情報保護法を発展させてきた．

ところで，イギリス，アメリカ及び日本のプライバシー・個人情報保護法については，これまで数多くの先行研究が存在する[49]．各研究成果を総合すると，プライバシー権の提唱，発展，個人情報保護を目的とした立法化へのプロセスが，かなりの程度で明らかとなってきたといえる．しかし，未解明の事柄も残されている．

まず，イギリスについては，ウォーレンとブランダイスの論文が引用した19世紀の諸判決の内容に詳しく触れるものや，プライバシーをめぐる判例法及び制定法の発展を総合的に取り扱った研究はいまだ存在しないといってよい．

アメリカについては，これまで多くの研究成果が発表され，歴史的な研究も行われてきた．しかし，それらは，プライバシー権の一側面を捉えるか，不法行為法又は憲法上のプライバシー権のいずれかを中心とするものにとどまっているともいえる[50]．特に，アラン・F・ウェスティン（Alan F. Westin）博士の『プライバシーと自由』（Privacy and Freedom）が，現代的プライバシー権（自己情報コントロール権ともいわれる）を論じたことは，多くの先行研究で触れられているが，定義の紹介にとどまるものがほとんどである．ネットワーク社会を迎えた今日において，現代的プライバシー権は非常に重要な意味を持ってきているが，論者によって理解に大きな違いが存在する．こうしたことから，そもそも，ウエスティン博士の著書が一体何を論じていたのか，また，それは，ウォーレンとブランダイスの論文が提唱した伝統的プライバシー権とどのような関係にあるのかについて，改めて捉え直す必要がある．

さらに，日本のプライバシー・個人情報保護法の発展を論じた先行研究は，それぞれの時代の議論を論じたものが多く，また，判例におけるプライバシー

権の承認期から個人情報保護法制の実現・運用期までをまとめて取り上げたものは，いまだ存在しないといってよい．

　以上の認識をもとに，従前の先行研究では十分に扱ってこなかった側面を取り上げ，学界へ寄与することを目指したい．

2　グローバル・スダンダードを重視

　グローバルな視点との関係では，国際機関等の動向が重要である．特に，個人情報保護法制との関連では，経済協力開発機構（Organisation for Economic Co-operation and Development, OECD）が1980年9月23日に採択したプライバシー・ガイドライン（プライバシー保護と個人データの国際流通についてのガイドラインに関する理事会勧告），EU が1995年10月24日に採択した個人保護指令（個人データの取扱いにかかる個人の保護及び当該データの自由な移動に関する1995年10月24日の欧州議会及び理事会の95/46/EC 指令）など，国際機関等の動向が極めて重要な役割を果たしている．特に，EU の個人保護指令は，「十分なレベルの保護」を有しない第三国へのデータ移転を禁じたことから世界的に有名となったが，オーストラリアは，2000年のプライバシー改正（民間部門）法について[51]，2001年に，データ保護作業部会から十分なレベルの保護を満たさないという意見を出された．日本は，これから認定を受ける立場にあることからすれば，オーストラリアに対する作業部会の意見に触れておく必要は大きい．

　プライバシー・個人情報保護法の分野では，CoE が1980年9月17日に採択した個人保護条約（個人データの自動処理に係る個人の保護のための条約）も重要である．CoE は，EU 個人保護指令に合わせる形で，2004年7月1日に条約の追加議定書を発効させている．

　また，アジアの国際機関である APEC（Asia-Pacific Economic Cooperation）では，2004年10月29日，APEC プライバシー・ノレームワーク（APEC Privacy Framework）を策定し，このフレームワークは，2005年11月16日に閣僚会議で承認された．

　そして，最近では，次のような重要な動きが見られる．それは，個人情報保護原則のグローバル化が進展していることである．1つは，データ保護・プライバシー・コミッショナー国際会議おける，前記モントルー宣言である．諸原

則の１つである「独立監視及び法的制裁の原則」との関連では，同国際会議によって，2001年に「資格認定委員会の基準及び諸規則並びに認定の諸原則」（2002年改正）が公表され，自主性・独立性などの要件が明らかにされている．もう１つは，OECD が，2007年６月12日，「プライバシー保護法の執行における越境協力に関する OECD の勧告」を採択しており，法執行の場面でもグローバル化が進んでいる．

本書では，これらの動きにも着目したい．

3　立法過程を重視

本書の検討では，立法過程に注目する．

日本における個人情報保護法の実現に最も大きな影響を与えた研究者は，堀部政男教授である．堀部教授は，情報法の代表的研究者として，40年以上にわたり，プライバシー権や個人情報保護法制に関する研究を行い，立法化を中心とした提唱を行ってきた．

ようやく，1999年に入り，高度情報通信社会推進本部個人情報保護検討部会が発足し，堀部教授がその座長に選任されることとなった．そして，教授は，実際に立法過程に参画して前記座長私案を発表し，現在の個人情報保護法制の礎を与えた．このことによる社会的影響は，１つの論文発表とは比べものにならない．立法過程を辿ること，その中で研究者が果たした役割に注目することは，プライバシー・個人情報保護法をめぐる現代的課題の解明のために不可欠である．

さらに，堀部教授は，個人情報保護法が成立・施行した後も，過剰反応・過少反応に目を向け，著書・論文や新聞等のメディアを通じて，保護と利用のバランスを踏まえた個人情報保護法の的確な理解を，繰り返し訴え続けている．

読売新聞は，2006年２月27日から同年３月１日にかけて，３回にわたり，「異議あり 匿名社会」の中で，堀部教授を含む３名の座談会の内容を掲載した[52]．この中で，堀部教授は，個人情報保護法の目的について「個人情報の有用性に配慮しつつ個人の権利利益を守る，つまり，利用と保護のバランスを図るルールを定めようというものだ」とする一方で，木を見て森を見ない対応による過剰反応に懸念を示し，「法の軽視，無視も多くみられる」と述べた．

また，教授は，過剰反応の背景には，個人情報とプライバシーの混同が存在すること，個人情報の利用と保護のバランスを図るには一般市民の理解が不可欠であるという指摘も行っている．

第4節　本書の構成

　以上の着眼点を踏まえ，本書では，次のような構成を取ることとした．

　第Ⅰ部では，「プライバシー権の提唱と判例法的展開」と題し，伝統的プライバシー権の提唱，及び，イギリス，アメリカ，日本における判例法上の展開を検討すべく，5つの章を設けた．

　第1章では，「プライバシー権の提唱とその背景」として，1890年のウォーレンとブランダイスの論文，及び，そこで引き合いに出されたイギリスの諸判決が何を述べてきたかを分析した．第2章「イギリスの判例法とプライバシー」，第3章「アメリカの判例法とプライバシー」，第4章「日本におけるプライバシー・個人情報をめぐる判例の展開」では，1890年以降に焦点を当て，それぞれの国における，プライバシーをめぐる判例法的展開を辿った．第5章「考察」では，第1章から第4章までの結果を比較法的に検討した．

　第Ⅱ部は，「現代的プライバシー権の議論と国際的動向」と題した．これは，第Ⅲ部で検討する「個人情報保護法制の実現・展開」を考える上で，欠かすことのできない内容である．

　第6章の「現代的プライバシー権の議論」では，ウェスティン博士の『プライバシーと自由』を要約することなどを通じて，現代的プライバシー権が何を論じていたかを捉え直した．第7章の「プライバシー保護の国際水準」では，OECDプライバシー・ガイドラインを始めとして，現在に至るまでの国際機関等の動向，世界的潮流をまとめた．第8章の「考察」では，第6章及び第7章の検討結果を整理した．

　第Ⅲ部の「個人情報保護法制の実現・展開」では，イギリス，アメリカ，日本における，それぞれの個人情報保護法制の実現・展開を論じた．

　第9章の「イギリスのデータ保護法とその運用状況」では，1960年代の立法提案から，1998年データ保護法の実現・運用状況までを整理した．第10章の

「アメリカのプライバシー保護諸法」では，公的部門，民間部門のプライバシー保護諸法の概要をまとめた上で，EU個人保護指令の「十分なレベルの保護」基準をクリアするために締結されたセーフ・ハーバー，さらには最近の議論を検討した．第11章の「日本における個人情報保護法制の実現・展開」では，日本における本格的な個人情報保護法制の実現及びその内容を取り上げた．第12章の「考察」では，各法制を比較し，日本の抱える課題に触れた．

終章では，第Ｉ部から第Ⅲ部までの検討結果を踏まえつつ，個人情報保護法の理念と将来展望を考察した．結論として，独立の監視機関の設置，及び，開示制度の権利化を提案した．

以上の事項を論証するため，第Ｉ部からの検討に入ることとする[53]．

(1) 第20次国民生活審議会個人情報保護部会第7回資料7「個人情報保護に関するグローバルな動向」（堀部政男委員・2006年5月26日）(http://www5.cao.go.jp/seikatsu/shingikai/kojin/20th/20060526kojin7.pdf) 参照．
(2) マスメディア・プライバシー，コンピュータ・プライバシー，ネットワーク・プライバシーの説明は，堀部政男・永田眞三郎編著『情報ネットワーク時代の法学入門』（三省堂，1989年）30頁以下．
(3) 2007年版の情報通信白書は，総務省のウェブ・サイト内の，情報通信統計データベースのページで公表されている (http://www.johotsusintokei.soumu.go.jp/whitepaper/ja/cover/index.htm)．
(4) 堀部教授はこの点を繰り返し強調している．前記個人情報保護部会第7回議事録22頁等参照．議事録は，内閣府の国民生活政策のウェブ・サイト内の，個人情報保護のページに掲載されている (http://www5.cao.go.jp/seikatsu/shingikai/kojin/20th/20bukai-index.html)．
(5) 詳しくは第Ⅲ部第11章第1節参照．
(6) 堀部政男「住民基本台帳法の改正と個人情報保護」ジュリスト第1168号（1999年）83頁，同「電子取引とプライバシー」ジュリスト第1183号（2000年）83頁．
(7) 堀部政男教授は，検討部会の座長として，常時出席することとなった．
(8) 個人情報の保護に関する法律，行政機関の保有する個人情報の保護に関する法律，独立行政法人等の保有する個人情報の保護に関する法律，情報公開・個人情報保護審査会設置法，行政機関の保有する個人情報の保護に関する法律等の施行に伴う関係法律の整備等に関する法律．
(9) 衆議院個人情報の保護に関する特別委員会の附帯決議は2003年4月25日付，参議院個人情報の保護に関する特別委員会の附帯決議は同年5月21日付．
(10) 個人情報保護部会第15回議事録6〜7頁．

序　章　個人情報保護法の理念型と日本における各界の認識　　19

(11)　個人情報保護部会第15回議事録25〜27頁．
(12)　個人情報保護部会第17回議事録6頁以下．
(13)　日本経済新聞2006年2月17日夕刊15面．
(14)　個人情報の保護に関する法律第2条第3項第5号，同法施行令第2条．
(15)　堀部委員発言による．個人情報保護部会第14回議事録15〜16頁．
(16)　石村耕治「行政保有個人情報の取扱とプライバシー」法律時報第78巻第4号（2006年）38頁以下．
(17)　朝日新聞1999年5月31日朝刊12面．
(18)　読売新聞1999年6月22日朝刊3面．
(19)　朝日新聞1999年10月20日朝刊1面．
(20)　朝日新聞1999年10月21日朝刊5面．
(21)　読売新聞2000年9月22日朝刊3面，同年9月30日朝刊3面ほか．
(22)　読売新聞2001年3月28日朝刊3面「個人情報保護「報道の自由」尊重した審議を（社説）」，同年10月26日朝刊37面「個人情報保護法案：上　報道かどうかは国の手に（メディアと規制）」ほか．
(23)　毎日新聞2001年3月28日朝刊5面．その他，同紙は，同日の2面の記事で，「個人情報保護法案，国会提出──実質的な議論乏しく」という記事も掲載している．
(24)　朝日新聞2002年4月25日朝刊2面．
(25)　読売新聞2002年5月18日朝刊17面ほか．
(26)　読売新聞2002年12月7日朝刊3面．
(27)　朝日新聞2003年5月23日夕刊1面，同年5月24日朝刊2面，同年5月24日朝刊34面．
(28)　毎日新聞2004年12月21日朝刊25面．
(29)　朝日新聞2005年1月27日夕刊13面，同年2月13日朝刊2面，同年2月21日朝刊30面ほか．
(30)　読売新聞2005年3月7日朝刊3面．
(31)　朝日新聞2005年4月14日朝刊17面，同年5月11日夕刊1面ほか．
(32)　朝日新聞2006年3月23日朝刊39面，同年3月25日朝刊38面，同年3月26日朝刊38面，同年3月27日朝刊38面，同年3月29日朝刊38面．
(33)　日本経済新聞2006年4月1日朝刊38面，同年5月22日朝刊34面．
(34)　読売新聞2007年1月14日朝刊3面ほか．
(35)　毎日新聞2007年5月21日朝刊1面，同年22日朝刊1面．
(36)　読売新聞2007年7月5日朝刊3面．
(37)　読売新聞2007年3月20日朝刊38面，同年3月21日朝刊38面．
(38)　法律時報第71巻第13号（1999年）27頁以下．
(39)　法律時報第72巻第13号（2000年）32頁以下．
(40)　法律時報第73巻第13号（2001年）38頁以下．
(41)　法律時報第74巻第13号（2002年）37頁以下．
(42)　法律時報第75巻第13号（2003年）38頁以下．

(43) 法律時報第76巻第13号（2004年）43頁以下．

(44) 法律時報第77巻第13号（2005年）45頁以下．

(45) 法律時報第78巻第13号（2006年）38頁以下．

(46) 法律時報第79巻第13号（2007年）37頁以下．

(47) 堀部政男「個人情報保護法の全面施行と私学の対応——この法律をよりよく理解するために——」私学経営第370号（2005年）27頁．

(48) Samuel. D. Warren & Louis. D. Brandeis, *The Right to Privacy*, 4 HARV.L.REV. 193 (1890).

(49) イギリス，アメリカ，日本のプライバシー・個人情報保護法の先行研究のうち，主要なものとしては，次の文献を挙げることができる．

(1) イギリス

- Percy H. Winfield, "Privacy" (1931) 47 L.Q.R. 23.
- Gerald Dworkin, "Privacy and the Press" (1961) 24 M.L.R. 185.
- Gerald Dworkin, "The Younger Committee Report on Privacy" (1973) 36 M.L.R. 399.
- Walter F. Pratt, *Privacy in Britain* (Bucknell University Press, Lewisburg, 1979).
- Raymond Wacks, *The Protection of Privacy* (Sweet & Maxwell, London, 1980).
- Raymond Wacks, *Personal Information : Privacy and the Law* (Clarendon Press, Oxford, 1989).
- Brian Neill, "Privacy : A Challenge for the Next Century" in *Protecting Privacy* (ed. Basil S. Markesinis, Oxford University Press, Oxford, 1999), pp. 1-28.
- Gavin Phillipson and Helen Fenwick, "Breach of Confidence as a Privacy Remedy in the Human Rights Act Era" (2000) 63 M.L.R. 660.
- Gavin Phillipson, "Transforming Breach of Confidence? : Towards a Common Law Right of Privacy under the Human Rights Act" (2003) 66 M.L.R. 726.

(2) アメリカ

- THOMAS M. COOLEY, A TREATISE ON THE LAW OF TORTS OR THE WRONGS WHICH ARISE INDEPENDENT OF CONTRACT (1st ed. 1880, 2d ed. 1888).
- Samuel D. Warren & Louis D. Brandeis, *The Right to Privacy*, 4 HARV.L.REV. 193 (1890).
- Denis O'Brien, *The Right of Privacy*, 2 COLUM.L.REV. 437 (1902).
- William L. Prosser, *Privacy*, 48 CAL.L.REV. 383 (1960).
- Edward J. Bloustein, *Privacy as an Aspect of Human Dignity: An Answer to Dean Prosser*, 39 N.Y.U.L. REV. 962 (1964).

序　章　個人情報保護法の理念型と日本における各界の認識　　21

- William M. Beaney, *The Right to Privacy and American Law*, 31 LAW & CONTEMP. PROB. 253 (1966).
- ALAN F. WESTIN, PRIVACY AND FREEDOM (1967).
- ARTHUR R. MILLER, THE ASSAULT ON PRIVACY (1971). 邦訳は，片方善治・饗庭忠男監訳『情報とプライバシー』（ダイヤモンド社，1974年）.
- DAVID H. FLAHERTY, PROTECTING PRIVACY IN SURVEILLANCE SOCIETIES (1989). フラハーティー氏はカナダの西オンタリオ大学（University of Western Ontario）の名誉教授である.
- PAUL M. SCHWARTZ & JOEL R. REIDENBERG, DATA PRIVACY LAW (1996).
- FRED H. CATE, PRIVACY IN THE INFORMATION AGE (1997).
- DANIEL J. SOLOVE, THE DIGITAL PERSON (2004).

(3) 日本

- 末延三次「英米法に於ける秘密の保護（一）：いはゆる Right to Privacy について」法学協会雑誌第53巻第11号（1935年）2069頁以下.
- 同「英米法に於ける秘密の保護（二・完）：いはゆる Right to Privacy について」法学協会雑誌第53巻第12号（1935年）2326頁以下.
- 戒能通孝・伊藤正己編著『プライヴァシー研究』（日本評論新社，1962年）.
- 伊藤正己『プライバシーの権利』（岩波書店，1963年）.
- 佐藤幸治「プライヴァシーの権利（その公法的側面）の憲法論的考察（一）：比較法的検討」法学論叢第86巻第5号（1970年）1頁以下，同「プライヴァシーの権利（その公法的側面）の憲法論的考察（二）：比較法的検討」法学論叢第87巻第6号（1970年）1頁以下.
- 佐藤幸治「権利としてのプライバシー」ジュリスト臨時増刊号『情報公開・プライバシー』第742号（1981年）158頁以下.
- 堀部政男『現代のプライバシー』（岩波新書，1980年）.
- 阪本昌成『プライヴァシーの権利』（成文堂，1982年）.
- 地方自治情報センター『プライバシー保護の現状と将来 個人データの処理に伴うプライバシー保護対策』（ぎょうせい，1982年）. この書籍は，行政管理庁（当時）が法務省の協力のもとに，学識経験者の参加を得て「プライバシー保護研究会」（座長・加藤一郎東京大学法学部教授）を開催し，その検討内容を行政管理庁行政管理局（当時）が取りまとめたものである. 堀部教授（当時は一橋大学教授）もこの研究会のメンバーとして参加していた.
- 阪本昌成『プライヴァシー権論』（日本評論社，1986年）.
- 経済企画庁国民生活局消費者行政第一課編『民間部門における個人情報の保護』（大蔵省印刷局，1987年）. この書籍は，経済企画庁（当時）の委託研究により，データ・プライバシー保護研究委員会（主査・堀部政男一橋大学教授（当時））が民間部門における個人情報の収集，利用等の実態に関する国内調査，及び，海外における個人情報の状況等に関する調査を行い，その結果がまとめられたもの

である．

- 堀部政男『プライバシーと高度情報化社会』（岩波新書，1988年）．
- 総務庁行政管理局行政情報システム参事官室監修『世界の個人情報保護法 プライバシー保護をめぐる最新の動向と背景』（ぎょうせい，1989年）．
- 榎原猛編著『プライバシー権の総合的研究』（法律文化社，1991年）．
- 竹田稔『プライバシー侵害と民事責任』（判例時報社，1991年）．
- 堀部政男編著『情報公開・個人情報保護（ジュリスト増刊）』（有斐閣，1994年）．
- 堀部政男編著『情報公開・プライバシーの比較法』（日本評論社，1996年）．
- 新保史生『プライバシーの権利の生成と展開』（成文堂，2000年）．
- 竹田稔・堀部政男編著『名誉・プライバシー保護関係訴訟法』（青林書院，2001年）．
- 岡村久道・新保史生『電子ネットワークと個人情報保護：オンラインプライバシー法入門』（経済産業調査会，2002年）．
- ジョン・ミドルトン「イギリスの1998年人権法とプライバシーの保護」一橋法学第4巻第2号（2005年）37頁以下．

以上のほかに，日本では，個人情報保護法成立後，数多くの解説書が出版された．

- 園部逸夫編，藤原静雄・個人情報保護法制研究会著『個人情報保護法の解説』（ぎょうせい，2003年），同改訂版（ぎょうせい，2005年）．
- 藤原静雄『逐条 個人情報保護法』（弘文堂，2003年）．
- 宇賀克也『個人情報保護法の逐条解説』（有斐閣，2004年），同第2版（2005年）．
- 堀部政男監修，鈴木正朝著『個人情報保護法とコンプライアンス・プログラム：個人情報保護法とJISQ15001の考え方』（商事法務，2004年）．
- 岡村久道『個人情報保護法』（商事法務，2004年）．

(50) 比較法学会は，2002年6月2日，広島大学東千田キャンパスで，「個人情報保護法制の国際比較：民間部門を中心として」と題するシンポジウムを行った．国会で法案が議論されている時期に，学会がこの問題に関心を寄せて開いたものである．シンポジウムは，次のようなプログラムで開催された（2002年度比較法学会シンポジウム「個人情報保護法制の国際比較：民間部門を中心として」レジメ・資料集2頁より）．

司会 長内了（中央大学），堀部政男（中央大学）

9：30-9：50 問題提起：シンポジウムの趣旨（日本を含む）堀部政男（中央大学）

9：50-10：20 EU・イギリス 堀部政男

10：20-10：50 ドイツ 藤原静雄（国学院大学）

10：50-11：30 アメリカ 佐々木秀智（明治大学）

11：30-12：00 カナダ 佐藤信行（尚美学園大学）

12：00-13：30 休憩

13：30-14：00 オーストラリア John Middleton（一橋大学）

14：00-14：30 ポーランド 小森田秋夫（東京大学）

序　章　個人情報保護法の理念型と日本における各界の認識　　　23

14：30-15：00　台湾・香港　李明勲（中央大学大学院博士後期課程）

15：00-15：10　休憩

15：10-16：40　討論

16：40-17：00　総括　堀部政男（中央大学）

　シンポジウムの結果は，比較法学会が発表している2002年の『比較法研究』第64号（有斐閣，2003年）の3頁以下に所収された．

(51)　Privacy Amendment（Private Sector）Act 2000（Act No. 155 of 2000）．

(52)　読売新聞2006年2月27日朝刊38面，同2月28日朝刊38面，同3月1日朝刊38面．

(53)　なお，本書の中で，イギリスの文献の出典を挙げる際には，The Cambridge Law Journal その他の法律文献を参考にし，アメリカの文献の出典表記は，A UNIFORM SYSTEM OF CITATIONの第18版に倣った．英語文献の翻訳に当たっては，田中英夫編『英米法辞典』（東京大学出版会，1991年）によった．

　　イギリスでは privacy を「プリバシー」と発音するが，本論文の中では「プライバシー」と表現することとした．

　　また，本論文でイギリスという場合は，イングランド及びウェールズのことをいい，スコットランドは原則として含めないものとした．

第Ⅰ部　プライバシー権の提唱と判例法的展開

　第Ⅰ部では，伝統的プライバシー権の提唱及びその背景を取り上げ，その後の判例法における展開について，イギリス，アメリカ，日本を比較しながら検討する．

第1章　プライバシー権の提唱とその背景

　サミュエル・D・ウォーレン (Samuel D. Warren) とルイス・D・ブランダイス (Louis D. Brandeis) が，1890年12月15日にハーバード・ロー・レビューに発表した「プライバシーの権利」(The Right to Privacy)[1] は，その後のプライバシー権に関する論議を発展させる礎を築いた論文として，あまりに有名である（以下，文中でこの論文を紹介する際は「ウォーレン&ブランダイス論文」と呼ぶことにする）．ウォーレン&ブランダイス論文は，既に多くの論者によって，繰り返し紹介されているが，現代のプライバシー・個人情報保護に関する法的議論に示唆を与えようとする場合，改めて同論文を紐解くことは，重要な意味を持つ．

　ウォーレン&ブランダイス論文は，プライバシー権を提唱するにあたって，「ひとりにしておかれる権利」(right to be let alone) を紹介している．これは，トマス・M・クーリー (Thomas M. Cooley) 裁判官が，「不法行為法又は契約とは無関係に生じる権利侵害に関する論文」(A Treatise on the Law of Torts or the Wrongs which Arise Independent of Contract．以下『不法行為法論』という)[2] 第2版の中で用いた表現を使ったものである．

　また，この論文は，黙示契約違反 (breach of implied contract)，信託違反 (breach of trust)，信頼違反 (breach of confidence, breach of faith) を理由に救

済を認めたイギリスの諸判決を分析し，それらをヒントに，プライバシー権の本質・限界及び救済方法を導き出している．

　そこで，本章では，ウォーレン&ブランダイス論文の内容を改めて紐解くとともに，その中で背景として重要な役割を果たした『不法行為法論』及びイギリスの諸判決をやや詳しく検討し，プライバシー権の提唱とその背景を論じたい．

第1節 「プライバシーの権利」の執筆動機

1 時代背景と個人的事情

　ウォーレンとブランダイスが論文を執筆した動機には，煽情主義的なジャーナリズムの横行とともに，ウォーレンの個人的事情があったといわれている．

　19世紀後半頃，アメリカでは，他人の私生活上の秘密や性的醜聞などを好んで取り上げて誇大に取り扱うプレスが台頭し，良識ある人々のひんしゅくを買うようになった．このような傾向を持つ新聞類を，イエロー・ジャーナリズム（yellow journalism）やイエロー・プレス（yellow press）と呼ぶことがある．この言葉は，ニューヨーク・ワールドという新聞の日曜版に，ポーランド生まれの新聞発行者ジョセフ・ピュリッツアー（Joseph Pulitzer）が黄色の服を着た少年（yellow kid）を主人公とする漫画を掲載し，ウィリアム・R・ハースト（William R. Hearst）のニューヨーク・ジャーナルが，これを模倣したため，センセーショナリズムの激しい競争を繰り広げたことから生まれた．ピュリッツアーがこれを始めたのは，1889年であった．

　このようなイエロー・ジャーナリズムが横行するようになったため，現実に被害を受ける者も出てきた．ウォーレンもその1人である．ウォーレンは，元々弁護士であったが，父の事業を相続し，アメリカ東部の町ボストンで，富裕な製糸業者となった．ウォーレン夫妻は，社会的地位が高かったこともあり，私生活を報道されて悩まされていた，といわれている．

　しかし一方，私生活を暴露されることによる被害は，従来の法理をもってしては，救済を得るのが著しく困難であるような性格を持っていた．

　そこで，ウォーレンは，これに法的に対抗するために，かつて法律事務所の

同僚弁護士であったブランダイスに相談し，「プライバシーの権利」を発表し，提唱したのである．論文は，この2人の協議をもとに，ブランダイスが主にまとめたのではないか，と見られている[3]．

2　ブランダイスという人物[4]

　ブランダイスは，1856年，ケンタッキー州イヴィルに，ユダヤ人移民の子として生まれ，社会経済的な機会均等主義や，自由主義，個人主義的な思想の影響を色濃く受けて成長した．特に，母方の伯父であり，熱心な奴隷廃止論者である法学者ルイス・デムビッツ（Louis Dembitz）からは，自由への熱情と，法律への関心を学んだ．ブランダイスが，元の名のデヴィッドを，デムビッツに改めたのも，伯父に対する敬愛心からであったといわれている．

　そして，ブランダイスは，ハーバード大学の法科に入り，2年間の在学期間を通じて，平均97点を取った．当時の学則では，21歳以上であることが過程終了の要件であったが，大学側は，一時この学則を停止して，20歳のブランダイスを卒業させている．

　卒業後は，人民の弁護士として活躍する．ブランダイスは，1908年のミュラー対オレゴン事件（Muller v. Oregon）[5]で，オレゴン州の婦人10時間労働立法の合憲性を主張するブリーフ（準備書面）[6]を書き，オレゴン州法を合憲に導いた．この事件で提出されたブリーフは，ブランダイス・ブリーフとして有名である．

　1916年，ブランダイスは，急進主義者，強い社会主義的傾向を持った非現実的な理論家，自己宣伝家，司法的気質に欠けるなどの強い反対を受けながらも，合衆国最高裁判所の裁判官に任命され，1939年まで務めあげた．そして，オリバー・ウェンデル・ホームズ（Oliver Wendell Holmes）裁判官及びその後継者のベンジャミン・ネイサン・カルドーゾ（Benjamin Nathan Cardozo）裁判官とともに，すぐれた自由主義的裁判官に数えられ，「偉大な少数意見者」（great dissenter）として，その名を残した．

　以上に基づき，ウォーレンとブランダイスの提唱したプライバシー権の具体的内容に入ることとする．なお，論文は，5段落に分けられているものの，各段落の表題は存在しない．ここでは，便宜のために付すことにした．

第2節 「ひとりにしておかれる権利」の提唱（第1段落）[7]

1 概　略

ウォーレン＆ブランダイス論文は，「それはただ，私的正義，道徳的適合性，及び公の便宜の諸原則に基づいてみなし得るにすぎない，これらの諸原則が，新しい問題に適用される場合に，先例なしに，コモン・ローを造るのである．慣習によって受け容れられ，承認される場合は，なおさらそうである．——ウィレス裁判官，ミラー対テイラー事件（Millar v. Taylor），4 Burr. 2303, 2312.」という引用文から始まる．

本文の冒頭は，個人が人身及び財産について十分に保護されることを前提に，その真の性質及び範囲を改めて定義しなおす必要性，また，政治的・経済的・社会的変化により，新しい諸権利を承認する必要性が存在し，永遠の若さを持つコモン・ローは，そうした社会の要求に応えるべく成長する旨を記している．

そして，「生命の権利」（right to life）という言葉が登場し，法的権利の範囲は，物理的侵害による自由から，精神性，感性，知性の保護へと拡大したこと，いまや，「生命の権利は，人生を楽しむ権利（the right to enjoy life）——ひとりにしておかれる権利（the right to be let alone）を意味するようになった」ことを指摘する．その一例として，暴行から脅迫に基づく訴訟，ニューサンス（nuisance）の法，名誉毀損法，無体財産権の発生や発達などを挙げる．

次に，「近年のもろもろの発明や事業方法は，人を保護し，そしてクーリー裁判官が『ひとりにしておかれる』権利と名づけているものを個人に保障するために，次に講じられなければならない措置への注意を喚起する」という行が出てくる．これは，非常に多くの文献で引用され，その結果，プライバシー権を「ひとりにしておかれる権利」として定着させるに至ったものである．

続いて，ウォーレンとブランダイスは，当時のイエロー・ジャーナリズムやイエロー・プレスを以下のように批判し，私生活や家庭生活の神聖な領域を侵す行為や，肖像を無権限で配布する行為から，プライバシーを法的に保護することへの希望及び必要性を強く説いている．

「新聞雑誌は，あらゆる方面において，礼儀と品格の明白な限界をふみはずしつつある．うわさ話は，もはや怠け者や残酷な者のたいくつしのぎではなく，それは，商売となり，そしてあつかましくも懸命に追い求められている．好色な趣味を満足させるために，性的関係が詳細に，日刊紙の記事で広く報ぜられている．怠惰な者の心を占めるために，記事に次ぐ記事が，つまらないうわさ話で満たされており，そういううわさ話は，家庭内の領域を侵すことによってのみ得られるものである．」

あわせて，プライバシーの重要性，及び，侵害の重大性や社会に与える影響にも言及している．

「文明の発達に伴って，生活に緊張が生じ，複雑になった分，世間からの何らかの逃避が必要となった．そして人間は，文化が洗練されてきた影響を受け，世間に知れわたることに対してますます敏感になり，したがって，孤独やプライバシーが，個人にとってますます不可欠なものとなった．しかし，現代の企業や発明は，彼のプライバシーを侵害して，彼を精神的苦痛と悲嘆にさらしており，この苦痛や悲嘆は，単なる肉体的侵害によって蒙るものよりもはるかに大きいものである．」

「……こうして刈り集められた下品なうわさ話の一粒一粒が，より多くの種子となり，その流布に正比例して，社会の水準や道徳が低下する結果となる．」

このような認識に立って，ウォーレンとブランダイスは，「われわれの目的は，現行法が，個人のプライバシーを保護するために，適切に行使されうる原則を提供するか否か，そしてもし提供するとすればその保護の性質及び範囲がどのようなものであるかを考察することにある」と問題提起した．

2 クーリーによる「ひとりにしておかれる権利」

2.1 クーリーという人物

クーリー（1824-98）は，ニューヨーク州生まれのアメリカの法律家である．

1846年，ミシガン州において弁護士を開業し，州法令集，州最高裁判所判例集の編纂や出版に携わった．その後，ミシガン大学の法律学教授（1859-84），アメリカ史教授（1884-94）として在職中，同州最高裁判所裁判官（1864-85），連邦の州際通商委員会（Interstate Commerce Commission）の委員長（1887-91）を歴任した[8]．その途中の1880年，『不法行為法論』を発表し，1888年には第2版を出版した．なお，「生命の権利」や「ひとりにしておかれる権利」については，第1版及び第2版で，同内容の紹介がなされているが，ウォーレン＆ブランダイス論文が引用したのは，第2版である．

2.2 「ひとりにしておかれる権利」

クーリー裁判官は，『不法行為法論』の中で，ウォーレンとブランダイスが紹介した「生命の権利」「個人の不可侵権」「ひとりにしておかれる権利」についての説明を加えている．

不法行為法論は，全22章から構成され，「第2章 法的権利の一般的分類」（CHAPTER II GENERAL CLASSIFICATION OF LEGAL RIGHTS）の中で，「生命の権利及びその保護」（Right to life, and its protection）が登場する．

そこで第2章を見ると，本章と関連する最初の5項目は，次のように構成されている．

「権利とは何か」（What a Right is）
「政府機関の作用」（Influence of Political Institutions）
「個人の諸権利」（Personal Rights）
「生命の権利」（Right to Life）
「個人の不可侵権」（Personal Immunity）

それぞれの項目では，次のような説明がなされている．
「権利とは何か」では，前章までの説明及び権利を分類する必要性を指摘している[9]．
「政府機関の作用」では，「すべての政府が承認し保護すると期待される権利は，次の見出しに基づき分類できる．1. 人の安全 2. 財産の取得及び享有の安全 3. 家族関係の安全」と述べている．

「個人の諸権利」では，生命の権利を，上記３分類の第１番目に据えている．

「生命の権利」では，同権利を，個人の諸権利の中で，最重要かつ最上のものとして位置づけている．また，権力に反抗した者や殺人者等への処罰として，生きる権利が奪われるケースを歴史的に検討し，そういった生命剥奪行為について，可罰性や，民事法及び刑事法的救済などについて述べている．

「個人の不可侵権」の項目は，本章と最も関わりの深い部分であるため，そのまま引用すると，次のようになっている．

　　「個人の権利とは，完全な不可侵権ということもできよう．つまり，ひとりにしておかれる権利だ．それに対応する義務は，権利を侵害しないこと，そして，近い範囲内で，それが成功する可能性のある形で，権利の侵害を試みようとしないことである．この点において，その義務は，ほとんどの事例で求められるものを上回る．なぜなら，通常は，実行されない目的又は成功しない試みは，顧慮されないからだ．しかし，暴行罪の未遂は，義務違反として必ずしも表れるとは限らない，多くの権利侵害の要素を含む．それはたいてい，侮辱や，恐怖の状態に置くことや，素早く効果的な抵抗をするためのエネルギーが突然必要になることを含む．精神的ショックを受ける可能性は極めて高く，個人の平和や平穏は，多少の期間にわたって乱されるのである．その結果，何ら暴行が行われなかったとしても，脅迫を法的な権利侵害とする法の定めを支える，十分な理由が存在する．実際，この場合において，法はさらに踏み込んで，殴打の未遂を刑事上の犯罪行為にも定めている．」

クーリー裁判官の『不法行為法論』は，個人の平和や平穏が乱されることに対する個人の不可侵権として，「ひとりにしておかれる権利」を論じたことから，プライバシー権が一体何を保護するのか，という本質に示唆を与えたといえる．

第３節　プライバシー権の本質（第２段落）

ウォーレン＆ブランダイス論文の第２段落は，名誉毀損法及び知的財産法と

の比較を試みている．

1 名誉毀損法との比較

ここでは，プライバシー権は，侵害手段において名誉毀損法と類似するものの，名誉毀損法は「同輩達の評価を引き下げることにより社会との外部的関係の中で個人に加えられる権利侵害に伴う，名誉に対する損害のみ」を取り扱うものであり，「名誉毀損の法によって承認された不法行為とそれに対応する権利は，その性質において，精神的よりはむしろ物質的」と位置付けられ，むしろ，プライバシー権との相違点が強調されている．

2 知的財産法との比較

ウォーレン＆ブランダイス論文は，「知的芸術的財産のコモン・ロー上の権利と通常称するものへの侵害に関する法理は，まさに一般的なプライバシーの権利の例であり，その適用であると考えられる．その適切な理解によれば，検討の対象としているもろもろの悪事に対して権利回復を与えることになる」とし，プライバシー権の本質を，知的財産法と比較しながら，次のように述べる．

　「コモン・ローは，各個人が通常，自己の思想や心情，感情をどの程度他人に伝えるべきかを決定する権利を保障している．われわれの統治制度のもとでは，彼がそれらの表明を強制されることは決してあり得ない（ただし，証言台に立つ場合を除く）．そして，彼は，たとえそれらを表明することに決めた場合でも，一般に，それらに対する公開の限度を定める権利を留保している．この権利の存在は，用いられた特定の表明方法の如何に左右されるものではない……この権利の存在は，思想や感情の性質や価値に左右されるものでもなければ，その表明の方法が優れているかどうかに左右されるものでもない…他人は，彼の同意なしには，いかなる形式においても，彼の作品を公開する権利を持たない．この権利は，思想，心情又は感情の表明に用いられた材料や手段とは，全く無関係である．それは，いかなる有体的存在からも独立して存在しうる……この権利は，作者自身が彼の作品を公衆に伝える場合——いい換えれば，それを公開する場合——にのみ消滅する……コモ

ン・ローの保護によって，著者，作曲家や美術家は，公開という行為を完全にコントロールすることができ，また，彼自身の裁量によって，そもそも公開すべきかどうかを決定することができる．制定法上の権利は，公開されない限り，何の価値もない．コモン・ロー上の権利は，公開されると同時に失われる．」[10]

この権利は，著作権法から完全に独立したものとされている．

ここでは，プライバシー権をコモン・ローに根拠付け，「各個人が通常，自己の思想や心情，感情をどの程度他人に伝えるべきかを決定する権利」又は「公開の行為を完全にコントロールする」権利と述べている．権利の性質として，表明方法や表明の巧拙，思想・感情の性質や価値とは無関係であり，有体的存在からも独立して存在しうること，公開によって消滅することが挙げられている．

また，ウォーレン＆ブランダイス論文は，原稿又は芸術作品の公開を阻止する権利の性質に関し，「しかし，作品の価値は，公開から生じる利益を得る権利においては見出されず，あらゆる公開を防止する力が与える精神の平和又は安心感において見出される場合，その言葉の共通理解において，その権利を財産権の1つとみなすことは困難である」と述べ，財産権との峻別を説いている．

3　プライバシー権の保護対象

続いて，ウォーレン＆ブランダイス論文は，プライバシー権の保護対象の論述に入っていく．この中で，保護対象は，事実そのものであること，「知性の産物ではなく，家庭内の出来事」であるとされ，知的財産法との相違点，さらには財産権に基づく差止めとの相違点について，後述する1849年のアルバート公対ストレンジ事件（Prince Albert v. Strange）を紹介しながら論じている．

同事件は，ヴィクトリア女王（Queen Victoria）及び原告アルバート公（Prince Albert）において，私的に所有していたエッチングに関して，目録と説明を付したカタログを公開する行為に対し，財産権侵害，信託・信頼・契約違反を理由とする差止めが認められた事件である．当事者の身分及び判決中の極めて示唆に富む法律論のゆえをもって，広く学者の注目を引いた事件とされ

ている[(11)]．詳しくは第4節に譲るが，ウォーレン＆ブランダイス論文は，同
事件で認められた保護を，「厳密な意味での文学又は芸術的財産の権利に依拠
するものではない」と評価し，「今日，コモン・ローが，あらゆる文書の作者
に与える保護は，その金銭的価値や内在的価値，又は，それを公開する意図と
は全く無関係であり，そしてまた，思想や心情の表明された材料や態様があれ
ば，それらとも，もちろん全く無関係である，ということが定着したと考えて
よい」と述べる．

　また，論文は，財産権を問題とした点を批判しながら，「副大法官と上級審
の大法官の意見はいずれも，その事件で主に検討され，そして彼らがもっぱら
依拠した原則よりも広い原則を，いくぶんはっきりと定める見解を示している
のである」とし，アルバート公対ストレンジ事件における副大法官 J.L. ナイ
ト・ブルース卿（Vice Chancellor J.L. Knight Bruce）の法廷意見を紹介する．

　卿は，ある人が「特定の人にあてて書いたもの又は特定の事柄について書い
たこと」の公開を引き合いに出し，私事に関して有害な開示となり得る例と位
置づけ，裁判所は，適切な場合に，（開示を）阻止するであろう，と述べた．
しかし，ウォーレン＆ブランダイス論文は，「そのような事件において，狭い
意味における財産権が，その問題の中でどのように描かれるかを理解すること
は難しい．又は，被害者が単に冷やかしものにされるだけでなく，身を破滅さ
せる危険にさらされる場合に，その公開を禁止しようとし，彼の生活をみじめ
なものにする危険がある場合，同じように禁止すべきでないのか，その理由を
理解することは難しい」という批判を展開した．

　次に，論文は，大法官コットナム卿（Lord Chancellor Cottenham）の「（人
は）自らに排他的に属するものを排他的に使用し享受することにおいて，保護
を受ける権利を付与されている」という法廷意見を紹介する．さらに，アルバ
ート公対ストレンジ事件が，1820年のワイヤット対ウィルソン事件（Wyatt v.
Wilson）の大法官エルドン卿（Lord Chancellor Eldon）の意見を引き合いに出
した点にも触れる．同事件は，闘病中のジョージIII世（George III）の版画に
関するものである．同事件のメモによれば，「もし先王の医師が，見聞きした
ものを日記に付けていたとすれば，本裁判所は，王の存命中，その印刷又は公
開を認めなかったであろう」という判断を下した．これを踏まえ，コットナム

卿は，「侵害された権利はプライバシーである」と宣言している．

4　プライバシー権の本質

　以上を踏まえ，ウォーレン&ブランダイス論文は，「書面又は芸術という媒体を通じて表明された思想，心情や感情に与えられる保護は，それが公開の阻止を構成する限りにおいて，個人がひとりにしておかれるという，より一般的な権利の行使の例にすぎない」，そして，「個人的な書面や他のすべての個人的な作品を，窃盗や物理的な占有からではなく，あらゆる形式における公開から保護するという原則は，実際は，私有財産の原則ではなくて，不可侵の人格の原則である」と結論付ける[12]．

　さらに，この結論の裏付けとして，論文は，「もしわれわれのこの結論が正しいとすれば，現行法は，あまりにも営利主義的な新聞雑誌や写真家，又は情景や音響を記録若しくは再生するための他の現代的な装置の所有者による侵害から，個人のプライバシーを保護するために行使されうる原則を提供している」「もし，諸判決が，思想，心情及び感情に対する一般的なプライバシーの権利を示唆しているとすれば，これらは，書面又は行動，会話，態度，又は表情のいずれにおいて表明されようが，同じ保護を受けるべきである」「そして，より一般的な個人の秘密保持権―つまり人間の人格の権利―の一部としてのプライバシーの権利を除いては，この種のいわゆる文学芸術作品の公開及び再生を禁止する権利を基礎付ける根拠は，何も見当たらない」旨を述べている．

第4節　イギリスの諸判決とプライバシー権（第3段落）

　ウォーレン&ブランダイス論文の第3段落は，黙示契約違反，信託違反，信頼違反を根拠として，違法な公開に対して救済の与えられた4つの判決を紹介している[13]．いずれも，本文中では，財産権を根拠とするものではないか，又は，少なくとも，財産権のみを根拠とするものではない，と評価されているものである．なお，ウォーレン&ブランダイス論文が本文中で引用した部分は下線を，脚注で引用した部分は破線を引いた．

1 アバーネシー対ハッチンソン事件（Abernethy v. Hutchinson）[14]

1.1 事案の概要

1824年の事件である．有名な外科医である原告アバーネシー（Abernethy）は，1824年10月4日より，ロンドンのセントバーソロミュー病院の階段講堂で，外科の理論及び実際に関する講義を開始した．受講希望者は，受講に先立ち，原告から個別に受講の承認を得ていた．

講義は，原告が作成し，その財産である文書により行われた．文書は，原告自身の意見や言葉によるものであり，事前に印刷も公開もされていなかった．原告は，同講義の各出席者のいずれに対しても，講義に用いた文書を公開する権限を与えたことはなかった．また，講義者及び講義出席者の間に，長期間存在してきた黙契及び慣習により，講義出席者が講義を公開したことはなかった．

被告ハッチンソン（Hutchinson）らは，同年10月9日以降，毎週，原告の講義を「ランセット」と呼ばれる定期刊行雑誌に，一言一句そのままの形で掲載し，販売した．原告は，同年10月11日の講義の際，受講者に対し，公開に同意しない旨を主張・抗議し，素直に事実を申し出るよう呼びかけた．その場で又はその人物にとって最も不快感を与えない方法で，上記コース出席のために支払済みのお金を返還すると申し出た．しかし，それに応える者はいなかった．

そこで，原告は，被告らに対し，原告が行い又は行う予定の講義であり，又は講義と称する，他のあらゆる著作物及び出版物の印刷及び出版，並びに，原告が行い又は行うと称する外科の講義，あらゆる著作物及び出版物の，増刷若しくは再版，又は，そのいずれの行為若しくはいずれかの行為の差止めを求めて出訴した．

1.2 争 点

財産権（著作権）に基づく差止めが認められるか[15]，及び，黙示契約違反・信託違反に基づく差止めが認められるか，である．特に後者は，黙示契約又は信託違反が存在するか，及び，契約の制約に服しない第三者[16]に対する差止めは認められるか，という点が議論の対象となった．

1.3 判決内容

大法官エルドン卿は，1824年12月20日，申立てを認める判断を下した．

財産権（著作権）の争点については，講義が口頭で行われた点が問題となっ

第 1 章　プライバシー権の提唱とその背景　　　37

たが，エルドン卿は，次のように述べ，否定的な判断を示した．

「ミラー対テイラー事件では，紙の上に残されていない意見や言葉に，人
が財産権を持つことに関して，非常に多くのことが論じられた．しかし，そ
の点の判断はまだ下されていない．そして，純粋な法の問題として，私は，
エクイティ裁判官が行くところよりもさらに踏み込んで，その点が審理にか
けられる前に，これに基づく差止命令を付与できると考える．」

「全体的に，現状のまま，単純な口頭講義の事件としてこの事件を取り上
げ，それらの公開が適法か否かを審理しなければならない．文書化されない
言葉や意見における財産権の問題について，私は，非常に重要な問題である
という以外には，何の意見も持たない．したがって，今のところ，私は差止
命令を拒否しなければならない．」

一方，卿は，黙示契約違反，信託違反を理由とする差止めについて，次のよ
うな判断を示して認容した．

「私から出てくるものが，この範囲―すなわち，講義や訓話に出席し，メ
モを取り，自分達の利益又は他者の利益になるようにそのメモを自由に印刷
できること―に向かうように検討されるべきだと，私が自ら考えるとすれば，
大変遺憾であろう．私は，その点にはほとんど困難を感じない．しかし，そ
の理論は，契約又は信託違反のいずれかに適用すべきだ．

さて，契約に関して，アバーネシー氏や他のすべての講義者が，今後，こ
こで主張されたことに対し，自分を保護するのは完全に適法である．

明示及び黙示の契約が存在している．事件の状況だけが，当裁判所に対し，
これに基づき行動する権限を与える場合，当裁判所は明示の契約に基づくほ
ど黙示の契約によって行動することはないと，誰かが理解したのなら，私は
大変遺憾に思う．

私は，講義者が受講者に対し，『君たちは，自分自身が利用するために，
メモを取り，そして，おそらく，利益を得るため印刷する目的を除くあらゆ
る方法で，それらを使う権利を持つ．君たちは，再販するために私の講義を

買ってはならない．君たちは，自分たちが利用するため講義を聴きに来るのであり，自分たちが使うためにメモを取るのは良い』といえるという点に，まったく困難を覚えない．

クラレンドン卿が判断した事件（クイーンズベリー公爵対シェビア事件，Duke of Queensberry v. Shebbeare）(17) において，歴史書がある人に貸し出された．そして，公開を停止させる差止命令が申し立てられた．そこでは，差止命令の理由が存在しないと主張され，そしてそのことは宣誓供述書で，クラレンドン卿の息子が『あなたが望むように使える本があります』と述べた発言に基づき証明された．しかし，当時の大法官は，自分の利益のために印刷するという意図だったはずがないと述べた．そして，手紙に関しても，ハードウィック卿（Lord Hardwicke）は，ある事件において（ポープ対カール事件，Pope v. Curl）(18)，手紙を手放した者は，その中にまだ一種の財産権を保持しており，受け取った者も手紙に一種の財産権を持つ．彼は，その紙を好きなように扱える．彼は，好きなように手紙を利用できるが，印刷するのは除かれる．そこでは，彼は，財産権を根拠に判断を下した．

他の事件では，信託違反を理由とするものが見出せる——すなわち，手紙は財産であり，一部は私が保持し，一部はあなたに与えた．あなたは，手紙の中に持つ制限的財産権を好きなように利用できる．しかし，手紙の中にある私の利益を使ってはならない．したがって，あなたは，営利目的で印刷をしてはならない——というものだ．

ところで，例えば，アバーネシー氏が，『みなさん，私の講義に出席するために5ギニーを支払い，出席した人はすべて，私の言うことをメモに取ることが許されます．しかし，営利目的で印刷してはならないことをご理解いただきます』と言ったとして，明示的な契約があるとする．この場合，後にいかなる学生が営利目的の公開を適切だと考えたとしても，裁判所が彼に対して酷だと考えるような条件はほとんど存在しない，と私が言うことに，少しの困難もない．そして，明示的な契約は，彼の行動を抑止するであろう．

他の理由も存在する．すなわち，事柄の一般的性質を見ると，いうのはさほど難しくないが，裁判所に対し，講義を聴いた者が取ったであろうメモを公開するのを差し止める——彼らは，好きなように利用できるが，公開して

第1章　プライバシー権の提唱とその背景　　39

はならない——ように求める契約が存在しないのかどうかである．明示的な契約が存在すれば，あるいは，どの契約も黙示的に結ばれるのであれば，いずれの契約も，契約違反に対する訴訟の理由となるであろう．

　信託に関して，ここでの問題は，生徒自身に関する黙示的信託が存在しないかどうかであろう．

　1つだけ明らかなのは，これらの講義が，速記者のメモから公開されたとすれば，ある学生が取った速記者のメモか，あるいは講義室への侵入者が取った速記者のメモから公開されたということである．なぜなら，私には，他の形でそれらが取られうる方法が見当たらないからだ．もし，生徒の側に黙示契約又は信託が存在し，その学生が公開したことを認識できれば，私は，差止命令の付与を躊躇するべきではない．

　見知らぬ者に関して，裁判所が，口頭講義を一般の人々に与える権限が一生徒から発したものかどうかを知らされない（もちろん，当事者に知らせるよう強制する権利はない）場合，私は，契約又は信託違反であるものを差し止めるのなら，盗まれたものを差し止めるべきでないとは非常に言いにくいと考える．」

以上をもとに，エルドン卿は，「私は，契約又は信託違反を理由とするまさにこの申立てに，許可を与える」と判断した．

1825年6月，原告側は，申立てを更新し，著作権及び黙示契約[19]に関する主張を追加したが，卿は，同年6月17日，前者を排斥し，後者を認容した．黙示契約に関しては，以下の法廷意見を明らかにしている．

　「人々が，生徒又は他の資格で，これらの講義の受講を認められた場合，口頭で講義を聴講し，かつ，可能であれば速記の方法で，すべてを書き留めることまでができたとしても，自分自身の知識のためだけにそうできるのであって，販売権を得ないものを，営利目的で公開することはできない．」

　「そして，原告と被告らの間に十分な黙示契約は成立していない．しかし，講義が，営利目的で公開しないという契約下にある者から，不当な方法で得られたに違いない場合，裁判所は，被告が公開してはならないと断言する権

限を十分与えられると判じなければならない.」

そして，卿は，出版した者達に対する訴訟が認められるか否かに関係なく，黙示契約に基づき，差止命令は，疑いなく認められると述べた．理由としては，「受講した生徒の側に契約違反があり，その生徒が営利目的で公開できないとすれば，その行為は確実に，当裁判所が第三者の詐欺と呼ぶものになる」ことを挙げた．あわせて，「これらの講義が，生徒から取られたものでない場合，少なくとも被告らは，裁判所が公開を許さないような方法で，公開手段を得て，講義内容を入手した」という点も示された．

なお，申立ての更新による手続遅延に関して，遅延の間に印刷された講義についても販売を禁止すべきか否かが問題とされたが，エルドン卿の見解は，差止めがその範囲にまで及ぶというものであった．

結論として，将来にわたる差止めのみならず，既に公開された講義の差止めについても認容されるに至った．

1.4 検　討

本件は，保護対象が外科の講義であるため，プライバシー侵害が直接に問題となる事件ではない．しかし，口頭で行われた講義については，財産権（著作権）による保護を受けられないにもかかわらず，黙示契約違反及び信託違反に基づく救済が認められている．プライバシー侵害が問題となる場合においても，救済法理として参考にできる事例といえる．

黙示契約又は信託の内容は，ウォーレン＆ブランダイス論文が引用した上記下線部分である．これに違反して営利目的で講義を公開する行為は，黙示契約及び信託違反を構成することになる．

また，原被告間には黙示契約は成立していないが，黙示契約下にある者（受講者）から，不当な方法で講義内容を取得した被告は，差止命令に服さなければならないという判断にも，注目される．

なお，本件は，信託違反を "breach of trust" と表現している．

2 アルバート公対ストレンジ事件 (Prince Albert v. Strange)

2.1 事案の概要及び手続の流れ

1848年の事件である．最初の訴状は，原告アルバート公から，被告ウィリアム・ストレンジ（William Strange）及び司法長官（Attorney-General）に対して提出された．原告の主張は以下のとおりである．

> 「ヴィクトリア女王及び原告アルバート公は，娯楽のため，もっぱら私的かつ家庭内で興味を引いた主題について，時折，線描やエッチングを行っていた．エッチング版画は，公開目的ではなく，私用のために印刷されており，重要なプライバシーを守るため，私的に印刷機械が保持されており，版画のほとんどは，その印刷機械を通じて刷られていた．これらの版画は，ウインザーにある，女王陛下の数戸の個人マンションの中にのみ置かれていた．原版は，通常，施錠の下で，女王陛下が保持していた．
>
> 被告ウィリアム・ストレンジ又はその共謀者は，何らかの方法で版画を入手した．版画は，そのいくつかの原版から密かに刷られたもので，その結果，エッチングの版画ギャラリーや所蔵品を作り上げることができ，そして作り上げた．それは，原告及び女王陛下の許可なく，そして彼らの意思に反し，被告が公開展示を意図して行ったものであった．
>
> その表紙は，『英ヴィクトリア女王とアルバート公のエッチング版画ギャラリーの解説カタログ』という題名を付していた．そして，次の広告を中に含んでいた．
>
> 『ロンドン──……このカタログの購入者には，もれなく，原作から印刷した，女王陛下又はアルバート公の署名の複製を（許可を得て）贈ります．選択は購入者に託されています．価格は6ペンス．』」

解説カタログは30頁以上のパンフレットであり，63枚の異なる原版から刷られた版画の一覧を含んでいた．

> 「前書きには，次の一節が含まれていた．
>
> 『この王家のそして最も興味深い所蔵品は，固い信念と完全な信頼のもと

で，今，一般国民の検査に委ねられています．女王陛下の忠実かつ愛情深い臣民は，女王陛下と彼女の輝かしい夫であるアルバート公殿下の優れた芸術的才能及び技能を，高く賞賛し十分に真価を認めるであろう．』

『あなたは自分の価値を死なせてはならない．英国は，彼女自身の価値を知らなければならない．自分の行いを隠すことは，中傷行為と同様，盗みに劣る悪事である．──シェークスピア──』．」

そして，原告は，次の主張に力点を置いた．

「カタログ，及び解説その他の所見は，密かに入手されたエッチングの版画を所持するという方法を取らない限り，作ることはできない．

エッチングの版画の数点は，ごく稀に，数人の個人的友人に贈られたが，版画は，女王陛下及び原告の私的利用を意図していた．」

また，原告及び女王は，上記のような展示目的の広告のために，コレクションを与えたことはなかったし，許可を与えたこともなかった．

これらの事実に基づき，原告は，1848年10月20日，上記エッチングの美術品や所蔵品，解説カタログの展示，販売，公開等の差止めを求める申立てを行った．

同日，副大法官 J.L. ナイト・ブルース卿は，被告ストレンジ，彼の代理人，使用人，従業員に対して，「原告の訴状に述べられたエッチングの美術品や所蔵品，若しくはそれらのエッチングのいずれかを展示すること，又は，同じものの若しくはそれらのいずれかの版画若しくは複製を，作成し若しくは作成を認めること，及び，同じもの若しくはそれらのいずれかをあらゆる方法で公開すること，又は，同じもの若しくはそれらのいずれかを，放出若しくは処分すること，及び，原告の訴状に述べられた解説カタログ若しくは前記エッチングのカタログと称するあらゆる作品を，販売し若しくはいかなる方法でも公開しかつ印刷すること」を差し止める命令を出した．

同年11月6日，原告は，訴状を訂正し，ジャスパー・トムセット・ジャッジ（Jasper Tomsett Judge）ほか1名を被告に加え，エッチングの版画の入手方法

に関する主張を追加した．同日，卿は，ジャッジらに対する差止命令を認容した．訂正訴状で主張された事実は，以下のとおりである．

「あるとき，女王陛下と原告のために，数枚の版画を印刷する目的で，ウインザーの印刷業者であるブラウン（Brown）に，いくつかの原版を渡した．ところが，ブラウンの従業員であるミドルトン（Middleton）が，ブラウンの同意又は認識なく，自らに課せられる守秘義務に反して自らのために印刷を行った．そして，被告ジャッジは，同じものをミドルトンから購入し，又は何らかの方法で取得した」．被告ジャッジは，取得した版画の展示をストレンジに持ちかけ，共同で解説カタログを作成した．

以上に対し，被告ストレンジは，展示に関する点では，差止めを争わなかったが，同年12月13日，カタログ公開に関する点について，差止めの取消しを求める申立てを行った(20)．

1849年1月12日(21)，卿は，この部分的な差止命令の取消しを求める申立てに対し，訴訟費用とともに棄却した(22)．

これに対し，被告は上訴したが，同年2月8日，大法官コットナム卿は，副大法官ナイト・ブルース卿の判断を維持し，被告の上訴を棄却した(23)．

2.2　副大法官ナイト・ブルース卿によるプライバシーの評価

副大法官ナイト・ブルース卿は，法廷意見中に，「プライバシー」という用語を用い，次のように判断している．以下の破線はすべて，ウォーレン＆ブランダイス論文のうち，「プライバシー権の本質（第2段落）」の脚注において，引用されていた部分でもある．

「被告側の弁護人は，次のように述べている．同意なく他人の財産の知識を得た者は，（その者がいかにそれを秘密に保持し又は保持しようと努めたかにかかわらず），その者の同意を得ることなく，その知識を世間に伝えかつ公開すること，また，それがどういう財産であるかを世間に知らしめ，又は，口頭，印刷，書面のいずれによっても，その財産について公に説明することを，裁判所が適用しうるいかなる法則又は原則によっても，禁じられることはない．

しかし，所有者が，他人の権利を侵害することなく，プライバシーの状態

に維持することができ，そして実際に維持するところの，私的な性質を持つ財産に関して，次の点に疑問が残されていると私は断言する．その所有者の明示又は黙示の同意なく，その知識を得た者が，所有者の同意なく，適法に，その財産についての記述を公開するために，そのようにして得た知識を役立てられることは，確実か否か．

　この種の公開は，その行為の適法性に関する問題を，関心を払うに値しないような極めてささいな方法でなされるか，又はその種の財産に関連するものであろう，ということはおそらく真実だ．しかし私は，その種の行為が，所有者の利益若しくは感情，又は両方に大きな影響を及ぼすような事情にあり，又はそのような財産に関連を持つ諸事例を考えることができる．たとえば，ある芸術家の未完成作品の性格や意図が，早まって世間に知らされたら，彼にとって苦痛であり，そして非常な不利益となるであろう．他の例を挙げることも困難ではないであろう．」

　「……例えば，ある収集家の宝石，貨幣，骨董品その他珍品のカタログを，彼の同意なく公開することは，彼の財産を彼の同意なく利用することである，ということが示されたとする．そして確かに，その種の行為は，他の収集家の気をよくするのと同じくらい，その収集家の生活を辛いものにするだけでなく，また――それは想像上の災難であるだけでなく――，最も通俗的な意味において，その所有者に損害を与えるものである，ということは真実である．それらのカタログは，記述的でない場合，探し求められ，そして時には相当な価格を勝ち取るのである．したがって，これら及び類似の例は，必ずしも，感情又は想像という見地から被る苦痛を示す例にとどまるものではない．それらはおそらくそういうものであろうし，また，傍らには何か別のものが存在するのである．」

　「……『罪のない』文書が権利者や著者の同意なく公開されることを防止するこの権利もまた，侵害が主張される前に，彼がそれらを完全なプライバシー及び秘密の状態に保っている場合に限定するものではない．その権利は，一般公開を目的としない部分的及び限定的なやりとりでは，失われない．それは，クラレンドン卿の過去に基づくいくつかの事例その他により示されている．」

「……言葉の通常の意味において，適法に公開された作品は，この点に関して，そういう状態に置かれたことのない作品とは異なった立場に立っている，と私は考える．前者は，翻訳され，要約され，分析され，少しばかり展示され，賞賛され，その他の方法で取り扱われがちであるが，後者は異なる．

しかし，翻訳，要約，批評の変わりに，カタログの場合を考えてみる．仮にある人が様々な文学作品（エルドン卿の表現を使えば『罪のない』）を作成し，それを決して印刷又は公開せず，又はその公開を差し止める権利を失っていないと想定する．そして，ある無遠慮な者が，不正にそれらの作品の知識を得て，何らの権限又は同意を得ることなく，配布目的で，解説カタログ又はその原稿の単なるリストでさえも，印刷に付すと想定する．法はこれを許すであろうか．私は，これを許さないと希望し，信じている．より露骨な剽窃を防止するのと同じ原則が，そのような事例にも適用されなければならない，と私は考える．

ある人が特定の人の手紙を書いたことや，特定の題材について書いたことを公開することによって，彼は冷やかしを受けるだけでなく，身を破滅してしまうかもしれない．

以前に通信相手に書いた手紙が戻ってきて，彼の占有に帰するかもしれない．そして，たとえ罪のないものであったとしても，相手と交際したことが，後の生活において，忠告の対象となりうる．又は，他に，彼の手紙が，彼の表面的な習慣及び世間的な地位とは全く相応しくないような類のものかもしれない．時折そういう危険から逃れることはあるが，今でも，著述を悟られることが危険である職業は存在する．

さらに，その原稿は，筆者の名前のみによって，単なるリストが一般の好奇心の対象となるような類の人のものかもしれない．未公開文書のカタログが，筆者の存命中又は死後に，いい売れ行きを博するような人を，いかに沢山挙げられるであろうか．

しかし，問題は，損失又は利益の形態又は量には依存しない．原稿の著者は，有名であろうと無名であろうと，また低級であろうと高級であろうと，その原稿について，罪のない場合に，それが面白いものであるか退屈なものであるか，軽いか重いか，売れるか売れないかにかかわりなく，自分の同意

なくしては公開してはならないと主張する権利を持っている．そして，私は，既に述べたように，それらのカタログを作成し公開する目的でそれらの不正な知識を利用すること，また，そのようにしてそれらのカタログを作成し公開することは，結局，その法則の原理に属する公開ということになると考える．

　法はそうであると仮定して，この点における法の基礎は何であろうか．それは，文学特有の考慮に帰せられるものではないと私は考える．われわれのコモン・ローを考え出した人々は，数多くの功績の中でも，おそらく文学のパトロンではなかった．しかし，彼らは，財産を保護する義務及び必要性を知っていた．そして，彼らは，一般的目的を持って，慎重に広義の諸法則を設定した．それらの諸法則は，平和や教養が発見し，もたらすであろう様々な財産の形態や様式に適応することができる．

　文書によって記録され保存される知的労働の成果，思想および感情は，知識が進み拡大するにつれて，そして人間の理解の文化が進展するに連れて，無視できない財産の一種となった．Stat. 8 Anne.[24] により，この問題に関する現行法の介入は，『学問を奨励するために』という表題を明言し，その前文で『自由を選んだ』という言葉を用いている．現行法がある程度触れないままにしておいた，著者の私的権利が拡大又は縮減に向けて働いたか否かにかかわらず，次のことが発見された．すなわち，コモン・ローは，財産の保護を考え，少なくとも，著者の同意を得て一般に公開される前においては，それらに安全性をもたらすというものである．」

　「……したがって，財産を保護するという原則に基づき，コモン・ローは，制定法による支援や不利益を受けない事例において，著者が文書化し，かつ世間一般に知られないままに留めておきたいと欲した，思想や感情のプライバシー及び隔絶を保護するのである．」

　「……そこで，ある人物が個人的楽しみ又は個人的利用のために制作した機械作品又は芸術作品の事例を考えてみる．これら又はこれらのいくつかが，議会制定法によりどのような保護を受けようが，コモン・ローは，それらを見捨てたりはしないと私は理解する．」

　「……原稿における文学作品に適用される原則及び法則は，少なくともか

なりの範囲で，これらにも適用されなければならない，と私は考える．イエーツ裁判官は，ミラー対テイラー事件において，次のように述べている．ある著者の事例とある新しい機械の発明者の事例は，全く同様である．いずれの独創的創作も，事例が機械であろうが文学であろうが，また叙事詩であろうと太陽儀であろうが，財産という見地からは，同じ立場にある．他人の創作を剽窃する不道徳性は，彼の考えを盗む不道徳性と同じくらい大きい．自分自身の楽しみや指導や使用のために，ある人が作成した機械品又は芸術作品における財産権は，確かに存在が認められており，そして，その財産権は，彼が公開する以前は，複製によって侵害されるのみならず，解説又はカタログによっても侵害されることがある，と私には思われる．そのような作品のカタログは，それ自体において価値があるであろう．それはまた，書物のリストと同じほど効果的に，その芸術家の精神の傾向や特性，感情や好みを示すことがあるであろう．彼が専門家でない場合はなおさらである．書類鞄や仕事場が，書き物机と同じように，意思を表示することがある．ある人が，無害な方法で，私的な事柄に従事しているとする．しかし，それが社会に暴露された場合，彼の生活の平安を破壊したり，又は人生における成功さえも台無しにしたりするかもしれない．しかし，何人も，彼の私的な時間の産物は，彼にとって名誉となるか好都合であるに違いないことを理由としても，その同意がない限り，公開する義務はないと主張する権利を持つと，私は理解している．逆の状況にある場合も同様である．

　法廷で，特別な場合に特に注意を払うよう努力し，われわれは，次のように理解せざるを得ない．エッチングは個人的な利用のために原告とその配偶者が作成したものであり，彼らの労働の産物であり，彼らの所有に属する．彼らはプライバシーの状態に保つ権利を付与され，公開を差し止める権利を付与される．その権利は，彼らが行ったような限定的なやり取りでは失われなかった．また，彼らの同意なく又は同意を超えて，疑いなく彼らの財産である原版から版画を取ることを禁止することだけには，限定されなかった．私はこれを等しく明らかだと考える．また，私は次のように思う．この権利は，原版の題材から不正に知識を入手した人が，それらの解説を公開（少なくとも印刷又は文書によって）しないよう防止することにも及ぶ．それは，解

説が複製又は類似のものによらないとしても，多かれ少なかれ限定的又は要約されていても，カタログの形又は他の形を取っていたとしても，及ぶ.」

「……したがって，私は，本件被告は，原告の権利を違法に侵害しているのみならず，その侵害は，原告が差止命令という予防的救済を受ける権利を付与される類の侵害であり，そのような種類の財産権に影響をもたらす侵害であると考える．そして，それ以上ではないとしても，しかし確かに，それ以下ではないと考える．なぜなら，それは不法侵入——無作法で見苦しい不法侵入——であるからであり，慣例違反における不法侵入のみならず，各人が生来備えている礼儀の感覚を犯す不法侵入である．実際，不法侵入であるとすれば，まさに，家庭生活——家庭（これまで，われわれの間では神聖なものであった）——のプライバシーへの卑しい偵察行為をいう．その家庭に属する家族の生活及び行為は，その家族の当然唯一の権利であるというわけではないが，この国においては，最も顕著に尊重される権原を形成するものとして承認されている.」

2.3　大法官コットナム卿によるプライバシーの評価

大法官コットナム卿は，カタログの差止めについて，次のように判断している．

卿は，まず，原告側の提出した宣誓供述書で主張された事実につき，「問題のエッチングは原告の作品であり，そして，彼の私有財産として保持されている——公開されず又は公開を意図せず，そのうち数点が個人的友人に与えられただけである．カタログで説明された所蔵品は，秘かにかつ不正に入手された版画によってのみ作成することが可能である．『カタログ，及びその中に含まれる解説その他の所見は，前記のように密かに入手した上記エッチング版画数点を所持するという手段を取らない限り，編集又は作成され得ない』」[25] と認定した．

その上で，卿は，財産権侵害のみによっても差止命令を認めるとしたが，「しかし，本件は，決して，所有権の問題のみにすべてを左右されるわけではない．なぜなら，信託違反，信頼違反又は契約違反それ自体も，原告に差止命令の権利を付与するからだ」と述べ，理由付けに入った．

第1章　プライバシー権の提唱とその背景　　**49**

　この点につき，卿は，「そこで，個人的友人に数点が贈られたこと，そして，いくつかの版画を取る目的でブラウン氏に送られたことに関するものを除き，これらの制作物が私的に保持されていた場合，被告又は彼のパートナーであるジャッジの所持は，注文以上の印刷を行い，そして余分な数を保有するという，ブラウン又は彼の雇い人の信託違反，信頼違反又は契約違反によって生じたに違いない．又は，複製を与えられたある人物も，想定外ではあるが，被告が所持する原因であれば，クイーンズベリー公爵対シェビア事件において検討されたように，等しく信託違反，信頼違反又は契約違反となるであろう．そして，原告のための証拠があり，被告側の説明が一切ないことに基づき，私は，被告又はジャッジ側のエッチング又は版画の所持は，ロージャーナル第3巻209頁報告の，エルドン卿がアバーネシー氏の講義の事件でそうしたように，<u>信託違反，信頼違反，契約違反</u>を根拠とすると考えざるを得ない．また，この理由に基づき，私は，取消しが求められた原告の差止命令の権原は，完全に確立されたと考える」と判断した．

　また，黙示契約に関しては，ティッピング対クラーク事件（Tipping v. Clarke）[26]における副大法官ウィグラム卿（Vice-Chancellor Wigram）の法廷意見を適用している．ウィグラム卿は，「商人の会計事務所に雇われたすべての事務員は，事務員としての職務を遂行する中で知ったことを公にしないという黙示契約下にある．もし被告が，帳簿の写しを得た場合，まず間違いなく，原告の事務員又は代理人の誰かを使ったのであろう．そして，彼が，情報の伝達において契約違反の罪を犯した人以外からは得られなかったであろう情報を秘かに自分自身のために役立てた場合，私は，彼が自分のためにその契約違反を役立てることは許され得ないと，私は考える」と述べている．コットナム卿は，この見解に完全に同意し，本件は，ウィグラム卿の想定した事件が実際に生じたものだと評価し，その結論に従うと述べた．

　さらに，コットナム卿は，上記ワイヤット対ウィルソン事件におけるエルドン卿の法廷意見を紹介し，本件で被告が作成した原稿についても適用しうると評価した．

　加えて，卿は，法廷に提起された軽微な争点のいくつかについても，簡単に言及した．その1つとして検討されたのが，差止めの法的根拠である．ここで

は，「原告が自らのコモン・ロー上の権原を確立するまでは，いかなる差止命令も，出されるべきではない」ことが強く主張され，卿がその命題を確立する法則を定めたと推定される事件が引き合いに出された．しかし，これに対して，卿は，「しかし，引き合いに出された事件においてさえ，私は常に，差止命令の認容を遅らせることで原告が被るものより，被告が不正な差止命令により被る権利侵害の方が大きいかどうかを検討することは，裁判所の自由裁量である，と判断してきた．本件において，侵害された権利はプライバシーである場合，差止命令の延期は，それをすべて否定するのに等しいであろう．これらの事件への本裁判所の介入は，いかなる法的権利にも左右されない．そして，効果的にするためには，直ちに行わなければならない」と判断した．

2.4 検 討

本件は，ウォーレン＆ブランダイス論文の中で，最も多く引用され，最も大きな影響を与えた事件である．事実関係としては，原告及びヴィクトリア女王が私的に所持していたエッチング自体が，王室構成員の私生活を表現したものであること，公開を許可した事実はないこと（ただし，数人の友人に配布したとしても許可には当たらない），版画の入手方法が不正であったこと，被告が，公開の権利を基礎付ける反論を何ら行っていないことが重要である．本件は，私事の公開が問題となった事案であると位置づけることができる．

これらの点を考慮して，下級審及び上級審ともに，被告の申立てを排斥し，結果として差止命令を維持した．

ところで，本件は，上級審及び下級審ともに，「プライバシー」の保護を論じている点に，最も注目しなければならない．それぞれは，次のように検討されている．

下級審では，副大法官ナイト・ブルース卿が，「プライバシー」という用語を多数回用いている．卿は，文化の進展等につれて，思想，感情が財産の一種としてコモン・ロー上保護されるようになった点を踏まえ，プライバシーを財産権の一種として捉えている．卿の法廷意見の中でも，「プライバシーの状態に維持する……私的な性質を持つ財産」「財産を保護するという原則に基づき…コモン・ローは……思想や感情のプライバシー及び隔絶を保護するのである」という表現を用いられている．また，本件被告の行為は，「無作法で著し

い不法侵入」「家庭生活のプライバシーへの卑しい偵察行為」であるという指摘もなされている.

このようなことから, 本件のいうプライバシーは, 私的な性質を持つ財産に関する知識を, 同意なく公開することから保護するための理論として位置付けられているといえよう.

また, 救済方法については, 財産についての記述が公開され, 一般の好奇心が権利者に集められることにより, 権利者はその感情を害され,「公開を差し止める権利を付与される」という結論が導かれている.

一方, 上級審は, プライバシーという用語を, ほとんど用いていない.

コットナム卿は, エッチングの財産権自体に基づく差止命令の発布を認める傍らで, あえて, 契約違反, 信託違反, 信頼違反の理由付けに入っている. その中で, 卿は, 本件エッチングが私的性格を持つこと, 契約違反又は信託違反を犯した者からの入手は不正であり, 被告によるエッチングの所持は, 契約違反, 信託違反, 信頼違反であることを認定した.

その上で, 差止命令を出すか否かは, コモン・ロー上の権原の確立いかんを問わず, 裁判所の自由裁量であること,「侵害された権利はプライバシーである場合, 差止めの延期は, それをすべて否定するのに等しいであろう」こと, 緊急性が認められることを理由に, 差止命令を認容している. このように, 上級審では, 財産権侵害の有無に加えて, 契約違反, 信託違反, 信頼違反が検討され, プライバシー権の侵害が承認されている.

なお, 下級審は, 信託違反を "violation of the trust", 信頼違反を "breach of confidence" と述べ, 上級審は, 信託違反及び信頼違反を "breach of trust, confidence" と述べている.

3 タック対プリースター事件 (luck v. Priester)[27]

3.1 事案の概要

1886年の事件である.

原告らは, ロンドンの美術出版業者であり, 芸術家から『サウンディング・ザ・チャージ』と呼ばれる水彩画の著作権を購入した. 1884年1月, 原告らは, ベルリンで印刷事業を営む被告に文書を送り, 原告らのために, その絵画の写

しを2,000枚作成するよう注文した．被告は注文を果たし，また，原告らの認識又は同意なく，自らのために，他にも多くの写しを作成し，それら写しの数枚を，イギリスへ輸入した．1886年１月21日，原告らは，法25 & 26 Vict. c. 68[28]に基づき，初めてその絵画の著作権を登録した．同年２月16日，被告は，登録前に作成していたその写し数枚を，登録後，イギリスで，原告らの販売価格よりも安く販売した．この事実をつかんだ原告らは，訴訟を提起し，法25 & 26 Vict. c. 68の第６条[29]に基づく処罰，及び，第11条[30]に基づく損害賠償を請求した．彼らは，差止命令も請求した．

　合議法廷（グローブ裁判官（Grove J.）及びデンマン裁判官（Denman J.））の判断は，登録前に作成された，その法に基づく著作権の存在する作品の写しを，登録後に販売することは，法的に禁じられていないというものであった．そして，原告らは，いかなる救済を求める権利も付与されないと判断した．

　原告らは，この判決を不服として，上訴した．

3.2　争　点

　著作権に関する制定法の解釈，及び，黙示契約違反，信頼違反の有無である．

3.3　判決内容

　合議法廷（記録長官エシャー卿（Lord Esher M.R.），リンドリ裁判官（Lindley L.J.），ロペス裁判官（Lopes L.J.））とされ，重要案件であることから，後日言渡判決（cur. adv. vult.）[31]の形が取られた．

⑴　記録長官エシャー卿の意見

　1886年８月６日，記録長官エシャー卿は，法25 & 26 Vict. c. 68の解釈に先立ち，契約違反について，次のように述べた．

　「原告らは，被告と，文書による契約を締結し，被告は，原告らが，その所有する絵画の写しを販売して利益を得られるようにするため，決められた数の写しの作成を引き受けた．契約は文書として存在しており，それは，文書のみによって解釈しなければならず，また，その単純で素直な意味は，このようになっている．『あなたは，これらの写しを私たちのために作成しなければならない．それから，あなたは絵を私たちに返却しなければならない．また，あなたは，私利を得るために他のいかなる写しをも作成してはならな

い.』その条項は極めて明白な形で黙示されていた．被告は，この条項を守ることなく，原告らのために，決められた数の写しを作成した後，私利目的の販売を意図して，自らのために，絵画の写しを他にも用意し，それら写しの多くを，販売意図を持って，イギリスへ送った．さらに悪いことに，原告が販売するよりも安い価格で販売した．これは単純な契約違反であり，当該状況の下で，私は，1862年法とは全く無関係に，エクイティ裁判所が，被告に対する差止命令や損害賠償を認めようとすることに疑いを持つことはできない.」

続いて，卿は，法25 & 26 Vict. c. 68の解釈を詳しく行った．法25 & 26 Vict. c. 68の解釈で問題となった原因は，本件絵画の写しの作成が，著作権登録前であり，かつ，ベルリンであった点にある．卿は，第4条に基づき[32]，登録前に許可なく写しを作成したことに対し，原告らは，被告から損害賠償を得ることはできないとしたが，登録後に当該写しを販売した行為に対して損害賠償を求める権利は認められると述べた．また，原告らは，登録後の写し販売行為に関し，処罰による権利回復は認められないという結論を取った．

卿は，「その結果，原告らは，被告の契約違反，及び，彼にかけられる信託違反を理由として，一般法に基づき，差止命令及び損害賠償を求める権利を付与される．また，彼らは制定法の下で，同じ差止命令及び損害賠償を求める権利を付与される」という判断を下した．

⑵　リンドリ裁判官の意見

リンドリ裁判官は，エシャー卿と同じ結論を取り，法25 & 26 Vict. c. 68の解釈に先立って契約違反・信頼違反の問題を取り上げている．

　原告ら及び被告の間には，原告らが何らかの著作権を持っていたか否かにかかわらず，被告は，差止命令の責任を負う行為を犯したという関係があると思われる．彼は，一定数の絵の写しを作成するために，原告らに雇われた．そして，その雇用には，被告は自らのために，それ以上の写しを作成したり，その追加的写しを，雇主と競争ながらこの国で販売してはならないという暗示が，必然的に伴っていた．彼の側のそのような行為は，甚だしい契

約違反であり，甚だしい信頼違反である．そして，私の判断は，当該絵画に著作権を持つか否かにかかわらず，明らかに，原告らに対し，差止命令を求める権利を付与するというものだ.」

また，裁判官は，ある種の薬を秘かに製造する行為に関して，原告の特許権の有無にかかわらず，被告の契約違反又は信頼違反を理由として差止命令を認めたモリソン対モート事件（Morison v. Moat）[33]の判決を紹介し，そこで示された原則が，他の多くの事件で追随されたことを示した上で，「その原則は，筋の通ったすべての議論を超越して，本件の原告に差止命令の権利をもたらすと思われる」と述べた．

(3) ロペス裁判官の意見

ロペス裁判官は，法25 & 26 Vict. c. 68の解釈に関して，エシャー卿及びリンドリ裁判官とは異なる考えを示しつつも，契約違反を理由とする差止命令及び損害賠償については，全く同じ立場に立った．裁判官は，第4条により，原告らは，損害賠償及び処罰による回復を得る権利に関して，登録までは，著作権を持たないのと同じ立場に置かれていると述べた．そして，登録前に写しを作成することと，登録後にその写しを販売することは，ともに関連し，原告らは，その販売に関して，損害賠償及び処罰による権利回復を得ることはできない，と判断した．

3.4 検 討

本件は，原告が所有する絵画の取扱いについて，著作権に関する制定法の解釈が主に問題となった事件であり，プライバシー権とは事案上の関連性を持たない．また，いずれの裁判官も，著作権の争点は詳しく検討する一方で，黙示契約違反及び信頼違反は簡単に検討している．

しかし，各裁判官は，制定法の解釈については異なる意見を出したが，全員一致で，それとは無関係に，原告らは，契約違反を理由とする差止命令及び損害賠償を求める権利を付与される，という判断を下している．本件でいう黙示契約の内容は，被告は，原告らより注文を受けたもの以外に，私利を得るために当該絵画のいかなる写しをも作成してはならないというものであり，また，雇主と競争しながら，イギリスで写しを販売してはならないというものである．

なお，エシャー卿は，信託違反を "breach of trust" と表現し，リンドリ裁判官は，信頼違反を "breach of faith" と表現している．

4 ポラード対フォトグラフィック社事件 (Pollard v. Photographic Co.)[34]

4.1 事案の概要

1888年の事件である．

原告らは，ポラード夫妻である．被告は，ロチェスター（Rochester）にて，フォトグラフィック・カンパニーという名称で商売を行っていた．

ポラード夫人は，1888年8月の最後，被告の店で写真を撮影してもらい，ネガから取って作成した自分自身の写真代，及び，自らの家族の写真代を支払った．同年11月の最後，原告らは，ポラード夫人の写真が，クリスマスカードの形で飾り付けられ，被告の店のショーウインドウに展示されているのを見つけた．そこで，原告らのソリシタ（Solicitor）の事務員であるアンドリュース氏（Mr. Andrews）は，本訴訟を視野に入れ，その店で，被告会社の経営者であるバックス氏（Mr. Bax）から，クリスマスカードとして作り出されたポラード夫人の写真を購入した．アンドリュース氏及びバックス氏は，申立てのために宣誓供述書を作成したが，購入時に生じた事の詳細に関して食い違いを見せた．証言の結果は，判決の中で述べられている．原告らは，ネガの著作権を一切登録しなかった．

原告らは，被告に対し，「原告アリス・モリス・ポラード（Alice Morris Pollard）を写した特定の写真であり，クリスマスカードとして飾りつけられたものを，広告又はその他の手段により，販売し又は販売提供し又は人目に晒すこと，及び，その写真を取り扱ったものを，販売し又は販売目的で人目に晒し又はその他の行為を行うこと」の差止請求を行った．

4.2 争 点

黙示契約又は信頼違反の有無である．

4.3 原告及び被告の主張

ウォーレン＆ブランダイス論文は，原告又は被告の主張の中で，次の部分を紹介している．

「ノース裁判官は，原告代理人の弁論の中で質問を差し挟んだ．『人目を盗んで現像写真が撮影された場合，それを撮った人は，印画を販売又は展示することができる，ということを争いますか．』原告代理人は答えた．『その場合には，契約も契約を維持するための約因もないでしょう．』」

後に，被告の代理人が主張した．

「人は，自分自身の肖像に，なんらの財産権も持たない．名誉毀損又は他の違法行為がない限り，写真師がネガを使用することに制限はない」．

4.4 判決内容

1888年12月21日，ノース裁判官は，次のように判断し，差止命令を認めた．

「8月の最後に，原告ポラード夫人が被告の店を訪れた際には，何らの特別の条項や条件は合意されなかったと推測する．
　写真の装飾は，被告が行ったものであり，被告は，原告らの許可又は同意を得ることもなければ，原告らに認識させることもなかった．原告らは，いかなる方法においても，被告による写真の使用を許可することはなかった．まして，クリスマスカードとしての利益を得るために，公に展示し又は販売することは，なおさらであった．
　原告らのソリシタの事務員アンドリュース氏と，被告会社の経営者バックス氏の間には，写真の売買時にやりとりした事実関係について意見の違いが存在するものの，いずれの説明が，より信頼でき，又は，確からしいかを検討する必要があるとは考えない．」
「……したがって，問題は，こういうことである．彼又は彼女の肖像写真を写すために顧客に雇われた写真師は，その顧客の明示又は黙示の許可なく，自分自身が使うためにその写真の印画を取ること，及び，それらを販売又は処分すること，又は，それらを広告その他の方法によって公に展示することにおいて，正当化されるか否かである．
　私が『明示又は黙示の』と言った理由は，次のとおりである．写真師は，

第 1 章　プライバシー権の提唱とその背景　　　57

現実には言葉にしなかったとしても，写真撮影後の売却が，間違いなく両当
事者の予期したものであった，という状況下で，自分自身の要請によって，
人の写真を撮影することを，たびたび許されるからである．

　このように位置付けられた問題に対する私の答えは，否定的であり，写真
師はそのような行動を取ることにおいて正当な理由を持たない．ある人が，
厚い信頼に基づく仕事の中で情報を得た場合，法は，彼がそのようにして得
た情報のあらゆる不正利用を許さない．そして，必要であれば，その利用を
差し止めるために，差止命令が付与される．例えば，事務員が，そのような
仕事を行う中で知った，自らの主人の会計を公開すること，又は，弁護士が，
そのような仕事を行う中で知った，自らの依頼者に生じた諸事情を知らしめ
ることを差し止める場合である．さらに，明示又は黙示にかかわらず，契約
違反は，差止命令によって禁止され得ることについて，法は明らかである．
私の意見では，写真師の事件は，これらの種類の事件が依拠する諸原則の適
用範囲内にある．彼が雇われ，支払いを受ける目的は，与えられた対象の写
真を要求された枚数だけ印刷し，自らの顧客に提供することにある．この目
的のために，写真師は，ガラス上にネガを撮る．そしてこのネガからは，顧
客が一般的に要求するよりもはるかに多い枚数の印画を取ることができる．
こうして，そのネガを撮るために姿勢を正して着座する顧客は，被写体の再
生権限を，その写真師の管理下に置くことになる．そして，私の意見では，
写真師が，許可なく，そのネガを用いて，自分自身が使うために別の印画を
作成した場合，彼は，単に顧客に提供するという目的で，信頼に基づき管理
下に置かれた権限を濫用している．そしてさらに，私は，次のように判断す
る．顧客と写真師の間の契約には，黙示的に，そのネガから取られる印画は，
その顧客が利用するためだけに占有されるべき，という合意が含まれてい
る．」

　続いて，裁判官は，黙示契約違反に基づく責任の認められた事件として，マ
レー対ヒース事件（Murray v. Heath）[35]及びタック対プリースター事件を引用
した．特に，タック対プリースター事件に関しては，エシャー卿及びリンドリ
裁判官が，黙示契約違反及び信託違反を判断した箇所をほぼすべて引用してい

る[36].

　そして，裁判官は，タック対プリースター事件を次のように評価した．

　　「この事件は，契約が文書でなされたという意味で，より注目に値する．
　なおかつ，被告は自分自身のためにいかなる写しをも作成してはならないこ
　とが，黙示的に条件付けられていると判断されたのである．同事件でリンド
　リ裁判官が用いた『甚だしい信頼違反』という言い回しは，本件にも同等の
　効力で適用される．ある女性は，自分自身が使うための，肖像写真を撮影す
　る目的で，自ら雇った写真師が，その印画を公に展示しそして販売している
　ことを見つけて，その感情に衝撃を受けているのである．
　　本件では，ネガの財産権は被告にあり，彼は自分自身の財産を適法な目的
　のために使っているだけだといえる．しかし，信頼違反においても契約違反
　においても，それを使用することは，適法な目的ではない．」

　また，裁判官は，マレー対ヒース事件，クイーンズベリー公爵対シェビア事
件，アバーネシー対ハッチンソン事件を取り上げ，原告の同意なく，その作品，
原稿，講義等を公開することは，黙示契約違反になる旨も示した．
　最後に，裁判官は，法25 & 26 Vict. c. 68に言及し，本件写真の著作権は，
未登録ではあるものの，原告らの１人に属するとし，かつ，被告の契約違反又
は信頼違反を事由として，被告に対するコモン・ロー上の訴権を奪うものでは
ないと述べた[37].
　結論として，「財産権侵害が存在し得ない本件では差止命令は付与され得な
い」「裁判所の裁判権は及ばない」とする被告の主張は排斥され，本案的差止
命令（perpetual injunction）が認容された．

4.5　検　討

　本件は，肖像の無断利用が問題となった事件であり，ノース裁判官は，タッ
ク対プリースター事件の多くを引用した上で，黙示契約又は信頼違反を理由と
する本案的差止命令を認容した．ここで被告に課せられた黙示契約上の義務は，
顧客の許可なく，自らが販売又は展示する目的で写真の印画を取ってはならな
いということである．それに違反して，写真の印画を販売又は処分し，又は，

広告その他の方法によって公に展示する行為は，黙示契約違反及び信頼違反を構成することになる．

ただし，裁判官は，黙示契約違反及び信頼違反とあわせて，著作権に関する制定法の解釈をも示した上で，差止命令認容という結論を導いている．この点に関し，ウォーレン＆ブランダイス論文は，次のように評価している．

「しかし，裁判所は，契約違反及び信託違反を，自分たちの介入を正当化するに十分であると明示的に認定する一方で，先例に依拠した諸事件の系列の中に置くために，判決を財産権に基づかせる必要性を感じていたようだ．」

なお，本件は，信頼違反について，"breach of faith" 又は "breach of confidence" という表現を用いている．

5　諸判決の評価

以上の諸判決について，ウォーレン＆ブランダイス論文は，「契約に黙示の条項を認め，又は（ことに契約が書面によって締結され，かつ，確立した慣習又は慣習法がない場合に）黙示の信託を認めるこのプロセスは，公の道徳，私的正義，及び一般の便宜がそのような規範の承認を要求しており，また，類似の状況下における公開は耐えがたき濫用と考えられる，ということを司法的に宣言したものに他ならない」とする．しかし，「狭い法理は，契約又は特別な信頼に反せずに濫用が生じることが滅多になかった時代では，社会的要求を満たし得たが，今や，権利侵害を受ける当事者の参加がなくても，近代的な装置がそのような不法行為を行う機会を十分に提供する時代にあって，法による保護はより広い基礎の上に立脚しなければならない」とも指摘し，不法行為法に保護を求めている．

ウォーレン＆ブランダイス論文は，諸判決の依拠した黙示契約，信託，信頼による保護に対して，それらが第三者に対する差止命令を認めるものとはいえ，文明の発達を勘案すると，保護法理として十分とは評価しなかったようである．また，「プライバシー」という言葉を実際に用いたアルバート公対ストレンジ事件の下級審判決においても，「私的性質を持つ財産の公開を差し止める権利」

というように，あくまで財産権との関連で位置づけていることから，プライバシー権の射程範囲としても，より広く捉えたいという意図があったようにも思われる[38]．

以上に基づき，ウォーレン＆ブランダイス論文は，次のように結論付けた．

「したがって，われわれは，次のように結論付けなければならない．このようにして保護される権利は，その厳密な性質が何であろうと，契約又は特別の信託から生じる権利ではなく，世間一般に対する権利である．そして，上述のように，これらの権利を保護するために適用されてきた原則は，私有財産の原則ではない．ただし，言葉の意味を拡大し，普通ではない意味に用いる場合は除かれる．個人的な書面や，その他知性又は感情の産物を保護する原則が，プライバシーの権利である．そして法が，個人の容姿，言葉，行為，また個人的関係，家庭その他へと保護を拡大する際に，新しい原則を定立する必要はない．

もしプライバシーの侵害が，法律上の権利侵害を構成する場合は，救済を求めるのに必要な要素が存在することになる．なぜなら，それ自体不法な行為によって惹起された精神的苦痛の対価は，すでに，損害賠償の基礎として承認されているからである．」

第5節　プライバシー権の限界（第4段落）

ウォーレン＆ブランダイス論文の第4段落は，残された問題として，「プライバシーの権利の限界は何か，及び，この権利を行使するために，いかなる救済が認められうるのか」という点を検討している．ここでは，限界の確定は困難ではあるものの，名誉毀損法や文学芸術的財産の法において発達した法的類推によって，より一般的な法則の整備が可能であるとし，以下の6原則が掲げられている．

なお，1，2，3，5，6は，名誉毀損法との類推・比較から導かれる原則であり，4は，知的財産法の類推・比較から導かれる原則である．

「1．　プライバシーの権利は，公の又は一般の利益となる事柄の公開を妨げない.」

　一般的な目的は，私生活のプライバシーを保護することにある．したがって，公職候補者又は公職にある者について，その地位への適格性や，その地位に基づいて行った行為に関する場合，プライバシー権の保護は及ばない．

「2．　プライバシーの権利は，名誉毀損法に基づき特別に伝達が許される状況下で公開がなされた場合には，あらゆる事がら――その性質が私的なものであっても――の伝達をも禁止しない.」

　裁判所，議会，議会の委員会などで行われる公開，公的又は私的な義務に伴う公開は，妨げられない．

「3．　実害がない場合は，口頭の公開によるプライバシー侵害に対して，法は，おそらく，いかなる救済も与えないであろう.」

　名誉毀損法が，表現の自由に配慮して，口頭上の名誉毀損に基づく責任を制限している点に着目したものである．

「4．　プライバシーの権利は，当該個人による，又は彼の同意に基づく，当該事実の公開によって消滅する.」

　ただし，この関係での重要な原則として，限定的な目的で個人的に伝える行為は，法の意味における公開ではない，とされている[20]．

「5．　公開された事がらの真実性は抗弁とならない.」

　プライバシーの権利が，そもそも私生活が描写されることを阻止するという権利を意味する点を根拠とする．

「6.　公開する者の悪意の不存在は，抗弁とならない.」

侵害者の動機が責められるべきか否かを問わず，保護されるべきプライバシー侵害は，等しく成立しており，等しく有害であることを理由とする.

第6節　プライバシー権の救済方法（第5段落）

ウォーレン&ブランダイス論文の第5段落は，第4段落と同様，救済についても，名誉毀損法や知的財産法を参考に，2つの原則を提示する.

「1.　すべての事件において，損害賠償を求める不法行為訴訟.」

実害がなかったとしても，名誉毀損訴訟におけるように，感情への侵害に対する実質的な賠償が認められ得るとされている.

「2.　おそらく非常に限定された種類の事件において，差止命令.」

さらに，論文は，刑事法上の保護にも触れている. ただし，「個人のプライバシーが，刑事法によってさらに保護を受けるべきことは疑いなく望ましいことではあるが，しかしそのためには，立法が必要であろう. おそらく，この種の公開に対する刑事責任をより狭い範囲に限定することが妥当であるように思われるであろう」と指摘するにとどまっている.

(1)　Samuel D. Warren & Louis D. Brandeis, *The Right to Privacy*, 4 HARV.L.REV. 193 (1890).
(2)　THOMAS M. COOLEY, A TREATISE ON THE LAW OF TORTS OR THE WRONGS WHICH ARISE INDEPENDENT OF CONTRACT 29 (1st ed. 1880, 2d ed. 1888).
(3)　以上につき，堀部政男『現代のプライバシー』（岩波新書，1880年）19-25頁，同『プライバシーと高度情報化社会』（岩波新書，1988年）22-24頁.
(4)　鵜飼信成『憲法と裁判官：自由の証人たち』（岩波新書，1960年）2-21頁.
(5)　Muller v. Oregon, 208 U.S. 412 (1908).

第1章 プライバシー権の提唱とその背景　　　63

(6)　ブランダイスが作成した準備書面（上告趣意書）は，伝統的な法律論には2頁を充てただけで，あと100頁余を長時間労働が女性の健康に与える悪影響についての医学的論証，証言，統計資料によって構成していた．20世紀初頭，州による労働時間制限法，最低賃金法などを liberty of contract（契約の自由）を侵害するとして違憲とした合衆国最高裁判所に対して，立法の根拠にある社会的事実に注目することの重要性を強調した新しい方式の上告趣意書として有名になり，その後アメリカで広く用いられるに至った．田中英夫編『英米法辞典』（東京大学出版会，1991年）109頁より．

(7)　ウォーレン&ブランダイス論文全体の翻訳は，外間寛「プライヴァシーの権利」戒能通孝・伊藤正己編著『プライヴァシー研究』（日本評論新社，1962年）1頁．

(8)　田中・前掲注(6)931頁．

(9)　この項目は，前章までの記述について，厳密な法的意味で「権利」を捉えてきたこと，その権利とは，ある人に対して法が与える何かであり，その何かについて，権利を得る人間の利益になるように，別の誰かが行動を取ったり，それを禁じたりすることを意味する，と述べる．その上で，ここから話を進めるにあたって，権利を分類することが望ましく，分類することによって，法が権利保護の方法をどのように工夫しているかをより良く理解できる，としている．

(10)　この段落のうち，「コモン・ローは，各個人が通常，自己の思想や心情，感情をどの程度他人に伝えるべきかを決定する権利を保障している」という記述は，Alan F. Westin, Privacy and Freedom 346 (1967) でも紹介されている．

(11)　末延三次「英米法における秘密の保護」戒能・伊藤・前掲注(7)5頁，48頁．

(12)　本論文では，今後複数回にわたって人格権ないしは人格的利益という言葉を用いるが，人格権とは，「主として生命・身体・健康・自由・名誉・プライバシーなど人格的属性を対象とし，その自由な発展のために，第三者による侵害に対し保護されなければならない諸利益の総体である」という意味で捉える（五十嵐清『人格権法概説』（有斐閣，2003年）10頁より）．

(13)　信託，信頼，契約違反については，イギリスの有名な法制史家であるサー・ウィリアム・ホールズワースが発表した A History of English Law の中で解説されている．William Holdsworth, *A History of English Law*, vol. I, 7th ed. (Methuen, London, 1956), pp. 454-459.

(14)　*Abernethy v. Hutchinson* (1825) 3 L.J. Ch. 209.

(15)　具体的には，①講義は文書に基づいて行われたといえるか（講義の前にアバーネシーが取ったメモの蓄積をもって，文書化されたといえるか），②文書化されない言葉や意見に財産権は存在するか，③著作権侵害は認められるか，が問題とされた．

(16)　本件では，直接の契約者は受講者であり，被告は第三者に当たる．

(17)　*Duke of Queensberry v. Shebbeare* (1758) 2 Eden. 329.

(18)　*Pope v. Curl* (1741) 2 Atk. 342.

(19)　原告と受講者の間には黙示契約が存在するという主張である．

(20)　被告ジャッジとの関係で，差止命令は有効であるが，各事件は相互に影響のない形

64　第Ⅰ部　プライバシー権の提唱と判例法的展開

　　で取り扱われる．

(21)　上級審では16日付けとされている．

(22)　*Prince Albert v. Strange* (1848) 2 De G. & Sm. 652.

(23)　*Prince Albert v. Strange* (1849) 1 Mac. & G. 25.

　　　この判決は，サー・ウィリアム・ホールズワースが発表した A History of English Law の第16巻35頁から36頁において，コットナム卿の時代に，エッチングの著作権の保護が認められた事件として，紹介されている．See Holdsworth, *A History of English Law*, vol. xvi, 1st ed. (Methuen, London, 1966), pp.35-36.

(24)　長称 (long title) は，「指定された期間にわたり，印刷された書籍の複製の権利を著者又は複製の購入者に与えることにより，学習を促進するための法律」(An Act for the Encouragement of Learning, by vesting the Copies of Printed Books in the Authors or purchasers of such Copies, during the Times therein mentioned), 短称 (short title) は，「1709年著作権法」(Copyright Act 1709, c.19.) である．

(25)　答弁書は，そのように理解された事件を，いかなる方法によっても，異論を唱え，修正し，又は変更することはなかった．一方で，被告は，写しが不正に入手されたことを認識又は信じておらず，複製を所持していたジャッジは，ミドルトンからそれらを購入したと信じていた旨を単純に述べるにとどまった．ミドルトンの複製の入手方法，及び，ブラウンに関しては，何も述べなかった．にもかかわらず，被告は，エッチングのカタログを公開する権利を付与されていると主張した．

(26)　*Tipping v. Clarke* (1843) 2 Hare, 383.

(27)　*Tuck v. Priester* (1887) 19 Q.B.D. 629.

(28)　長称は，「芸術作品における著作権関連法を改正し，そのような作品の制作及び販売における詐欺行為を抑制するための法律」(An Act for amending the Law relating to Copyright in Works of the Fine Arts, and for repressing the Commission of Fraud in the Production and Sale of such Works), 短称は，「1862年芸術作品著作権法」(Fine Arts Copyright Act 1862, c.68.) である．

(29)　第6条は，著作権の存在する絵画，線描，又は写真の作成者で，著作権を販売又は処分した者，又は，当面は絵画，線描，又は写真の著作権者ではない他の者が，著作権者の同意なく，当該作品の複製，複写，模造等，又は，当該複製物，複写物，模造品が違法に作成されたことを知りながら連合王国に輸入した場合等における罰を定める．違反者は，著作権者に，10ポンド以下の金銭を没収され，また，同意なく作成した複製物，複写物，模造品等も没収される．

(30)　第11条は，著作権の存在する絵画，線描，又は写真の作成者で，著作権を販売又は処分した者，又は，当面はその著作権の権利者ではない他の者が，著作権者の同意なく，当該作品の複製，複写，模造等，又は，当該作品の複製物，複写物又は模造品の販売，出版等，又は販売の申し出等を行った場合における，著作権者の損害賠償や，違法な複製物，複写物，模造品の強制返還，その保持や改変のための損害賠償に関する定めを置く．

第1章　プライバシー権の提唱とその背景　　65

(31)　curia advisari vult. 非即時言渡判決，後日言渡判決．イギリスでは，通例両当事
　　者の弁論終結後直ちに判決を言い渡すのが例であるが，重要な事件につき，審理終結後
　　直ちに判決することなく，別に期日を指定して「裁判所が熟考のうえ」，判決を言い渡
　　すことをいう．田中・前掲注(6)223頁より．

(32)　法第4条は，著作権者には，登録までは，本法の利益を得る権利は付与されず，登
　　録前のあらゆる行為に関して，いかなる訴訟も支持されてはならないという定めを置く．

(33)　*Morison v. Moat*（1851）9 Hare, 241.

(34)　*Pollard v. Photographic Co.*（1888）40 Ch. D. 345.

(35)　*Murray v. Heath*（1831）1 B. & Ad. 804.

(36)　リンドリ裁判官の判断を引用した部分を，ウォーレン&ブランダイス論文が，さら
　　に脚注で引用している．

(37)　著作権に関し，ノース裁判官は，次のように述べている．

　　「また，私が言及した事件はすべて，何らかの財産権が侵害された事件だともいうこ
　とができる．それは，ある人自身の技術又は知的労働の産物に対して与えられる保護に
　関する法によって承認されたことに基づく．しかるに本件では，写真を撮られた人は，
　単なる感情的な苦痛ではなく，法律上の権利侵害を防止しようとするような，保護に値
　する行動を全く取らなかった．しかし，法は，写真師が撮影した人を，そのように見捨
　てたりはしない．なぜなら，法25 & 26 Vict. c. 68第1条が，次のように規定してい
　るからである．有効又は有価約因を根拠に，他人のために又は他人に代わって，写真の
　ネガが作成又は制作された場合，それを作成又は制作した人は，その著作権を保有しな
　い．但し，その人のために又はその人に代わってネガが作成又は制作されたところの人
　が，署名した文書による合意に基づき，そのネガについての著作権を，明示的にネガ作
　成者に留保した場合はこの限りではない．これを除けば，その著作権は，その人のため
　に又はその人に代わって，ネガが作成又は制作されたところの人に属する．

　　その結果，本件において，その写真の著作権は，原告らの1人に属する．確かに，同
　法第4条は，著作権者には，登録までは，本法の利益を得る権利は付与されず，そして，
　登録前のあらゆる行為に関して，いかなる訴訟も支持されてはならないという定めを置
　いている．そして，私が想像するに，原告女性の写真が登録されていなかったために，
　弁護人は，弁論中で本法に言及しなかったのであろう．しかし，本法が授与した世間一
　般に対する保護は，登録後までは強制され得ないものではあるが，このことは，原告ら
　が，被告の契約違反又は信頼違反を理由として，被告に対するコモン・ロー上の訴権を
　奪うものではない．これは，既に言及したモリソン対モート，タック対プリースターと
　いった諸事件から，十分に明らかである．後者の事件においては，同じ制定法が問題と
　されていた．」

(38)　プライバシー権の理論的基礎については，伊藤正己「プライヴァシーの権利の理論
　　的基礎」戒能・伊藤・前掲注(7) 5頁，114頁．

(39)　アルバート公対ストレンジ事件において，エッチング版画が，原告の個人的な友人
　　に配布されたという事実関係の影響も考えられる．

第2章　イギリスの判例法とプライバシー[1]

　第1章では，ウォーレン&ブランダイス論文によるプライバシー権提唱を紹介するとともに，その提唱の契機を与えたのが，19世紀におけるイギリスの諸判決であることを指摘し，その内容を検討した．

　そこで，本章では，プライバシー権の提唱に示唆を与えたイギリスの判例法が，その後どのような発展を辿ったかを時代に沿って見ていくこととしたい[2]．

第1節　信頼違反という訴訟原因

　信頼違反は，イギリスにおけるプライバシー関連の事件において，最も重要な訴訟原因（cause of action）であり，私的情報のみならず，営業秘密にも適用される訴訟原因である．

　そして，この信頼違反が問題となる事件で，必ずといってよいほどに引き合いに出されるのは，1968年のココ対A.N. クラーク（技術者）社事件（Coco v. A.N. Clark（Engineers）Ltd.）である[3]．

　この事件では，技術情報の不正利用が問題となった．

　申立人のマルコ・パオロ・ココ（Marco Paolo Coco）は，2サイクルエンジンの，原動機又は補助モータ付自転車を設計した．ココは，1967年4月以降，被申立人のクラーク社（A.N. Clark（Engineers）Ltd.）と接触し，共同製造の交渉を行ってきた．ところが，ココがクラーク社に，設計の詳細を提供した後，両者は不和状態となり，同年7月，クラーク社は，独自設計で原動機付自転車を製造することとした．一方，ココは，クラーク社の新製品の詳細が明らかになるに連れて，自分の情報が流用されているのではないかと疑うようになった．そこで，ココは，暫定的差止命令（interlocutory injunction）を申し立てた．申立ての中で，ココは，クラーク社が，無償で情報を流用する目的で，意図的に

絶交を言い渡した旨を主張している．

　高等法院大法官部（High Court of Justice, Chancery Division）のメガリー裁判官（Megarry J.）は，1968年7月1日，いくつかの先例を検討し，信頼違反の3要件を掲げた．

　　「私の判断では，契約と別に，信頼違反の主張を成功させるためには，通常は3つの要素が求められる．第1に，当該情報自体が，……『それについて秘密の性質を当然に有していること．』第2に，当該情報が，守秘義務を課す状況において伝えられたこと．第3に，情報を無権限で利用し，それを伝えた当事者に損害を及ぼすこと．」

　そして，裁判官は，本件は第2要件しか充足していないこと，証人の反対尋問を経ない本件において暫定的差止命令を下すことは不適切であること，クラーク社は一定額の実施料の支払いを約束したことなどを理由に，申立てを棄却した．

　上記3要件のうち，第2要件は，「守秘義務を課す状況における提供」を必要とするため，そのような信頼関係の存否が問題となってきた．しかし，1988年10月13日判決の司法長官対ガーディアン新聞社事件（Attorney General v. Guardian Newspapers）[4]の貴族院（House of Lords）判決において，（チーベリーの）ゴフ卿（Lord Goff of Chievery）が，「守秘義務は，秘密情報をある人物（秘密を打ち明けられた人物）が知るに至った時で，その人物が，次のことを理解し，又は同意していたと判断される状況において，生じる．それは，当該情報が秘密であり，まさにそのすべての状況において，当該情報を他人に提供することは妨げられるべきという結果をもたらすことである」と説明した．

　この事件以降，守秘義務は，情報の受領者において，当該情報を秘密とみなすべきことを知っているか，又は知るべきことが，公正かつ適切である時に，課されるようになった．

　また，第3要件について，後述する1987年のX対Y事件は，情報利用における損害発生は差止命令の必要条件ではない，と判断した．

　一方，信頼違反は，3つの制限に服さなければならない．第1は，無駄な情

報や雑情報には適用されないという点，第2は，当該情報が一旦「社会共有」（public domain）となれば，もはや秘密情報ではないことから適用が認められない点，第3は，信頼を保護すべきという公の利益（public interest）と，提供を認めるべきとする公の利益との均衡を図らなければならない点である．第3の制限は，表現の自由との関連で最も重要であり，裁判所によって均衡が図られる[5]．

第3との関連で，信頼違反は，1998年人権法（Human Rights Act 1998）[6]の施行後，その役割を拡大し，後述するヨーロッパ人権条約の定めるプライバシー権と表現の自由の調整原理として用いられるようになった[7]．

第2節　20世紀のプライバシー侵害訴訟

イギリスにおける20世紀のプライバシー侵害訴訟については，次のような時期区分を前提に，検討することとしたい[8]．

1950年代まで：名誉毀損・財産権侵害論議期
1960年代以降：私的事柄の保護認識期
1970年代以降：プライバシーと言論・出版の自由対抗期
1990年代：プライバシー権承認検討期

1　1950年代まで：名誉毀損・財産権侵害論議期

1.1　ハリソン対ラトランド公爵事件（Harrison v. Duke of Rutland）[9]

ラトランド公爵は，その所有する土地で雷鳥の狩猟を行っていたところ，ハリソンの意図的な妨害を受けたため，公爵の使用人は，ハリソンをつかんで地面に押さえつけた．

高等法院女王座部（Queen's Bench Division）は，暴行（assault）及び不法監禁（false imprisonment）を理由に損害賠償及び差止命令を求めたハリソンの本訴を退け，あわせて公爵の反訴も退けた．控訴院（Court of Appeal）[10]は，1892年12月3日，公爵の狩猟権を妨害することを唯一の目的としていたハリソンの行為は不法侵害（trespass）に当たるとして，公爵を勝訴させた．

1.2 モンソン対マダム・トゥーソー社事件 (Monson v. Madame Tussaud Ltd.)[11]

ロンドンの蠟人形展示業者であるマダム・トゥーソー社は，過去に殺人の嫌疑を受けたものの証明不十分の評決を受けたモンソンについて，その肖像模型を蠟で作り，「恐怖の部屋」(The Chamber of Horrors) と呼ばれる部屋に展示し，宣伝した．モンソンは，名誉毀損を理由に，暫定的差止命令を申し立てた．

高等法院の合議法廷 (Divisional Court)[12]は，暫定的差止命令を付与し，肖像模型の公開，展示，宣伝等を禁じた．控訴院[13]は，1894年1月29日，全員一致でトゥーソー社の上訴を認容し，文書による名誉毀損 (libel) の成立が「最も明らかな事件」においてのみ，暫定的差止命令は認められるという判断を下した．

1.3 ドックレル対ドゥガール事件 (Dockrell v. Dougall)[14]

ドゥガールは，「サリコ」(Sallyco) と呼ばれる液体の製造販売業に従事していたところ，皮膚科専門医のドックレル博士の名前を無断で使用し，同博士がサリコの有効性を強調しているかのような文句を付して大々的に宣伝を行った．ドックレルは，ドゥガールの行為は医師の地位を傷つけるとして，名誉毀損に基づく損害賠償及び差止命令を申し立てた．

高等法院女王座部[15]は，請求を退けた．控訴院[16]は，ドッグレルの上訴に対し，1899年4月26日，当該広告はドックレルの財産や専門的職業に被害を及ぼそうとするものではない，ドックレルがその氏名に財産権を持つことを裏付ける先例はないことを理由に，上訴を棄却した．

1.4 コレリ対ウォール事件 (Corelli v. Wall)[17]

出版業を営むウォールは，有名女流作家であるマリー・コレリ (Marie Corelli) に無断で，その肖像を用いた5枚のカラー絵葉書を作成・販売した．コレリは，文書による名誉毀損，又は，許可なき肖像の公開を禁じる権利を持つことを理由に，絵ハガキの公開又は販売等の禁止を求めて，暫定的差止命令 (interim injunction) を申し立てた．高等法院大法官部[18]は，1906年5月10日，文書による名誉毀損は成立しないこと，許可なき肖像の公開を禁じる権利を裏付ける先例は存在しないことを理由に，これを退けた．

ただし，大法官部は，次のような言葉を残している．「申立人は本申立ての目的の範囲内で，そのような権利を持つことを証明しなかった……ハガキの販

売が，申立人の希望と正反対で，彼女に対する多大な迷惑行為であることが周知されたときは，大多数の立派な人々は……それらのカードに関することをすべて拒否するであろう．また，引き続きカードを販売するような人々（がいるとすれば）に関して，申立人が，正式事実審理において，それらが文書による名誉毀損を構成することを十分に証明すれば，彼女は，カード販売者すべてから，損害賠償による救済を得られるであろう．それまでの間，彼らは自らの危険で販売を行うであろう」[19]．

1.5　パルマー対ナショナル・スポーティング・クラブ社事件（Palmer v. National Sporting Club Ltd.）[20]

有名ボクサーのパルマーは，ある懸賞試合で敗北した．彼は，ナショナル・スポーティング・クラブ社に対し，試合の実写フィルムの公開を禁止するため，名誉毀損に基づく差止命令を求めた．同社は，パルマーの被る迷惑は，単に彼が敗戦したという事実から生じるものだと反論した．ウォリントン裁判官（Warrington J.）は，1906年，この見解を受け入れ，申立てを棄却した．

1.6　ダンロップ・ラバー社対ダンロップ事件（Dunlop Rubber Company Ltd. v. Dunlop）[21]

本件は，貴族院の判決である．ダブリン（Dublin）に住む老紳士であり，空気タイヤの発明者でもあるジョン・B・ダンロップ（John B. Dunlop）は，ダンロップ・ラバー社の前権利者に，自身の半身の肖像画を署名つきで贈与した．ところが，ダンロップ社は，ダンロップに無断で，この肖像画を用いた広告を展示した．しかも，その特徴は，非常に背の高い男性が大げさにめかしこんだ方法で服を着ており，高い帽子をかぶり，白いベストを身に付け，ステッキとメガネを持っているというものであった．ダンロップには，そのような衣服や持ち物の習慣はなかった．ダンロップは，アイルランドの高等法院大法官部の命令によって，1905年最高法院（アイルランド）規則の第11条第1項第(g)号（Order XI., r. 1(g), of the Rules of the Supreme Court (Ireland), 1905）に基づき，ダンロップ社に対する召喚令状（writ of summons）の送達許可を得た．それは，ダンロップ社に対し，アイルランド内で，ダンロップを世間の嘲笑にさらすような広告やポスター等の公開又は展示を禁じる差止命令を求めるものであった．令状は，損害賠償の請求も伴っていたが，ダンロップは，その請求

を強く求める意図を否定した．ダンロップ社は，ロンドンの本店所在地で召喚令状の送達を受けるとすぐに，上記命令の取消しを申し立てた．

アイルランドの高等法院大法官部[22]は申立てを退け，アイルランドの控訴院[23]もこの判断を支持した．貴族院[24]は，1920年12月20日，全員一致で，ダンロップ社の上訴を退けた．貴族院は，名誉毀損に基づく差止命令には厳しい基準を課したが，本件写真の展示は，少なくとも名誉毀損的意味を持ちうるという点，老紳士が損害賠償を求めていない点，アイルランドという限定された地域に限られるという点に鑑み，差止命令を認めた原判決を支持している．

1.7 トリー対J.S.フライ・アンド・サンズ社事件 (Tolley v. J.S. Fry and Sons Ltd.)[25]

本件も，貴族院の判決であり，この時期のものとしては有名である．有名アマチュアゴルフ選手のシリル・トリー (Cyril Tolley) は，チョコレート製造会社である J.S. フライ・アンド・サンズ社によって，その肖像を漫画化され，無断で商品の宣伝広告に使われ，ロンドンの二大新聞である「デイリー・スケッチ」及び「デイリー・メール」に掲載された．トリーは，フライ社に対し，アマチュアゴルフ選手としての自分の名声を営利目的で売ったように誤解されたとして，文書による名誉毀損に基づく損害賠償を請求した．

事実審のアクトン裁判官 (Acton J.) は，陪審に付すべきではないとするフライ社の主張を排斥し，トリーに1,000ポンド（当時の為替レートで約33万円）の損害賠償を付与した[26]．フライ社は上訴し，控訴院[27]は，2対1で，フライ社の主張を認める判決を下した[28]．今度はトリーが上訴した．貴族院[29]は，1931年3月23日[30]，4対1で，トリーの上訴を認容した．判断の決め手となったのは，トリーの用いた2名の証人（アマチュアゴルフ選手のストーレイ (Storey) 及びゴルフクラブの秘書官であるホブソン (Hobson)）によって，アマチュアゴルフ選手が自らを商品宣伝に利用すればその地位を保てない旨の証言が得られたこと，及び，広告代理店がフライ社に送った手紙の内容に，次のような記載が存在したことにあった．

「まず第1に，ベティ・ナタール (Betty Nathall) とヘレン・ウイルズ (Helen Wills) は，アマチュアであり，ゴルフの世界もさることながら，テニスの世界において，アマチュアの地位は，極めて注意深く擁護されなければな

りません．したがって，シリル・トリーが，もし我々と何かを争っているとすれば，ヘレン・ウイルズ及びベティ・ナタールの両者とも，広告目的での我々の漫画に驚愕するであろうことはさらに確実です」．

1.8 その他

以上のほかにも，著名人の氏名が営利的に利用されたことに関する事件が登場した．マカロック対ルーイス・ア・メイ（製造流通）社事件（McCulloch v. Lewis A. May (Produce Distributors) Ltd.)[31]では，詐欺的な詐称通用（passing-off)[32]が主張されたものの，高等法院大法官部[33]は，1947年11月28日，イギリス法には架空（in vacuo）の氏名における排他的財産権が存在しないことなどを理由に請求を退けた．シム対 H.J. ハインツ社事件（Sim v. H.J. Heinz Co. Ltd.)[34]では，名誉毀損，害意ある虚言（malicious falsehood）及び詐称通用が争われたものの，控訴院[35]は，1959年2月6日，暫定的差止命令の申立てを退けた．

2　1960年代以降：私的事柄の保護認識期

2.1　ウィリアムズ対セトル事件（Williams v. Settle)[36]

ウィリアムズの結婚式の写真撮影を行った写真師セトルは，ウィリアムズの義理の父ベーカー（Baker）が殺害された後に，新聞記者に結婚式の写真を販売した．その写真は，2つの日刊新聞に掲載された．ウィリアムズは，写真の著作権侵害に基づく損害賠償請求訴訟を提起した．ウエストミンスターの州裁判所（Westminster County Court)[37]は，セトルに対し，1,000ポンド（当時の為替レートでは約1,000万円)[38]の懲罰的損害賠償の支払いを命じた．

控訴院[39]は，1960年5月30日，全員一致でセトルの上訴を棄却した．セラーズ控訴院裁判官（Sellers L.J.）は，懲罰的賠償を認める制定法上の根拠として，1956年著作権法（Copyright Act 1956）を挙げた上で，次のように述べている．「それは，重い損害賠償を必要とする目に余る侵害行為である．なぜなら，これは，その状況において非難すべき事件であるからだ．私は，それを詳しく述べるつもりはないし，見解を表明するつもりもない．それは，原告の権利の甚だしい侵害であり，非難すべき行為であり，また全体で，原告の法的な著作権のみならず，彼の感情，及び，家族の尊厳及び誇りについての彼の感覚

を無視したと言うに十分である．それは，彼の生活への不法侵入であり，ある人の財産への不法侵入よりも，深刻で重大である」．

　この判決は，元最高裁判所裁判官・東京大学名誉教授の伊藤正己博士が，その著書『プライバシーの権利』の中で紹介している[40]．そこでは，懲罰的賠償額の評定について，原告のプライバシー侵害が考慮されたこと，及び，著作権を持たないウィリアムズの妻の精神的苦痛も考慮されたこと，それによって，イギリスでもプライバシーがある意味で法的な保護をうけることが示されたものの，著作権という財産的利益が請求の基礎とされたことによって，独立の訴訟原因としてのプライバシー権の侵害が成立しないことは，判例として確立したようだと指摘されている．

2.2　アーガイル公爵夫人対アーガイル公爵事件 (Duchess of Argyll v. Duke of Argyll)[41]

　婚姻中に生じた公爵夫人をめぐる様々な出来事が，「ザ・ピープル」という雑誌に無断で掲載された．公爵夫人は，婚姻上の信頼違反等に基づき暫定的差止命令を申し立て，公爵に対しては，出版社への連絡を禁じるよう求め，出版社に対しては，離婚訴訟に関する事柄の公開を禁じるよう求めた．

　高等法院大法官部[42]は，1964年12月4日[43]，暫定的差止命令を認めた．そこでは，婚姻は契約であり，夫婦間の秘密が公開された場合には信頼違反を構成する旨の判断が下された．大法官部は，この事件で，信頼違反は財産権から独立することを明言している．

3　1970年代以降：プライバシーと言論・出版の自由対抗期

3.1　バーンスタイン男爵対スカイビューズ・アンド・ゼネラル社事件 (Bernstein of Leigh (Baron) v. Skyviews & General Ltd.)[44]

　航空写真の会社であるスカイビューズ社は，ケント (Kent) 州にあるバーンスタイン男爵の別荘の航空写真を1枚撮影し，販売を申し出た．バーンスタイン男爵は，建物の上空に侵入した同社の行為に対し，不法侵害ないしはプライバシー権侵害に基づく損害賠償，男爵の建物又はその上空に侵入することを禁じる差止命令等を求めた．

　高等法院女王座部[45]は，1977年2月10日[46]，請求を退けた．不法侵害につ

いては，スカイビューズ社が男爵の土地の何百フィートも上空を飛んでいたことを理由に否定した．女王座部は，プライバシー侵害についても退けたものの，次の点を付言している．「しかし，もし，原告が空中から自宅を継続的に監視されるという迷惑を被り，それに伴い彼のあらゆる行動が写真に撮られるような状況であった場合，彼のプライバシーをこのようにひどく侵害する行為に対し，裁判所が救済を与えるであろう，訴訟提起可能なニューサンスとしてみなさないとは，私は決していわない」．

　後に詳しく述べるが，イギリス人学者であるレイモンド・ワックス（Raymond Wacks）氏は，1989年に発表した『個人情報：プライバシーと法』（Personal Information: Privacy and the Law）という著書[47]の中で，この事件を評価している．そこでは，プライバシー侵害への救済可能性を示唆したが，少なくとも2つの制限が課せられることを指摘した．

- 監視下にある土地の「所有者」のみに役立つ（したがって，「すべての行動」を写真に撮られたとしても，その土地に客として滞在する者は，救済を得られない）．
- グリフィス裁判官（Griffiths J.）により，仮想の筋書きが示された．原告の「すべての行動」を「継続的に監視」を熟考すると，これはかなり無理な状況である．（ひょっとすると無人かもしれない——土地ではなく，人に対する）空からの調査が，被害者の注意を引かずに済むことは，ほぼなさそうで，それによって趣旨が没却されることになる．

3.2　ウッドワード対ハッチンス事件（Woodward v. Hutchins）[48]

　ウッドワードら4名は，著名なポップスターのグループであったが，その元広報担当であるハッチンスは，退職後にグループの非公開情報を多額の報酬と引き換えに，デイリー・ミラー新聞社（Daily Mirror Newspapers Ltd.）に提供した．その結果，ウッドワードの男女関係を含む私生活や他のメンバーの関係した不名誉な出来事が，記事として公開された．ウッドワードらは，ハッチンス及びデイリー・ミラー新聞社に対して訴訟を提起し，文書による名誉毀損，契約違反，信頼違反に基づく損害賠償，及び，ハッチンスが雇用中に取得したウッドワードらの秘密情報の公開を禁じる差止命令等を求めた．あわせて，同旨の暫定的差止命令も申し立てた．スライン裁判官（Slynn J.）は，暫定的差

止命令を認めた.

　控訴院民事部[49]は，1977年4月19日，ハッチンスらの上訴を認容し，暫定的差止命令を取り消した．各争点のうち，秘密情報の違反（breach of confidential information）については，次のような判断が下されている．「おそらく，いくつかの仕事の中には，守秘義務は存在する．適切な場合，裁判所は，使用人が，雇われている過程で受け取った秘密情報の提供を禁じる用意はある．しかし，本件は，通常からは大きく外れている．間違いなく，このポップグループは，何としてでも，広く一般に知られることを求めていた……この種のグループが自分たちにとって有利となる評判を求めた場合，自分たちの使用人又は従業員が，後に彼らに関する真実を提供しても，彼らは異議を述べることはできないと，私には思われる．彼らの育てた印象が，真実の印象ではなかった場合，公の利益においてそれは正されるべきである．これらの秘密情報の事件において，真実を知るという公の利益に対し，秘密を保持するという公の利益の均衡を取ることが問題である……本件において，均衡は，真実を伝えられることを支持することになる．たとえ，それが何らかの秘密情報違反を伴うとしても，である…国民は，欺かれるべきではない．したがって，私には，秘密情報違反は，差止命令の根拠とはならないと思われる」．

　以上に加え，控訴院民事部は，差止命令の表現があまりに広汎であることや，本件において公開された情報は社会共有であることも指摘している．なお，判決理由を述べたデニング記録長官（Lord Denning M.R.）は，ウッドワードらに損害賠償における救済の途を残すべきである，と付言した.

　ワックス氏は，『個人情報：プライバシーと法』において，次の諸点を指摘して，本件の判断に反対している[50]．

　「第1に……個人が，好意的な評判を求める（そしてこの記述は，政治家や王室にさえ同等に適用され得る）という理由だけで，全私生活を暴露されても免責され，さらに，ほとんどの場合，前従業員は，決して利他的ではない動機によって動かされるだろうことは，いずれにせよ，原則として受け入れられない……ハッチンスは，純粋に私利私欲から行動している」．

　「第2に，控訴院の考える『公の利益』は奇妙だ．デニング卿は，国民はポップスターに関する『真実』を知るという利益を持つと表現した．上述のよう

に，詐欺的又は不正な実業家に関して真実を知らされるという公の利益があるのはもっともだが，ポップ歌手の私的な性癖に対して，同じことはほとんどいえないだろう」．

「第3に，被上訴人の暫定的差止命令を否定する際，裁判所は，文書による名誉毀損訴訟において長く受け入れられてきた法則を適用した……しかし，もし，信頼違反の訴訟において，申立人が，暫定的差止命令よって，彼に関する個人的事実の提供のおそれを防止し損なった場合，訴訟で損害賠償を求める目的はほとんどない．一旦秘密が破られれば，おしまいである……提供される事実の真偽は，重要ではない．真実であるからこそ，申立人は秘密情報の提供を防止しようと努めるのだ」．

3.3 ジョン・レノン対ニュース・グループ新聞社及びシンシア・トゥイスト事件 (John Lennon v. News Group Newspapers Ltd. and Cynthia Twist)[51]

ジョン・レノンが，ニュース・グループ新聞社を相手取って，最初の夫人による，婚姻中の関係を記した記事の公開を禁じる差止命令を求めた．申立ては拒否された．控訴院民事部[52]は，1978年7月16日，次の点を理由として，ジョン・レノンの上訴を退けた．

ジョン・レノンは，1964年のアーガイル公爵夫人対アーガイル公爵事件を引用して，以前の夫婦の婚姻上の秘密を暴露することによりもたらされる信頼違反を禁じる差止命令を得ることはできない．多くの記事は，両当事者が，婚姻上の出来事についての，私事に関する詳細を提供することにより，既に公開されてきた．そして，明らかに，当事者間の関係は私的ではなくなり，社会共有となった．

3.4 内国歳入庁長官対ロスミンスター社事件 (Inland Revenue Commissioners v. Rossminster Ltd.)[53]

内国歳入庁は，租税管理法（Taxes Management Act 1970）に基づき発布を受けた捜索令状を用いて，4件の建物内の捜索を実施した．その際，係官は，それぞれの建物に入り，すべての種類のファイル，紙及び書類を膨大に差し押さえ，持ち去った．捜索を受けたロスミンスター社らは，令状の無効及び差押えの違法性を主張して，司法審査手続（judicial review）を申し立てた．

高等法院女王座部は，この申立てを退け，高等法院の合議法廷[54]も同様の

結論を取った．同社は上訴した．控訴院[55]は，上訴を認容し，捜索令状を無効として物品の返還や写しの破棄等を認めるとともに，差押えは違法である旨の終局的宣言を下した．今度は内国蔵入庁長官が上訴した．貴族院[56]は，1979年12月13日，4対1の多数で，上訴を認容した[57]．ウィルバーフォース卿（Lord Wilberforce）は，プライバシー権について，「人の自宅及び職場に関する尊厳及びプライバシーは，重要な人権であるが，議会を通過した多くの制定法は，いくつかの場合において，おそらく，脱法を防止するという公の利益を優先すべきという考え方に基づき，第2次世界大戦以降，このプライバシー権を侵食している」と述べつつも，大規模な押収権限の問題は議会と報道機関において議論すべきであるとした．また，卿は，裁判所の役割について，市民のプライバシー権の擁護者であり，市民の権利を損なう立法に批判的な目を向けるべきだと指摘したが，他方で，立法の働きを制限又は妨げることは，義務でも権限ではないとして，消極的な考えを示した．

3.5 カショーギ対スミス事件 (Khashoggi v Smith)[58]

　カショーギ夫人の元家政婦であるスミス夫人は，デイリー・ミラー新聞社に対し，金銭の支払いと引き換えに夫人の情報を提供しようとした．その情報は，次のようなものであった．カショーギ夫人は，ある時，高価な宝石類をパリから持ち帰った際，輸送中に盗難に遭ったと主張し，宝石類にかけていた保険金約17,000ポンドを受け取っていた．また，同夫人の唆しにより，ヒースロー空港の手荷物係は窃盗の罪で起訴されたが，治安判事裁判所（Magistrates Court）は，これを退けている[59]．同夫人は，治安判事裁判所で行った証言について，偽証の疑いをかけられたが，刑事訴追からは免れた．また，同夫人は，有名な政治家の1人と，過去に関係を持っていた．

　カショーギ夫人は，スミス夫人及びデイリー・ミラー新聞社に対する差止命令を申し立て，スミス夫人に対しては，家政婦として雇われていた間に取得した秘密情報の提供を禁止し，デイリー・ミラー新聞社に対しては，スミス夫人から提供を受けた秘密情報の公開を禁じるよう求めた．

　ウッド裁判官（Wood J.）は，一方的差止命令（ex parte injunction）を認めたが，その数日後，ジャップ裁判官（Jupp J.）は，差止命令の継続を拒否した．ただし，控訴院への上訴を認めるため，1980年1月7日までの期限付きで，差

止命令を付与した．

ジャップ裁判官の決定に対し，控訴院民事部に中間上訴（interlocutory appeal）が提起された．同裁判所[60]は，1980年1月11日まで，一時的な差止命令の期間を延長し，同年1月15日，ウッド裁判官の付与した差止命令の継続を拒否する決定を下した．

本件では，カショーギ夫人とスミス夫人の間に守秘義務が存在したか否か，及び，カショーギ夫人の秘密保持の利益と，報道機関の言論の自由との調整が問題となった．

ロスキル控訴院裁判官（Roskill L.J.）は，正式事実審理で判断される事柄に影響を及ぼすべきではないことを前提に，守秘義務が存在するとしても，犯罪捜査を目的とする場合は例外であると述べた．そして，差止命令の可否については，1977年のウッドワード対ハッチンス事件を引き合いに出し，カショーギ夫人が非常によく知られた人物であることを指摘しつつ，次のように判示した．「ウッドワード対ハッチンス事件の記録長官の理由付けに従い，もしある人物が，この女性が行った範囲で，自分自身を公衆の目にさらす状態を容認した場合，彼女は，事のすべて（事のすべてがあるとして）と真実のすべて（真実のすべてがあるとして）を一般に知らされる危険を冒しているという見解は，大いに唱えられるべきだと私は考える」．

3.6　X 対 Y 事件（X v. Y）[61]

医療機関である原告の従業員は，第1被告である新聞記者に対し，2人の開業医が，後天性免疫不全症候群（Acquired Immune Deficiency Syndrome, AIDS）に罹患しているにもかかわらず，一般診療を行っているという情報を提供した．第2被告である新聞社は，その見返りに，従業員らに金銭を支払った．そこで，原告は，信頼違反を理由に，暫定的差止命令を申し立てた．イアン・ケネディ裁判官（Ian Kennedy J.）は，暫定的差止命令を発し，新聞社らに対し，病院記録に含まれたあらゆる秘密情報の，公開又は利用を禁じた．高等法院[62]，及び，控訴院[63]もケネディ裁判官の判断を維持した．

ところがその後，新聞社は，記者の書いた「AIDS にかかった医師のスキャンダル」という記事を発行した．その記事は，イギリスの医師が AIDS にかかっているにもかかわらず治療を続けており，保健社会保障省（Department of Health and Social Security）もその事実を隠したがっていることを示唆していた．そこで，原告は，本案的差止命令（permanent injunction）等を申し立てた．

高等法院女王座部[64]は，1987年11月6日[65]，本案的差止命令を認めた．ローズ裁判官（Rose J.）は，次のように判示した．

「一方で，自由な報道と情報を得た国民が討論するという公の利益が存在する．他方で，現実の又は潜在的な AIDS 患者は，暴露される不安なしに病院を頼ることが可能となるべきであり，雇用中に守秘義務を負う者は，誠実であるべきで，秘密の事柄を提供すべきではなく，また，一見したところでは，特定の情報の提供が，直ちに明らかな被害をもたらさないとしても，何人も，信頼違反を犯して，病院記録から取り出した情報の利用を許されるべきではない，という公の利益が存在する．」

「私は，報道の自由という非常に重要な公の利益に，最大の関心を向けている．そして，私は，被告が公開しようとするもの（いかなる形であれ）を知ることにおいて，何らかの公の利益があることを認める．しかし……原告らに何らの不正行為もなかった．病院患者，とりわけこのぞっとするような状態に苦しむ者の記録は，私の判断では，秘密にすべきである……原告らは，被告らの積極的な参加により……耐え難い権利侵害に苦しんできた．国民が公開を求めた情報を奪われることは……最低限の重要性しか持たないであろう」．

3.7 ステファンズ対アヴェリー事件（Stephens v. Avery）[66]

ステファンズとアヴェリーは，親しい友人関係にあったにもかかわらず，アヴェリーは，メール新聞社（Mail Newspapers plc.）に，ステファンズの性的行為の詳細を伝えた．それは，ステファンズがテリング夫人（Mrs. Telling）と同性愛の関係にあり，夫人が，夫のテリング氏（Mr. Telling）に殺害された事実の詳細も含んでいた．同新聞社は，ステファンズに無断で「ザ・メール・オン・サンデー」に「ローズマリーの物語」と題する記事を掲載した．そこで，ステファンズは，アヴェリー及び同新聞社に対し，損害賠償を求める訴訟を提起した．これに対し，アヴェリーらは，訴訟原因の不存在等を理由に，請求を排斥させるための申立てを行った．バラット裁判官（Barratt J.）は，その申立てを退けた．

高等法院大法官部[67]は，アヴェリーらの不服申立てに対し，1988年2月26日，それを退ける判断を下した．ニコラス・ブラウン-ウィルキンソン副大法官（Nicolas Browne-Wilkinson V-C）は，本件申立てを認めるためには，ステファンズの請求が明らかに成功し得ないことを証明しなければならないと述べた．その上で，秘密情報としての法的な保護を及ぼすためには，1968年のココ対A.N.クラーク社事件の3要件を満たす必要があるとし，本件では，第1要件（当該情報の秘密性）及び第2要件（守秘義務を示す状況での情報提供）が問題となる旨を指摘した．

結論として，副大法官は，契約や雇用関係がないというアヴェリーらの主張を退け，「当事者の関係は，決定的要素ではない」「私の判断では，その情報が秘密であるという明示的な表明は，守秘義務を課す可能性のある最も明らかな例である」と述べている．

ところで，副大法官は，プライバシーと情報の自由について，正式事実審理で決定すべき事柄としたが，次の言葉を残している．「私の考えでは，本件は，確かに，一方で，すべての個人が期待する権利を付与されたプライバシーと，他方で，情報の自由の関係について，基本的な難しさを生じさせる．多くの者にとって，報道分野が，個人の私生活に，攻撃的に不法侵入することは，不愉快である．他方で，報道機関が，真に公の利益となる有益な情報を取得し，一般に公開する能力は，もし密かに取得された情報が余りに広い法的保護を受けるならば，一般国民の興味に反し，損なわれるであろう．さらに，報道機関は，真実を発表することに対して損害賠償責任を負うであろうか？」

ワックス氏は，『個人情報：プライバシーと法』の中で，本件を次のように評している[68]．「本件は，極めて賢明だ．それでもなお，必然的に，裁判所は，『友人』が，秘密に保つことであろうことを理由に情報を受け取ったという事実に重きを置くことを要求されている．副大法官は，『当事者の関係は，決定的要素ではない』と述べたにもかかわらず，『その情報が秘密であるという明示的な表明は，守秘義務を課す可能性のある最も明らかな例である』という事実を強調することを義務付けられた……いい換えるとこういうことである．もし，新聞社が，自分の機器を用いて，『友人』の助けを少しも借りずに，同性愛者の密通に関する情報を入手し，それを公開した場合，原告は，信頼違反の

訴訟を奪われたであろう……もし，原告が，密かに情報を知らせたことを明らかにしなかった場合，彼女のいわゆる『プライバシー』は，壊れやすいものになったであろう……正式事実審理が行われれば，必ずしも，原告側に有利な判断が出るという結果にはならないであろう」．

確かに，本件の判断理由に従えば，信頼違反の要件を満たすために，ステファンズは，秘密であることをアヴェリーに示しながら情報を提供することが必要となる．ステファンズが誰にも告げていない情報について，新聞社が機器などを用いて人を介さずに入手すれば，第2要件を満たすことにはならない．したがって，信頼違反は，秘密を持つ主体が第三者に提供した情報を保護し，全くの秘密に保っている情報を奪われた場合は保護を与えない結果となってしまう点が問題となる．

この事件によって，3要件に基づく信頼違反の法理では十分な保護を与えられないこと明らかとなった．同年10月13日の前記司法長官対ガーディアン新聞社事件によって，信頼違反の第2要件は緩和されることとなる．

4 1990年代：プライバシー権承認検討期

4.1 ケイ対ロバートソン事件 (Kaye v. Robertson)[69]

有名俳優のゴードン・ケイ (Gordon Kaye) は，運転中の事故で脳に重傷を負い，入院して治療を受けていた．ところが，サンデー・スポーツ新聞 (Sunday Sports Newspaper) の編集者であるロバートソンの指示により，同新聞の記者とカメラマンが，患者の訪問前に職員に会うよう求める掲示を無視してケイの病室を訪れ，ケイにインタビューを行い，写真を撮影した．ケイの友人であるピーター・フロガット (Peter Froggatt) は，訴訟後見人として，暫定的差止命令を申し立て，ロバートソン及び新聞の発行元であるスポート新聞社 (Sport Newspapers Ltd.) に対し，インタビューや写真等の公開を禁じるよう求めた．ポッター裁判官 (Potter J.) は，暫定的差止命令を認めた．

控訴院民事部[70]は，1990年3月16日，全員一致で限定的な差止命令のみを認め，上訴人であるロバートソンらに対し，ケイが写真撮影及びインタビューに自発的に同意を与えたと思わせる記事の公開を禁止した．記事自体の公開は禁止しなかった．

グライドウェル裁判官（Glidewell L.J.）は，一般的なプライバシー権について，次のように判示した。「イギリス法において，プライバシー権が存在しないこと，またそれゆえに，人のプライバシー侵害を理由とした訴訟の権利が存在しないことは，よく知られている。本件の事実は，制定法上の規定によって，個人のプライバシー保護を創造することが可能か否か，またそれはどのような状況におけるかを，議会が検討することが望ましいという，明らかな例である」。

ビンガム裁判官（Bingham L.J.）は，1977年のバーンスタイン男爵対スカイビューズ・アンド・ゼネラル社事件を引き合いに出し，本件を「彼のプライバシーへのひどい侵害」であるとしつつも，それのみでは，いかに甚だしくとも，イギリス法において彼に救済を与えることはできないとも指摘した。

レガット裁判官（Leggatt L.J.）は，アメリカにおけるプライバシー権の発展を紹介した後，「この権利はあまりに長く無視されてきたため，いまや，立法によってのみ承認することができる。特に，アメリカ合衆国は，コモン・ロー及び制定法の両者において，この権利を執行してきた多くの経験を持ち，その経験を利用できることから，われわれの法における著しい欠点を補うことが，大きく遅れないことを望む」という言葉を残した。

4.2　R対保健省事件（R. v. Department of Health, Ex p. Source Informatics Ltd.）[71]

ソース・インフォマティックス社（SI社）は，医師の処方習慣に関する情報を入手し，製薬会社にその情報を販売している。処方箋用紙に記載される情報は，医師の氏名，患者の氏名，処方日，処方薬，処方量である。薬剤師は，自らのために，調剤製品の詳細，調剤日とともに，これらの情報をコンピュータのデータベースに入力していた。薬剤師は，特別に設計されたコンピュータソフトウェアを使って，匿名化情報（患者を特定するものを除くすべての情報）をダウンロードしてSI社に引き渡し，同社は，個々の医師の処方した製品に関するデータベースを作り上げていった。

ところが，保健省は，医師，薬剤師による処方箋情報の提供について，匿名化をしても患者に対する守秘義務を免除しないとする政策文書を発布した。

SI社は，政策文書の司法審査手続を申し立てたが，レイザム裁判官（Latham J.）によって退けられた[72]。SI社は，許可を得て控訴を提起した。同社は，

政策文書は法律上誤っており，医師又は薬剤師が匿名化情報を第三者に提供することは，守秘義務違反を構成しない旨の宣言的判決を求めた．

控訴院民事部[73]は，1999年12月21日[74]，全員一致で，SI 社の請求を認め，控訴を認容した（貴族院への上訴許可は拒否）．

サイモン・ブラウン控訴院裁判官（Simon Brown L.J.）は，1968年のココ対AN クラーク（技術者）社事件におけるメガリー裁判官の 3 要件を引用しつつも，守秘義務の範囲及び違反の有無を判断するための基準は，薬剤師の良心であると述べ，次のように判示した．

「私の判断では，答えは明らかである．本件で関連する法理は，秘密を打ち明ける個人のプライバシーを守ることだ……もし，私が結論付けるように，彼の唯一の適法な利益が，彼のプライバシーを保護することであり，もし，それが保護を受けるのであれば，彼の意思が，どのようにして妨げられたと考え，又は，彼の個人の尊厳が，どのようにして害されたかを，私は理解することができない……また，個人の信頼に関する事例においても，私は，類推によって，秘密を打ち明ける人の身元が保護されるのであれば，信頼は破られないと判断する」．

「……むしろ，私は，当裁判所に向けられた多くの詳細な議論から離れ，薬剤師の良心は，ソース社の提案した計画への協力によって煩わされるべきではないことが合理的であると，単純に認定する．患者のプライバシーは，保護され，侵害されないであろう．薬剤師の守秘義務は，破られないであろう」．

4.3 ヘリーウェル対ダービシャー警察長事件 (Hellewell v. Chief Constable of Derbyshire)[75]

前科者の情報を犯罪予防・捜査のために利用・提供した警察の行為が問題となった事件である．レスター（Leicester）の女王座部[76]は，1994年12月21日[77]，ヘリーウェルの請求を退けたが，ローズ裁判官（Laws J.）は，次のような言葉を残している．「もし，望遠レンズを持つ人物が，私的な行為に従事している他人の写真を遠くから無断で撮影した場合，その人物が後に当該写真を提供することは，私の判断では，間違いなく信頼違反の結果をもたらす……そのような場合，訴訟原因に与えられる名前は信頼違反であるが，法は，プライバシー権と適切に呼ぶことができるものを保護するであろう」．

4.4 ウェインライト対内務省事件 (Wainwright v. Home Office)[78]

(1) 貴族院の立場の明確化

　1990年代の判例には，プライバシー権の価値を認識するような傾向が見られるようになった．しかし，イギリスの裁判所は，2003年のウェインライト対内務省事件によって，プライバシー侵害という一般的不法行為について，判例法上は認めず，立法によって実現すべきという立場を明らかにした．本件は，2003年の判決であるが，事件そのものは1997年1月に発生しているため，この項目の中で紹介することとする．また，この事件はヨーロッパ人権裁判所に上訴され，2006年9月26日に判決が下された．

　1996年8月15日，パトリック・オニール（Patrick O'Neill. 以下「パトリック」という）は，殺人罪で身柄を拘束され，リーズ（Leeds）のアームレー（Armley）拘置所に勾留された．拘置所側は，パトリックが，公判を待つ間，薬物取引をしていることを疑ったが，入手方法をつかむことはできなかった．そこで，拘置所長は，1964年監獄規則（1998年統合）（Prison Rules 1964 (consolidated 1998)）第86条第(1)項に基づき，パトリックの訪問者に対し，裸での身体検査を受けさせることとした．拘置所の定めた内部規則により，身体検査は，完全な個室で行わなければならず，訪問者と同じ性別の2人の係官の面前で実施することとなっていた．検査は，半身ずつ行い，体に触ることは禁じられていた（髪，耳，口は除く）．また，事前に，訪問者による同意書への署名が義務付けられていた．

　1997年1月2日，パトリックの母親であるメアリー・ジェーン・ウェインライト（Mary Jane Wainwright）は，息子のアラン・ジョセフ・ウェインライト（Alan Joseph Wainwright. パトリックの腹違いの兄弟）とともに，パトリックを訪ね，嫌々ながら身体検査を受けることに同意した．なお，アランは，小児麻痺による身体障害及び学習障害を抱えていた．

　身体検査は，別々の部屋で行われた．ところが，係官は，検査の際，内部規則に反し，アランの男性器に触れるなどした．その後，ウェインライト親子は，精神科医の診察を受けたところ，アランは心的外傷後ストレス障害を患ったと診断され，ウェインライト夫人には，精神疾患は認められなかった．ウェインライト親子は，1999年12月23日，提訴期限満了の直前に，内務省に対し，損害

賠償を求めて訴訟を提起した.

　訴訟上，次の2点については，当事者間に争いはない.

- ・拘置所の係官が，アランの男性器に触れたことは，不法行為に当たる暴行である.
- ・内部規則を遵守しないままに検査を行った（ほぼ全身を露にすることを求められ，検査終了後まで同意書は渡されず，ウェィンライト夫人の検査部屋は，窓にカーテンがかけられていなかった）.

　リーズの県裁判所（County Court）マクゴニガル裁判官（McGonigal J.）は，ウェインライトらの裸での身体検査がプライバシー侵害を構成することなどを理由として，規則第86条第(1)項に基づき付与された権限の不適切な行使だと判断した.

　そして，裁判官は，2001年4月23日，ウェインライト夫人に対して，2,600ポンドの損害賠償（1,600ポンドは基本的賠償，1,000ポンドは加重の賠償.当時の為替レートでは約52万円）を認め，アランに対して，4,500ポンドの損害賠償（3,500ポンドは基本的賠償，1,000ポンドは加重的賠償.当時の為替レートでは約90万円）を付与した.ここでは，暴行を理由とする損害賠償と，裸にさせられたことによる損害賠償には分けられなかった.内務省は上訴した.控訴院[79]は，2001年12月20日，アランに対する暴行に起因する3,750ポンド（当時の為替レートでは約75万円）の賠償を認容し，残りの判決部分を破棄した.ウェインライトらは，上訴した.

　貴族院[80]は，2003年10月16日，全員一致で上訴を棄却した.法廷意見を述べたのはホフマン卿（Lord Hoffmann）である.卿は，コモン・ロー上，プライバシー侵害の一般的不法行為を認めるべきか否かについて，ウォーレン＆ブランダイス論文によるプライバシー権の提唱，アメリカにおけるコモン・ローの発展，プロッサーによる4類型の分類を紹介した.他方で，ホフマン卿は，次のようなことを述べて，「プライバシー侵害」という一般的な上位概念を認めることに疑問を呈し，プライバシー権の創設を議会に委ねるという態度を明確に打ち出した.

- ・不法侵害，ニューサンス，名誉毀損，害意ある虚言，とりわけ信頼違反の法の発展を通じて，プライバシーは実質的に保護されている.

- 1997年迷惑行為防止法（Protection from Harassment Act 1997）や，1998年データ保護法（Data Protection Act 1998）に基づく制定法上の救済も用意されている．
- イギリスの先例や，ヨーロッパ人権裁判所の先例（条約第8条関連）によっても，それらが，コモン・ロー上の独自の訴訟原因として，「プライバシー侵害」という一般原則の存在を，宣言するように推奨しているとは考えられない．
- 法の原則が存在することを基礎付ける価値として，プライバシーを特定することと，法の原則そのものとしてプライバシーを特定することには，大きな違いがある．
- 1998年人権法の施行は，救済の隔たりを埋める役割を果たしており，プライバシー侵害の一般的不法行為が必要であるという議論を弱めている．
- プライバシー侵害という一般原則を承認することは，大まかなコモン・ローの原則よりも，立法による詳細な取組が要求される．

　なお，スコット卿（Lord Scott）は，補足意見の中で，男性器への暴行はひどい侮辱行為であるため，損害賠償は減額すべきでなかった点を付言している[81]．

(2)　ヨーロッパ人権裁判所の判断

　ウェインライト親子は，ヨーロッパ人権条約[82]第3条及び同第8条の権利が侵害されたことを理由に，同第13条の定める救済を得られないとして，ヨーロッパ人権裁判所（European Court of Human Rights）に不服を申し立てた．

　ヨーロッパ人権裁判所[83]は，2006年9月26日，次のように述べてウェインライト親子の申立てを認め，非金銭的な損害に対する各3,000ユーロ（約50万円）の賠償を付与した[84]．

　拘置所職員の扱いはウェインライト親子に苦痛を与えたが，拷問等を厳しく禁じる第3条違反を構成するものではなく，むしろ第8条の問題である．第8条第1項は，私生活及び家族生活を尊重される権利を保障し，第2項は，法に基づき，かつ，国家安全や公衆安全等の適法な目的のために，民主主義社会において必要な場合を除き，公的機関の介入があってはならないと定める．不正行為を働いていないであろう外部者に対する捜索を行う場合，拘置所職員は，

安全保護措置を厳格に守り，また，被搜索者が必要以上の苦痛を受けないように十分に注意すべきである．しかし，ウェインライト親子が薬物を持ち込んでいるという直接的な証拠は存在せず，また，本件身体検査は侵害的な態様であったことから，第2項の定める「民主主義社会において必要」なものとみなすことはできない．したがって，第8条に違反する．

また，ウェインライト親子は，国内の裁判所に訴えを提起したが，とりわけ，プライバシー侵害の一般的不法行為が存在しないことを理由として，アランへの直接的な暴行を除いて救済は認められなかった．したがって，条約上の権利侵害が生じた場合における国内法上の救済を定める第13条違反が認められる．

第3節　21世紀のプライバシー侵害訴訟

1　1998年人権法の影響

1998年人権法（Human Rights Act 1998）[85]の成立・施行は，イギリスの裁判所の判決に大きな影響を与えた．この法律の長称は，「ヨーロッパ人権条約により保障された権利及び自由により一層の効果を与え；ヨーロッパ人権裁判所の裁判官となる一定の司法職を持つ者に関する規定を定め；かつ，関連する諸目的のための法律」（An Act to give further effect to rights and freedoms guaranteed under the European Convention on Human Rights; to make provision with respect to holders of certain judicial offices who become judges of the European Court of Human Rights; and for connected purposes）である．1998年11月9日に女王の裁可を受け，2000年10月2日に施行された．名称から明らかなように，人権法は，欧州評議会（Council of Europe, CoE）の採択したヨーロッパ人権条約と非常に密接な関わりを持つ．

ヨーロッパ人権条約は，正式名称を「人権及び基本的自由の保護のための条約」（Convention for Protection of Human Rights and Fundamental Freedoms）という．この条約は，1948年12月10日に国連総会で採択された世界人権宣言（Universal Declaration of Human Rights）を考慮に入れ，人権及び基本的自由の維持及び一層の実現を目指している．1950年11月4日にローマで署名に付され，1953年9月3日に発効した．イギリスは，1951年3月8日，最初の批准国

となった．本論文との関係では，第8条と第10条が重要である．

　人権条約第8条第1項は「私生活及び家族生活を尊重される権利」として，「すべての者は，その私的な家庭生活，住居，及び通信を尊重してもらう権利を持つ」と定める．これは，プライバシー権を保障したものと解釈されている．一方，同第10条は，「表現の自由」を保障する．同条第1項の第1文は，「何人も，表現の自由を持つ．この権利は，公的機関の干渉なく，また，国境に関わりなく，意見を持つ自由，及び，情報や考えを受領しかつ伝える自由を含むものとする」と定める[86]．この権利の制限として，第2項は，「これらの自由の行使は，義務及び責任を伴うがゆえに，国家安全，領土保全又は公衆の安全の利益において，暴動若しくは犯罪を防止するために，健康若しくは倫理を保護するために，他人の名声若しくは権利を保護するために，秘かに受け取った情報の提供を防止するために，又は，司法権及び司法の公正を維持するために，法の定めた正規の手続，条件，制限又は罰であって，民主的社会に必要なものに服することがある」という定めを設けている．

　イギリスは，人権法の附則1の第1部によって，上記2つを含む権利及び自由に関する諸規定を国内法に編入した．

　人権法は，ほかにも，全体を通じて，人権条約に関連する多くの規定を設けている．同法第2条第1項によれば，裁判所・審判所は，条約上の権利と関連して生じた問題に判決を下す際，ヨーロッパ人権裁判所の判決・決定・宣言又は勧告的意見等を考慮に入れなければならない．第3条第1項及び第2項第(a)号は，現行及び将来の立法及び委任立法を，条約上の権利と適合するように解釈，実施するよう義務付けている．

　また，第6条第1項は，裁判所や審判所を含む公的機関が，条約上の権利と適合しない方法で行動することを違法と定める．この条項を根拠として，裁判所は，信頼違反の訴訟原因に，人権条約第8条と第10条を取り込み，その調整を図るようになった．後述する2002年のA対B及びC事件では，ウルフ卿（Lord Woolf）が，「このことは，それらの諸条項の要件に適応させるために，その訴訟に新しい強さと幅を与えることを伴う」と述べている．

　第8条は，司法的救済を定める．救済方法の中には，プライバシー侵害事件における差止命令等も含まれると解釈されている．

第12条は，附則1とは別に，表現の自由に関する定めを置く．この規定は，裁判所において，条約上保障される表現の自由に影響を及ぼし得るような救済を与えるか否かを考慮する際に適用される．中でも，表現の自由と最も深い関係を持つのは，第4項である．同項は，裁判所に対し，条約上の表現の自由に特別な考慮を払うことを要求し，訴訟手続が「ジャーナリスティック，文学的，又は芸術的なもの」と関連する場合，公開に伴う公の利益と，あらゆる関連するプライバシー綱領に，特別な配慮を払わなければならないと定める．関連するプライバシー綱領には，後に述べるプレス苦情委員会（Press Complaints Commission）の倫理綱領（Code of Practice）も含まれると解釈される．

2 2001年以降：新展開期

人権法施行後の判決[87]は，信頼違反の有無の解釈の中で，ヨーロッパ人権条約の保障する「私生活及び家族生活を尊重される権利」と「表現の自由」を衡量するようになった．貴族院は，2004年のキャンベル対MGN社事件において，両者が同等の価値を持つこと，情報の提供が望ましくないか否かは，通常人の感覚を基準とすることを明確にした上で，プライバシー権の侵害を認めている．信頼違反の解釈において，両者の利益を調整するという手法は，確立してきていると考えられる．

裁判所の判決の傾向としては，被害者が公人である場合，また，被害者が自らの私生活を公言しているような場合は，私的事柄を提供されても止むを得ないと判断するようである．他方で，写真の公開は侵入的性質が高いことから，これを差し止めるべきだと判断するものが多い．また，裁判所は，プライバシー侵害という独立の訴訟原因を正面から認めることは回避するという態度を堅持している．

2.1 ティークストン対MGN社事件（Theakston v. MGN Ltd.）[88]

当時31歳で未婚のジェイミー・ティークストン（Jamie Theakston）は，若者向けのBBC（British Broadcasting Corporation）の番組「トップ・オブ・ザ・ポップス」（Top of the Pops）や，BBCラジオ・ワン（Radio 1）の司会者として生計を立てていた．ティークストンは，ロンドンのイースト・エンドとソーホーで，3人の男性の友人と酒を飲み，メイフェア（Mayfair）の売春宿

へと移動し，1人の女性と性行為を行った．その後3人の女性が入室し，無断で，彼の写真を撮影した．ティークストンは，手持ちがなかったため，その日は代金を支払わなかったが，その後，携帯電話あてに，支払いを要求する無数の電話や電子メールに悩まされた．中には，支払わなければ，報道機関に写真を売ると言ってきたものもあった．ティークストンは，これらの要求に応じなかったため，結果的に，この時の出来事は，サンデー・ピープル（Sunday People）新聞に売られた．編集者は，ティークストンに接触し，公開予定の記事に対する反応を求めたところ，ティークストンは，ミラー・グループ・新聞社（Mirror Group Newspapers Ltd., MGN Ltd.）を相手取って，信頼違反，プレス苦情委員会の倫理綱領，及び，ヨーロッパ人権条約第8条が定めるプライバシー権侵害に基づく暫定的差止命令を求めた．

　高等法院女王座部[89]は，2002年1月26日，写真の公開に関する差止命令を認めた[90]．

　本件の主な争点は，表現の自由とプライバシーの衡量である．その判断の中で，①売春宿は私的場所といえるか，②男女関係を持ったことは，私的で内密といえるか，③売春宿での出来事や写真の公開に，公の利益は存在するか否かが問題となった．

　ウーズリー裁判官（Ouseley J.）は，検討事項として，(a)ティークストンが売春宿で性行為に及んだという事実自体，(b)売春宿での性行為の詳細，(c)売春宿の中で撮影されたティークストンの写真を挙げた[91]．そして，(a)について，裁判官は，性的サービスと引き換えに代金を支払う一時的な場所であり，多くの人がアクセスできる売春宿は私的場所ではないとした[92]．また，ティークストンのみが秘密にすることを望んでいた点や，秘密保持の明示又は黙示の約束が存在しなかった点を指摘した[93]．さらに，裁判官は，仮に売春宿での関係が秘密であったとしても，ティークストンは，女性にもてるという印象を自ら作り出していたことから[94]，本件情報は社会共有であり，記事の公開には公の利益が存在すると判断した．また，彼は，青少年向けテレビ番組の司会者として，その生活態度は，視聴者や親の反応に影響を与えるような人物であった[95]．結果として，(a)に関する差止命令の申立ては退けられた[96]．(b)についても同様の判断が下った[97]．

他方で，(c)に関して，高等法院は，次の点を理由に差止命令を認めた[98]．

・写真は特に侵入的性質が強いこと．
・ティークストンに無断で撮影された写真の公開は，私的及び個人的生活への不法侵入を構成し得るものであり，公開はとりわけ屈辱的で中傷的な方法であること．
・写真の公開には公の利益が存在しないこと．
・恐喝目的で撮影された写真の公開は，倫理綱領に違反すること．

2.2　Ａ対Ｂ及びＣ事件（A v. B and C）[99]

　フットボール選手であるＡは，２人の子どもを持つ既婚者である．Ｂは，全国紙の新聞社である．Ｃ及び訴外Ｄは，Ａと関係を持ち，その話をＢに売った．Ｂは，この話を公開しようとしたため，Ａは暫定的差止命令を申し立てた．ジャック裁判官（Jack J.）は，2001年４月27日以降，命令の付与と取消しを繰り返していたが，結局，暫定的差止命令を付与した．

　控訴院民事部[100]は，2002年３月11日，全員一致でＢ及びＣの上訴を認容して差止命令を取り消した[101]．法廷意見を述べたウルフ裁判官（Lord Woolf C.J.）は，1998年人権法の施行以来，秘密情報の新聞紙上での公開に対して，プライバシー侵害に基づく差止請求の数は，増加していると指摘した[102]．そして，1998年人権法第６条において，公的機関である裁判所が「条約上の権利と両立しない方法で」行動しないよう義務付けられていることに基づき，信頼違反の解釈の中で，ヨーロッパ人権条約第８条及び第10条を考慮するというアプローチを示し，次のように述べた．「裁判所は，長期間確立されてきた信頼違反を理由とした訴訟の中に，第８条及び第10条が保護する諸権利を取り込むことによって，これを達成することが可能である．このことは，それらの諸条項の要件に適応させるために，その訴訟に新しい強さと幅を与えることを伴う」[103]．

　その上で，ウルフ裁判官は，表現の自由の重要性について，次のように指摘した．「報道機関へのいかなる介入も，正当化が必要である．なぜなら，それは必然的に，社会においてその役割を果たす報道機関の能力に，何らかの影響を与えるからだ」[104]．

　以上を前提に，(a)婚姻外で性的関係を持った２人の当事者のうち，一方が情

報の提供を望んだ場合，他方の秘密保持の権利に影響を与える[105]，(b)婚姻関係に付随する秘密と婚姻外の秘密は，重要性の程度に差が存在する[106]，(c) Aは公的人物である[107]といった点に基づき，正式事実審理で本案的差止命令が認められる可能性は低いという判断が下された[108]．

2.3 アーチャー対ウィリアムズ事件 (Archer v. Williams)[109]

　メアリー・アーチャー (Mary Archer) は，有名作家兼前政治家のジェフリー・アーチャー (Jeffrey Archer) の妻である．自身も長年，ケンブリッジ大学で化学の教鞭を取り，自然科学の書籍や記事を執筆し，様々な上級職に就くなど，著名な人物であった．

　メアリーは，ジェーン・ウィリアムズ (Jane Williams) を自分の秘書兼個人助手として雇った．ジェーンは優れた能力を発揮し，両者の関係は良好であった．しかし，ジェフリーが名誉毀損事件における偽証罪で訴えられ，政治生命から身を引くことを余儀なくされた頃から，雇用条件その他において，両者の関係は悪化し始めた．結局，厳しい対立関係の中で，ジェーンは，13年間続いた雇用契約を打ち切られた．なお，ジェフリーは4年間の拘禁刑を言い渡されている．解雇後間もなく，ジェーンは，メアリーにまつわる情報を報道機関に提供するため，新聞社などと交渉の機会を持った．ジェーンは，アーチャー一家の出来事を記した13頁のファックスを，ニュース・オブ・ザ・ワールド (News of the World) のレポーターであるロバート・ケラウェイ (Robert Kellaway) に送り，そのファックスの写しを，有名な広報活動コンサルタントのマックスウェル・クリフォード (Maxwell Clifford) の事務所にも送信した．ところが，その後間もなく「メアリーの男」と題する記事が，サンデー・ミラー新聞に掲載された．ジェーンは，この新聞社とは何らの接触も持たなかったが，記事の多くは，上記ファックスの内容と酷似していた．メアリーは，信頼違反に基づき，ジェーンに対し，メアリー又はアーチャー一家に関する秘密情報の提供を禁止するための差止命令を申し立てた．あわせて，過去の信頼違反を理由とする損害賠償等を請求した．

　高等法院女王座部[110]は，2003年7月3日，差止命令を認めた[111]．ジャクソン裁判官 (Jackson J.) は，ジェーンの守秘義務は，雇用契約に当然伴うものであり，雇用終了後も継続すること[112]，当事者間に争いのある事項はすべ

て守秘義務の対象に含まれることを理由に，信頼違反に基づく差止命令を得るための3要件も満たすと判断した[113]．次に，ジェーンによる秘密情報の提供が認められるかという問題点については，ヨーロッパ人権条約第8条のプライバシー権と，第10条の表現の自由を等価的に評価し，公表における公の利益は乏しく，提供はメアリー及びアーチャー一家の私生活への重大な不法侵入であること，メアリーは公的人物とは評価されないことを理由に，差止命令を認めた．

損害賠償について，ジェーンは，サンデー・ミラー新聞への情報漏えいは予見不可能であったと主張したが，裁判官は，ジェーンが複数のメディア関係者と接触するという危険な手法をとった点を指摘してその主張を退けた．ただし，信頼違反に基づく感情的被害への損害賠償額は控えめに判断すべきであり，被った損害と均衡を取るべきことを理由として，2,500ポンド（当時の為替レートでは約50万円）が認められるにとどまった[114]．

2.4 キャンベル対 MGN 社事件 (Campbell v. MGN Ltd.)[115]

本件は，MGN 社において，2001年2月1日から数日にわたり，有名モデルのナオミ・キャンベル（Naomi Campbell）の記事をデイリー・ミラー新聞に掲載した行為が問題となった事件である．近年の貴族院判決として重要であることから，詳しく取り上げることとする．

(1) 事案の概要

記事は，次の事柄を暴露するものであった．①キャンベルが麻薬依存症者であること，②彼女が，自分の依存症のために治療を受けていること，③彼女が，麻薬中毒者更生会（Narcotics Anonymous, NA)[116]に参加していること，④その治療の詳細，⑤彼女がその集いの会場から出てきたところを密かに撮影した数枚の写真[117]．

情報源は，キャンベル氏のスタッフ若しくは取り巻き，又は，NA 集いに参加している依存症仲間のいずれかと見られている．また，カメラマンは，その仕事をするために，特別に被告から雇われているフリーランサーであった．

具体的な記事の内容は，次のとおりである．

2001年2月1日，デイリー・ミラー新聞は，第1面に，目立つ形で，「ナオミ：私は麻薬依存症者だ」という見出しを付した記事を掲載した．片側には，

魅力的なモデルとしてのキャンベルの写真が，もう片側には，リラックスした同人が笑みを浮かべ，野球帽とジーンズに身を包んだ格好の，わずかに不明瞭な写真が掲載されていた．そこには，「セラピー：集いの外のナオミ」という説明が付されていた．

記事には，キャンベルが，自分の問題を認識し，飲酒及び薬物依存に打ち勝つための努力をしていると書かれており，全体的な記事の傾向は，同情的かつ協力的であった．

また，12面と13面の見開き頁には，キャンベルを写した数枚の無難な写真の中に，著しく目立つ写真が掲載され，「抱擁：ナオミ，ジーンズと野球帽に身を包み，今週，昼食時にグループの集いに現れた」という説明が付されていた．彼女は，道路上の建物の戸口で，小さなグループの中心人物として写っていた．彼女は，2人の人物に抱擁され，2人の顔にはぼかしが入れられていた．歩道には，有名な喫茶店を宣伝する看板が写っていた．記事は，集い場所の名前を特定はしなかったものの，ロンドンのチェルシー（Chelsea）にあるキングス通り（King's Road）をよく知る人々は，写真に示された場所を十分に特定できるようなものであった．カメラマンは，少し遠くにある駐車中の車内から，密かに撮影していた．

同日，キャンベルは，ミラー・グループ新聞社に対し，訴訟を提起した．

MGN 社は，キャンベルに対する態度を極めて批判的なものに変え，2001年2月5日付けミラー紙で，「哀れむべき」と大きな文字で見出しを載せた．その下には，キャンベルの写真が掲載され，|助けて：ナオミは，先週，違法薬物に対して闘うセラピーを受けた後，麻薬中毒者更生会の集いから立ち去っていく」という短い説明文が付されていた．この写真には，同年2月1日に公開された街の様子の写真と類似していた．記事の本文は，「長年にわたり，自らを宣伝し違法薬物を濫用しているのに，ナオミ・キャンベルはプライバシーについて泣き言を言っている」という見出しが付されていた．その記事は，「ミラー紙は，先週，彼女がどのようにして麻薬中毒者更生会の日々の集いに参加しているかを暴露した」ことを述べていた．同じ版の他の場所では，社説記事が，「隠してはならない，ナオミ」という見出しを付し，次の言葉で締めくくっていた．「もし，ナオミ・キャンベルが修道女のような生活を送ることを望

むのであれば，彼女が修道院へ入ることを認めよう．もし，彼女がショービジネスの生活の興奮を望むのであれば，彼女は，それに伴うものを受け入れなければならない」．

2001年2月7日，MGN社は，不愉快で侮蔑的な記事を掲載した．「有名な君，キャンベルさん」という見出しを掲げ，「彼女が，彼らと呼ぶ有名人又は『アーティスト』のための，権利向上を目的としたキャンペーンを打ち上げる」という彼女の計画に言及した．その記事は，黒人のキャンベルに対し，「運動家として，ナオミは，チョコレート兵隊並みの効果を上げるだろう」とけなした．

キャンベルは，他の多くのファッション業界の人々とは異なり，自分は麻薬依存症者ではないと，公に嘘をついたことがあるため，新聞社が，公の利益において，彼女が麻薬依存症者であり，自分の依存症のために治療を受けているという情報を公開する権利を付与されていることを認めた．

しかし，キャンベルは，NAへの自分の参加に関連した追加的情報及び写真については，MGN社に対し，信頼違反及び1998年データ保護法違反による損害賠償を求めて訴訟を提起した．

したがって，記事①②は審理の対象とはならず，本件で争いになったのは，記事③〜⑤のみであった．

なお，キャンベル側は，1998年データ保護法に基づく請求は，主な請求結果と運命を共にし，守秘義務違反の主張には何も加えないことを認めている．

高等法院[118]は，2002年3月27日，キャンベルの請求を認め，MGN社に対し，2,500ポンド（当時の為替レートでは約50万円）の補償的損害賠償（modest award），1,000ポンド（当時の為替レートでは約20万円）の加重的損害賠償（aggravated damages）の支払いを命じた．MGN社は控訴した．控訴院[119]は，2002年10月14日，控訴を認容し，第1審の取消しを命じる判決を下した[120]．キャンベルは上訴した．

(2) 判決要旨

本件の主な争点は，ヨーロッパ人権条約第8条の「私生活及び家族生活を尊重される権利」と，第10条の「表現の自由」の権利の均衡である．

貴族院[121]は，2004年5月6日，3対2の多数で上訴を認容し，控訴院判決

を破棄した上で，第1審判決を支持する判決を下した[122]．その結果，MGN社は，3,500ポンド（当時の為替レートでは約70万円）の損害賠償の支払いのほか，100万ポンド（当時の為替レートでは約2億円）以上と推定されている両当事者の弁護士費用を負担することとなった．

　貴族院の意見が分かれたのは，事実認定の部分であり，判断基準については，概ね次の点で一致している．

- イギリスでは，包括的な「プライバシー侵害」という訴訟原因は存在しない[123]．
- 本件で問題となっているのは，私的情報の違法な提供（wrongful disclosure of private information）である[124]．
- 私生活の基準は，提供された事実に関して，当該人物が，プライバシーの合理的期待（reasonable expectation of privacy）を有していたか否かによって決められる[125]．
- ヨーロッパ人権条約第8条の保障するプライバシーと，第10条の表現の自由は，信頼違反の訴訟原因に取り入れて解釈すべきである[126]．いずれも民主主義社会において同等の価値を持ち，他に優先するものではない[127]．判断基準は，公開が適法な目的を追求しているか否か，公開によって達成する利益が，プライバシー権への干渉によってもたらされる被害と均衡を保っているか否かによるべきである[128]．第8条と第10条の均衡は，情報を公開する者が，当該情報は秘密に保たれるであろうという合理的な期待の存在を，知り又は知るべきときを起点とする[129]．第8条と第10条で具体化された価値は，個人と公的機関の紛争に適用されるのと同様，個人間又は個人と新聞社のような非政府団体の間の紛争にも適用可能である[130]．
- 個人に関する情報の提供が不快か否かは，当該人物の立場に立った通常人の感覚を基準とする[131]．
- 1998年人権法第12条第4項第(b)号により，裁判所は，関連するあらゆるプライバシー綱領を，考慮に入れることを義務付けられ，綱領の中には，次のプレス苦情委員会の倫理綱領も含まれる[132]．

「*3　プライバシー

(i)　何人も，彼又は彼女の私生活及び家族生活，家庭，健康及び通信を尊重される権利を付与される．公開は，同意なくして，個人の私生活への不法侵入を正当化することが求められる．

　(ii)　同意なくして私的場所（private place）にいる人物の写真を撮影するために，望遠レンズを使用することは，容認できない．

　注——私的場所とは，プライバシーの合理的期待がある場合の，公共又は私有の財産である．（以下略）」

「公の利益（The public interest）

　＊印を付した条項は，公の利益に当たることを立証し得る場合，例外が認められる．

　1.　公の利益とは，次に掲げるものを含む．

　　(i)　犯罪又は重大な非行を探知又は暴露すること

　　(ii)　公衆の健康及び安全を保護すること

　　(iii)　公衆が，個人又は組織の何らかの発言又は行為によって誤解することを，防止すること．（以下略）」

　以上を前提に，各裁判官は，事実認定について，次のような法廷意見を述べた．

(a)　ニコルズ卿

　ニコルズ卿（Lord Nicholls）は，③④の記事と，⑤の写真の問題を分けて検討した．

　③④の記事について，卿は，既に争うことのできない①②の事実と深く関係しているとした[133]．そして，キャンベルが，薬物依存と治療の事実を自ら社会共有の状態に置いたことから，NA の集いへの参加に関する情報が，第8条による保護を受ける私的性質を維持していたか否か，そして，キャンベルが，プライバシーの合理的期待を有していたかについて，疑わしいと指摘した[134]．また，卿は，NA によるセラピーを治療情報と区別し，キャンベルが NA による治療を選択したという事実の提供は，「手足を折ったある人物が，彼の手足にギプスをはめているという発言や，がんを患っている人が化学療法を受けているという発言よりも，重要な提供ではない」とも述べた[135]．

一方，卿は，NAへの参加が私的な性質を維持していると想定し，プライバシーと表現の自由の調整を検討した．しかし，結局，キャンベルの主張を排斥した．その価値判断は，次の文章に表れている．「一方で，本件の異常な状況において，この情報の公開は，せいぜい，キャンベル氏の私生活に対する比較的小さな程度の不法侵入であることを示すに過ぎなかった．他方で，この情報を公開しないことは，正当で同情的な新聞記事から，色彩と説得力を加えた付随的な詳細を奪うことになるであろう．この情報は，薬物問題に立ち向かうキャンベル氏の関与を実証するために公開された．本件において，均衡は，この目的のために公開された情報に関するジャーナリストの自由の範囲を排除するほどに保たれるべきではない」[136]．

次に，⑤の写真について，卿は，本件写真はみっともないものではないことや，記事以上の私的情報を伝えていないことなどから，キャンベルの主張を退けた．

(b) ホフマン卿

ホフマン卿（Lord Hoffmann）は，キャンベルが公的人物であることなどを考慮に入れ，ニコルズ卿と同様の結論を取った[137]．

(c) ホープ卿

ホープ卿は，キャンベルのNA参加が私的性質を持つか否かについて，「他方，控訴院は，NAによってセラピーを受けることを，それが施される状況を理由として，開業医によって行われる治療と比較し，低い保護に値すると考えたようだ．私は，そのような区別を行わない．依存症に対する最善の治療は何かに関して，見解は異なるかもしれない．しかし，違法薬物又はアルコールの摂取に依存している者が，自分たちの依存症を議論して立ち向かう集いから利益を得ることができるということは，よく知られている．これらの集いの私的な性質は，匿名でそのようなことができると信じる依存症者に，参加を促す．プライバシーの保障は，その存在に欠かすことのできない一部である．参加者がお互いに負っている守秘義務が，例えば，そのセラピーの実施場所，実施時，実施頻度の詳細を公開することにより破られた場合，そのセラピーは，侵害の危険にさらされる．これらの詳細は，明らかに私的であると，私は判断する」と判示した[138]．

そして，卿は，本件記事について，写真と共に，全体として読むべきであり，ほかの NA の薬物依存者は，本件情報の提供を，苦痛で非常に不愉快と思うだろうと述べた[139].

以上を前提に，卿は，表現の自由とプライバシーの調整を検討し，③④の記事及び⑤の写真について，次のように判断した．

- キャンベルの NA への参加，参加期間，参加頻度，セラピーに参加した１日当たりの回数，その性質，また，その過程に対するキャンベルの関わり合いの範囲，及び，密かに撮られた写真の公開は，彼女に損害をもたらす可能性を持っていた．この要素に大きな重きを置く[140].
- 本件写真は，記事とともに公開することを目的として，意図的に撮影され，キャンベルのプライバシーは侵害された[141].
- キャンベルの立場に立った通常人の感覚を基準に判断した場合，本件写真の公開は，キャンベルの私生活を尊重する権利への重大な侵害である[142].

これらの認識に立って，卿は，以下の結論を下した．「報道機関がその役割を効果的に果たすべき場合，それが必要とする表現の自由の権利に与えられなければならない重要性にもかかわらず，私は，本件ではキャンベル氏のプライバシー権の侵害が存在し，それは正当化され得ないと判断する．私の意見では，記事の第 3，第 4，第 5 要素（上記［88］を見よ）の公開は，その権利の侵害であり，それを理由に，彼女は損害賠償を得る権利を付与される．私は，上訴を認容し，事実審の裁判官が下した命令を復活させる」[143].

(d) ヘール男爵夫人

ヘール男爵夫人（Baroness Hale）は，本件記事が明らかにした情報が，キャンベルの肉体的及び精神的な健康に関連する情報であったこと，薬物依存者は再発しやすく，依存を断ち切るまで繰り返し挑戦することが重要である旨を指摘する[144].

その上で，男爵夫人は，ヨーロッパ人権裁判所の1999年の Z 対フィンランド事件（Z v Finland）[145]を参照しながら，個人の健康に関する情報が私的で秘密であることを強調した[146].

また，男爵夫人は，治療とセラピーの違いについて，控訴院の判断に反対する意見を示した．「本件で，控訴院は，ここで暴露された情報を，治療上の医

療記録と同じ範疇には属さないと判断した．患者が診察を受けた際，医師が手控えに書き留めたものでなかったという意味において，それはそうかもしれない．しかし，その情報は，医師がそれらの手控えに記録するのと全く同じ種類のものであった．提起されている問題は，違法薬物への依存である．診断は，疑いなく同じであり，処方はセラピーであり，NAへの定期的参加により提供される自助グループのセラピーを含むのである」[147]．

以上に基づき，男爵夫人は，キャンベルの依存症及びNAへの参加に関する情報は，すべてが私的かつ秘密であり，その公開には，具体的な正当化理由を要求すると述べ[148]，上訴を認容した．

(e) **カーズウェル卿**

カーズウェル卿（Lord Carswell）もプライバシー権侵害，信頼違反を認定した[149]．次のような言葉を残している．「私は，③及び④の範疇に含まれた情報が，⑤の範疇に属する写真と関連し，上訴人が薬物依存者で，薬物セラピーに従事していたことの暴露をはるかに超えたという判断をするに十分だと認定する．それは，上訴人の私事への不法侵入を構成するものであり，被上訴人が依拠した要素は，公開を正当化するに十分でないと，私は考える．私は，新聞の信頼性を維持するために，そのような公開が必要であると認めることはできない」[150]．

(3) **検 討**

本件は，キャンベルが過去に虚言を用いたことから，①麻薬依存症者である事実，②そのための治療を受けていることは審理の対象とされず，③NAへの参加，④セラピーの治療の詳細，⑤キャンベルの写真についての公開が問題となった．キャンベルが公的人物であることもあわせ，事案上，特殊性を持つ事件である．

本件情報の私事性を判断するに当たって，判断の分かれ目となったのは，NAのセラピーを医療上の治療と同等に評価するか否かである．反対意見を述べたニコルズ卿及びホフマン卿は，その違いに着目したが，賛成意見を述べた残り3名の裁判官は，その違いを重視せず，むしろ，薬物依存のためのセラピーを受ける者が，匿名性を期待することに重点を置いている．

また，主要な争点である表現の自由とプライバシーの権利の調整については，

既に①②の事実を争えなくなった点を③④⑤に影響させるか，又は，そのような考えをとらず，記事全体を評価するかによって，裁判官の見解は分かれた．前者を取れば，価値判断は，本件公開を正当化する方向に傾き，後者を取れば，本件公開を否定する方向に傾くことになる．

このように，本件は，キャンベルを敗訴させ得る要素が複数存在し，いずれの結論もあり得たと考えられる．にもかかわらず，貴族院は，結果としてプライバシー侵害を認め，キャンベルを勝訴させるに至った．この点からすれば，本件は，イギリスの裁判所が，信頼違反という訴訟原因を弾力的に解釈し，プライバシーの保護に積極的な姿勢を示すようになった重要事例といえるだろう．

2.5　ダグラス対ハロー！社事件（Douglas v. Hello!）(151)

(1)　事案の概要

マイケル・ダグラス（Michael Douglas）及びキャサリン・ゼタ・ジョーンズ（Catherine Zeta-Jones）は，非常に有名な映画スターである．

ノーザン・アンド・シェル社（Northern & Shell plc.）は，雑誌 OK！の出版社である．ハロー！社（Hello! Ltd.）は，雑誌ハロー！の出版社である．

2000年11月18日，ダグラスとゼタ・ジョーンズは，ニューヨークのプラザホテルで挙式を挙げた．両者の婚約が発表されるや否や，ノーザン社及びハロー！社は，披露宴の写真を独占的に掲載しようと考え，ダグラスらに接近した．ダグラスらは，同年11月10日，ノーザン社と契約を締結し，2人に対する各500,000ポンド（当時の為替レートでは約1億円）の支払いと引き換えに，結婚式の日から9ヶ月間，写真及び記事の独占的出版権を譲り渡した．同年11月18日の結婚式当日は，厳しいセキュリティ体制を敷いた．

ところが，ダグラスらの披露宴にパパラッチが潜入し，無許可で写真撮影を行った．うち6枚（以下「無許可写真」という）は，出版するに十分な価値を持つものであった．この写真は他のパパラッチを通じてハロー！社の元へと渡った．同社は，無許可写真の掲載をすべく，次号出版の準備を始めた．これを知ったダグラスら及びノーザン社は，写真の公開差止めを求める暫定的差止命令を申し立て，同年11月20日，バックリー裁判官（Buckley J.）は，差止命令を付与した．ハント裁判官（Hunt J.）は，翌21日，ハロー！社を審問した後，差止命令を継続した．ハロー！社は上訴した．

控訴院[152]は，同年11月23日，上訴を認容し，暫定的差止命令を取り消した（判決理由は同年12月21日に付与）．

ところが，その後，ハロー！社の代理人が控訴院に提出した証拠のいくつかは，著しく不正確であることが明らかとなった．

無許可写真を掲載したハロー！第639号は，同年11月24日に出版された．一方，ノーザン社は，これに間に合わせるべく出版を早め，ハロー！の出版日と同じ日に，OK！第241号で，ダグラスらの披露宴の写真付記事を掲載・出版した．この号では，家族全員の写真が表紙に飾られた．同年12月2日出版のOK！第242号では，新郎新婦のクローズアップ写真が，表紙に掲載された．

ダグラスらは，OK！に掲載する写真の選別を行うこととなっていたが，出版を早めた結果，急いで選別作業を行うことを余儀なくされた．

また，同年11月24日には，OK！及びハロー！のほかにも，サン（Sun）新聞が無許可写真のうち5枚を公開し，デイリー・メール新聞が，雑誌ハロー！の表紙の複製を公開している．翌日，デイリー・メール新聞は，無許可写真の4枚を公開した．

一方，ダグラスらは，暫定的差止命令の取消しを受け，損害賠償の請求を行った．

2003年4月11日，高等法院大法官部[153]は，責任の有無に関して，信頼違反及び1998年データ保護法違反を認める判決を下した（事業妨害を理由とする経済的不法行為は否定した）[154]．

同年11月7日，高等法院は，損害賠償額を次のとおり認定した[155]．

ダグラスらに対しては，①無許可写真の公開により被った苦痛に対して，各々に3,750ポンド（当時の為替レートでは約75万円），②写真を急いで選別したことによる費用及び迷惑を被ったことに関して，あわせて7,000ポンド（当時の為替レートでは約140万円），③1998データ保護法違反を理由とする，名目的損害賠償として，各々に対して50ポンド（当時の為替レートでは約1万円）[156]．

ノーザン社に対しては，①ハロー！社の無許可写真の公開により，OK！の販売量が減少した経済的損失として，1,026,706ポンド（当時の為替レートでは約2億円），②ノーザン社の費やした経費として，6,450ポンド（当時の為替レートでは約130万円）．

なお，高等法院は，観念的許諾料を求めるダグラスらの主張を排斥しつつも，もし適切な基準があるとすれば，観念的許諾料を125,000ポンド（当時の為替レートでは約2,500万円）と評価したであろうことを判示した．

これらの判断に対し，ハロー！社は上訴し，ダグラスら及びノーザン社も，交差上訴（cross appeal）を行った．

(2)　判決要旨

本件の争点は，責任の有無及び損害賠償額の妥当性である．

控訴院[157]は，2005年5月18日，全員一致で次のような判断を下した．

(a)　責任の有無

(ア)　信頼の法（law of confidence）による保護

法廷意見を述べたフィリップス卿（Lord Phillips）は，両者の主張の共通の論点を，プライバシー保護と表現の自由に位置づけ，この分野の議論は，1998年人権法によって，急速に発展した旨を指摘した．その上で，ヨーロッパ人権条約第8条は，私人間にも適用されるとし，裁判所に課せられた条約上の義務として，信頼違反の解釈の中で，表現の自由と調整することを述べた[158]．

続いて，卿は，信頼の法の議論に移り，1849年のアルバート公対ストレンジ事件，1968年のココ対A.N.クラーク（技術者）社事件で掲げられた3要件，2004年のキャンベル対MGN社事件等の先例を検討した．

なお，卿は，1968年のココ対A.N.クラーク（技術者）社事件で示された3つの要件のうち，第2要件は，当該情報が秘密であることが明らかであれば必要ではないとし，「秘密の」（confidential）は「私的の」（private）に置き換えるべきとした．そして，ここでいう「私的情報」（private information）の性質とは，「それを保有する人にとって私的であり，その人物が，一般国民に打ち明けるつもりのない情報を伴わなければならない」と指摘した[159]．

そして，卿は，本訴訟について，プライバシーに対する侵入的性質の高い写真に関するものであることを前提に，結婚式の写真について，「明らかに，ダグラスらの私生活の側面を描写しており，信頼の法の保護の範囲内に含まれる．信頼の法は，私的又は個人的情報にも対象を広げた」と述べ[160]，プライバシー侵害に対するダグラスらの主張は，イギリスの信頼の法に従い決定すべきと判示した．

第2章　イギリスの判例法とプライバシー

(イ)　写真の特殊性

　ハロー！社側は，ダグラスらが，結婚式の写真を一般に公開するというノーザン社との契約を一旦締結した以上，もはや結婚式を私的又は秘密の行事だとする意見を提出することは不可能であり，条約第8条侵害を主張することもできなければ，信頼違反の主張を立てることもできないと主張した[161]。

　この点について，フィリップス卿は，一般論として，有名人の私生活に関する情報が一旦公開されれば，もはや秘密ではなく，信頼の法による保護も受けられない旨を認めつつも，写真には必ずしも当てはまらないとし[162]，次のように述べている。「写真を単なる事実情報を伝える手段として取り扱うことも，正しくない。確かに，写真は，言葉にはできない方法で，瞬間的出来事のあらゆる詳細を捉えることができる。しかし，写真はそれ以上のことが可能だ。個人の写真は，必ずしも正確ではない形で，その人格や写真の対象の雰囲気を描写することができる。私的な機会に撮影され，選別した個人的写真の公開を許可する人が，同じ機会に撮影された無許可写真の公開に苦痛を感じないことを合理的だと想定することは，全く誤っている」[163]。

　結論として，ハロー！社の上記主張は退けられた[164]。

　また，フィリップス卿は，ダグラスらに認められた3,750ポンドの損害賠償額について，異議が出されなかったため，判断の対象外ではあるが，非常に控えめであるという意見を付している[165]。

(ウ)　ハロー！社の予測可能性[166]

　ハロー！社は，ダグラスらの主張は表現の自由を制限すると主張し，ハロー！が無許可写真を公開する際，関連法があまりに不確実であったため，公開は違法と判断されるであろうことの予想は不可能であったという意見を提出したが，フィリップス卿はこれを排斥した。

(エ)　写真選別作業を急いだ点

　フィリップス卿は，ハロー！社が次の点を認識していたと指摘し，信頼違反を構成するという判断を下した[167]。

- ・ダグラスらは，自分たちの結婚式を私的な機会とし，無許可写真が撮影又は公開されないことを確実にするための措置を講じた。
- ・ダグラスらは，許可写真を公開することによって，私的な結婚式を商業的

に有効利用することを期待していた.

・にもかかわらず,ハロー!社は,意図的に写真を入手し,公開することに
よって,ダグラスらに不利益をもたらした.

次に,フィリップス卿は,ノーザン社に対する責任の判断に入ったが,同社
には商業的な信頼の権利は存在しないこと[168],経済的不法行為を成立させる
ための故意が認められないこと[169]を理由に,高等法院で認められた損害賠償
を取り消した.

⒝ **損害賠償額の妥当性**

フィリップス卿は,サン新聞及びデイリー・メール新聞で無許可写真が公開
されたとしても,間接的な違反行為にすぎないとし[170],ダグラスらの観念的
許諾料の主張[171]については,①ダグラスらのハロー!社に対する全体的な請
求の根拠は,経済的利益の喪失ではなく,プライバシー侵害である,②ダグラ
スらは,無許可写真の公開に同意したことはなく,許諾料の検討は,架空の交
渉となってしまう,③披露宴の写真を公開する独占的権利はOK!に譲渡して
いたため,ダグラスらは,ハロー!社に許諾を与える立場にはなかった,とい
う認定を行い,ダグラスらの主張を排斥した[172].

これらの他に,フィリップス卿は,暫定的差止命令こそが,ダグラスらの権
利を保護するための適切な手段であり,損害賠償のみでは,救済として十分で
はない旨を指摘した[173].

以上の認定に基づき,ダグラスらに損害賠償を付与した判断に対するハロ
ー!社の上訴は棄却,ノーザン社に損害賠償を付与した判断に対するハロー!
の上訴は認容,ダグラスら及びノーザン社による交差上訴は棄却されるに至っ
た.

⑶ **検 討**

本件も,信頼違反の法理を採用した事件である.

キャンベル事件と同様,有名人の事件ではあるが,必ずしも,表現の自由と
プライバシー権の調整は,中心争点とはされなかった.本件では,写真の侵入
的性質が配慮されたこと,及び,パパラッチによる結婚式への潜入と無許可写
真の撮影が問題となったため,公の利益を検討する必要性が乏しかったものと
考えられる.また,1998年データ保護法については,信頼違反とは別個の検討

対象とはされず，違反と認定されたとしても，名目的損害賠償を超える救済は与えられない．したがって，同法が私人の提起するプライバシー侵害訴訟で重要性を発揮する場面は少ないといえる．

第4節　刑事事件とプライバシー：私的通信と証拠利用

1　手　紙

　手紙の証拠利用については，ランピング対公訴局長官事件 (Rumping v. Director of Public Prosecutions)[174]が存在する．

　ランピングは，オランダ船の航海士であったが，メナイ橋で非極刑の殺人罪を犯した．公判で承認された訴追証拠の1つに，ランピングがオランダで妻に当てて書いた手紙があり，結局それが自白と等しい結果をもたらしたため，手紙の証拠としての適法性が争われた．その手紙は，ランピングが封をして乗組員の1人に手渡し，投函するように要請したものであった．しかし，その乗組員は手紙を船長に手渡し，最終的には警察が手にすることとなった．ランピングは，1961年10月26日，チェスターで行われた巡回裁判で，ヒンチクリフ裁判官 (Hinchcliffe J.) 及び陪審によって，非極刑殺人の有罪判決を言い渡された．1962年5月29日，刑事控訴院[175]は，ランピングの上訴を棄却した[176]．

　貴族院[177]は，1962年7月17日，4対1の多数で，コモン・ロー上，公序良俗を理由として，婚姻中の夫婦間の通信は証拠として認めがたいとする独立した原則又は法則は，存在したことがないこと等を理由に，ランピングの上訴を棄却した[178]．

2　電　話

　電話の証拠利用については，マローン対ロンドン警視総監事件 (Malone v. Metropolitan Police Commissioner)[179]が有名である．この事件については，ヨーロッパ人権裁判所への申立てがなされ，その判決が1985年通信傍受法 (Interception of Communications Act 1985)[180]の制定に大きく影響したものとして有名である．

2.1 事案の概要及び判決要旨

古物商マローンは，盗品を取り扱った罪により，刑事裁判所に訴追された．検察側は，内務大臣の令状に基づき，マローンの電話による会話を盗聴していたことを認めた．

マローンは，1978年10月17日，そのような傍受は違法であると主張し，ロンドン警視総監を相手取り，電話による会話を盗聴し，又は監視することを禁じる差止命令等[181]を申し立てた．

申立ては，正式事実審理として取り扱われることが合意された．そこで，マローンは，この差止命令等を取り下げる代わりに，同人が，電話による会話に関し，プライバシー権，秘密権等を持ち，本件盗聴，記録，提供は，これらの権利を侵害することなどを内容とする宣言的判決を求めた．

高等法院大法官部のロバート・メガリー副大法官（Robert Megarry V-C）は，1979年2月28日[182]，マローンの請求を棄却した．

プライバシー権の主張について，マローンは，イギリス法上，プライバシーの一般的権利が存在しないことを認めつつも，ある人物の家庭における電話での会話を，嫌がらせをされることなくプライバシーの状態に保つ権利という，特定のプライバシー権を主張した．この主張を裏付けるために，アメリカのウォーレン＆ブランダイス論文，1967年のカッツ対アメリカ合衆国事件[183]，1931年のローズ対グラハム事件[184]を引用した．そして，この権利に効力を与えるイギリスの先例は存在しないものの，この権利は，イギリス法の一部であることを承認し，宣言すべきだと主張した．

これに対し，副大法官は次のように述べ，特定のプライバシー権の存在を否定した．

「……既に指摘したように，私は，イギリスの先例がないことによって，ひどく混乱したりはしない．何事にも最初は存在すべきである．そして，イギリス法の諸原則が，少なくとも現行の法則からの最低限の共通点ではなく，正義と常識の要求とともに，その権利の存在を強固に指摘するのであれば，裁判所がその権利を承認することを躊躇すべきではないと，私は考える．

しかし一方で，裁判所は，新しい分野を立法する権限は持たない．現行法や原則を拡大することは1つの事柄ではあるが，全く新しい権利を作ることは，

別の事柄だ[185]……議会のみがそのような権利を創造することができる」.

「……法において，何らかの重要な隔たりがあるならば，疑いなく裁判官は，その隔たりを埋めるために適当な法典だと考えるものを構築することができるであろう．そして，時折彼はそうしたくなるだろう．しかし，彼は，自分の権限は裁判であり，立法ではないことを忘れてはならない．また，彼は，自分の司法権を行使するふりをして彼の職務を立法のために用いるべきではない」.

「……本件で主張された権利，すなわち，ある人物の家庭内の電話での会話を，嫌がらせをされることなくプライバシーの状態に保つという権利は，幅広くその範囲が不明瞭だ．そして，どのみち，原告の不満を補うに，あまり適切とは思われない」.

また，副大法官は，電話のプライバシー権と簡潔に呼べるものが存在すると仮定した場合，その例外等について非常に多くの疑問が存在すること，アメリカの論文や先例は，裏づけにはならないことを挙げ，マローンの主張を退けた.

次に，秘密権（right of confidentiality）を根拠とする主張について，副大法官は，第III部第9章第1節で紹介するヤンガー報告書を引き合いに出し，「秘密情報を打ち明ける人は，やり取りする状況の中で，内在的に，知らないうちに漏れ聞かれる危険を受け入れなければならない」とし，これを「電話での会話に適用した場合，話し手は，そのシステムに内在的に存在する，漏れ聞かれる危険を理解しているものと思われる」とした.

次に，メガリー副大法官は，電話の会話を漏れ聞いた人が守秘義務を負うと仮定しても，その義務の限界はどこにあるかという問題に入り，本件の事情に照らせば，正当化理由が存在するという結論を下した.

2.2 検 討

ワックス氏は，その著書『個人情報：プライバシーと法』の中で，本判決を次のように評価した[186].

「その結果，原告は，限定的な『プライバシー権』でさえ，裁判所に承認させるための説得に失敗した．しかし，メガリー副大法官は，慎重に，電話盗聴を合法とした自らの判断を，本件の特定の事実に限定している.

……しかし，事件が，私的盗聴と関わっていたとしても，会話を傍受した当事者に守秘義務を課すことを裁判所が嫌がるが故に，原告が成功したであろう

可能性は低い．それは，メガリー裁判官が，『……秘密情報を打ち明ける人は，やり取りする状況の中で，内在的に，知らないうちに漏れ聞かれる危険を受け入れなければならない……』といった見解を示していることにも表れている」．

なお，マローンは，国内における上訴手続を行わず，ヨーロッパ人権委員会への申立てを行い，人権委員会は，人権裁判所への付託手続をとった．人権裁判所は，1984年8月2日，ヨーロッパ人権条約第8条違反を認めるに至った[187]．この中では，条約第8条違反が主な争点として検討され，電話盗聴という公権力による干渉が，同条第2項の定める「法律に合致」し，かつ，「民主主義社会において必要」といえるか否かが問題となった．人権裁判所は，この公権力の干渉は「法律に合致」していないとして，マローンを勝訴させた．

また，加入者の同意なく，通話先の番号や通話時間等の通話記録を警察に提供することも，第8条の権利を侵害すると判断した．前記のとおり，この判決の影響力は大きく，1985年通信傍受法が制定されるに至った．

3 会　話

比較的最近の事件として，R 対カーン事件（R v. Khan (Sultan)）[188]を取り上げる．

カーンは，1992年にパキスタンからイギリスに入国したが，その時から薬物所持を疑われており，翌1993年，知人宅を訪れた際，南ヨークシャー警察によって，知人との会話を盗聴された．カーンも知人も，盗聴器の存在を認識していなかった．

カーンは逮捕され，1979年関税及び消費税管理法（Customs and Excise Management Act 1979）及び1971年薬物濫用法（Misuse of Drugs Act 1971）の違反の罪で起訴され，シェフィールドの刑事法院（Crown Court）で公判を受けた．バーバー裁判官（Barber J.）と陪審は，1993年12月10日，A クラスの規制薬物の輸入に関し，禁止を不正に回避した行為に意図的に関わったとして，カーンに対し，3年の拘禁刑を宣告した．

カーンは，テープ録音は違法に認容された証拠であることを理由として，控訴院に上訴した．しかし，控訴院刑事部[189]は，1994年5月27日，その上訴を退けた[190]．そこで，カーンは，ヨーロッパ人権条約第8条違反，1985年通信

傍受法などを根拠として，テープ録音は証拠として認められないと主張し，貴族院に上訴した．

貴族院[191]は，1996年7月2日，全員一致で上訴を棄却した．

本件の争点は，刑事公判において，所有者又は占有者の知らないままに，警察が私人の自宅に取り付けた盗聴器を用いて入手した会話録音テープは，①証拠として認められるか否か，②証拠として認められても，裁判官の裁量によって証拠排除すべきか否か，である．

争点①について，ノーラン卿（Lord Nolan）は，次のように判示した．「実際，R 対サング事件（R v. Sang）[192]に照らして，録音された会話に関する証拠が許容されないという主張は，2つの全く新しい原則が，われわれの法において形成された場合にのみ，支持することができる．第1は，録音された会話に関して，条約第8条のものに類似する条件で，上訴人がプライバシー権を享受することである．第2は，関連するが異なるものとして，その権利に違反して入手された会話に関する証拠が認められないということだ．これらの主張の第1に対する反論は，イギリス法においてプライバシー権のような権利は存在しないということだ．第2に対する反論は……たとえそのような権利が存在したとしても……イギリス法の問題として，コモン・ロー又はPACE第78条〔筆者注：1984年警察及び刑事証拠法（Police and Criminal Evidence Act 1984）〕に基づく裁量権を行使するにあたって，事実審裁判官がその証拠を排除する権利を持つことを前提として，証拠が不適切に入手され，又は入手が違法でさえあっても，依然として許容されるのである」．

なお，ブラウン－ウィルキンソン卿（Lord Browne-Wilkinson）は，イギリス法がプライバシー権を承認しているか否か，また，警察が盗聴器を用いたことは，プライバシー権に違反するか否かについては，将来の判断に委ねるべきで，本件で判断する必要はないとした．スライン卿（Lord Slynn）及びニコルズ卿（Lord Nicholls）も，プライバシー権の存在を本件で決定する必要はないと判断している．

争点②について，ノーラン卿は，裁量権行使に当たって，条約第8条や外国法違反の事実を考慮に入れることができるとしつつ，「イギリス法の下では，一般に，プライバシー侵害に関する違法性は何ら存在しない」と述べ，カーン

の主張を排斥した．その価値判断として，「プライバシー侵害を理由に，大量のヘロインの違法輸入に関わった罪での有罪認定を覆すべきことが認められれば，われわれの法に予想外の影響を与える」点が考慮された．なお，卿は，本件のそもそもの原因は，警察による監視装置の利用を規制する法制度が欠如している点を指摘している．なお，ニコルズ卿は，1988年のシェンク対スイス（Schenk v. Switzerland）事件[193]におけるヨーロッパ人権裁判所の判決にならって，「刑事公判で，第8条が保護するプライバシー権に違反して入手された資料を用いることは，それ自身，公判が不公正であることを意味するものではない」と判示している．

(1) 判例法におけるイギリスのプライバシー権の発展については，以下の文献を参考にした．

　　See Percy H. Winfield, "Privacy" (1931) 47 L.Q.R. 23; Walter F. Pratt, *Privacy in Britain* (Bucknell University Press, Lewisburg, 1979); Raymond Wacks, *Personal Information : Privacy and the Law* (Clarendon Press, Oxford, 1989); Brian Neill, "Privacy : A Challenge for the Next Century" in *Protecting Privacy* (ed. Basil S. Markesinis, Oxford University Press, Oxford, 1999), pp.1-28; Gavin Phillipson and Helen Fenwick, "Breach of Confidence as a Privacy Remedy in the Human Rights Act Era" (2000) 63 M.L.R. 660; Gavin Phillipson, "Transforming Breach of Confidence?: Towards a Common Law Right of Privacy under the Human Rights Act" (2003) 66 M.L.R. 726.

　　末延三次「英米法における秘密の保護」伊藤正己・戒能通孝編著『プライヴァシー研究』（日本評論新社，1962年）43頁以下，榎原猛編著『プライバシー権の総合的研究』（法律文化社，1991年）439頁以下，ジョン・ミドルトン「イギリスの1998年人権法とプライバシーの保護」一橋法学第4巻第2号（2005年）37頁以下ほか．

(2) ただし，全体の分量を調整する関係で，相当程度簡略化せざるを得なかった．

(3) *Coco v. A.N. Clark (Engineers) Ltd.* (1969) R.P.C. 41.

(4) *Attorney General v. Guardian Newspapers* (1990) A.C. 109.

(5) See Neill, *op. cit*. n.(1) above, at pp. 9-10.

(6) Human Rights Act 1998, c. 42.

(7) 信頼違反の発展過程は，ダグラス対ハロー！社事件の高等法院大法官部リンジー裁判官（Lindsay）の法廷意見参照（*Douglas v. Hello!* [2003] EWHC 786 (Ch), paras. [181]-[186] *per* Lindsay J.）．

(8) 民事事件を念頭に置いた時期区分である．

(9) *Harrison v. Duke of Rutland* [1893] 1 Q.B. 142.

第2章　イギリスの判例法とプライバシー　113

(10)　記録長官エシャー卿（Lord Esher M.R.），ロペス控訴院裁判官（Lopes L.J.），ケイ控訴院裁判官（Kay L.J.）．

(11)　*Monson v. Madame Tussaud Ltd.*［1891-1894］All E.R. Rep. 1051.

(12)　マシュー裁判官（Mathew J.），ヘン・コリンズ裁判官（Henn Collins J.）．

(13)　ホルズベリー卿（Lord Halsbury），ロペス控訴院裁判官，デーヴィー控訴院裁判官（Davey L.J.）．

(14)　*Dockrell v. Dougall*（1899）80 L.T. 556.

(15)　リドリー裁判官（Ridley J.）．

(16)　スミス控訴院裁判官（Smith L.J.），ウィリアムズ控訴院裁判官（Williams L.J.），ローマー控訴院裁判官（Romer L.J.）．

(17)　*Corelli v. Wall*（1906）22 T.L.R. 532.

(18)　スウィンフェン・イーディ裁判官（Swinfen Eady J.）．

(19)　末延・前掲注(1)55頁．

(20)　*Palmer v. National Sporting Club Ltd.*（1906）Macgillivray, Copyright Cases（1905-1910）55, cited in（1931）47 L.Q.R. 33.

(21)　*Dunlop Rubber Company Ltd. v. Dunlop*［1921］A.C. 367.

(22)　パウエル裁判官（Powell J.）．

(23)　大法官キャンベル卿（Campbell L.C.），ロナン控訴院裁判官（Ronan L.J.），オコナー控訴院裁判官（O' Connor L.J.）．

(24)　大法官バーケンヘッド卿（Birkenhead L.C.），アトキンソン卿（Lord Atkinson），モールトン卿（Lord Moulton），バックマスター卿（Lord Buckmaster）．

(25)　*Tolley v. J.S. Fry and Sons Ltd.*［1931］All E.R. Rep. 131. 邦訳は，末延・前掲注(1)43-44頁を参考に，一部改訳した．

(26)　当時の為替レートは，日本銀行情報サービス局への照会結果に基づいている．『明治以降本邦主要経済統計』及び企業物価戦前基準指数から算出された金額とのことであった．

(27)　グリヤ裁判官（Greer L.J.），スレッサー裁判官（Slesser L.J.），スクラットン裁判官（Scrutton L.J.）．反対意見はスクラットン裁判官．

(28)　*Tolley v. J.S. Fry and Sons Limited.*［1930］1 K.B. 467.

(29)　ヘールシャム卿（Lord Hailsham），ダニディン卿（Lord Dunedin），バックマスター卿，ブラネスバラ卿（Lord Blanesburgh），トムリン卿（Lord Tomlin）．反対意見はブラネスバラ卿．

(30)　言渡しは，同年3月28日である．

(31)　*McCulloch v. Lewis A. May (Produce Distributors) Ltd.*［1947］All E.R. 845.

(32)　詐称通用は，他人の称号，商種又は商品の包装，記述等について虚偽の表示をし，又は欺瞞的表示をすることによって，自己の営業又は商品を他人のそれであるかのように見せかけて，買手を欺き，取引をさせること．不法行為の一種で，これによって損害を受けるおそれのある者，損害を受けた者は，差止請求，損害賠償請求ができる．田中

英夫編『英米法辞典』（東京大学出版会，1991年）626頁より．

(33) ウィン・パリー裁判官（Wynn-Parry J.）．

(34) *Sim v. H.J. Heinz Co. Ltd.* [1959] 1 All E.R. 547.

(35) ホドソン控訴院裁判官（Hodson L.J.），モリス控訴院裁判官（Morris L.J.），ウィルマー控訴院裁判官（Willmer L.J.）．

(36) *Williams v. Settle* [1960] 2 All E.R. 806.

(37) ブラグデン裁判官（Blagden J.）．

(38) 以後，為替レートについては，朝日年鑑，朝日新聞縮刷版及び日本経済新聞縮刷版を参考に算出した．

(39) セラーズ控訴院裁判官（Sellers L.J.），ウィルマー控訴院裁判官，ハーマン控訴院裁判官（Harman L.J.）．

(40) 伊藤正己『プライバシーの権利』（岩波書店，1963年）15-16頁．

(41) *Duchess of Argyll v. Duke of Argyll* [1967] Ch. 302.

(42) アンゴイド・トーマス裁判官（Ungoed-Thomas J.）．

(43) 言渡しは1964年12月9日である．

(44) *Bernstein of Leigh (Baron) v. Skyviews & General Ltd.* [1978] Q.B. 479.

(45) グリフィス裁判官（Griffiths J.）．

(46) 本件は，後日言渡判決である．

(47) Raymond Wacks, *Personal Information: Privacy and the Law* (Clarendon Press, Oxford, 1989), pp. 250-253.

(48) *Woodward v. Hutchins* [1977] 2 All E.R. 751.

(49) 記録長官デニング卿（Lord Denning M.R.），ロートン控訴院裁判官（Lawton L. J.），ブリッジ控訴院裁判官（Bridge L.J.）．

(50) See n.(47) above, pp. 89-94.

(51) *John Lennon v. News Group Newspapers Ltd. and Cynthia Twist* [1978] F.S.R. 573.

(52) 記録長官デニング卿．

(53) *Inland Revenue Commissioners v. Rossminster Ltd.* [1980] A.C. 952.

(54) エヴェリー裁判官（Eveleigh L.J.），パーク裁判官（Park J.），ウルフ裁判官（Woolf J.）．

(55) 記録長官デニング卿，ブラウン裁判官（Browne L.J.），ゴフ裁判官（Goff L.J.）．

(56) ウィルバーフォース卿（Lord Wilberforce），ディルホーン子爵（Viscount Dilhorne），ディプロック卿（Lord Diplock），サーモン卿（Lord Salmon），スカーマン卿（Lord Scarman）．

(57) サーモン卿が反対意見を述べた．

(58) *Khashoggi v Smith* [1980] 130 N.L.J. 168.

(59) 窃盗の捜査を行った3人の警察官は，司法妨害及びカショーギ夫人に対する恐喝の共謀で起訴され，拘禁刑の実刑判決を宣告された．

第2章 イギリスの判例法とプライバシー 115

(60) ロスキル控訴院裁判官 (Roskill L.J.)，デイビッド・ケアンズ控訴院裁判官 (David Cairns L.J.)．

(61) *X v. Y* [1988] 2 All E.R. 648.

(62) オディ裁判官 (Oddie J.)．

(63) パーカー控訴院裁判官 (Parker L.J.)，ストッカー控訴院裁判官 (Stocker L.J.)．

(64) ローズ裁判官 (Rose J.)．

(65) 本件は，後日言渡判決である．

(66) *Stephens v. Avery* [1988] 1 Ch. 457.

(67) ニコラス・ブラウン-ウィルキンソン副大法官 (Nicolas Browne-Wilkinson V-C)．

(68) See n.(47) above, pp. 96-98.

(69) *Kaye v. Robertson* [1991] 18 F.S.R. 62.

(70) グライドウェル控訴院裁判官 (Glidewell L.J.)，ビンガム控訴院裁判官 (Bingham L.J.)，レガット控訴院裁判官 (Leggatt L.J.)．

(71) *R. v. Department of Health, Ex p. Source Informatics Ltd.* [2001] Q.B. 424.

(72) *R. v. Department of Health, Ex p. Source Informatics Ltd.* [1999] 4 All E.R. 185.

(73) サイモン・ブラウン控訴院裁判官 (Simon Brown L.J.)，アルダス控訴院裁判官 (Aldous L.J.)，シーマン控訴院裁判官 (Schiemann L.J.)．

(74) 本件は，後日言渡判決である (2000年1月21日)．

(75) *Hellewell v. Chief Constable of Derbyshire* [1995] 4 All E.R. 473.

(76) ローズ裁判官 (Laws J.)．

(77) 本件は，後日言渡判決である．

(78) *Wainwright v. Home Office* [2003] UKHL 53.

(79) *Wainwright v. Home Office* [2001] EWCA Civ 2081. ウルフ首席裁判官 (Lord Woolf C.J.)，ママリー控訴院裁判官 (Mummery L.J.)，バックストン控訴院裁判官 (Buxton L.J.)．

(80) （コーンヒルの）ビンガム卿 (Lord Bingham of Cornhill)，ホフマン卿 (Lord Hoffmann)，（クレイグヘッドの）ホープ卿 (Lord Hope of Craighead)，ハットン卿 (Lord Hutton)，（フォスコットの）スコット卿 (Lord Scott of Foscote)．

(81) See n.(78) above, paras. [56]-[64] *per* Lord Scott.

(82) ヨーロッパ人権条約については後述する（第Ⅰ部第2章第3節参照）．

(83) カサデヴァル裁判長 (Judge Casadevall (President))，ブラッツァ裁判官 (Judge Bratza)，ボネーロ裁判官 (Judge Bonello)，ペロンパ裁判官 (Judge Pellonpaa)，マルステ裁判官 (Judge Maruste)，ミジョヴィック裁判官 (Judge Mijovic)，イクタ裁判官 (Judge Ikuta)．

(84) *Wainwright v. United Kingdom* [2006] All ER (D) 125 (Sep).

(85) Human Rights Act 1998, c. 42. 邦訳は，田島裕『イギリス憲法典：1998年人権

法』(信山社, 2001年) によった.

(86) 第2文は, 「本条は, 州が, 放送, テレビの受信又は映画事業の免許を義務付けることを妨げてはならない」となっている.

(87) 2のタイトルは2001年としたが, 正確な施行日は2000年10月2日である.

(88) *Theakston v. MGN Ltd.* [2002] EWHC 137 (Q.B.).

(89) ウーズリー裁判官 (Ouseley J.).

(90) 2002年2月14日, 判決理由の言渡し.

(91) See n.(88) above, paras. [23]-[24] *per* Ouseley J.

(92) *Ibid*. para. [62] *per* Ouseley J.

(93) *Ibid*. para. [64] *per* Ouseley J.

(94) ウーズリー裁判官は, 1977年のウッドワード対ハッチンス事件を引き合いに出し, デニング裁判官及びブリッジ裁判官の見解を適切であったと評価している.

(95) See n.(88) above, paras. [65]-[69] *per* Ouseley J.

(96) *Ibid*. paras. [70]-[71] *per* Ouseley J.

(97) *Ibid*. paras. [72]-[76] *per* Ouseley J.

(98) *Ibid*. paras. [77]-[80] *per* Ouseley J.

(99) *A v. B and C* [2002] EWCA Civ 337.

(100) ウルフ首席裁判官, ローズ控訴院裁判官 (Laws L.J.), ダイソン控訴院裁判官 (Dyson L.J.).

(101) See n.(99) above, para. [50] *per* Lord Woolf.

(102) *Ibid*. para. [3] *per* Lord Woolf.

(103) *Ibid*. para. [4] *per* Lord Woolf.

(104) *Ibid*. para. [11]iv) *per* Lord Woolf.

(105) *Ibid*. paras. [11]xi), [43]iii) *per* Lord Woolf.

(106) *Ibid*. paras. [11]xi), [43]ii) *per* Lord Woolf.

(107) *Ibid*. paras. [11]xii), [43]vi) *per* Lord Woolf.

(108) *Ibid*. para. [45] *per* Lord Woolf.

(109) *Archer v. Williams* [2003] EWHC 1670 (Q.B.).

(110) ジャクソン裁判官 (Jackson J.).

(111) See n.(109) above, paras. [44]-[69] *per* Jackson J.

(112) *Ibid*. paras. [47]-[48] *per* Jackson J.

(113) ココ対 A.N. クラーク (技術者) 社事件 (*Coco v. A.N. Clark (Engineers) Ltd.* [1969] R.P.C. 41.), ダグラス対ハロー！社事件の高等法院判決 (*Douglas v. Hello! Ltd.* [2003] EWHC 786 (Ch).) が検討された.

(114) See n.(109) above, paras. [70]-[78] *per* Jackson J.

(115) *Campbell v. MGN Ltd.* [2004] UKHL 22. 全体の解説は, ジョン・ミドルトン・前掲注(1)37頁以下.

(116) NA は, 麻薬依存症者たちが, 匿名で自分の依存症について話し合う場所・機会

第2章　イギリスの判例法とプライバシー　　117

を提供し，麻薬依存症からの回復を手助けする団体として知られている．この団体は，「アルコホーリックス・アノニマス（無名のアルコール依存症者たち）」（Alcoholics Anonymous, AA）をモデルに，1950年代にアメリカで設立され，現在，100ヶ国以上の国々において活動している．

(117)　判決の原文では，①～⑤の記号は，(1)～(5)として表記されているが，本論文では，論文中の表記の統一性を図る観点から，①～⑤として記載した．

(118)　［2002］EWHC 499（Q.B.）．モーランド裁判官（Morland J.）．

(119)　（ワース・マトラバーズの）記録長官フィリップス卿（Lord Phillips of Worth Matravers M.R.），チャドウィック控訴院裁判官（Chadwick L.J.），キーン控訴院裁判官（Keene L.J.）．

(120)　［2002］EWCA Civ 1373.

(121)　（バーケンヘッドの）ニコルズ卿（Lord Nicholls of Birkenhead），ホフマン卿（Lord Hoffmann），（クレイグヘッドの）ホープ卿（Lord Hope of Craighead），（リッチモンドの）ヘール男爵夫人（Baroness Hale of Richmond），カーズウェル卿（Lord Carswell）．

(122)　反対意見はニコルズ卿及びホフマン卿．

(123)　See n.(115) above, para. [11] *per* Lord Nicholls, para. [43] *per* Lord Hoffmann, para. [133] *per* Baroness Hale. ニコルズ卿，ホフマン卿，ヘール男爵夫人は，後述する2003年のウェインライト対内務省事件を参照している．

(124)　ニコルズ卿は，信頼違反の関係で求められてきた「守秘義務」（duty of confidence），「秘密情報」（confidential information）は不適切であり，「私的情報」（private information）と表現するのが自然だと述べている（*Ibid*. para. [14].）．

(125)　See n.(115) above, para. [21] *per* Lord Nicholls.

(126)　*Ibid*. para. [17] *per* Lord Nicholls, para. [43] *per* Lord Hoffmann, paras. [86], [105] *per* Lord Hope, para. [132] *per* Baroness Hale.

(127)　*Ibid*. para. [12] *per* Lord Nicholls, para. [138] *per* Baroness Hale.

(128)　*Ibid*. para. [113] *per* Lord Hope.

(129)　*Ibid*. para. [134] *per* Baroness Hale.

(130)　*Ibid*. para. [17] *per* Lord Nicholls.

(131)　*Ibid*. para. [92] *per* Lord Hope.

(132)　*Ibid*. para. [159] *per* Baroness Hale.

(133)　*Ibid*. para. [25] *per* Lord Nicholls.

(134)　*Ibid*. para. [25] *per* Lord Nicholls. ニコルズ卿は，適切に提供することが許されるようになった，そうでなければ極めて私的な性質を持つ情報と，平凡な性質を持つ追加情報を区別することは，まるで目の細かすぎるくしを入れるようである．人権は，そのような細かい区別ではなく，実質と関わっている，と判示している（*Ibid*. para. [26].）．

(135)　See n.(115) above, para. [26] *per* Lord Nicholls.

(136) *Ibid*. para. [28] *per* Lord Nicholls. ジョン・ミドルトン・前掲注(1)61頁を参考に，一部改訳した．

(137) *Ibid*. paras. [36]-[78] *per* Lord Hoffmann.

(138) *Ibid*. para. [95] *per* Lord Hope.

(139) *Ibid*. para. [98] *per* Lord Hope.

(140) *Ibid*. para. [119] *per* Lord Hope.

(141) *Ibid*. para. [123] *per* Lord Hope.

(142) *Ibid*. para. [124] *per* Lord Hope.

(143) *Ibid*. para. [125] *per* Lord Hope.

(144) *Ibid*. para. [144] *per* Baroness Hale.

(145) *Z v Finland* (1999) 45 BMLR 107 at 124 (para. 95).

(146) See n.(115) above, para. [145].

(147) *Ibid*. para. [146] *per* Baroness Hale.

(148) *Ibid*. para. [147] *per* Baroness Hale.

(149) *Ibid*. paras. [165], [171] *per* Lord Carswell.

(150) *Ibid*. para. [170] *per* Lord Carswell.

(151) *Douglas v. Hello!* [2005] EWCA Civ 595, [2005] 2 F.C.R. 487.
　本件は，次のとおり，関連事件が多く存在する．
　・2000年12月21日　控訴院民事部 [2001] 2 All E.R. 289.
　・2002年2月3日　高等法院大法官部 [2002] EWHC 2560 (Ch).
　・2002年12月3日　高等法院大法官部 [2002] EWHC 2560 (Ch).
　・2003年1月27日　高等法院大法官部 [2003] EWHC 55 (Ch). ダグラスらは，ハロー！社らに対し，防御禁止の申立てを行った．理由は，被告らの欺瞞行為（控訴院への嘘を含む），適切な開示の欠如（電子メールを含む書類破棄の主張を含む），及び，彼らの証言のいくつかが信頼できないことにある．アンドリュー・モリット副大法官（Andrew Morritt V-C）は，ハロー！社及びその従業員らの多くが訴訟で取った方法を強く批判しつつも，2003年1月27日，申立てを退けた．
　・2003年2月12日　控訴院民事部 [2003] EWCA Civ 139.
　・2003年3月3日　控訴院民事部 [2003] EWCA Civ 332.

(152) ブルック裁判官（Brooke L.J.），セドリー裁判官（Sedley L.J.），キーン裁判官（Keene L.J.）．

(153) リンジー裁判官（Lindsay J.）．

(154) [2003] EWHC 786 (Ch).

(155) [2003] EWHC 2629 (Ch).

(156) リンジー裁判官は，2003年4月11日付判決 [230] 以下で，1998年データ保護法違反の有無について，検討を行っている．裁判官は，①ハロー！はデータ管理者であり，無許可写真は個人データに当たる，それを英国内で公開する行為は個人データの取扱いに当たり，法の要件を満たさなければならない，②同法は，報道目的（第32条）で適用

第2章　イギリスの判例法とプライバシー　119

除外を設けているが，同条項はデータ管理者が，公開は公の利益に適うと適切に信じて
いることを要件とするため，本件での無許可写真の性質及び取得方法等に照らし，適用
されない，③附則8の移行規定による例外は適用されない，④その結果，無許可写真に
関してはデータ保護原則を遵守しなければならず，「公正かつ適法」な取扱いであるこ
と，附則2の定める要件の一を満たすことが求められる，⑤公正な取扱いに関しては，
データの入手方法に注意を払うべきであり，無許可写真の入手の場合，その取扱い（と
りわけ公開）は，データ保護原則の附則1「公正かつ適法な取扱い」に違反する，公正
な取扱いのための他の必要条件も満たさない，⑥データ主体であるダグラスらは，附則
2との関係で，無許可写真の取扱いに何らの同意も行っていない，附則2の第2条〜第
5条の目的のために，取扱いは必要とされていない，⑦附則2第6条は，ハロー！の主
張を裏付けるものではない，⑧このように，第13条第(1)項に基づく賠償について，何ら
の防御もなされていない，⑨データ保護法違反はあるものの，名目的損害賠償を超えて，
損害又は苦痛のために，別の救済方法を追加することは考えない，と判断した．

(157)　（ワース・マトラバーズの）記録長官フィリップス卿，クラーク控訴院裁判官
　　　　(Clarke L.J.)，ノイバーガー控訴院裁判官 (Neuberger L.J.)．

(158)　See n.(151) above, para. [53] *per* Lord Phillips.

(159)　*Ibid*. para. [83] *per* Lord Phillips.

(160)　*Ibid*. para. [95] *per* Lord Phillips.

(161)　*Ibid*. para. [103] *per* Lord Phillips.

(162)　*Ibid*. para. [105] *per* Lord Phillips.

(163)　*Ibid*. para. [106] *per* Lord Phillips.

(164)　*Ibid*. para. [107] *per* Lord Phillips.

(165)　*Ibid*. para. [110] *per* Lord Phillips.

(166)　*Ibid*. paras. [141]-[151] *per* Lord Phillips.

(167)　*Ibid*. para. [120] *per* Lord Phillips.

(168)　*Ibid*. paras. [134], [136], [138] *per* Lord Phillips.

(169)　*Ibid*. paras. [166]-[168], [236] *per* Lord Phillips.

(170)　*Ibid*. paras. [238]-[242] *per* Lord Phillips.

(171)　*Ibid*. para. [237] *per* Lord Phillips.

(172)　*Ibid*. paras. [243]-[250] *per* Lord Phillips.

(173)　*Ibid*. paras. [251]-[259] *per* Lord Phillips.

(174)　*Rumping v. Director of Public Prosecutions* [1964] A.C. 814.

(175)　アシュワース裁判官 (Ashworth J.)，フィリモー裁判官 (Phillimore J.)，マッ
　　　　クケナ裁判官 (MacKENNA J.)．

(176)　*R v. Rumping* [1962] 2 All E.R. 233.

(177)　レイド卿 (Lord Reid)，ラドクリフ子爵 (Viscount Radcliffe)，（ボース・ワ
　　　　イ・ジェストの）モリス卿 (Lord Morris of Borth-Y-Gest)，ホドソン卿 (Lord
　　　　Hodson)，ピアス卿 (Lord Pearce)．

(178) ラドクリフ子爵が反対意見を述べた.

(179) *Malone v. Metropolitan Police Commissioner* [1979] Ch.344. 戒能通厚「盗聴とプライバシーの権利」『英米判例百選［第三版］』別冊ジュリスト第139号（1996年）106頁以下.

(180) Interception of Communications Act 1985, c. 56. この法律は，2000年調査権限規制法（Regulation of Investigatory Powers Act 2000, c. 23.）によって大幅に改正されている.

(181) 同じ日に，暫定的差止命令も申し立てている.

(182) 本件は，後日言渡判決である.

(183) Katz v. United States, 389 U.S. 347 (1967).

(184) Rhodes v. Graham, 37 S.W.2d 46 (Ky. Ct. App. 1931).

(185) Cited in *Wainwright v. Home Office* [2003] UKHL 53, para. [19].

(186) Raymond Wacks, *Personal Information: Privacy and the Law* (Clarendon Press, Oxford, 1989), pp. 276-283.

(187) *Malone v. United Kingdom* [1984] EHCR 8691/79.

(188) *R. v. Khan (Sultan)* [1997] A.C. 558.

(189) （ゴスフォースの）テイラー首席裁判官（Lord Taylor of Gosforth C.J.），ハッチンソン裁判官（Hutchinson J.），ピル裁判官（Pill J.）.

(190) [1994] 4 All E.R. 426.

(191) （キンケルの）ケイス卿（Lord Keith of Kinkel），ブラウン-ウィルキンソン卿（Lord Browne-Wilkinson），（ハドレーの）スライン卿（Lord Slynn of Hadley），ノーラン卿（Lord Nolan），（バーケンヘッドの）ニコルズ卿（Lord Nicholls of Birkenhead）.

(192) *R v. Sang* [1980] A.C. 402.

(193) *Schenk v. Switzerland* [1988] ECHR 10862/84.

第3章　アメリカの判例法とプライバシー

　前章で見てきたように，イギリスは，正面からは判例法上のプライバシー権を承認していないが，1998年人権法によって，「信頼違反」の解釈を通じて実質的にプライバシー権を認めるに至った．

　一方，連邦制を取るアメリカでは，合衆国の裁判所，及び，多くの州の裁判所が，憲法上，不法行為法上のプライバシー侵害に関する数多くの判決を下している．本書では，そのすべてを取り上げることはできないが，憲法上のプライバシー権侵害は，合衆国最高裁判所の判決を中心に取り上げることとする．不法行為法上のプライバシー権侵害は，著名な判決，及び，合衆国の裁判所の判決を主に検討することとし，また，比較的早い段階からプライバシー侵害に対する積極的な判断を下しているカリフォルニア州の判決も参考にする．本章では，これらの検討を通じて，プライバシー権をめぐるアメリカの判例法について，その傾向の一端を捉えることとしたい．なお，イギリス及び日本については時期区分が可能であるが，アメリカについては，多彩な内容でのプライバシー権が論じられてきたことから，プライバシー権の根拠（憲法及び不法行為），及び，侵害行為の態様に着目して考察する．

第1節　憲法上のプライバシー権

　合衆国憲法にプライバシー権の明文規定は存在しない．そのため，合衆国の裁判所は，憲法の修止条項の各規定を用いて，プライバシー権侵害を救済するという手法をとっている．そして，憲法上のプライバシー権は，政府による無令状捜索・差押えや，その他の侵害行為が，合衆国憲法に違反するという形で争われることが多い．その際に用いられる主な条項は，修正第4条，第5条，第14条第1項であり，それぞれの定めは，次のようになっている．

「修正第4条　不合理な捜索，逮捕又は押収から自己の身体，家屋，書類及び動産の安全を確保する権利はこれを侵害してはならない．令状は，宣誓若しくは確約によって裏付けられる蓋然的理由に基づき，かつ，捜索されるべき場所，及び，逮捕，押収されるべき人，または物を特定して記載するほか，これを発してはならない．」[1]

「修正第5条　何人も大陪審の告発又は起訴によらなければ死刑又は自由刑を科せられる犯罪の責を負わされない．但し，陸海軍又は戦時若しくは公共の危険に際して，現に兵役についている民兵の間に生じた事件については，この限りでない．何人も同一の犯罪について，再度，生命身体の危険に臨ましめられない．また，何人も刑事事件において自己に不利な証人となることを強制されない．また，正当な法の手続によらないで生命，自由，又は，財産を奪われない．また，正当な賠償なくして私有財産を公共の用途のために徴収されない．」[2]

「修正第14条第1項　合衆国において出生し，又は，これに帰化した者にして，その管轄権に従属するものは，すべて合衆国及びその居住する州の市民とする．いずれの州も，合衆国市民の特権又は免責を制限する法律を制定又は実施してはならない．いかなる州も法の正当な手続によらないで，人の生命，自由又は財産を奪ってはならず，また，その管轄内にある人に対して法の平等な保護を拒否してはならない．」[3]

　プライバシー権の関係では，修正第4条については，不合理な捜索及び逮捕・差押えに対し，身体や物品の安全を保障される権利，修正第5条については，不利益供述を強制されない権利及び法の正当な手続なくして生命，自由又は財産を奪われない権利，修正第14条については，正当な法の手続によることなしに，人の生命，自由又は財産を奪ってはならないという州の義務が関連する．

1　「通信の秘密」の侵害[4]

　合衆国憲法に「通信の秘密」に関する明文規定は存在しない．しかし，アメリカの判例法上，「通信の秘密」の議論は古く，この側面における「プライバ

第3章 アメリカの判例法とプライバシー 123

シー」は，主に修正第4条との関係で議論されてきた．憲法上のプライバシー
権が承認されるのは，1960年代であるが，「通信の秘密」の侵害については，
ウォーレン&ブランダイス論文より前の時期から争われてきている．後に述べ
るプロッサーの4類型は，不法行為法上のプライバシー侵害を念頭に置いたも
のだが，「不法侵入」については，物理的な侵入にとどまらず，ワイヤー・タ
ッピング又はマイクによる私的会話の盗聴も含まれ，かつ，国家による侵害も
あるとされている．したがって，「通信の秘密」の侵害は「不法侵入」の一種
である．

1.1 ボイド対合衆国事件（Boyd v. United States）[5]

　この事件は，合衆国最高裁判所（Supreme Court of the United States）が，通
信内容の秘密と修正第4条との関係を初めて取り扱ったものとして重要である．

　検察官は，1874年の関税歳入諸法を改正する法律（An Act to amend the cus-
toms revenue laws）に基づき，地方裁判所の承認印の付された通知命令を取得
し，ボイドに対し，ニューヨーク州の港に輸入した物件の送り状を提出するよ
う求めた．ボイドは，送り状を提出したものの，当該通知の法的有効性と法律
の合憲性を争い，送り状の証拠としての許容性に異議を唱えた．しかし，送り
状は証拠として許容され，ボイドは罰金に処せられた．この判断は，ニューヨ
ーク州南部地区合衆国巡回裁判所（Circuit Court of the United States for the
Southern District of New York）でも支持された．合衆国最高裁判所は，裁量
上訴（certiorari）を認めた．

　合衆国最高裁判所[6]は，1886年2月1日，全員一致で，本件法律，同法に
基づく命令及び本件送り状の証拠利用は，合衆国憲法修正第4条及び第5条に
違反し，無効であるとの判決を下した．この判決の中で，プライバシーという
表現は，次のような形で用いられた．

　　「この法定意見で宣言する諸原則は，憲法上の自由と安全性のまさに本質
　　に影響を与えるものである……この諸原則は，政府及びその職員が，人の家
　　庭の神聖さと生活上の種々のプライバシー（privacies of life）を侵害するす
　　べての場合に適用される．」

ボイド事件をきっかけに，合衆国最高裁は，従来の理論に依拠する関係上，財産権と結び付けたプライバシー概念を用いるようになった．それ以降，合衆国最高裁は，①「捜索・差押え」の対象物を「有体物」（tangible property）とし，②「捜索・差押え」に「物理的侵入」を伴う「不法侵害」を必要とする考えを堅持し，電話盗聴や電子的盗聴については，これらの要件を満たさないとして，修正第4条による保護を否定する時期が，長く続くこととなった[7]．これから紹介するオルムステッド及びゴールドマン事件を通じて，合衆国最高裁が維持したこの原則は，「オルムステッド－ゴールドマン法理」（Olmstead-Goldman doctrine）と呼ばれた．

1.2 オルムステッド対合衆国事件（Olmstead v. United States）[8]

(1) 概 要

オルムステッドは，国家禁酒法（National Prohibition Act）違反の共謀罪で，ワシントン州西部地区の合衆国地方裁判所（United States District Court for the Western District of Washington）において有罪認定を受けた．犯罪発見につながる情報の多くは，5ヶ月に及ぶ電話の傍受によって入手された．傍受は，オルムステッドら4名の住所と主な事務所をつなぐ電話線に，小さな傍受線を挿入することによって行われ，オルムステッドらの財産への物理的侵入はなかった．第9巡回区合衆国控訴裁判所（Circuit Court of Appeals for the Ninth Circuit）[9]は，合衆国地裁の有罪認定を支持した．合衆国最高裁判所は，裁量上訴を認めた．

本件で問題となったのは，次の2点である．①政府による私的な会話の傍受行為は，修正第4条に違反するか否か．②傍受された会話内容を証拠として用いることは，修正第5条に違反するか否か．

合衆国最高裁判所[10]は，1928年6月4日，5対4の多数で，控訴裁判所の判決を支持した[11]．多数意見を述べたタフト裁判官（Taft C.J.）は，本事案のもとでは，オルムステッドに修正第5条に違反して証言を強制することとはならず，また，不法侵害がないため，証拠を入手して審理で用いることは，修正第4条に違反しないと判断している．裁判官は，修正第4条の意味する「捜索・差押え」の対象は，有体物に限られるという判断を示し，物理的な侵入を伴わない電話傍受は「捜索・差押え」に該当しないと述べた．

第3章 アメリカの判例法とプライバシー 125

これに対し，反対意見を出したブランダイス裁判官（Brandeis J.）は，ボイド事件を引き合いに出しながら，憲法上も「ひとりにしておかれる権利」を認めるべきだと述べている．

「〔証言の強制や私物の押収などによる――筆者注〕『人の家庭の神聖さや生活のプライバシー』への侵害に対する保護は，修正第4条及び第5条において与えられている……政府は，複雑で，より広範囲なプライバシー侵害手段を利用できるようになってきている．」「政府の諜報活動が，通信傍受をやめることはなさそうだ……心理的及び関連する科学の進歩は，表現されない信念，思考，及び感情を調査する方法をもたらすかもしれない……憲法は，個人の安全へのそのような侵害に対して，何らの保護を与えることもできないのであろうか．」

「電話に関するプライバシー侵害に伴う不快さは，郵便を勝手に書き換えることに伴うものよりも，はるかに大きい．電話線に盗聴器が仕掛けられるときは常に，線の両端末を用いる人のプライバシーは侵害される．そして，いかなる事柄についても，また，適切なものであっても，秘密で特別扱いされるものであっても，彼らのすべての会話が，盗み聞きされうるのである．さらに，ある人物の電話線に盗聴器を仕掛けるということは，彼が電話をかけ又は彼に電話をかける，あらゆる他の人々の電話を盗聴することを伴う．諜報の手段として，援助令状（writs of assistance）及び一般令状（general warrants）は，通信傍受と比較すれば，専制及び抑圧の手段として，ほとんど取るに足りないものである．」

「修正条項によって保障される保護の範囲は，きわめて広いものである．われわれの憲法の起草者は，幸福を追求するに有利な状況を確保することを約束した．彼らは人間の精神的本質，感情及び知性の重要性を認識していた．彼らは，人生における苦痛，楽しみ及び満足のごく一部のみが物質的なものの中に見出されるであろうことを知っていた．彼らは，アメリカ人の信仰，思考，感情，及び感覚を保護することを追求した．彼らは，政府に対する関係で，ひとりにしておかれる権利――諸権利の中で最も包括的であり，また，教養のある人間によって最も尊重される権利――を付与した．その権利を保

障するために，政府による個人のプライバシーへのあらゆる不当な侵入は，用いられた手段が何であろうと，修正第4条に違反すると考えられなければならない．そして，刑事手続において，証拠として，そのような侵入によって突き止められた事実を用いることは，修正第5条に違反すると考えられなければならない．」

(2) オルムステッド事件のその後

この判決を契機として，合衆国議会は，1934年6月19，「有線又は無線による州際及び外国との通信に規制を設ける等のための法律」（An Act to provide for the regulation of interstate and foreign communication by wire or radio, and for other purposes. 1934年通信法，Communications Act of 1934)[12]を成立させた．この法律は，合衆国法律集（United States Code）第47編「電信，電話及び無線通信」（Telegraphs, Telephones, and Radiotelegraphs）の第151条以下に編纂された．合衆国法律集第47編第605条は，「通信の無許可公開又は利用」（Unauthorized Publication or Use of Communications）として，「何人も，送信者の同意なくしては，いかなる通信をも傍受してはならず，また，傍受した通信の存在，内容，趣旨，目的，効果又は意図を，何人に対しても漏示（divulge）又は公開してはならない」と定め，電話の通信内容の秘密の保障が，初めて連邦法上で明文化するに至った．

1934年通信法成立後，合衆国最高裁は，1937年12月20日判決の第1次ナードン対合衆国（Nardone v. United States）事件[13]において，捜査機関が州際間の電話傍受によって取得した録音内容を法廷に証拠として提出することを禁止する判決を出した．その理由は，傍受した録音内容を法廷に証拠として提出することは，同法第605条の「漏示」（divulge）に当たるということにあった．しかし，検察官は，傍受した録音内容をもとに入手した別の証拠を法廷に提出したことから，第2次ナードン対合衆国事件[14]が提起された．合衆国最高裁は，1939年12月11日，このような間接的な証拠も通信法第605条に違反すると判断し，証拠から排除した．このように，違法収集証拠排除法則の効力は，違法な手続により直接獲得された証拠のみに限らず，その証拠に基づいて得られた間接的な証拠にも及ぶという考え方を，「毒樹の果実の法理」（fruit of the poisonous tree doctrine）という．第 2 次判決のフランクファーター裁判官（Frank-furter J.）の言葉に由来する．同じ日の1939年12月11日に下されたワイズ対合衆国（Weiss v. United States）事件[15]においても，合衆国最高裁は，州内の電話を傍受した行為に対して，1934年通信法を適用する旨の判決を下した．

1.3 ゴールドマン対合衆国事件（Goldman v. United States）[16]

⑴ 概 要

　以上の判決は，ワイヤ・タッピングと呼ばれるもので，電話回線を通じた電話傍受を対象としている．ところが，科学技術の進歩は，電子機器の小型化を急速に推し進めた結果，小型の電子傍受装置（bug）が登場し，これを使用して会話を傍受することが可能となった．こうした電子傍受装置による傍受（「バギング」と呼ばれている）が許されるかどうかという点は，新たな問題を生じさせた．ゴールドマン対合衆国事件は，この点が争われた最初の事件である[17]．

　ゴールドマン，シュールマン（Shulman）らは，合衆国破産法違反の共謀罪で起訴され，有罪認定を受けた．第 2 巡回区合衆国控訴裁判所（Circuit Court of Appeals for the Second Circuit）もこの判断を支持している[18]．捜査の際，3 名の捜査官は，電話盗聴機を隔壁に取り付け，音波を受信し，その音を拡大させるという方法を用いて，ゴールドマンらの会話を聞き取った．あわせて，シュールマンが事務所でかけた電話も傍受した．この事実を知ったゴールドマンらは，公判前に証拠排除の申立てを行ったが，予備審問で退けられた．公判でも，ゴールドマンらは，修正第 4 条違反及び1934年通信法第605条違反を主張したが，いずれも退けられ，傍受内容は，証拠として認容された．合衆国最高裁判所は，裁量上訴を認めた．

　合衆国最高裁判所[19]は，1942年 4 月27日，控訴裁判所の判決を支持した[20]．多数意見を述べたロバーツ裁判官（Roberts J.）は，通信法及び修正第4条の主張について，電話線を介さない傍受装置による傍受は，通信法第605条の適用対象外である，傍受装置を用いて壁越しに行われた会話の傍受は，物理的侵入を伴わないため，「捜索・差押え」に当たらず，修正第 4 条に違反しないと判示した．とりわけ後者については，概ね次のように判示された．

　上訴人ら（筆者注――ゴールドマンら）は，盗聴装置の備え付けが不法侵害に

当たり，その結果盗聴が行われたという関係は，修正第4条に違反すると主張した．下級審は，いずれも，電話盗聴器の使用における不法侵害を否定した．当裁判所もこの見解を受け入れ，電話盗聴器を用いて傍受した事柄は，不法侵害又は不法侵入を構成しない．

また，上訴人らは，オルムステッド事件と本件の区別を主張したが，この主張は，憲法上の保障を実際に適用するには，あまりに微細である．他に，連邦の職員が本件で行った行為と，オルムステッド事件で州の職員が行った行為を線引きしうるような，合理的又は論理的な区別は存在しない．したがって，連邦政府の職員が電話盗聴器を用いることは，修正第4条に違反しない．

⑵ オルムステッド−ゴールドマン法理の変更

オルムステッド−ゴールドマン法理は，ゴールドマン判決の後，約20年間にわたって，合衆国最高裁判所を支配し続けた．しかし，1961年3月6日のシルバーマン対合衆国事件（Silverman v. United States）判決[21]において，合衆国最高裁は，この法理のうちの「有体物」要件を変更することとなった．事案は，賭博の拠点であるとの疑いのある家屋に対し，コロンビア特別区が，隣家からマイクを用いて会話を傍受したというものである．合衆国最高裁は，マイクが壁の裂け目に差し込まれて暖房ダクトに接触したという点を捉えて，「物理的侵入」の要件が満たされていると判断した．この判決は，有体物に当たらない会話の傍受に対する修正第4条の適用を認めた点で画期的である．さらに，カッツ事件によって，残る「不法侵害原則」が廃されることとなった．こうして，通信法成立から30年以上経過した後，ようやく，電子的盗聴に対するプライバシー権が，憲法上の保護を受けることとなった．

1.4 カッツ対合衆国事件（Katz v. United States）[22]

カッツは，電話で賭博情報を伝えた罪によって，起訴された．連邦捜査局（Federal Bureau of Investigation, FBI）は，カッツが電話をかけた公衆電話ボックスの外に，電子的盗聴・記録装置を取り付け，そこでの会話を傍受しており，会話内容は証拠として提出された．カリフォルニア州南部地区合衆国地方裁判所（United States District Court for the Southern District of California）は，カッツに有罪認定を下し，第9巡回区合衆国控訴裁判所もその結論を支持した[23]．同裁判所は，上訴人の「占有する領域への物理的な侵入がない」ため，

修正第4条の違反は存在しないと判断している．合衆国最高裁判所は，裁量上訴を認めた．

　合衆国最高裁判所[24]は，1967年12月18日，7対1の多数で原判決を覆した[25]．多数意見を述べたスチュワート裁判官（Stewart J.）は，一般的な憲法上のプライバシー権を否定しつつも，本件事実関係に基づくプライバシー侵害を認め，カッツの請求を認容した．一般的なプライバシー権の論点について，次のように判示された．

　「修正第4条は，一般的な憲法上の『プライバシー権』として解釈することはできない．この修正条項は，一定の種類の政府による不法侵入から個人のプライバシーを保護する．しかし，その保護はさらに踏み込んで，プライバシーと関係を持たないものも多い．憲法の他の規定は，他の形態による政府の不法侵入から個人のプライバシーを保護する．しかし――他人からひとりにしておかれる権利――という個人の一般的なプライバシー権の保護は，その者の財産及び生命を保護するように，大部分が個々の州法に委ねられている」．

　また，本件事実関係に基づくプライバシー侵害の論点については，次のように判示された．

　「修正第4条は，場所よりも人を保護するものである．ある人物が，自ら承知の上で公に明らかにした事柄は，それが自宅や事務所の中であったとしても，修正第4条の保護の対象とはならない……しかし，その人物が，私的に維持したいと思う事柄は，それが一般の人の目に触れる領域内であったとしても，憲法上の保護を受けることができる」．

　「オルムステッドとゴールドマンの裏づけは，当裁判所が，その後の判決で，そこで宣言された『不法侵害』の原則はもはや支配力を持ち得ないと考えたことによって完全に失われたと，当裁判所は結論付ける．上訴人の言葉を電子的に傍受し記録した政府の行為は，同人が電話ボックスを利用する際に，当然そこに存在するものであると信じていたプライバシーに対する侵害であり，よって，そうした行為は修正第4条の意味する範囲での『捜索・差押え』を構成する．その目的を達成するために用いられた傍受装置が，たまたま電話ボックスの壁を貫通しなかったという事実は，何ら憲法上の重要性を持ち得ない」．

　本件で重要なもう1つの点は，ハーラン裁判官（Harlan J.）の補足意見であ

る．裁判官は，修正第4条の保護範囲について，「先例から生じたその法則に関する私の理解は，2つの要件が存在するということである．第1は，個人が現実の（主観的な）プライバシーへの期待を示したということであり，第2は，当該期待に対して社会が『合理的』であると承認する用意があるということである」と述べた．この2つの要件は，関連するその後の判決に，大きな影響を与えることとなった．

　こうして，「オルムステッド-ゴールドマン法理」は，1967年のカッツ対合衆国事件によって完全に覆されることとなった．合衆国議会は，この事件を受けて，「1968年総合犯罪防止及び街頭安全法」(Omnibus Crime Control and Safe Streets Act of 1968)[26]を成立させた．同法の第3編「電話盗聴及び電子的監視」(Wiretapping and Electronic Surveillance)は，有線及び口頭での通信に関するプライバシー保護を定め，無令状による電話盗聴及び電子的監視を禁止している[27]．この法律が成立した背景には，ウォーターゲート事件における過度の盗聴という背景が存在しており，通信及び会話の傍受に令状を要求するこの法律は，政府をターゲットにしたものであった[28]．

2　無令状捜索・差押え

　捜査機関の無令状捜索・差押えが行われた場合には，主に，修正第1条，第4条及び修正第14条を根拠として，プライバシー侵害が争われてきた．「通信の秘密」の侵害も広い意味では「無令状捜索・差押え」に含めることは可能であるが，これについては，立法化を含め，独立した形での議論が発展したことから，別の類型とした．ここでは，通信傍受以外の「無令状捜索・差押え」を取り上げたい．また，この分野も，プロッサーの4類型の中では，「不法侵入」に位置づけることができる．

2.1　マップ対オハイオ州事件 (Mapp v. Ohio)[29]

　マップは，わいせつかつ淫らな本，図画，写真を，故意に所有し又はその支配下に置いた罪で，オハイオ州法に基づき有罪となった．有罪を決定付けた証拠物件については，物理的な強制力によって，かつ，無令状捜索による差押えを受けた疑いを持つものであった．オハイオ州最高裁判所は，1949年のウルフ対コロラド (Wolf v. Colorado) 事件[30]に依拠し，違法な証拠物件に基づく有

罪認定であったとしても有効であると判断した.

合衆国最高裁判所[31]は，1961年6月19日，修正第4条及び第14条違反の捜索及び押収によって取得した証拠はすべて，州の裁判所の刑事公判において承認することはできないと判断し，6対3の多数で，オハイオ州最高裁判所の判断を破棄・差し戻した[32]. 多数意見を述べたクラーク裁判官（Clark J.）の判断は，次のとおりである.

1949年のウルフ対コロラド事件の判決理由は，プライバシー権の本質を考慮していない. この判決は，違法収集証拠排除の原則を認めた1914年のウィークス対合衆国（Weeks v. United States）事件[33]の判決を取り入れなかった.

「当裁判所は，次のように判断する. 合衆国政府に関しては，修正第4条及び修正第14条が，州政府に関しては，プライバシーの不当な侵害からの自由，及び，自白の強制に基づき有罪認定されることからの自由が，『長年の奮闘の後にようやく……［確保された］人道的及び市民的自由の原則』を永続させることにおいて，まさしく『親密な関係』を享受する」.

「修正第4条において具体化されたプライバシー権が州に対して権利行使可能であること，また，したがって，州の当局者による無作法なプライバシー侵害に対して安全である権利が憲法上の起源を持つことを一旦承認すると，当裁判所は，もはやその権利を口約束のままの状態に置くことを認めることはできない」.

2.2 スタンリー対ジョージア州事件（Stanley v. Georgia）[34]

スタンリーは，ジョージア州法に違反して「故意にわいせつ物を所持した」罪で，同州フルトン郡（Fulton County）の控訴裁判所で審理を受け，有罪認定を受けた. 問題のわいせつ物は3本の8ミリフィルムであったが，これは，合衆国及び州の捜査官が，ノミ行為の捜索令状に基づき，スタンリーの自宅を捜索した際に，2階の寝室内で発見したものであった. 同州の最高裁判所は，有罪認定の結論を支持した[35].

本件の争点は，わいせつ物の単純な私的所持を処罰する本件法律は，合憲か否かという点である. 合衆国最高裁判所[36]は，1969年4月7日，6対3の多数で，州最高裁判所の判決を破棄・差し戻した.

多数意見を述べたマーシャル裁判官（Marshall J.）は，わいせつ物の単純な

私的所持を処罰する限りで，本件法律は修正第1条と第14条に違反すると判断した．その理由は，次のように述べられている．

「憲法が情報や意見を受領する権利を保障していることは，現在，十分に確立されている……この情報や意見を受領する権利は，その社会的価値にかかわりなく……われわれの自由な社会にとって基本的である．さらに，本件を背景として，——ある人物の自宅のプライバシーの状態に置かれた印刷物又は撮影物の単なる所持を起訴したこと——その権利は，別の様相を帯びるようになる．非常に限定された場合を除き，人のプライバシーに対する政府の不正な干渉から自由である権利もまた，基本的権利である」．

「しかし，当裁判所は，これらのフィルムを単に『わいせつ』と分類することだけでは，修正第1条及び第14条が保障する個人の自由にそのような極端な侵害を与えることに対して，十分な正当化理由にはならないと考える．他の法律がいかなる正当化理由によってわいせつを規制しようが，当裁判所は，それらが人の自宅のプライバシーに及ぶことはないと考える．修正第1条が何かしらを意味するとすれば，自宅に1人で座っている人に対して，読んでも良い本や，見ても良いフィルムを伝えることに，州は何ら出る幕を持たないということだ．政府に，個人の心を統制する権限を与えるという考えに対しては，憲法の伝統すべてが抵抗する」．

「当裁判所は，修正第1条及び第14条によって，わいせつ物の単純な私的所持を犯罪とすることは禁じられていると判断する……既に述べたように，州は，わいせつを規制する広い権限を保有する．その権限は，自宅のプライバシーの状態に置かれた物を個人が単に所持する場合には全く及ばない」．

2.3　ハドソン対パルマー事件 (Hudson v. Palmer)[(37)]

パルマーは，バージニア州のブランド (Bland) 刑務所の因人である．ハドソンは，刑務所の上級官吏である．

ハドソンは，ある時，禁制品を探すために刑務所内のパルマーのロッカーや独房を「徹底」捜索した際，パルマーの独房内のゴミ箱の中に，破けた枕カバーを発見した．パルマーは，刑務所懲戒手続のもとで，州の財産を毀棄した責任を問われ，毀棄物の弁済を命じられるとともに，懲戒の事実を刑務所の記録に記載された．パルマーは，法の適正手続を経ない限りは財産を奪われないと

いう権利を定めた修正第14条に違反したことなどを理由に，ハドソンを相手取って，合衆国地方裁判所に訴訟を提起した．ハドソンは，いずれも否定して，正式事実審理を経ないでなされる判決（summary judgment）[38] を申し立てた．

バージニア州西部地区合衆国地方裁判所（United States District Court for the Western District of Virginia）は，パルマーの訴えを退けた．パルマーの上訴に対し，第4巡回区合衆国控訴裁判所（United States Court of Appeals for the Fourth Circuit）は，地方裁判所の判断のうち，財物の意図的な毀棄を否定し，また，「徹底」捜索が合理的か否かに関する争いが存在することを理由として，正式事実審理を経ないでなされる判決を認めた部分を覆した[39]．合衆国最高裁判所は，裁量上訴を認めた．

合衆国最高裁判所[40]は，1984年7月3日，8対1の多数で，控訴裁判所の判断の一部を支持し，一部を破棄した[41]．裁判所は，パルマーの憲法上の主張は熟しておらず，ハドソンに有利な正式事実審理を経ないでなされる判決は適切であったと判断している．

本件の争点の1つとして，刑務所の囚人は，独房におけるプライバシー権を持ち，不当な捜索差押えに対して修正第4条の保護を受けるか否かが問題となった．多数意見を述べたバーガー首席裁判官（Burger C.J.）は，自由刑そのものや収監目的との間で基本的な矛盾をきたさない限り，囚人にも憲法上の権利が保障されることを認めつつも，独房内における囚人のプライバシーの利益は刑務所の安全に劣後すると判断している．

2.4 ボンド対合衆国事件（Bond v. United States）[42]

境界警備官のカントゥ（Cantu）は，テキサス州で，乗客の入国資格を確認するために，あるバスに乗り込んだ．彼は，ボンドの座席上に直接置かれていた緑の帆布鞄に直接触り，その中から，覚せい剤の塊を発見した．ボンドは，覚せい剤所持の共謀罪等で起訴された．ボンドは，カントゥの行為は修正第4条に違反する違法捜索であるとして，覚せい剤の証拠排除の申立てを行ったが，テキサス州西部地区合衆国地方裁判所（United States District Court for the Western District of Texas）は，その主張を退けて有罪を認定し，ボンドを57ヶ月の禁固刑に処した．第5巡回区合衆国控訴裁判所（United States Court of Appeals for the Fifth Circuit）もこの判決を支持し，カントゥが鞄に触れた行為

は修正第 4 条の捜索には当たらないと判断した[43]。合衆国最高裁判所は，裁量上訴を認めた。

合衆国最高裁判所[44]は，2000年 4 月17日，ボンドの手荷物を物理的に触ったカントゥの行為を，修正第 4 条の不合理な捜索に違反すると判断し，7 対 2 の多数で控訴裁判所の判決を破棄した[45]。

多数意見を述べたレーンキスト首席裁判官（Rehnquist C.J.）は，修正第 4 条の保障するプライバシーについて，次のように判示した。「当裁判所による修正第 4 条の分析は，2 つの問題点を包含する。第 1 に，当裁判所は，個人が，自分の行為によって，プライバシーへの現実的な期待を示したか否かを問う……本件で，上訴人は，不透明な袋を利用し，その鞄を自分の座席上に直接置いた行為によって，プライバシーを保護しようとした。第 2 に，当裁判所は次のような質問を投げかける。すなわち，当該個人のプライバシーへの期待は，『社会が合理的なものとして承認する用意があるもの』か否かである……バスの乗客は，頭上の物置きに鞄を置いた際，他の乗客又はバスの係員が，何らかの理由で自分の鞄を動かすことはあるだろうと予測する……彼は，当然のことながら，他の乗客やバスの係員が，捜索的態様で鞄を触ることまでは気づかない。しかし，本件での係官の行為は，まさしくこのようなものであった。したがって，当裁判所は，係官が上訴人の鞄に物理的に触る行為は，修正第 4 条に違反すると判断した」。

2.5 カイロ対合衆国事件 (Kyllo v. United States)[46]

本件は，物理的な捜索ではなく，熱探知装置を用いた調査行為について，プライバシー侵害を認めたケースである。

内務省（United States Department of the Interior）職員のウィリアム・エリオット（William Elliott）は，カイロが自宅でマリファナを栽培しているのではないかとの疑いを抱いた。そこで，エリオットは，カイロの自宅近くに車を停車させ，熱探知装置を設置して建物から生じる熱量を読み取るという調査を行った。その結果，車庫の屋根と自宅の側壁が高温であることが判明したため，エリオットは，カイロがハロゲン光を用いてマリファナを栽培していると判断した。合衆国の治安判事は，この調査結果等に基づきカイロの自宅の捜索令状を発布した。捜索の結果，室内で100本を超える苗の栽培が確認され，カイロ

は，マリファナ製造の罪で起訴された．カイロは，押収された証拠について，証拠排除の申立てを行ったが，合衆国地方裁判所によって退けられ，有罪認定を受けた．第9巡回区合衆国控訴裁判所は，この有罪認定を無効とし，熱探知装置の侵入性に関する証拠の審理を行わせるために差し戻した．差戻審の地方裁判所は，令状の有効性を支持し，証拠排除の申立てを再度拒否した．控訴裁判所は，当初はこの判断を覆したが，その意見を撤回し，合衆国地裁の判断を支持した[47]．合衆国最高裁判所は，裁量上訴を認めた．

合衆国最高裁判所[48]は，2001年6月11日，本件熱探知装置の利用は修正第4条の捜索に当たり，令状なくして行うことは違法だと判断した．そして，後に発布された令状の有効性，及び，令状による捜索の結果得られた証拠の許容性を改めて審理させるべく，5対4の多数で原判決を破棄し，差し戻した[49]．

多数意見を述べたスカリア裁判官（Scalia J.）は，次のように判示している．「……一方で，最低限のプライバシーの期待という，コモン・ローに深く根ざした利用可能な基準は存在し，また，それは合理的なものとして承認されている．この最低限の期待という保護を後退させることは，修正第4条の保障するプライバシーを侵食する警察の技術を認めることになるであろう．当裁判所は，次のように考える．（本件のように）少なくとも問題の技術が一般国民の利用に供されない場合，検知強化技術（sense-enhancing technology）によって自宅内部に関する何らかの情報を得ること，そしてその情報は，物理的な『憲法上保護された領域への侵入』なくしては他に得られないものである場合は，捜索を構成する．このことは，修正第4条が採用される場合に，既に存在する政府に対するプライバシーの程度の保障を確実にする．この基準に基づき，本件において，熱探知装置によって得た情報は，捜索の産物である」．

2.6　ジョージア州対ランドルフ事件（Georgia v. Randolph）[50]

修正第4条は，居宅に対する無令状での立入りや捜索を禁じているが，その物件を占有する個人の自発的な同意があった場合，その捜索の有効性を認めている．

スコット・ランドルフ（Scott Randolph）とその妻ジャネット（Janet）は，夫婦仲に問題を抱えていた．2001年7月，家庭内で諍いが生じたことから，ジャネットは，警察に通報し，到着した警察に対して，夫がコカイン使用者であ

ることを告げた．警察官の1人であるマリー（Murray）巡査部長は，スコットに自宅の捜索の許可を求めたところ，明示的に拒否されたため，ジャネットから捜索の許可を得た．マリーは，2階の寝室で，コカインを疑わせる粉状の残留物の付着したストローを発見した．マリーは，証拠物件を入れる袋を取りに行くためにスコット宅を一旦後にして，再び同宅へ戻ると，今度はジャネットが同意を撤回した．警官隊はランドルフ夫妻を連れて，ストローを警察署へと持ち帰った．捜索令状を取得した後，彼らは自宅へ戻り，薬物利用に関するさらなる証拠を差し押さえた．スコットは，コカイン所持で起訴された．

　スコットは，無令状捜索によって取得された証拠について，妻の同意があっても無権限によるものであると主張して，証拠利用を禁じるよう求めた．事実審の裁判所はその申立てを退けたが，ジョージア州控訴裁判所はその判断を覆し[51]，同州最高裁判所もこれを支持した[52]．合衆国最高裁判所は，裁量上訴を認めた．

　合衆国最高裁判所[53]は，2006年3月22日，6対3の多数で州最高裁の判決を支持し，一方の居住者が同意していたとしても，他方の居住者が拒否することによって，その者に対する関係での無令状押収は無効となる旨を判示した[54]．多数意見を述べたスーター裁判官（Souter J.）は，プライバシーについて次のように述べている．「当裁判所は，ウィルソン対レイン事件（Wilson v. Layne）[55]で，『自宅のプライバシーを尊重するという数世紀にわたる原則』を認定したため，『自宅が，われわれ人間の私生活の中心として特別な保護を受けることに，議論の余地はない』[56]……結局，当裁判所は，わが国の歴史全体を通じて，『最も貧しい人が，国のすべての権力に抵抗すべく自分の小さな家にいることができる〔という点で〕，自宅はその人物の城であるという古代の格言』を理解しながら生活を送ってきた」[57]．

3　「自己決定権」の侵害[58]

　アメリカの判例法において，憲法上のプライバシーは，いわゆる自己決定権[59]という側面でも捉えられており，教育，結社，避妊，婚姻，堕胎といった様々な場面において，それらの選択の自由を侵害する行為が問題とされてきた．

憲法上のプライバシー権を初めて承認した1965年のグリズウォルド対コネチカット州事件も，この類型に含まれる事例であり，自己決定権は，憲法上のプライバシーを議論する上で，重要な位置を占めている．なお，グリズウォルド事件では「半影論」(penumbra doctrine) が用いられたが，この類型が問題となる場合の主な根拠規定は，修正第14条である．

3.1　メイヤー対ネブラスカ州事件 (Meyer v. Nebraska)[60]

メイヤーは，シオン教区学校 (Zion Parochial School) の教師であった間，8年生に達しない10歳の子どもにドイツ語を教えたところ，ネブラスカ州法違反を問われ，同州ハミルトン郡 (Hamilton County) の地方裁判所で有罪認定を受けた．問題の州法は，私立学校，宗教学校，教区学校，公立学校で，英語以外の言語を，8年生に達しない子どもに教えることを禁止し，違反者に罰則を課すものであった．州の最高裁判所は，有罪認定を支持した．

争点は，本件法律の解釈適用が修正第14条に違反するか否かである．合衆国最高裁判所[61]は，1923年6月4日，州の最高裁判決を破棄した．マクレイノルズ裁判官 (McReynolds J.) は，次のように判示している．「紛れもなく，それ〔筆者注——修正第14条〕は，単なる身体的拘束からの自由のみならず，次のような個人の権利をも意味している．それは，契約を交わし，生活する上で何らかの一般的職業に従事し，有用な知識を得，結婚して家庭を築き，子どもを育て，自身の良心が決定するところに従い神を崇拝し，自由人が秩序正しく幸福を追求するために本質的なものとして，コモン・ローが長年にわたって承認してきたこれらの特権を，一般的に享受することである……確立された原則によれば，この自由は，公の利益の保護を建前として，恣意的又は州の有効な権限に含まれた目的とは合理的関連性を持たない立法行為によって，妨害されてはならない」．

3.2　NAACP 対アラバマ州事件 (NAACP v. Alabama)[62]

この事件は，全米黒人地位向上協会 (National Association for the Advancement of Colored People，NAACP) の活動の制限及び同協会の会員リストの強制提出が問題となった事案である．判決は，「結社における人のプライバシー」(privacy in one's associations) として，協会の会員が結社を作り，他人とともに活動するという自由が，修正第14条の保障を受ける旨を判示したことから，

自己決定権に関する判決として分類した．

アラバマ州司法長官は，外国の非営利組織である NAACP が，法律に違反して，州務長官への企業憲章の提出，及び，事業場所の明示と令状送達を受ける代表者の指定を怠っているとして，州の巡回裁判所に対し，NAACP の州内での活動禁止，及び，州からの退去を求める申立てを行った．巡回裁判所は，NAACP に対し，州内での活動を禁止するとともに，NAACP に属する会員及びその代理人全員の氏名と住所を含む，記録の提出を命じた．NAACP は，州は会員リストの提出を憲法上強制できないと主張し，その提出を拒否したため，巡回裁判所は，NAACP に対して罰金を科した．NAACP は，この判断の見直しを求めて裁量上訴を申し立てた．アラバマ州最高裁判所（Supreme Court of Alabama）[63] は，この申立てを退けた．合衆国最高裁判所は，裁量上訴を認めた．

合衆国最高裁判所[64]は，1958年6月30日，全員一致でアラバマ州最高裁判所の判断を破棄・差し戻した．多数意見を述べたハーラン裁判官（Harlan J.）は，次のように判示している．

「当裁判所は，結社の自由と結社における人のプライバシーの間のきわめて重要な関係を承認してきた．集会の自由を妨害する可能性のある様々な形態の政府の活動に触れる際，……『例えば，特定の宗教上の信念を持つ信奉者又は政党の党員に，特定の腕章を着用するよう求めることは，明らかにこの性質を持つ』と述べた．特定の信念を主張することに従事する組織の会員情報を提供するよう強制することは，同じ状況である．集会結社におけるプライバシーの不可侵は，多くの状況において，特に，集団が反体制の信念を支持している場合，結社の自由を守るために不可欠である」．

「当裁判所は，次のように判断する．協会は，会員を代表して，州による会員リストの検査から免責されると主張しており，その主張は，本件で，自らの適法な個人的利益を私的に追求し，他人と自由に仲間となるという会員の権利と密接に関連しており，そのような行為は，修正第14条の保障の範囲内に含まれる．また，当裁判所は，次のように結論付ける．アラバマ州は，会員リストの提供によって，結社の権利の自由な享受に悪影響を与える可能性の高いということに対し，それを支配するような正当化理由の証明を十分には行なわなか

った」.

3.3 グリズウォルド対コネチカット州事件 (Griswold v. Connecticut)[65]

この判決は,「半影論」という理論を用いて,初めて憲法上のプライバシー権を承認したものとして,極めて重要であることから,やや詳しく紹介する[66].

⑴ 事案の概要

コネチカット州一般法（1958年改正）は,避妊を制限するために,次のような規定を設けている.

第53-32条 「何人であっても,避妊を目的として,薬,医療具又は医療機器を使用する者は,50ドル以上の罰金若しくは60日以上１年以下の拘禁刑に処せられ,又は,併科される」.

第54-196条 「違反行為を犯すために,他人を,幇助し,教唆し,助言し,その原因となり,雇い,又は,命令したすべての者は,正犯と同様に,起訴され処罰され得る」.

グリズウォルドは,コネチカット州家族計画連盟（Planned Parenthood League of Connecticut）の専務理事である.バックストン（Buxton）は,イェール大学医学部の教授であり,家族計画連盟のセンターで,医長を務めている.

両者は,既婚者に対し,避妊のための情報提供,指示,医学的助言を行い,避妊装置や避妊具を用いるなどしたことから,コネチカット州ニュー・ヘブンにある第６巡回区巡回裁判所（Circuit Court for the Sixth Circuit in New Haven, Connecticut）において,共犯者として有罪認定を受け,各100ドル（当時の為替レートでは約３万6,000円）の罰金を受けた.グリズウォルドらは,本件法律は修正第14条に違反すると主張したが,容れられなかった.同州の巡回裁判所の上訴部（Appellate Division of the Circuit Court）及び同州の最高裁判所（Supreme Court of Connecticut）も,巡回裁判所の判断を支持した[67].

⑵ 判決要旨

合衆国最高裁判所[68]は,1965年６月７日,７対２の多数で,コネチカット州最高裁判所の判決を破棄した[69].多数意見を述べたダグラス裁判官（Douglas J.）は,グリズウォルドらの当事者適格を認めた上で,本案の判断に入った.裁判所が採用した半影論は,憲法上のプライバシー権を認めるための非常

に有名な理論である．以下，重要と考えられる判決部分を掲載する[70]．

「上記ピアース対シスター協会事件[71]により，自らの選ぶように自分の子供を教育する権利は，修正第1条及び第14条の効力によって，州に適用することが可能である．前記メイヤー対ネブラスカ州事件[72]によって，私立学校において，ドイツ語を勉強する権利に，同じ尊厳が与えられる．いい換えれば，修正第1条の精神に一貫し，州は，入手可能な知識の範囲を縮小させてはならない．言論及出版の自由は，単に，述べる権利や出版する権利を含むだけでなく，配布する権利，受け取る権利，読む権利（括弧内省略），質問する自由，考える自由，教える自由（括弧内省略）——実際，大学という共同体全体の自由をも含まれる……これらの周辺の権利がなければ，特定の権利は，より控えめな保障となっていたであろう．そこで，当裁判所は，ピアース及びメイヤー事件の原則を再び認める」．

「NAACP対アラバマ州事件において，当裁判所は，結社の自由は，修正第1条の周辺の権利であることを注記しながら，『結社の自由及び結社内におけるプライバシー』を保護した．当裁判所は，憲法上有効な結社の構成員一覧の提供は，『原告側の構成員による結社の自由権の行使を大幅に抑制する高い可能性を伴うため』無効と判断した」．

「いい換えれば，修正第1条は，プライバシーが政府の侵害から保護されるところの半影を持つ．この文脈において，当裁判所は，慣習的な意味において政治的ではないが，構成員の社会的，法的，経済的利益に付随する『結社』の形態を保護してきた」．

「その文脈において，結社は，意見表明の一形態だ．そして，修正第1条には明示的に含まれていなかったとしても，その存在は，表現の保障を十分に意味あるものにする上で，必要とされる」．

「上述の諸事件は，権利章典における特定の保障が，それらの保障から放射することで形作られる半影部を持ち，その半影部に生命と実体を付与することに役立つということを示唆している……各種の保障が，プライバシーの領域（zones of privacy）を創造している．当裁判所が見たように，修正第1条の半影部に含まれる結社の権利はその1つである．修正第3条は，所有者の同意なく，平時に，『いかなる家の中にも』兵士が宿営することを禁じることにおい

て，プライバシーのもう1つの側面である．修正第4条は，明白に『不正な捜索及び没収に対し，人々が，身体，住居，書類，資産の安全を保障される権利』を肯定する．修正第5条の自己負罪条項（Self-Incrimination Clause）は，政府が当該人物の不利益になるように，この特権を放棄することを強制できないものとし，市民がプライバシーの領域を作り出すことを可能にする．修正第9条は，『憲法における特定権利の列挙は，人々によって保持されている他の権利を否定又は軽視するものと解釈されるべきではない』と定める」．

「修正第4条及び第5条は，ボイド対合衆国事件[73]で，『人の自宅の不可侵性及び生活のプライバシー』への政府によるあらゆる侵害に対する保護として，説明されている」．

「その結果，本件は，いくつかの基本的な憲法上の保障によって創造されるプライバシーの領域内に横たわる関係に影響する．そして，本件は，避妊具の製造又は販売を規制するよりも，その利用を禁ずることにおいて，最大限に有害な影響をその関係に与えるという方法によって，目的を達成しようとする法律に影響を与える．その法は，この裁判所が頻繁に適用してきた，お馴染みの原則『憲法上州の規則に服する行為を抑制又は回避するという政府の目的は，不必要に広範で，その結果，保護された自由の領域を犯すという方法によって，達成してはならない』に照らしてみると，有効とはなりえない……当裁判所は，警察が，避妊具の利用の証拠となる兆しを求めて，結婚生活上の寝室という神聖な区域を捜索することを認めるであろうか．まさにその考えは，婚姻関係を取り巻くプライバシーの考えに嫌悪されるものだ」．

このように，本件は，合衆国最高裁判所が，初めて憲法上のプライバシー権を承認した判決である．多数意見は，プライバシー権を承認するに当たって，「半影論」という理論を用いた．「半影」とは，元来天文学上の用語で，明文で示されたルールの周辺に，黙示のルールが存在することを認めうるという考え方である[74]．多数意見は，修正第1条，第3条，第4条，第5条，第9条の定める各保障が，プライバシーの領域を作り出しており，それぞれから放射することで形成される半影部が，プライバシー権を構成する旨を判示した．

また，本件で問題となったプライバシーとは，婚姻上のプライバシー（marital privacy）である．これは，夫婦の寝室という神聖な区域への侵入を禁ずる

とともに，避妊具の使用に関する自己決定権を認めたものと見ることができる．

3.4 ラビング対バージニア州事件 (Loving v. Virginia)[75]

　バージニア州の反異人種婚姻法の合憲性が争われた事件である．夫であるリチャード・ラビング (Richard Loving) は白人であり，妻であるミルドレッド・ジーター (Mildred Jeter) は黒人である．いずれもバージニア州の住人である．両者は，コロンビア特別区で結婚してバージニア州に戻って住居を構えたところ，異人種婚を絶対的に禁止するバージニア州法に違反した罪で，有罪認定を受けた．

　夫妻は，バージニア州東部地区合衆国地方裁判所 (United States District Court for the Eastern District of Virginia) に集団訴訟を提起し，3 名の裁判官に対し，バージニア州の反異人種婚姻法の違憲を宣言するよう求めた．州の事実審の裁判官は，申立てを退けたため，夫妻は，バージニア州最高裁判所 (Supreme Court of Virginia) への上訴を行った．州の最高裁判所は，反異人種婚姻法の合憲性を認め，有罪認定を維持した[76]．

　合衆国最高裁判所[77]は，1967年 6 月12日，全員一致で有罪認定を覆した．本判決ではプライバシーという言葉は使われていないが，婚姻に関する自己決定権を修正第14条に求めた判決と評価することができる．

　多数意見を述べたウォーレン首席裁判官 (Warren C.J.) は，本件法律が，修正第14条の保障する平等保護に違反することに加えて，次のように判示している．

　「これらの法律は，修正第14条の適正手続条項に違反して，法の適正手続なくして，ラビング夫妻の自由をも奪うものである．婚姻の自由は，長期間，自由な人が秩序正しく幸福を追求することにとって本質的な，極めて重要な人権の 1 つとして承認されてきた」．

　「修正第14条は，婚姻を選択する自由が，不正な人種差別によって制限されないことを義務付けている．われわれの憲法の下で，他の人種の人と結婚し，又は結婚をしない自由は，個人に属するものであって，州がその権利を侵すことは許されない」．

3.5 ロウ対ウェイド事件 (Roe v. Wade)[78]

　テキサス州刑法典は，母親の生命を救うために必要な場合を除いて，堕胎を

第3章　アメリカの判例法とプライバシー　143

行わせる行為を犯罪と定める.

　未婚の女性であるジェーン・ロウ（Jane Roe）[79] は，1970年 3 月，地区検察官を相手取って合衆国地方裁判所に訴訟を提起し，堕胎罪を定めた上記法律は文面上無効である旨の宣言的判決，及び，地区検察官に対して当該法律を執行することを禁じる差止命令を求めた．ロウは，本件法律は憲法に違反する程度に漠然としており，修正第 1 条，第 4 条，第 5 条，第 9 条及び第14条によって保護される個人のプライバシー権を奪うものだと主張した．

　テキサス州北部地区合衆国地方裁判所（United States District Court for the Northern District of Texas）[80] は，本件法律を修正第 9 条及び第14条に違反するとして文面上無効と判断したが，差止命令については，裁判権行使を回避してこれを退けた．ロウは，差止命令を退けた判断を不服として，合衆国最高裁判所に上訴した．

　合衆国最高裁判所[81]は，1973年 1 月22日，7 対 2 の多数で，合衆国地裁の判断を支持する旨の判決を下した[82]．

　主な争点は，①堕胎罪を認める法律の背景，②プライバシー権，③州の利益とプライバシー権の均衡である．

　多数意見を述べたブラックマン裁判官（Blackmun J.）は，①については，妊婦の安全の確保，潜在的な生命の保護を挙げ，②については，次のように判断している．

　「憲法は，プライバシー権を明示的には述べていない」．

　「このプライバシー権は，当裁判所が考えるように，個人の自由と州の活動を制限するという修正第14条の考えに見出されようが，又は，地方裁判所が決定付けたように，修正第 9 条における人々の権利の保障に見出されようが，妊娠を終わらせるか否かについての女性の決定を包含するに十分な広さを持つ．この選択を完全に否定することによって，州が妊婦に与える不利益は明らかである」．

　「〔筆者注――他方，プライバシーの権利は，絶対ではなく〕，上記のとおり，州は，健康を守り，医学水準を維持し，潜在的な生命を保護することにおいて，重要な利益があることを適切に主張することができる」．

　「したがって，当裁判所は，次のように結論付ける．すなわち，個人のプラ

イバシー権は堕胎の決断を含むが，この権利は無制限ではなく，規制における州の重要な利益に対して考慮しなければならない」．

「何らかの『基本的な権利』が関係する場合，裁判所は，これらの権利を制限する規制は，『やむにやまれぬ州の利益』によってのみ正当化されうると判断してきた」．

争点③について，裁判官は，妊娠3ヶ月が終了する前であれば，担当医は，患者と相談の上，州の規制を受けることなく，自身の医学的判断によって，患者の妊娠を終了させるべきことを自由に決定することができると述べた．

以上の基準に照らし，裁判官は，本件法律について，妊娠初期とその後の堕胎を区別しておらず，また，適用除外を母親の生命を「救う」場合に限定している点で，あまりに広範な規制であり，修正第14条の適正手続条項に違反すると判断した．

なお，この判決に対しては，再弁論が申し立てられたが，退けられている[83]．

3.6 その後の判決

自己決定権の侵害に関するその後のケースとしては，1986年のボワーズ対ハードウィック事件（Bowers v. Hardwick）[84]，2003年のローレンス対テキサス州事件（Lawrence v. Texas）[85]がある．いずれも同性愛（sodomy）を禁じる州法違反が争われた事件である．前者について，合衆国最高裁判所[86]は，1986年6月30日，6対3の多数[87]で，修正第14条の適正手続条項は，同性愛者が合意に基づく同性愛を行うことに関し，基本的な権利を付与するものではないと判断した．合衆国最高裁[88]は，後者の事件において，2003年6月26日，6対3の多数[89]でこの判断を覆した．裁判所は，グリズウォルド事件を引用するなどして，テキサス州法は，適正手続条項が保護する自由及びプライバシーにおける2人の男性の重要な利益を侵害し，同条項に違反すると判断している．

4 私的事実の公開

プロッサーの4類型の1つに「私的事実の公開」というものがあり，憲法上も，修正第4条や第14条を根拠として，私的事実の公開を争う事例が存在する．

第3章　アメリカの判例法とプライバシー　　145

他方，この分類については，公開の制限を受ける者に修正第1条[90]の言論・出版の自由が保障されるため，プライバシー権との衡量が問題となる．

4.1　ワーレン対ロウ事件 (Whalen v. Roe)[91]

本件は，私的事実の提供及び自己決定権が問題となった事案であるが，合衆国最高裁判所が，コンピュータ化による情報漏えいの懸念に言及した判決であることから，「私的事実の公開」に分類した．

(1)　事案の概要

1972年ニューヨーク州規制薬物法 (New York State Controlled Substances Act of 1972)[92] は，潜在的な有害性を持つ薬物を附則1から5に分類している．附則1は，ヘロインのように濫用度が高く，医療上の利用は承認されていない薬物である．附則2ないし5については，医療上の利用が承認されており，2から5へ行くに連れて，徐々に濫用の可能性は低くなっていく．本件で問題となったのは，附則2であり，合法薬物の中でも最も危険性の高いものであった．

法律は，緊急の場合を除き，医師に対し，附則2の薬物の処方箋を作成する際には，公的な書式に基づくこと，3部を用意することを義務付けている．完成した処方箋には，処方を行った医師，調剤薬局，薬物及び投薬量，患者の氏名，住所，年齢が記されている．処方箋は，医師，薬剤師がそれぞれ1部ずつ保有する．残りの1部は，アルバニー（Albany）にあるニューヨーク州の保健省へと提出される．

約10万に及ぶ附則2の処方箋は，毎月，保健省の検収室へと運ばれる．それらは，分類・コード化，記録化され，別の部屋へと運ばれ，磁気テープに記録される．その後，処方箋は，検収室に戻され，5年間，貯蔵室に置かれ，法の義務により破棄される．検収室は，施錠された金網に囲まれ，警報システムによって保護されている．処方箋データの入った磁気テープは，施錠された保管庫で保持される．テープが使われる場合，コンピュータは，「オフライン」，すなわち，コンピュータ・ルーム外のいかなる端末からも，情報を閲覧又は記録できない状態で作動される．また，患者の身元を公開することは，法及び保健省の規則により明示的に禁じられている．これらの禁止に故意に違反した者は，1年以下の拘禁刑又は2,000ドル以下の罰金に処せられる．

法律が施行される数日前，定期的に附則2の薬の処方を受けている患者グル

ープ，その薬の処方を行なっている医師ら，及び，2つの医師の団体が，法律の修正第4条及び第14条違反を主張し，ニューヨーク州南部地区合衆国地方裁判所（United States District Court for the Southern District of New York）[93]に訴訟を提起した．同裁判所は，「医師と患者の関係は，憲法上保護されたプライバシーの領域の1つ」であり，本法の患者特定規定は「必要以上に範囲が広い」ため，この領域を侵すと判断した．そして，患者の氏名及び住所の報告を扱う法の規定の執行を差し止めた．

ニューヨーク州保健省長官であるワーレン（Whalen, Commissioner of Health of New York）は，合衆国最高裁判所に直接上訴（direct appeal）した．

(2) 判決要旨

合衆国最高裁判所[94]は，1977年2月22日，全員一致で原判決を破棄した．

まず，修正第14条違反について，多数意見を述べたスティーブンス裁判官（Stevens J.）は，地域社会の保健に責任を持つ州の代表に対して処方箋情報の提供を義務付けたとしても，それが直ちにプライバシーの侵害として許されないという結果にはならないとして，これを退けた．修正第4条違反の主張についても，本件には当てはまらないとしている．

次に，裁判官は，コンピュータ化の脅威について，次のように述べている．

「当裁判所は，争点に関する最後の言葉をまだ決めていない．当裁判所は，コンピュータ化されたデータバンクや，他の膨大な政府ファイルにおける大量の個人情報の収集が，潜在的なプライバシーへの脅威をもたらしていることに，気付かないわけではない．

税の徴収，福祉及び社会保障給付の分配，公衆衛生の管理，国防軍の指揮，及び，刑事法の執行は，すべて，大量の情報の秩序だった保存を義務付けている．それらの情報の多くは，性質上個人的で，もし提供されれば，厄介又は有害である可能性がある．公的目的で，そのようなデータを収集及び利用する権利は，一般的に，不正な提供を避けるための，付随的な法律上又は規則上の義務を伴っている．何らかの状況において，その義務は，おそらく，憲法に根源を持つことを認識しているが，それでもなお，ニューヨーク州の法律の枠組み，及び，それを実行する運用手順は，個人のプライバシーの利益に対し，適切な関心を示し，また保護していることを証明する．したがって，当裁判所は，集

積された私的データの不正な提供──意図的であろうが意図的でなかろうが
──，又は，匹敵する安全保護規定を含まないシステムによって表れるであろ
う問題に決定を下す必要はなく，そのような決定は下さない．当裁判所は，単
純に，この記録は，修正第14条により保護される権利又は自由の侵害を構成し
ないと認定する」．

　なお，ブレナン裁判官（Brennan J.）は，「コンピュータ化されたデータを集
中管理し，容易に入手可能とすることは，その情報を濫用する可能性をはるか
に高めることとなる．そして，私は，将来それが発展しても，そのような技術
に対する何らかの制限の必要性は立証されないであろうと述べる覚悟はない」
という言葉を残している．

　ワーレン対ロウ事件の判決は，コンピュータ化された情報の処理とプライバ
シー権の問題を認識した合衆国最高裁判所の判決として重要である．本件法律
は，プライバシーに対する適切な配慮を示していたことから，事案の関係上，
違憲とはならなかった．しかし，ブレナン裁判官は，将来のコンピュータ社会
の到来を予想するような補足意見を残しており，注目に値する．

　なお，本件と近い時期の合衆国最高裁判所の判決としては，1977年6月28日
付判決のニクソン対総務庁長官事件（Nixon v. Administrator of General Ser-
vices）[95]がある．この事件では，大統領記録資料保存法（Presidential Record-
ings and Materials Preservation Act）[96]に基づき，総務庁が前大統領であるニ
クソンの資料及び録音テープを管理すること，及び，一般国民によるその資料
等へのアクセスを認められていることが問題となった．ニクソンは，プライバ
シー侵害などを理由として，この法律の執行の差止めを求めたが，同人が公的
人物であること，保存される資料の多くは公的な性質を持つことなどから，請
求は退けられた．

4.2　ドウ対ニューヨーク市人権委員会事件（Doe v. City of New York Commission on Human Rights）[97]

　時期はやや飛ぶが，HIV 感染事実の公開とプライバシー侵害が問題となっ
た合衆国控訴裁判所の事件として，ドウ対ニューヨーク市人権委員会事件が存
在する．

　ジョン・ドウは，ヒト免疫不全ウイルス（Human Immunodeficiency Virus,

HIV) に感染している．ドウは，パン・アメリカン・ワールド航空社 (Pan American World Airways) の従業員であったが，後に，同社は破産し，デルタ航空社 (Delta Air Lines, Inc.) が，パン・アメリカン社のサービスの多くを買収した．ドウは，デルタ社での雇用を求めて面接を受けたが，採用を拒否された．そこで，ドウは，自分が独身の男性同性愛者であり，デルタ社が彼のHIV 陽性を疑ったことが採用拒否の理由であると主張し，ニューヨーク市人権委員会に不服を申し立てた．この手続の中で，人権委員会，デルタ社，ドウは，和解合意を締結し，あわせて，ドウがこの手続の当事者であることについての秘密保持も合意した．

　しかし，その 3 日後，人権委員会は，ドウに無断で，和解合意の条件を報道発表した．報道発表は，ドウの名前を明示的には特定しなかったものの，知人や同僚が見ればドウを特定し得る情報を伴っていた．ドウは，その結果，職場での差別や辱めを受け，感情的に極度の不安を抱える兆候を示すようになった．

　ドウは，市民権を保護する連邦法[98]に基づき，ニューヨーク市などを相手取って，本訴訟を提起した．ドウは，人権委員会の提供行為は，彼の憲法上のプライバシー権を侵害し，契約に違反するものであると主張している．

　ニューヨーク州南部地区合衆国地方裁判所[99]は，ドウの請求を棄却したが，第 2 巡回区合衆国控訴裁判所 (United States Court of Appeals for the Second Circuit)[100]は，1994年 1 月28日，原判決を破棄・差し戻した．

　本件では，① HIV 感染における憲法上のプライバシー権の存否，②人権委員会への申立てによって，HIV 感染は公の記録となり，プライバシー権は放棄されたことになるか否かが問題となった．

　アルティマリ裁判官 (Altimari J.) は，争点①について，HIV ウイルス感染者が，自らの状態について，「秘密を守る権利」としての憲法上のプライバシー権を持つことは明らかであるとし，極めて不運な不治の病にかかっている事実を他人に伝えるという選択は，その人物が自分自身で行うことを認められるべきである，と述べた．また，裁判官は，争点②に関して，人権委員会が公の機関であることを理由に，そこに提供された情報が自動的に公の記録となる旨の主張を認めると，同委員会の目的を損なうとして，プライバシー権は放棄されないと判断した．

アメリカの裁判所は,「公の記録」に記載された情報は保護しないと判断する傾向がある. 例えば, 1991年10月3日判決のシェーズ対モーニング・コール社事件 (Scheetz v. Morning Call, Inc.)[101]において, 第3巡回区合衆国控訴裁判所 (United States Court of Appeals for the Third Circuit) は, 公開されていない記録であっても, 一旦警察の記録に記載された以上は, 憲法上のプライバシー権を主張できないという判断を下した. しかし, 本件では, HIV感染という機微性の高い情報が問題となったことから, 判決は, プライバシー権を優先させた. 公開の必要性が低かったことも含め, 妥当な結論であると考えられる.

第2節　不法行為法上のプライバシー権

1　プライバシー権の承認

20世紀に入ると, ウォーレン&ブランダイスの論文が1つのきっかけとなり, プライバシー侵害が裁判所で争われるようになった. 詳しい内容は後述するが, 裁判所がプライバシー権を承認するまでの大まかな流れは, 次のとおりである.

1.1　ロバーソン対ロチェスター・フォールディング・ボックス社事件

ニューヨーク州では, 肖像を無断で製粉会社のポスターに使われた女性が, プライバシー権の侵害に基づき, 損害賠償を請求する訴訟を起こした. 州の最高裁判所は, 1902年, 4対3の多数で女性の請求を退けた. ニューヨーク州は, 翌1903年, プライバシー権の保護を内容とする法律を制定し, 立法的に解決した.

1.2　ペイブシック対ニュー・イングランド生命保険会社事件

ジョージア州では, 自分の写真を無断で保険会社の宣伝に用いられたことを不服として, プライバシー侵害訴訟を提起する者が現れた. 州の最高裁判所は, 1905年, プライバシー権を承認した.

1.3　メルビン対レイド事件

カリフォルニア州では, 過去の知られたくない前歴を映画化された女性が, プライバシー侵害訴訟を提起した. 州の最高裁判所は, 1931年,「プライバシー権は, 不当で望ましくない公開にさらされることなしに, ひとりで自分の生活をする権利と定義されてきた. 要するに, それは, ひとりにしておかれる権

利である」と述べて，プライバシー権を認めた．

　こうして，その後多くの州の裁判所が，判例法上のプライバシー権を承認するようになった．

　一方，プライバシー権の発展に伴い，特に報道機関の関係で，言論・出版の自由との調整が問題となるようになった．合衆国憲法の修正第１条は，「連邦議会は，国教を樹立し，又は，宗教の自由な遂行を禁止し，又は言論及び出版の自由，又は，人民が平穏に集会し，苦痛の救済を求めるため政府に対して請願する権利を制限する法律を制定してはならない」と定めている[102]．プライバシー権侵害の訴えを提起された報道機関は，常に，この規定を根拠として反駁を試みている．不法行為法上のプライバシー権の発展を見るということは，アメリカの裁判所が，言論・出版の自由との均衡をいかに図ってきたかを辿ることをも意味するといってよい．以下，アメリカの裁判所に強い影響力を持ち続けているプロッサーの４類型を紹介した上で，順次，主要と思われる判決を紹介することにしたい．

２　プロッサーの４類型

2.1　プロッサーの「プライバシー」

　1960年８月，ウィリアム・L・プロッサー（William L. Prosser）教授は，カリフォルニア・ロー・レビューに，「プライバシー」と題する著名な論文を掲載した[103]．これは，ウォーレン＆ブランダイス論文が発表された後に，アメリカで提起された多くのプライバシー関連訴訟を不法行為の観点から整理・分類し直したものである．アメリカでは，後述する1931年のメルビン対レイド事件の影響を受け，1930年代に入ると，多くの州でプライバシー権が承認されるようになったが，その内容は多岐にわたっていた．それを整理しなおしたのが，この論文である．プロッサーの分類した４類型は，不法行為法上のプライバシー権を論じる際には，必ずといってよいほど引き合いに出される．

　全体は，前文，「Ⅰ　不法侵入」（INTRUSION），「Ⅱ　私的事実の公開」（PUBLIC DISCLOSURE OF PRIVATE FACTS），「Ⅲ　公衆の誤認」（FALSE LIGHT IN THE PUBLIC EYE），「Ⅳ　盗用」（APPROPRIATION），「Ⅴ　共通の諸特徴」（COMMON FEATURES），「Ⅵ　公的人物及び公の利益」（PUBLIC

FIGURES AND PUBLIC INTEREST），「Ⅶ　制限」（LIMITATIONS），「Ⅷ　防御」（DEFENCES），「結論」（CONCLUSION）から構成される．

2.2　前　文

　前文は，ウォーレン＆ブランダイス論文が執筆されたきっかけから始まり，1902年のロバーソン対ロチェスター・フォールディング・ボックス社事件，翌年のニューヨーク州法制定，1939年の「不法行為リステイトメント」（Restatement of Torts）第867条への掲載によって，各州におけるプライバシー権承認の流れに拍車がかかったことなどを順次紹介している．なお，リステイトメントというのは，それぞれ異なる州法を統一するために，各州の判例法の代表的法則を条文の形式に再叙述したもので，条文のほか，注釈や説明も収めている．これは，学術的著作とでもいえるもので，実定法ではないが，事実上かなり大きな影響を与えている[104]．

　そして，プロッサーは，この論文の目的及びこれから具体的に検討する内容として，次の事柄を示した．

　「無理もないことだが，ほぼすべての法域で，最初の判決は，そもそもプライバシー権は存在するのか否かという問題で占められていた．そして，もし存在する場合，その意味するところは何であるかに対しては，ほとんど又は全く検討が加えられなかった．近年になってようやく，また主に法律家によって，われわれが保護しようとしているのはいかなる利益か，そして，それはいかなる行為に対するものかを問題提起する試みがなされるようになった．今日，書籍に表れた300件をやや越える事例によって，ジグソー・パズルの大部分の穴はが埋められ，また，いくぶんはっきりとした結論が可能となっている．

　諸判決から生じたものは，単純な事柄ではない．それは，１つの不法行為ではなく，複雑な４つの不法行為である．プライバシーの法は，原告に関する４つの異なる利益に対して４種の異なる侵害を行うことによって構成される．それらの侵害行為は，共通の名前で結び付けられるが，その他はほとんど共通点を持たない．ただし，それぞれの侵害行為が，クーリー裁判官の作り出した表現である『ひとりにしておかれる』原告の権利を妨害することを

示しているという点は別である．正確な定義付けは試みないが，これらの4つの不法行為は，次のように説明される．

　　1　原告の隔離若しくは孤独，又は彼の私的事柄に対する不法侵入．
　　2　原告に関する恥ずかしい私的事実の公開．
　　3　公開によって，原告を公衆に誤認させること．
　　4　被告の利益のために，原告の氏名又は肖像を盗用すること．

　次の点をただちに明らかにすべきだ．すなわち，これらの4つの形の侵害行為は，少なくともいくつかの点で，異なるルールに服する可能性があるということ，また，それらの1つに関して言われていることを他に当てはめた場合，全く適切でない可能性があり，混乱が生じるかもしれないということだ．」

　このように，プロッサー自身，プライバシー権の多様性を前提としている．その上で，「Ⅰ　不法侵入」「Ⅱ　私的事実の公開」「Ⅲ　公衆の誤認」「Ⅳ　盗用」についての具体的な論述に入った．それぞれの項目では，他の類型や他の訴訟原因との比較，関連する判例の紹介を通じて，成立要件，特徴，問題点が抽出されている．

2.3　「Ⅰ　不法侵入」

　例えば，出産時の産婦の部屋に医師の助手と誤認させて若い男性が入ってきた場合，住居やホテルの部屋などへの侵入，商店での買い物かごの違法な検査などがこれに該当する．この類型は，かなりの範囲で，不動産や動産への不法侵害（trespass）と重複するが，物理的な侵入にとどまるものではない．ワイヤー・タッピング又はマイクによる私的会話の盗聴，迷惑電話や窓を覗き込む行為，無権限での銀行口座の覗き見などにも適用される．さらに，すべての帳簿や書類の提出を要求する包括的な召還令状や違法な強制的血液検査を無効とするために使われたことがある．

　この類型の不法行為を成立させるためには，①覗き見又は不法侵入という性質を伴うこと，②侵入が通常人にとって不快又は不愉快であること，③私的事柄を対象とすることが必要である．主に保護されるのは精神的利益であるとされる．

教会の集会を妨害する単なる騒音や，公衆の面前における無作法，ひどい悪口や無礼な動作だけでは十分ではないと考えられてきた．また，日曜の朝に家主が家賃を請求するために立ち寄ることも，不法侵入とはならない．

　また，原告は，公判前の証言が記録される場合，又は，警察がその権限内で，写真，指紋，寸法などを取る場合，又は法により保管義務と供覧義務を課せられている団体の記録の閲覧や公開がなされる場合には，訴訟を提起する権利を有しない．

　さらに，原告は，公道や公の場では，ひとりでいる権利を持たず，その者のあとをつけるだけならば，プライバシー侵害とはならない．その場所で写真を撮る場合も同様である．

　他方，原告が病院のベッドに寝たきりの場合や家にただ引きこもっている場合に，同意なく写真を取ることは，私的権利の侵害であって，訴訟提起が可能である．

2.4　「Ⅱ　私的事実の公開」

　ウォーレンとブランダイスが主に念頭においていたのは，この類型だと言われており，たびたび引用される1931年のメルビン対レイド事件，さらには1940年のサイディス対 F-R 出版社事件も，これに含まれる．

　例えば，強盗事件のラジオ・ドラマの中で被害者の氏名を利用した場合，借金を公表した場合，医学的に用いる人体の写真，ある女性の男まさりの性格，横暴な性向，不敬な習癖及び友人や隣人に対する個人的な行状に関する出来事を当惑するほどに詳細に公表した場合などに成立する．

　しかし，この類型は，表現の自由との関係で，その限界が明確に画されなければならない．すなわち，成立要件としては，①私的開示ではなく公開でなければならないこと，②私的事実を対象とすること，③通常人の感覚からして受忍し得ないもの，社会的良識において許されない程度の公表であること（「モアズ」基準（"mores" test））が必要とされる．

2.5　「Ⅲ　公衆の誤認」

　この種の最初の先例としては，イギリスの有名な詩人バイロン卿（Lord Byron）が，拙劣で低級な詩が彼の作品であるとして流布されたことに対する差止めを求めて勝訴した，1816年の判決があるように思われる[105]．この原則

は，長い間，一連の事件の中でかなり漠然とした形で表れていた．それらの事件においては，虚偽又は虚構があると，ニュースや公の利益に関する他の事項を報道する特権を失わせるか，又は，既に公の人物である者をさらに公にする特権が失われるという判断が下されてきた．この原則がそれ自身独立のものとして承認されるようになったのは，つい最近のことである．

この種の侵害態様としては，3つの形式が存在する．第1は，原告自身の意見，発言でないものを，偽って原告のものとすることである．第2は，原告が何らの適切な関係を持たない書籍や記事を説明するために，原告の写真を用いる場合である．第3は，実際は犯罪を犯していない原告の名前，写真及び指紋を，有罪認定を受けた犯罪者に関する公の「ならず者集団」に含めることである．

この類型については，①名誉毀損的な誤認である必要はなく，②モアズ基準が適用される．保護される利益は名誉とされる．

2.6 「Ⅳ　盗用」

1902年のロバーソン対ロチェスター・フォールディング・ボックス社事件は，これに含まれる．この類型の不法行為を成立させるためには，①原告本人であることを象徴するものとしての氏名について，②被告が自身の利益を得るために利用することが必要とされる．保護される利益は，精神的というよりはむしろ財産的なものである．

一般的には，氏名の利用に対する排他的権利は存在せず，誰でも，自己が好む名を与えられ，又は名乗ることができる．例えば，誰でも，自己をドワイト・D・アイゼンハワー，ヘンリー・フォード，ネルソン・ロックフェラー，エリナー・ルーズベルト，又はウィリー・メイズと称することができ，それに責任を問われることはない．責任が生じるのは，信用又は秘密情報を得るための成りすましのように，自己の何らかの利益を得るために，原告本人を示す名前を名乗る場合である．

したがって，小説，漫画，会社名の中で氏名が使われるだけでは，プライバシー侵害とはならない．

2.7 「Ⅴ　共通の諸特徴」

以上の検討を踏まえ，「Ⅴ　共通の諸特徴」において，プロッサーは，プラ

イバシー侵害の4類型が別個のものであり，異なる要素に基づくことを認識していないことが，ほとんどすべての混乱の原因である，と論じている．そして，それぞれの類型の共通点及び相違点がまとめられた．

第Ⅰ及び第Ⅱ類型は，原告にとって，秘密であり，隔離され，又は私事性を帯びたものに対する侵害を要件とする．第Ⅲ及び第Ⅳ類型は，それを要件としない．

第Ⅱ及び第Ⅲ類型は，公開を要件としている．第Ⅰ類型は公開を不要とする．第Ⅳ類型は，通常は公開を伴うが，常にそれを必要とはしない．

第Ⅲ類型は，虚偽又は虚構であることを要件とするが，他の3つの類型はそれを要件としない．

第Ⅳ類型は，被告の利益のための利用を伴うが，残りには当てはまらない．

また，全体に共通するルールとしては，プライバシーの権利は一身専属的な権利であって，譲渡はできないこと，死者にはコモン・ロー上の訴訟提起権は与えられないこと，個人にのみ認められる権利であって，法人には認められないことが挙げられる．その他，実害を主張又は立証する必要はないこと，懲罰的損害賠償の付与が可能であること，表現の自由との衝突が生じることも指摘されている．

2.8 「Ⅵ　公的人物及び公の利益」「Ⅶ　制限」

「Ⅵ　公的人物及び公の利益」では，プライバシーの保護が及ばない場合が論じられた．

「公的人物とは，その才能，名声，生活様式により，又は一般の人々に，その行為，出来事，人格に正当な関心を抱かせるような職業を選択し若しくは求めることにより，公的人物（public personage）となった人と定義されてきた．いい換えれば，彼は，有名人——すなわち，彼自身の自発的努力によって自分自身を公衆の目にさらすことに成功した人——である」．例えば，俳優，プロの野球選手，プロボクサー，芸能人などであるが，それより広く，公務員，有名発明家，探検家，戦争の英雄，神童なども含む．すなわち，「一般の人々の注目が，人としての彼に集められるような地位に到達した人物」のことを指す．

そのような公的人物は，次の3つの理由により，少なくともある程度は，プライバシー権を喪失したと考えられる．すなわち，①彼らは世間に知れ渡るこ

とを求め，また，それに同意したため，そのことに不服を述べることはできない，②彼らの人格や彼らに関する出来事は，すでに一般のものとなり，もはや彼ら自身の私的事柄とはみなされない，③報道機関は，一般の人々が公の利益に関して正当に関心を持つに至った人物について，憲法の保障により，一般に伝える特権を持つということである．

　この点を踏まえ，「VII　制限」では，公的人物ないし公の利益に関する事柄とプライバシー権保護の境界について論じられた．すなわち，公的人物であっても，保護されるべきプライバシー権を持ち，例えば，虚偽事項を公表されたり，公衆に誤認を与える写真が用いられたような場合は，訴訟を提起することが可能である．

　また，ここでは，問題点として，一旦公の注目を集めた原告が，時の経過により無名の人物に戻った後であっても，再び世間に知らしめることが許されるかどうかが検討されている．メルビン対レイド事件などが引き合いに出され，過去の歴史を再生することに支障が生じる場合のあることが指摘された．

2.9 「VIII　防御」

　「VIII　防御」では，被告側の防御が論じられた．主要な防御は，原告の同意とされる．他の防御はめったに生じないが，例えば，名誉毀損の正当化理由が存在する場合や，被告自身の適法な利益を守る場合などが挙げられる．

2.10 「結論」

　「結論」は，裁判所が，独立した責任の根拠として，プライバシー権を承認するようになったものの，他方で，プライバシー権は，徐々に，他の分野に侵入し，重複し，侵犯するようになってきていること，そして，これまでの判決は，その問題にあまり検討を加えてこなかったことを指摘した．プロッサーは，プライバシー法の発展及び必要性は肯定しつつも，他の不法行為の分野において被告を保護するための防御，制限，保護措置などの関係にも注意を向けるべきであり，プライバシー権の内容，その限界に検討を加える重要な時期が到来した旨を述べて締めくくった．

　この優れた分析は，プロッサー教授が委嘱を受けて起草した第2次不法行為リステイトメント[106]に取り入れられた．私生活への侵入（Intrusion upon Seclusion）は第652B条，氏名又は肖像の盗用（Appropriation of Name or Like-

ness）は第652 C 条，私生活の公開（Publicity Given to Private Life）は第652
D 条，公衆の誤認（Publicity Placing Person in False Light）は第652 E 条に編
入されている．

　プロッサーの４類型に対しては，統一的な原理を発見できなかったことを批
判し，プライバシーの一般理論を提唱しようとするものが登場した．エドワー
ド・J・ブラウステイン（Edward J. Bloustein）は，1964年に「人間の尊厳の一
側面としてのプライバシー――プロッサー学部長への１つの回答」（Privacy　as
an Aspect of Human Dignity: An Answer to Dean Prosser）と題する論文を発表
した[107]．ブラウステインは，ウォーレン＆ブランダイス論文とプロッサーの
論文との違いに着目することなどを通じて，プライバシーの基礎を人間の尊厳
という価値に置き，統一的な概念構成を提案しており，プライバシー侵害は１
つの不法行為であると主張している．

　しかし，現在でも，裁判所は，この４類型に基づいて，プライバシー侵害に
対する救済を認めている．

3　第1類型：不法侵入

3.1　デ・メイ対ロバーツ事件（De May v. Roberts）[108]

　この事件は，ウォーレン＆ブランダイス論文が発表される以前の判決である
が，プロッサーの解説の中では，第１類型に位置づけられている．

　デ・メイという医者が，アルビラ・ロバーツ（Alvira Roberts）という貧し
い既婚女性が出産する際に，スキャッターグッド（Scattergood）という，素
人の友人を立ち会わせたことが問題となった事案である．

　妊婦出産の夜は，暗い嵐の夜であり，道も非常に悪く，馬車の使用も不可能
であった．デ・メイも，過労で具合が悪く疲れきっていた．そこで，デ・メイ
は，スキャッターグッドという若い未婚の男性に同行を依頼し，提灯，傘，出
産に必要と考えられる品を運んでもらった．ロバーツ宅に到着し，ドアを開け
た夫に対し，デ・メイは，「荷物運びを手伝ってもらうために友人を連れてき
た」旨を伝えた．夫は両者を医者と信じて招き入れ，スキャッターグッドは，
デ・メイの要請によって，アルビラが疼痛発作を起こす間，その手を押さえて
いた．この時点では，デ・メイもスキャッターグッドも適切に行動しており，

ロバーツ夫妻からは親切に扱われ，スキャッターグッドが存在することへの異議は一切出されなかった．後に，アルビラは，事実を知り，損害賠償を求めてデ・メイ及びスキャッターグッドを相手取って，損害賠償を求める訴えを提起した．

　ミシガン州最高裁判所（Supreme Court of Michigan）は，1881年6月8日，全員一致で，デ・メイ及びスキャッターグッドに対する不法行為責任を認めた．マーストン首席裁判官（Marston C.J.）は，アルビラの権利を次のように述べている．「そのような行為に対し，法が十分な救済を与えるのであろうことを疑うことさえが，われわれの権利，正義，妥当性の観念に対する衝撃であろう．原告にとって，その出来事は最も神聖なものであり，何人も，招かれるか，又は，何らかの，真にかつ緊急の必要がない限りは，そこに侵入する権利を持たない．本件においてそのような主張は存在しない．原告は，そのような時には，自分のアパートのプライバシーに対する法的権利を有していたのであり，また，法は，他人にその遵守と違反回避を義務付けることによって，彼女に対し，この権利を保障する．その当時，彼女がスキャッターグッドを医師と推測し，その同席を承諾したという事実は，後に彼の真の身分を突き止めて訴訟を提起し，実質的な損害賠償を得ることの妨げにはならない．彼の真の身分を十分に提供しない時及び状況下で，入る許可を得ることにおいて，両当事者は詐欺を犯したものであり，このようになされた不法行為は，被告の真の身分を発見して受けた恥辱及び屈辱によって，被害当事者が後に受けた損害の賠償を得る権利を与える」[109]．

3.2　ピアソン対ドッド事件（Pearson v. Dodd）[110]

　1960年代へと時代は飛ぶが，修正第1条の言論・出版の自由との関係が問題となった事例として，ピアソン対ドッド事件を紹介する．

⑴　事案の概要及び判決要旨

　上院議員であるトーマス・J・ドッド（Thomas J. Dodd）の前従業員2名は，現従業員の助けを借りてドッドの事務所に無断で入り，ファイルから大量の書類の写しを取り，新聞コラムニストであるアンダーソン（Anderson）へと渡した．アンダーソンは，同じコラムニストであるピアソンとともに，これらの書類に基づいた記事を公開し，ドッドの犯罪行為を暴いた．そこで，ドッドは，

ピアソン及びアンダーソンを相手取って，損害賠償を求める訴えを提起した．

コロンビア地区合衆国地方裁判所（United States District Court for the District of Columbia）は，ドッドに有利な形で，一部については正式事実審理を経ないでなされる判決を付与した．他方で，合衆国地裁は，プライバシー侵害の理論に基づく正式事実審理を経ないでなされる判決の申立ては退けた[111]．ピアソンは，中間上訴（interlocutory appeal）を提起した．

コロンビア巡回区合衆国控訴裁判所（United States Court of Appeals for the District of Columbia Circuit）[112]は，1969年2月24日，合衆国地裁の判断を一部認容し，一部破棄した．

プライバシー侵害について，法廷意見を述べたライト裁判官（Wright J.）は，ウォーレン&ブランダイス論文を契機としたコロンビア州におけるプライバシー権の発展に触れつつも，公開された事柄が，合衆国の上院議員としての資質に関わるものであり，一般的な公の利益に関することから，公開された言論はプライバシー侵害の対象とはならないと述べた．

次に，不法侵入に関しては，情報の公開がなくとも，侵入的な手段によって情報を得ることによって成立するとして，次のように判断している．「当裁判所は，物理的な不法侵害があろうとなかろうと，原告の立場に立つ通常人であれば，特定の被告を排除すべきだと期待することが適切といえる領域への不法侵入の事例に対し，プライバシー侵害の不法行為を拡張することを承認する」．

本件で問題となったのは，ピアソンらが自ら不法侵入を犯していないことにあったが，裁判官は，公開と不法侵入を区別することを念頭に置き，次のように判示した．「……上訴人らは，書類の写しが無権限で持ち去られたことを知っていた．もし当裁判所が，これらの事実に基づいて上訴人らにプライバシー侵害の責任を負わせる判断を下すとすれば，侵入者から，不正な不法侵入によって得られたことを知りつつ，侵入者から情報を受け取る者は，不法行為を犯すという命題を打ち立てるであろう．未審理かつ発展途上の不法行為法の分野において，当裁判所は，そこまでの命題を打ち立てる用意がない．傍受者がある人物に接近し，傍受を通じて収集した情報の共有を申し出た場合，おそらく高潔な役割を果たす当該人物は，その申し出を拒絶し，耳をふさぐべきである．しかし，当裁判所にとって，この点で，単に誘惑に負けて聞いた人物に損害賠

償責任を認定することは，あまりに人間の弱さに大きな負担をかけることになると思われる」．

(2) 検討：不法侵入と修正第1条[113]

本件は，不法侵入と修正第1条の均衡が争われた事例に分類されている．不法侵入の場面において，プライバシー権は，報道そのものではなく，その前段階の取材行為との関係で問題となる．取材を行うためには何かしらの侵入的行為を伴わざるを得ないが，私的事実の公開とは異なり，言論内容に報道価値があるという点は，直接的な反論とはならない．そこで，取材行為に対して免責が認められる特別な基準があるか否かを検討しなければならないことになる．

これについては，3つの要素からなる答えが考えられる．第1は，報道機関は，不法侵入からの特別な免責を得るべきではないということである．例えば，取材に伴うことのみを理由として，家宅侵入のような他の点で不法又は違法な行為に，免責を認めるべきではないということである．

第2は，侵入の対象となった人物が公的人物又は公職者であるという事実，又は，その人物が公の関心事に関与していた場合によって，その人物に与えられる孤独又は隔離の程度が減少するということである．ただし，この要素は不法侵入に対する「取材」の例外ではなく，むしろ，そもそも何が「不法侵入」であるかに関する基準を与えるものである．

第3は，報道機関は「お膳立てされた」(silver platter) 状況における免責を享受すべきであるというもので，それは，報道機関が誰かの不法侵入の成果を与えられた場合とされている．この要素は，修正第4条が関係する．同条は，警察に対して不当な捜索差押えを禁じているが，私人が行った違法な捜索又は差押えによって集められた証拠を警察が用いることは，シルバー・プラッター原則によって，禁止していない．この原則の適用を受けた判決が，本件である．

3.3 ディタマン対タイム社事件 (Dietemann v. Time, Inc.)[114]

(1) 事案の概要及び判決要旨

ディタマン対タイム社事件は，前記ピアソン対ドッド事件とは異なり，プライバシー侵害が認められたケースである．

障害者の退役軍人であるディタマンは，粘土や鉱物等を用いたいんちき治療を行っていた．ライフ社は，ロサンゼルス郡の地方検事と取決めを交わした上

で，従業員2名を友人の紹介であるかのように偽らせて，ディタマンの自宅へ潜入させた．そこで，1名の従業員は，ディタマンがもう1名の従業員に治療を施している場面を密かに撮影し，かつ，そこでの会話内容を盗聴し，無線送信機を通じて地方検事等に送信した．ディタマンは，無免許医療の罪で逮捕された．

また，タイム社は，自らが発行する雑誌「ライフ」の中で，無断撮影した写真や盗聴した会話内容等を用いて，いかさま師としてのディタマンを取り上げた．

ディタマンは，タイム社に対して，プライバシー侵害に基づく損害賠償請求訴訟を提起した．カリフォルニア州中央地区合衆国地方裁判所（United States District Court for the Central District of California）は，取材時に無断で撮影した写真を公開する行為は，プライバシー侵害に当たると判断し，タイム社に対し，1,000ドル（当時の為替レートでは約36万円）の損害賠償の支払いを命じた[115]．タイム社は控訴した．

第9巡回区合衆国控訴裁判所（United States Court of Appeals for the Ninth Circuit）[116]は，1971年8月23日，2対1の多数で[117]，ディタマンがプライバシー侵害の訴訟原因を証明したことを認め，修正第1条及び第14条は，被告の責任を免れさせるものではないと判断し，結論として合衆国地裁の判決を支持した．

多数意見を述べたハステドラー裁判官（Hufstedler J.）は，前記ピアソン対ドッド事件の掲げた「物理的な不法侵害があろうとなかろうと，原告の立場に立つ通常人であれば，特定の被告を排除すべきだと期待することが適切といえる領域への不法侵入の事例に対し，プライバシー侵害の不法行為を拡張することを承認する」という基準をカリフォルニア州にも適用することを前提に，不法侵入を認めた．

そして，裁判官は，タイム社による修正第1条に基づく反論に対し，「当裁判所は，ニュースの取材が，ニュース報道にとって不可欠な一部であることを認める．しかし，当裁判所は，隠された機械装置は取材の『不可欠な道具』であることには，厳に同意しない……修正第1条は，決して，取材過程で犯された不法行為又は犯罪に対する記者の免責を付与するものとは解釈されてこなか

った．修正第1条は，不法侵害，窃盗又は電子的手段を用いて他人の自宅や職場の領域に侵入するための免許ではない．それは，不法侵入を受けた人物において，罪を犯していることが合理的に疑われるという理由だけで，そのような免許とはならない」と判断してタイム社の主張を排斥している．

(2) 検 討

本件は，雑誌社の従業員2名がディタマンを騙して自宅に入り込み，無断で写真撮影及び電子的盗聴を行った事案である．取材行為に対する免責基準について，前記第1の要素（報道機関は，不法侵入からの特別な免責を得るべきではない）に照らせば，行為態様の悪質さから，プライバシー侵害の認められた事案であると考えられる．また，本件では，タイム社が警察の捜査に協力したという点は検討の対象外となっているが，第3の要素（シルバー・プラッター基準）に基づけば，地方検事がタイム社の入手した情報を用いることは許されることになる．

同じく不法侵入と修正第1条の均衡が問題となった事例としては，ガリーラ対オナシス事件（Galella v. Onassis）[118]がある．これは，ロナルド・E・ガリーラ（Ronald E. Galella）というパパラッチが，ジョン・F・ケネディ（John F. Kennedy）前大統領の未亡人であるジャクリーン・オナシス（Jacqueline Onassis）及びその2人の子どもに対し，不快かつ危険な態様で接触した結果，オナシスらの監視行為やオナシスらへの接近行為を禁じる差止命令を受けたという事案である．第2巡回区合衆国控訴裁判所（United States Court of Appeals for the Second Circuit）は，1973年9月13日の判決の中で，「もちろん，衝突する正当な社会的必要性は，個人の適切なプライバシーの期待及び迷惑行為からの自由にかかわらず，何かしらの侵入権限を与えるかもしれない．しかし，許される介入は，最重要の公の利益を保護する必要性より大きなものであってはならない．オナシス夫人は，公の存在として理解されるのが適切であり，その結果ニュースの取材範囲の対象となる……それでもなお，ガリーラの行動は，取材の適切な境界をはるかに逸脱している」と述べ，ガリーラの修正第1条に基づく主張を退けている．この事件も，行為態様に着目してプライバシーを優先させた判決となっている．

なお，不法侵入を認めた判決としては，ミラー対NBC事件（Miller v.

NBC）も存在する[119]．この事件では，心臓発作に遭った男性（後に死亡）が自宅寝室で救急救命士による救命治療を受けていたところ，NBC（National Broadcasting Company）のカメラ・クルーが，男性の妻及び娘に無断で侵入・撮影し，救命の様子を夜のニュースで流した行為が問題となった．妻及び娘は，NBCを相手取って，損害賠償請求訴訟を提起した．カリフォルニア州第2控訴地区第1部控訴裁判所（Court of Appeal of California, Second Appellate District, Division One）は，1986年12月18日，現場に居合わせていた妻の請求を認めた．裁判所は，「通常人であれば，心臓発作の被害を受けて混乱しているときに，NBCのカメラ・クルーがデイブ・ミラーの寝室へ不法侵入した行為を，『極めて不快』と考えたであろう」と判断した．また，裁判所は，修正第1条の主張に対し，個人宅に不法侵入しないように義務付けたとしても，取材記者に許しがたい負担を課すものではなく，修正第1条の権利の行使に萎縮効果をもたらす可能性も低いとして，これを退けている．

3.4　バートニッキ対ボッパー事件（Bartnicki v. Vopper）[120]

時代は飛ぶが，本件は，前述のカッツ対合衆国事件を受けて成立した1968年総合犯罪規制及び街頭安全法（Omnibus Crime Control and Safe Streets Act of 1968）[121]を違憲と判断した合衆国最高裁の判決である．

⑴　事案の概要

連邦法である1968年総合犯罪規制及び街頭安全法第III章は，盗聴及び電子的監視について定める．その目的の1つは，無線及び口頭による通信に関するプライバシーの保護である．同法第2511条第⑴項第(a)号ないし第(e)号は，1万ドル以下の罰金又は5年以下の拘禁刑若しくは併科刑に服すべき5つの犯罪類型を設けており，第(c)号は，「ある人物が，無線又は口頭の通信を，本項違反により傍受して入手したことを，知り又は知る理由があった場合，当該無線又は口頭で行われた通信内容を他人に対し『意図的に』提供又は提供しようとした」場合に適用される．

ペンシヴァニア州教育連合（Pennsylvania State Education Association）は，ワイオミング渓谷西高校の教員を代表する労働組合である．ケーン（Kane）は，同組合の地方支部の代表であり，バートニッキは，組合の交渉責任者である．連合は，1992年から1993年にかけて，教育委員会との団体交渉に従事して

いた．交渉は物議をかもし，多くの報道機関の関心を呼んだ．1993年5月，バートニッキは，携帯電話を通じて，車内からケーンに電話をかけ，交渉の状況やストライキのタイミングについて，長時間会話を交わした．ケーンは，強硬姿勢をとる教育委員会に過激に対抗すべく，委員の自宅玄関の爆破を示唆するような発言をした．しかし，何者かがその会話を傍受し，記録していた．

　1993年初秋，両当事者は，教員に有利な形での和解を締結した．

　ラジオのコメンテーターであるボッパーは，和解に関するニュース報道の関連で，傍受された上記会話のテープを流した．他の放送局もテープを流し，地方紙はその内容を公表した．

　そこで，バートニッキ及びケーンは，ボッパー及び他の局の代表者に対し，損害賠償を求める訴訟を提起し，上記連邦法及びそれに倣ったペンシルバニア州法に違反した旨を主張した．開示手続の中で，ボッパーは，組合反対派のジャック・ヨーカム（Jack Yocum）という人物からテープを入手したことを明らかにしたが，ジャックによる当該テープの入手経路は明らかとはならなかった．他方で，ボッパーらは，正式事実審理を経ないでなされる判決を求めた．ボッパーらは，①傍受には関わっていないこと，②傍受は不注意で行なわれたものであることを反論し，さらに，仮に，傍受された会話の提供が法律違反だとしても，修正第1条により保護されると主張した．

　合衆国地方裁判所は，ボッパーらの責任を認めた．第3巡回区合衆国控訴裁判所（United States Court of Appeals of the Third Circuit）は，上記法律第2511条第(1)項第(c)号は修正第1条に違反すると判断し，地裁の判決を破棄・差し戻した．合衆国最高裁判所は，裁量上訴を認めた．

(2)　判決要旨

　合衆国最高裁判所[122]は，2001年5月21日，6対3の多数[123]で，控訴裁判所の判断を支持し，本件法律は修正第1条に違反すると判断した．

　多数意見を述べたスティーブンス裁判官（Stevens J.）は，ボッパーらの総合犯罪規制法及びペンシルヴァニア州法違反を認定した上で，合憲性について，次のように判断した．

　「当裁判所は，3つの事実問題に関する被上訴人の意見を受け入れる……第1に，被上訴人らは，違法な傍受には全く関わっていないことである…第2に，

情報自体は，何者かが違法に傍受したものだとしても，テープの中の情報に対するアクセスは適法に得られたということである……第3に，会話の対象は，公の関心事であるということだ」．

「本件において問題となっている本法の基本的な目的は，『無線及び口頭での通信に関するプライバシーを保護すること』である」．

「政府は，本法により達成される2つの利益を明らかにしている．第1は，私的会話を傍受する当事者に，そのような行為をやめさせる動機を与えるという利益，第2は，会話を違法に傍受された人々の被害を最小化するという利益である」．

「しかし，何者かが公の利益に関する情報を適法に取得し，その人物が最初の違法行為に関与していない場合，当該情報の提供を罰することは，決して，これらの目的を達成することに関して，容認できる手段ではない．違法行為を阻止する通常の方法は，それに従事した人物に適切な罰を課すことである」．

「しかし，政府による第2の理由はかなり強力である．通信のプライバシーは重要な利益である……これによって，『私人の当事者間で，考え及び情報を自由に交換することを促す』ことになる……さらに，私的な会話を公開される不安は，私的な会話に萎縮効果を与えるであろう」．

「したがって，当裁判所にとっては，憲法上の相関関係の両者に関して，考慮すべき重要な利益が存在するように思われる．その均衡を検討するに当たって，当裁判所は，プライバシーに対する何かしらの不法侵入は，他よりも不快であり，私的な会話の内容を提供することは，傍受自体よりもさらに重大なプライバシー侵害であることを認める」．

「しかし，本件において，当該条項を執行することは，公の関心事である真実情報の公表に制裁を与えるため，修正第1条の中心目的に影響を与えてしまう……本件では，プライバシーに関する事柄は，公の重要性を持つ事柄の公表における利益と衡量する場合に，その道を譲る」．

「ワイオミング渓谷西高校の教員に対する適切な報酬基準に関する数ヶ月の議論は，明らかに公の関心事である．そして，被上訴人が，その関心事に関する議論に従事していたことは明らかである」．

また，反対意見を述べた3名の裁判官は，現代のネットワーク社会において，

166 第 I 部　プライバシー権の提唱と判例法的展開

国民は，いつどこで自分の個人情報がアクセスを受けているかを知ることができないという不安定な立場に置かれており，重大なプライバシーの懸念が生じている点を指摘している．

4　第2類型：私的事実の公開

4.1　メルビン対レイド事件（Melvin v. Reid）[124]

　本件は，カリフォルニア州で初めてプライバシーが争われた事件であり，プロッサーの論文でも頻繁に取り上げられていることから，やや詳しく取り上げる．

⑴　**事案の概要**

　メルビンの旧姓は，ガブリエル・ダーリー（Gabrielle Darley）であった．彼女は，ずっと以前には，売春婦であって，殺人の容疑で裁判を受けたことがあったが，裁判の結果は無罪であった．1918年，この無罪判決が出て以降，彼女は，醜業をやめ，徹底的に生活のやり直しを図った．彼女は，1919年，バーバード・メルビン（Bernard Melvin）と結婚し，家庭を持った．それ以後，彼女は，常に，模範的で，貞淑，高貴，正直な生活を送った．彼女は，社交界で，かなりの地位を占め，彼女の以前の生活を知らない，多くの友人ができた．1925年7月，レイドらは，彼女の許可も，了解も，また同意もなしに，「赤いキモノ」（The Red Kimono）と題する映画を撮影・製作し，封を切った．その後，カリフォルニア，アリゾナ，他の多くの州の映画館で上映した．この映画は，メルビンの過去の生活の実話に基づくもので，彼女の旧姓であるガブリエル・ダーリーが，その映画の中で使われていた．レイドらは，映画のすじは，メルビンの生活の中における不快なできごとの実話であることを呼びものにし，そのように宣伝した．ガブリエル・ダーリーは，主役の名であり，控訴人である．この映画が製作され，上映されたことによって，彼女の友人らは，はじめて彼女の以前の生活における不快なできごとを知った．そのため，友人らは，彼女を軽蔑し，見捨てるようになり，彼女はののしられ，侮辱され，嘲笑された．その結果，彼女は，大きな精神的及び身体的苦痛を受けた．

　メルビンは，プライバシー権侵害，氏名や生活上の出来事における財産権など4つの訴訟原因に基づき，損害賠償を請求した．しかし，ロサンゼルスの第

第 3 章　アメリカの判例法とプライバシー

1 審裁判所は，メルビンの請求を退けた．

⑵　判決要旨

カリフォルニア州第 4 控訴地区控訴裁判所 (Court of Appeal of California, Fourth Appellate District)[125] は，1931年 2 月28日，全員一致で原判決を破棄した．

多数意見を述べたマークス裁判官 (Marks J.) の判断は，次のようになっている．

プライバシー権は，ウォーレン&ブランダイス論文以降になって本格的に争われるようになったものの[126]，プライバシー権を支持する裁判官たちの理由付けが，契約違反，信頼違反，財産権侵害などに依拠しており，統一されていない．また，ニューヨーク州では，ロバーソン対ロチェスター・フォールディング・ボックス社事件の判決が下り，その後立法によって解決されたが，カリフォルニア州にとっては，今回の問題は新しいものである．

「多くの州において認められているプライバシー権は，次のように定義されている．『プライバシー権は，不当で望ましくない公開にさらされることなしに，ひとりで自分の生活をする権利と定義されてきた．要するに，それは，ひとりにしておかれる権利である（括弧内省略）．しかしながら，人は，自発的であろうとなかろうと，公の又は一般が関心を持つ事件の立役者となる場合がある．このことが生ずると，彼は，ひとりでいる域から出て来る．このような事件の話と一緒に彼の写真を公開することは，彼のプライバシー権の侵害ではない（括弧内省略）．

先例又は理性に基づく，いくつかの一般原則は，この原則を認めない裁判所はもちろん，これを認める裁判所の比較的よく考察された判決の大部分を貫いているように思われる．

当裁判所は，これらの判決をつぎのように要約することができる．

1　プライバシー権は，古いコモン・ローには知られていなかった．

2　それは，人に付帯するものであって，財産に付帯するものではない―そして，それは，いくつかの裁判所において，損害賠償請求権が与えられる不法行為である．

3　それは，純粋に人的な訴訟であって，永続するものではなく，人ととも

に死滅する.

4　それは, 人が, 不服を申し立てられている事柄をすでに公表し, 又はそ
れに同意を与えた場合には, 存在しない.

5　それは, ある人が非常に有名になり, その名声ゆえに, その生涯を一般
の人々にささげ, それによって彼のプライバシー権を放棄した場合には,
存在しない. すでに公開されていることの中には, プライバシーはありえ
ない.

6　それは, ニュース及びニュース事件の流布の中には存在しない. 一般の
人々が, 正当に関心を寄せる人の生活の出来事について論じることにも,
また, 公職候補者の場合のように, その情報が, 一般の人々の利益になる
場合にも, 存在しない.

7　プライバシー権は, 印刷物, 書面, 写真, 又は他の永久的な刊行物又は
複写によってのみ侵害され得るのであって, 口から出る言葉によっては侵
害され得ない.

8　訴権は, その公表が, 利益を目的として行われる場合に, 生ずる (しか
しながら, このことは, いくつかの判例では, 疑問とされている).

以上述べたところから, 当然の結論として, 次のことが導かれる. すなわち,
映画の中に, 控訴人の生活中の出来事を使用したことは, それ自身訴訟の原因
とはならないということだ. これらの出来事は, 公的記録である殺人容疑の裁
判の記録の中に現れており, すべての人に閲覧が認められている. それらの出
来事が公的記録の中に含まれていたというまさにその事実によって, それらを
公表することはプライバシー権の侵害であるという認識を否定するのに十分で
ある. 生活中の出来事が, 公的記録に記載されるほど一般的である場合には,
それは一般の人々の知識の範疇に入り, 一般の人々の所有となり, 私的ではな
くなる.『赤いキモノ』のストーリーの中で, 被控訴人らが, 裁判の記録に記
載された控訴人の生活から, これらの出来事を使用するにとどめていれば, な
んらの訴権も生じなかったであろう. 被控訴人らは, さらに進んで, 控訴人の
婚姻前の実名を, すじを組み立てる際に使用した. 何らかの訴権が存在すると
するならば, 次のことから生じる. すなわち, 彼女の生活から生じた実際の出
来事との関連で, この実名を使用したことである. 加えて, 映画のストーリー

は，ガブリエル・ダーリー，今はガブリエル・ダーリー・メルビンとなった人物の生活における実際の出来事から取ったものであることが宣伝されたことである．

　法律の規定が何ら存在しない場合，当裁判所は，他の裁判所において知られかつ認められている形式において，不法行為訴訟の基礎としてのプライバシー権が，カリフォルニアにも存在する，と結論付けることに躊躇するであろう．

　しかしながら，われわれの州の基本法は，われわれの信じるところでは，他人による不当な侵害を受けることなしに，安全及び幸福を追求し，獲得する権利をわれわれに認める規定を包含していることが分かる．

　カリフォルニア州憲法第1条第1項は，次のように規定している．『すべての人々は，生まれながらにして，自由かつ独立であって，一定の不可譲の権利を有し，これらの権利の中には，生活及び自由を楽しみかつ守る権利，財産を取得し，所有し，保護する権利，及び，安全及び幸福を追求し，獲得する権利が存在する』．

　幸福を追求し，獲得する権利は，われわれの州の基本法によって，すべての人々に保障されている．この権利は，その性質上，自由，財産及び名声に対する，他人の不当な攻撃を受けないで生活する権利を包含する．正しい生活をしている人は誰でも，人格，社会的地位，又は名声に対する不必要な攻撃からの自由を包含する，幸福の権利を持っている．

　すじ及び宣伝の中に，彼女の以前の生活の出来事と関連して，控訴人の実名を使用したことは，不必要であり，慎みがなく，われわれの社会的交際において，われわれを動かし，かつ，われわれが他の人を社会の高潔な人々の軽蔑と侮辱に不必要にさらすことをしないようにする思いやりの心を，故意にしかも悪意に無視することであった」．

　｜当裁判所は，次のように信じる．すなわち，彼女が更生した後に，控訴人の過去の生活における不快な出来事を，実名とともに，被控訴人らが公表したことは，われわれの知る道徳又は倫理のいかなる基準によっても正当化されず，われわれの憲法によって彼女に保障されている，幸福を追求し，獲得する，不可譲の権利を直接侵害したものである．当裁判所が，これをプライバシーの権利と呼ぼうが，それに他の名称を与えようが，そのことは重要ではない．なぜ

なら，それは，われわれの憲法によって保障されている権利であって，他人により，残酷かつ不必要に侵害されてはならないものだからである．当裁判所の第1の訴訟原因は，控訴人の訴状は，被控訴人らに対する訴訟原因を構成するに十分な事実を述べている，という意見である」．

なお，財産権に基づくメルビンの請求は退けられた．

(3) 検 討

本件は，第2類型の典型例である．判決の評価は，伊藤正己博士による「プライヴァシーに関するアメリカの判例」戒能通孝・伊藤正己編著『プライヴァシー研究』（日本評論新社，1962年）227-228頁の中で詳しく示されているので，以下，そのまま引用する[127]．

「本件は，各州のうちでプライヴァシーの権利に有利な判決を最も多く下しているとみられるカリフォルニア州で，はっきりとその権利の存在を承認したものとして，有名な判例であり，アメリカにおけるプライヴァシーの権利の発展を論ずるときにはつねに引用される代表的判例である．ここにはいくつかの注目される点がある．

第一にこの権利を憲法上の個人の幸福追求の権利によって基礎づけたことであり，いわゆる自然法による基礎づけを一歩すすめたものである．第二に本件において過去の判例の立場が(1)から(8)にわたって要約されており，これらはのちに他の州でもしばしば引用され，アメリカにおけるプライヴァシーの権利の形成に大きな役割を果たしている．第三にここでは殺人事件によって公の存在となった原告も，その後の生活の変化と長い年月の経過によってその公の存在であることを失ったこと，および表現の側が映画という営利性の強い，しかも民衆の感覚に直接訴える手段による過去の経歴の暴露であったことが考慮されているとみられる．これもわれわれに示唆するところがあろう．

しかし，成文法のないところに権利の成立を明らかに認めるはじめての意見ともいえるだけに，裁判所も自認するように消極的な面もみられる．本名をだしたことを注目したり，裁判記録にあることのみにとどめたならば権利侵害になりえなかったであろうというような指摘は，このようなちゅうちょ

のあらわれであろう．しかしともかく本件は，プライヴァシーの権利がその侵害から守られる価値のあることを，判例法そのものによって明示したものとして忘れられないものである．」

　公的記録にも色々とあるが，アメリカの裁判所は，情報が一旦「公的記録」と呼ばれるものに掲載された場合は，その後一定期間が経過したことや，被害者の生活が変化したことにかかわらず，保護の対象外と判断する傾向にある．比較的初期に下されたこの判決も，実名使用に着目してメルビンを勝訴させたのであって，それがなければ，カリフォルニア州において判例法上のプライバシー権が承認されるのは，もっと後の時期になっていたかもしれない．アメリカの裁判所は，ウォーレン＆ブランダイス論文の発表後，早い段階で不法行為法上のプライバシー権を承認したが，その権利内容は，やや弱いもののようにも思われる．しかし，この判決は，プライバシー権を憲法上の個人の幸福追求権に基礎づけたことや，過去の判例の立場を要約したことによって，後の判例法の発展に大きな影響を与えた．プライバシー権を承認した判決は，純粋なプライバシー侵害とは異なる「盗用」の事案で登場したが，それを発展させたのは，「私的事実の公開」に属する本件であったといってよいであろう．

4.2　サイディス対 F-R 出版社事件（Sidis v. F-R Pub. Corp.）[128]

⑴　事案の概要

　本件は，「公の存在」の理論を明らかにした著名な判決である．

　ウィリアム・ジェームズ・サイディス（William James Sidis）は，1910年代，有名な神童として知られており，新聞紙上でも，その名前と優れた能力はよく紹介されていた．彼は，11歳のとき，四次元体について，優れた数学者たちを前にして講演を行い，16歳のとき，世間からかなりの注目を集める中で，ハーバード大学を卒業した．その後，彼の名前は時折報道される程度になり，彼は，可能な限り控えめな生活を送るようになった．彼は，飛びぬけた数学的才能を要さない一介の銀行員としての仕事を選ぶことによって，一般の人々の注目を避け，地味な生活を送るようになった．

　しかし，1937年8月14日，週刊誌「ニューヨーカー」が，サイディスについての伝記風の短編と漫画を掲載した．その雑誌は，現在及び過去の著名人につ

いての短い伝記風の記事を特集しており，過去の著名人については，「彼らは
いまどこに」という表題が付され，サイディスの記事が出たときは，副題に
「エイプリル・フール」と記されていた．その記事は，サイディスが少年の頃
にあげた数学上の業績と，彼が幅広い注目を集めたことを述べ，その後彼が才
能を失い，かえって以前の名声及び研究によって不快に感じていることを詳述
した．記事は，終わりに，彼の現在の下宿である「ボストンのうらぶれたサウ
ス・エンドの一部屋」での会見記を載せ，部屋の汚さ，彼の奇妙な笑い方，彼
の話し方，そして他の個人的習慣などを長々と掲載した．

　副題については，最後の一文で説明された．その文章は，サイディスが，
「にやりと笑い」ながら，「しかしね，ご存知のとおり，私はエイプリル・フー
ルの日に生まれた人ですから」といった言葉を引用していた．伝記には，11歳
の神童が，びっくりしている教授群の前で講演を行っている漫画が付されてい
た．

　記事の内容が真実であることには争いがなく，現在のサイディスは，「やや
子どものような魅力」を持つ人物として，好意的に描かれている．しかし，記
事は，かつて公の存在であったサイディスについて，その私生活を，無情にも
詳細に分析するものであった．

　1937年12月25日，別の神童の記事が公表され，この中にもサイディスのこと
が書かれていた．また，同年8月13日，ニューヨーク・ワールド・テレグラム
にも広告が掲載され，「本日発売．ハーバードの神童，11歳にしてハーバード
を驚かせた男の伝記物語．彼らはいまどこに？　J.L.マンリー．ザ・ニューヨ
ーカー，22頁．」と記されていた[129]．

　サイディスは，①プライバシー権の侵害，②ニューヨーク市民権法第50条及
び第51条違反などに基づき，F-R 出版社を訴えた．しかし，ニューヨーク州南
部地区合衆国地方裁判所 (District Court of the United States for the Southern
District of New York) は，1938年12月20日，出版社側による棄却申立てを認め
た[130]．

(2)　判決要旨

　第2巡回区合衆国控訴裁判所 (United States Court of Appeals for the Second
Circuit)[131] は，1940年7月22日，全員一致で原判決を支持した[132]．判決理由

第3章　アメリカの判例法とプライバシー　　173

を述べたクラーク裁判官（Clark J.）は，①プライバシー権侵害，②ニューヨーク市民権法違反の各争点について，概ね次のように判示している．

　クラーク裁判官は，争点①について，多くの州でプライバシー権が認められていることや，ウォーレン&ブランダイス論文に触れつつも「公の存在」の地位を獲得した者に対する私生活の詮索は限定されるとし，次のように述べた．

　「ウィリアム・ジェームズ・サイディスは，かつて公の存在であった．神童として，彼は，感嘆と好奇心の的であった．彼は，偉大な功績を立てるであろうと期待されていた．1910年代，彼は，新聞社が，細かな見苦しい好奇心とは区別された，ウォーレンとブランダイス風に言えば，正当な知的関心を示すに足りる人であった．しかし，当裁判所は，報道の正確な動機は重要ではないと考える．そして，当時，サイディスは，一般の人々の注意を引くことを好まなかったかもしれないが，彼の異常な業績とその人柄を考えるとき，一般の人々が彼に注目することも当然と認めてよいであろう．それ以後，サイディスは，自分を他人に分からないように隠していたが，その後の彼の経歴は，彼が小さいときの見込みどおりになったかどうかという問題に答えるという点で，やはり世の人々の関心の的であった．『ニューヨーカー』誌の記事は，類まれな人の生活を描写したものであり，一般の人々のかなりの関心を集めるニュースであった．

　当裁判所は，出版された事柄の報道価値が，常に完璧な防御を構成するか否かについて，何らの見解も表明しない．暴露されることは，被害者の立場に立つ者から見ると，世間の良識の観念を乱すほどに詳細で不当なものかもしれない．しかし，公的人物に焦点を当てた場合，服装，話し方，習慣，またその人柄のありふれた側面に正直な意見を述べたとしても，通常，この境界線を越えることはない．悲しむべきことかどうか分からないが，隣人や『公の人物』の不幸や短所というものは，他の人々にとっては，少なからず興味の的であり，話題の種である．そして，このようなことが社会の習慣であるならば，現代の新聞，書籍，雑誌においてそれらを表現することを禁止する裁判所は，懸命なものではないのである」．

　1937年8月14日付記事が，訴訟の理由を与えないとすれば，その記事を，同年12月25日付記事が簡潔かつ付随的に参照することに対しても，訴訟を提起す

ることはできない.

次に, 裁判官は, 争点②について, 次のように判示した.

ニューヨーク市民権法の定める「営業目的」は, 真実報道又は他の事実情報を一般に伝える新聞, 雑誌又は書籍の公表を想定したものではない.

8月14日付記事を知らせる新聞広告は, ワールド・テレグラムの中に「宣伝目的」で掲載された. しかし, それは, サイディスの記事を宣伝する目的であり, 記事自体は不愉快なものではないため, 当該宣伝は, 記事が享受する特権を共有する.

4.3 ギル対ハースト出版社事件 (Gill v. Hearst Publishing Co.)[133]

この事件は, プロッサーの論文の中では,「不法侵入」及び「私的事実の公開」の中で紹介されているが, 第2次不法行為リステイトメントの中では「私生活への侵入」の項で解説されている. しかし, 事案上, 無断写真された写真の公開が問題となっていることから, 第2類型に関連する判決として紹介する. なお, プロッサーの論文及び第2次不法行為リステイトメントのいずれにおいても, 公的場所で撮影された写真の公開に責任は生じないと説明している.

事案は, ロサンゼルスのお菓子売り場に勤務するギル夫妻が親しげに座っている姿を, ハースト出版社が, 無断で撮影し, 雑誌に掲載したというものであった. 夫妻は, 同社に対し, プライバシー侵害に基づく損害賠償を請求した.

カリフォルニア州最高裁判所 (Supreme Court of California)[134]は, 1953年2月17日, ギルらに主張を訂正する機会を与えなかったロサンゼルス郡上位裁判所の原判決 (Superior Court of Los Angels County) の裁量権逸脱を認め, その判決を破棄した. しかし, プライバシー権については, 絶対の権利ではなく, 憲法上の言論及び出版の自由と衡量しなければならないと述べ, 概ね, 次のように判示した.

本件写真は, 公の市場で自発的にとった姿勢を撮影されたものであり, 原告らは, その限りでプライバシー権を放棄したとみなされる. また, 写真自体は無作法なものでも恥ずべきものでもないため, その公開は, 良識の範囲を超えるものではなく, 被告らは, 自らの行為が通常の感覚を持つ人々にとって不快であることを認識すべきであったとはいえない.

4.4　コックス放送社対コーン事件 (Cox Broadcasting Corp. v. Cohn)[135]

　コックス放送社は，死亡した強姦被害者の氏名を放送した．その情報は，放送社に雇われているワッセル（Wassell）という記者が，一般に閲覧可能な起訴状から入手したものであった．被害者の父親であるコーンは，強姦被害者の氏名や身元の公開又は放送を軽罪と定めるジョージア州の法律に基づき，自身のプライバシー侵害を主張して，同放送社及びワッセルに対して損害賠償を求める訴えを提起した．

　事実審裁判所は，放送社の修正第1条及び第14条に基づく主張を退け，ジョージア州法は，同法違反によって被害を被った者に対する民事的救済を付与すると判断し，コーンに有利な形での正式事実審理を経ないでなされる判決を下した．

　ジョージア州の最高裁判所は，事実審裁判所がジョージア州法をプライバシー侵害の訴訟原因にまで拡大解釈したのは誤っていると指摘する一方で，コーンがコモン・ロー上の不法行為であるプライバシー権侵害に関する訴訟原因を述べたことを認めた．また，修正第1条，第14条は，法の問題として，コックス社らに有利な判断を求めていないとした．これに対するコックス社らの再弁論の申立ても退けられた．

　合衆国最高裁判所[136]は，1975年3月3日，8対1の多数[137]で，州最高裁の判決を破棄した．多数意見を述べたホワイト裁判官（White J.）は，「プライバシーと自由な報道は，いずれも伝統に基づき，われわれの社会の重要な関心事である……本件では，提示された報道とプライバシーの間のより狭い接点に焦点を当てるのが適切である……すなわち，州が，公的記録から取得した強姦被害者の氏名を正確に公開する行為に対して，制裁を課すことができるか否かということである——より明確に言えば，起訴との関係で保持され，それ自身が一般の閲覧に供される裁判記録から取得したということである．当裁判所は，州は制裁を課してはならないと確信している」と述べた上で，犯罪，起訴，その後の訴訟手続は，国民の正当な関心事であり，報道機関の責任範囲に含まれると判示した．さらに，裁判官は，ウォーレン＆ブランダイス論文や，第2次不法行為リステイトメントによっても，公開が訴訟手続上で行われる場合や，既に公の情報をさらに公開する行為は，プライバシー侵害とならない旨を認め

ている点を指摘した．

　結論として，裁判官は，修正第 1 条及び第14条に基づき，一般の閲覧に供される公的な裁判記録に含まれた真実情報の公開に対する州の制裁を否定した．

　なお，次の点が付言されている．「訴訟手続において保護すべきプライバシーの利益がある場合，私的情報の公的文書化を避けるなどの方法によって，州が対応しなければならない…一旦，真実情報が公開法廷に提供され，書類が一般の閲覧に供された場合，報道機関がそれを公開することに制裁を課してはならない」．

　本件を引用した合衆国最高裁判決としては，1979年のスミス対デイリー・メール出版社事件（Smith v. Daily Mail Publishing Co.）[138]がある．この事件では，デイリー・メール社が，殺人を犯した14歳の少年の氏名に関する情報を，適法な手段で入手し，少年裁判所の書面による承諾なしに公表したところ，ウエスト・ヴァージニア州法違反に問われ，起訴された．デイリー・メール社は，当該州法の修正第 1 条及び第14条違反を主張し，刑事手続の禁止令状を求める申立てを行った．合衆国最高裁は，適法に取得した真実情報の公開に刑事制裁を課す州法は，修正第 1 条に違反するとして，同社の主張を認める判断を下している．

4.5　フロリダ・スター対B.J.F.事件（Florida Star v. B.J.F.）[139]

　B.J.F. は，フロリダ州デュバル郡（Duval County）の保安官事務所に対し，見知らぬ暴漢から強盗と婦女暴行の被害を受けた旨を報告した．保安官事務所は，B.J.F. の氏名を特定する形で，その事件に関する報告書を用意し，報道記者室にその報告書を置いた．保安官事務所は，報道記者室への入室や，そこで入手できる報告書に対するアクセスを制限していなかった．新聞社であるフロリダ・スターは，記者見習いを報道記者室へ送り，B.J.F. の氏名を含む捜査報告をそのまま写し取った．そして，1983年10月29日，大見出しを「強盗事件」，小見出しを「捜査報告」とする記事を掲載した．B.F.J. の事件については，その日の版の中で，警察の記録簿から取られた54件の事件のうちの 1 つとして掲載されたものであったが，見習いが入手した捜査報告をそのまま用いており，B.J.F. の氏名も掲載されていた．

　これによって，フロリダ・スターは，性犯罪被害者の氏名を公表してはなら

ないという内部規則に自ら違反することとなった．また，フロリダ州法第
794.03条は，いかなるマス・コミニケーションの手段によるものであっても，
性犯罪の被害者の氏名を印刷，公開，又は放送することを違法と定めている．

そこで，B.J.F. は，保安官事務所及びフロリダ・スターを相手取って訴え
を提起し，過失による第794.03条違反を主張した．なお，正式事実審理の前に，
保安官事務所は，B.J.F. に対し，2,500ドルを支払って和解したが，フロリ
ダ・スターは，請求棄却を求め，第794.03条に基づいて新聞社に民事的制裁を
課すことは，修正第1条に違反すると主張した．

デュバル郡の第1審裁判所は，B.J.F.の請求を認め，フロリダ・スターに対
し，75,000ドル（当時の為替レートでは約1,200万円）の填補賠償及び25,000ド
ル（当時の為替レートでは約400万円）の懲罰的賠償の支払いを命じた．

フロリダ州第1地区控訴裁判所（Court of Appeals of Florida, First District）
は，1986年12月15日，この判断を支持し[140]，同州最高裁判所（Supreme
Court of Florida）は，1987年1月23日，再弁論を拒否した[141]．

合衆国最高裁判所[142]は，1989年6月21日，フロリダ・スターに民事上の責
任を負わせることは修正第1条に違反すると判断し，6対3の多数で[143]，控
訴裁判所の判決を破棄した．

多数意見を述べたマーシャル裁判官（Marshall J.）は，前記スミス対デイリ
ー・メール事件やコックス放送社対コーン事件に依拠しながら，3つの考慮事
項として，①新聞社が情報を「適法に入手」したこと，②公に入手可能な情報
を報道機関が広めたことに対し，制裁を課すべきではないこと，③制裁を課す
とメディアの過剰な自主規制を招く恐れがあることを掲げた．

裁判官は，これらの考慮事項を本件に適用し，新聞社が，公的な重要性を持
つ事柄に関する真実の情報を適法に入手し，州の官吏が，最も重要な州の利益
を推し進める必要性を持たない場合，憲法上，当該情報の公表を罰してはなら
ないと判断した．

なお，裁判官は，本件の事情に照らして，フロリダ州法に基づきスター社に
責任を負わせることを不適当だと認定したに過ぎず，真実の公開であれば，自
動的に憲法上の保障を及ぼすという趣旨でもなければ，報道機関による侵害に
対する個人のプライバシーの領域を否定するものでもないという点を付言した．

また，反対意見を述べたホワイト裁判官は，次のように述べ，プライバシー権への配慮を示している．「本件での問題は，人々に関する何らかの情報であって，——真実ではあるが——報道機関において公表してはならないものが存在するか否かである．州が真実情報の公表を処罰できるのは『州の最高の利益』のみであると認定することによって，また，強姦被害者のプライバシー権を保護することは州の最高の利益の中に含まれないと認定することによって，裁判所は，上訴人の提案を受け入れた……それは，20世紀の最も注目すべき法的提案の1つである，私的事実の公開という不法行為を台無しにすることである……たとえ，今日の裁判所がかかる法廷意見を述べてないとしても，そのように台無しにする行為は，間違いなくここでの裁判所の結論から導かれるものだ．修正第1条によって，(B.J.F. のような) 完全なる私人が，自分が強姦に遭ったという事実の公表に対する権利回復を禁じられたら，私は，新聞やテレビ放送において公表されないであろうと人々が想定する何らかの『私的事実』は残されているのであろうかとの疑いを抱く」．

4.6 最近の判決

この類型に属する比較的新しい判決としては，2004年のゲーツ対ディスカバリー・コミュニケーションズ社事件 (Gates v. Discovery Communications, Inc.)[144]がある．

この事件は，過去の犯罪者が社会復帰した後に，その犯罪事実を改めてテレビ放送する行為とプライバシー侵害が問題となった事案である．カリフォルニア州最高裁判所は，公的記録から取得した真実情報の公開は修正第1条の保障を受けるとして，ディスカバリー社の責任を否定した．この事件の判決理由は，表現の自由との調整を取り扱った一連の合衆国最高裁判決（前記コックス放送社対コーン事件，スミス対デイリー・メール出版社事件，フロリダ・スター対B.J.F. 事件，バートニッキ対ボッパー事件）などを取り上げ，一旦刑事手続に関する公的記録に記載された以上，その事実を公開する行為には不法行為が成立しないという立場を取っている．既に紹介したフロリダ・スター対B.J.F. 事件と比較すれば，本件の判決は硬直的であり，社会復帰した犯罪者のプライバシー権を事実上否定するものとなっている．

5 第3類型：公衆の誤認

ウォーレン＆ブランダイス論文が念頭に置いていなかった類型である．この類型は，非公知性の要件を必要とせず，虚偽事実の公表によって，自己の真実の姿とは異なる印象を与えるものであることなどから，名誉毀損の問題とすべきという見解が存在する[145]．また，実際，名誉毀損訴訟と極めて類似することから，原告にとっては立証が難しく，敗訴となるケースが多い[146]．実際，テキサス州やコロラド州など，プライバシー侵害の訴訟原因としての公衆の「誤認」を認めず，誤認の不法行為として承認する州も存在する[147]．

しかし，第2次不法行為リステイトメントの解説によれば，「プライバシー侵害を理由とする訴訟で，原告が名誉を毀損される必要はない．その人物が，彼に帰属する性格，行動又は信仰について，嘘を広められ，それが不当かつ極めて不快であり，そのため，虚偽の世間的立場に立たされたということで十分である．このような場合に，原告に帰属する事柄が名誉毀損でなければ，ここで述べた原則は，名誉毀損訴訟では用いることのできない，異なる救済を与える」となっており，両者は区別されている[148]．

この類型で特に問題となるのは，「現実的悪意」（actual malice）の法理の適用の可否である．この法理は，次に紹介する1964年のニューヨーク・タイムズ社対サリバン事件を契機として，名誉毀損訴訟の中で議論されるようになったものであり，表現の自由との均衡を図る上で，極めて重要な論点となっている．この理論は，公衆の誤認が問題となる判決でも適用されるなど，プライバシー権の侵害訴訟にも影響している．

5.1 ニューヨーク・タイムズ社対サリバン事件 (New York Times Co. v. Sullivan)[149]

本件は，プライバシー権侵害の事例ではないが，名誉毀損訴訟において「現実的悪意」の法理を採用した判決として，極めて有名である．第2次不法行為リステイトメントは，本判決を第3類型の中で説明しており，また，後のプライバシー関連の判決によっても，繰り返し引用されている[150]．

⑴ 事案の概要

被上訴人の L.B. サリバンは，アラバマ州モンゴメリ市の委員であり，警察，消防等の部門を監督する立場にいる人物である．

1960年3月29日付のニューヨーク・タイムズ紙上に「彼らのわきあがる声に

耳を傾けよ」(Heed Their Rising Voices) という見出しで，全頁大の広告が掲載された．これは，差別を受けている市の黒人学生が，人種差別に抗議する意見広告であった．

この広告の目的は，学生運動の支援，「投票箱のための闘争」(the struggle for the right-to-vote)，及び，当時モンゴメリーで係争中の偽証罪の起訴に対して，運動の指導者マーチン・ルーサー・キング・ジュニア博士 (Dr. Martin Luther King, Jr.) を法的に防御するという3つの目的のために，基金を募ることにあった．

広告の内容は，いくつかの点で事実と相違していたが，ニューヨーク・タイムズ社は，広告の正確性を確認することはなかった．

広告の中には，サリバンに関する意見が掲載されており，サリバンは，この意見広告によって名誉を毀損されたとして，ニューヨーク・タイムズ社及び広告に名を連ねていた4名の黒人牧師を相手取って，文書による名誉毀損に基づく損害賠償を請求した．

第1審のアラバマ州モンゴメリ群の裁判所 (Circuit Court of Montgomery County) は，同社を含む被告全員に対して，500,000ドル（当時の為替レートでは約1億8,000万円）の損害賠償の支払いを命じた．同州最高裁判所 (Supreme Court of Alabama) も，名誉毀損的な公開行為は修正第1条の保護を受けないとして，この判決を支持した[151]．

ニューヨーク・タイムズ社は，裁量上訴を申立て，受理された．

(2) 判決要旨

合衆国最高裁判所[152]は，1964年3月9日，全員一致で，原判決であるアラバマ州最高裁の判決を，破棄・差し戻した．

ブレナン裁判官 (Brennan J.) は，冒頭で，「当裁判所は，本件において，初めての決断を求められている．それは，公職者の職務行為に対する批判を理由として公職者によって提起された文書による名誉毀損に基づく損害賠償請求訴訟において，州が損害賠償を付与する権限を，言論及び出版に対する憲法上の保障によって制限することができる程度を決めるということだ」と述べ，本件の検討に入った．

裁判官は，本件における公表は，『商業』広告ではないということを前提に，

「当裁判所に提起された問題は，公職者の職務行為への批判に対して提起された訴訟に適用されるものとしての，この責任の原則が，修正第1条及び修正第14条によって保障される言論及び出版の自由を制限するか否か，ということである」と述べ，本件の争点を明らかにした．この問題について，裁判官は，「公の問題に関する表現の自由が修正第1条によって保障されているという一般的命題は，長期にわたって，当裁判所の判決によって確定されている」「したがって，当裁判所は，公の問題に関する討論は禁圧されず，力強く，かつ，広範囲になされなければならず，また，その討論は政府及び公職者に対する激烈で，痛烈な，そしてときとして不快なほど鋭い攻撃をも含むのが当然であるという原則に対する，深い国民的依存を背景として，本件を審理する」とし，公の問題に対する表現の自由を強調した．

　続いて，裁判官は，本件広告の問題に入り，「本件広告は，われわれの時代における主要な公の問題の1つに対する苦情と抗議の表現として，明らかに憲法上の保障を受けるに値するように思われる．問題は，それが，事実を述べた部分の虚偽により，また，被上訴人に関する，主張されているような名誉毀損により，その保障を奪われるかどうか，ということである」と述べ，この問題については，「誤りのある言辞は自由な討論には避けがたいということ，及び，表現の自由が『生き続けるために……必要とする』『息つくスペース』(breathing space) を持たなければならないとするならば，誤りのある言辞が保護されなければならないということもまた，認められていた」と判示した．

　また，裁判官は，政府や公職者に対する誹謗などを犯罪とする1798年煽動法 (Sedition Act of 1798) について，ジェイムス・マディソン（James Madison）の言葉を引きながら修正第1条に違反することを強調し，「このようにして，マディソンの見方によれば，公職者の仕事のやり方に関して自由に公の議論を行う権利は，アメリカの政治形態の基本的原埋であった」と要約した．裁判官は，この立場に立脚して，言論・出版の自由に対する「憲法上の保障は，公職者はその言辞が『現実的悪意』をもって──すなわち，それが偽りであることを知りながら，又は，偽りであるか否かを無謀に無視して，述べられたものであることを立証しない限り，自らの職務上の行為に関する名誉毀損的な虚偽について，損害賠償を得ることを禁止される，という連邦の原則を要請している

と，当裁判所は考える」という判断基準を明確にした．

このような特権について，裁判官は，「公職者の行為に対する批判が，そのような特権を享受できるのは，公職者が，文書による名誉毀損で私人に訴えられたときに保護を受けることと，いみじくも類似している……行政を運営するのが公職者の仕事であるのと同様に，批判を行うのが市民の義務である……仮に，公務員の職務に対する批判が，公職者自身に与えられた特権と同等のものを持っていなかったとしたら，公的奉仕者は，自らが奉仕する国民に対して不当な優先権を与えられていることになる」とし，公職者に与えられた特権との均衡を根拠に据えている．

結論として，裁判官は，公職者に対して批判を行う特権は，修正第1条及び修正第14条によって要請されていると述べ，本件に現実的悪意の法理を適用して州による損害賠償の付与に制限を設けた．

なお，補足意見を述べたブラック裁判官（Black J.），ゴールドバーグ裁判官（Goldberg J., ダグラス裁判官（Douglas J.）がこれに賛同）は，公職者を批判する報道及び出版の自由は絶対的であることを強調している．

5.2 タイム社対ヒル事件 (Time, Inc. v. Hill)[153]

この判決は，プライバシー権と言論・出版の自由の均衡が問題となったが，偶然に犯罪に巻き込まれた者を「報道価値ある人物」とし，サリバン事件の「現実的悪意」の法理を適用したものである．

(1) 事案の概要

ジェームス・ヒル一家は，ペンシルヴァニア州の自宅で3人の脱獄囚に襲われ，19時間にわたって不法に人質にとられるという被害を受けたが，無事解放された．ヒルは，新聞記者のインタビューに対し，犯人は丁重に家族を扱い，性的いたずらも暴力もなかったことを強調した．一家は，雑誌やテレビを通じた世間の注目を避けるべく，事件後すぐにコネチカット州に転居した．

この事件に触発されたジョセフ・ヘイズ（Joseph Hayes）は，「絶望的な数時間」（The Desperate Hours）という小説を発表した．この小説には事実とは異なる部分が存在しており，父親や息子は殴られ，娘は口頭の性的侮辱を受けたことになっていた．

この小説はブロードウェイで上演され，映画も公開されることとなっていた．

そして，この芝居に関する記事がライフ誌に掲載された．タイトルは，「真の犯罪は緊張感ある芝居をもたらす」(True Crime Inspires Tense Play)，サブタイトルは「犯罪者により人質にとられたある家族の苦しい体験は，ブロードウェイに新しい感激を与える．『絶望的な数時間』」(The ordeal of a family trapped by convicts gives Broadway a new thriller, 'The Desperate Hours')であった．記事は，この芝居をヒル事件の再現と表現し，ヒルの実名を載せていた．また，記事は，俳優が演じた写真を掲載しており，それらのうち，1枚は息子役が痛めつけられている写真，1枚は娘役が銃を落とさせるべく犯人の手を嚙んでいる写真，1枚は父親役がその銃をドアの外に放り投げている写真であった．

　ヒルは，この記事について，ライフ誌の発行元であるタイム社に対し，ニューヨーク市民権法第50条及び第51条に基づき，損害賠償を求めて訴えを提起した．

　ニューヨーク州の第1審裁判所は，50,000ドルの塡補賠償（当時の為替レートでは約1,800万円）及び25,000ドル（当時の為替レートでは約900万円）の懲罰的賠償を認めた．同州の高位裁判所上訴部第1部（Supreme Court of New York, Appellate Division, First Department）[154]は，タイム社の責任を認めたものの，懲罰的賠償は排斥し，30,000ドル（当時の為替レートでは約1,080万円）の塡補賠償を認めるに至った．同州の最高裁判所（Court of Appeals of New York）[155]も，その結論を維持した．タイム社は，憲法上の言論及び出版の自由を侵害するとして，合衆国最高裁判所へ上訴した．

(2)　判決要旨

　合衆国最高裁判所[156]は，1967年1月9日，多数意見5名，反対意見3名[157]，一部賛成・一部反対意見1名[158]をもって，原判決を破棄し，差し戻した．多数意見を述べたブレナン裁判官（Brennan J.）は，プライバシー権と表現の自由の関係について，次のように判示した．

　ニューヨーク州法は，ロバーソン対ロチェスター・フォールディング社事件の判決が，プライバシー権の創設を立法府に委ねたことに基づき，1903年に制定された．この法律は，自己の商品の宣伝又は販売促進を目的として，他人の同意なくして氏名，肖像又は写真を盗用又は利用する行為を対象とする．そし

て，スパーン対ジュリアン・メッスナー社事件 (Spahn v. Julian Messner, Inc.)[159] において，ニューヨーク州最高上訴裁判所は，この法律をより広く運用するための解釈を行なった．この事件において，同裁判所は，「報道価値のある人物及び出来事の事実報道は，公の利益に適い，保護を受ける」と判断した．

「本件が陪審に付されるに当たって，被上訴人もまた，彼が人質にとられた経験に関する限りで，『実質的にプライバシー権を持たない』報道価値のある人物であると考えられる．しかし，その経験が『脚色され』かつ『被告らの商業的利益のために利用される』限りで，訴訟の権利を付与されると考えられる．スパーン事件の法定意見が述べるように，『脚色化』が事件の核心部分である」．

「法廷意見は続いて，『間違いがささいで，他の部分が正確であることが証明されれば』，報道が『脚色化』されたことの証明にはならないと述べた．重要かつ実質的な歪曲化であるか否かが基準となる……ニューヨーク・タイムズ社対サリバン事件において，当裁判所は，公職者が自らの公的活動を批判されたとして提起した訴訟において，憲法は，名誉毀損に対する損害賠償を付与する州の権限に限界を設けている旨の判断を下した．公的人物の名声に関し，事実が誤りであること，若しくは，内容が名誉毀損的であること，又はその両者では，虚偽の記述に対する損害賠償を付与するに不十分である．ただし，現実的悪意——当該記述が虚偽であることを認識しているか又は真実を無責任に無視すること——が主張され，かつ，証明された場合は別である」．

「当裁判所は，疑いなく，ライフ誌が対象としたもの，すなわち現実の出来事と結び付けた新しい芝居の開始は，公の利益に関する事柄であると考える……悪気がなく，又は単なる過失によるときは，こうした場合，記事に誤りが生じることは不可避であって，それは公的事柄に対する批評を行う場合と同様である．また，両者ともに誤る場合もある……もし，報道機関に対して，ある人物の氏名，写真又は肖像，特に名誉毀損的ではない事柄との関係で，報道記事と関連する事実の確実性への証明責任という無理な負担を負わせた場合，自由な社会における自由な報道という不可欠な業務を深刻に損なわせるという重大な危険を作り出すこととなる……この意味で，悪気がなく又は過失による虚偽記載に対して，制裁を与えることは，報道機関が憲法上保障された権利の行

使を控えるという，深刻な危険をもたらす」．

「当裁判所は，本件において，故意又は無責任の偽りに関する基準の適用は，公職者が提起した文書による名誉毀損訴訟のみに関係するニューヨーク・タイムズ対サリバン事件を盲目的に適用することを通じてではなく，私人に関係する事件におけるニューヨーク州法の適用に関し，特定の文脈において生じる要件を検討することに基づいてのみ，可能であると認定する」．

以上のとおり，ブレナン裁判官は，本件に対する「現実的悪意」の法理の適用を認め，下級審がこの法理の要件を検討していないということを理由に，破棄・差戻判決を下した．

5.3 カントレル対フォレスト・シティ出版社事件 (Cantrell v. Forest City Publishing Co.)[160]

マーガレット・カントレル（Margaret Cantrell）の夫メルビン（Melvin）は，シルバー・ブリッジ（Silver Bridge）の崩壊事故で死亡した．フォレスト・シティ出版社の元記者及び写真師は，マーガレットが不在の間にカントレル宅を訪れ，写真を撮影し，子どもたちと会話を交わした．その内容は，同社が発行する新聞「プレーン・ディーラー」（Plain Dealer）に掲載されたが，そこではマーガレットの傲慢さや一家の貧困生活が強調されるなど，多くの点で不正確かつ虚偽であった．

そこで，マーガレットは，公衆の誤認によるプライバシー侵害を理由として，フォレスト・シティ出版社らを相手取って，オハイオ州北部地区合衆国地方裁判所（United States District Court for the Northern District of Ohio）に，州籍相違（diversity of citizenship）に基づく訴訟を提起した．

事実審裁判官は，懲罰的賠償を求めるカントレルらの請求については，プライバシー侵害が「悪意」でなされたという証拠が不十分であるとしてこれを退けた．しかし，カントレル及び長男ウィリアムの填補賠償については，責任問題を陪審に付すことを認め，陪審員に対し，現実的悪意の法理によることを説示した．陪審員は，被告らそれぞれに填補賠償の責任を認めた．第6巡回区合衆国控訴裁判所（United States Court of Appeals for the Sixth Circuit）は，現実的悪意の証明がなされていないとして，地裁の判断を破棄・差し戻した[161]．合衆国最高裁判所は，裁量上訴を認めた．

合衆国最高裁[162]は，1974年12月18日，合衆国地裁の判断を正当として， 8 対 1 の多数で控訴裁判所の判断を破棄・差し戻した[163].

多数意見を述べたスチュワート裁判官（Stewart J.）は，本件では現実的悪意の法理に対する異議が申し立てられていないため，「その結果，本件では，出版社又は放送社が，私人に対して有害な虚構の記述を行ったことに対し，プライバシー侵害に関する公衆の誤認理論に基づき，より緩やかな責任基準を，州が合憲的に適用しうるか否か，又は，タイム社対ヒル事件において宣言された憲法上の基準が，公衆の誤認に関するすべての事例に適用されるか否かを検討する機会が存在しない」と述べた.

裁判官は，本件記事が現実的悪意の法理の要件を満たし，公衆の誤認が成立すること，元記者の記事執筆はプレーン・ディーラーの業務範囲内であり，フォレスト社には使用者責任が成立することを認定した.

一方，ダグラス裁判官（Douglas J.）は，前記タイム社対ヒル事件の法廷意見に賛成し，本件の多数意見は出版社及び記者の出版の自由を奪うものであって，修正第 1 条及び第14条に違反すると述べた.

5.4 検討～「現実的悪意」の法理のその後

「現実的悪意」の法理は，1964年のニューヨーク・タイムズ社対サリバン事件をきっかけに，名誉毀損訴訟の中で展開されてきた議論である．この法理について，合衆国最高裁は，サリバン事件の 2 年後である1966年 2 月21日判決のローゼンブラット対ベア事件（Rosenblatt v. Baer）[164]において，「公職者」の定義を明らかにしたが，翌1967年 6 月12日判決のカーティス出版社対バッツ事件（Curtis Publishing Co. v. Butts）[165]では，適用を「公的人物」（public figure）に拡大し，さらに，1971年 6 月 7 日判決のローゼンブルーム対メトロメディア社事件（Rosenbloom v. Metromedia, Inc.）[166]では，公の又は一般の関心事の対象となる私人にも適用するに至った.

しかし，1974年 6 月25日判決のガーツ対ロバート・ウェルチ社事件（Gertz v. Robert Welch, Inc.）[167]において，合衆国最高裁は，「現実的悪意」の法理の拡大傾向に歯止めをかけ，公的関心のある事柄であっても，私人によって提起された名誉毀損訴訟には，この法理を適用しないという判断を下した．その後，1985年 6 月26日判決のダン＆ブラッドストリート社対グリーンモス・ビルダー

ズ建設会社事件（Dun & Bradstreet, Inc v. Greenmoss Builders, Inc.）[168]では，公的関心事に該当しない事例において，この法理を適用することを否定した．

　一方，公衆の誤認をめぐるプライバシー侵害訴訟において，原告が公職者，公的人物，又は公の関心の対象となる私人である場合，「現実的悪意」の法理を適用することができるか否かは，1つの論点となっている．これに関するその後の判決は分かれており，前記タイム社対ヒル事件では，偶然に犯罪に巻き込まれた私人に対しての適用が認められ，前記カントレル対フォレスト・シティ出版社事件では，明らかとはならなかった．ただし，カントレル事件の判決は，当事者間に争いがなかったことから，「現実的悪意」の法理を用いたのであって，判決自身が，争いがあれば何らかの判断を下したことを示唆している．また，2005年10月3日に第9巡回区合衆国控訴裁判所が判決を下したハリス対シアトル市事件（Harris v. Seattle）[169]では，公職者に関する誤認の不法行為が問題となったが，「現実的悪意」の法理が適用されている．

　なお，多くの判決の傾向は，ガーツ事件によってヒル事件の判断は覆されたと見るべきとし，原告が私人である場合，公衆の誤認の事例において現実的悪意の法理は要求されないと判断しているようである[170]．一般的には，私人に対しては過失基準で十分であると言われている[171]．

6　第4類型：盗用

　この類型は，プライバシー権承認の可否が争われた初期の段階では，プライバシー侵害の1つとして理解され，プロッサーによって，プライバシー侵害の一類型として位置づけられた．しかし，財産権侵害の性質を備えている点で，他の3つの類型とは大きく異なっている．盗用に対する権利は，最近では，パブリシティ権といわれており，1995年の不正競争に関する第3次リステイトメント（Restatement（Third）of Unfair Competition）は，第46条から第49条にかけて，パブリシティ権を取り上げている[172]．このうち，第46条は，「個人の身元の商業的価値の盗用：パブリシティ権」と題し，「人の氏名，肖像又は他の身元を示す特徴を，その人物の同意なく，商売目的で用いることによって，人の身元に関する商業的価値を盗用する者は，第48条及び第49条に述べる定めに基づき，救済の責任を負う」と規定する[173]．最近の判決は，パブリシティ

権がプライバシー権の一類型であることを認識しながらも，知的財産権との類似性を強調したり，この第３次リステイトメントを取り上げたりするものが多いようである．

6.1　マノーラ対スティーブンス事件 (Manola v. Stevens.)[174]

マリオン・マノーラ (Marion Manola) は，ブロードウェイ劇場で，役柄のためにタイツ姿のまま登場しなければならなかったが，ベンジャミン・D・スティーブンス (Benjamin D. Stevens)[175] 及びハリー・マイヤーズ (Harry Myers)[176] は，マノーラの姿を無断で撮影した．そこで，マノーラは，スティーブンスらを相手取って，写真の利用を差し止めるようニューヨーク州高位裁判所 (Supreme Court of New York) に申し立て，イングラハム裁判官 (Ingraham J.) から，1890年６月17日，予備的な差止命令を得た．この命令を恒久的差止命令へ移行させるための審尋期日が同月20日に開かれたが，スティーブンスらが出廷しなかったため，差止命令は確定した．

6.2　ロバーソン対ロチェスター・フォールディング・ボックス社事件 (Roberson v. Rochester Folding Box Co.)[177]

本件は，プライバシー権の承認の可否を初めて扱った判決である．

(1)　事案の概要

製粉業及び小麦粉の製造・販売業に従事するフランクリン・ミルズ社 (Franklin Mills Co.)[178] は，原告ロバーソンに無断で，無権利及び無許可であることを知りながら，約25,000枚の原告の石版刷りの印刷，写真，及び肖像について，取得，作成，印刷，販売，及び頒布した．

肖像が印刷されているポスターには，肖像の上に，大きく鮮明な文字で，「家庭の小麦粉」という言葉が印刷され，肖像の下には，大きな大文字で，「フランクリン・ミルズの小麦粉」，そして，さらに下の右隅には，小さな大文字で「ロチェスター・フォールディング・ボックス社，ロチェスター，ニューヨーク」という文句が印刷されていた．同じ紙の上には，フランクリン・ミルズ社の小麦粉に関する他の宣伝が付されていた．ポスターは，小売店，問屋，酒場，その他の公の場所に展示された．ロバーソンの友達その他の人々は，これを知るようになり，その結果，ロバーソンは，この宣伝に登場した彼女の顔と写真を知った人々のあざけりや冷やかしによって恥をかき，名声を地に落とさ

第3章　アメリカの判例法とプライバシー　　189

れ，それが彼女の大きな悩みの種となった．彼女は，身体，精神ともに，大き
な苦痛及び損害を被り，医師にかからざるを得なくなった．フランクリン・ミ
ルズ社らは，上記石版刷の印刷，作成，使用，販売，及び配布を続けた．

　ロバーソンは，同社を相手取って，彼女の肖像の作成，印刷，公開，配布，
又は利用の禁止，及び，損害賠償を求めた．

　本件では，肖像画が非常に良くできていたことから，文書による名誉毀損は
主張されていない．ロバーソンは，自らの肖像画が，ミルズ社の宣伝のために
無断利用されたことによって，精神的な苦痛を被ったと主張している．

　ニューヨーク州高位裁判所上訴部第4部（Supreme Court of New York,
Appellate Division, Fourth Department）は，ロバーソンの請求を認容した[179]．

(2)　判決要旨

　ニューヨーク州最高上訴裁判所（Court of Appeals of New York）[180]は，
1902年6月27日，4対3で原判決を破棄し，プライバシー権の存在を否定し
た[181]．

　多数意見を述べたパーカー首席裁判官（Parker C.J.）は，プライバシー権に
ついて次のように述べた．「いわゆるプライバシー権は，その言葉が示すよう
に，人は，もし欲するならば，他人の利益のために，自分の写真が公表された
り，自分の企業が討議されたり，自分の成功した実験が書き立てられたり，又
は，自分の風変わりな性格を，ビラ，チラシ，カタログ，定期刊行物，若しく
は新聞のいずれかで論評されたりすることなく，この世を送る権利，という主
張に基づいている．そして必然的に，この権利はまた，彼について書かれ，公
にされ得ない事柄は，そのコメントが，好意的であるとないとを問わず，彼の
隣人により，彼について話されてはならない，という主張に基づいている……
本件で裁判所が考案することを求められている原則は，公開される媒体にかか
わらず，一般的に適用されなければならない．なぜなら，エクイティ裁判所が，
本訴訟において，権利回復を支持するために断言するよう求められている原則
は，プライバシーの権利が存在し，それをエクイティ上執行可能でなければな
らないものだからである」．

　そして，裁判官は，先例の不存在，損害額算定の困難性，法的保護の範囲が
不明確であるため，乱訴の弊を生み，裁判が混乱しうることを理由に，プライ

バシー権の存在を否定し，立法によって適切に解決すべきだと述べている．

　なお，裁判官は，現行法の救済を全て否定したわけではなく，例えば，刑法典第245条に基づき，写真，肖像，署名が悪意で公開され，他人の嘲笑や冷やかしなどを受けた場合は，文書による名誉毀損によって救済することができると述べている．しかし，ロバーソンはこの主張を行っていない．

　多数意見に対して，グレイ裁判官（Gray J.）は，個人がプライバシー権を有することは，承認された法的原則の分野に含まれる事柄であって，その侵害に対する差止命令を認めるべきだという反対意見を述べている．

(3) ニューヨーク市民権法の成立

　この判決は，戒能通孝・伊藤正己編『プライヴァシー研究』（日本評論新社，1962年）の中で紹介されている[182]．そこでは，裁判所特有の消極的態度に対する批判も当たっているものの，純然たる精神的苦痛に法的救済を与えることは従来のコモン・ローの立場に相容れないこと等も考慮に入れるべきであり，アメリカにおいても，プライバシー権の承認が，裁判所としていかに困難であったかを示す好例であると指摘されている．

　ロバーソン事件の後，判決の結論と理由には多くの批判が集まったため，判決に賛成意見を書いたオブライエン裁判官（O'brien J.）が，自ら筆を取って，学術雑誌に論文を寄稿し，判決を弁護するという異例の対応をとった[183]．この状況下で，ニューヨーク州の議会は，翌年の1903年，プライバシー保護のための法律（現在のニューヨーク市民権法）を制定した．

　この法律は，2条から構成される．

「第1条　プライバシー権

　　広告目的又は営業目的のために，生存する人の氏名，肖像，又は写真を，その者の書面による同意——未成年者の場合は，親又は後見人の同意——を事前に得ないで使用する個人，会社又は法人は，軽罪に問われる[184]．

第2条　差止め及び損害賠償訴訟

　　前条に規定されたような書面による同意を事前に得ないで，この州において自己の氏名，肖像，写真又は声を，広告目的又は営業目的で利用される者は，この利用を差し止めるために，彼の氏名，肖像，写真又は声をそ

のように利用する個人，会社又は法人に対し，この州の高位裁判所にエクイティ上の訴訟を提起することができる．また，損害を受けたならば，損害賠償を訴求し，回復することができる（以下略）.」[185]

この法律は，広告又は営業の目的で，人の氏名，肖像等を無断で用いる行為を禁止するにとどまり，第4類型を取り扱ったものに過ぎないが，その後，極めて多数の判決を生み出すこととなった．

6.3 ペイブシック対ニュー・イングランド生命保険会社事件 (Pavesich v. New England Life Insurance Co.)[186]

本件は，アメリカの裁判所が初めてプライバシー権を正面から承認した判決である．

(1) 事案の概要

ある新聞が，アトランタ市で発行された．そこには，芸術家であるパオロ・ペイブシック (Paolo Pavesich) の写真が，友人や知人に容易に認識されるような形で，汚れた衣服を着けた病身らしい人物の写真と並べて掲載されていた．ペイブシックの写真の上には，「今すぐに！それをやった男はこうだ」と書かれ，他方の写真の上には，「あなたのなしうる間に！それをしなかった男はこうだ」と記された．2枚の写真の下には，「これらの2枚の写真は自らの話を伝えるものだ」とされ，さらにペイブシックの写真の下には，「私は健康で働いている時期に，ボストンのマサチューセッツにあるニュー・イングランド相互生命保険会社に加入し，今では家族が保護され，私は支払済み保険証券から毎年配当を受けている」という文句が書かれていた．他方の写真の下には，彼が保険に加入しなかった結果であり，今過ちに気づいたことが記されていた．それらの記述には「トーマス・B・ランプキン，総代理人」という記名が付されていた．ペイブシックは，同社の生命保険に加入した事実はなく，上記のような発言をしたこともなければ，写真の利用にも同意を与えていなかった．

公開によって，ペイブシックは，世間の笑い者にされたため，ニュー・イングランド社に対し，総額25,000ドルの損害賠償を求めた．アトランタ市の裁判所において，レイド裁判官 (Reid J.) は，ペイブシックの請求を棄却した．

(2) 判決要旨

ジョージア州最高裁判所（Supreme Court of Georgia）は，1905年3月3日，全員一致で原判決を破棄した．本件の争点は，①文書による名誉毀損，②プライバシー権違反であったが，主要な争点は②に絞られた．コブ裁判官（Cobb J.）は，①について，ペイブシックに陪審に付す権利を付与した．

②について，裁判官は，プライバシー権を承認した先例の不存在は決定的ではないこと，コモン・ローは，自然法及び公の利益（public good）に従い判断するであろうことを指摘し，次のように述べた．「プライバシー権は，その基礎を自然の本能の中に持つ．これは，直観的に認められるものであり，人間の意識こそが，その存在を確証するために呼び出される証人である．通常の状態の知性を備えた人は，社会の各構成員には私的な事柄があり，またその個人に関する限りでの公的な事柄があることを直ちに認識する．各個人は，公的な性質を有する彼の権利を取り消すことに本能的に怒りを抱くのと同じく，私的な性質を持つ権利を一般国民が侵害することに対して，本能的に怒るのである．したがって，純粋に私的な事柄におけるプライバシー権は，自然法に由来する」[187]．

プライバシー権は，「自然法に由来する権利であり，国内法の諸原則によって承認され，合衆国とジョージア州の憲法にいう，何人も正当な法の手続によらなければ自由を奪われてはならないと宣言する規定によって，この州の人々に対して保障される」．

また，裁判官は，公職候補者などの場合にプライバシー権が制限される場合はあるものの，権利の存在を否定する理由にはならないとし，プライバシー権の侵害は不法行為を構成すると述べた．

結論として，裁判官は，ある人物の写真を，他者の利益のために，無断で宣伝用に公開する行為は，プライバシー権を侵害すると判断し，「当裁判所は，卓越した有能な裁判官たちによって，かつては反対の見解が受け入れられていたことに，アメリカの裁判所が驚く日がやって来るであろうことを，思い切って予測する」と述べている．

(3) 検討

この判決は，伊藤正己『プライバシーの権利』（岩波書店，1963年）の中で紹

第3章　アメリカの判例法とプライバシー　　　193

介されており，「……ともかく，本件は，肖像の営利的利用という点で，事実としては純粋のプライバシーの権利の中心に位置する事案ではないが，財産権的構成をはなれて，明確に人格権の構成のうちにプライバシーの権利を承認した点で，画期的と評してよい判決である……ウォーレンとブランダイスの論文とならんで，プライバシーの権利の形成のための先駆者としての役割を果したものといってよいであろう」と評されている[188].

この判決の興味深い所は，伊藤博士が指摘するように，純粋のプライバシーの権利の中心に位置する事案ではないということである．事実関係から見れば，経済的権利の侵害と評価し得る事案であり，既存の財産権法理に依拠した判決を下すことは容易であったと考えられる．しかし，裁判所は，先例の存在しないところであえてプライバシー権を承認し，財産権から離れた自然法理論に根拠を求めるという難しい選択肢を採用した．アメリカのプライバシーに関する判例法が発展したのは，ウォーレン&ブランダイス論文の功績が大きいが，こうした大胆な判決の成果も重要な要因となっており，謙抑的なイギリスの判例法と比較する上で，参考になる事例である．

6.4　ザクチニー対スクリップス・ハワード放送社事件 (Zacchini v. Scripps-Howard Broadcasting Co.)[189]

時代はやや飛ぶが，この判決は，合衆国最高裁が「パブリシティ権」を不法行為上のプライバシー権の一種として位置づけ，その内容に言及した判決である．

ザクチニーは，人間弾丸 (human cannonball) を行う曲芸師であり，200フィート先のネットに向けて，大砲から撃たれるという芸当を持つ．実演時間は1回あたり15秒程度である．

ザクチニーは，オハイオ州バートンにあるギオーガ・カウンティ・フェア (Geauga County Fair) で，定期的に芸を行っていた．実演場所は柵を張られ，正面観覧席で囲まれていた．ところが，スクリップス社と自由契約を締結している記者が，小型の映像用カメラを携帯し，フェアに参加した．ザクチニーは，記者に対して，演技を録画しないように要請し，記者は一旦はそれに応じたが，番組プロデューサーの指示により，翌日再度フェアに参加し，ザクチニーの実演のすべてを収録した．収録されたものは約15秒の長さであり，その日のニュ

ース番組で，好意的な解説とともに放映された．ザクチニーは，本件フィルムの放映は職業上の財産を違法に盗用するものであるとして，スクリップス社に対して損害賠償を求める訴えを提起した．

　事実審は，スクリップ社に有利な判断を下したが，オハイオ州控訴裁判所は，この判決を覆した．しかし，オハイオ州最高裁判所は，控訴裁判所の判断を破棄した[190]．州最高裁は，ザクチニーのパブリシティ権を認めるも，前記タイム社対ヒル事件，ニューヨーク・タイムズ社対サリバン事件に依拠した上で，本件放送は修正第1条及び第14条によって優先されると判断している．合衆国最高裁判所は裁量上訴を認めた．

　合衆国最高裁判所[191]は，1977年6月28日，5対4の多数で[192]，州最高裁の判断を破棄・差し戻した．多数意見を述べたホワイト裁判官は，州最高裁がタイム社対ヒル事件に依拠したことから，それと本件を区別するため，「誤認」と「盗用」の違いを強調している．

　第1の違いとして，裁判官は，保護法益を挙げる．誤認の場合は名誉毀損と同じであり，パブリシティ権の場合は，特許権や著作権と類似すると指摘している．後者については，感情や評判ではなく，個人が自分の努力の報酬を手に入れる権利であるとしている．

　第2に，2つの不法行為がそれぞれ何を問題とするかについて，裁判官は，誤認の場合は，公表自体であるが，パブリシティ権の場合は，ザクチニーが差止めではなく損害賠償を求めていることからあらわれるように，公表を行う人物が問題であるとしている．

　なお，裁判官は，曲芸も重要なニュースでありうることを認めており，パブリシティ権を完全に修正第1条の制限の枠外に置いたわけではない．むしろ，著作権侵害の場合において，創作性ある作品のすべてが盗用されたときは，通常，「フェア・ユース」[193]の抗弁を主張することが許されないのと同様，修正第1条は，演技者の出し物すべてを取る行為を保護の対象外に置くという意味である[194]．

6.5　マルグレート対ハイ・ソサイエティ雑誌社事件 (Margret v. High Society Magazine, Inc.)[195]

　女優であるアン・マルグレート (Ann-Margret) は，1978年，「マジック」と

題する映画に出演し，大きく成功した．映画の中では，マルグレートが上半身
裸で登場するシーンが存在する．ハイ・ソサイエティ雑誌社は，「ハイ・ソサ
イエティ・セレブリティ・スキン」(High Society Celebrity Skin) と題する雑
誌の中で，マルグレートに無断で，「マジック」で使われた上記シーンの写真
を掲載した．

　マルグレートは，ハイ・ソサイエティ社を相手取って，ニューヨーク市民権
法第51条又はコモン・ローに基づき，プライバシー権及びパブリシティ権の侵
害に基づき訴訟を提起した．同社は，正式事実審理を経ないでなされる判決を
求めた．

　ニューヨーク州南地区合衆国地方裁判所 (United States District Court for the
Southern District of New York) は，1980年 8 月27日，ハイ・ソサイエティ社
の申立てを認め，マルグレートの請求を棄却した．

　ゴーテル裁判官 (Goettel J.) は，ニューヨーク市民権法第51条の適用は「公
的人物」との関係で狭く解釈されるとし，修正第 1 条に基づく言論及び出版の
自由は，プライバシー権に優越する旨を述べた．その上で，マルグレートが公
的人物であること，有名女優である彼女が裸体になって映画に出演することは，
公の関心事であること，既に一般上映されている映画のワンシーンを，改めて
写真に掲載したに過ぎないことを指摘し，請求を棄却した．

6.6　最近の判決

　パブリシティ権が問題となった最近の判決としては，ETW 社対ジーエイ出
版社事件 (ETW Corporation v. Jireh Publishing, Inc.)[196] が存在する．

　この事件は，世界的に有名なゴルファーであるエルドリック・タイガー・ウ
ッズ (Eldrick Tiger Woods) の肖像の利用が問題となったものである．ウッズ
は自らのパブリシティ権を ETW 社に委託し，ETW 社は，"TIGER
WOODS" という商標登録を保有している．芸術作品を出版するジーエイ出
版社は，ウッズを題材とした「ザ・マスターズ・オブ・オーガスタ」と題する
絵画を制作し，限定部数で出版した．ETW 社は，ジーエイ社を相手取ってオ
ハイオ州北部地区合衆国地方裁判所 (United States District Court for the North-
ern District of Ohio) に訴訟を提起し，ランハム法[197]違反，オハイオ州法違反，
コモン・ローに基づくウッズのパブリシティ権違反などを主張した．ジーエイ

社は反訴を提起し，ラッシュの作品は修正第1条により保護され，ランハム法には違反しないという宣言的判決を求めた．両者ともに正式事実審理を経ないでなされる判決を求めた．合衆国地裁は，ジーエイ社の主張を認めて ETW 社の請求を棄却した．ETW 社は，直ちに控訴を提起した．

第6巡回区合衆国控訴裁判所（United States Court of Appeals for the Sixth Circuit）は，2003年6月20日，地裁判決を支持した．判決は，芸術的表現の自由を優先させるに当たって，不正競争に関する第3次リステイトメントや，前記ザクチニー対スクリップス・ハワード放送社事件をはじめとする多数の先例を検討した上で，①商業的に価値のある身分を持つウッズは，プロゴルファーとしての活動によって相当額の収入を得ることができ，それはパブリシティ権と無関係であること，②パブリシティ権がなくとも，ウッズは，試合への出場やCM出演によって相当の金銭的報酬を得ることができること，③ウッズのパブリシティ権を認めれば，ラッシュが創造的事業から利益を得る権利を失わせることなどを指摘している．

(1) U.S. Const. amend. IV. 合衆国憲法の各条項の訳は，塚本重頼・長内了『全訂新版註解アメリカ憲法』（酒井書店，1983年）171頁以下を参考に，軽微な点を一部改訳した．解説は同頁以下．

(2) U.S. Const. amend. V.

(3) U.S. Const. amend. XIV, § 1.

(4) アメリカにおける「通信の秘密」の保障は，岡村久道・新保史生『電子ネットワークと個人情報保護：オンラインプライバシー法入門』（経済産業調査会，2002年）359-371頁に簡潔にまとめられている．また，詳しい内容は，新保史生『プライバシーの権利の生成と展開』（成文堂，2000年）195頁以下．

(5) Boyd v. United States, 116 U.S. 616 (1886). レクシス・ネクシス社の提供する Shepard's のサービスによれば，この判決は既に先例拘束性を失ったとの評価を受けている．

(6) ウェイト首席裁判官（Waite C.J.），ブラッチフォード裁判官（Blatchford J.），グレイ裁判官（Gray J.），ウッズ裁判官（Woods J.），ミラー裁判官（Miller J.），ブラッドレー裁判官（Bradley J.），マシューズ裁判官（Matthews J.），ハーラン裁判官（Harlan J.），フィールド裁判官（Field J.）．判決文に登場したのは，ブラッドレー裁判官，ミラー裁判官，首席裁判官であるが，ここでは9名すべてを挙げた．田中英夫編『英米法辞典』（東京大学出版会，1991年）970-971頁．

(7) Alan F. Westin, Privacy and Freedom 338-344 (1967).

第3章 アメリカの判例法とプライバシー 197

(8) Olmstead v. United States, 277 U.S. 438 (1928). 後述するカッツ対合衆国事件に
よって覆された. 解説は, 佐藤幸治「プライヴァシーの権利（その公法的側面）の憲法
論的考察（一）：比較法的検討」法学論叢第86巻第5号（1970年）39-43頁.

(9) Olmstead v. United States, 19 F.2d 842 (9th Cir. 1927).

(10) タフト首席裁判官（Taft C.J.）, バン・デバンター裁判官（Van Devanter J.）, ホ
ームズ裁判官（Holmes J.）, マクレイノルズ裁判官（McReynolds J.）, ブランダイス
裁判官（Brandeis J.）, バトラー裁判官（Butler J.）, サザーランド裁判官（Suther-
land J.）, サンフォード裁判官（Sanford J.）, ストーン裁判官（Stone J.）. 判決文に登
場したのは, タフト首席裁判官, ホームズ裁判官, ブランダイス裁判官, バトラー裁判
官, ストーン裁判官であったが, ここでは9名すべてを挙げた. 田中・前掲注(6)971頁.

(11) ホームズ裁判官, ブランダイス裁判官, バトラー裁判官, ストーン裁判官が反対.

(12) Communications Act of 1934, Pub. L. No. 73-416, 48 Stat. 1064 (codified as
amended at 47 U.S.C. § 151 *et seq.* (2007)).

(13) Nardone v. United States, 302 U.S. 379 (1937).

(14) Nardone v. United States, 308 U.S. 338 (1939). ナードン事件の解説は, 佐藤・
前掲注(8)45-51頁.

(15) Weiss v. United States, 308 U.S. 321 (1939).

(16) Goldman v. United States, 316 U.S. 129 (1942).

(17) 岡村・新保・前掲注(4)363-364頁.

(18) United States v. Goldman, 118 F.2d 310 (2d Cir. 1941).

(19) ストーン首席裁判官（Stone C.J.）, ロバーツ裁判官（Roberts J.）, ブラック裁判官
（Black J.）, リード裁判官（Reed J.）, フランクファーター裁判官（Frankfurter J.）, ダ
グラス裁判官（Douglas J.）, マーフィー裁判官（Murphy J.）, バーンズ裁判官
（Byrnes J.）, ジャクソン裁判官（Jackson J.）.

(20) マーフィー裁判官が反対. ジャクソン裁判官は本件の判断には加わらなかった.

(21) Silverman v. United States, 365 U.S. 505 (1961). 新保・前掲注(4)202-216頁.

(22) Katz v. United States, 389 U.S. 347 (1967). レクシス・ネクシス社の提供する
Shepard's のサービスによれば, この判決は既に先例拘束性を失ったとの評価を受けて
いるが, 近年の判決の中でも引用されている. カッツ事件の解説は, 佐藤幸治「プライ
ヴァシーの権利（その公法的側面）の憲法論的考察（二）：比較法的検討」法学論叢第
87巻第6号（1970年）16-19頁.

(23) Katz v. United States, 369 F.2d 130 (9th Cir. 1966).

(24) ウォーレン首席裁判官（Warren C.J.）, ブラック裁判官, ダグラス裁判官, ハーラ
ン裁判官, ブレナン裁判官（Brennan J.）, スチュワート裁判官（Stewart J.）, ホワイ
ト裁判官（White J.）, フォータス裁判官（Fortas J.）, マーシャル裁判官（Marshall
J.）.

(25) ブラック裁判官が反対. マーシャル裁判官は本件の判断に参加しなかった.

(26) Omnibus Crime Control and Safe Streets Act of 1968, Pub. L. No. 90-351, 82

Stat. 197（codified as amended in scattered sections of 5 U.S.C., 18 U.S.C. and 42 U.S.C.）.

(27) 18 U.S.C. §§ 2510-2520（2007）.

(28) 岡村・新保・前掲注(4)366頁.

(29) Mapp v. Ohio, 367 U.S. 643（1961）. 本件は，ウォーレン・コート（Warren Court）によって刑事司法に大きな影響を与えた判決でもある. 詳細は，酒巻匡「Mapp v. Ohio 違法な捜索・押収と証拠排除法則」『英米判例百選［第3版］』別冊ジュリスト第139号（1996年）112-113頁.

(30) Wolf v. Colorado, 338 U.S. 25（1949）. フランクファーター裁判官は，「警察による恣意的な侵入に対して，人のプライバシーを保護することは，修正第4条の中核をなすものであって，自由な社会にとって基本である. またそれゆえに，それは，秩序ある自由の概念に内在している. そして，そのようなものとして，適正手続条項を通じて，州に対する権利行使が可能である」と判示しながらも，不正な捜索押収によって得られた証拠排除を認めなかった.

(31) ウォーレン首席裁判官，ブラック裁判官，フランクファーター裁判官，ダグラス裁判官，クラーク裁判官（Clark J.），ハーラン裁判官，ブレナン裁判官，ホイッタカー裁判官（Whittaker J.），スチュワート裁判官.

(32) ハーラン裁判官，フランクファーター裁判官，ホイッタカー裁判官が反対.

(33) Weeks v. United States, 232 U.S. 383（1914）.

(34) Stanley v. Georgia, 394 U.S. 557（1969）.

(35) Stanley v. State, 161 S.E.2d 309（Ga. 1968）.

(36) ウォーレン首席裁判官，ブラック裁判官，ダグラス裁判官，ハーラン裁判官，ブレナン裁判官，スチュワート裁判官，ホワイト裁判官，フォータス裁判官，マーシャル裁判官.

(37) Hudson v. Palmer, 468 U.S. 517（1984）.

(38) 重要な事実について，genuine issue（真正な争点）がなく，法律問題だけで判決できる場合に，申立てによりなされる判決. 陪審の審理を経ない点に大きな意味がある. 田中・前掲注(6)826頁.

(39) Palmer v. Hudson, 697 F.2d 1220（4th Cir. 1983）.

(40) バーガー首席裁判官（Burger C.J.），ホワイト裁判官，パウエル裁判官（Powell J.），レーンキスト裁判官（Rehnquist J.），オコナー裁判官（O'Connor J.），ブレナン裁判官，マーシャル裁判官，ブラックマン裁判官（Blackmun J.），スティーブンス裁判官（Stevens J.）.

(41) スティーブンス裁判官が一部反対.

(42) Bond v. United States, 529 U.S. 334（2000）.

(43) United States v. Bond, 167 F.3d 225（5th Cir. 1999）.

(44) レーンキスト首席裁判官，スティーブンス裁判官，オコナー裁判官，ケネディ裁判官（Kennedy J.），スーター裁判官（Souter J.），トーマス裁判官（Thomas J.），ギンス

第3章 アメリカの判例法とプライバシー 199

バーグ裁判官 (Ginsburg J.)，ブレイヤー裁判官 (Breyer J.)，スカリア裁判官 (Scalia J.).

(45) ブレイヤー裁判官，スカリア裁判官が反対.

(46) Kyllo v. United States, 533 U.S. 27 (2001).

(47) United States v. Kyllo, 190 F.3d 1041 (9th Cir. 1999).

(48) レーンキスト首席裁判官，スカリア裁判官，スーター裁判官，トーマス裁判官，ギンスバーグ裁判官，ブレイヤー裁判官，スティーブンス裁判官，オコナー裁判官，ケネディ裁判官.

(49) スティーブンス裁判官，レーンキスト首席裁判官，オコナー裁判官，ケネディ裁判官が反対.

(50) Georgia v. Randolph, 126 S.Ct. 1515 (2006).

(51) Randolph v. State, 590 S.E.2d 834 (Ga. Ct.App. 2003).

(52) State v. Randolph, 604 S.E.2d 835 (Ga. 2004).

(53) ロバーツ首席裁判官，スーター裁判官，スティーブンス裁判官，ケネディ裁判官，ギンスバーグ裁判官，ブレイヤー裁判官，スカリア裁判官，トーマス裁判官，アリト裁判官 (Alito J.).

(54) ロバーツ裁判官，スカリア裁判官，トーマス裁判官が反対意見. アリト裁判官は判決に参加しなかった.

(55) Wilson v. Layne, 526 U.S. 603 (1999).

(56) Minnesota v. Carter, 525 U.S. 83 (1998).

(57) Miller v. United States, 357 U.S. 301 (1958).

(58) 新保・前掲注(4)135頁以下が詳しい.

(59) 自己決定権に関しては種々の議論がなされているが，本書では，「一定の私事に関して，あるいは，他人の権利を害したり公共の福祉に反したりしないかぎりにおいて，他者から干渉されることなく，自分のことを自分で決める権利」という意味で用いることにする. 佐藤幸治ほか編『コンサイス法律学用語辞典』（三省堂，2003年）869頁.

(60) Meyer v. Nebraska, 262 U.S. 390 (1923). レクシス・ネクシス社の提供するShepard's のサービスによれば，この判決は既に先例拘束性を失ったとの評価を受けている.

(61) タフト首席裁判官，バン・デバンター裁判官，ホームズ裁判官，マクレイノルズ裁判官，ブランダイス裁判官，バトラー裁判官，サザーランド裁判官，サンフォード裁判官，マッククナ裁判官 (McKenna J.). 判決文に登場したのは，マクレイノルズ裁判官，ホームズ裁判官，サザーランド裁判官であったが，本書ではすべての裁判官の名前を挙げた. 田中・前掲注(6)971頁.

(62) NAACP v. Alabama, 357 U.S. 449 (1958). レクシス・ネクシス社の提供するShepard's のサービスによれば，この判決は既に先例拘束性を失ったとの評価を受けている.

(63) NAACP v. Alabama, 91 So.2d 214 (Ala. 1956).

(64) ウォーレン首席裁判官，ブラック裁判官，フランクファーター裁判官，ダグラス裁判官，バートン裁判官 (Burton J.)，クラーク裁判官，ハーラン裁判官，ブレナン裁判官，ホイッタカー裁判官．

(65) Griswold v. Connecticut, 381 U.S. 479 (1965).

(66) 堀部政男『現代のプライバシー』（岩波新書，1980年）43-48頁，榎原猛編著『プライバシー権の総合的研究』（法律文化社，1991年）21-22頁，新保・前掲注(4)60-64頁．

(67) Griswold v. Connecticut, 200 A.2d 479 (Conn. 1964).

(68) ウォーレン首席裁判官，ブラック裁判官，ダグラス裁判官，クラーク裁判官，ハーラン裁判官，ブレナン裁判官，スチュワート裁判官，ホワイト裁判官，ゴールドバーグ裁判官 (Goldberg J.).

(69) ブラック裁判官及びスチュワート裁判官が反対．

(70) 新保・前掲注(4)60-64頁，及び，堀部・前掲注(66)44頁を参考に，一部改訳した．

(71) Pierce v. Society of Sisters, 268 U.S. 510 (1925).

(72) *Supra* note (60).

(73) Boyd v. United States, 116 U.S. 616 (1886).

(74) 田中・前掲注(6)632頁．

(75) Loving v. Virginia, 388 U.S. 1 (1967).

(76) Loving v. Virginia, 147 S.E.2d 78 (Va. 1966).

(77) ウォーレン首席裁判官，ブラック裁判官，ダグラス裁判官，クラーク裁判官，ハーラン裁判官，ブレナン裁判官，スチュワート裁判官，ホワイト裁判官，フォータス裁判官．

(78) Roe v. Wade, 410 U.S. 113 (1973).

(79) 匿名の事件当事者の名前である．ジョン・ドウ (John Doe) は，仮装ないし架空の原告に付けられた名前である．仮装ないし架空の被告には Richard Roe（リチャード・ロウ）が用いられた．アメリカでは，Jane Doe, Baby Girl Doe, Paul and Pauline Doe などともに，匿名の事件当事者の名前として今日でも使われている．田中・前掲注(6)270頁-271頁．

(80) Roe v. Wade, 314 F.Supp. 1217 (N.D.Tex. 1970).

(81) バーガー首席裁判官，ブラックマン裁判官，ダグラス裁判官，ブレナン裁判官，スチュワート裁判官，マーシャル裁判官，パウエル裁判官，ホワイト裁判官，レーンキスト裁判官．

(82) ホワイト裁判官とレーンキスト裁判官が反対．

(83) Roe v. Wade, 410 U.S. 959 (1973).

(84) Bowers v. Hardwick, 478 U.S. 186 (1986).

(85) Lawrence v. Texas, 539 U.S. 558 (2003).

(86) バーガー首席裁判官，ホワイト裁判官，パウエル裁判官，レーンキスト裁判官，オコナー裁判官，ブラックマン裁判官，スティーブンス裁判官，ブレナン裁判官，マーシャル裁判官．

第3章　アメリカの判例法とプライバシー　　201

(87)　スティーブンス裁判官，ブレナン裁判官，マーシャル裁判官が反対．

(88)　レーンキスト首席裁判官，ケネディ裁判官，スティーブンス裁判官，スーター裁判官，ギンスバーグ裁判官，ブレイヤー裁判官，オコナー裁判官，スカリア裁判官，トーマス裁判官．

(89)　レーンキスト首席裁判官，トーマス裁判官，スカリア裁判官が反対．

(90)　U.S. Const. amend. I.

(91)　Whalen v. Roe, 429 U.S. 589 (1977).

(92)　N.Y. Pub. Health Law § 3300 (McKinney, Supp. 1976-1977).

(93)　Roe v. Ingraham, 403 F.Supp. 931 (S.D.N.Y. 1975).

(94)　バーガー首席裁判官，ブレナン裁判官，スチュワート裁判官，ホワイト裁判官，マーシャル裁判官，ブラックマン裁判官，パウエル裁判官，レーンキスト裁判官，スティーブンス．

(95)　Nixon v. Administrator of General Services, 433 U.S. 425 (1977).

(96)　44 U.S.C. § 2107 (2007).

(97)　Doe v. City of New York Commission on Human Rights, 15 F.3d 264 (2d Cir. 1994).

(98)　42 U.S.C. § 1983 (2007).

(99)　グリーサ裁判官 (Griesa J.).

(100)　オークス裁判官 (Oakes J.), キアース裁判官 (Kearse J.), アルティマリ裁判官 (Altimari J.).

(101)　Scheetz v. Morning Call, Inc., 946 F.2d 202 (3d Cir. 1991).

(102)　U.S. Const. amend. I. 塚本・長内・前掲注(1)157頁の訳を参考に，軽微な点を一部改訳した．解説は同頁以下．

(103)　William L. Prosser, *Privacy*, 48 Cal. L. Rev. 383 (1960). 伊藤正己『プライバシーの権利』（岩波書店，1963年）は，プロッサーのこの論文をもとに体系的にまとめられた初の書籍である．また，プロッサーの論文については，堀部・前掲注(66)32-38頁を参照．

(104)　堀部・前掲注(66)31-32頁．

(105)　*Lord Byron v. Johnston* (1816) 2 Mer. 29.

(106)　Restatement (Second) of Torts §§ 652A-652I (1977).

(107)　Edward J. Bloustein, *Privacy as an Aspect of Human Dignity: An Answer to Dean Prosser*, 39 N.Y.U.L. Rev. 962 (1964).

(108)　De May v. Roberts, 9 N.W. 146 (Mich. 1881).

(109)　末延三次「英米法における秘密の保護」戒能通孝・伊藤正己編著『プライヴァシー研究』（日本評論新社，1962年）84頁を参考に，一部改訳した．

(110)　Pearson v. Dodd, 410 F.2d 701 (D.C. Cir. 1969), *cert. denied*, 395 U.S. 947 (1969).

(111)　Dodd v. Pearson, 279 F.Supp. 101, 102 (D.D.C. 1968).

(112) ライト裁判官（Wright J.），タム裁判官（Tamm J.），ロビンソン裁判官（Robinson J.）.

(113) 2 RODNEY A. SMOLLA, SMOLLA AND NIMMER ON FREEDOM OF SPEECH 24-12-24-16（1998）.

(114) Dietemann v. Time, Inc., 449 F.2d 245（9th Cir. 1971）.

(115) Dietemann v. Time, Inc., 284 F.Supp. 925（C.D. Cal. 1968）.

(116) カーター裁判官（Carter J.），ハステドラー裁判官（Hufstedler J.），フォン・デア・ハイト裁判官（Von Der Heydt J.）.

(117) カーター裁判官が一部反対.

(118) Galella v. Onassis, 487 F.2d 986（2d Cir. 1973）.

(119) Miller v. NBC., 232 Cal. Rptr. 668（Ct. App. 1986）.

(120) Bartnicki v. Vopper, 532 U.S. 514（2001）.

(121) 18 U.S.C. §§ 2510-2520（2007）.

(122) レーンキスト首席裁判官，スティーブンス裁判官，オコナー裁判官，ケネディ裁判官，スーター裁判官，ギンスバーグ裁判官，ブレイヤー裁判官，スカリア裁判官，トーマス裁判官.

(123) レーンキスト裁判官，スカリア裁判官，トーマス裁判官が反対.

(124) Melvin v. Reid, 297 P. 91（Cal. Ct. App. 1931），邦訳は，伊藤正己編「プライヴァシーに関するアメリカの判例」戒能・伊藤・前掲注(109)225-227頁を参考に，一部改訳した．堀部・前掲注(66)28-31頁.

(125) マークス裁判官（Marks J.），バーナード裁判長（Barnard P.J.），ジェニングス裁判官（Jennings J.）.

(126) プライバシー権は，1860年のロージャーナルに掲載された論文で，初めて論じられたが，裁判所の注目は集められなかったとのことである.

(127) より詳しくは，伊藤・前掲注(103)43-46，66，68，108頁参照.

(128) Sidis v. F-R Pub. Corp., 113 F.2d 806（2d Cir. 1940）．伊藤・前掲注(103)234-237頁.

(129) この広告については，ニューヨーク州法違反のみが問題となった.

(130) Sidis v. F-R Pub. Corp., 34 F. Supp. 19（S.D.N.Y. 1938）.

(131) スワン裁判官（Swan J.），クラーク裁判官（Clark J.），パターソン裁判官（Patterson J.）.

(132) 裁量上訴も退けられた．Sidis v. F-R Pub. Corp, 311 U.S. 711（1940）.

(133) Gill v. Hearst Publishing Co., 253 P.2d 441（Cal. 1953）.

(134) ギブソン首席裁判官（Gibson C.J.），スペンス裁判官（Spence J.），シェンク裁判官（Shenk J.），エドモンズ裁判官（Edmonds J.），トレイナー裁判官（Traynor J.），シャウアー裁判官（Schauer J.），カーター裁判官（Carter J.）.

(135) Cox Broadcasting Corp. v. Cohn, 420 U.S. 469（1975）.

(136) バーガー首席裁判官，ホワイト裁判官，ブレナン裁判官，スチュワート裁判官，

第3章　アメリカの判例法とプライバシー　　　203

マーシャル裁判官，ブラックマン裁判官，パウエル裁判官，ダグラス裁判官，レーンキスト裁判官．

(137)　レーンキスト裁判官が反対．

(138)　Smith v. Daily Mail Publishing Co., 443 U.S. 97 (1979).

(139)　Florida Star v. B.J.F., 491 U.S. 524 (1989).

(140)　Florida Star v. B.J.F., 499 So.2d 883 (Fla. Dist. Ct. App. 1986).

(141)　Florida Star v. B.J.F., 509 So.2d 1117 (Fla. 1987).

(142)　レーンキスト首席裁判官，マーシャル裁判官，ブレナン裁判官，ブラックマン裁判官，スティーブンス裁判官，ケネディ裁判官，スカリア裁判官，ホワイト裁判官，オコナー裁判官．

(143)　ホワイト裁判官，レーンキスト裁判官，オコナー裁判官が反対．スカリア裁判官は一部賛成，一部反対し，結論には賛成した．

(144)　Gates v. Discovery Communications, Inc., 101 P.3d 552 (Cal. 2004).

(145)　竹田稔『プライバシー侵害と民事責任』（判例時報社，1991年）98頁．

(146)　*See, e.g.*, Botts v. New York Times Co., 2003 U.S. Dist. LEXIS 23785 (D.N.J. 2003), *aff'd*, 106 F.App'x 109 (3d Cir. 2004); Schivarelli v. CBS, Inc., 333 Ill.App. 3d 755 (Ill. App. Ct. 2002); Howard v. Antilla, 294 F.3d 244 (1st Cir. 2002); Salamone v. Chicago Sun-Times, Inc., 347 Ill. App. 3d 837 (2004).

(147)　Gina Angie Lee, *The Intersection of the Rights to Privacy and of a Free Press: Can They Co-Exist?*, 1 ISJLP 441, 458-459 (2005).

(148)　RESTATEMENT (SECOND) OF TORTS § 652E (1977).

(149)　New York Times Co. v. Sullivan, 376 U.S. 254 (1964). 堀部政男「New York Times Co. v. Sullivan 名誉毀損と表現の自由」前掲注(29)50頁．

(150)　Time, Inc. v. Hill, 385 U.S. 374 (1967); Florida Star v. B.J.F., 491 U.S. 524 (1989); Bartnicki v. Vopper, 532 U.S. 514 (2001).

(151)　New York Times Co. v. Sullivan, 144 So.2d 25 (Ala. 1962).

(152)　ウォーレン首席裁判官，ブラック裁判官，ダグラス裁判官，クラーク裁判官，ハーラン裁判官，ブレナン裁判官，スチュワート裁判官，ホワイト裁判官，ゴールドバーグ裁判官．

(153)　Time, Inc. v. Hill, 385 U.S. 374 (1967). 西川理恵子「Time, Inc. v. Hill 民事上のプライヴァシーの権利の侵害」前掲注(29)192-193頁．

(154)　Hill v. Hayes, 240 N.Y.S.2d 286 (App. Div. 1963).

(155)　Hill v. Hayes, 260 N.Y.S.2d 7 (1965).

(156)　ウォーレン首席裁判官，ブラック裁判官，ダグラス裁判官，クラーク裁判官，ハーラン裁判官，ブレナン裁判官，スチュワート裁判官，ホワイト裁判官，フォータス裁判官．

(157)　フォータス裁判官，ウォーレン裁判官，クラーク裁判官．

(158)　ハーラン裁判官．

(159) Spahn v. Julian Messner, Inc., 18 N.Y.2d 324 (1966).

(160) Cantrell v. Forest City Publishing Co., 419 U.S. 245 (1974).

(161) Cantrell v. Forest City Publishing Co., 484 F.2d 150 (6th Cir. 1973).

(162) バーガー首席裁判官，スチュワート裁判官，ブレナン裁判官，ホワイト裁判官，マーシャル裁判官，ブラックマン裁判官，パウエル裁判官，レーンキスト裁判官，ダグラス裁判官．

(163) 反対意見はダグラス裁判官．

(164) Rosenblatt v. Baer, 383 U.S. 75 (1966).

(165) Curtis Publishing Co. v. Butts, 388 U.S. 130 (1967).

(166) Rosenbloom v. Metromedia, Inc. 403 U.S. 29 (1971).

(167) Gertz v. Robert Welch, Inc. 418 U.S. 323 (1974).

(168) Dun & Bradstreet, Inc. v. Greenmoss Builders, Inc., 472 U.S. 749 (1985).

(169) Harris v. Seattle, 315 F. Supp. 2d 1112 (W.D. Wash. 2004), *aff'd*, 152 F. App'x 565 (9th Cir. 2005).

(170) 2 RODNEY A. SMOLLA, SMOLLA AND NIMMER ON FREEDOM OF SPEECH 24-1-24-38 (1998).

(171) Lee, *supra* note (147), at 462-463.

(172) RESTATEMENT (THIRD) OF UNFAIR COMPETITION §§ 46-49 (1995).

(173) 第48条は差止め，第49条は金銭賠償を定める．

(174) *Photographed in Tights*, N.Y. TIMES, June 15, 1890, at 2, col. 3; *Manola Gets an Injunction*, N.Y. TIMES, June 18, 1890, at 3, col. 2; *Miss Manola Seeks an Injunction*, N.Y. TIMES, Jun. 21, 1890, at 2, col. 2 (N.Y. Sup.Ct. 1890). 本件は，判例集未登載であるが，ウォーレン&ブランダイス論文のほか，外間寛訳「プライバシーの権利」戒能・伊藤・前掲注(109) 7頁を参照．

(175) キャッスル・イン・ザ・エアー社（"Castle in the Air" Company）の経営者であり，ブロードウェイ劇場で芝居を上演している．

(176) 写真家である．

(177) Roberson v. Rochester Folding Box Co., 64 N.E. 442 (N.Y. 1902). 伊藤正己編「プライヴァシーに関するアメリカの判例」戒能・伊藤・前掲注(109)207頁以下．

(178) 被告の1人である．

(179) Roberson v. Rochester Folding Box Co., 71 N.Y.S. 876 (App. Div. 1901).

(180) パーカー首席裁判官（Parker C.J.），オブライエン裁判官（O'Brien J.），カーラム裁判官（Cullen J.），ヴァーナー裁判官（Werner J.），グレイ裁判官（Gray J.），バートレット裁判官（Bartlett J.），ハイト裁判官（Haight J.）．

(181) グレイ裁判官，バートレット裁判官，ハイト裁判官は反対．

(182) 伊藤正己編「プライヴァシーに関するアメリカの判例」戒能・伊藤・前掲注(109) 212-213頁．

(183) Denis O'Brien, *The Right of Privacy*, 2 COLUM. L. REV. 437 (1902).

第3章　アメリカの判例法とプライバシー　　205

(184)　New York Civil Rights Law § 50（2007）.

(185)　*Id*. § 51.

(186)　Pavesich v. New England Life Insurance Co., 50 S.E. 68（Ga. 1905）.

(187)　伊藤・前掲注(103)65〜66頁を参考に，一部改訳した．判決は，自然法に由来する
　　　というこの考えを，ローマ時代の司法の考え方に包含されるとしている．

(188)　伊藤・前掲注(103)42，65，114頁．

(189)　Zacchini v. Scripps-Howard Broadcasting Co., 433 U.S. 562（1977）.

(190)　Zacchini v. Scripps-Howard Broadcasting Co., 351 N.E.2d 454（Ohio 1976）.

(191)　バーガー首席裁判官，ブレナン裁判官，スチュワート裁判官，ホワイト裁判官，
　　　マーシャル裁判官，ブラックマン裁判官，パウエル裁判官，レーンキスト裁判官，ス
　　　ティーブンス裁判官．

(192)　反対意見は，パウエル裁判官，ブレナン裁判官，マーシャル裁判官，スティーブ
　　　ンス裁判官．

(193)　フェア・ユースの理論（公正使用の理論）とは，著作権の排他性を制限するため，
　　　著作権のある著作物の無許諾利用を，一定の条件のもとに適法とするアメリカにおいて
　　　判例法上確立された理論をいう．田中・前掲注(6)331頁より．

(194)　RODNEY, *supra* note（113），at 24-8.

(195)　Margret v. High Society Magazine, Inc., 498 F.Supp. 401（S.D.N.Y. 1980）.

(196)　ETW Corp. v. Jireh Publishing Inc., 332 F.3d 915（6th Cir. 2003）.

(197)　この事件で争われたのは，合衆国法律集第15編第1114条，同第1125条(a)項，同第
　　　1125条(c)項であった．15 U.S.C. §§ 1114, 1125(a), (c)（2007）.

第4章 日本におけるプライバシー・個人情報を めぐる判例の展開

第1節 プライバシー権承認判決登場期（1960年代以降）[1]

　堀部政男教授によれば，プライバシー・個人情報保護をめぐる判例の展開について，次のような時期区分がなされている[2]．

　　プライバシー権承認判決登場期（1960年代以降）
　　プライバシー・個人情報関係判例蓄積期（1980年代以降）
　　プライバシー・個人情報関係判例の発展期（1990年代以降）
　　プライバシー・個人情報関係判例の拡大期（1999年以降）

　そこで，本書でも，この時期区分に則って，日本における判例の展開を見ることとしたい．

1　研究業績の恩恵

　日本におけるプライバシー論議は，英米法の代表的研究者によって，1930年代半ばから始められた．日本人がプライバシーに注目するようになったのは1950年代半ばに入ってからであり，1964年に『宴のあと』事件の東京地裁判決が下されて以降，論議は盛り上がりを見せるようになった．1960年代といえば，イギリスやアメリカでは既に多数の訴訟が提起されており，日本は，かなりの遅れを取ったということになる．イギリスではプライバシー権を正面からは承認せず，権利を承認したアメリカでさえ，当初は権利の本質をどのように理解し，どこに根拠を求めるかについて，苦労を味わってきた．しかし，日本の裁判所は，このような開拓者の苦しみを味わうことなく，プライバシーを人格権

ないしは人格的利益に位置づけ，名誉その他の法益からは独立した地位を当初から承認した．それは，戦前から始められた英米法の研究成果によるところが大きい．そこで，戦前から1970年代頃までの代表的な研究業績を簡単に紹介することとする[3]．

日本におけるプライバシー研究は，末延三次東京大学教授（当時）に始まったと言ってよい．末延教授は，1935年の『法学協会雑誌』（東京大学法学研究室内にある財団法人法学協会が発行している雑誌）に，「英米法に於ける秘密の保護──いはゆる Right to Privacy について──」という論文を発表した[4]．この論文は，イギリスとアメリカにおける具体的な事件の検討を通じて，秘密権（プライバシー権）の生成と展開を跡付けている．しかし，日本人がプライバシーに注目するようになったのは，1950年代半ばに至ってからである．

『小繋事件』[5]などの著者として知られる戒能通孝東京都立大学教授（当時）は，1955年11月，「人格権と権利侵害の類型化」[6]という論文を，1956年には，「新聞と人権」[7]という論文を，それぞれ発表した．その後，戒能教授はプライバシー問題に積極的に取り組むようになり，1959年には，「プライヴァシィ権とその保障」[8]を書くとともに，法律時報の1959年5月号には，プライバシーに関する特集として，「プライヴァシーの法理─官憲とマス・メディアの侵害を中心に」を組んでいる．法律時報の特集には，多彩な論文が収められているが，これが，プライバシーという観念を法学界に普及させるのに大きな役割を果たした．1950年代には，戦後再び勢力を拡大した官憲や日本国憲法で表現の自由を保障されるようになったマス・メディアによる無責任なプライバシー侵害が増大してきたために，法学界においては，プライバシー権という新たな権利概念を導入して，それに対抗しなければならなくなった．そのような意識が，1950年代の理論には反映している，と評されている[9]．

1960年代には，末延教授，戒能教授に次ぐ代表的な英米法学者である伊藤正己東京大学教授（当時）によって，貴重な研究成果が発表される．伊藤教授は，1962年，前記末延論文「英米法における秘密の保護」（ここでは「於」ではなく平仮名が使われている）を含めた，戒能通孝・伊藤正己編著『プライヴァシー研究』（日本評論新社）を発表し，1963年には，『プライバシーの権利』（岩波書店）をそれぞれ発表した．後者の書籍には，プライバシー権と当時の社会，プ

第4章　日本におけるプライバシー・個人情報をめぐる判例の展開　　209

ライバシー権の成立，その理論的基礎，プロッサーの4類型に基づく様々な判決，プライバシー権の限界がまとめられている．

　他方，憲法の観点からプライバシー権を捉えた著名な先行研究としては，京都大学法学部教授を長年務めた後，現在は近畿大学法学部教授である佐藤幸治氏の「プライヴァシーの権利（その公法的側面）の憲法論的考察（一）（二）」[10]が存在する．この論文は，アメリカの判例理論を中心に，プライバシー権の概念と憲法上の地位，権利の性質などを詳しく紹介したものである．佐藤教授は，プライバシー権の内容を「自己に対する情報をコントロールする権利」とし，それによって実現しようとする利益あるいは価値は「個人の尊厳」であり，現代社会は直接・間接に私的生活領域を脅かし，このような権利を特に取り上げて論じなければならない状況を生み出していることを主張した．また，教授は，憲法第13条は，個人の人格の自由な発展にとって必要な権利を包括的に保障しており，それによってプライバシーの権利が憲法的に根拠付けられる，としている[11]．

　日本におけるプライバシー論議は，以上の諸研究を礎として，また，これから紹介する『宴のあと』事件判決によって，盛り上がりを見せるようになった．

2　1960年代〜1970年代

2.1　『宴のあと』事件[12]

　『宴のあと』事件は，わが国において，初めてプライバシー権を正面から取り扱った重要判決である．この判決は，プライバシー権の性質，表現の自由との衡量，公人のプライバシー等の重要論点にも触れており，後の判決に大きな影響を与えたことから，やや詳しく紹介する．

(1)　事案の概要

　小説家である被告平岡公威（ペンネーム二島由紀夫）は，雑誌『中央公論』の1960年1月号から10月号にかけて，『宴のあと』と題する小説を連載した．この小説は，「野口雄賢」及び「福沢かづ」を登場人物としているが，それぞれの描写は，原告有田八郎及びその前妻畔上輝井をモデルとしたものであった．具体的には，原告有田及び畔上の略歴，原告有田が東京都知事選に立候補して落選したこと，畔上が「般若苑」の経営者であって原告有田の選挙に尽力した

こと，畔上が「般若苑」を売却しようとして果たさなかったこと，畔上の経歴
や行状を誹謗した怪文書が出回ったこと，落選後に原告有田と畔上は離婚し，
畔上は「般若苑」を再開したことなどが，野口及び福沢に関する事柄として描
写されていた。

　また，『宴のあと』が刊行された時期は，有田が出馬した東京都知事選から
約１年程度しか経過しておらず，選挙の頃に生じた原告有田及び畔上をめぐる
様々な出来事は，社会的な関心を集めていた。

　原告有田は，中央公論誌上での『宴のあと』の連載には不快感を覚えたが，
結末に近い段階に入ってから連載の中止を申し入れても容れられる望みはなく，
人の噂も長くは続かないと考えたことから，連載にはあえて抗議を申し入れな
かった。しかし，原告有田は，その後，単行本化の話を耳にしたため，中央公
論社に対して，出版中止を申し入れた。中央公論社は，この申入れを受けて被
告平岡と話し合いを行ったが，物別れに終わった。そこで，被告平岡は被告新
潮社に話を持ちかけ，同社から単行本を出版することにした。これを知った原
告有田は，被告新潮社にも出版見合わせの申し入れを行ったが，同社はこの要
請を聞き入れず，むしろ積極的にモデル小説であることを謳い，1960年11月以
降，単行本として出版した。

　原告有田は，被告平岡及び同新潮社らを相手取って，謝罪広告と100万円の
損害賠償を求めて訴えを提起した。

(2)　判決要旨

　東京地方裁判所は，1964年９月28日，被告らに対して連帯して80万円の慰謝
料の支払いを命じた。その余の謝罪広告等の請求については，私生活（私事）
がみだりに公開された場合の原状回復は不可能であるとして棄却した。各争点
についての判断は次のとおりである。

　まず，判決は，「野口雄賢」及び「福沢かづ」が原告及び畔上輝井をモデル
にしたことを一般の読者に十分に察知させることができ，刊行時期及び社会的
状況に鑑みて，世人の記憶に生々しい事件を小説の筋立に全面的に使用したこ
とから，一般の読者が小説のモデルを察知し易いことは原告の実名を挙げた場
合とそれほど大差ないと述べ，本件小説がモデル小説であることを認定した。

　その上で，判決は，小説のモデルとプライバシーについて，次のように認定

第4章　日本におけるプライバシー・個人情報をめぐる判例の展開　　211

し，本件小説が有田のプライバシー権を侵害すると判断した．

　「このようにモデル小説におけるプライバシーは小説の主人公の私生活の描写がモデルの私生活を敷き写しにした場合に問題となるのはもちろんであるが，そればかりでなく，たとえ小説の叙述が作家のフィクションであったとしてもそれが事実すなわちモデルの私生活を写したものではないかと多くの読者をして想像をめぐらせるところに純粋な小説としての興味以外のモデル的興味というものが発生し，モデル小説のプライバシーという問題を生むものであるといえよう」．

　「しかし近代法の根本理念の1つであり，また日本国憲法のよって立つところでもある個人の尊厳という思想は，相互の人格が尊重され，不当な干渉から自我が保護されることによってはじめて確実なものとなるのであって，そのためには，正当な理由がなく他人の私事を公開することが許されてはならないことは言うまでもないところである．このことの片鱗はすでに成文法上にも明示されているところであって〔筆者注──軽犯罪法第1条第1項第23号の他人の住居の覗き見，民法第235条第1項の相隣地の観望，刑法第133条の信書開披罪（現在は信書開封罪）などが挙げられている〕……ここに挙げたような成文法規の存在と前述したように私事をみだりに公開されないという保障が，今日のマスコミュニケーションの発達した社会では個人の尊厳を保ち幸福の追求を保障するうえにおいて必要不可欠なものであるとみられるに至っていることとを合わせ考えるならば，その尊重はもはや単に倫理的に要請されるにとどまらず，不法な侵害に対しては法的救済が与えられるまでに高められた人格的な利益であると考えるのが正当であり，それはいわゆる人格権に包摂されるものではあるけれども，なおこれを1つの権利と呼ぶことを妨げるものではないと解するのが相当である．

　右に判断したように，いわゆるプライバシー権は私生活をみだりに公開されないという法的保障ないし権利として理解されるから，その侵害に対しては侵害行為の差し止めや精神的苦痛に因る損害賠償請求権が認められるべきものであり，民法709条はこのような侵害行為もなお不法行為として評価されるべきことを規定しているものと解釈するのが正当である．

　そしてここにいうような私生活の公開とは，公開されたところが必ずしもす

べて真実でなければならないものではなく，一般の人が公開された内容をもっ
て当該私人の私生活であると誤認しても不合理でない程度に真実らしく受け取
られるものであれば，それはなおプライバシーの侵害としてとらえることがで
きるものと解すべきである」．

　「そうであれば，右に論じた趣旨でのプライバシーの侵害に対し法的な救済
が与えられるためには，公開された内容が(イ)私生活上の事実または私生活上の
事実らしく受け取られるおそれのあることがらであること，(ロ)一般人の感受性
を基準にして当該私人の立場に立った場合公開を欲しないであろうと認められ
ることがらであること，換言すれば一般人の感覚を基準として公開されること
によって心理的な負担，不安を覚えるであろうと認められることがらであるこ
と，(ハ)一般の人々に未だ知られていないことがらであることを必要とし，この
ような公開によって当該私人が実際に不快，不安の念を覚えたことを必要とす
るが，公開されたところが当該私人の名誉，信用というような他の法益を侵害
するものであることを要しないのは言うまでもない．すでに論じたようにプラ
イバシーはこれらの法益とはその内容を異にするものだからである」．

　また，本件では，違法性阻却事由として，①文学作品とプライバシー，②表
現の自由とプライバシー，③公人のプライバシーが問題となった．判決は，①
については，プライバシーの価値と芸術的価値の基準は全く異質であるとして
被告の主張を退け，②については，次のように判示した．

　「もちろん小説を発表し，刊行する行為についても憲法21条1項の保障があ
ることはその主張のとおりであるが，元来，言論，表現等の自由の保障とプラ
イバシーの保障とは一般的にはいずれが優先するという性質のものではなく，
言論，表現等は他の法益すなわち名誉，信用などを侵害しないかぎりでその自
由が保障されているものである．このことはプライバシーとの関係でも同様で
あるが，ただ公共の秩序，利害に直接関係のある事柄の場合とか社会的に著名
な存在である場合には，ことがらの公的性格から一定の合理的な限界内で私生
活の側面でも報道，論評等が許されるにとどまり，たとえ報道の対象が公人，
公職の候補者であっても，無差別，無制限に私生活を公開することが許される
わけではない」．

　③について，判決は次のように述べている．

第4章　日本におけるプライバシー・個人情報をめぐる判例の展開　　213

　「とくに私生活の公開が公人ないし公職の候補者に対する評価を下すための資料としてなされるものであるときはその目的の社会的正当性のゆえに公開できる範囲が広くなることが肯定されるであろうけれども，本件のように，都知事選挙から1年前後も経過し，原告がすでに公職の候補者でなくなり，公職の候補者となる意思もなくなっているときに，公職の候補者の適格性を云々する目的ではなく，もっぱら文芸的な創作意欲によって他人のプライバシーを公開しようとするのであれば，それが違法にわたらないとして容認される範囲はおのずから先の例よりも狭くならざるを得ない道理であり，おおむねその範囲は，世間周知の事実および過去の公的活動から当然うかがい得る範囲内のことがらまたは一般人の感受性をもってすれば，被害意識を生じない程度のことがらと解するのが妥当である」．

(3)　検　討

　本件は，プライバシー権を判例上初めて認めた著名な判決である．モデル小説による私事の公開が問題となった事案において，損害賠償が認められたものである．

　判決は，プライバシー権を人格権に位置づけ，「私生活をみだりに公開されないという法的保障ないし権利」とし，侵害行為の差止めや損害賠償請求を可能とする権利であるとした．ウォーレン＆ブランダイスの論文が提唱した「ひとりにしておかれる権利」をマスメディアとの関係でより具体化したものとされている．本件が不法行為に基づく損害賠償請求訴訟であったこともあって，判決は，憲法の条文には触れていないが，「日本国憲法」「個人の尊厳」「幸福の追求」という言葉を用いている．実質的には，憲法第13条後段の幸福追求権を根拠とすることを示唆するものといえよう．

　ところで，イギリスやアメリカの初期の判決は，プライバシーを財産権ないしは財産的利益と関連付けた形で捉える傾向があり，特にイギリスでは，現在でも，正面からはプライバシー権を認めていない．20世紀初頭に，不法行為上のプライバシー権を独立の権利として承認したアメリカでさえ，最初は権利の承認には躊躇する姿勢を示していた．しかし，日本の判決は，プライバシー権を，当初の段階から人格権に位置づけ，名誉や信用といった他の法益とは独立した形で承認している．このように，日本の判決が，スムーズにプライバシー

権を承認することができたのは，末延三次教授，戒能通孝教授，伊藤正己教授を中心とした前記研究業績が反映された結果だと考えられる．

この判決で認められたプライバシー権は，私生活をみだりに公開されない権利であって，伝統的プライバシー権の一側面を捉えたものとなっている．この定義の影響は大きく，その後の訴訟事件でも，プライバシー侵害が争われるのは，私的事柄を提供されたケースが多い．

表現の自由との関係では，判決は，表現の自由とプライバシーの保障はどちらが優先するものではないとしながらも，「言論，表現等は他の法益すなわち名誉，信用などを侵害しないかぎりでその自由が保障」されると述べ，やや表現の自由を制限的に捉えている感がある．これは，判決が，公人のプライバシーについて，「とくに私生活の公開が公人ないし公職の候補者に対する評価を下すための資料としてなされるものであるときは」公開も許されるが，本件のように「公職の候補者の適格性を云々する目的ではなく，もっぱら文芸的な創作意慾によって他人のプライバシーを公開しようとするのであれば」公開の許容される範囲はおのずと狭くなると指摘している点からもうかがうことができる．

なお，本件は，判決の翌年に原告有田が死亡したため，有田の遺族と平岡側の間で和解が成立した．

2.2 『エロス＋虐殺』上映禁止仮処分事件[13][14]

本件は，人格的利益の侵害に対する救済として，差止請求権が成立し得ることを初めて肯定した決定として意義はある．しかし，その要件は比較衡量に基づいており，表現の自由との関係で疑義が呈されたことから，差止要件の検討は，後の判例に委ねられることとなった[15]．

(1) 事案の概要

債権者である神近市子は，高校教諭，東京日日新聞記者を経て婦人解放運動等にかかわり，1953年から1969年まで，衆議院議員に就任するなどして活躍した人物である．神近は，その間，無政府主義者大杉栄をめぐる複雑な恋愛関係の破綻から，1916年10月9日，神奈川県葉山村の旅館「日蔭茶屋」において，大杉の頸部に短刀で切創を負わせるという事件を引き起こし，懲役2年の実刑判決を受けていた．

債務者である有限会社現代映画社は，1969年春頃，『エロス＋虐殺』を製作・公開した．この作品は，大杉栄をめぐる複雑な恋愛関係を描いたものであり，「日蔭茶屋」事件を強調的に表現するほか，生存者以外は実名を用いていた．この中で，神近の実名は用いられていなかったが，東京日日新聞記者正岡逸子として登場しており，容易に神近本人であることを推察することができた．

そこで，神近は，現代映画社を相手取って，上記映画の上映によって人格的利益（名誉及びプライバシー）を侵害されたとして，将来の侵害を予防・排除すべく，映画の上映禁止の仮処分を申し立てた．

⑵　決定要旨

東京地方裁判所は，1970年3月14日，次のように述べて仮処分の申立てを却下した．

「人格権の侵害に対する法的救済は，個人の尊厳，幸福追求の権利と表現の自由の保障との接点の問題として慎重な配慮を要するといわなければならない．人格権の侵害に対し事前に差止請求権を認めうるか否かについては議論の存するところであるが，これを積極に解しても，表現の自由に対する重大な制約である点に鑑み検閲を禁じた憲法21条2項の精神を考慮して，権利侵害の違法性が高度な場合にのみ，差止請求を認めるべきものと解するのが相当である」．

「プライバシーの侵害について…それが既に半世紀以上経過した過去の歴史的事実とはいえ，前記認定のように，昭和30年代から40年代にかけて多数の伝記，小説等として公刊され，現代においても世上公知の事実となっているばかりでなく，前記のように債権者自身昭和32年3月初版の前記『わが青春の告白』や比較的最近の昭和40年3月初版の前記『私の履歴書』（第23集）において，右事件等の概要を著述している事実さらに債権者が著名人でごく最近政界の第一線を退いたばかりであること等に徴すれば，もはやプライバシーの要件である秘匿性はないものという外ない．もっとも映画という媒体の性質上，とくに描写の態様ないし深度いかんによってはプライバシーの侵害を認めうる場合もあることは否定しがたい．しかし乍ら本件映画が右歴史的事実をことさらに歪曲，誇張しているような点は本件全疎明資料によるも認めがたい……プライバシーの侵害の違法性も表現の自由との比較衡量ないし価値選択の問題であることに鑑みれば，少なくとも本件映画について，その上映差止請求権を生ず

べき高度のプライバシー侵害の違法性があるとは断定できないといわざるをえない」。

地裁決定は，名誉毀損の主張も退けて神近の申立てを却下した．神近は，これを不服として抗告した．

東京高等裁判所は，1970年4月13日，人格的利益の侵害に基づく差止請求権の存在を認めつつも，「具体的事案について，被害者が排除ないし予防の措置がなされないままで放置されることによって蒙る不利益の態様，程度と，侵害者が右の措置によってその活動の自由を制約されることによって受ける不利益のそれとを比較衡量して決すべきである」とし，地裁と同様の事実認定をして抗告を棄却した．

2.3 その他

プライバシー侵害の事例ではないが，この時期には，『落日燃ゆ』事件の判決も登場している[16]．事案は，死亡した元外交官を登場人物の1人として取り扱った小説『落日燃ゆ』の執筆者に対し，遺族が名誉毀損に基づく謝罪広告及び損害賠償を求めたというものである．東京地方裁判所及び東京高等裁判所ともに，原告の請求を棄却したが，東京高裁は，1979年3月14日，「故人に対する遺族の敬愛追慕の情も一種の人格的利益としてこれを保護すべきものであるから，これを違法に侵害する行為は不法行為を構成するものといえよう」と判示している．

また，この時期の事件としては，コンピュータシステムから個人情報が大量漏えいする危険が現実化した最初の事件として，日経マグロウビル事件[17]が存在する．

第2節　プライバシー・個人情報関係判例蓄積期（1980年代以降）

1　主要な判決

1.1　中京区長前科照会事件

(1)　事案の概要

原告は，道路交通法，業務上過失傷害，暴行の前科を持つ者であるが，中京区長は，弁護士法第23条の2に定める弁護士会照会に応じて，原告の前科を回

答した．これによって，前科を知った原告の勤務先は，原告に解雇を通告したため，両者間で，解雇無効確認請求事件等の紛争が生じた．原告は，被告京都市を相手取って，プライバシーを侵害に基づく550万円の損害賠償及び謝罪文の交付を求めて訴えを提起した．

(2) 判決要旨

京都地方裁判所は，原告の請求を棄却したが[18]，大阪高等裁判所は，地裁判決を覆し，25万円（慰謝料20万円，弁護士費用5万円）の損害賠償を認めた[19]．京都市は上告した．

最高裁判所は，1981年4月14日，「前科及び犯罪経歴（以下「前科等」という．）は人の名誉，信用に直接かかわる事項であり，前科等のある者もこれをみだりに公開されないという法律上の保護に値する利益を有する」と述べ，上告を棄却した[20]．最高裁判決は，プライバシーという言葉には触れていないが，実質的には『宴のあと』判決に則って，前科及び犯罪経歴をプライバシーの利益に含んだものと理解することができる．また，伊藤正己裁判官の補足意見は，最高裁として初めてプライバシーに言及し，画期的であると評されている．その意見は次のようになっている．

「他人に知られたくない個人の情報は，それがたとえ真実に合致するものであつても，その者のプライバシーとして法律上の保護を受け，これをみだりに公開することは許されず，違法に他人のプライバシーを侵害することは不法行為を構成するものといわなければならない．このことは，私人による公開であっても，国や地方公共団体による公開であっても変わるところはない．国又は地方公共団体においては，行政上の要請など公益上の必要性から個人の情報を収集保管することがますます増大しているのであるが，それと同時に，収集された情報がみだりに公開されてプライバシーが侵害されたりすることのないように情報の管理を厳にする必要も高まっているといってよい．近時，国又は地方公共団体の保管する情報について，それを広く公開することに対する要求もつよまってきている．しかし，このことも個人のプライバシーの重要性を減退せしめるものではなく，個人の秘密に属する情報を保管する機関には，プライバシーを侵害しないよう格別に慎重な配慮が求め

られるのである.

　本件で問題とされた前科等は，個人のプライバシーのうちでも最も他人に知られたくないものの1つであり，それに関する情報への接近をきわめて困難なものとし，その秘密の保護がはかられているのもそのためである．もとより前科等も完全に秘匿されるものではなく，それを公開する必要の生ずることもありうるが，公開が許されるためには，裁判のために公開される場合であっても，その公開が公正な裁判の実現のために必須のものであり，他に代わるべき立証手段がないときなどのように，プライバシーに優越する利益が存在するのでなければならず，その場合でも必要最小限の範囲に限って公開しうるにとどまるのである．このように考えると，人の前科等の情報を保管する機関には，その秘密の保持につきとくに厳格な注意義務が課せられていると解すべきである．(以下省略)」

1.2 「とらわれの聞き手」事件

(1) 事案の概要

　大阪市営地下鉄を利用する乗客の1人である原告は，大阪市営地下鉄を利用する際，反復継続して商業宣伝放送を聞かされたとして，大阪市を相手取って，人格権に基づき地下鉄内の商業宣伝放送の差止めを求めるとともに，運送契約上の債務不履行又は不法行為に基づき，1ヶ月あたり1,000円の割合による慰謝料の支払いを求めた．

(2) 判決要旨

　大阪地方裁判所は原告の請求を棄却し[21]，大阪高等裁判所も，地裁判決を支持した[22]．

　最高裁判所第3小法廷は，1988年12月20日，原判決を正当と判断した[23]．

　ここで注目すべきは，伊藤正己裁判官の補足意見である．伊藤裁判官は，最高裁の結論には賛成しつつも，「とらわれの聞き手」という言葉を用いて，次のような補足意見を述べた．

　　「私は，個人が他者から自己の欲しない刺戟によって心の静穏を乱されない利益を有しており，これを広い意味でのプライバシーと呼ぶことができる

と考えており，聞きたくない音を聞かされることは，このような心の静穏を侵害することになると考えている……現代社会においてそれを法的な利益とみることを妨げないのである……しかし……プライバシーは公共の場所においてはその保護が希薄とならざるをえず，受忍すべき範囲が広くなることを免れない……したがって，一般の公共の場所にあっては，本件のような放送はプライバシーの侵害の問題を生ずるものとは考えられない……問題は，本件商業宣伝放送が公共の場所ではあるが，地下鉄の車内という乗客にとって目的地に到達するため利用せざるをえない交通機関のなかでの放送であり，これを聞くことを事実上強制されるという事実をどう考えるかという点である．これが『とらわれの聞き手』といわれる問題である……およそ表現の自由が憲法上強い保障を受けるのは，受け手の多くの表現のうちから自由に特定の表現を選んで受けとることができ，また受けとりたくない表現を自己の意思で受けとることを拒むことのできる場を前提としていると考えられる（『思想表現の自由市場』といわれるのがそれである．）．したがって，特定の表現のみが受け手に強制的に伝達されるところでは表現の自由の保障は典型的に機能するものではなく，その制約をうける範囲が大きいとされざるをえない……本件の放送が一般の公共の場所においてプライバシーの侵害に当たらないとしても，それが本件のような『とらわれの聞き手』に対しては異なる評価をうけることもありうるのである．」

1.3 「逃亡」事件

(1) 事案の概要

原告は，軍属として，海南島で情報担当活動に従事していたが，1945年9月頃，戦犯として処刑される恐れが出てきたため，直属上司の了解を得て離隊した．佐世保鎮守府は，その年の11月24日ころまでに，台湾籍民軍属調査名簿を作成した際，原告の離隊を逃亡と認定し，これを引き継いだ厚生省援護局は，原告の身上調査表に「20・9・27逃亡」と記載した．原告は，1981年11月，厚生省援護局に対し，前記「逃亡」の記載の抹消を求めたが，拒絶された．

そこで，原告は，国に対し，1,000万円の損害賠償，謝罪文の掲載，及び，厚生省援護局保有の身上調査表の「20・9・27逃亡」との記載の抹消を人格権

に基づき請求した．

⑵　判決要旨

　東京地方裁判所は，1984年10月30日，「逃亡」の記載の抹消請求について，当該個人情報が前科前歴等の極めて重要なものであり，かつ，その情報が明らかに事実に反し，これを放置することで当該個人が社会生活上不利益ないし損害を被る高度の蓋然性が認められる場合には，当該個人から個人情報保有者に対して，人格権に基づき事実に反する部分の抹消ないし訂正を請求しうると述べつつも，「逃亡」の記載が明らかに事実に反するものとは認めがたいとし，結果として原告の請求を退けた[24]．

　東京高等裁判所は，1988年3月24日，原告の控訴に対し，地裁の判決を支持してこれを棄却したが，抹消請求については，「他人の保有する個人の情報が，真実に反して不当であって，その程度が社会的受忍限度を超え，そのため個人が社会的受忍限度を超えて損害を蒙るときには，その個人は，名誉権ないし人格権に基づき，当該他人に対し不真実，不当なその情報の訂正ないし抹消（以下単に「訂正」という．）を請求し得る場合があるというべきである」という判断基準を示している[25]．

　これらの判決については，プライバシー権には言及していないが，人格権に根拠を置く「自己情報コントロール権」（現代的プライバシー権）成立の可能性を示唆した判決だと評価されている[26]．

2　その他

　以上のほか，1980年代における主な判決としては，宗教上のプライバシー侵害が問題となった殉職自衛官合祀拒否事件が存在する[27]．最高裁判所は，1988年6月1日，宗教上のプライバシーを法的利益として認めることはできないと判断し，一審原告の請求を棄却したが，伊藤正己裁判官は，宗教上の心の静穏について，「宗教上の人格権あるいは宗教上のプライバシー」と呼ぶか否かは呼称の問題だとしつつも，不法行為法上の被侵害利益となりうるという少数意見を述べている．この少数意見に対しては，実質的保護法益に着目し，宗教上のプライバシー概念の肯認を回避したものとも考えられる，という評価がなされている[28]．

第4章　日本におけるプライバシー・個人情報をめぐる判例の展開　　**221**

　刑事事件としては，東京地方裁判所1987（昭和62）年9月30日判決の京王百貨店事件がある[29]．この事件では，百貨店に勤務するコンピューター技術者が，百貨店の顧客名簿が入力コピーされたコンピューター用磁気テープを複写目的で持出したときは，窃盗罪が成立すると判断されている．

第3節　プライバシー・個人情報関係判例の発展期（1990年代以降）

1　1990年代前半

1.1　『逆転』事件

⑴　事案の概要

　原告は，1964年，沖縄県内でアメリカ軍兵士と諍いを起こし，アメリカ合衆国琉球列島民政府高等裁判所第3大陪審によって，傷害罪により懲役3年の実刑判決を受け，服役した．原告は，1966年10月の仮出獄後，本土に渡ってバスの運転手となり，結婚もした．なお，就職の際も結婚の際も，原告は上記事件を秘匿していた．

　被告伊佐千尋は，原告の裁判に陪審員として関与した者であり，著述業を営んでいる．被告は，この裁判の陪審員としての経験に基づき，『逆転』というノンフィクション作品を著述し，1977年8月20日，新潮社から刊行した．この作品の中では，原告の実名が用いられ，原告の前科が掲載されていた．なお，小説『逆転』は，1978年，大宅壮一ノンフィクション賞を受賞している．

　訴外日本放送協会（以下「NHK」という）は，同年9月上旬ころ，『逆転』に基づくテレビドラマを製作することとなり，その過程で，原告は，『逆転』の存在やNHKが原告の実名を使用して放映しようとしていることなどを知った．原告は，同年9月13日，NHKを相手方として東京地方裁判所にテレビ放映禁止の仮処分を申請し，翌14日の審尋期日において，NHKとの間で，『逆転』の放映に当って桝孝次（マスコウジ）の文字と音声を使用するということで和解した．

　原告は，以上のような一連の出来事に巻き込まれたのも，被告が『逆転』を著作し，刊行したことがその原因であって，そのため，原告は多大の精神的苦痛を蒙ったとして，被告に対し，300万円の損害賠償を求めて訴えを提起した．

(2) 判決要旨

　東京地方裁判所は，1987年11月20日，被告に対して50万円の損害賠償を命じた[30]．

　地裁判決は，次のように述べて，『宴のあと』事件判決をより敷衍させた形でのプライバシー権を認めている．「この個人の尊厳は，相互の人格が尊重され，不当な干渉から自我が保護されることによってはじめて確実なものとなるのであり，そこで右条項は個人の尊厳を保障する上で必要不可欠な人格的利益を広く保障する趣旨のものであると解される．そして，その一環として，他人がみだりに個人の私的事柄についての情報を取得することを許さず，また，他人が自己の知っている個人の私的事柄をみだりに第三者へ公表したり，利用することを許さず，もって人格的自律ないし私生活上の平穏を維持するという利益（以下，『プライバシーの権利』という．）は，充分尊重されるべきである……そして，右の人格的利益のひとつの内容である『他人に知られたくない私的事柄をみだりに公表されないという利益』に法的保護を与えるべきことについては，今日，社会的な合意があることは明らかである（東京地裁昭和39年9月28日判決・下民集15巻9号2317頁参照）」．

　次に，地裁判決は，犯罪報道と時の経過について，①本件事件及び本件裁判に関する事実は，1964年当時においては公共の利益に関する事実であり，それを報道することは原則として適法である，②しかし，犯罪についての報道価値は時の経過によって失われていくものであり，原則として，犯罪者が社会の中で更生をすべき状態に至ったとき（原告の仮出獄後）は，その者の前科などを故なく公表することは許されないと判示した．

　地裁判決は，このように述べた上で，『逆転』を出版する直前の1977年頃は，原告の前科を他人に知られないようにするという人格的利益は法的な保護に値する状況にあったことから，本件公表は，原告の人格的利益を不当に侵害するものであると判断した．

　東京高等裁判所は，1989年9月5日，被告の控訴を棄却した[31]．東京高裁は，「個人に関する一定領域の事柄について，社会的評価が及ばないものとし，他人の干渉を許さず，それによって人格の自律性や私生活の平穏を保持するという利益（以下「プライバシー」という．）も，このような人格的法益の一環と

して私法的保護の対象となるものと考えられるところ，右のような領域に属する事柄についての情報を他人がみだりに公表することは，右利益の侵害に当たる」と述べ，『逆転』の出版に当たって前科を公表したことは，人格的利益を不当に侵害すると認定している．控訴人伊佐は，東京高裁の判決を不服として上告した．

最高裁判所は，1994年2月8日，上告を棄却した[32]．

「ある者が刑事事件につき被疑者とされ，さらには被告人として公訴を提起されて判決を受け，とりわけ有罪判決を受け，服役したという事実は，その者の名誉あるいは信用に直接にかかわる事項であるから，その者は，みだりに右の前科等にかかわる事実を公表されないことにつき，法的保護に値する利益を有するものというべきである（最高裁昭和52年(オ)第323号同56年4月14日第3小法廷判決・民集35巻3号620頁参照）．この理は，右の前科等にかかわる事実の公表が公的機関によるものであっても，私人又は私的団体によるものであっても変わるものではない．そして，その者が有罪判決を受けた後あるいは服役を終えた後においては，一市民として社会に復帰することが期待されるのであるから，その者は，前科等にかかわる事実の公表によって，新しく形成している社会生活の平穏を害されその更生を妨げられない利益を有するというべきである．

もっとも，ある者の前科等にかかわる事実は，他面，それが刑事事件ないし刑事裁判という社会一般の関心あるいは批判の対象となるべき事項にかかわるものであるから，事件それ自体を公表することに歴史的又は社会的な意義が認められるような場合には，事件の当事者についても，その実名を明らかにすることが許されないとはいえない．また，その者の社会的活動の性質あるいはこれを通じて社会に及ぼす影響力の程度などのいかんによっては，その社会的活動に対する批判あるいは評価の一資料として，右の前科等にかかわる事実が公表されることを受忍しなければならない場合もあるといわなりればならない（最高裁昭和55年(あ)第273号同56年4月16日第1小法廷判決・刑集35巻3号84頁参照）．さらにまた，その者が選挙によって選出される公職にある者あるいはその候補者など，社会一般の正当な関心の対象となる公的立場にある人物である場合には，その者が公職にあることの適否などの判断の一資料として右の前科等にかかわる事実が公表されたときは，これを違法というべきものではない

(最高裁昭和37年(オ)第815号同41年6月23日第1小法廷判決・民集20巻5号1118頁参照)」.

最高裁は，このような認識に基づき，本件における前科等の事実を実名公表する行為の違法性は，著作物の目的，性格等に照らし，実名を使用することの意義及び必要性を併せ考え，前科等を公表されない法的利益と，公表するという法的利益を衡量する必要があると述べた．そして，本件については，伊佐が実名を使用して事実を公表することの正当理由は存在しないとして，不法行為責任の成立を認めた．

(3) 検 討

『逆転』事件の第一審判決によるプライバシー概念は，『宴のあと』事件と並ぶ重要判決である．堀部教授は，次のような分析を行い，本判決を現代的プライバシー権の観点を部分的ながら踏まえていると評している．

判決の述べたプライバシー権の定義を分析するならば，「①他人がみだりに個人の私的事柄についての情報を取得することを許さず，②他人が自己の知っている個人の私的事柄をみだりに第三者へ公表したり，利用することを許さず，③もって人格的自律ないし私生活の平穏を維持する利益，ということになる．①と②は，前述の『自己情報コントロール権』の一部をあらわそうとしていると解することができる．①は，『自己情報コントロール権』を保護するための種々の原則の一つである『収集制限の原則』，また，②は，同じく保護のための原則である『提供制限の原則』（『利用制限の原則』）にそれぞれ対応していると読むことが可能である」[33]．

なお，第二審の定義は，「評価からの自由」説に近いとのことであるが，この種の定義はその後の裁判例では採用されていないようである[34]．

原告の請求は，最高裁判決でも認められた．判決は，中京区長前科照会事件を引用し，プライバシー（権）という言葉は用いていないものの，実質的にはプライバシーを保護する内容を示している[35]．

本件では，プライバシー概念のみならず，表現の自由との調整も検討された．最高裁は，前科等を公表されない法的利益と，公表する法的利益の比較衡量という基準に依拠し，実名を使用した本件公表を違法と判断した．比較衡量の基準が用いられたのは，本件が損害賠償請求の事案であったためであり，これが

差止請求の事案であれば，より厳格な判断基準が示されたものと考えられる．

1.2 東急百貨店事件⁽³⁶⁾

(1) 事案の概要

被告株式会社東急百貨店は，マンション購入申込書の記載に基づいて，原告Xを含む購入者の当時の自宅住所・電話番号，及び，勤務先の名称・電話番号を記載した購入者名簿を作成した．東急百貨店は，当該マンションの管理会社となる予定の被告株式会社東急コミュニティーに名簿を交付し，同社の従業員は，Xの勤務先に電話をかけた．

Xは，東急百貨店の東急コミュニティーに対する情報開示（提供）行為，及び，東急コミュニティーの情報利用行為について，プライバシー侵害に当たるとして，共同不法行為に基づき，100万円の慰謝料を求めて訴えを提起した．

(2) 判決要旨

東京地方裁判所は，1990年8月29日，請求を棄却した．東京地裁は，Xの勤務先の名称及び電話番号がプライバシーに該当するか否かについて，『宴のあと』事件の3要件を踏襲しつつも，「……プライバシーの権利は，このように，自己に関連する情報の伝播を，一定限度にコントロールすることをも保障することをその基本的属性とするものと解されるのである．そうすると，勤務先の名称及び電話番号は，私生活上の事柄としての生活をも併せ有するものと解される」と述べ，プライバシー性を肯定した．

次に，判決は，違法性阻却事由の検討に入った．ここでは，プライバシーの開示が正当理由に基づく場合には，不法行為は成立しないとし，正当理由の存否は，開示の目的，必要性，開示行為の態様，開示によってプライバシーを侵害された者の受ける不利益の程度その他諸般の事情を総合考慮すべきであると判示した．そして，本件の事情に照らせば，東急コミュニティーが本件マンションの管理会社となることは，購入者全員の承諾を得ていたことなどから，開示の目的・必要性，開示の態様ともに正当であるとして，不法行為の成立を否定した．

1.3 東洋信託銀行事件

(1) 事案の概要

被告東洋信託銀行株式会社は，Xとの間で貸付信託契約を締結した際，Xの

住所，氏名等を顧客情報として登録した上，X固有のお客様番号を設定した．
その後，東洋信託銀行と被告積水ハウス株式会社は，アパート経営勉強会開催
を企画した．東洋信託銀行は，住所，氏名，銀行コード番号，支店コード番号
及びお客様番号の印字された顧客の宛名ラベルを封筒に貼り付けて案内状等を
封入した後，積水ハウスに預けた．積水ハウスは，これを投函してXに送付し
た．封筒には，主催東洋信託銀行，後援積水ハウスと表示されていた．

　積水ハウス名義の郵便物を受け取ったXは，被告らに対して，債務不履行な
いしは不法行為に基づき，各自100万円の慰謝料を請求した．

(2)　判決要旨

　東京地方裁判所は，1991年3月28日，Xの請求を棄却した[37]．

　まず，地裁判決は，プライバシーの利益ないし権利を憲法第13条の個人の尊
厳に基礎付け，同条の理念が，国家と個人の関係同様，私人間にも妥当するこ
とも明らかにした上で，銀行制度及び業務の性質から，銀行預金者の預金内
容・資産状況・信用状態・身分関係・病気等の情報につき，「右はいずれも一
般には知られていない個人の私的事柄に属することであり，当該預金者が公開
を欲しないであろうと認められるものであるから，当該預金者がこれらの情報
をみだりに他人に知られないことは，前記説示からも法律上保護に価するもの
ということができる」として銀行の守秘義務を肯定した．

　しかし，地裁判決は，封筒の表面に記載されたXの住所，氏名，顧客番号は，
守秘義務の対象たる私的情報にあたるかどうかは疑問であり，仮にあたるとし
ても，東洋信託銀行は積水ハウスに投函行為のみを依頼したに過ぎないなどの
行為態様に着目し，情報漏えいには該当しないと結論付けた．

　さらに，Xの情報コントロール権の主張に関し，判決は，私人相互間におい
ても，私的情報の管理が適切になされることが時代の要請のひとつになってい
ること，取引銀行における預金者の情報管理の在り方，守秘義務の内容にも影
響を及ぼすことを認めつつ，現行法上，第三者の認識可能な状態においてはな
らない守秘義務を負うと解することはできないと述べており，この権利に対し
て否定的な態度を取った．

　Xは，地裁判決に対して控訴した．東京高等裁判所は，1992年2月3日，
本件の行為態様からして債務不履行ないし不法行為は成立しないとして，控訴

第4章　日本におけるプライバシー・個人情報をめぐる判例の展開　　227

を棄却した[38].

(3)　検　討

　本件は，銀行の守秘義務をプライバシーの利益ないし権利から導いており，その根拠を憲法第13条に置いている点で注目される．しかし，前年に同じ東京地裁で下された東急百貨店の判決と比較すれば，この事件の判決は，プライバシーについて，私的事柄をみだりに他人に知られない利益と捉え，現代的プライバシー権に懐疑的な態度を取っている点で，従来の枠組みを維持したものと評価することができる．

　また，地裁判決が，本件で問題となったXの住所，氏名，顧客番号の私的情報性を否定したことに対しては，私的事柄であると見る余地は十分にあること，特定目的のダイレクト・メールのために一定範囲の顧客が抽出されるのであるから，選び方によっては資産状況，年齢，身分関係を示す私的事柄となる可能性は大きいこと，情報を第三者の知りうる状態におくこと自体がプライバシー侵害になり得ること等の批判が加えられている[39].

1.4　その他

　1990年代前半には，外国人に対する指紋押捺や，郵政省職員のネームプレートの着用をめぐる判決が登場した．

　前者について，横浜地方裁判所川崎支部1990年11月29日判決は，みだりに指紋押なつを強制されない自由は憲法13条で保障されるとしつつも，公共の福祉の観点から一定の制約を受けるとして，原告の請求を棄却した[40].

　後者について，仙台地方裁判所1995年12月7日判決は，『宴のあと』事件の枠組みを維持してプライバシー侵害を否定し[41]，仙台高等裁判所1997年8月29日判決も，職務との関連において自己の氏名を表示することが義務付けられているにとどまるとして同様の結論を取った[42].

2　1990年代後半

2.1　「タカラヅカおっかけマップ」事件[43]

(1)　事案の概要

　宝塚歌劇団のスターである債権者らは，債務者である株式会社鹿砦社が1996年11月に出版した「タカラヅカおっかけマップ」について，プライバシー権，

肖像権を被保全権利として出版等の禁止を求める仮処分を申し立てた．この書籍には，各債権者の生年月日，血液型，身長，出身地，出身校，入団年，初舞台，趣味，特技，性格等のほか，一部の者を除いて町名までの住所，私鉄駅から住所までの地図，自宅の写真といった住居情報が掲載されていた．

(2) 決定要旨

神戸地方裁判所は，1997年2月12日，「有名スターないしタレントといえども，平穏に私的生活を送るうえでみだりに個人としての住居情報を他人によって公表されない利益を有し，この利益はプライバシーの権利の一環として法的保護が与えられるべき」として，住居情報を表示された者に関するプライバシー権侵害を認め，申立ての一部を認めた．

2.2 「ジャニーズ・ゴールド・マップ」事件[(44)]

(1) 事案の概要

被告である株式会社鹿砦社は，1996年9月，原告である株式会社ジャニーズ事務所及びその所属タレントに無断で，「ジャニーズおっかけマップ」と題する書籍を出版した．これには，原告タレントらの実家や自宅の所在地が市・区以下の町名まで特定して示され，その場所を示す地図と，自宅等の写真が掲載されている．鹿砦社は，同年12月1日に，さらに詳しい情報を掲載した「ジャニーズ・ゴールド・マップ」を発売することを企画し，雑誌にその広告を掲載した．そこで，原告らは，同年11月8日，ゴールド・マップの出版・販売等の差止めを求める仮処分を神戸地方裁判所尼崎支部に申し立て，同年11月21日，同支部は，原告らの右申立てを認める仮処分決定を下した．その本案訴訟が本件である．

(2) 判決要旨

東京地方裁判所は，1997年6月23日，原告事務所の権利を否定し，原告らタレントの請求を一部認めた．認容されたのは，ゴールド・マップの出版及び販売の差止めである．

判決は，「プライバシー権という表現は，必ずしも一義的なものではないので，ここでは，本件紛争の実質から，私生活の平穏を享受するという人格的な利益ととらえることとする」と述べた．そして，判決は，おっかけマップの出版により，原告タレントらは押しかけや盗難，無言電話等の被害を受けるよう

になったことを挙げ，ゴールド・マップの出版によって原告タレントらの人格的利益にさらに大きな被害が発生する可能性が高い，そのような被害は，回復が極めて困難な性質であるとして，差止めを認めた．また，表現の自由との関係については，本件書籍の内容は，公益を目的とするものではなく営利を図るものであることから，原告タレントらの人格的利益の保護を優先させるべきとした．

2.3 「ジャニーズおっかけマップ・スペシャル」事件[45]

(1) 事案の概要

本件は，上記ゴールド・マップ事件に関する一審判決を受けた後である1997年10月に，被告らが，原告らに無断で，「ジャニーズおっかけマップ・スペシャル」と題する書籍を出版した事件である．この書籍には，原告タレントらの顔写真，経歴，人物紹介がなされているほか，1人を除く自宅又は実家の所在地が番地まで特定して表示され，当該所在地を示す地図とその建物の写真が掲載されている．なお，この書籍及び同種出版物については，同年12月17日に，神戸地方裁判所尼崎支部より，出版販売等を禁止する仮処分が下されており，本件はその本案訴訟である．

(2) 判決要旨

東京地方裁判所は，1998年11月30日，『宴のあと』事件の判断基準に従い，私生活の本拠地たる住所は，プライバシーの利益として法的保護の対象となると述べ，芸能人であっても同様であると判示した．そして，「……個人のプライバシーの利益を違法に侵害する表現行為については，その表現行為の内容が専ら公益を図る目的のものでないことが明白であり，かつ，被害者が重大にして著しく回復困難な損害を被るおそれがある場合に限って，例外的にその事前差止めが許されるものというべきである」という基準を示し，本件は差止めの要件を満たすと判断した．

さらに，判決は，本件事案に鑑みて，近い将来同種同内容の出版物が出版，販売されるおそれは極めて高いものとして，同種書籍の出版・販売等の差止めを認めている．

(3) 検　討

上記3件は，著名人の私生活の暴露本とプライバシー侵害が問題となった事

案である.

プライバシー権の定義について,「タカラヅカおっかけマップ」事件判決は,「平穏に私的生活を送るうえでみだりに個人としての住居情報を他人によって公表されない利益」,「ジャニーズ・ゴールド・マップ」事件判決は,「私生活の平穏を享受するという人格的な利益」,「ジャニーズおっかけマップ・スペシャル」事件判決は,『宴のあと』事件の判断基準に倣った.いずれも,私生活ないしは私的事柄を守るという内容になっている.

おっかけマップ・スペシャル事件では,主に住居情報の公開が問題となったが,住所や電話番号といった情報は,社会生活上普通に用いる情報であり,秘匿の必要性は必ずしも高くないとも考えられる.しかし,著名人にとっての住居情報は,押しかけや嫌がらせなどを回避し,平穏な生活を確保するという必要性から,通常人よりも私的性質が高いと理解することができるだろう.

表現の自由との関連では,①著名人のプライバシー,②表現行為の事前差止めの要件が問題となる.

①については,ゴールド・マップ事件及びおっかけマップ・スペシャル事件が言及している.いずれも,芸能人には,職業上,一般の人よりも私生活の範囲を狭く解される場合はあるが,住居情報の公開は許すべきではないという立場で一致している.現実に嫌がらせを受けたり,その危険が生じることに鑑みれば,適切な判断といえる.

②の差止めの要件について,タカラヅカ事件は仮処分事件であることから明確な基準は示さず,本件書籍の販売によって「回復困難な損害を受けるおそれがある」ことを認定した.ゴールド・マップ事件は,人格的利益にさらに大きな被害が発生する可能性が高いか否か,その被害の回復が極めて困難な性質であるか否かという要件を示しており,公益目的か否かも加味されている.これらに対して,おっかけマップ・スペシャル事件は,表現行為の内容が専ら公益を図る目的のものでないことが明白であり,かつ,被害者が重大にして著しく回復困難な損害を被るおそれがある場合に限って認めるという基準を示した.

人格権に基づく差止請求の要件を示した重要判決としては,北方ジャーナル事件の最高裁判決[46]がある.この事件は,知事選挙に立候補予定であった者に対する名誉毀損が問題となった事案であるが,最高裁は,人格権に基づく事

前差止めについて，「……表現行為に対する事前抑制は，表現の自由を保障し検閲を禁止する憲法21条の趣旨に照らし，厳格かつ明確な要件のもとにおいてのみ許容されうるものといわなければならない．出版物の頒布等の事前差止めは，このような事前抑制に該当するものであって……当該表現行為に対する事前差止めは，原則として許されないものといわなければならない．ただ，右のような場合においても，その表現内容が真実でなく，又はそれが専ら公益を図る目的のものではないことが明白であって，かつ，被害者が重大にして著しく回復困難な損害を被る虞があるときは……例外的に事前差止めが許されるものというべき」という判断基準を示した．本件は，プライバシー侵害の事案であるため，表現内容の真実性は加味されず，残りの要件を取り入れたものとなっている．

第4節　プライバシー・個人情報関係判例の拡大期（1999年以降）

　この時期の訴訟事件は，①表現の自由との関係が争われた訴訟，②個人情報の漏えいないしは提供によるプライバシー侵害訴訟，③住民基本台帳ネットワークに対するプライバシー侵害訴訟に分けることができる．②及び③は，主にネットワーク化に伴い新たに生じたカテゴリーであり，特に③については，現代的プライバシー権承認の可否が争われた．

1　①のカテゴリに属する事件

1.1　「あしながおじさん」公益法人常勤理事事件

(1)　事案の概要

　株式会社文藝春秋は，1999年9月22日発行の「週刊文春」（同月30日号）に，「"あしながおじさん"丙川会内紛でわかった常勤理事は「高給とり」！年収1500万円」と題する記事を掲載した．この記事には，公益法人丙川会の常勤理事Aの家計における教育費，住宅ローン・カードローンの返済，生命保険料等の具体的な金額が掲載され，家計アナリストや保険アナリストによる論評が紹介されていた．Aは，文藝春秋を相手取って，プライバシー侵害に基づく550万円の損害賠償を請求した．

(2) 判決要旨

東京地方裁判所は，2000年12月21日，55万円の範囲でこれを認容したが[47]，東京高等裁判所は，2001年7月18日，文芸春秋の控訴を認容してAの請求を棄却した[48]．

東京高裁は，プライバシー権について，一般に他人に知られたくないであろう私生活上の事実や個人的情報をみだりに公表されない法的利益であると定義し，本件記事によってAの家計支出の具体的な使途や金額の記載を明らかにしたことは，Aのプライバシー権を侵害すると判断した．

次に，東京高裁は，マスメディアの報道の自由との調整について，当該報道の目的，態様その他の諸要素と当該プライバシー侵害の内容，程度その他の諸要素とを比較衡量して決するほかはないと述べた．そして，本件記事については，①公益目的でないとはいえない，②違法な手段で個人的情報を入手したわけではない，③記載する個人的情報の取捨選択の点で一定の配慮がなされた，④記事内容の正確性や表現方法の相当性の点でも特段の問題はない，⑤本件記事によってAの最高度のプライバシーに属する個人的情報を公表されたとまではいえない，⑥仮名が用いられたことなどの諸要素を挙げ，いずれかといえば報道の自由を保障する必要性が優先し，違法性が阻却されると結論付けた．

ただし，「仮に本件記事において，仮名ではなく被控訴人の実名が用いられていたとすれば，比較衡量の結果，違法性の有無について上記とは異なる結論に達するであろう」と付記されている点には注意が必要である．

1.2 『石に泳ぐ魚』事件

本件は，最高裁が，プライバシーを人格権に含め，これに基づく差止請求の存在を認容し，さらに差止めの要件を示した判決であり，極めて先例価値の高い事件である[49][50][51]．

(1) 事案の概要

原告は，在日3世の韓国人であり，梨花女子大学を卒業後，本件事件当時，東京芸術大学大学院で工芸（陶芸）を専攻していた．原告は，顔面に先天性静脈性血管腫の疾病を有しており，根本治療は存在しない．原告の父甲野太郎は，国際基督教大学の教授であったが，講演先の韓国で国家保安法違反（スパイ行為）により逮捕・服役し，その後韓国に帰国した．

被告柳美里は，在日2世の韓国人であり，作家及び劇作家である．

被告新潮社は，月刊誌「新潮」を発行する出版社であり，柳の書籍の日本語版の販売等を行った者である．その他関係者として2名の被告が存在する．

原告と被告柳は，1992年8月に知人を通じて知り合いとなり，交友関係を続けていた．

被告柳は，1994年9月号の「新潮」に，『石に泳ぐ魚』という小説（以下「本件小説」という）を発表した．この小説の中に登場する「朴里花」という人物は，原告に酷似していた．

「新潮」の掲載を知った原告は衝撃を受け，被告柳らに単行本としての出版停止を求めたが，話し合いは不調に終わった．そこで，原告は，弁護士と相談の上，1994年11月，本件小説の出版中止を求める仮処分を申し立てた．この中で，被告柳らは，日本においても韓国においても，本件小説の出版，出版物への掲載，放送，上演，戯曲・映画化等による翻案等を公表しない，今後小説を公表する場合は所定の訂正を加えたものとする旨を陳述したため，原告は仮処分の申立てを取り下げた．この訂正版は，「朴里花」の出身校及び進学した大学院・専攻の名称を変更し，手術歴，父の逮捕歴等を削除し，顔面の障害についても，その存在を暗示するにとどめるものであった．

被告柳は，1995年12月号の「新潮」に「表現のエチカ」を寄稿し，それは，1996年12月，単行本として出版された．「表現のエチカ」には，「里花」のモデルを「K」とした上で，被告柳と「K」の交友の契機，本件小説発表後の被告柳と「K」との交渉経過，本件訴訟の経過等が記載されており，原告の被告柳に対する書簡及び本件小説の一部が引用されているとともに，「金浦空港ではじめてKと顔を合わせた．そのとき私が激しく動揺し，Kを直視できなかったのは，彼女の顔に隠しようのない腫瘍があったからだ」といった記載がなされていた．

原告は，被告柳が執筆した本件小説『石に泳ぐ魚』の発行によって，名誉毀損，プライバシー及び名誉感情の侵害を受けたとして，被告らに対し，人格権，不法行為，不公表合意等に基づき，損害賠償[52]，謝罪広告の掲載，本件小説『石に泳ぐ魚』の公表差止め等を求める訴えを提起した．

(2) 判決要旨

東京地方裁判所は，1999年6月22日，損害賠償の一部（本件小説については100万円，「表現のエチカ」については30万円）を認めるとともに，本件小説『石に泳ぐ魚』の公表差止めを認める判決を下した．差止めの認められた根拠は，仮処分手続の中で，柳らが本件小説の不公表を陳述したことをもって，裁判所が不公表の合意を認定したことにあった．

東京高等裁判所は，2001年2月15日，柳及び新潮社の控訴を棄却した．地裁判決と異なる点は，不公表の合意を否定した上で，北方ジャーナル事件判決を引用して人格権に基づく差止めを認めたことにある．ただし，高裁判決は，予想される侵害行為によって受ける被害者側の不利益と侵害行為を差止めることによって受ける侵害者側の不利益を比較衡量することを前提に，①侵害行為が明らかに予想され，②侵害行為によって被害者が重大な損失を受けるおそれがあり，③その回復を事後に図るのが不可能ないし著しく困難であるとき，という3要件を掲げている．北方ジャーナル事件が挙げた「表現内容が専ら公益を図る目的でない」という要件を用いない一方で，①②の要件を加えており，侵害行為とそれに伴う損失に重点を置いた内容となっている．

なお，高裁判決は，賠償額について，「原判決が認定した損害の額は，小額にすぎ相当でないものと判断する」が，被控訴人から不服の申立てがないために原判決と同額を認定する旨を付言している．

この高裁判決に対し，柳及び新潮社は上告したが，最高裁判所は，2002年9月24日，原判決を正当であると認定して上告を棄却した．

「人格的価値を侵害された者は，人格権に基づき，加害者に対し，現に行われている侵害行為を排除し，又は将来生ずべき侵害を予防するため，侵害行為の差止めを求めることができるものと解するのが相当である．どのような場合に侵害行為の差止めが認められるかは，侵害行為の対象となった人物の社会的地位や侵害行為の性質に留意しつつ，予想される侵害行為によって受ける被害者側の不利益と侵害行為を差止めることによって受ける侵害者側の不利益とを比較衡量して決すべきである．そして，侵害行為が明らかに予想され，その侵害行為によって被害者が重大な損失を受けるおそれがあり，かつ，その回復を事後に図るのが不可能ないし著しく困難になると認められるときは侵害行為の

差止めを肯認すべきである．

　被上告人は，大学院生にすぎず公的立場にある者ではなく，また，本件小説において問題とされている表現内容は，公共の利害に関する事項でもない．さらに，本件小説の出版等がされれば，被上告人の精神的苦痛が倍加され，被上告人が平穏な日常生活や社会生活を送ることが困難となるおそれがある．そして，本件小説を読む者が新たに加わるごとに，被上告人の精神的苦痛が増加し，被上告人の平穏な日常生活が害される可能性も増大するもので，出版等による公表を差し止める必要性は極めて大きい．

　以上によれば，被上告人のA及び上告人新潮社らに対する本件小説の出版等の差止め請求は肯認されるべきである」．

　「原審の確定した事実関係によれば，公共の利益に係わらない被上告人のプライバシーにわたる事項を表現内容に含む本件小説の公表により公的立場にない被上告人の名誉，プライバシー，名誉感情が侵害されたものであって，本件小説の出版等により被上告人に重大で回復困難な損害を被らせるおそれがあるというべきである．したがって，人格権としての名誉権等に基づく被上告人の各請求を認容した判断に違法はなく，この判断が憲法21条1項に違反するものでないことは，当裁判所の判例（最高裁昭和41年(あ)第2472号同44年6月25日大法廷判決・刑集23巻7号975頁，最高裁昭和56年(オ)第609号同61年6月11日大法廷判決・民集40巻4号872頁）の趣旨に照らして明らかである．論旨はいずれも採用することができない」．

1.3　週刊文春販売差止仮処分命令申立事件

⑴　事案の概要

　本件は，有名政治家の長女の離婚に関する記事が，週刊文春に掲載された事件である．

　長女及びその元夫は，週刊文春の発行元である文芸春秋を相手取って，東京地方裁判所に対し，本件雑誌の販売等の差止めの仮処分を求め，その決定を得た．しかし，当該週刊文春は，発売日前日の2004年3月16日までに約77万部が印刷され，文芸春秋が仮処分の正本を受け取った時点では，既に約74万部が出荷されており，相当数が一般購読者に販売されていた．したがって，本件は，残りの3万部の差止めについての保全異議申立事件である．

（2）　決定要旨

　東京地方裁判所は，2004年3月19日，仮処分決定を認可した[53]．地裁決定は，プライバシー権は，他人に知られたくない私的事項をみだりに公表されない権利を含み，憲法第13条に基づく人格権の一部として侵害行為の差止めを求めることができるとしつつも，公共的事項に関する表現の自由の事前の規制は，憲法第21条の趣旨に照らして厳格かつ明確な要件の下においてのみ許されるべきことを述べた．その上で，北方ジャーナル事件及び『石に泳ぐ魚』事件の各最高裁判決を引き合いに出しつつ，事前差止めの要件として，当該出版物が①「公共の利害に関する事項に係るものでないこと」，②「専ら公益を図る目的のものでないことが明白」であること，③「被害者が重大にして著しく回復困難な損害を被るおそれがある」ことを掲げた．そして，本件事実関係に照らして，いずれの要件も満たすとして差止めを認めた．文芸春秋は，東京高等裁判所に保全抗告を申し立てた．

　東京高等裁判所は，2004年3月31日，文芸春秋の保全抗告を認めて仮処分決定を取り消し，長女及び元夫の仮処分の申立てを却下した[54]．

　東京高裁決定は，まず，ある人の離婚とそれを巡る事情は守られるべき私事であり，人格権の1つとしてのプライバシーの権利の対象であるとして，本件記事は長女及び元夫のプライバシー権を侵害するものであると認定した．次に，高裁決定は，地裁決定の掲げた上記3要件を判断の枠組みとするのが相当であることを前提に，一私人の離婚に関する事柄であることから，①本件記事は「公共の利害に関する事項に係るもの」とはいえず，②「専ら公益を図る目的のものでないことが明白である」と認定した．しかし，③「被害者が重大にして著しく回復困難な損害を被るおそれがある」か否かについては，次のように述べてこれを否定した．

　「ところで，本件記事は……表現の自由が，受け手の側がその表現を受ける自由をも含むと考えられているところからすると，憲法上の表現の自由と全く無縁のものとみるのも相当とはいえない側面のあることを否定することはできない．

　一方，離婚は……当事者の人格に対する非難など，人格に対する評価に常につながるものではないし，もとより社会制度上是認されている事象であって，

第4章　日本におけるプライバシー・個人情報をめぐる判例の展開　　237

日常生活上，人はどうということもなく耳にし，目にする情報の一つにすぎない．

更には，表現の自由は，民主主義体制の存立と健全な発展のために必要な，憲法上最も尊重されなければならない権利である．出版物の事前差止めは，この表現の自由に対する重大な制約であり，これを認めるには慎重な上にも慎重な対応が要求されるべきである」．

1.4　その他

損害賠償を求めた事案では，犯罪少年の氏名報道の可否が，複数の事件で争われた（堺通り魔殺人事件，長良川リンチ殺人事件）．結論としては，犯罪少年の実名報道であっても仮名報道であっても，不法行為責任は否定されている．

前者のケースでは，月刊誌『新潮45』の中で，幼児を含む数名に対する通り魔殺人を働いて起訴された少年Ａの実名及び顔写真が掲載された．大阪地方裁判所1999年6月9日判決は，新潮社らに対し，250万円の損害賠償（慰謝料200万円，弁護士費用50万円）の支払いを命じたが[55]，大阪高等裁判所2000年2月29日判決は，これを取り消して原告の請求を棄却した[56]．大阪高裁は，「……表現の自由とプライバシー権等の侵害との調整においては，少年法61条の存在を尊重しつつも，なお，表現行為が社会の正当な関心事であり，かつその表現内容・方法が不当なものでない場合には，その表現行為は違法性を欠き，違法なプライバシー権等の侵害とはならないといわなければならない」という判断基準を示し，違法性を阻却した．

後者のケースでは，仮名ではあるが，週刊文春の中で，少年Ｂが犯した長良川リンチ殺人事件及びＢの法廷での様子が記事として掲載された．

名古屋地方裁判所1999年6月30日判決は，請求を一部認め，発行元の文藝春秋に対し，30万円の慰謝料の支払いを命じた[57]．名古屋高等裁判所2000年6月29日判決は，文藝春秋の控訴及びＢの附帯控訴をいずれも棄却した[58]．最高裁判所第2小法廷は，2003年3月14日，文藝春秋の敗訴部分を破棄し，名古屋高裁に差し戻した[59]．この判決は，犯人情報及び履歴情報を「他人にみだりに知られたくない被上告人のプライバシーに属する情報」であるとし，プライバシー侵害を認めつつも，違法性阻却について個別具体的に判断しなかった原判決を破棄し・差し戻している．違法性阻却の場面では表現の自由との衡量

が問題となるが，最高裁は，諸事情を総合考慮し，公表されない法的利益と公表する理由を比較衡量すべきだと述べている．

　差戻控訴審の名古屋高等裁判所2004年5月12日判決は，名誉毀損の違法性阻却事由を認めるとともに，プライバシー侵害の違法性阻却事由については，Bの具体的被害が比較的小さいこと，本件犯罪行為が極めて凶悪かつ残虐で重大であること，本件記事公表時の社会的状況も少年犯罪に対する国民の関心が高まっていたことなどなどから，公表の理由が存在することを認め，文藝春秋の敗訴部分を取り消してBの請求を棄却した(60)．

　なお，これらの事件では，少年法第61条の推知報道の禁止に違反することが，不法行為を構成するか否かも問題となるが，判断が分かれている（堺通り魔殺人事件の大阪地裁判決・大阪高裁判決は否定，長良川リンチ殺人事件報道訴訟の名古屋地裁判決・名古屋高裁判決は肯定）．長良川事件の最高裁判決は明確な結論を述べなかったことから，今後の判断が待たれるところである．

　少年事件が頻繁に報道される今日の状況において，指名手配中の少年の実名報道に踏み切るメディアも存在しており，少年の実名報道の可否は，難しい問題の1つとして議論されている．

2　②のカテゴリに属する事件

2.1　宇治市住民基本台帳データ大量流出事件

　本件は，個人情報の大量漏えいに対して，プライバシー侵害に基づく損害賠償が認められた著名な事件である．

⑴　事案の概要

　宇治市は，住民基本台帳データ（個人連番の住民番号，住所，氏名，性別，生年月日，転入日，転出先，世帯主名，世帯主の続柄などの個人情報の記録）を用いて乳幼児健診システムの開発をすることとし，甲社に対して業務を委託した．甲社は，この業務を乙社に再委託し，さらに乙社はこれを丙社に再々委託した．宇治市はこれらの再委託・再々委託を承認していた．

　丙社のアルバイト従業員Tは，同社の社屋内において，上記住民基本台帳データを自分のコンピュータのハードディスクにコピーし，さらにこれを持参した光磁気ディスクにコピーして，名簿販売業者であるA社に対し，25万

8,000円で売却した．Tが持ち出したデータには，21万7,617件の個人情報が記録されていた．

このデータは，A社から転々譲渡されてD社にわたり，D社は，このデータから作成した名簿をインターネット上で購入を募る広告を掲載した．この広告が掲載されていることは，新聞紙上で大きく報道された．

そこで，宇治市民らは，宇治市に対し，Tのデータ持ち出し行為によって精神的被害を被ったとして，民法第715条又は国家賠償法第1条に基づき，慰謝料各30万円及び弁護士費用各3万円の損害賠償を請求した．

⑵ **判決要旨**

京都地方裁判所は，2001年2月23日，宇治市に対し，市民らに各1万円の慰謝料及び各5,000円の弁護士費用を支払うよう命じた[61]．まず，京都地裁は，本件データについて，宇治市民らの氏名，年齢，性別，住所のみならず，各世帯主との家族構成までもが整理された形態で明らかになる性質のものであるとして，『宴のあと』事件の基準に基づき，プライバシーに属する情報であることを認定した．そして，「……原告らの住民票データは……原告らのプライバシーに属するものとして法的に保護されるべきものである以上，それは，法律上，被告によって管理され，その適正な支配下に置かれているべきものである」として，宇治市の適正な支配下から流出したことをもって，権利侵害が発生するとした．

結論として，地裁判決は，本件データが個々の住民のプライバシーに属する情報である以上，宇治市はその秘密の保持に力全を尽くすべき義務を負うと述べ，Tに対する指揮監督義務を認め，民法第715条の成立を認定した．

大阪高等裁判所は，2001年12月25日，宇治市の控訴に対し，地裁判決と同様の認定を下し，控訴を棄却している[62]．宇治市は，高裁判決に対して上告受理を申立てたが，最高裁判所は，2002年7月11日，不受理決定を出したため[63]，高裁判決が確定した．

2.2 早稲田大学講演会名簿提出事件

本件は，前記『石に泳ぐ魚』事件とともに，最高裁判所が「プライバシー」という言葉を用いて被害者の救済を認めた重要な判決である．

(1) 事案の概要

原告らは，早稲田大学の学生である．被告は，早稲田大学等を設置する学校法人である．被告は，江沢民中国国家主席（当時）が主賓として来日する際に，教育活動の一貫として，学内での講演会を開催することを企画し，学生の参加を募った．その際，参加を申し込んだ学生に対し，氏名，学籍番号，住所，電話番号を参加者名簿に記載するよう求めた．被告は，講演会の警備にあたる警視庁の要請により，江主席の警備，警護に万全を期す目的で，講演会の開催前に，原告らを含む学生約1400名分の当該参加者名簿を提出した．しかし，名簿提出に関し，参加者へ事前告知をすることなく，同意を得ることもなかった．

本件訴訟は2件に分かれて争われた．

本件講演会の参加を申し込んだ9名の原告らのうち，6名は，本件名簿の提出行為に関し，プライバシー権を侵害されたとして，被告に対し，それぞれ，慰謝料30万円及び弁護士費用3万円の損害賠償を求めて訴えを提起した（第1訴訟）．

9名の学生のうち，3名は，本件講演会に参加した際に「中国の核軍拡反対」などと叫んで横断幕を広げるなどしたため，建造物侵入及び業務妨害の嫌疑で逮捕された．後に，本件講演会を妨害したことを理由に，被告から譴責処分を受けた．処分を受けた3名の原告は，被告が違法逮捕に加担したことにより身体の自由を害された，無効な本件処分及びその告示により，名誉・信用等を害された，個人情報の目的外利用によりプライバシー権を侵害されたと主張して，不法行為に基づく①慰謝料100万円及び弁護士費用10万円の損害賠償，②本件処分の無効確認，③謝罪文の交付及びその掲示を求めて訴えを提起した（第2訴訟）．

(2) 判決要旨：第1訴訟

6名の原告について下された判決である．東京地方裁判所は，2001年4月11日，プライバシー侵害を認め，かつ，本件名簿の提出は不適切であったとしながらも，外国要人の警備という正当かつ公益に関わる目的の下に，必要不可欠の行為であったことや，本件個人情報の秘匿性が低いことなどから，違法性が阻却されるとして原告らの請求を棄却した[64]．地裁判決に対し，原告は控訴した．

東京高等裁判所は，2002年1月16日，地裁判決を変更し，被控訴人（一審被告）に対し，各1万円の慰謝料の支払いを命じた[65]．この判決の特徴は，国民のプライバシー・個人情報の保護に対する法的意識の急速な高まりを具体的に指摘し，個人情報保護条例や個人情報保護法案（当時）提出などの国内的動向のみならず，OECD プライバシー・ガイドラインのような国際的基準の存在にも言及した点である．これらの要素を踏まえて，本件名簿の提出行為はプライバシー侵害に当たると判断している．また，東京高裁判決は，違法性阻却事由について，「個人情報の開示についてその個人の同意を得なかったことがやむを得ないと考えられるような事情」の有無等を要件に掲げた上で，本件では，早稲田大学自身，事前告知が容易な状況にあったこと，自ら個人情報の保護に関する規則を制定し，個人情報の目的外利用や外部への提供を原則禁止し，本人の同意のないまま外部に情報提供する場合は，個人情報保護委員会の判断を仰ぐことを規定していたにもかかわらず，その手続に自ら違反したことから，「ひとえに本件大学の手抜かり」と断じ，「配慮に欠けるものであった」と判断している．この判決に対しては，被控訴人が上告したものの，棄却されて確定した．

(3) 判決要旨：第2訴訟

東京地方裁判所は，2001年10月17日，譴責処分無効確認請求に関しては却下し，プライバシー権侵害については，被告が原告らの同意を求めなかったことを不適切であるとしながらも，本件の事情を総合考慮すれば，問題となった情報の要保護性が低いこと，警備の必要性があったことなどを重視し，正当理由の存在を肯定して請求を棄却した[66]．

東京地裁判決に対し，原告らは控訴した．

東京高等裁判所は，2002年7月17日，譴責処分無効確認請求を却下した東京地裁判決について，この処分は一般市民法秩序に属する必須の問題であるとしてこの判決を取り消し，改めて請求を棄却した[67]．あわせて，プライバシー侵害については，①本件個人情報は単純な情報にとどまる，②江主席の警備・警護に万全を期すという正当な開示目的があり，開示の必要性もあったことなどを理由に，違法性を阻却して控訴を棄却した．

控訴人（一審原告）らは，上告受理申立手続をとった．

最高裁判所は，2003年9月12日，裁判官5名のうち，3対2の多数決で，原判決を破棄，差し戻した(68)．

最高裁判決は，本件個人情報について，個人識別等のための単純な情報であって，秘匿されるべき必要性が必ずしも高いものではないとしながら，「しかし，このような個人情報についても，本人が，自己が欲しない他者にはみだりにこれを開示されたくないと考えることは自然なことであり，そのことへの期待は保護されるべきものであるから，本件個人情報は，上告人らのプライバシーに係る情報として法的保護の対象となるというべきである」と判示した．

そして，「このようなプライバシーに係る情報は，取扱い方によっては，個人の人格的な権利利益を損なうおそれのあるものであるから，慎重に取り扱われる必要がある」とし，「本件講演会の主催者として，参加者を募る際に上告人らの本件個人情報を収集した早稲田大学は，上告人らの意思に基づかずにみだりにこれを他者に開示することは許されないというべきであるところ，同大学が本件個人情報を警察に開示することをあらかじめ明示した上で本件講演参加希望者に本件名簿へ記入させるなどして開示について承諾を求めることは容易であってものと考えられ，それが困難であった特別の事情がうかがわれない本件においては，本件個人情報を開示することについて上告人らの同意を得る手続を執ることなく，上告人らに無断で本件個人情報を警察に開示した同大学の行為は，上告人らが任意に提供したプライバシーに係る情報の適切な管理についての合理的な期待を裏切るものであり，上告人らのプライバシーを侵害するものとして不法行為を構成するというべきである」と述べ，他の諸事情は結論を左右しないと判断した．

一方で，反対意見は，本件個人情報を，プライバシーに係る情報であっても，他者に知られたくないと感じる程度が低い，本件名簿は，講演会の管理運営を円滑に行うために作成されたものであるとし，他方で，本件講演会の警備の必要性はきわめて高く，本件個人情報の開示には正当な理由があった，上告人らに開示によって実質的な不利益は生じていないと指摘した．したがって，事前の同意を得なかった本件開示行為は，配慮を欠く面があったとしても，社会通念上許容される限度を逸脱した違法な行為であるということまではできず，不法行為を構成しないと述べている．

差戻控訴審は，2004年3月23日，前記最高裁判決を踏まえ，原審である地裁判決を取り消して，被控訴人（一審被告）に対して，慰謝料として各5,000円の損害賠償の支払いを命じた(69)．

⑷ 検 討

第1訴訟及び第2訴訟のいずれにおいても，原告らの請求が認められるという結果となった．以上紹介した判決はいずれも，本件の氏名，住所等の個人識別情報のプライバシー該当性を認めている．特に，第2訴訟の最高裁判決が，個人識別情報を「プライバシーに係る情報」とし，「個人の人格的な権利利益を損なわないように慎重に取り扱うべき」と述べた意義は極めて大きい．これまでの下級審判決の流れも勘案すると，個人識別情報を人格権の一内容として，プライバシー該当性を認めるという判例の方向性は固まったといえる．

次に，各判決は，違法性阻却事由の判断場面において，開示（提供）行為に対する同意取得手続が容易であるにもかかわらず，その手続をとらなかった早稲田大学の行為をいかに評価するかによって，結論を異にする．第1訴訟の東京地裁判決，第2訴訟の東京地裁判決及び東京高裁判決，第2訴訟の最高裁判決の反対意見は，早稲田大学が同意を得なかった点よりも，むしろ，外国要人の警備という目的の正当性，開示の必要不可欠性，本件個人情報の要保護性の低さを強調して，違法性を阻却した．参加者の名簿開示を予告しなかった点について，単に，第1訴訟の東京地裁判決は「不適切」，第2訴訟の最高裁判決の反対意見は「配慮を欠く面があった」と評価するにとどめている．

第2訴訟の最高裁判決においても，同意取得手続をとらなかった早稲田大学の行為が問題とされ，不法行為の成立が認められた．これらの判断については，人格権の一内容としてのプライバシー権を認める以上，個人情報の開示が違法でないとされるためには，原則として当該個人の同意が必要と考えられるのであって，同意がないにもかかわらず違法性を阻却するためには，同意に代わるものとしての「同意を得なかったこと自体についてのやむを得ないと考えられるような事情」が必要と考えたからだとの指摘もなされている(70)．

さらに，同判決において，原告らの合理的な期待の保護を判断要素とし，この期待を裏切る場合は，プライバシー侵害が成立し，その際，個人識別情報の秘匿性等他の諸事情は影響しないと述べた点も注目すべきである．すなわち，

他の下級審判決が示した客観的な判断基準よりも，個人情報の管理に対する本人の合理的期待を重視したものといえる．これは，同判決において，「本人が，自己が欲しない他者にはみだりにこれを開示されたくないと考えることは自然なことであり，そのことへの期待」を保護すべきことから，本件個人情報をプライバシーに係る情報として法的保護の対象と捉えた点に基づく．

損害賠償については，第1訴訟では1万円，第2訴訟では5,000円という結果となった．いずれの訴訟でも，本件訴訟の実質的な目的が違法確認訴訟である点が勘案されている．これは，英米法の名目的損害賠償（nominal damage）[71] の制度を参考にしたとも評価できる．

以上をまとめると，①個人識別情報は人格権の一内容としてプライバシーに該当する，②プライバシー侵害を回避するためには同意取得手続をとるべき，③同意のないまま開示をすれば本人の合理的期待を侵害し，プライバシー侵害に基づく不法行為が成立する，④合理的期待を裏切ったことによるプライバシー侵害の結論は，他の諸事情の影響を受けないということが分かる．これらは，今後の訴訟実務に多大な影響を及ぼすものといえる．

2.3 北海道警個人情報漏えい事件

(1) 事案の概要

原告は，少年時代に道路交通法違反で逮捕された経歴を持つ人物である．

北海道警に勤務するA巡査は，私有パソコンを用いて捜査関係書類を作成しており，自宅でこのパソコンを使ってウイニーを起動させてインターネットに接続した．ところが，同パソコンがアンティニーに汚染されていたことから，デスクトップ画面上に存在していた捜査関係文書のファイルがインターネットを介して他のウイニー利用者によってアクセス可能な状態に置かれ，原告の捜査情報が他のウイニー利用者に閲覧されるに至った．

原告は，上記の情報流出行為により精神的被害を被ったとして，国家賠償法第1条第1項に基づき，北海道に対し，200万円の損害賠償の請求を求めて訴えを提起した．

(2) 判決要旨

札幌地方裁判所は，2005年4月28日，国家賠償法第1条第1項の成立を認め，被告に対して，40万円の損害賠償の支払いを命じた[72]．損害額を認定するに

当たっては，少年の非行事実として少年の健全育成のため秘匿されるべき情報であること，原告は，本件情報流出により人格権に基づくプライバシー権を侵害され，甚大な精神的苦痛を被ったこと，一度流出した上記情報の抹消・回収は半永久的に不可能と考えられることなどが考慮されている．地裁判決に対して，被告が控訴した．

札幌高等裁判所は，2005年11月11日，自宅においてインターネットに接続してパソコンを利用することは，通常は職務と無関係の行為であって，国家賠償法第1条第1項の定める「職務を行う」に当たらないと認定し，原判決を取り消して被控訴人（一審原告）の請求を棄却した[73]．

2.4　Yahoo!BB 個人情報漏えい事件

(1)　事案の概要

インターネット接続等の総合電気通信サービスを提供する「Yahoo!BB」の会員である原告らは，同サービスの顧客情報として保有管理されていた自らの氏名・住所等の個人情報を外部に漏えいされたとして，被告 BB テクノロジー株式会社及び同ヤフー株式会社に対し，共同不法行為に基づく損害賠償として，慰謝料100万円，及び，弁護士費用24万円のうち10万円をそれぞれ請求した．原告らは，被告らが個人情報の適切な管理を怠った過失があるとして，自己情報コントロール権（現代的プライバシー権）の侵害を主張している．また，漏えいの原因は，BB テクノロジーの業務委託先の元従業員である A 及びその知人 B が，共有アカウントを用いて外部から不正にアクセスし，原告らの顧客情報を取得したことにあった．2003年6月の不正取得では471万6,788件，2004年1月の不正取得（B のみが関与）では，約650万件の個人情報が含まれていた．

(2)　判決要旨

大阪地方裁判所は，2006年5月19日，原告らの精神的苦痛に対する慰謝料として，原告1人あたり5,000円，弁護士費用1,000円の賠償を認めた[74]．

地裁判決は，電気通信事業における個人情報保護ガイドラインや個人情報保護法を引き合いに出し，「被告 BB テクノロジーは，本件不正取得が行われた当時，顧客の個人情報を保有，管理する電気通信事業者として，当該情報への不正なアクセスや当該情報の漏えいの防止その他の個人情報の適切な管理のた

めに必要な措置を構ずべき注意義務を負っていたと認められる」と述べ，BB
テクノロジーの個人情報管理に関する一般的な注意義務を認めた．その上で，
BB テクノロジーについて，①特定のコンピュータからのアクセスしか認めな
いという方法を取らず，②共有アカウントを A に与え，③ A の退職後もユー
ザー名の削除やパスワードの変更を行わなかったことなどから，本件において，
不正アクセスを防止するための注意義務に違反することが認定された．

　次に，権利侵害の有無について，地裁判決は，「住所・氏名・電話番号・メ
ールアドレス等の情報は，個人の識別等を行うための基礎的な情報であって，
その限りにおいては，秘匿されるべき必要性が高いものではない……しかし，
このような個人情報についても，本人が，自己が欲しない他者にはみだりにこ
れを開示されたくないと考えることは自然なことであり，そのことへの期待は
保護されるべきものであるから，これらの個人情報は，原告らのプライバシー
に係る情報として法的保護の対象となるというべきである」と述べ，原告らの
プライバシー権侵害を認定した．

　なお，地裁判決は，ヤフー株式会社について，BB テクノロジーとは別個に
顧客情報を管理していたことなどから，共同不法行為責任の存在を否定した．

　大阪高等裁判所は，2007年6月21日，BB テクノロジーの責任とともに，地
裁判決では認められなかったヤフー株式会社について，民法第715条の使用者
責任の成立を認めた[75]．ただし，賠償金額については，会員に500円の郵便振
替支払通知書の郵送をしたことで一部弁済が認められ，控除された5,500円
（慰謝料4,500円，弁護士費用1,000円）の支払いが命じられている．

2.5　TBC 個人情報漏えい事件

⑴　事案の概要

　被告は，エステティックサロンである東京ビューティーセンター（以下
「TBC」という）を全国各地に設置経営する株式会社である．

　原告ら14名は，被告が委託先を通じて開設していたウェブサイトにおいて実
施されたアンケート，懸賞，無料エステ体験の募集等に回答し，自らの氏名，
年齢，住所，電話番号，メールアドレス等の個人情報を入力し，それを送信し
た者である．この情報には，原告らが申し込んだエステティックサービスの
「コース内容」や「質問の回答」を推測できるような情報が含まれていた．

被告は，2002年5月26日頃，上記アンケート等を通じて原告らから提供を受けた個人情報を，インターネット上で第三者による閲覧が可能な状態に置き，実際に第三者がそれにアクセスしてその個人情報を漏えいさせた．そこで，原告らは，そのプライバシーを侵害されたとして，被告に対し，不法行為又は使用者責任に基づき，1人あたり慰謝料100万円及び弁護士費用15万円の支払いを求めて訴えを提起した．

(2) 判決要旨

東京地方裁判所は，2007年2月8日，原告14名のうち13名に対し，3万5,000円，残り1名については2万2,000円の支払いを命じた[76]．地裁判決は，漏えいした本件個人情報については，次のように述べ，プライバシーに係る情報として法的保護の対象となると判示した．「氏名，住所，電話番号及びメールアドレスは，社会生活上個人を識別するとともに，その者に対してアクセスするために必要とされる情報であり，一定範囲の者に知られ，情報伝達のための手段として利用されることが予定されているものであるが，他方で，そのような情報であっても，それを利用して私生活の領域にアクセスすることが容易になることなどから，自己が欲しない他者にはみだりにそれを開示されたくないと考えるのは自然のことであり，そのような情報がみだりに開示されないことに対する期待は一定の限度で保護されるべきものである．また，職業，年齢，性別についても，みだりに開示されないことの期待は同様に保護されるべきものといえる．」

また，地裁判決は，個人情報の保護をめぐる社会情勢として，OECDプライバシー・ガイドライン，EU個人保護指令，通商産業省（当時）が公表していた個人情報保護のためのガイドラインを挙げた上で，「これらのガイドラインは，直ちに不法行為における注意義務を構成するものではないが，そこで要請されている個人情報保護の必要性にかんがみると，本件情報流出事故が発生した平成14年ころにおいても，個人情報を取り扱う企業に対しては，その事業内容等に応じて，個人情報保護のために安全対策を講ずる法的義務が課せられていたものというべきである」と認定して注意義務の存在を認定した．

その他，実質的な指揮監督関係も認定され，使用者責任の成立が肯定された．損害については，本件情報がセンシティブ情報又は機微情報であることなどが

考慮され，上記の賠償額となった．

地裁判決に対し，被告は控訴し，原告は附帯控訴をした．東京高等裁判所は，2007年8月28日，双方の控訴を棄却した[77]．判決が，本件個人情報について，「誰にも知られたくない種類の価値観に関係した個人情報」であると認定している点は注目される．

3 ③のカテゴリに属する事件

2004年頃から，住民基本台帳ネットワークについて，プライバシー権侵害を理由に，運用の差止め及び慰謝料の賠償を求める訴訟が相次いだ．主要な争点は，現代的プライバシー権（自己情報コントロール権）を認めるか否かである．

現代的プライバシー権の存在を明示的に述べた判決としては，神戸地方裁判所の1999年6月23日判決が存在する[78]．これは，個人開業の眼科医が，掲示板システムに個人情報を無断で掲載され，嫌がらせや眼科診療を妨害されたことから，情報を載せた者に対し，損害賠償を求めた事案である．神戸地裁判決は，「このように自己に関する情報をコントロールすることは，プライバシーの権利の基本的属性として，これに含まれるものと解される」と判示し，プライバシー侵害を認めた．ただし，実際には『宴のあと』事件判決の3要件に則った判断がなされており，自己情報コントロール権の内容に具体的に言及したものではなかった．

住基ネットの関係では，2005年5月30日に金沢地方裁判所がプライバシー権侵害に基づく違憲判決を下し，翌5月31日に名古屋地裁がプライバシー権侵害を否定したことによって，マスコミでも大きく取り上げられた．その後，2006年11月30日の大阪高等裁判所判決が，現代的プライバシー権の存在を認めたことでも話題となったが，上記金沢地裁の控訴審である名古屋高等裁判所金沢支部は，同年12月11日，石川県の敗訴部分を取り消して原告の請求を棄却している．

住基ネット関連の全体の判決の傾向は否定的であり，現代的プライバシー権に対する懐疑的立場を取る傾向が強いように考えられる．また，この権利を認める立場も，限定的な捉え方にとどまっている．いまだ，現代的プライバシー権は，判例法上確立していないと見るべきであろう．

3.1 現代的プライバシー権を認めた判決

(1)　大阪地方裁判所2004年 2 月27日[79]，大阪高等裁判所2006年11月30日[80]

　大阪地方裁判所は，住基ネットが個人のプライバシーに係る法的利益に対する侵害を容易に引き起こすような危険なシステムとは認められないとして，請求を棄却した．

　大阪高等裁判所は，プライバシー権については次のように述べて，原判決を一部取り消して住民らの請求を一部認容した．「自己のプライバシー情報の取扱いについて自己決定する利益（自己情報コントロール権）は，憲法上保障されているプライバシーの権利の重要な一内容となっている……その運用に同意しない控訴人らに対して住基ネットの運用をすることは，その控訴人らの人格的自律を著しく脅かすものであり，住基ネットの行政目的の正当性やその必要性が認められることを考慮しても，控訴人らのプライバシー権（自己情報コントロール権）を著しく侵害するものというべきである」．

(2)　金沢地方裁判所2005年 5 月30日[81]，名古屋高等裁判所金沢支部2006年12月11日[82]

　金沢地方裁判所は，システム運用の差止めを認容し，賠償請求を棄却した．

　「……私事の公開・私生活への侵入からの自由としてのプライバシーの権利は，憲法の基本原理の 1 つである「個人の尊重」を実現する上での要となる権利の 1 つであって，単に，不法行為法上の被侵害利益であるに止まらず，いわゆる人格権の一内容として，憲法13条によって保障されていると解すべきである．

　ところで，近年，IT（情報技術）の急速な発達により，コンピュータによる膨大な量の情報の収集，蓄積，編集，伝達が可能となり，またインターネット等によって多数のコンピュータのネットワーク化が可能となった……このような社会状況に鑑みれば，私生活の平穏や個人の人格的自律を守るためには，もはや，プライバシーの権利を，私事の公開や私生活への侵入を拒絶する権利と捉えるだけでは充分でなく，自己に関する情報の他者への開示の可否及び利用，提供の可否を自分で決める権利，すなわち自己情報をコントロールする権利を認める必要があり，プライバシーの権利には，この自己情報コントロール権が重要な一内容として含まれると解するべきである」．

名古屋高等裁判所金沢支部は，石川県らの敗訴部分を取り消して住民の請求を棄却した．

「このような国家機関等の公権力による個人の私生活上の情報の収集，公開及び私生活に対する干渉からの自由は，憲法13条が保障している幸福追求権の一内容として，個人の私生活上の自由及び平穏に関する利益で，個人の人格的自律ないし人格的生存に必要不可欠な利益（上記個別規定で保障されている基本権と同等の憲法的価値を有する人格的利益）を内容とする人格権に基づくプライバシーに関する権利（以下「プライバシー権」という．）として，すべての国民に保障されているものというべきであり……本人確認情報に係る住民は，人格権としてのプライバシー権に基づく妨害排除請求権又は妨害予防請求権によりその差止め等の救済（憲法13条が国民に対して保障している人格権としてのプライバシー権に基づき，公権力による個人情報の提供を禁止し，公権力が保有する個人情報の削除を求めること）を求めることができるものというべきである．被控訴人ら主張のプライバシー権（自己情報コントロール権）は，上記の趣旨と範囲において，これを肯定することができる」[83]．

3.2 現代的プライバシー権を否定した判決

(1) 名古屋地方裁判所2005年5月31日[84]

名古屋地方裁判所は，次のように述べて原告らの請求を棄却した．

「原告らが主張するような自己情報をコントロールする権利がプライバシー権として認められるか否かは別としても，本人確認情報や氏名の読み方等についても，これをみだりに収集，開示されたくないと考えるのは自然なことであり，そのことへの期待は保護されるべきであるから，これをみだりに収集，開示されないという限度での法的利益は認められる」．

この判断基準は，早稲田大学名簿提出事件の最高裁判決に倣った内容となっている．

なお，名古屋地裁は，この年の4月28日にも判決を下している[85]．この事件は，名古屋市民が，住基ネットを憲法第13条に違反するとして，名古屋市に対し，公金支出の差止め，及び，支出が確定した公金2,000万円の損害賠償の請求を当時の市長に請求するよう求める訴えを提起したものである．原告らの請求は棄却されたが，判決は，5月31日付の判決とは異なる基準を示した．

第 4 章　日本におけるプライバシー・個人情報をめぐる判例の展開　　251

「プライバシーの権利をどのように理解するかについては，いろいろな考えがあるが，一般には，自己に関わる情報を開示する範囲を自ら決定することのできる権利と構成するのが相当である……プライバシーの権利をこのように把握するならば，憲法19条，21条 1 項，同条 2 項後段，35条，38条などは，その一側面あるいは行使の一場面を保障するものと理解することができるが，さらにこれらの規定によって直接保護の対象とされない場合であっても，個人の尊厳を指導原理とする憲法13条の幸福追求権に含まれ得るというべきである」．

　このように，名古屋地裁は，約 1 ヶ月のうちに，自己情報コントロール権的な考えを認める判決と，早稲田大学事件の最高裁判決を援用する判決を下している．プライバシーの権利ないし利益に対する価値判断が，裁判官によって全く異なることを示すものである．

⑵　**福岡地方裁判所2005年10月14日**[(86)]

　福岡地方裁判所は，原告らの請求を棄却した．

　「しかしながら，原告ら主張の自己情報コントロール権については，その内容及び外延が必ずしも明確ではない上…上記人格的利益が差止請求権を与えるにふさわしい内容を有する人格権としての権利性を有するかについては疑問があり，この点において差止請求が認められない可能性が高いというべきである」．

⑶　**大阪地方裁判所2006年 2 月 9 日**[(87)]

　大阪地方裁判所は，原告らの請求を棄却した．

　「……個人に関する情報が行政機関や民間企業において収集，管理，利用され，また，インターネットを通じて情報が瞬時に流通する現代の情報化社会において，個人の私生活上の自由や人格的自律を保障するためには，個人に関する情報について，行政機関等から不当に収集されたり，利用されたり，他に提供されたりしないように保護することにとどまらず，行政機関等が不当に個人情報を保有，利用しているような場合には，その情報が他の行政機関等へ提供されることを差止めたり，その情報の抹消を求めたりする権利も保障される必要がある．もっとも，プライバシー権が，人格権の一種として憲法13条の個人の尊重の理念に基礎を置くものである以上，保護の対象として中心となるのは，人格の生存や発展に不可欠な情報であり，それに直接かかわらない，外的事項

に関する個人情報については，行政機関等が正当な目的で，正当な方法により収集，利用，他へ提供しても，プライバシー権の侵害とはならないと解される．自己情報コントロール権は，このような内容の権利として，憲法上保障されているというべきである（以下，原告らの主張する権利内容と区別する意味で，この権利を「自己情報管理権」という.)」.

(4) 千葉地方裁判所2006年3月20日[88]

千葉地方裁判所は，原告らの請求を棄却した．

「……自己に関する一定の情報について，みだりに収集等されない権利は，人格権の一内容として憲法13条により保護される権利と解するのが相当である」.

(5) さいたま地方裁判所2007年2月16日[89]

さいたま地方裁判所は，原告らの請求を棄却した．

「……原告らのいう自己情報コントロール権なるものは，未だこれが認められる範囲，権利の内容等について不確定な要素が多く，これを直ちに憲法13条に基づく権利として認めることは困難である」.

(1) 判決・決定は，民事事件を中心に紹介する．
(2) 第20次国民生活審議会個人情報保護部会第13回資料7「プライバシー・個人情報に関する日本の判例の展開～プライバシー・個人情報保護論議とのコラボレーション～」（堀部政男委員・2007年2月2日）参照.
(3) 堀部政男『現代のプライバシー』（岩波新書，1980年）107～115頁.
(4) 末延三次「英米法に於ける秘密の保護：いはゆる Right to Privacy について（一）」法学協会雑誌第53巻第11号（1935）2069頁以下，同「英米法に於ける秘密の保護：いはゆる Right to Privacy について（二・完）」法学協会雑誌第53巻第12号（1935年）2326頁以下.
(5) 戒能通孝『小繋事件：三代にわたる入会権紛争』（岩波書店，1964年）．岩手県の農民の入会闘争として知られている.
(6) 戒能通孝「人格権と権利侵害の類型化」法律時報第27巻第11号（1955年）24頁以下.
(7) 戒能通孝「新聞と人権」日本新聞協会編『新聞の責任：名誉毀損を中心として』（岩波書店，1956年）33頁以下.
(8) 戒能通孝「プライヴァシィ権とその保障」我妻栄ほか『私法学論集（下）』（有斐閣，1959年）133頁以下.
(9) 堀部・前掲注(3)111頁.

第4章　日本におけるプライバシー・個人情報をめぐる判例の展開　　253

(10)　佐藤幸治「プライヴァシーの権利（その公法的側面）の憲法論的考察（一）：比較法的検討」法学論叢第86巻5号（1970年）1頁以下，同「プライヴァシーの権利（その公法的側面）の憲法論的考察（二）：比較法的検討」法学論叢第87巻第6号（1970年）1頁以下．

(11)　佐藤教授は，その後，「権利としてのプライバシー」ジュリスト臨時増刊号『情報公開・プライバシー』第742号（1981年）158頁以下を発表し，自己情報コントロール権の概念，存在理由を考察している．

(12)　東京地判昭和39年9月28日下民集第15巻第9号2317頁．評釈は，伊藤正己「『宴のあと』判決の問題点」ジュリスト第309号（1964年）47頁以下ほか，極めて多数．

(13)　東京地決昭和45年3月14日高民第23巻第2号189頁．

(14)　東京高決昭和45年4月13日高民第23巻第2号172頁．評釈は，佐藤幸治「過去の事実の公表：映画『エロス＋虐殺』」『マスコミ判例百選』別冊ジュリスト第31号（1971年）142頁以下，小泉良幸「プライバシー侵害と非公然性：映画『エロス＋虐殺』事件」堀部政男・長谷部恭男編『メディア判例百選』別冊ジュリスト第179号（2005年）90頁以下ほか．

(15)　小泉・前掲注(14)91頁．

(16)　東京地判昭和52年7月19日高民第32巻第1号40頁，東京高判昭和54年3月14日高民第32巻第1号33頁．

(17)　東京地判昭和48年2月19日判時第713号83頁．

(18)　京都地判昭和50年9月25日民集第35巻第3号637頁．

(19)　大阪高判昭和51年12月21日民集第35巻第3号647頁．

(20)　最判昭和56年4月14日民集第35巻第3号620頁．評釈は，飯塚和之「前科照会とプライバシー侵害」堀部・長谷部・前掲注(14)96頁以下ほか多数．

(21)　大阪地判昭和56年4月22日判時第1013号77頁．

(22)　大阪高判昭和58年5月31日判タ504号105頁．

(23)　最判昭和63年12月20日判時第1302号94頁．

(24)　東京地判昭和59年10月30日判時第1137号29頁．

(25)　東京高判昭和63年3月24日判時第1268号15頁．

(26)　飯塚和之「プライバシーの権利概念」竹田稔・堀部政男編著『名誉・プライバシー保護関係訴訟法』（青林書院，2001年）133頁．

(27)　山口地判昭和54年3月22日民集第42巻第5号336頁，広島高判昭和57年6月1日民集第42巻第5号404頁，最判昭和63年6月1日民集第42巻第5号277頁．評釈は，芦部信喜「自衛官合祀と政教分離原則：合祀拒否訴訟大法廷判決について」月刊法学教室第95号（1988年）6頁以下ほか多数．

(28)　飯塚・前掲注(26)135頁．

(29)　東京地判昭和62年9月30日判時第1250号144頁．

(30)　東京地判昭和62年11月20日民集第48巻第2号218頁．

(31)　東京高判平成元年9月5日高民第42巻第3号325頁．

（32）　最判平成6年2月8日民集第48巻第2号149頁．堀部政男「判例法上のプライバシー権：東京地裁昭和六二年一一月二〇日判決の意義」判時第1291号164頁以下，大石泰彦「ノンフィクション作品における前科等事実の公表：『逆転』事件」堀部・長谷部・前掲注(14)92頁以下ほか多数．

（33）　堀部・前掲注(32)166頁．

（34）　飯塚・前掲注(26)134-135頁．

（35）　飯塚・前掲注(26)135頁．

（36）　東京地判平成2年8月29日判時第1382号92頁．松本恒雄「ダイレクト・マーケティングにおける顧客対象者リストの私法上の問題」神山敏雄・堀部政男ほか編『顧客リスト取引をめぐる法的諸問題』（成文堂，1995年）113頁以下．

（37）　東京地判平成3年3月28日判時第1382号98頁．

（38）　東京高判平成4年2月3日金法第1347号27頁．松本・前掲注(36)129〜133頁．

（39）　松本・前掲注(36)132〜133頁．

（40）　横浜地判川崎支部平成2年11月29日判時第1374号89頁．

（41）　仙台地判平成7年12月7日判夕第901号153頁．

（42）　仙台高判平成9年8月29日労判第729号76頁．

（43）　神戸地決平成9年2月12日判時第1604号127頁．

（44）　東京地判平成9年6月23日判時第1618号97頁．評釈は，長谷部恭男「タレントのプライバシー侵害と差止請求：スマップおっかけ本事件」法律時報第70巻第2号（1998年）114頁以下ほか．

（45）　東京地判平成10年11月30日判時第1686号68頁．

（46）　最判昭和61年6月11日民集第40巻第4号872頁．

（47）　公刊物未登載．

（48）　東京高判平成13年7月18日判時第1751号75頁．山本一「仮名報道の自由とプライバシー権：「あしながおじさん」公益法人常勤理事事件」堀部・長谷部・前掲注(14)98頁以下．

（49）　東京地判平成11年6月22日判時1691号91頁．評釈は，紙谷雅子「『石に泳ぐ魚』出版差止東京地裁判決について」月刊法学教室第230号（1999年）45頁以下ほか．

（50）　東京高判平成13年2月15日判時1741号68頁．評釈は，紙谷雅子「小説による名誉毀損とプライヴァシ侵害：『石に泳ぐ魚』事件控訴審判決」法律時報第73巻第4号（2001年）78頁以下ほか．

（51）　最高裁判決については，新潮社の上告事件と柳の上告事件が分かれたため，2件の判決が下されている．いずれも上告は棄却された．新潮社に関する判決は，最判平成14年9月24日判時第1802号60頁．評釈は，棟居快行「プライバシー権を理由とするモデル小説の事前差止め──『石に泳ぐ魚』事件」堀部・長谷部・前掲注(14)150頁以下ほか．柳に関する判決は，公刊物未登載．

（52）　原告は，被告柳，同新潮社，同坂本（新潮社の元社員）に対しては連帯して1,000万円を請求し，それとは別に被告柳に対して500万円を請求した．

第 4 章　日本におけるプライバシー・個人情報をめぐる判例の展開　　255

(53)　東京地決平成16年 3 月19日判時第1865号18頁.

(54)　東京高決平成16年 3 月31日判時第1865号12頁. 一井泰淳「政治家長女の離婚記事が
　　掲載された雑誌の販売差止め：週刊文春事件」堀部・長谷部・前掲注(14)154頁以下.

(55)　大阪地判平成11年 6 月 9 日判時第1679号54頁.

(56)　大阪高判平成12年 2 月29日判時第1710号121頁. 評釈は，坂田仰「少年の実名報道
　　と少年法61条——堺通り魔殺人事件訴訟」堀部・長谷部・前掲注(14)102頁以下ほか.

(57)　名古屋地判平成11年 6 月30日民集第57巻第 3 号254頁.

(58)　名古屋高判平成12年 6 月29日民集第57巻第 3 号265頁.

(59)　最判平成15年 3 月14日民集第57巻第 3 号229頁. 右崎正博「少年の仮名報道と少年
　　法61条：長良川リンチ殺人事件報道訴訟」堀部・長谷部・前掲注(14)100頁以下ほか多
　　数.

(60)　名古屋高判平成16年 5 月12日判時第1870号29頁.

(61)　京都地判平成13年 2 月23日判例地方自治第265号11頁.

(62)　大阪高判平成13年12月25日判例地方自治第265号11頁.

(63)　最決平成14年 7 月11日判例地方自治第265号11頁.

(64)　東京地判平成13年 4 月11日判タ第1067号150頁.

(65)　東京高判平成14年 1 月16日判タ第1083号295頁.

(66)　東京地判平成13年10月17日民集第57巻第 8 号994頁.

(67)　東京高判平成14年 7 月17日民集第57巻第 8 号1045頁.

(68)　最判平成15年 9 月12日民集第57巻第 8 号973頁. 浜田純一「講演会参加者名簿の開
　　示とプライバシー：早稲田大学江沢民講演会名簿提出事件」堀部・長谷部・前掲注(14)
　　94頁以下ほか.

(69)　東京高判平成16年 3 月23日判時第1855号104頁.

(70)　判タ第1083号297頁.

(71)　権利侵害があったことは認められるが，実質的損害の発生が認められない場合，又
　　は被害者（原告）が損害額を証明する証拠を提出しない場合に，被告に課されるきわめ
　　て少額な損害賠償をいう. 田中英夫編『英米法辞典』（東京大学出版会，1991年）587-
　　588頁より.

(72)　札幌地判平成17年 4 月28日判例地方自治第268号28頁.

(73)　札幌高判平成17年11月11日公刊物未登載.

(74)　大阪地判平成18年 5 月19日判時第1948号122頁.

(75)　大阪高判平成19年 6 月21日公刊物未登載.

(76)　東京地判平成19年 2 月8日判時第1964号113頁.

(77)　東京高判平成19年 8 月28日公刊物未登載.

(78)　神戸地判平成11年 6 月23日判時第1700号99頁.

(79)　大阪地判平成16年 2 月27日判時第1857号92頁.

(80)　大阪高判平成18年11月30日判時第1962号11頁.

(81)　金沢地判平成17年 5 月30日判タ第1199号87頁.

(82) 名古屋高判金沢支部平成18年12月11日判時第1962号40頁.

(83) ただし，住基ネットにおいて本人確認情報を取り扱うことは「公共の福祉」による制限として許されると判断された.

(84) 名古屋地判平成17年5月31日判タ第1194号108頁.

(85) 名古屋地判平成17年4月28日公刊物未登載.

(86) 福岡地判平成17年10月14日判時第1916号91頁.

(87) 大阪地判平成18年2月9日公刊物未登載.

(88) 千葉地判平成18年3月20日公刊物未登載.

(89) さいたま地判平成19年2月16日公刊物未登載.

第5章　考　察

　第 I 部では，1890年のウォーレン＆ブランダイス論文，及び，その後のイギリス，アメリカ，日本における判例法の発展を整理し，考察した．その結果は次のようにまとめることができる．

第1節　「プライバシー権の提唱とその背景」

　1890年にウォーレンとブランダイスが発表した「プライバシーの権利」は，アメリカにおけるその後のプライバシー論議に極めて大きな影響を与えた．これが執筆されなかったならば，プライバシーの権利という考え方は，承認されることにならなかったかもしれないし，仮にそうでないとしても，かなり遅れて認められることになったであろうといわれている[1]．又は，プライバシーの保護が認められても，独立の権利としては承認されなかったかもしれない．

　ウォーレン＆ブランダイス論文は，プライバシー権を承認できるか否か，できるとすれば権利の性質及び範囲がどのようなものであるかを考察することを目的としているが，多くの論述は，権利の本質と根拠に割かれている（第1段落〜第3段落）．

　この論文の掲げた「ひとりにしておかれる権利」，すなわち伝統的プライバシー権は，イエロー・ジャーナリズムに悩まされたウォーレンの家庭的事情により，マスメディアとの関係で登場した．したがって，ウォーレンとブランダイスが元々想定していたプライバシー権は，私生活への侵入や，私事の公開から保護される権利といえる．特に，論文中では，「公開」という言葉が多数回にわたって用いられ，主に，「公開」からの保護が中心に論じられている．

　この関係で，伝統的プライバシー権といわれる「ひとりにしておかれる権利」が何を意味していたかを検討すると，ウォーレンとブランダイスは，プライバシー権を多義的に理解し，様々な形で説明していることが明らかとなった．

それを大きく2つのカテゴリに分類すると，1つは，「秘密を守る権利，孤独を守る権利，思想・信条・感情をあらゆる形式における公開から保護される権利」である．クーリー裁判官のいう不可侵権に相当するものである．ちなみに，クーリー裁判官の発表した『不法行為法論』の中では，「プライバシー」という用語は用いられていない．『不法行為法論』が取り上げた「個人の不可侵権」や「ひとりにしておかれる権利」は，権利侵害やその試みを受けない権利という広い意味を有しており，その例として，暴行のような物理的接触がなくとも，脅迫は法的な権利侵害を構成するとされる．クーリー裁判官は，身体への干渉行為を念頭に置き，未遂を権利侵害に含めるとともに，未遂の中でも，侮辱や，恐怖の状態に置くといった，通常は顧慮されない要因を考慮することにより，法的な権利侵害の範囲を拡大する方向で論じている．このように，クーリー裁判官は，「ひとりにしておかれる権利」について，ウォーレン＆ブランダイス論文のいうような内容では，想定していなかったように思われる．ウォーレンとブランダイスは，「ひとりにしておかれる権利」をプライバシー権との関係で捉え直し，具体化したと理解することができる．

　もう1つのカテゴリは，「各個人が通常，自己の思想や心情，感情をどの程度他人に伝えるべきかを決定する権利」又は「公開の行為を完全にコントロールする」権利である．この説明は，不可侵権というよりも，個人に公開の決定権を与えるという意味で，後に登場する現代的プライバシー権（自己情報コントロール権，情報プライバシー権等ともいわれる）に親和性を持つ．多くの先行研究では，伝統的プライバシー権は消極的，現代的プライバシー権は積極的と説明されてきたが，ウォーレンとブランダイスは，元々，プライバシー権を様々な意味で捉えており，必ずしも消極的な権利として位置づけていたわけではない．現代的プライバシー権については，1967年に，アラン・F・ウエスティン博士が『プライバシーと自由』の中で具体的に論じることとなる．詳しくは後述するが，ウェスティン博士の提唱した現代的プライバシー権は，伝統的プライバシー権に起源を持つ，いい換えれば，ウォーレンとブランダイスの提唱したプライバシー権の一部が，現代的プライバシー権として発展したと考えられる．

　次に，イギリスの諸判決の検討結果に移るが，ウォーレン＆ブランダイス論

文がプライバシー権の本質及び救済方法を論じるに当たって依拠したのは，19世紀におけるイギリスの4つの判決である．これらの諸事件で問題となったのは，講義内容（1824年のアバーネシー対ハッチンソン事件），私生活を描いたエッチング（1849年のアルバート公対ストレンジ事件），販売目的で購入した絵画（1886年のタック対プリースター事件），写真店で撮影した肖像（1888年のポラード対フォトグラフィック社事件）の公開ないしは販売であって，今日のプライバシー侵害とは関連しない事案も含まれている．むしろ，論文に示唆を与えたのは，これらの諸判決が，財産権ではなく，信頼違反，信託違反，黙示契約違反を根拠とした点にあった．

　諸判決の中でも，1849年のアルバート公対ストレンジ事件は，ウォーレンとブランダイスに最大の影響を与えた．副大法官ナイト・ブルース卿は，下級審判決で，問題となったエッチングが私生活を描いたものであったことから，エッチングに対する財産権と関連付けてプライバシーの保護を試みたが，大法官コットナム卿は，上級審判決で，財産権のみには依拠せず，信頼違反，信託違反，黙示契約違反を認定している．また，論文の中でも，プライバシー権と財産権との区別が説かれ，プライバシー権の本質は，「不可侵の人格の原則」として位置づけられている．

　また，副大法官ナイト・ブルース卿は，「プライバシー」という言葉を使い，被告の行為を「無作法で著しい不法侵入」「家庭生活のプライバシーへの卑しい偵察行為」と説明しており，アメリカの不法行為法における優れた研究業績となったプロッサー教授の4類型にヒントを与えるような表現を残した．他方で，クーリー裁判官が「ひとりにしておかれる権利」を抽象的概念として捉えたことと比較すれば，この事件で認定されたプライバシーは，具体的な内容となっている．

　さらに，副大法官ナイト・ブルース卿は，「思想や感情のプライバシー及び隔絶を保護」すると述べている．この行は，論文の第2段落において，プライバシー権が，思想，心情や感情を保護するためのものだと説いた点に影響を与えたと推測される．

　大法官コットナム卿は，プライバシーの内容についての具体的な言及を行わなかったが，差止めの根拠として「侵害された権利がプライバシーである場

合」と述べており，プライバシーを権利と認めるような言葉を残していることが注目される．

　一方，見方を変えると，ウォーレン＆ブランダイス論文が本文中で取り上げた4つの判決は，確かに，黙示契約，信頼違反，信託違反が問題となった事例ではあるが，いずれも，先例に沿った判断を下す必要性から財産権に言及している．遅くとも19世紀半ばに登場したイギリスのプライバシーないしはプライバシー権は，財産権との関係で理解されていたといってもよい．特にタック対プリースター事件では，著作権法の解釈が主たる争点であった．

　こうして，ウォーレン＆ブランダイス論文は，クーリー裁判官の表現やイギリスの諸判決，特にアルバート公対ストレンジ事件の示唆を受けながら論を進め，さらに名誉毀損法や知的財産法との比較を通じて，プライバシー権を独立した法的権利として提唱した．ウォーレンとブランダイスの苦心は，種々の事柄を検討した結果，黙示契約，信託，信頼に依拠したイギリスの諸判決の手法ではプライバシー侵害には対応できないとし，結局，不法行為法による保護を求めた点に表れている．

　ところで，ウォーレン＆ブランダイス論文は，第4段落の中で，名誉毀損法や知的財産法を参考にしながら，プライバシー権の限界として，6原則を掲げた．中には現在の理解と異なる項目も含まれているが，概ね，「公開」してもよい場合か否かという観点から整理されている．ウォーレンとブランダイスが「公開」に着目したことが，ここにもあらわれている．

　第5段落の救済について，不法行為法上は，今でも損害賠償ないしは差止命令の可否として争われており，現在の議論に当てはまるといえる．

　以上のようなウォーレン＆ブランダイス論文の提唱から15年後，アメリカの裁判所は，1905年のペイブシック対ニュー・イングランド生命保険会社事件において，不法行為法上のプライバシー権を承認し，その後数多くの判決を生み出すこととなる．他方，イギリスの裁判所は，一般的なプライバシー権の承認を否定したまま現在に至っている．このように，アメリカとイギリスでは，プライバシー権の承認について対照的な道のりを辿ったものの，ウォーレン＆ブランダイス論文が依拠したのがイギリスの諸判決であることは，非常に興味深い点である．

第2節 「イギリスの判例法とプライバシー」

　イギリスの裁判所は，判例法上，プライバシー権を正面からは認めないという態度を取ってきた．その原因として，第1に，厳格な先例拘束性の原理が存在してきたこと，第2に，基本的人権を宣明する成文憲法が存在しないこと，第3に，裁判所への学説の影響が相対的に弱いこと等が挙げられてきた[2]．

　しかし，プライバシー権に対するイギリスの判決の傾向を，時代を追って見ていくと，少しずつではあるが発展してきていることが明らかとなった．

　イギリスのプライバシー侵害訴訟において，最も重要な訴訟原因は，信頼違反である．信頼違反については，1968年のココ対クラーク（技術者）社事件の3要件（当該情報自体が秘密の性質を有していること，当該情報が守秘義務を課す状況において伝えられたこと，情報を無権限で利用し，被害者に損害を及ぼすこと）を満たす必要があったものの，1988年の司法長官対ガーディアン新聞社事件以降，次第にその要件は緩和されている．

　これを前提に，イギリスにおけるプライバシー侵害訴訟を改めて概観すると，遅くとも1850年頃の判決に登場した「プライバシー」という言葉，そして，信頼違反に基づく解決は，20世紀に入ると，一旦は見られなくなった．1950年代頃までは，土地への立ち入りや，営利目的による肖像の無断利用，氏名権の侵害といった事例において，信頼違反ではなく，財産権侵害や名誉毀損，詐称通用といった既存の法理に依拠する形で争われたが，裁判所は，これに対して慎重な態度を示すことが多かった．例えば，1894年のモンソン対マダム・トゥーソー社事件は，過去に殺人の嫌疑を受けたものの証明不十分の評決を受けた者について，その肖像模型が，あたかも殺人者であるかのような形で展示された事案であった．しかし，イギリスの裁判所は，文書による名誉毀損の成立が明らかでない限り，暫定的差止命令は認められないという判断を下している．また，自分の名前を勝手に商品宣伝に使われた事案では，氏名に排他的財産権は認められないとして，詐称通用の主張が退けられた（1947年のシム対 H.J.ハインツ社事件）．

　この時期に被害者の救済が認められた著名な事案としては，1920年のダンロ

ップ・ラバー社対ダンロップ事件，及び，1931年のトリー対 J.S.フライ・アンド・サンズ社事件である．しかし，ダンロップ・ラバー社対ダンロップ事件については，アイルランドという限定された地域であるがゆえの救済が認められたに過ぎず，トリー対 J.S.フライ・アンド・サンズ社事件については，アマチュアゴルフ選手という特別な地位が考慮された結果である．全体的には，イギリスの裁判所の謙抑性が目立った時期ということができる．

なお，詐称通用は，商品宣伝の際に他人の氏名等を用いて虚偽の表示を行うという点で，第 3 章で検討したプロッサーの 4 類型のうち，「盗用」と類似する．

1960年代に入ると，私的事柄の提供や，夫婦間の信頼違反に関わる事件が登場した．1960年のウィリアムズ対セトル事件では，著作権侵害が根拠とされたものの，裁判所は，賠償額認定の際に，原告の感情や家族の尊厳，誇りを考慮し，1,000ポンド（当時の為替レートでは約1,000万円）の懲罰的賠償を認定した．また，1964年のアーガイル公爵夫人対アーガイル公爵事件の判決では，婚姻は契約であり，夫婦間の秘密が公開された場合には信頼違反を構成する旨の判断が下された．裁判所は，この事件で，信頼違反は財産権から独立することを明言している．しかし，ウィリアムズ事件の解説で伊藤正己博士が指摘したように，プライバシーは独立の権利としては承認されていない．

1970年代に入ると，「プライバシー」ないしは「プライバシー権」という言葉が再登場し，極端なプライバシー侵害に対して，ニューサンスによる救済の余地を示唆した判決（1977年のバーンスタイン男爵対スカイビューズ・アンド・ゼネラル社事件）や，貴族院の判決の中で，プライバシー権に言及する補足意見が登場するようになった（1979年の内国歳入庁長官対ロスミンスター社事件）．また，著名人の秘密情報と，表現の自由及び国民の知る利益の調整が問題とされるようになった（1977年のウッドワード対ハッチンス事件）．対立利益との衡量が必要になったということは，それだけプライバシーという法的利益の地位が高まったことを示しているとも考えられる．なお，1970年代の時点では，財産権を根拠とするものは減少し，信頼違反や契約違反とともに，名誉毀損が争われている．

しかし，こうした変化にもかかわらず，バーンスタイン男爵対スカイビュー

第5章 考　察　　263

ズ・アンド・ゼネラル社事件判決の示した厳格な基準が満たされるような事案
は，現実的には皆無に近く，ウッドワード対ハッチンス事件判決でも，自ら好
意的な印象を作り出した者については，後日になって真実を暴かれても差止命
令は認められないという判断が下されており，プライバシー侵害による救済を
受ける道は険しいという状況であった．イギリスの学者レイモンド・ワックス
氏は，この時代の判決に批判を加えているが，その意見は，その後の裁判所の
判決に大きな影響を及ぼさなかったようである．また，裁判所の全体的傾向は，
プライバシー権の創設を議会に委ねるという考えに立脚しており，判例法上の
権利の承認には消極的であった．

　1980年代に入ると，違法行為を調査する目的で，雇用関係上得た雇主の情報
を利用できるか否かが問題となった判決（1980年のカショーギ対スミス事件）や，
AIDS や同性愛者といったセンシティブ性の高い情報の保護と，表現の自由の
調整が問題とされた判決（1987年の X 対 Y 事件，1988年のステファンズ対アヴェ
リー事件）が登場した．

　カショーギ対スミス事件では，前記ウッドワード対ハッチンス事件が引き合
いに出されて情報利用が認められたが，X 対 Y 事件やステファンズ対アヴェ
リー事件では，情報を保護する方向での判断が下されている．裁判所は，プラ
イバシーと表現の自由を苦心しながら比較衡量していたようである．また，ス
テファンズ対アヴェリー事件によって，3 要件に基づく信頼違反の法理では十
分な保護を与えられないこと明らかとなった．この頃から，3 要件が緩和され
るようになる．

　1990年代に入ると，大怪我を負った著名人の様子を無断で公開したマスメデ
ィアの行為が問題となった事件（1990年のケイ対ロバートソン事件），匿名化さ
れたコンピュータ処理情報の取扱いが争われた事件（1999年の R 対保健省事件）
などが登場した．この時期の判決は，プライバシーないしはプフイバシー権に
言及するものが多い．例えば，ケイ対ロバートソン事件の判決は，一般的なプ
ライバシー権の存否を検討し，立法に委ねるべきとの結論を述べている．裁判
所は，プライバシー権の承認を避けつつも，その価値を認識するようになった．

　しかし，結局，2003年のウェインライト対内務省事件の貴族院判決によって，
判例法上の「プライバシー侵害」の不法行為が正面から否定された．これは，

1997年1月に発生した事件であるが，提訴が遅れたため，1998年人権法の適用はなかった．貴族院で敗訴したウェインライト親子は，ヨーロッパ人権裁判所に不服を申し立て，その請求が認められた．

　21世紀の判決は，1998年人権法の影響を強く受けるようになった．この法律は，ヨーロッパ人権条約により保障された権利及び自由により一層の効果を与えることを目的の1つに据えており，ヨーロッパ人権条約と非常に密接な関わりを持つ．人権法第6条第1項は，裁判所を含む公的機関に対し，条約上の権利と適合する行動を求めていることから，裁判所は，ヨーロッパ人権条約第8条の「私生活及び家族生活を尊重される権利」と第10条の表現の自由を，信頼違反の解釈の中で衡量するようになった．信頼違反に新たな役割が与えられたといえる．

　この時期からは，マスメディアが著名人の私生活上の出来事を公開する事件が目立つようになった（2002年のティークストン対MGN社事件，2002年のA対B及びC事件，2003年のアーチャー対ウィリアムズ事件，2004年のキャンベル対MGN社事件，2005年のダグラス対ハロー！社事件）．判断基準は，信頼違反の解釈の中でヨーロッパ人権条約第8条と第10条を衡量するというものであって，このアプローチは確立したといってよい．また，裁判所は一貫してプライバシー侵害の訴訟原因を認めないという立場を保っているが，実質的にはプライバシー権を承認し，その侵害を救済するようになっている．特に，原告にとって不利な条件が多かったキャンベル対MGN社事件でも，最終的には貴族院判決で請求が認容されており，この事件は，今後の判例法の発展に大きな影響を与えるものと予想される．

　刑事事件に目を移すと，主に，私的通信の証拠利用が問題とされてきた（1962年のランピング対公訴局長官事件，1979年のマローン対ロンドン警視総監事件，1996年のR対カーン事件）．裁判所は，判例法上のプライバシー権が存在しないことや，刑事捜査・刑事手続の重要性から，証拠利用を認める傾向にある．1979年のマローン対ロンドン警視総監事件判決は，ここでもプライバシー権を創設する権能を議会に委ねるという態度を明らかにした．この事件もヨーロッパ人権裁判所への付託手続が取られ，同裁判所は，結果として電話盗聴をヨーロッパ人権条約第8条違反と判断している．これに対応する形で，イギリスは，

1985年通信傍受法を制定した．また，通信の尊重については，1998年人権法によって明文化されている．

　なお，通信の秘密は，アメリカでは憲法上のプライバシー権の一内容として独自の発展を見せた．

　イギリスの判例法の傾向は，以上のとおりである．整理すると，①イギリスの裁判所が財産権理論からの脱却を果たしたのは，1960年から1970年代頃であること，②結局，イギリスの裁判所は，今日に至るまで，判例法上，一般的なプライバシー権を承認していないが，1998年人権法の助けによって実質的に承認したということができる．特に②によって，イギリスの裁判所は，従来よりも「プライバシー」という法的価値を認めるようになり，信頼違反の解釈の中で統一的な判断基準を用いるに至った．裁判実務に大きな影響を与えたといえる．

　一方で，裁判上で解決できるプライバシー問題が，人権法の文言に制約されるという一面も否定できない．従来から，信頼違反は，守秘義務を負う人物，又は，秘密であることの認識を持つ人物に対してのみ適用されるため，電子的監視（electronic surveillance）のような現代的方法によって情報を入手した者に対する適用の困難性が指摘されていた[3]．

　これに対し，1998年人権法が取り入れたヨーロッパ人権条約第8条第1項は，「すべての者は，私的な家庭生活，住居，及び通信を尊重してもらう権利を持つ」と定めており，いわば伝統的プライバシー権の一内容を明文化したものとなっている．この規定は，マスメディアによるプライバシー侵害に対しては効果を発揮するであろうが，電子的監視に対抗するには十分ではない．

　次に，表現の自由との関係で傾向を整理すると，第1に，イギリスの裁判所は，権利侵害，違法性阻却事由の有無というように，段階毎に厳密な要件を立てて事案に適用するという手法を取らず，訴訟原因が認められるか否かという抽象的な基準で判断している．その中で，プライバシーと表現の自由の調整は，慎重に行っており，AIDS患者や同性愛者であるといったセンシティブ性の高い情報は保護を認め，捜査や刑事手続のためであれば，情報の利用を認める傾向にある．

　第2に，イギリスの裁判所は，1970年代以降，また，21世紀に入ってからの

判決においても，当該人物が自ら有名になることを望んでいたような場合で，報道機関が，真に公の利益となる有益な情報を取得し，一般に公開するときには，当該公開は法的な保護を受けるべきという判断を示す傾向にある．この点は，訴訟事件の中で，有名人の私事を暴露した事案がやや目立つことも影響していると思われる．

　第2の傾向は，従来は，1968年のココ対A.N.クラーク（技術者）社事件が掲げた信頼違反の制限として，「当該情報が一旦『社会共有』となれば，もはや秘密情報ではないことから適用が認められない」という基準に基づいていたと考えられるが，1998年人権法施行以降は，表現の自由とプライバシーの衡量の結果として導き出されたものとなっている．あるいは，いわゆる「放棄の理論」と「公共性の理論」が主に考慮されたものとも考えられる．公人に対するプライバシーを制限するための伝統的理論は3つ存在する．1つ目は，一定の事実的状況の下で，ある者がプライバシーの権利を放棄する意思を持つと認め，又は事実上放棄したとみなす理論（放棄の理論）である．2つ目は，プライバシーを侵害する表現そのものに含まれる公の利益・公共性がどの程度あるかを類型的に捉えていく理論（公共性の理論）である．3つ目は，侵害を受けたと主張する者の社会における地位の持つ公的性格の程度を考えるもの（公の存在の理論）である[4]．

　第3に，21世紀の判決では，写真の公開に対する差止めが認められる傾向にある．これは，写真というものが，必ずしも正確ではない形で，個人の人格や被写体の雰囲気を写し出すことができるという特質を持ち，侵入的性質が強いことに着目したものである．

　法的救済について見ると，イギリスの特徴は，①差止命令を求めるケースが多いものの，容易には認められていないこと，②賠償額については，1960年のウィリアムズ対セトル事件では1,000ポンド（当時の為替レートでは約1,000万円）の懲罰的賠償が認められたが，著作権侵害の事案であること，21世紀の判決によれば，損害賠償額は2,500ポンド（当時の為替レートでは約50万円）から3,750ポンド（当時の為替レートでは約75万円）の間で推移しており，高額とはいい難いことが明らかとなった．ときには，訴訟を提起した当事者自らが，高額の弁護士費用を負担しなければならない場合もあるため，一般市民による訴

訴提起は敷居が高いという現実が存在する．この点は，著名人による訴訟提起が目立つ理由とも考えられる．

第3節　「アメリカの判例法とプライバシー」

判例法上，「プライバシー」という言葉が使われるようになった時期は，遅くとも1880年代半ばである（1886年のボイド対合衆国事件）．この事件は，物件の送り状の提出と修正第4条及び第5条違反が問題となった事案である．合衆国最高裁判所は，上訴を認容する結論を下し，その中で「人の家庭の神聖さと生活上の種々のプライバシー」という言葉を用いている．

アメリカの判例法の特徴を挙げると，次のとおりである．第1は，不法行為法上のみならず，憲法上のプライバシー権が発展したことである．第2に，プライバシー権は，不法行為法上の判決でも，憲法上の判決も明示的に認められている点である．不法行為法上のプライバシー権は1905年のペイブシッチ対ニュー・イングランド生命保険会社事件で認められ，憲法上のプライバシー権は，1965年のグリズウォルド対コネチカット州事件で認められた．第3に，憲法上のプライバシー権論議は，「通信の秘密」や「自己決定権」といった分野で特有の発展を見せ，後者の権利との関係で，憲法上のプライバシー権が承認されたという経緯がある．第4に，憲法上のプライバシー権は，通信の秘密の分野において，1967年のカッツ対合衆国事件までの間は，「有体物」や「不法侵害」の要件に阻まれていたことが挙げられる．

第1から第3までの特徴は，プライバシー権の承認に明確な態度を取らないイギリスとは異なり，アメリカの積極性が表れている．また，アメリカの判例法は，イギリスと比較すれば，プライバシーという法的利益ないしは権利を，幅広く捉え，保護する傾向にある．

第4については，イギリスも不法行為法の分野において，当初はプライバシー権を財産権と結びつけていたことから，共通的である．

憲法関連の諸判決を見ると，プライバシー権の侵害態様は，「通信の秘密」の侵害，「無令状捜索・差押え」，「自己決定権」の侵害，「私的事実の公開」に分けることができる．「通信の秘密」については，広い意味では「無令状捜

索・差押え」に含めることもできるが，立法化を含めて独立した形での議論が発展したことから，独立の類型とした．なお，この2つの類型は，捜査の必要性との対立関係の中で議論されてきた．

プライバシー権侵害の争われてきた諸判決には，憲法上，明文のプライバシー権を持たないアメリカにおいて，そもそもプライバシー権を承認するか否か，承認するとすれば何条を根拠にするか，プライバシー権はいかなる場合に制限されるかという諸問題に対する裁判所の苦心が表れている．

「通信の秘密」の議論は古く，プライバシーは，遅くとも1886年のボイド対合衆国事件の時期から，主に修正第4条を根拠に争われてきた．しかし，合衆国最高裁は，この事件をきっかけに，プライバシーを財産権と結びつけた形で判断し，電話盗聴や電子的盗聴については，「有体物」，「不法侵害」の要件を満たさないとして，修正第4条による保護を否定してきた（オルムステッド—ゴールドマン法理）．合衆国最高裁が，財産権と結びつけた形でプライバシー権を捉えていたのは，従来の理論に依拠する必要性からである．

1928年のオルムステッド対合衆国事件では，プライバシー権を提唱したブランダイス裁判官が，反対意見の中で「ひとりにしておかれる権利」の存在を述べ，捜査機関による通信傍受に対する修正第4条及び第5条違反を主張した．1890年のウォーレン＆ブランダイス論文は，不法行為法上のプライバシー権を念頭に置いたものだが，提唱者によって，憲法上のプライバシー権も「ひとりにしておかれる権利」として認めるべきことが明らかにされた．

一方，合衆国議会は，オルムステッド—ゴールドマン法理を維持する合衆国最高裁の態度に対し，1934年通信法を成立させることによって対応してきた．合衆国最高裁も，1961年のシルバーマン対合衆国事件，1967年のカッツ対合衆国事件の判決によって，上記オルムステッド—ゴールドマン法理を廃し，物理的侵入を伴わない電話盗聴や電子的盗聴に修正第4条の保障を及ぼすようになった．

カッツ対合衆国事件で認められたのは，他人から「ひとりにしておかれる権利」のような一般的なプライバシー権ではなく，電話ボックスの利用に対する特定のプライバシー権である．これに対し，イギリスの1979年のマローン対ロンドン警視総監事件では，ウォーレン＆ブランダイス論文や，カッツ対合衆国

事件をもとに，電話での会話に対する特定のプライバシー権が主張されたものの，裁判所によって退けられた．やはり，イギリスと比較した場合でいえば，アメリカの裁判所は権利の承認に積極的だと評価することができる．

また，カッツ事件の判決は，ハーラン裁判官の補足意見を通じて，主観的及び客観的なプライバシーへの期待という要件を提示した点でも重要である．

「無令状捜索・差押え」を争う際に根拠とされる条項は，修正第1条，修正第4条，修正第14条である．物理的な捜索のみならず，2001年のカイロ対合衆国事件のような熱探知装置を用いた場合でも，プライバシー侵害は認められる．一方，カッツ対合衆国事件と同様，この類型に属する事件でも，問題にされたのは特定のプライバシー（自宅のプライバシー，鞄に対するプライバシーなど）であって，一般的なプライバシー権が承認されたわけではない（1969年のスタンリー対ジョージア州事件，2000年のボンド対合衆国事件）．また，被害者が囚人であるような場合は，収監目的との関係で，プライバシー権は大幅に制限されている（1984年のハドソン対パルマー事件）．この分野は，「通信の秘密」の侵害と同様，後述するプロッサーの4類型の中では，「不法侵入」に位置づけることができる．

「自己決定権」については，教育の自由，結社の自由，婚姻の自由，堕胎の自由といった事案で，主に修正第14条を根拠として，プライバシー侵害が争われてきた（1923年のメイヤー対ネブラスカ州事件，1958年のNAACP対アラバマ州事件，1965年のグリズウォルド対コネチカット州事件，1967年のラビング対バージニア州事件，1973年のロウ対ウェイド事件）．

そして，グリズウォルド対コネチカット州事件の判決が，「半影論」を用いて憲法上のプライバシー権を認めたことは，非常に有名である．前記カッツ対合衆国事件とともに，1960年代は憲法上のプライバシー権が発展した時代といえる．

グリズウォルド対コネチカット州事件で問題となったのは，「婚姻上のプライバシー」であり，これは，夫婦の寝室という神聖な区域への侵入を禁ずるとともに，避妊具の使用に関する自己決定権を認めたものである．ここでも，合衆国最高裁は，一般的なプライバシー権を承認したわけではなく，憲法上のプライバシーの諸側面について，修正条項の各規定によって保障することを認め

た．

　ところで，アラン・F・ウェスティン博士は，『プライバシーと自由』の中で，グリズウォルド対コネチカット州事件に注目を寄せ，「新しい憲法上のプライバシー理論を明確化することへの重要な第一歩を踏み出した」と評価している．自己決定権は，自己に関する事柄を自ら積極的に決定するという意味で，現代的プライバシー権と共通すると見ることができる．決定権に重きを置いている博士の定義にも親和性を持つ．

　しかし，現在もなお，判例法上，現代的プライバシー権は承認されていない．また，アメリカの裁判所は，その後の判決で，必ずしも「半影論」を踏襲せず，事案ごとに修正第4条や第14条を適用している．

　「私的事実の公開」は，プロッサーの4類型の1つでもある．憲法上も，修正第4条や第14条を根拠として争われてきた．中には，コンピュータ化による情報漏えいの懸念を意識した判決も登場した（1977年のワーレン対ロウ事件）．他方，この分類については，公開することにおける公の利益や，修正第1条の保障する言論・出版の自由との均衡を図らなければならない．ただし，1994年のドウ対ニューヨーク市事件のように，HIV感染という機微性の高い情報の取扱いに関する不服を人権委員会に申し立て，和解を締結したという事案では，プライバシーの利益が優先されている．「公の記録」に記載された情報は保護しないと判断する傾向があるアメリカの裁判所であっても，機微性の高い情報には配慮を示している．なお，この事件で裁判所が認定したプライバシー権は，HIV感染における「秘密保持」権であるが，それに加えて，HIV感染の事実を他者に伝えるか否かの選択権としても捉えられている．

　次に，不法行為法上のプライバシー侵害事件を見ると，アメリカの裁判所は，ウォーレン＆ブランダイス論文が発表される以前から，不法行為法上の「プライバシーに対する法的権利」を認識していたが（1881年のデ・メイ対ロバーツ事件），この論文が発表された後は，「盗用」の事案の中で，プライバシー権の存在を正面から検討するようになった．

　そして，ニューヨーク州最高上訴裁判所は，1902年のロバーソン対ロチェスター・フォールディング・ボックス社事件で権利の存在を否定したが，ジョージア州最高裁判所は，1905年のペイブシック対ニュー・イングランド生命保険

会社事件において，プライバシー権を自然法に由来する権利として承認し，憲法上の適正手続規定にその根拠を置いた．その後，自然法に基礎付ける判決は見られなくなったが，1931年のメルビン対レイド事件において，カリフォルニア州第4控訴地区控訴裁判所は，憲法上の幸福追求権を根拠とし，かつ，過去の判例の立場を要約した．この事件の判決は，プロッサー教授が多数回にわたって引用していることなどから，アメリカにおけるプライバシー権の形成に大きな役割を果たしたといえる．判決の中で，過去の判例の立場は，8項目にわたって要約・整理されており，ウォーレン＆ブランダイス論文の主張を概ね承認した内容となっている．

　こうして，判例法上，財産権との区別が明らかにされた点は大きい．これに対し，イギリスは，1960年から1970年頃にかけて，徐々に財産権理論からの脱却を果たしている．

　以上述べたように，不法行為法の分野では，ウォーレンとブランダイスが「不可侵の人格の原則」を内容とする伝統的プライバシー権を提唱したこともあって，比較的早い段階で，財産権に依拠しない独立のプライバシー権が判例法上承認され，その後，極めて多数のプライバシー侵害訴訟が提起された．その後，1960年，プロッサー教授は，カリフォルニア・ロー・レビューに「プライバシー」という論文を掲載し，不法行為法上のプライバシー侵害事例を，「不法侵入」「私的事実の公開」「公衆の誤認」「盗用」に類型化した（いわゆる「プロッサーの4類型」と呼ばれるものである）．それぞれは個別の不法行為であり，「ひとりにしておかれる」権利の侵害という点で共通するとされている．プロッサーの4類型は，第2次不法行為リステイトメントに取り入れられ，裁判所も，この分類に沿って救済を図るようになった．現在でも，不法行為法上のプライバシー権は，「ひとりにしておかれる権利」と理解され，プロッサーの4類型に沿った判断が下されている．

　4類型のうち，「公衆の誤認」は名誉毀損と類似し，「盗用」は経済的権利という側面を持つ．特に「盗用」は，1995年の不正競争に関する第3次リステイトメントの中で，「パブリシティ権」としても取り上げられている．したがって，純粋なプライバシー侵害事案は，第1の「不法侵入」，第2の「私的事実の公開」になるであろう．

不法行為法上のプライバシー権を論じる際に必ず問題となるのが，言論・出版の自由との関係である．ウォーレン＆ブランダイス論文は，プライバシー権の制限として，「公の又は一般の利益となる事柄の公開」が行なわれる場合，「当該個人による，又は彼の同意に基づく，当該事実の公開」がなされた場合を挙げており，プライバシー権は，もともと，「公の利益となる事柄」や「公開されたもの」には及ばないという性質を備えている．これらの要素は，言論・出版・報道等の表現の自由を求める立場からも，主張されることとなる．プライバシー権と表現の自由という，いずれ劣らず重要な権利は，このような要素を加味しながら，バランスよく衡量されなければならない．

　「不法侵入」が問題となった事案を見ると，「公開」ではなく，その前段階の情報収集行為・取材の自由との均衡が問題となる．判決の全体的傾向を見ると，不法侵入者から得た情報を第三者が公開しても責任は発生せず（1969年のピアソン対ドット事件，2001年のバートニック対ボッパー事件），不法侵入者自身に対しては責任を負わせる傾向（1971年のディタマン対タイム社事件，1973年のガリーラ対オナシス事件，1986年のミラー対NBC事件）が見られる．また，裁判所は，プライバシー侵害の本質は私的事実の公開だと考えるようである（1969年のピアソン対ドット事件，2001年のバートニック対ボッパー事件）．この類型については，裁判所は，侵入態様の悪質性，被害者の立場（公職者や公的人物であるか否か），報道機関が自ら犯罪的又は不法行為的な行為を犯したか否か，言論の自由に上回る利益が存在するか否か等を総合考慮しており，プライバシー権と表現の自由の衡量に配慮している．

　「私的事実の公開」に属する事案としてまず取り上げるべきは，1931年のメルビン対レイド事件である．この事件の判決は，前記のとおり，権利の根拠を憲法の幸福追求権に基礎付け，過去の判例を要約したことで知られている．また，この判決は，過去の公人のプライバシー権を認めたことでも有名であるが，実名使用の事実が大きく影響したものであって，原告の請求を認めた裁判所の苦心を読み取ることができる．

　同じく，過去の公人のプライバシー権侵害が問題となった有名な判決としては，1940年のサイディス対F-R出版社事件が存在する．この事件の判決は，「公の存在」の理論を明らかにしたことで知られている．裁判所は，今は静か

第5章 考 察

に生活を送っているかつての天才児について,「その後の彼の経歴は,彼が小さいときの見込みどおりになったかどうかという問題に答えるという点で,やはり世の人々の関心の的」であると判断した.また,裁判所は,「公的人物」の不幸や短所が世間一般の興味を引き,そのことが社会の習慣であれば,マスメディアがそうした不幸や短所を表現することを禁止しない,と述べている.しかし,この事件の原告は公の存在であることを失ったと評価することも可能であったことから,原告にとって酷な印象を残す判決となった.

さらに時代が進むと,言論・出版の自由を優先する判決が目立つようになる.

例えば,一旦公の記録に記載された事実であれば,たとえ重大犯罪の被害者や更生した犯罪者の情報であっても,公開が認められる傾向にある(1975年のコックス放送社対コーン事件,1989年のフロリダ・スター対 B.J.F.事件).中には,完全な私人が重大犯罪に巻き込まれた場合に,救済の道を閉ざす判断を下すことに批判を唱えた意見(フロリダ・スター対 B.F.J.事件におけるホワイト裁判官の反対意見)もあるが,全体的には言論・出版の自由が重視されている.

このような傾向が生じる1つの背景には,合衆国憲法の修正第1条が,言論・出版の自由を明文で保障していることが考えられる.

しかし,裁判記録や警察の報道記者室に置かれた情報について,一律に「公の記録」とみなし,あまねく報道を許すべきという考えは,やや報道の自由に傾き過ぎといわざるを得ない.少なくとも,犯罪被害者やその親族の心情を考慮し,情報の取扱いには十分な配慮をすべきであるし,今は静かな生活を送っている過去の公人にも,「ひとりにしておかれる権利」は存在する.社会復帰した過去の犯罪者の事実が暴かれると,その者の築いた生活が台無しになるおそれもある.また,裁判記録や警察記録を通じて公開する行為と,メディアを通じて公開する行為を比較すれば,当該情報に接する者の数は,圧倒的に後者の方が多い点も,考慮すべきである.

「公衆の誤認」について問題となるのは,名誉毀損事件に適用される「現実的悪意」の法理を適用できるか否かである.1967年のタイム社対ヒル事件は,この適用を認めて損害賠償請求を退けた.一方,「現実的悪意」の法理の適用に対する異議が述べられていたならば,結論は異なっていた可能性を示唆する判決も存在する(1974年のカントレル対フォレスト・シティ出版社事件).この法

理については，それ自体に対する根強い批判が存在し，「公衆の誤認」の事例にこの法理を適用するか否かについても，判決は分かれているようである．

「盗用」に属する事案は，当初はプライバシー権承認の可否をめぐって争われてきたが，その後は，経済的権利，すなわち「パブリシティ権」として発展していった．1902年のロバーソン対ロチェスター・フォールディング・ボックス社事件では，プライバシー権の承認は否定され，立法的解決がなされた．先例の不存在，損害額算定の困難性，法的保護の範囲が不明確という問題をクリアできなかった結果である．一方，1905年のペイブシック対ニュー・イングランド生命保険会社事件では，プライバシー権を自然法に由来する権利として明確に承認した．その後の判決では，パブリシティ権と表現の自由が問題となった事案としては，曲芸師の1つの芸のすべてを収めたフィルムを公開したマスメディアの責任を認めたものがある（1977年のザクチニー対スクリップス・ハワード放送社事件）．また，有名女優が出演する映画のワンシーンを写真撮影し，雑誌に掲載した事件では，言論・出版の自由が優先されている（1980年のマルグレート対ハイ・ソサイエティ雑誌社事件）．

全体的に見ると，アメリカの判決は，「私事の公開」と「公衆の誤認」の事例において，表現の自由を強く優先する傾向にある，とまとめることができるであろう．

法的救済について，不法行為法上は損害賠償と差止めである．このうち，損害賠償額について見ると，例えば，前記ディタマン対タイム社事件において，第9巡回区合衆国控訴裁判所が，1,000ドル（当時の為替レートでは約36万円）の損害賠償を認めた合衆国地方裁判所の判断を支持した．

また，アメリカの裁判所は懲罰的損害賠償を含め，時には高額の賠償額を認定することもある．前記タイム社対ヒル事件において，ニューヨーク州の第1審裁判所は，50,000ドル（当時の為替レートでは約1,800万円）の塡補賠償及び25,000ドル（当時の為替レートでは約900万円）の懲罰的賠償を付与し，控訴裁判所は，懲罰的賠償は排斥して30,000ドル（当時の為替レートでは約1,080万円）の塡補賠償を認めている．前記フロリダ・スター対B.J.F事件では，州の第1審裁判所によって，75,000ドル（当時の為替レートでは約1,200万円）の塡補賠償及び25,000ドル（当時の為替レートでは約400万円）の懲罰的賠償の支払いが

認められている．しかし，合衆国最高裁判所は，タイム社事件については1967年に，フロリダ・スター事件については1989年に，それぞれ原判決を破棄した．ちなみに，1974年プライバシー法に基づく法定最低額の損害賠償は，1,000ドルとなっている．

　以上をまとめると，アメリカの裁判所は，様々な類型について，積極的にプライバシー権を承認した．しかしその過程において，裁判所は，憲法上のプライバシー権については主に財産権理論，不法行為法上のプライバシー権については言論・出版の自由との調整に苦心しながら，権利を発展させてきたといえる．

　なお，不法行為法上のプライバシー権侵害について，プロッサー教授は，「ひとりにしておかれる」権利の妨害という共通性で整理したが，憲法上のプライバシー権侵害には，「自己決定権」の侵害が含まれるため，同様の共通性を持たせることは困難である．合衆国最高裁判所は明確には認めていないが，憲法上のプライバシー権には，現代的プライバシー権的な要素を含むと考えられるからである．

第4節　「日本におけるプライバシー・個人情報をめぐる判例の展開」

　日本におけるプライバシー論議は，英米法の代表的研究者によって，1930年代半ばから始められた．日本人がプライバシーに注目するようになったのは1950年代半ばに入ってからであり，1964年に『宴のあと』事件の東京地裁判決が下されて以降，論議は盛り上がりを見せるようになった．1960年代といえば，イギリスやアメリカでは既に多数の訴訟が提起されており，日本は，かなりの遅れを取ったということになる．イギリスではプライバシー権を正面からは承認せず，権利を承認したアメリカでさえ，当初は権利の本質などのように理解し，どこに根拠を求めるかについて，苦労を味わってきた．しかし，日本の裁判所は，このような開拓者の苦しみを味わうことなく，プライバシーを人格権ないしは人格的利益に位置づけ，名誉その他の法益からは独立した地位を当初から承認した．それは，戦前から始められた英米法の研究成果によるところが大きい．

その一端は，初めてプライバシー権を認めた『宴のあと』事件の判決にも現れている．

この判決は，不法行為法上のプライバシー権を承認したものであるが，憲法の幸福追求権への示唆も見せた．不法行為法上のプライバシー侵害訴訟の中で憲法上の幸福追求権に言及した有名な判決といえば，1931年のメルビン対レイド事件であるが，こうしたアメリカの判決が参考にされたと見ることもできる．

また，『宴のあと』事件判決は，プライバシー権を「私生活をみだりに公開されないという法的保障ないし権利」と定義し，不法行為を成立させるための3要件を示した．これは，ウォーレン＆ブランダイス論文が提唱した「ひとりにしておかれる権利」を，マスメディアとの関係でより具体化したものであり，プロッサーの4類型でいえば，「私的事実の公開」に対するものともいえよう．

これ以降，『宴のあと』判決に依拠する裁判例が多数登場することとなり，プライバシー侵害訴訟は，専ら「私的事実の公開」に属する事案の中で論議されるようになった．

1970年代以降になると，人格権に基づく差止請求の要件を検討する判決が登場し（『エロス＋虐殺』上映禁止仮処分事件・1970年東京地裁決定・東京高裁決定），最高裁判決の中でも，「前科等のある者もこれをみだりに公開されないという法律上の保護に値する利益」を認めるものが登場した（1981年中京区長前科照会事件最高裁判決）．著名な英米法研究者でもある伊藤正己最高裁裁判官（当時）は，この事件の中で初めて「プライバシー」という言葉を使い，不法行為法上の利益として承認すべきことを少数意見として述べた．また，伊藤裁判官は，殉職自衛官合祀拒否事件最高裁判決（1988年）の中でも，「宗教上の人格権あるいは宗教上のプライバシー」という言葉を使い，不法行為法上の法的利益に含まれるという意見を述べている．

しかし，この時代の最高裁判決の多数意見は，「プライバシー」という言葉にすら消極的であり，法的権利としてはもちろん，法的利益として承認するほどには成熟していないと考えていたように感じられる．

「とらわれの聞き手」事件の1988年最高裁判決の中でも，伊藤裁判官が補足意見を述べた．その中では，一般公共の場所ではプライバシーの利益は大きく制約されるが，特定の表現のみが受け手に強制的に伝達される場合には，今度

は表現の自由が後退することが述べられており，プライバシーと表現の自由の衡量を考えるに当たって，興味深い内容となっている．

「逃亡」事件の1988年東京高裁判決は，プライバシー権には言及していないものの，人格権に基づく情報の訂正・抹消請求権を認めており，現代的プライバシー権成立の可能性を示唆した判決だと評価されている．

さらに，この時期には，『宴のあと』事件に続く本格的なプライバシー侵害訴訟といわれている『逆転』事件の判決が登場した．1987年東京地裁判決は，プライバシー権を「私的事柄の取得，公表，利用を許さず，もって人格的自律ないし私生活上の平穏を維持する権利」と述べた．私的事柄の開示のみならず，取得，利用，提供の制限がプライバシー権の定義に盛り込まれた点で，現代的プライバシー権の一部を表しているという理解もある．また，1994年の最高裁判決は，「プライバシー」という言葉は避けつつ，中京区長前科照会事件を引用し，実名による前科公表は不法行為を構成すると結論付けている．

1990年代前半には，明示的に自己情報コントロール権（現代的プライバシー権）を承認する判決が登場した．1990年の東急百貨店事件の東京地裁判決は，『宴のあと』事件の枠組みを維持しつつも，「プライバシーの権利は，自己に関連する情報の伝播を，一定限度にコントロールすることをも保障することをその基本的属性とする」と述べている．この判決は，社会生活上通常用いるような勤務先の名称や電話番号であっても私生活上の事柄に含まれると判断し，権利侵害を認めた（結論は違法性阻却）．しかし，その後の判決では踏襲されず，東洋信託銀行事件の1991年東京地裁判決は，従来の枠組みに沿った判断を下しており，情報コントロール権の主張に対して懐疑的な態度を取っている．また，職務中の公務員にネームプレート着用を義務付けることは，プライバシー侵害を構成しないとする判決も登場した（1995年仙台地裁判決・1997年仙台高裁判決）．この事件の地裁判決は，『宴のあと』事件の判断基準を採用した．

1980年代後半から1990年代半ば頃にかけての判決を総合すれば，現代的プライバシー権承認への一歩を踏み出したが，揺り戻しが生じた，とまとめることができる．

1990年代後半に入ると，表現の自由とプライバシーがさかんに争われるようになり，出版差止めを求める事件が目立つようになった．差止めを求めた事案

では，著名人の私生活を暴露する書籍について，その出版禁止を請求する訴訟が提起された．

これについて，裁判所は，著名人であっても，住居情報の公開があればプライバシーの権利ないしは利益の侵害だとして請求の全部又は一部を認める傾向にある（「タカラヅカおっかけマップ事件」の1997年神戸地裁決定，「ジャニーズ・ゴールド・マップ事件」の1997年東京地裁決定，「ジャニーズおっかけマップ・スペシャル事件」の1998年東京地裁判決）．いずれの判断も，私生活ないしは私的事柄の保護を受ける利益をプライバシーの保護法益と捉えている．差止めについては，それぞれに若干異なる要件を立てているが，概ね，①表現行為の内容が専ら公益を図る目的のものでないことが明白か否か，②被害者が重大にして著しく回復困難な損害を被るおそれがあるか否かという点が勘案されている．これは，1986年の北方ジャーナル事件の最高裁判決を参考にしたと考えられる．

1999年以降の判決は，①表現の自由との調整が争われる訴訟（「あしながおじさん」公益法人常勤理事事件，『石に泳ぐ魚』事件，週刊文春販売差止仮処分命令申立事件），②個人情報の漏えいないしは提供によるプライバシー侵害訴訟（宇治市住民基本台帳データ大量流出事件，早稲田大学講演会名簿提出事件，北海道個人情報漏えい事件，Yahoo!BB 個人情報漏えい事件，TBC 個人情報漏えい事件），③住民基本台帳ネットワークに対するプライバシー侵害訴訟に分けることができる．②及び③は，主にネットワーク化に伴い新たに生じたカテゴリである．

①に属する「あしながおじさん」公益法人常勤理事事件の東京高裁2001年判決は，仮名であることが１つの考慮要素となって原告の請求が棄却された．

他方，『石に泳ぐ魚』事件では，2002年に最高裁による重要な判決が下された．この事件については，最高裁が，プライバシーを人格権に含め，これに基づく差止請求の存在を認容し，さらに差止めの要件を示したという点で，極めて先例価値の大きい判決ということができる．そこで示された基準とは，被害者と侵害者の利益を比較衡量することを前提に，①侵害行為が明らかに予想され，②侵害行為によって被害者が重大な損失を受けるおそれがあり，③その回復を事後に図るのが不可能ないしは著しく困難であるとき，という３要件である．前記北方ジャーナル事件と比較すれば，侵害行為とそれに伴う損失に重点を置いた内容となっている．

第 5 章 考 察　　　279

　同じく①に属する週刊文春事件の2004年東京高裁決定は，有名政治家の長女の離婚に関する記事の差止請求に対して，『石に泳ぐ魚』事件や北方ジャーナル事件を参照しつつ，地裁が掲げた 3 要件（当該出版物が「公共の利害に関する事項に係るものでないこと」，「専ら公益を図る目的のものでないことが明白」であること，「被害者が重大にして著しく回復困難な損害を被るおそれがある」こと）を採用し，最後の要件を満たさないとしてこれを退けている．

　損害賠償を求めた事案では，犯罪少年の氏名報道の可否が，複数の事件で争われた（堺通り魔殺人事件，長良川リンチ殺人事件報道訴訟）．いずれも凶悪な事案であるが，結論としては，犯罪少年の実名報道であっても仮名報道であっても，不法行為責任は否定されている．長良川事件の2003年最高裁判決は，犯人情報及び履歴情報を「他人にみだりに知られたくない被上告人のプライバシーに属する情報」であるとし，プライバシー侵害を認めつつも，違法性阻却について個別具体的に判断しなかった原判決を破棄・差し戻した．違法性阻却の場面では表現の自由との衡量が問題となるが，最高裁は，諸事情を総合考慮し，公表されない法的利益と公表する法的利益を比較衡量すべきだと述べている．

　これらの事件では，少年法第61条の推知報道の禁止に違反することが，不法行為を構成するか否かも問題となるが，判断が分かれている（堺通り魔殺人事件の1999年大阪地裁判決・2000年大阪高裁判決は否定，長良川リンチ殺人事件報道訴訟の1999年名古屋地裁判決・2000年同名古屋高裁判決は肯定）．長良川事件の最高裁判決は明確な結論を述べなかったことから，今後の判断が待たれるところである．

　少年事件が頻繁に報道される今日の状況において，指名手配中の少年の実名報道に踏み切るメディアも存在しており，少年の実名報道の可否は，難しい問題の 1 つとして議論されている．

　また，この時期に入ると，最高裁は，「プライバシー」という言葉を用いるようになったが，権利とは認めず，「他人にみだりに知られたくない」情報か否かで判断している．

　②に属する宇治市住民基本台帳データ大量流出事件，早稲田大学講演会名簿提出事件によって，単純な個人情報をプライバシー情報に含めるという流れが固まった．宇治市の事件，早稲田大学事件の下級審までは，『宴のあと』事件

判決の 3 要件が判断基準とされていたが（宇治市の事件については2001年京都地裁・大阪高裁判決，早稲田大学事件については第 1 及び第 2 訴訟の2001年東京地裁判決），早稲田大学事件の最高裁判決によって，「このような個人情報についても，本人が，自己が欲しない他者にはみだりにこれを開示されたくないと考えることは自然なことであり，そのことへの期待は保護されるべきものであるから，本件個人情報は，上告人らのプライバシーに係る情報として法的保護の対象となるというべきである」とされ，プライバシー情報の法的保護が認められた．現在では，この文言が判断基準に用いられている（Yahoo!BB 個人情報漏えい事件の2006年大阪地裁判決）．

　Yahoo!BB の大阪地裁判決については，個人情報保護法を引き合いに出すようになった点が注目される．地裁判決は，一般的な注意義務を認定する際に，被告 BB テクノロジーについて，個人情報取扱事業者であること，法律第20条に基づく安全管理義務が課せられることを認定している．TBC 個人情報漏えい事件は，個人情報保護法の全面施行前に発生した事件であるが，2007年の東京地裁判決は，OECD プライバシー・ガイドライン，EU 個人保護指令，通商産業省（当時）が公表していた個人情報保護のためのガイドラインを引き合いに出した上で，安全管理の法的義務を認定している．

　ところで，日本の個人情報保護法は，行政取締法規であることから，私人間の訴訟に直接適用されることはない．現在のところ，法律の中に民事的救済の定めも存在しない．したがって，典型的なプライバシー侵害事案も，単純な個人情報が不当に取り扱われたような場合も，被害者は，プライバシーの権利ないしは利益の侵害として，訴えを提起することによって，不法行為ないしは国家賠償法に基づく損害賠償，又は人格権に基づく差止めを請求することになる．イギリスの1998年データ保護法や，アメリカの1974年プライバシー法が，被害を受けた個人の提訴権を認めており，法律を直接の根拠とした裁判が提起されている点とは異なる[5]．このように，日本の裁判は，プライバシー侵害訴訟に個人情報の侵害が含まれるという意味で，ハイブリッド型であり，不法行為が柔軟にこれをカバーしている．

　しかし，北海道警個人情報漏えい事件を除き，日本の裁判所は，やや結果責任を課す傾向にある．個人情報取扱事業者に課せられるべき注意義務の内容等

については，より詳細に検討すべきと考えられる．

　③に属する事件は，2005年以降に多数提起された．この中では，現代的プライバシー権を認めるか否かが大きな争点となっている．現代的プライバシー権の承認の可否が判例上で議論されるのは，イギリスやアメリカと比較した場合における日本特有の現象と見ることができる．

　しかし，住基ネット関連の全体の判決の傾向は否定的であり，現代的プライバシー権に対する懐疑的立場を取る傾向が強いように考えられる．また，この権利を認める立場も，理解はそれぞれに分かれている．歴史的に見れば，伝統的プライバシー権は判例法上の議論として，現代的プライバシー権は立法化を提唱する際の議論として登場したものである．アメリカのプライバシー権は，現在でもプロッサーの4類型が基本となっている．また，裁判は，その性質上，発生した侵害行為に対する事後的な救済を行うものであることから，現代的プライバシー権が，裁判上認定可能な権利であるか否かについては，慎重に考える必要があるであろう．

　法的救済について，日本の判決が認める損害賠償は，極めて低額である．②の類型との関連で，単純な個人情報が漏えいした事案では，請求が認められても5,000円から1万円の間となっている．この関係で，少年時代の犯罪歴がインターネット上に流出した北海道警個人情報漏えい事件では，2005年の札幌地裁判決によって，人格権侵害に基づくプライバシー侵害が認められ，40万円の慰謝料が認定された．しかし，同年の札幌高裁判決は，「プライバシー」という言葉を一度も使うことなく，地裁判決を覆した．TBC個人情報漏えい事件の2007年の東京高裁判決では，「誰にも知られたくない種類の価値観に関係した個人情報」の漏えいであることが考慮されたものの，原告14名のうち13名に対し，3万5,000円，残り1名については2万2,000円の支払いを命じた東京地裁の判決が維持されている．

　①の類型との関連で，プライバシー侵害が顕著と思われる『石に泳ぐ魚』事件でも総額130万円であり，やはり低額である．なお，謝罪広告その他の救済は認められていないようである．

　以上，1964年以降の判例の流れを改めて検討した．こうして見ると，下級審レベルでは，プライバシーを権利と承認し，憲法第13条，幸福追求権，人格権，

個人の尊厳といった言葉を使うものが多数存在する．一方，最高裁判所は，プライバシーを「権利」とは明言せず，憲法にも言及していない．それでもなお，最高裁は「プライバシー」という言葉を用いて不法行為責任や人格権に基づく差止めを認めるようになってきていることから，伝統的な意味でのプライバシー権は，ほぼ地位を確立したといってよい．

(1) 堀部政男『現代のプライバシー』（岩波新書，1980年）25頁．
(2) 堀部政男「イギリスにおけるプライバシーの法的保護：リンドップ報告書を中心として――」内田力蔵先生古稀記念『現代イギリス法』（成文堂，1979）33頁以下．
(3) Raymond Wacks, *Personal Information: Privacy and the Law* (Clarendon Press, Oxford, 1989), pp.50-134.
(4) 堀部・前掲注(1)201-202頁．
(5) ただし，イギリスでは，アクセス権との関連で，アメリカでは，法定賠償額との関係で，それぞれ厳しい判決が下されており，法律に基づく権利行使は，必ずしも満足のいく形で実現されているとはいえない点にも注意が必要である．

第II部　現代的プライバシー権の議論と国際的動向

　第I部では，伝統的プライバシー権の提唱とそれに伴う判例法の発展について，イギリス，アメリカ，日本を比較するという方法で検討してきた．

　第II部では，各国の個人情報保護法制の発展の礎を築いた議論を整理する．個人情報保護法制の実現・展開に大きな影響を与えたのは，1960年代後半における現代的プライバシー権の提唱，及び，1980年以降における国際機関の指針等である．第6章では前者について，第7章では後者について考察する．

第6章　現代的プライバシー権の議論

第1節　現代的プライバシー権

　アメリカでは，1960年代中葉になると，特にコンピュータ化との関係で，新たなプライバシー問題へと関心が寄せられるようになった．このような事態への対応に大きな影響を与えたのは，現代的プライバシー権（自己情報コントロール権）の提唱である．

　この権利を論じたものをいくつか紹介するとすれば，まず，ウィリアム・M・ビーニー（WIllliam M. Beaney）氏が1966年に発表した「プライバシーの権利とアメリカ法」（The Right to Privacy and American Law）という論文がある．ここで，法的概念としてのプライバシー権は，次のように定義された．

　　「したがって，法的概念としてのプライバシー権は，他の個人（グループ，クラス，団体又は政府）が，(a)自己の思想，書き物，氏名，肖像，その他本

人であることを示すものを，取得し利用すること，(b)自己に関する若しくは
自己が個人的に責任を負っている者に関する情報を，取得し明らかにするこ
と，又は(c)物理的に若しくはより巧妙な方法で自己の生活空間や自己の選ぶ
活動領域に，侵入することができる程度について，ある個人（グループ，団
体，クラス）が決定する法的に承認された自由又は権限である，と定義する
ことができる．」

　ここでは，「ひとりにしておかれる権利」というような消極的な意義付けで
はなく，他人が自己に関する情報を利用できる程度を決定する権限を自己が有
しているという意味で，積極的だと説明されている[1]．
　同じ時期に現代的プライバシー権を論じたことで非常に有名なのは，コロン
ビア大学名誉教授のアラン・F・ウェスティン博士である．ウェスティン博士
は，1967年に，『プライバシーと自由』(Privacy and Freedom)[2] という著書
を発表し，この中で現代的プライバシー権を定義した．この定義は，プライバ
シー権の発展過程を論じた文献の中では，必ずといってよいほど引用されてい
る．しかし，その重要性は定義にとどまらない．この著書は，プライバシーの
起源を原始社会から掘り起こし，プライバシー侵害の諸側面について，主に科
学技術の発展との関連で検討し，1970年代に取るべき政策提言として，立法提
案を行なっている．こうしたことから，『プライバシーと自由』は，現代的プ
ライバシー権の提唱のみならず，その発展にとっても極めて示唆に富む事柄を
記しており，ウェスティン博士のいわんとしたことに触れる必要性は大きい．
本論文で，著書のすべてを紹介することはできないが，その概要を示すことと
したい．
　構成は，全4部，14章となっており，その構成は，次のようになっている．

　序　文
　第1部　プライバシーの機能と社会における監視 (The Functions of Pri-
　　vacy and Surveillance in Society)
　　第1章　現代的プライバシー権の起源 (The Origins of Modern Claims to
　　　Privacy)

第2章　現代民主国家におけるプライバシー（Privacy in the Modern Democratic State）

第3章　プライバシー侵害：自己開示，好奇心及び監視（Intrusions on Privacy: Self-Revelation, Curiosity, and Surveillance）

第2部　プライバシー侵害の新たな手段（New Tools for Invading Privacy）

第4章　盗聴器と監視装置：物理的監視の新しい技術（The Listening and Watching Devices：New Techniques of Physical Surveillance）

第5章　物理的監視の私的利用と政府利用（Private and Government Use of Physical Surveillance）

第6章　心の調査：心理的監視（Probing the Mind: Psychological Surveillance）

第7章　情報収集及び処理における革命：データ監視（The Revolution in Information Collection and Processing：Data Surveillance）

第3部　アメリカ社会の支配への取組み：5つの事例研究（American Society's Struggle for Controls：Five Case-Studies）

第8章　壁及び窓の溶解（Dissolving the Walls and Windows）

第9章　圧力に基づく真実（Truth Through Stress）

第10章　あなたが順応している証明（Prove That You're Adjusted）

第11章　自覚を持たない者に対する干渉（Tampering with the Unconscious）

第12章　すべての事実の総合（Pulling All the Facts Together）

第4部　1970年代の政策選択（Policy Choices for the 1970's）

第13章　プライバシーとアメリカ法（Privacy and American Law）

第14章　アメリカにおけるプライバシーの均衡の回復（Restoring the Balance of Privacy in America）

有名な定義を含む一節は，第1部の冒頭部分に示されている．

「プライバシーほど，社会にとって根本的な価値観でありながら，社会理

論の中で定義されずに放置された，あるいは社会科学者の手による極めて曖昧かつ混乱した文章のテーマとなってきたものは，ほとんどない．この点は，大多数の論者がプライバシーを明らかに近代的な概念だとし，思想としては18世紀末にプロテスタンティズムや初期資本主義とともに台頭したかもしれないが，本当に成熟したのは19世紀末ないし20世紀初頭だと考えている事実から浮き彫りになる．

　私見では，現代的なプライバシーの請求は，まず人類の動物としての起源にまで遡り，かなり本格的な意味で，原始社会に住む男女が共有していた．また，アメリカ人が今日，プライバシーに向けて取るアプローチは，個人や集団の私的行動に対する公的機関の調査権を制限した伝統から発展しており，西側政治史の中で古代ギリシャにまで遡る．

　このような考え方は，少なくとも本書の読者の一部を怒らせるに違いないので，こうした点の証明に取りかかる前に，冒頭で，私がプライバシーによって指すものを定義することが大切である．プライバシーとは，個人，グループ又は組織が，自己に関する情報を，いつ，どのように，また，どの程度他人に伝えるかを自ら決定できる権利である．

　個人と社会参加の関係から見れば，プライバシーとは，物理的又は精神的手段を通じて，孤独若しくは小集団内の親密な状態で，又はより大きな集団では，匿名若しくは逆の状態で，個人が社会全般から自主的かつ一時的に退くことである．社会参加も等しく強力な欲求なので，プライバシーを望む個人の欲求は決して絶対的ではない．それゆえ各個人は常に，周囲の条件や，自分が住む社会が定めた社会規範に照らし，プライバシーの欲求と自らを他者に開示及び伝達する欲求を均衡させるように，個人的調整過程に取り組んでいる．その個人はまさに，他者の好奇心からの圧力や，あらゆる社会が社会規範強制のために設けた調査手続の圧力に直面しながら，これを行っているのである．

　こうした一般的説明に対するテストは，もちろんその説明や応用の中にあり，それが第1部を構成する3つの章の作業を表している．」

多くの文献が引き合いに出すのは，「プライバシーとは，個人，グループ又

は組織が，自己に関する情報を，いつ，どのように，また，どの程度他人に伝えるかを自ら決定できる権利である」という部分であり，この定義は，グループ又は組織を含んでいる．しかし，アーサー・R・ミラー（Arthur R. Miller）教授が1971年に公表した『プライバシーへの攻撃』（The Assault on Privacy）[3]という著書によって，現代的プライバシー権は，個人を権利主体とするものとして捉えられ，現在も，個人を主体とするものとして定着している．

　ミラー教授は，「最近，法律家や社会学者は，効果的なプライバシー権の基本的特質は，自己に関する情報の流れをコントロールする個人の能力——社会関係や個人の自由を維持するのにしばしば不可欠な力——であるという結論に達するようになった．これと相関的に，個人が自己に関する情報の流れを統制する栓のコントロールを奪われるならば，ある程度までその者は栓を操作することができる人々や機関に屈従することになる」と主張する．この定義から，現代的プライバシー権は，自己情報コントロール権と理解されるようになった．

　ウェスティン博士の分析と比較すると，ミラー教授は，コンピュータ化の脅威に着目した．すなわち，情報の流れが速くなり，勝手に流出するようになったことに対して，個人のプライバシーの領域を守るために，情報の流れを「コントロール」する方策を検討している．

　ミラー教授は，情報の流れを調整する能力が侵害されるような時期が到来することを懸念して，実質的な法的保護が必要とした．そして，「個人が，自分の生活に影響を及ぼす情報に対して，何かしらの意味のあるコントロールを維持し，社会が，オーウェリアンの毒気に包まれてしまうことを避けようとするならば，法は，情報システム・マネージャ及びデータ・ユーザーに対する直接的な責任及び制限を課す行政上及び立法上の取締りに従事しなければならないであろう」[4]との言葉にも表れるように，教授は，特に，コンピュータ化や情報の取扱いを規制するための立法化が必要であると論じ，あわせて，独立の監視機関としての連邦機関の創設，技術的保護措置，倫理的措置などについて主張している[5]．

第2節 『プライバシーと自由』の概要

　ウェスティン博士の『プライバシーと自由』に戻るが，「第1部　プライバシーの機能と社会における監視」は，第1章から第3章にかけて，プライバシーの状態・機能や本書の重要論点などを含め，次のようなことを論じている．

　人のプライバシーへの要求は，動物由来のものであって，人間固有ではない．それは原始社会から存在するものである．現代社会へと進展するにつれて，身体的及び精神的なプライバシーの観念が発展してきた．他方で，個人によるプライバシー侵害や，社会による監視も行われてきた．

　プライバシーの基本的状態は，孤独（solitude），親密さ（intimacy），匿名性（anonymity），及び沈黙（reserve）である．これらの状態を保護することによって得られるプライバシーの効果は，①個人の自律（personal autonomy），②感情的自由（emotional release），③自己評価（self-evaluation），及び，④通信の制限及び保護（limited and protected communication）の4つに分類することが可能である．

　個人は，プライバシーへの要求を持ちながらも，開示や仲間付合いを求めており，この調整は，個人に委ねられている．すなわち，これは，いついかなる条件で，自分の行動を一般国民に明らかにすべきかを自分自身で決定するという，個人の権利である．ある事実を私的に維持するという欲求と，他の事実を，誰が，いつ，どのような状況下で知るものとするかを，自分自身で自由に決定するという要求の均衡を図ることは，本書の重要論点である．

　「第2部　プライバシー侵害の新たな手段」は，第4章から第7章を設け，科学技術の発展に伴い，プライバシーと開示及び監視の均衡が崩れてきたことを指摘する．すなわち，新しいプライバシー侵害の側面として，通信傍受などの物理的監視，ポリグラフや人格検査といった心理的監視，コンピュータの発展によるデータ監視の3つが登場するようになった．

　「第3部　アメリカ社会の支配への取組み：5つの事例研究」は，第8章から第12章を設け，上記3つの監視技術に対して，報道機関や全国的な市民団体が，プライバシー問題に関心を向けるようになったことなどを検討している．

第6章　現代的プライバシー権の議論　　289

なお，第12章「すべての事実の総合」は，特筆すべき事柄として，①社会福祉や公益事業目的による電子データ処理の偶然の副産物として，厳格な記録監視が，アメリカ合衆国に導入されつつある点，②コンピュータ化を止める方法は存在しないという点を指摘した．ウェスティン博士は，②に関して，当時マサチューセッツ工科大学（Massachusetts Institute of Technology, MIT）の教授であったロバート・M・ファーノ（Robert M. Fano）氏の言葉を引用し，「これらの事柄を止めることは決してできない．それは，川が海に流れ出ることを防ごうとするようなものだ．しなければならないことは，流れをコントロールするために，ダムを建設し，水道設備を作ることだ」と述べた．

　「第4部　1970年代の政策選択」は，「第13章　プライバシーとアメリカ法」，「第14章　アメリカにおけるプライバシーの均衡の回復」を扱っている．冒頭部分は，アメリカ社会が，過去20年間，監視とプライバシーのジレンマに支配されてきたこと，アメリカの社会制度において，一般概念としてのプライバシー保護に取り組む方法を提案する時期が到来したことを指摘している．

　第13章は，1790年以降，プライバシーという概念が，法的にどのように取り扱われてきたかについて，次のようにまとめている．

　プライバシーは，ウォーレン＆ブランダイス論文以降にようやく具体化した「現代の」法的権利ではない．合衆国憲法が起草され，独立の政府として立ち上げられた1790年代から，アメリカ社会は，プライバシーを法的に保護するための枠組みを検討してきた．

　ところが，1880年代から1950年にかけて，電話，マイクロホン，盗聴録音機，瞬間写真撮影機が発明されると，プライバシー侵害の様相は，非定型的な領域へと及ぶようになった．もはや，法による物理的侵害からの保護のみでは，プライバシーを守ることはできなくなった．

　アメリカ法は，1950年代まで，憲法上もコモン・ロー上も，こうした技術化に対しては無力であった．しかし，アメリカの裁判所は，1958年のNAACP対アラバマ州事件以降，電子時代のプライバシー問題に取り組むようになり，1965年のグリズウォルド対コネチカット州事件によって，新しい憲法上のプライバシー理論を明確化することへの重要な第一歩を踏み出した．これに対応して，私法の分野においても，ウエスト・バージニア州，オハイオ州，ニュー・

ハンプシャー州で，盗聴器やマイクロホンによるプライバシー侵害に対する救済を与える判決が見られるようになった．

第3節 『プライバシーと自由』の提言

「第14章 アメリカにおけるプライバシーの均衡の回復」では，前章までの検討を踏まえて，最も難しく危険の多い政策判断（policy judgment）の問題に入った．第14章は，この書物の基本テーマを再掲した上で，アメリカ社会におけるプライバシーの均衡を回復させるための，来るべき10年間の責務に取り組んでいる．

本書が掲げた7つの基本テーマは，次のように再掲されている．

(1) 物理的監視技術の革新によって，いまや，政府当局者及び私人は，自宅，職場，及び車両のプライバシーに入り込み，公的場所で活動する個人を監視し，電話，電報，ラジオ，テレビ，及びデータ回線による基本的な通信経路を傍受できるようになった．

次の10年間では，盗聴及び監視装置に関する範囲及び多機能性が継続的に増加することが，科学的に予測される．同様に，監視下にある話者や話題を自動的に特定する記録に関して，コンピュータ処理される可能性が見込まれる．

(2) 心理的監視の分野では，対象者の個人的な思考プロセスを探知するポリグラフや人格テストといった技術は，第二次世界大戦以降，急速かつ幅広く利用されるようになった．これらの技術は，企業，民間団体，政府機関の人事選抜システムでよく用いられた．また，薬物調査の際にも用いられるようになった．

さらに，脳波分析における研究は，脳の一定の兆候を「読み取ること」が可能だと明らかにしている．もし，これが今後数十年間に，思考や感情に含まれるより複雑なメッセージを区別する能力にまで発展すれば，精神に直接質問することが，プライバシーへの潜入の「最終兵器」となるであろう．

第 6 章　現代的プライバシー権の議論　　291

(3)　著者がデータ監視と呼んだ分野では，アメリカ社会全体で，コンピュータの発展と利用が急速に進んでいる．これは，国内の個人及び民間団体に関する大量の情報が，コンピュータで利用可能な形になっていることを意味する．企業，団体，大学，公立学校，及び政府当局は，より多くの情報を集め，利用している．また，「全人生のファイル」及び情報の交換が着実に増えるにしたがい，コンピュータを用いる機関は，現在は散在しているデータの断片をすべて集めることによって，これまで不可能だった個人，組織，団体の監視を実現できる可能性が高まっている．民間及び政府の代表者が，現金取引に代わる完全にコンピュータ化された自動信用システム，各個人に単一の識別番号を与え，公的機関との取引に用いるシステム，及び類似の「総合」コンピュータシステムを採用するように提唱することで，こうした危険が増大しているのである．

(4)　これらの監視分野のそれぞれにおいて，科学的進歩の大半は，一般市民のプライバシーを侵害する装置の開発努力を通じて生じたものではない．むしろ，それらは，アメリカ社会の幅広い問題─宇宙旅行や宇宙との通信，医学研究，精神病の診断と治療，携帯テレビ放送，一般データの迅速な分析と利用，及び，多くの類似目的─を解決するための研究から生じた．しかし，いったん科学が進歩すると，基礎研究や試作品開発の段階の費用を政府しか賄えない場合も多く，身体，精神，及びデータを監視するため，政府機関と民間団体が素早く技術を取り入れた．こうした技術は本来，|社会的に有益」で，プライバシーとの関係では潜在的に「中立」である．しかし，新技術をプライバシー侵害に容易に利用できること，新技術を監視に用いたがる者にとって費用が相対的に安く済むこと，「部品」や「プロセス」にすぐにアクセスできることは，「適切」な利用と「不適切」な利用の間の境界線を司る現行の法的及び社会的原則が，不十分なことを示している．さらに，新たな監視技術の採用に携わった心理学者やコンピュータ科学者は，自分たちの目的と倫理に自信を持ちすぎるために，このプロセスを利用することでもたらされるプライバシー問題に，十分配慮していない．

(5)　1945年以降のこうした技術及び科学の発展に対するアメリカ社会の反

応は，一様ではなく，一貫性を欠くことも多かった．しかし，5つの重要な問題—サブリミナルな暗示，電子的盗聴，ポリグラフ，人格テスト，及びコンピューター—に対する市民の反応調査によって，報道機関や全国的な市民団体の中で，プライバシーの主張に対する感受性が，徐々に高まった．

これら5つの詳細な調査から，プライバシーを支える「最低限の立場」が現れてきている．

(6) プライバシーが民主主義体制の中で果たす機能—心理的，社会的，政治的有用性—を調べるうちに，われわれは，プライバシーが，自由な文化を持つ民主主義体制下での個人，集団，及び政府の活動の中で，単純化し得ない重要な要素であることを発見した．

個人にとっては，自分自身に関する一定の事実を完全に非公開にし，他の事実についても，誰に，いつ，どのような状況下で知らせるかを自分自身で自由に決定する必要性がある．同時に，各人には，「個人的」又は「私的な」事柄を他人に開示したいという，同じように強力な必要性が存在し，同様に，他人のプライバシーに潜入したいという強い衝動もある．

(7) 最後に，プライバシーと法の章では，プライバシー保護への関心が，われわれの国家の歴史のまさに草創期から，アメリカ合衆国憲法，コモン・ロー，連邦及び州の法律，行政上の規則に含まれていたことが分かった．コモン・ロー上のプライバシー原則における「通常人」の基準や，連邦及び州の憲法における「不当な」捜索の禁止のように，対立する利益の均衡を図るという考え抜かれた発想が，アメリカのプライバシー法の中心にあった．この章（及び市民の反応に対する事例研究）は，現行の法的枠組みが，新しい監視技術からアメリカ人のプライバシーに関する均衡を守る上で，不適切であると示した．しかし，アメリカ法には過去10年間に大きな変化が起こり，昔の共和制社会では物理的及び技術的現実によって確保されていたものを，法的及び社会的基準の中で発展させるために，必要なプロセスが始まった．アメリカ法は変化の過程にあると認識していても，2つの深い懸念が残る．

第6章　現代的プライバシー権の議論　　293

　1点目は，新しい法原則が，プライバシーと開示という両方の必要性を慎
重に反映させるべきということである．2点目は，民間の機関や組織による
自主的なプライバシー支援活動の果たす役割に，大いに関心を払うべきとい
うことだ．とりわけ，法的な干渉を受ける可能性が低いか，おそらくそのよ
うな干渉が有効でない分野においてである．

　ウェスティン博士は，このように述べた上で，次の「相反する利益を衡量す
るための基準の発展」と題する項目では，次の点を指摘した．

　もし，プライバシーが，対立する価値を衡量するプロセスという天秤の上で，
正しく重きを置かれるとするなら，合理的な衡量プロセスが必要である．それ
には，公的及び私的な機関が，新しい装置を通じた開示又は監視の主張と，プ
ライバシーの主張を比較する際に適用できる明確な基準を伴う．

　そのようなプロセスの基本的な段階として提唱されるものは，①監視を実施
する必要性をめぐって，重要性を評価すること，②必要性を満たすための代替
的手段の有無（証明責任）を決定し，③監視装置に求められる信頼性の程度を
決定し，④監視に対して真の同意が与えられたかどうかを判定し，⑤可能であ
れば，監視の制限と規制の能力を評価することである．

　①について，その必要性は，不当なプライバシー侵害から日々自由でいられ
るという一般国民の信頼を脅かす極めて現実的かつ現在高まりつつある危険を
上回るほど，十分に重要でなければならない．

　②について，個人や組織のプライバシーを侵害する程度がより小さい代替手
段があるかどうかを判定する際，他の手段を使えないことを証明する責任は，
監視を求める機関に課せられるべきである．

　③については，求められる信頼性は，調査の実施目的に左右されるであろう．

　④について，プライバシーの中心的側面は，個人及び組織が，いかなる事柄
を私的に保持したいと欲し，いかなる事柄を打ち明けるのに前向きである又は
打ち明ける必要を覚えるのかを，自分自身で決定できることである．

　同意は，監視目的，及び，監視によって取得された情報の利用に関する個別
の状況に基づき分析されるべきである．

　データの流通する社会の中で情報の流れを規制する原則としての同意の原則

が，十分に理解されず，受け入れられなければ，われわれは，将来，プライバシーに関する深刻な問題を抱えるであろう．

なお，個別状況において同意が自由に与えられなかったとしても，当該科学技術をその分野で用いることが許される場合もある．

⑤については，4つの基準を満たさなければならない．第1は，規則によって，監視を実施する者に制限を設けること，第2は，監視の範囲，継続期間，及び運用に対する詳細な規制を設けること，第3は，監視基準を設け，規則に基づき実務を監督し，遵守状況を調査し，不正行為に関する苦情を聴取するための何らかの総合機関を設置すること，第4は，取得した情報の開示及び利用を対象とした規則を定めることである．

次の項目である「監視技術の管理の達成」では，上記の議論を踏まえ，民間及び公的分野に分け，それぞれに対する提言を行った．この項目の冒頭部分では，監視技術の管理を達成するために，禁止的立法が理想的かつ必要な対応だとする見方があるとした上で，プライバシーを幅広く解した場合，プライバシー，開示，監視の間の均衡が移り変わるのを，立法だけで捉えることは不可能であり，監視技術の管理の達成に向けて最初に取るべき措置として，立法が必ずしも適切ではない分野も多いと指摘している．そして，ウエスティン博士は，次のように述べている．

民間勢力の役割としては，倫理意識，科学的対策，組織内部の規則及び決定，私的な合意，及び専門家の倫理基準という5つの分野で，民主社会におけるプライバシー基準を確立するための重要な活動が行われてきたといえる．ただし，倫理的な戒律及び専門職業家の戒律は，必ずしも，犯罪分子，過剰な熱意を持った公務員，利潤追求者，無神経な研究者による行動を規制するのに十分ではない．この点で，政府の活動は，許される行為と禁じられる行為の明白な境界線を設け，新たに作り出された諸原則を執行する背景に，新たな道徳的強制力を与えるのに役立つ．

政府の活動の役割について，現代のプライバシー侵害手段を規制する責任は，裁判所ではなく立法府に課せられている．技術的侵害に対するプライバシー権について，最高裁判所が幅広く，先進的な判決をいずれ下すと考えるのは，十分に根拠がある．しかし，この期待は，現在の真剣な立法府の議論を妨げるべ

きではない.

このような理由から, 現代のプライバシー侵害手段を立法が規制する可能性に, 真剣に関心を向けるべきである.

その理由は次のとおりである.

すなわち, 裁判所の広範かつ革新的な判決も期待できるが, ①裁判所が近い将来にそのような判断を示す保証はないこと, ②技術を用いた監視をめぐる問題が持つ特有の性質から, きめ細かな規制法が求められること, ③合憲と違憲の間の線引きを行い, 違法収集証拠の排除に依拠した司法判断は, プライバシー, 開示及び監視の間の利益を適切に衡量する上で, 最も有望な方法ではないこと, ④本質的に立法府の責任であるものを裁判官に押しつけるため, 法律制定の真剣な努力を怠ることは, 権力分立に反すること, ⑤新しい法律で公の秩序を明らかにすることは, おそらく, この領域における裁判所の最終的な役割を向上させること, にある.

心理的監視とデータ監視については, 合衆国政府の活動に新たな規制を設ける必要があるであろう. 物理的監視は, 現在のところ, 最も広範な監視形式である. 議会は, 憲法上の権限を最大限に行使して, この監視を可能な限り規制すべきである.

立法に当たっては, 次の鍵となる概念を考慮すべきである.

心理的監視について. 政府の被雇用者が政府から不当なプライバシー侵害を受けない権利を明確化し, 保護する法律の必要性が高まっている. 立法は, 不当なプライバシー侵害を受けない公務員の一般的権利を宣言すること, ポリグラフ検査や人格テストのような, 一定の心理的監視技術の利用を禁止すべきこと (ただし国家安全保障の場合等は例外とされる), 雇用関係のプライバシー権を保護する責任を負う独立機関を設けることを内容とすべきである.

データ監視について. コンピュータの効果的利用には, 合理的な分析と入念な計画が必要である. プライバシーが生き残るには, 個人データ処理の発展に対し, 大規模なデータ処理にコンピュータ利用を求める連邦及び州の議会が, それに見合う高水準の分析と計画を行わなければならない.

物理的監視について. 盗聴, 電子的傍受, 及び視覚的監視は, 立法が最も強く要請される問題である. 連邦法及び州法を制定するに当たって考慮すべき4

つの基本要素は，①技術的装置による不当な監視の禁止，②監視装置の適法な私的利用に向けた例外，③限られた場合に，法執行官が裁判所の管理下で監視装置を利用する制度の創設，④法が定める制限を私的及び公的に執行することを規定した各種の救済である．

連邦法の第1条には，3つの禁止事項として，①連邦及び州の公務員を含む何人であっても，電話による会話を傍受又は録音する手段として装置を用いる行為の禁止，②何人であっても，傍受目的で無線送信機を利用する行為の禁止，③連邦の公務員又は代理人が，私的場所にいる，又は，公的場所で私的な会話や活動を行う者の位置，会話，活動を，観察，傍受，又は記録するために装置を用いる行為の禁止を盛り込むべきである．

第2条では，例外事項として，身体障害者を補助する装置の利用，傍受の同意が暗示される場合，連邦公務員が対象者の同意を得て研究・教育・セラピーを行う場合，監視の実行を明示して財産の物理的保護及び身体の安全確保を図る場合（エレベータへのテレビ設置など），通信システムの運営者が定期的なサービスを提供する場合などを定めるべきである．ただし，一方当事者の同意で盗聴や傍受を許すような例外を設けてはならない．

第3条では，連邦の法執行官が限定的に監視を用いる制度を規定するべきである．物理的監視が認められる犯罪に関する問題は，ここで検討する重要な要素の1つである．連邦の技術的監視については，私見では，以下の場合に限定すべきである．すなわち，連邦捜査局（Federal Bureau of Investigation, FBI）及び他の少数の法執行機関（シークレット・サービスなど）が，誘拐事件で電話を傍受する場合，国家安全保障にかかわるスパイ活動，諜報活動，及び特定犯罪において，盗聴や傍受を行う場合，物理的監視が，犯罪による生命侵奪を防止するために直接的に必要とされる場合である．

監視装置の使用許可は，装置による監視が行われる地域の合衆国地方裁判所の裁判官に対する申立てによって，取得されるべきである．

第4条は，違反行為に対する救済を定めるものであって，おそらくは当該法律の中で最も重要な条文である．救済の方法としては，刑事罰による制裁，差止命令及び損害賠償による救済が存在する．

以上は，合衆国の監視規制法に含むべき基本的な特徴である．ただし，一定

の重大犯罪又は国家安全保障に対する脅威が生じた場合に，装置を用いた公的な監視の全面禁止は，社会が支持しないことを認識すべきである．法執行機関及び国家安全保障機関の中核グループによって，限定的かつ監督下で監視を実施することが，より広範な監視装置の利用に対して実際的な拘束を実現するための最良の方法である．

州法による規制について．この立法上のアプローチによって計画された全体的改革を達成するためには，州法も必要である．州法は，多くの点で，連邦法の体裁を踏襲するであろうが，州の一般的な規制権限に基づき，州当局者だけでなく，あらゆる民間人も，各禁止規定の対象となるだろう．それに加えて，州レベルでは，プライバシー保護を調整するための独立した州の機関を検討すべきである．

なお，立法提案の際には，分野ごとのアプローチ（area-by-area approach）と全領域を包含する包括的なアプローチ（omnibus approach）があるものの，両者ともに戦術的な利点を持つことから，いずれか1つを選択することは，ここでは必要ない．

ここで，1つの興味深い問題が残されている．合衆国憲法を修正して，プライバシー権を新たに定めるべきか否かである．

基本的権利に関する新たな国家政策を描くには，修正が望ましく，修正すれば，重要なプライバシー侵害に対し，合衆国による直接規制の基盤を与えることになる．憲法修正の動きはたいていの場合，基本的価値をめぐる「大いなる議論」を助長するという点で，この提案は特に魅力的な特徴がある．しかし多くの保守派とリベラル（進歩派）は口を揃えて，司法の解釈や立法—行政間の解釈を通じた合衆国憲法の発展を損なうとの理由から，このような場合の憲法修正に反対している．さらに，新技術からプライバシーを保護する力は，従来の憲法の規定に盛り込まれていると提起するのも，説得力ある主張であろう．

また，憲法修正により新たな権利を宣言することで，実質的に何が得られるのかを見極めるのも難しい．さらに，憲法の修正条項は，個別の救済や救済実施機関の問題を未解決のままにするだろう．そのような問題こそが，日常生活の中でプライバシーを効果的に保護するのに，決定的に重要である．こうした一切の理由から，戦術的にも実体的にも，合衆国憲法を修正する道筋は，実り

がなく賢明でもない回り道のようである．

　しかし，プライバシー権を保証する文言を新たに州憲法に取り入れるのは，考察が多少異なる．州憲法はより細かく，より頻繁に修正されるというわが国の伝統を踏まえ，また，州法が「小さな実験室」の機能を持つ点からすると，そのような保証を検討するのももっともだろう．

　司法上の救済の場面では，最高裁判所は，オルムステッド─ゴールドマン法理を覆し，連邦及び州の機関による不当な監視及び不適切な開示に対するプライバシーの保護が，憲法上の基本的権利であると宣言する画期的判決を出す寸前である．新しい原則の理想的な展開は，最高裁判所がオルムステッド法理を廃し，憲法上のプライバシー権に適正手続の要件を課すことで，政府によるプライバシー侵害をはかるように義務づけているとした判断を下す形であろう．このような画期的な判断を下すにあたり，不当な監視に対する憲法上のプライバシー権は，修正第1条にもっぱら根拠を置くことになるようである．なお，国家安全保障や人命に対する直接的脅威からの保護の場合は，プライバシーを制限する正当理由が存在するものの，その立証は監視者側に課せられる．

　電子的監視を規制するシステムを試みる責任は，合衆国議会や州議会に課せられている．裁判所は，選挙で選ばれた部門の責務に対して，変化のきっかけを与える者としての役割を果たしてきた．

　また，コモン・ロー上のプライバシー権を拡大し，財産所有者による不当な監視に対する救済を含めることもまた，望ましい発展である．

第4節　結　　語

　ウェスティン博士は，以上のような立法提案を行った上で，次の言葉で締めくくった．

　「民間と政府の救済策に関するこうした議論が示すとおり，アメリカ社会は今や，プライバシーに関する科学の影響に向き合う準備が整った様子である．これを怠れば，わが国の自由な社会の基盤は，危機にさらされるだろう．　問題は，アメリカだけにとどまらない．わが国は科学や社会の発展により，

監視技術の危機に見舞われる最初の近代国家となったが，他の西側諸国が大きく出遅れているわけではない．イギリス，フランス，イタリア，西ドイツ，ポーランド，ソ連，あるいはガーナやベトナムでさえ，小型の盗聴・監視装置が登場しており，壁が消え始めている．西側全体でコンピュータのネットワークが発達し，大量のデータを収集しては，決して忘却しない記憶ユニットにわれわれの生活のごく細かい事実を保存する．時には人類を代表し，時には社会を代表して，西側の科学者は，薬物や脳波の調査により，人の意識を明るみに引き出そうと取り組む．

　この状況——超小型化と電気回路，化学合成，投影精神医学が持つ驚異——は新しい．しかし，選択肢は，地球上の人類の歴史と同じくらい古い．こうした手段が用いられるのは，人間を解放するためか，服従させるためか．濃密で，複雑で，がんじがらめの相互関係を伴う20世紀の生活で，われわれはプライバシーの機会を守れるのだろうか．これがなければ，市民の自由の制度全体が，形だけの儀式に変わるかもしれない．科学とプライバシー．それらはともに，20世紀の自由の双子の条件を成している．」

(1)　William M. Beaney, *The Right to Privacy and American Law*, 31 LAW & CONTEMP. PROBS. 253, 254 (1966). 堀部政男『現代のプライバシー』（岩波新書，1980年）50頁．

(2)　ALAN F. WESTIN, PRIVACY AND FREEDOM (1967).

(3)　ARTHUR R. MILLER, THE ASSAULT ON PRIVACY 25 (1971). 邦訳は，片方善治・饗庭忠男監訳『情報とプライバシー』（ダイヤモンド社，1974年）参照．

(4)　*Id*. at 209.

(5)　*Id*. at 210-257.

第7章　プライバシー保護の国際水準

第1節　OECD の勧告

1　OECD プライバシー・ガイドライン

1.1　勧告の採択

　情報通信技術の飛躍的発達により，プライバシー保護・データ保護の必要性に迫られた各国は，1970年代に入ると，それに対応するための法律を整備しはじめた．アメリカは，1970年公正信用報告法（Fair Credit Reporting Act of 1970）[1]，1974年プライバシー法（Privacy Act of 1974）[2] などを制定し，ヨーロッパでは，スウェーデンの1973年データ法を始めとして，1977年から1979年にかけて，ドイツ（西ドイツ），デンマーク，ノルウェー，フランス，オーストリア，ルクセンブルクが個人データ保護を目的とした法律を制定した[3]．

　これらの中で，特にヨーロッパの法律には，個人データの国外処理を制限する条項を設けているものが多く存在した．そのような制限条項は，自国民のプライバシー保護には役立つが，諸国間の情報の自由な流れを妨げるという効果を持っていた．たとえ制限条項がなくとも，プライバシー保護・データ保護を目的とする法律は，データの国外処理の阻害要因となる可能性があった．そして，このことは，全地球的規模の通信ネットワークを保持し，ヨーロッパの市場を圧巻してきたアメリカにとって，経済的に大きな脅威となった．その結果，アメリカとヨーロッパで，利害が対立するようになった[4]．

　そこで，個人情報の適正な取り扱いに関するルールを定め，情報の自由な流れと個人のプライバシー保護を調和させることを委ねられたのが，経済協力開発機構（Organisation for Economic Co-operation and Development, OECD）である．OECD は，1980年 9 月23日，「プライバシー保護と個人データの国際流通についてのガイドラインに関する理事会勧告」（Recommendation of the Council concerning Guidelines Governing the Protection of Privacy and Transborder Flows of Personal Data. 以下「OECD プライバシー・ガイドライン」という）を採択した.

2007年10月31日現在，OECD の加盟国は30ヶ国[5]となっており，欧米先進国を中心に，各国の代表が，様々な分野の経済政策に関する議論を行っている.日本は，1964年4月28日に加盟国となった.この OECD が採択したプライバシー・ガイドラインは，現在においても各国の法制度の指導的な役割を担っており，日本でも，個人情報保護対策を真剣に検討する契機となった.

1.2　勧告と勧告付属文書[6]

(1)　勧　告

冒頭において，理事会勧告は，4つの認識内容を示している.

「加盟国は，国内法及び国内政策の相違にもかかわらず，プライバシーと個人の自由を保護し，かつプライバシーと情報の自由な流通という基本的ではあるが，競合する価値を調和させることに共通の利害を有する.」
「個人データの自動処理及び国際流通は，国家間の関係に新しい形態を作り上げるとともに，相互に矛盾しない規則と運用の発展を要請する.」
「個人データの国際流通は経済及び社会の発展に貢献する.」
「プライバシー保護と個人データの国際流通に係る国内法は，そのような国際流通を妨げるおそれがある.」

以上の認識内容を示した上で，理事会は，「加盟国間の情報の自由な流通を促進すること及び加盟国間の経済的社会的関係の発展に対する不当な障害の創設を回避することを決意し」，次のように勧告している.

「1　加盟国は，本勧告の主要部分である勧告付属文書のガイドラインに掲げているプライバシーと個人の自由の保護に係る原則を，その国内法の中で考慮すること.
2　加盟国は，プライバシー保護の名目で，個人データの国際流通に対する不当な障害を創設することを除去し，又はそのような障害の創設を回避す

ることに努めること.

　3　加盟国は，勧告付属文書に掲げられているガイドラインの履行につい
て協力すること.

　4　加盟国は，このガイドラインを適用するために，特別の協議・協力の
手続についてできるだけすみやかに同意すること.」

(2)　勧告付属文書

　勧告の主要部分であるとされる勧告付属文書「プライバシー保護と個人デー
タの国際流通についてのガイドライン」は，「第1部　総則」(General)，「第
2部　国内適用における基本原則」(Basic Principles of National Application)，
「第3部　国際適用における基本原則-自由な流通と適法な制限」(Basic Princi-
ples of International Application: Free Flow and Legitimate Restrictions)，「第4
部　国内実施」(National　Implementation)，「第5部　国際協力」(Interna-
tional Co-operation) から構成されている. 勧告は強制力を有するものではな
いが，第1の勧告事項が述べるように，各国の国内法の中で考慮することを求
めており，第2部に掲げた8原則は，日本におけるプライバシー保護を考える
上で最も重要であり，個人情報保護法とも深く関連を有する.

(a)　総　則

　第1部「総則」は，全6条から構成され，主要な定めは次のようになってい
る.

　第1条は，定義 (Definitions) を定める. データ管理者 (data controller) は，
「国内法に従い，個人データの内容及び利用に関する決定資格を持つ当事者を
いい，当該当事者又はその代理人が，当該データを収集し，蓄積し，処理し又
は伝播させるか否かとは無関係である」とされる (第a項). 個人データは，
「識別された又は識別されうる個人（データ主体）に関連するすべての情報」を
いう (第b項). 個人データの国際流通とは，「国境を越えて，個人データが移
動すること」をいう (第c項).

　第2条は，ガイドラインの適用範囲 (Scope of Guidelines) の定めを置く.
同条は，「これらのガイドラインは，民間又は公的部門において，処理方法，
若しくは，データの性質又はそれらが用いられる状況を理由として，プライバ

シー及び個人の自由に危険をもたらす個人データに適用する」と定める．OECD プライバシー・ガイドラインは，公的部門と民間部門のいずれにも適用される．

第3条は，ガイドラインの解釈指針を示している．ここでは，ガイドラインが，異なる種類の個人データに異なる保護措置を適用すること（第a項）や，明らかにプライバシーや個人の自由に何らの危険も伴わない個人データを適用除外とすること（第b項）や，個人データの自動処理にのみにガイドラインを適用すること（第c項）などを妨げるものとして解釈してはならないとする．

第6条は，OECD プライバシー・ガイドラインを「最小限の基準とみなされるべきであり，プライバシーと個人の自由を保護するための追加的措置により補完することができる」と定め，ミニマム・スタンダードであることを明記する．

(b) 国内適用における基本原則

第2部「国内適用における基本原則」は，第7条ないし第14条にて構成される．それぞれの原則は相互に関係し，部分的には重複している[7]．

各原則の内容は，次のとおりである．

　「収集制限の原則（Collection Limitation Principle）
　　7　個人データの収集には，制限を設けるべきであり，いかなる個人データも，適法かつ公正な手段によって，かつ適当な場合には，データ主体に知らしめ又は同意を得た上で，収集されるべきである．」

これは，①データが処理されるべき方法，データの性質，データが利用されるべき状況又はその他の状況が，特別にセンシティブとみなされることを理由として，データ収集に制限を設けること，及び，②データ収集方法に関する要件を定めたものである．①に関して，プライバシー・ガイドラインの草案を作成した「国際的なデータの障壁とプライバシー保護に関する専門家会合」（Group of Experts on Transborder Data Barriers and Privacy Protection）は，センシティブ性の基準に関する多くの議論を行なったが，普遍的にセンシティブとみなされるデータのまとまりを定義することはできなかった．その結果，第

第7章　プライバシー保護の国際水準　　305

7条は，一般的な定めをおくにとどまった[8]．②については，テープ・レコーダーのような密かにデータを記録できる装置の利用や，データ主体を欺いてデータを提供させる行為に対する原則である．ここでは，データ主体の認識又は同意を本質的な原則とし，認識を最低限の要求としている．他方で，犯罪捜査や日常的な郵送先名簿の最新化のような，実務的又は政策的理由がある場合は，認識又は同意が不要とされる[9]．

　「データ内容の原則（Data Quality Principle)
　　8　個人データは，その利用目的に沿ったものであるべきであり，かつ利用目的に必要な範囲内で正確，完全であり最新なものに保たれなければならない．」

　この原則は，データの利用目的と深く関連する．
　前段については，例えば，意見や評価に関するデータは，何の関連も持たない目的のために利用されると，容易に誤解を生む可能性がある．
　後段については，データの利用目的のために必要な範囲をはるかに超えて，正確性，完全性，最新性を達成すべきことは意図していない．したがって，例えば，歴史的なデータは，集積又は保持されなければならない．ここでの「目的基準」（purpose test）は，正確性，完全性，及び最新性の欠如を理由に，データ主体に損害が及び得るか否かの問題と関連する[10]．

　「目的明確化の原則（Purpose Specification Principle)
　　9　個人データの収集目的は，収集時よりも遅くない時点において明確化されなければならず，その後のデータの利用は，当該収集目的の達成，又は，当該収集目的に矛盾せず，かつ，目的の変更毎に明確化された他の目的の達成に限定されるべきである．」

　この原則は，データ内容の原則及び利用制限の原則と密接に関連する．基本的に，第9条は，データ収集より前，また，いかなる場合でもデータ収集時より遅くない時点で，データの利用目的の特定が可能であるべきであること，及

び，後の目的変更も同様であることを意味する．この目的特定は，公開の宣言，データ主体への通知，立法，行政命令，監視機関の与えた免許のような代替的又は補足的方法によって行なうことが可能である．また，第9条及び第10条に基づき，新しい目的は，恣意的に取り入れるべきではない．変更の自由は，本来の目的と両立することを必要とするべきである．データがもはや目的に適わず，かつ，実行可能であれば，データを破壊（消去）又は匿名化形式にすることが必要である．なぜなら，データがもはや重要性を持たない場合は，データ管理が行われなくなり，盗難や無権限複製等の危険を招く可能性があるからである[11]．

「利用制限の原則（Use Limitation Principle）

10　個人データは，第9条により明確化された目的以外の目的のために，提供，利用，その他の使用に供されるべきではないが，次の場合はこの限りではない．

(a)　データ主体の同意がある場合，又は，

(b)　法律の規定による場合」

第10条は，異なる種類の利用を対象とする．それには，特定した目的を逸脱した提供も含まれる．例えば，データが1つのコンピュータから他に伝送され，点検なくして無権限目的で利用し得る場合は，その言葉の本来の意味において，提供されたことになる．

一般に，最初又はその次に特定した目的は，データを利用するための決め手となるべきである．

2つの例外について，データ主体の同意には代理人の同意を含む．また，法律の規定は，例えば，監視機関の付与した免許を含む．データが行政上の政策決定の目的のために収集された場合は，研究，統計及び社会計画のために利用することが可能である[12]．

「安全保護の原則（Security Safeguards Principle）

11　個人データは，その紛失又は無権限のアクセス・破壊・使用・修正・

提供等の危険に対し，適切な安全保護措置により保護されなければならない.」

　セキュリティとプライバシーの問題は同一ではない．しかし，データの利用及び提供の制限は，安全保護によって強化されるべきだ．このような安全保護は，物理的措置（たとえば，ドアの施錠及び身分証明書），組織的措置（たとえば，データへのアクセスに関する許可レベル），そして，とりわけコンピュータ・システムにおいて，情報的措置（たとえば，暗号化，及び，異常な行動に関する脅威の監視，また，それらへの対応）を含む．組織的措置に分類されるものは，データを処理する職員に秘密保持を義務付けるよう強調すべきだ.
　また，第11条は，広い範囲を対象とする．この条項で述べた事例は，ある程度重複する（たとえばアクセス/提供）．データの「紛失」は，偶然のデータ消去，データ保存媒体の破壊（それによるデータの破壊），及びデータ保存媒体の盗難の場合を含む．「修正」は，データの無権限入力，「利用」は，無権限複製を対象にすると解釈すべきである[13].

　「公開の原則（Openness Principle)
　12　個人データに係る発展，運用及び政策については，一般的な公開の政策が取られなければならない．個人データの存在，性質及びその主要な利用目的とともにデータ管理者の識別，通常の住所をはっきりさせるための手段が容易に利用できなければならない.」

　公開の原則は，個人参加の原則にとって不可欠なものとして見られている．なぜなら，後者の原則を効果あらしめるためには，個人データの収集，蓄積又は利用に関する情報を得ることが，現実に可能でなければならないからである．データ管理者が任意に行う定期的な情報提供，個人データ処理に関連する活動を説明する正式な登録簿の公開，及び，公的機関への登録は，すべてではないが，これを行ういくつかの方法である．「容易に利用できる」方法への言及は，時間，予備知識，移動などに関して不当な努力をせず，不当な費用をかけずに，個人が情報を得ることができるべきである旨を示唆する[14]．公的機関への登

録については，1984年データ保護法が採用し，1995年の EU 個人保護指令は，第IX部「通知」（第18条～第21条）として取り入れた．1998年データ保護法は，EU 個人保護指令を受け，登録制度から通知制度へと改正している．

「個人参加の原則（Individual Participation Principle）
13　個人は次の権利を有する．
　(a)　データ管理者が自己に関するデータを有しているか否かについて，データ管理者又はその他の者から確認を得ること．
　(b)　自己に関するデータを，（I）適切な期間内に，（II）もし必要なら，過度にならない費用で，（III）適切な方法で，かつ，（IV）自己に分かりやすい形で，自己に知らしめられること．
　(c)　上記第(a)項及び第(b)項に基づく要求が拒否された場合には，その理由が与えられること，及び，そのような拒否に対して異議を申し立てることができること．かつ，
　(d)　自己に関するデータに対して異議を申し立てること，及び，その異議が認められた場合には，そのデータを消去，修正，完全化，補正させること．」

　個人データにアクセスし，異議を唱えるという個人の権利は，一般的に，おそらく最も重要なプライバシーに関する安全保護手段としてみなされている[15]．
　アクセス権は，簡単に行使できる原則であるべきである．とりわけ，これは，データ管理者の日々の活動の一部であるべきで，法的又は類似の手続を伴うべきではないことを意味する．医療分野で開業医が仲介者となるように，場合によっては，データへのアクセスに仲介者を用意することが適切である可能性がある．いくつかの国では，データ検査機関のような監視機関が，類似のサービスを提供することができる．
　適切な期間内にデータを知らしめるという要求は，異なる方法で満たすことができる．例えば，定期的な間隔で，データ主体に情報を提供するデータ管理者は，個別の要請に直ちに応答する義務を免れることができる．通常，時間は

要請の受領から計算されることとなる．その長さは，データを処理する活動の性質のように，状況に応じてある程度変化することが認められる．

「適切な方法」でデータを知らしめることは，とりわけ，地理的距離の問題に正当な注意を払うべきことを意味する．

データ主体が，自己に関するデータの写しを得ることを可能とすべき範囲は，各加盟国の決定に委ねられる[16]．

第13条第(c)項の理由を与えられる権利は，狭い意味であり，情報の要請が拒否された場合に限られる[17]．また，第13条第(c)項及び第(d)項の異議申立権の範囲は広く，データ管理者に対して最初に異議を申し立てる場合，及び，国内の手続法に従って，裁判所，行政機関，専門家組織又は他の組織に対するその後の異議申立てを含む．異議申立権は，データ主体が，いかなる救済（論争中のデータの訂正，注解）が利用可能であるかを決定できることを意味しない．それらの事柄は，国内法及び法的手続によって決められる．一般にいえば，異議申立ての結果を決定する基準は，ガイドラインの他の場所で述べられている[18]．

「責任の原則（Accountability Principle）
14　データ管理者は，上記の諸原則を実施するための措置に従う責任を有する．」

データ管理者は，自分のために，データ及びデータ処理活動に関する決定を行う．したがって，国内法に基づき，プライバシー保護原則及び決定を遵守する責任が，データ管理者に課せられるべきことは，不可欠である．データ管理者は，サービス機関のような他人が，彼に代わってデータ処理を行っていることだけを理由として，この義務を免れることはできない．

第14条に基づく責任は，例えば，法的制裁によって裏付けられた責任，及び，行動規範によって確立された責任を対象とする[19]．

(c)　国際適用における基本原則

第3部「国際適用における基本原則——自由な流通と適法な制限」は，第15条ないし第18条から構成される．そこでは，加盟国に対し，個人データの国内

処理及びその再伝達が，他の加盟国に及ぼす影響について考慮すべきこと（第15条），個人データの国際流通が阻害されず，安全であることを確保するための合理的かつ適切な手段を講じるべきこと（第16条），一定の例外を除き，自国と他の加盟国との間の個人データの国際流通を制限すべきでないこと（第17条），プライバシー及び個人の自由を保護するという名目で，限度を超えた法律や政策等を制定し，個人データの国際流通に障害を創設すべきでないこと（第18条）などが定められている．

(d) **国内実施**

第4部「国内実施」は，第19条が定める．同条は，「第2部及び第3部で定めた諸原則を国内で実施するに当たり，加盟国は，個人データに関するプライバシー及び個人の自由を保護するための，法的，行政的若しくは他の手続又は制度を確立すべきである」と定め，とりわけ，以下の事柄に努めなければならないとする．

「(a) 適切な国内法を制定すること．
(b) 実施基準又は他の形式において，自主規制を奨励し，かつ支持すること．
(c) 個人が自らの権利を行使するための合理的な手段を提供すること．
(d) 第2部及び第3部で定めた諸原則を実施する措置を遵守しなかった場合，適切な制裁及び救済を提供すること．
(e) データ主体に対する不当な差別がないことを確実にすること．」

(e) **国際協力**

第5章「国際協力」は，第20条ないし第22条から構成される．加盟国は，要求があった場合は，ガイドラインの諸原則の遵守状況について，他の加盟国に通知すべきこと（第20条），ガイドラインに関連する情報交換や相互協力を促進するための手続を確立すべきこと（第21条）や，個人データの国際流通に関する適用法令を規律する，国内的及び国際的な諸原則の発展に向けて努力すべきこと（第22条）が定められている．

2 プライバシー保護法執行における越境協力勧告

2.1 勧告の採択と概要

最近の動きとして，OECD は，2007年6月12日，「プライバシー保護法の執行における越境協力に関する OECD の勧告」（OECD Recommendation on Cross-border Co-operation in the Enforcement of Laws Protecting Privacy）を採択した．

勧告は，情報セキュリティ及びプライバシーに関する作業部会（Working Party on Information Security and Privacy）を通じて，情報・コンピュータ及び通信政策委員会（Committee for Information, Computer and Communications Policy）が制定した．

勧告は，前文，勧告事項で構成されており，付属文書が添付されている．

前文には，理事会の考慮事項及び認識事項が掲げられている．考慮事項は，1960年12月14日の OECD に関する条約，1980年プライバシー・ガイドライン，1998年のグローバルネットワークにおけるプライバシー保護に関する宣言（Declaration on the Protection of Privacy on Global Networks），2003年の国境を越えた詐欺及び欺瞞的な商業活動から消費者を保護するためのガイドラインに関する理事会勧告（Recommendation of the Council concerning Guidelines for Protecting Consumers from Fraudulent and Deceptive Commercial Practices Across Borders），2006年の反スパム法の執行における越境協力に関する理事会勧告（Recommendation of the Council on Cross-border Cooperation in the Enforcement of Laws against Spam）となっている．

認識事項は，①国境を越えたデータ流通の増加が，組織及び個人に対し，商取引の効率化及び利用者の利便性に関する利益をもたらしたこと，②他方で，個人データを含むそれらの流通の増加は，プライバシー保護に関する新しい課題及び懸念をもたらしたこと，③法及び執行の仕組みは異なるものの，加盟国は，より良い個人データの安全保護手段としてのプライバシー法執行機関の間で，密接な国際協力を促進し，国境を越えたデータ流通のための障壁を最小限にするという利益を共有すること，④地域的な協定書及び他の合意書が存在し，それに基づきそうした協力は行われ続けるであろうが，この協力に対するよりグローバルかつ包括的なアプローチが望ましいことである．

以上の認識に基づき，次のような勧告事項が掲げられた．

「加盟国は，プライバシー保護法の執行における国境を越えた協力を行い，次に掲げる適切な措置を講じること．

　　a）　加盟国の機関が外国の機関とのよりよい協力を築けるようにするため，プライバシー法の執行に関する国内の枠組みを改善する．

　　b）　国境を越えたプライバシー法の執行協力を促進するために，効果的な国際的仕組みを発展させる．

　　c）　適切な安全保護措置に従い，通知，苦情の照会，調査援助及び情報共有を通じたものを含む，プライバシー保護法の執行において，お互いに相互協力を提供する．

　　d）　関連する利害関係人との間で，プライバシー保護法の執行における協力を促進することに向けられた議論及び活動に従事する．

加盟国は，詳細な事項を述べた付属文書に従い，この勧告を実施する．また，非加盟の経済圏が，勧告を考慮に入れ，その実施において加盟国と協力することが推奨される．」

情報・コンピュータ及び通信政策委員会は，この勧告の実施に関する経過及び経験についての情報を交換し，当該情報を見直し，その採択から３年以内及びその後適切な時期に理事会に報告する．

2.2　勧告付属文書

付属文書は，「Ⅰ　定義」(Definitions)，「Ⅱ　目的及び適用範囲」(Objectives and scope)，「Ⅲ　協力を可能にするための国内的措置」(Domestic measures to enable co-operation)，「Ⅳ　国際協力」(International co-operation) からなる．

Ⅰの「定義」では，「プライバシー保護法」及び「プライバシー執行機関」が次のように説明されている．

「ａ）　『プライバシー保護法』とは，国内法又は規則のことであって，その執行が，個人データを保護する効果を持ち，OECD プライバシー・ガイ

ドラインに準拠したものであること.

　b）『プライバシー執行機関』とは，プライバシー保護法を執行する責任を負う公的組織で，各加盟国が決定したものであって，かつ，調査を行い又は執行手続に従事する権限を持つものをいう.」

　IIの「目的及び範囲」では，本勧告の主な焦点が，プライバシー執行機関の権限及び執行活動にあること，及び，本勧告が，本質的には最も深刻な，プライバシー保護法の違反に関する協力に焦点を当てていることなどが述べられている.

　IIIの「協力を可能にする国内的措置」では，加盟国が，プライバシー法を執行するに当たっての越境協力を効率的に行うための国内的枠組みを見直すべきこと，個人がどこの場所に位置していても，プライバシー保護法違反によって損害を受けた場合に利用可能な法的救済を改善するための方法を考慮すべきことなどが述べられている．また，この項目では，「A　効果的な権限及び権能の付与」(Providing effective powers and authority)，「B　協力のための能力の改善」(Improving the ability to co-operate) と題し，それぞれの解説がなされている.

　Aでは，プライバシー執行機関が，自国の領域内で犯されたプライバシー保護法違反を防止し，時宜を得た方法で行動するために，加盟国は次のような権能を与えるべきとする.

　「a）　プライバシー保護法違反を防止し，かつ，制裁を与えること．

　b）　起こりうるプライバシー保護法違反に関連し，適切な情報へのアクセスを得るための能力を含む，効果的な調査を認めること．

　c）　プライバシー保護法違反を犯したデータ管理者に対して取られるべき矯正活動を認めること.」

　Bでは，加盟国が，プライバシー執行機関が外国のプライバシー執行機関と協力するための能力を改善する措置を講じるべきであるとする.

　具体的には，a）プライバシー執行機関が，起こりうるプライバシー保護法

違反に関連し、外国の機関との間で、適切な情報を共有するための仕組みを与えること、b) 人々からの情報の取得、書類又は記録の取得、組織又は当該人物又は物事を突き止め又は特定することに関し、プライバシー執行機関が、起こりうるプライバシー保護法違反に関連し、外国機関に援助を提供することが含まれる。

IVの「国際協力」では、加盟国及びプライバシー執行機関が、本勧告及び国内法の規定に従い、プライバシー保護法の執行から生じる越境的側面に対応するために、相互協力すべきことが記されている。この項目の中では、「A　相互援助」(Mutual assistance)、「B　相互援助を維持するための共同戦略への従事」(Engaging in collective initiatives to support mutual assistance)、及び、「C　他の機関や利害関係人との協力」(Co-operating with other authorities and stakeholders) が登場する。

Aでは、他のプライバシー執行機関に援助要請する場合における考慮事項として、援助要請に当たっての十分な情報提供、情報の利用目的の特定、予備的調査の実施が挙げられている。要請を受けたプライバシー執行機関は、援助要請の拒否又は協力の制限等の裁量権を行使しうること、援助要請を出した機関と受けた機関の間の情報交換、他の加盟国のプライバシー保護法違反があった場合に、関連するプライバシー執行機関に対し、苦情を照会し、又は通知をすべきことが記されている。また、プライバシー執行機関は、相互援助を提供するに当たって、他のプライバシー執行機関から得た非公開情報を、目的外に用いない、交換される非公開情報の秘密性を維持するために適切な措置を講じる、他の加盟国のプライバシー執行機関の調査及び執行活動と、自らの調査及び執行活動を調整する、協力に関連して生じうる意見の相違を解決するために最善の努力を払うことが必要とされる。

Bでは、加盟国が、本勧告に基づく協力及び相互援助のための国内の連絡場所を指定し、かかる情報をOECDの事務局長へ提供すべきこと、プライバシー執行機関が、執行結果に関する情報を共有すべきこと、加盟国が、プライバシー執行機関、及び、他の適切な利害関係人が、プライバシー法執行の協力に関する実務的な状況を議論することなどを目的とした非公式なネットワークの確立を促進すべきことなどが述べられている。

Cでは，加盟国が刑事法の執行機関，公的又は私的組織のプライバシー執行官及び民間部門の監視グループ，市民社会及び事業者との協議を推奨すべきとされている．

日本の場合は，明確なプライバシー執行機関が存在しないため，内閣府が連絡窓口となっており，外国から調査や情報提供等を求められた場合には，管轄の省庁と連絡を取りながら対応することが予定されている．

第2節　欧州評議会の条約[20]

1　欧州評議会の発足

プライバシー保護への取組は，欧州評議会（Council of Europe, CoE）でも行われてきた．CoEは，ヨーロッパ統合の理想を経済・社会・文化・科学・行政の領域で達成し，人権，基本的自由を維持し，一層実現することを目的として，1949年にストラスブールで発足した国際組織である[21]．設立当初は，フランス，イタリア，イギリス，ベルギー，オランダ，スウェーデン，デンマーク，ノルウェー，アイルランド，ルクセンブルクの10か国で構成されていた．その後，徐々に加盟国を増やし，2007年11月8日現在，中央及び西ヨーロッパの47か国で構成されている[22]．

日本は，加盟国ではないが，1996年11月20日，閣僚委員会のオブザーバーとなった[23]．

2　個人保護条約の締結[24]

プライバシー・個人情報保護を論じる際，OECDプライバシー・ガイドラインは，必ずといってよいほど引き合いに出されるが，同時期に採択されたCoEの「個人データの自動処理に係る個人の保護のための条約」(Convention for the Protection of Individuals with regard to Automatic Processing of Personal Data．以下「CoE個人保護条約」という）は，特にヨーロッパ諸国の法制を見る上で重要である．

CoEの閣僚委員会は，1980年9月17日，個人保護条約を採択した．この条約は，1981年1月28日，ストラスブールで各国の署名に付され，1985年6月19

日に，5か国目の西ドイツが批准をしたので，第22条第2項に基づき，同年10月1日，発効した[25]．2007年11月8日現在，加盟国中38か国において批准・発効しており[26]，EUに加盟する25ヶ国はすべて批准している．

2.1 前　文[27]

CoE個人保護条約は，前文に続き，全7章27条から構成される．

前文は，CoE個人保護条約の締結の趣旨が述べられている．ここでは，「欧州評議会の目的が，とりわけ，人権及び基本的自由，並びに，法の原則を尊重することに基づき，加盟国間のより強固な結束を達成することにあることを考慮し」「自動処理された個人データの国際流通が増加していることを考慮に入れ，人々の権利及び基本的自由，とりわけ，プライバシーを尊重する権利の保護の拡大が望ましいことを考慮し」「同時に国境に関わりなく情報の自由を約束することを再確認し」「プライバシーへの尊重と人々の間での情報の自由な流通という基本的価値を調和させる必要性を認識し」制定されたことが明らかにされた．

それぞれの章及び条文は次のようになっている．

第1章　総則（General provisions）
　第1条　目的（Object and purpose）
　第2条　定義（Definitions）
　第3条　適用範囲（Scope）
第2章　データ保護のための基本原則（Basic principles for data protection）
　第4条　締約国の義務（Duties of the Parties）
　第5条　データ内容（Quality of data）[28]
　第6条　特別の種類のデータ（Special categories of data）
　第7条　データの安全保護（Data security）
　第8条　データ主体のための追加的保護措置[29]（Additional　safeguards for the data subject）
　第9条　適用除外及び制限（Exceptions and restrictions）
　第10条　制裁及び救済（Sanctions and remedies）
　第11条　保護の拡大（Extended protection）

第3章　国際的データ流通（Transborder data flows）

第12条　国際的個人データの流通と国内法（Transborder flows of personal data and domestic law）

第4章　相互援助（Mutual assistance）

第13条　締約国間の協力（Co-operation between Parties）

第14条　外国に居住するデータ主体への援助（Assistance to data subjects resident abroad）

第15条　指定機関が行う援助に関する安全保護措置（Safeguards concerning assistance rendered by designated authorities）

第16条　援助要請の拒否（Refusal of requests for assistance）

第17条　援助の手数料及び手続（Costs and procedures of assistance）

第5章　諮問委員会（Consultative Committee）

第18条　委員会の構成（Composition of the committee）

第19条　委員会の権能（Functions of the committee）

第20条　手続（Procedure）

第6章　改正（Amendments）

第21条　改正（Amendments）

第7章　最終条項（Final clauses）

第22条　発効（Entry into force）

第23条　非加盟国の加入（Accession by non-member States）

第24条　地域条項（Territorial clause）

第25条　留保（Reservations）

第26条　廃棄通告（Denunciation）

第27条　通知（Notifications）

　CoE 個人保護条約は，OECD プライバシー・ガイドラインの約 1 週間前に採択されたものであり，「国際的なデータの障壁とプライバシー保護に関する専門家会合」は次のように述べている[30]．

　OECD プライバシー・ガイドラインの草案を作成するに当たっては，CoE と緊密な接触を保ち，2 つの機関が作成する文書間に不必要な相違が生じない

よう努力を払った．その結果，保護に関する一連の基本原則は，多くの点において類似することとなった．

ただし，OECD プライバシー・ガイドラインと CoE 個人保護条約の間には，次のような相違点も存在する．

第1に，OECD プライバシー・ガイドラインは，強制力を持たない「勧告」であり，CoE 個人保護条約は，締約国を拘束する「条約」であるという，形式面の違いである．その結果，CoE 個人保護条約では，適用除外の問題は，より詳細に取り扱われている．

第2に，CoE 個人保護条約は，自動処理された個人データを対象とするが，OECD プライバシー・ガイドラインは，処理方法にかかわらず，プライバシーと個人の自由への危険を伴う個人データに適用される点でも異なっている．

専門家会合が指摘するこれらの指摘事項以外にも，CoE 個人保護条約は，第6条で「特別の種類のデータ」に関する規定を設けており，そこでは，「人種，政治的意見又は宗教，又は他の信条を明らかにする個人データ，及び，健康又は性生活に関する個人データは，国内法により適切な保護措置が講じられていない限り，自動処理することはできない．罪科に関する個人データについても同様とする」と定められている．これは，OECD プライバシー・ガイドラインには設けられていない規定である．

2.2 追加議定書

最近の動きとして，CoE 個人保護条約の追加議定書（Additional Protocol）について紹介する．追加議定書は，2001年11月8日，各国の署名に付され，2004年7月1日に発効した．議定書は，2007年11月8日現在，16ヶ国において批准，発効されている[31]．

その内容は，3ヶ条から構成されるが，ヨーロッパ・ルールに関する非常に重要な規定を含んでいる．

第1条　監視機関（Supervisory authorities）

第2条　条約締結国の管轄に服さない受領者に対する個人データの国際流通（Transborder flows of personal data to a recipient which is not subject to the jurisdiction of a Party to the Convention）

第3条　最終条項（Final provisions）

　これらのうち，特に第1条及び第2条が重要である．

　第1条について，監視機関とは，本条約の第2章及び第3章並びに本議定書に規定された諸原則を実施する国内法上の措置に関して，その遵守を確実にすることに責任を負う機関である（第1項）．監視機関は，調査権限，仲裁権限及び法的手続に従事する権限，又は，国内法の規定の違反に対して管轄権を有する司法機関の注意を喚起する権限を有する（第2項第a号）．また，個人データの処理に関する苦情を受け付ける．監視機関は，完全に独立してその職務を執行するものとされ（第3項），監視機関の決定に不服がある場合は，裁判所を通じて不服を申し立てることができる（第4項）．

　第2条は，本条約の締約国ではない国又は機構の管轄に服する受領者への個人データの移転について，当該国又は機構が，意図したデータの移転に対して「十分なレベルの保護」（adequate level of protection）を確保している場合に限ると定めている．適用除外される場合は，国内法が，「データ主体の特定の利益」，若しくは「適法な一般的利益，特に重要な公の利益」を理由としたデータ移転を定めている場合（第a項），又は，移転に責任を有する管理者が，特に契約条項の結果として生じた安全保護措置を提供し，かつ，国内法に従って権限を有する機関がその保護措置を十分であると認定した場合とされている（第b項）．

　独立した監視機関及び「十分なレベルの保護」基準に関する規定は，次節の1995年EU個人保護指令で取り入れられたものであるが，欧州評議会も，これに足並みをそろえるべく，CoE個人保護条約に盛り込んだ．これによって，両者の制度は，ヨーロッパの個人情報保護法の中では，重要かつ基本的な地位を確立したと考えられる．

第3節　EU個人保護指令

1　欧州連合の発足

　欧州連合（European Union, EU）は，欧州連合条約（Treaty on European

Union, マーストリヒト条約）に基づいて発足した政治・経済共同体である．この条約は，1991年12月にオランダのマーストリヒトで開催された理事会で，その締結について合意され，1992年2月7日に調印された．条約は，1993年11月1日に発効した[32]．

運営は，民主的に選ばれた欧州議会（European Parliament）[33]，加盟国代表閣僚による欧州連合理事会（閣僚理事会，Council of the European Union）[34]，欧州理事会（European Council）[35]，共同体法を提案し実施する権限を持つ欧州委員会（European Commission）[36] などの各機関により行われる．

EU 加盟国は，1951年，域内を共通かつ単一のマーケットとして，人，物，サービス，資本の自由移動を理念に掲げて創設された欧州石炭鉄鋼共同体（European Coal and Steel Community．当初はフランス，ドイツ，イタリア，オランダ，ベルギー，ルクセンブルクの6か国）から，5次の拡大[37]を経て25ヶ国に達した後，さらに東欧の2か国[38]の加盟によって，2007年11月8日現在，27ヶ国となっている．

2　個人保護指令の採択[39]

個人データ保護に関しては，既に，OECD プライバシー・ガイドラインや，CoE 個人保護条約が存在していた．しかし，欧州委員会は，これらが個人データ保護をめぐるその後の状況に十分対応していないことや，EU 加盟国の制定した個人データ保護に関する法律の保護水準や内容の違いが，情報の自由な移動に対する障害となり，企業や個人の活動に余分な負担をかけていることを認識した．

そこで，EU 加盟国の個人情報に関する国内立法の調和，統一を図ることを目的として，1995年10月24日，「個人データの取扱いに係る個人の保護及び当該データの自由な移動に関する1995年10月24日の欧州議会及び理事会の95/46/EC 指令」（Directive 95/46/EC of the European Parliament and of the Council of 24 October 1995 on the protection of individuals with regard to the processing of personal data and on the free movement of such data．以下「EU 個人保護指令」という）[40]．が採択された．

この指令は，足掛け5年にわたる議論を経て，採択されたものである．

第7章　プライバシー保護の国際水準　321

　まず1990年7月に，EC理事会の「個人データ処理に係る個人の保護に関する理事会指令提案」（Proposal for a Council Directive concerning the protection of individuals in relation to the processing of personal data）が採択された．これが起爆剤となって議論は活発化し，EC委員会は，1992年10月15日，「個人データ処理に係る個人の保護及び当該データの自由な移動に関する理事会指令の改正提案」（Amended proposal for a Council Directive on the protection of individuals with regard to the processing of personal data and on the free movement of such data）を公表した．改正提案では，題名に，「当該データの自由な移動」という，保護の概念と対比される概念が入ったことに注目する必要がある．

　1995年2月20日，EU及びEC理事会は，「個人データ処理に係る個人の保護及び当該データの自由な移動に関する……欧州議会及び理事会の……指令を採択するために1995年2月20日に理事会によって採択された……共通の立場」（Common Position … adopted by the Council on 20 February 1995 with a view to adopting Directive … of the European Parliament and of the Council…on the protection of individuals with regard to the processing of personal data and on the free movement of such data）を明らかにした．

3　日本への影響

　EUの非加盟国は，EUに加盟しない限り，個人保護指令にいう第三国扱いとなるという指令の性質から，日本は，指令の直接的な影響を受けないものと解釈してきた．しかし，指令第25条は，第三国への個人データ移転に関する定めを設け，個人データの保護について「十分なレベルの保護」を講じていない第三国に対しては，データの移転を禁じることが可能となった．このように，個人保護指令は，第三国に影響を与える規定を設けたために，それとの関係で世界的に注目されることとなった．

　日本においては，民間部門を対象とした個人情報保護法は制定されていなかったため，EU加盟諸国からのデータ移転が禁じられることを危惧し，「十分なレベルの保護」に適合するような対策を講じるため，民間部門を対象にした個人情報保護を目的とした法律の整備を行うための検討が開始されるようになった[41]．

4 指令の趣旨・目的

EU 個人保護指令は，全72項にわたる前文（Recitals）[42]，本文第1章ないし第7章，最終条項の全34条から構成される．以下，重要と思われる部分を取り上げることとした．

本指令の趣旨・目的は，前文の前半部分で述べられている．

「データを取り扱う[43]システムは人に役立つことを予定している．一方で，自然人の国籍又は居住地が何であろうと，そのシステムは彼らの基本的権利及び自由，特にプライバシー権を尊重しなければならず，また，経済及び社会の発展，取引の拡大及び個人の幸福に貢献しなければならない」（第2項）．

「加盟国において認められた個人データの取扱いとの関連で，個人の権利及び自由，とりわけプライバシー権に関する保護レベルの相違は，1つの加盟国の領域から他の加盟国の領域へと当該データを移転することを妨げとなりかねないこと……この保護レベルの相違は，国内法，規則及び行政規定が広く様々であることに起因する」（第7項）．

「個人データの流通への障害を取り除くため，当該データの取扱いとの関連で，個人の権利及び自由の保護レベルは，全加盟国において平等でなければならない（以下略）」（第8項）．

「基本的権利及び自由，特にプライバシー権を保護するという個人データの取扱いに関する国内法の目的は，人権及び基本的自由の保護のためのヨーロッパ条約第8条及び共同体法の一般原則において承認されている．そのため，それらの法の近接は，それらが与える保護を低める結果になってはならず，逆に，共同体における高いレベルの保護を確実にすることを追求しなければならない」（第10項）．

「本指令に含まれた個人の基本的な権利及び自由，とりわけプライバシー権を保護するという諸原則は，1981年1月28日の個人データの自動処理に係る個人の保護のための欧州評議会条約に含まれた諸原則を実体化し，拡充する」（第11項）．

このように，EU は，基本的権利及び自由，特にプライバシー権の保護を重要視しつつも，EU 加盟国の制定した国内法の保護水準の違いが，情報の自由な移動に対する障害となったことを懸念した．そこで，プライバシー保護と情

報の自由な流通を調整し，EU 加盟国の個人情報に関する国内立法の調和，統一を図ることを目的として，本指令の採択されたことが謳われている．

5　内　　容[(44)]

以下，指令の全体の目次を示しながら，重要部分を紹介することとしたい．

5.1　第1章　一般条項（GENERAL PROVISIONS）

第1条ないし第4条から構成される．

第1条の指令の目的（Object of the Directive）は，「本指令に従って，加盟国は，個人データの取扱いとの関連で，自然人の基本的権利及び自由，そして特にプライバシー権を保護するものとする」（第1項），「加盟国は第1項に基づき与えられる保護に関連する理由のために，加盟国間の個人データの自由な流通を規制又は禁止してはならない」（第2項）と定める．

第2条は，定義（Definitions）を定める．

(1) 「個人データ」（personal data）とは，「識別された，又は，識別されうる自然人（データ主体）に関するすべての情報をいう；識別されうる自然人とは，とりわけ，個人識別番号，又は，その人の肉体的，生理的，精神的，経済的，文化的，若しくは社会的アイデンティティーに特有な1つ以上の要素を参照することよって，直接又は間接に識別することができる者をいう」．これは，プライバシー・ガイドラインの定義と同様である．

(2) 「個人データの取扱い（取扱い）」（processing of personal data）（processing）とは，「自動的手段によるか否かを問わず，個人データに対して行われる作業又は一連の作業をいう．例えば，収集，記録，編集，蓄積，訂正又は変更，復旧，参照，利用，移転による提供，周知又はその他周知を可能とすること，整列又は結合，ブロック化，消去又は破壊の作業をいう」．

このように，通常は「処理」と訳す"processing"は，ここでは非常に広く捉えられているため，「取扱い」と訳すことにした．

(3) 「個人データ・ファイリング・システム（ファイリング・システム）」（personal data failing system）（filing system）とは，「集約型であるか，非集約型であるか，又は機能的若しくは地理的に分散されたものに基づくかを問わず，特定の基準に従ってアクセスすることができる，構築された一連の個人データ

をいうものとする」.

要するに，一定の基準に従ってアクセスできる個人データの集合を構成するものである．

(4)「管理者」(controller) とは，「単独で又は他と共同して，個人データ取扱いの目的及び手段を決定する自然人，法人，公的機関，当局又はその他の団体をいう．(以下略)」.

(5)「取扱者」(processor) とは，「管理者のために個人データを取り扱う自然人，法人，公的機関，当局又は他の団体をいう」.

第(f)号は第三者 (third party)，第(g)号は受領者 (recipient)，第(h)号はデータ主体の同意 (the data subject' consent) について，定義を置いている．

第3条は，適用範囲 (Scope) を定める．「本指令は，全部又は一部が自動的な手段による個人データの取扱い，及び，ファイリングシステムの一部を構成し又はファイリングシステムの一部を構成することを意図した，個人データの自動的な手段以外の取扱いに適用される」(第1項).

自動処理による個人データの取扱い，及び，ファイリングシステムの一部を構成する個人データのマニュアル的取扱いを適用範囲とする趣旨である．CoE個人保護条約では，マニュアル情報を対象とするか否かは，締約国の裁量に委ねられていたところ，本指令は，一律に加盟国に義務付けており，対象範囲を拡大させている．

なお，第4条は，国内法の適用 (National law applicable) を定める．

5.2　第2章　個人データの取扱いの適法性に関する一般原則 (GENERAL RULES ON THE LAWFULNESS OF THE PROCESSING OF PERSONAL DATA)

第2章は，全9部から構成される．

冒頭の第5条は，「加盟国は，本章の規定の制限の範囲内において，個人データの取扱いが適法となる条件を，より正確に決定しなければならない」と定める．

⑴　第1部　データ内容に関する原則 (Principles relating to data quality)

第6条が定める．この規定は，OECD プライバシー・ガイドラインの諸原則に対応した内容となっており，非常に重要である．

「1　加盟国は，個人データが次に掲げる条件を満たすように定めなければ

ならない.

　(a)　公正かつ適法に取り扱う.

　(b)　特定された明示的かつ適法な目的のために収集され，これらの目的と相容れない方法でさらに取り扱われてはならない. ただし，歴史的，統計的又は科学的な目的のためのさらなる取扱いは，加盟国が適切な保護措置を定めている場合は，相容れないものとはみなされない.

　(c)　データが収集され，及び/又はさらに取り扱われる目的との関連で，適切であり，関連性があり，かつ過度であってはならない.

　(d)　正確であり，かつ必要な場合にはデータを最新のものに保つ. データが収集され，又はさらに取り扱われる目的を考慮して，不正確又は不完全なデータが消去又は修正されるのを確実にするために，あらゆる適切な手段が講じられなければならない.

　(e)　データが収集され，又はさらに取り扱われる目的のために必要な期間内に限り，データ主体の識別が可能な形態で保存されること. 加盟国は，歴史的，統計的又は科学的な利用のために長期間保存される個人データに対して適切な安全保護措置を定めなければならない.

　2　管理者は，第1項の遵守を確実にしなければならない」.

　このように，第6条は，個人データの条件として，(a)公正適法な取扱い，(b)特定，明確，並びに，適法な目的による収集及び目的に沿った取扱い，(c)適切，妥当，(d)正確，最新，(e)収集目的達成に必要な期間内の保存を求める.

⑵　**第Ⅱ部　データの取扱いを適法にするための基準 (Criteria for making data processing legitimate)**

　第7条が定める. 同条は，加盟国に対し，個人データを取り扱うための条件として，(a)データ主体の明確な合意，(b)契約の履行又はその段階的作業のため，(c)法的義務の履行のため，(d)データ主体の重要な利益保護のため，(e)公の利益のため，(f)管理者等の適法な利益確保のためといった限定を付すよう求めている.

⑶　**第Ⅲ部　特別な種類の取扱い (Special categories of processing)**

　第Ⅲ部は，第8条及び第9条から構成される. これらは，OECD プライバシー・ガイドラインには挙げられていない原則である.

第8条の特別な種類のデータの取扱い（The processing of special categories of data）は，「加盟国は，人種又は民族的出自，政治的見解，宗教的又は思想的信条，労働組合への加入を明らかにする個人データの取扱い，及び健康又は性生活に関するデータの取扱いを禁止しなければならない」と定める（第1項）．ただし，データ主体が明示の同意を与えた場合や（第2項第(a)号），医療看護の提供又は保健サービス運営の目的のために必要な場合（第3項）などは，適用除外となっている．

第9条の個人データの取扱いと表現の自由（Processing of personal data and freedom pf expression）は，加盟国に対し，「プライバシー権と，表現の自由を対象とした原則を調和させる必要がある場合に限り，ジャーナリズム目的，芸術上又は文学上の表現の目的のためにのみ行われる個人データの取扱いに対し，本章，第4章及び第6章の適用除外又は免除を定めなければならない」とする．

⑷ **第Ⅳ部　データ主体に提供されなければならない情報（Information to be given to the data subject）**

第10条及び第11条から構成される．

第10条は，データ主体からデータを収集した場合の情報（Information in cases of collection of data from the data subject）として，(a)管理者，及び，代理人がいる場合はその身元，(b)意図されたデータの取扱目的，(c)アクセス権及び訂正権の存在等を定めるよう，加盟国に義務付ける．第11条は，データがデータ主体から収集されなかった場合の情報（Information where the data have not been obtained from the data subject）を定める．

⑸ **第Ⅴ部　データ主体のデータに対するアクセス権（Data subject's right of access to data）**

第12条のアクセス権（Right of access）が次のように定める．

「加盟国は，すべてのデータ主体に対し，管理者から，次に掲げるものを入手する権利を保障しなければならない．

(a) 適切な間隔をあけて無制限に，過度の遅れや出費を伴わず：

―当該人物に関連するデータが取り扱われているか否かをめぐる確認，及び，少なくとも取扱目的，当該データの種類，データが提供される受領者又は受領者の種類に関する情報

—取り扱われているデータ及び情報源に関する入手可能な情報に対し，理解可能な形式での当該人物への通知

—少なくとも第15条第(1)項に述べられた自動的決定の場合，当該人物に関するデータの自動処理に関係する論理の知識

(b)　適切な場合には，特にデータの不完全又は不正確な性質のために，本指令の規定に従わないで取り扱われたデータの訂正，消去又はブロック．

(c)　データが既に提供されている第三者に対し，第(b)号に基づいて行われた訂正，消去又はブロックの通知．ただし，これが不可能であり又は過度の困難を伴うことが明らかである場合は，この限りでない」．

⑹　**第Ⅵ部　適用除外及び制限**（Exemptions and restrictions）

第13条が定める．同条は，加盟国に対し，国家安全保障，防衛，公の安全，刑事犯の予防，取調べ，捜査及び起訴等，通貨，予算，課税に関する事項を含む加盟国又は欧州連合の重要な経済的又は財政的利益を保護するために必要な場合は，第 6 条第 1 項（データ内容に関する原則），第10条及び第11条第 1 項（データ主体への情報提供），第12条（アクセス権），第21条（取扱作業の公開）に定められた権利義務を制限する法的措置を講じることができる旨を定めている．

⑺　**第Ⅶ部　データ主体の異議申立権**（The data subject's right to object）

第14条のデータ主体の異議申立権（The data subject's right to object）及び第15条の自動処理による個人に関する決定（Automated individual decisions）から構成される．これらは，OECD プライバシー・ガイドラインにも CoE 個人保護条約にも掲げられていなかった事項である．

第14条は，第(a)号で，個人データの取扱いに関する異議申立権の一般的な定めを設け，第(b)号では，ダイレクト・マーケティング目的の取扱いについて，独立した規定を設けている．

|加盟国は，データ主体に対し，次に掲げる権利を付与しなければならない．

(a)　少なくとも第 7 条第(e)号及び第(f)号に定められた場合には，国内法に別段の規定がある場合を除き，自己に関するデータの取扱いに関して，自己の特定の状況に関連する説得的な正当理由に基づき，いつでも異議申立てを行うことができること．正当な異議申立てがあった場合は，管理者が始めた取扱いに，もはや当該データを含むことはできない．

(b) 管理者がダイレクト・マーケティング目的のために取り扱う予定のある，データ主体に関する個人データの取扱いを，要請によって，かつ，費用を払うことなく異議を申し立てる権利．又は，個人データが最初の第三者に提供される前に，又は，第三者のダイレクト・マーケティング目的のために利用される前に，通知を受ける権利，及び，費用を払うことなく，このような提供並びに利用に異議を申し立てる権利が明示的に与えられる」．

　第15条第1項は，自動処理による個人に関する決定として，「加盟国は，すべての者に対して，当該人物に関する法的効果を生じさせる，又は当該人物に重大な影響を与える判断であって，かつそれが業績，信用度，信頼性，行為等，当該人物に関する一定の個人的な側面を評価することを意図したデータの自動処理にのみ基づくものである場合に，その判断の対象とならない権利を与えなければならない」と定めている．

⑻　**第Ⅷ部　取扱いの秘密保持及び安全（Confidentiality and security of processing）**

　第16条及び第17条から構成される．

　第16条は，取扱いの秘密保持（Confidentiality of processing）を定め，第17条は，取扱いの安全性（Security of processing）を定める．

⑼　**第Ⅸ部　通知（Notification）**

　第18条ないし第21条から構成される．

　第18条は，監視機関への通知義務（Obligation to notify the supervisory authority）として，第1項が次のように定める．

　「1　加盟国は，管理者又は代理人がいる場合はその者が，1つの目的又は複数の関係する目的を達成することを意図した全部又は一部の自動処理作業又はそのような一連の作業を実施するに先立ち，第28条に定めた監視機関に通知しなければならない旨を定めなければならない」．

　第19条は，通知の内容（Contents of notification）として，第1項が次のように定める．

　「1　加盟国は，通知に載せることとなる情報を特定しなければならない．これには，少なくとも次に掲げる事項を含まなければならない．

　(a)　管理者，又は，代理人がいる場合は，その名称又は住所

第7章　プライバシー保護の国際水準　　　329

(b)　取扱いの目的又は諸目的

(c)　データ主体の1つ又は複数の所属，及び，データ主体に関する，データ又はデータの種類に関する説明

(d)　データの提供を受け得る受領者，又は，受領者の種類

(e)　第三国へのデータの移転の計画

(f)　取扱いの安全性を確実にするために，第17条に従って講じられる措置の適切性に関して行われることとなる予備的評価を認める一般的説明」．

第20条は，事前調査（Prior checking），第21条は，取扱作業の公開（Publicizing of processing operations）を定める．

5.3　第3章　司法的救済，責任及び罰則（JUDICIAL REMEDIES, LIABILITY AND PENALTIES）

第3章は，第22条ないし第24条にわたり，司法的救済，責任及び罰則に関する規定を置く．

5.4　第4章　第三国に対する個人データの移転（TRANSFER OF PERSONAL DATA TO THIRD COUNTRIES）

第4章は，第三国に対する個人データの移転として，第25条の原則（Principles）及び第26条の特例（Derogations）に関する定めを設けている．

既に述べたとおり，第25条は，指令を世界的に注目させる契機となった定めであり，次のような原則を掲げている．

「1　加盟国は，取り扱われている又は移転後の取扱いが予定されている個人データの第三国への移転は，本指令の他の規定に従って採択された国内規定の遵守を損なうことなく，当該第三国が十分なレベルの保護措置を確保している場合に限って，行うことができることを定めなければならない．

2　第三国によって保障される保護のレベルの十分性は，1つのデータ移転作業又は一連のデータ移転作業を取り巻くあらゆる状況に照らして評価されなければならない．特に，データの性質，計画された取扱作業の目的及び期間，発信国及び最終の目的国，当該第三国において有効である一般的及び分野別の法規範，並びに当該第三国において遵守されている専門的規範及び安全保護対策措置が考慮されなければならない．

（第3項省略）

4　加盟国は，第31条第2項に定める手続に基づいて，委員会（Commission）が，第三国が本条第2項の定める意味における十分なレベルの保護を保障していないと認定した場合には，当該第三国への同一タイプのデータの移転を阻止するために必要な措置を講じなければならない．

5　委員会は，適切な時期に，第4項に基づく認定によってもたらされる状況を改善することを目的として，交渉を開始しなければならない．

6　委員会は，第31条第2項に定める手続に従って，第三国が私生活，個人の基本的な自由及び権利を保護することを目的とした国内法，特に本条第5項に定められた交渉の結果に基づいて締結した国際公約を理由として，本条第2項の意味における十分な保護レベルを保障していると認定することができる」．

ここでは，十分な保護レベルに達していない第三国への個人データ移転を原則として禁止する一方，委員会の認定により，データ移転を認める余地がある旨を定めている．アメリカのセーフ・ハーバー・プライバシー原則は，本条第6項に基づいて認定されたものである．

第26条は，次のような特例を定める．

「1　加盟国は，第25条の例外として，及び，特別な場合を規律する国内法に別段の定めがある場合を除き，第25条第2項の意味における十分な保護レベルを保障しない第三国に対する個人データの移転又は一連の移転は，次に掲げる条件を満たした場合に行うことができることを定めなければならない．

(a)　データ主体が，計画している移転に対して明確な同意を与えている場合．

(b)　移転が，データ主体及び管理者間の契約の履行のために，又はデータ主体の請求に応じて，契約締結前の措置の実施のために必要である場合．

(c)　移転が，データ主体の利益のために，管理者及び第三者間で結ばれる契約の締結又は履行のために必要である場合，又は，

(d)　移転が，重要な公の利益を根拠として，又は法的請求の確定，行使若しくは防御のために必要であり，若しくは法的に要求される場合．

(e)　移転が，データ主体の重大な利益を保護するために必要である場合，又は，

(f)　法律又は規則に従って情報を一般に提供することを予定し，及び，公

衆一般又は適法な利益を証明できる者のいずれかによる閲覧のために公開されている記録から，閲覧のための法律に規定された条件が特定の場合において満たされる範囲内で，移転が行われる場合．

2　加盟国は，第1項の規定を損なうことなく，管理者が個人のプライバシー並びに基本的な権利並びに自由の保護，及びこれらに相当する権利の行使に関して，十分な保護措置を示す場合，第25条第2項の意味における十分な保護レベルを保障しない第三国への個人データの移転又は一連の移転を許可することができる．このような保護措置は，特に適切な契約条項から帰結することができる．

3　加盟国は，第2項の定めに従って付与された許可を委員会及び他の加盟国に通知しなければならない．加盟国又は委員会が，個人のプライバシー及び基本的な権利及び自由の保護を含む正当な理由に基づいて異議申立てを行った場合，委員会は，第31条第2項に定められた手続に従って適切な措置を講じなければならない．加盟国は，委員会の決定を遵守するために必要な措置を講じなければならない．

4　委員会が，第31条第2項に定めた手続に従い，一定の標準契約条項が，本条第2項によって要求される十分な保護措置を提供していると決定する場合，加盟国は，委員会の決定を遵守するために必要な措置を講じなければならない」．

5.5　第5章　実施基準（CODES OF CONDUCT）

第5章については，実施基準として，第27条が定めを置いている．

5.6　第6章　個人データの取扱いに対する個人の保護に関する監視機関及び作業部会（SUPERVISORY AUTHORITY AND WORKING PARTY ON THE PROTECTION OF INDIVIDUALS WITH REGARD TO THE PROCESSING OF PERSONAL DATA）

第6章は，個人データの取扱いに対する個人の保護に関する監視機関及び作業部会の定めを置く．

第28条は，監視機関（Supervisory authority）として，「各加盟国は，1つ又は2つ以上の公的機関が，本指令に従って加盟国が採択した規定の範囲内で，その適用を監視する責任を負うことを定めなければならない．これらの機関は，

委任された職権を行使する上で，完全に独立して活動しなければならない」と定める（第1項）．イギリスでは，情報コミッショナー（当初はデータ保護登録官）がこれに相当する機関である．

第29条は，個人データの取扱いに係る個人の保護に関する作業部会（Working party on the protection of individuals with regard to the processing of personal data）について定める．

5.7 第7章 指令の実施措置（COMMUNITY IMPLEMENTING MEASURES）

第7章は，指令の実施措置として，第31条の専門委員会（The Committee）についての定めを置く．第25条及び第26条を実施する手続を定めた規定である．

「委員会は，

1　加盟国の代表者によって構成され，かつ，委員会の代表者が議長を務める専門委員会の支援を受けなければならない．

2　委員会の代表者は，講じられるべき措置の草案を専門委員会に対して提出しなければならない．専門委員会は，事案の緊急性に応じて議長が設定した期間内に，草案に対する意見を述べなければならない．

この意見は，条約第148条第2項に規定された多数決によって述べられなければならない．専門委員会内における加盟国の代表者による投票は，当該条項に規定された方法で評価されなければならない．議長は，投票してはならない．

委員会は，即時に適用されなければならない措置を採択しなければならない．ただし，この措置が専門委員会の意見と合致しない場合，委員会は，直ちに理事会に対して当該措置について連絡しなければならない．これは，次によるものとする．

　―委員会は，連絡を受けた日から3ヶ月間，決定された措置の適用を延期しなければならない．

　―理事会は，有効な多数決によって，前段に規定された期限内に異なった決定を行うことができる」．

5.8 最終条項（FINAL PROVISIONS）

最終条項は，第32条ないし第34条で構成される．

第32条第1項は，「加盟国は，本指令採択の日から少なくとも3年の期間満了時には，本指令を遵守するために必要な法律，規則及び行政規定を施行させ

なければならない」と定める．

　すなわち，EU個人保護指令は，欧州連合に加盟している25ヶ国及び欧州経済地域に適用され，適用対象国に関しては，第32条第1項において，1998年10月24日を国内法制定の履行期限と定める．

　これに間に合ったのは，イタリア，ギリシャ，イギリス，スウェーデン及びポルトガルのわずか5ヶ国であった．フランスが最も遅れて2004年8月6日に指令の国内実施を果たし，すべての国の国内法への転換は完了したとされる[45]．

　なお，同条第2項で，マニュアル処理されたシステム内のデータについては，2007年10月24日までの猶予が認められている．

6　十分性の認定と日本

　前述のように，EU個人保護指令は，第25条の「十分なレベルの保護措置」規定によって，第三国に大きな影響を与えることとなった．そのため，日本を含め，「第三国」に当たる各国は，十分性の基準に適合すべく，法整備を進めてきた．しかし，オーストラリアの法制度が，EUのデータ保護作業部会から十分性の基準を満たさないという判断を受けており，この指令に大きく影響されている．

　EUのデータ保護作業部会が，2001年1月26日に採択した「2000年オーストラリアプライバシー改正（民間部門）法の保護レベルに関する意見」によれば，次の点が十分ではないということであった[46]．

適用除外を受ける部門と活動が不明確である．

　オーストラリア法によれば，年間の売上が300万ドル以下である一定の小規模事業者の適用除外を認めている．ただし，小規模事業者は，登録簿を持つプライバシー・コミッショナーに法遵守の通知をすることによって，自ら法の適用対象となる途を選ぶことができる．

　しかし，適用除外の有無が分かりにくく，いかなるオーストラリアの事業者が小規模事業者であって，法の適用除外を受けるか否かを理解しにくい．

従業員のデータ

　オーストラリア法は，雇用主による従業員のデータの取扱いについて，適用

除外を設けている．

しかし，従業員のデータは，センシティブ・データを含むことが多く，少なくともセンシティブ情報に関する規定から適用除外する理由は存在しない．

従業員のデータをオーストラリアに転送する際には，追加的安全保護措置を講じることが重要であり，そのために契約条項を設けるといった適切な手段の設定が推奨される．

目的外利用

オーストラリア法は，収集目的外の二次利用及び提供を禁じるが，法に基づき義務付けられ又は許可された場合の適用除外を認める．

しかし，適用除外を拡大し，部門の個別法が提供するすべての選択肢を対象とすれば，法的確実性を損なう危険が生じ，基本原則である同意を欠如させてしまう．

また，「許可された」という文言は，禁止されていない二次利用をすべて認めるようにも読める．

一般に利用可能なデータ

オーストラリア法によれば，一般に利用可能なデータについては，プライバシー保護原則の適用がない（収集制限の原則を除く）．

しかし，このような適用除外，とりわけ二次利用を例外とすることは，指令の採用した方針に反する．また，OECD のプライバシー・ガイドラインにもそのような一般的な例外は設けられていない．

データ主体に対する透明性

オーストラリア法は，収集に当たっての個人への通知について，収集前又は収集時に行うことを義務付けているが，それが実際的でない場合は，収集後できるだけ早い時期に通知することを認めている．それは，OECD プライバシー・ガイドラインの「目的明確化」の原則に違反する．

ダイレクト・マーケティングに関するデータの収集及び利用

オーストラリア法は，利用及び提供の制限を，二次的目的のみに限定している．

当初の収集目的，及び，個人が合理的に予測する範囲内での関連目的のための取扱いは，個人に通知をすれば認められ，同意は必要とされない．したがっ

て，ダイレクト・マーケティングが当初の収集目的であった場合，個人データの利用に当たって，個人の同意を取得する必要はない．ダイレクト・マーケティングが二次的目的であった場合，組織は，個人に対してダイレクト・マーケティングの資料を送付する都度，オプト・アウトを義務付けられる．

しかし，ダイレクト・マーケティング目的での個人データの利用に対し，オプト・アウトが提供されていない場合は，いかなる状況においても十分と考えることはできない．

センシティブ・データ

オーストラリア法は，センシティブ・データに関する収集制限の規定を設けるにとどまっている．健康データ以外は，利用又は提供に関する特別の制限又は条件は存在しない．

しかし，EU は，特定の適用除外が認められる場合を除き，センシティブ・データの取扱い（収集，利用及び提供）を禁じている．

EU の国民のための訂正権の欠如

オーストラリアの永住者ではない EU の国民は，EU からオーストラリアにその情報を移転された場合に，当該データに関するアクセス権や訂正権を行使することが認められていない．

オーストラリアから第三国へのデータ転送

オーストラリア法の解釈によれば，オーストラリアの会社は，ヨーロッパの国民からデータの移転を受け，その後，オーストラリア法の適用がないままに，プライバシー法を持たない国に対し，当該データを移転することができる．そのような方策は，EU 指令を巧みに免れることを許すことになる．

以上に基づき，作業部会は，オーストラリアが，上記の懸念事項を満たすために適切な保護措置を講じた場合に限り，十分性を認定できると結論付けた．オーストラリアは，2004年に法律を改正し，国境を越えたデータ流通の定めについて，オーストラリア国民でない者の個人情報に対しても適用し，また，プライバシー・コミッショナーに対し，国民でない者からのアクセスや訂正に関する苦情調査権限を認めるに至った．また，小規模事業者や従業員記録に関する取扱いを適用範囲に含めるため，事業者がプライバシー法に参加できるようにする規定を設けるに至った[47]．その後も，小規模事業者や従業員記録に関

する例外をめぐって交渉が続けられているとのことである[48]．

　日本については，まだ結論は出ていない．内閣府は，2005年9月30日，個人情報保護法及び政令の英訳を公開したことから[49]，今後，十分性の基準に適合するか否かの判断を受けることとなる．オーストラリアが拒否された理由には注意しなければならない．これに対し，アメリカは，第III部第10章第3節で述べるように，セーフ・ハーバー原則によって，この基準をクリアしている．

第4節　データ保護・プライバシー・コミッショナー国際会議

1　資格認定委員会の基準及び諸規則並びに認定の諸原則[50]

　序章の冒頭でも述べたが，最近の国際的な動きの1つとして，データ保護・プライバシー・コミッショナー国際会議（International Conference of Data Protection and Privacy Commissioners）を紹介しておく．ヨーロッパの国々や，カナダ，オーストラリア，ニュージーランドなどの国では，法律上，データ保護ないしはプライバシー・コミッショナーという公的機関が置かれており，コミッショナーには，自主性・独立性を保障され，調査権等の権限を付与されている．

　この国際会議では，第三者機関のあり方として，「資格認定委員会の基準及び諸規則並びに認定の諸原則」（CRITERIA AND RULES FOR CREDENTIALS COMMITTEE AND THE ACCREDITATION PRINCIPLES．2001年9月25日第23回データ保護コミッショナー国際会議採択，2002年9月9日第24回データ保護・プライバシー・コミッショナー国際会議改訂）を公表している．

　同文書は2部に分かれており，それぞれは，「A　資格認定委員会の基準及び諸規則」と「B　認定の諸原則」である．Aは，国際会議への参加希望を申請したデータ保護機関を認定するための委員会に関する諸原則が明らかにされており，Bが，認定にあたっての基準である．Bについては，次のような基準が挙げられている．

　「1　法的根拠：データ保護機関は，適切な法的根拠に基づいて設置された公的機関でなければならない．

コメント：機関が設立された法的根拠は，その独立性と権限を行使する資格を裏付ける．また，それは，個人データ保護を効果的にするために委託された権限を明らかにする．法的根拠は，通常，当該権限において市民の権利を取り扱う重要な公的機関と関連する類のものであるべきだ．典型的に，これは，第一次的には制定法のように立法機関が制定した立法となるであろう．しかし，地域の伝統に基づいて，適切な行政規則が適切な場合がある．法的根拠は，透明であり，立法機関の指示なくして廃止や変更をなし得ない十分な永続性を持つべきである．

2　自立性及び独立性：データ保護機関は，その権能を行使するために適切な水準の自主性・独立性が保証されていなければならない．

コメント：自立性は，機関が法的及び実務的な方法で，他人の許可を求めることなく適切な行動を開始し又は引き受ける権限を付与されることが求められる．独立性は，機関が，政治的又は政府の介入なしに活動できることや，現存体制の影響に抵抗するために重要である．典型的には，次のことが保証される．

- ・任期付任命．
- ・任務遂行不能，義務懈怠，又は重大な不正行為があった場合にのみ免職されること．
- ・政府首脳又は立法府に直接に報告し，懸念事項を公式に発表する権限を持つこと．
- ・公的義務の一部として実行される訴訟に対して，個人的に訴えられることからの免責．
- ・調査開始権限．

3　国際的枠組みへの準拠：機関が活動する根拠となる法律は，データ保護及びプライバシーを取り扱う主要な国際的な枠組みに準拠していること．

コメント：主要な国際的枠組みとは，OECD ガイドライン（1980年），欧州評議会の第108条約（1981年），国際連合のガイドライン（1990年）及び EU 指令（1995年），及び，関連する限りで，人権の保護及び促進のための，国立機関の立場及び権限に関する国際連合の諸原則（1991年）をいう．

4　適切な権限：機関は，権限行使に必要な法的権限を伴う適切な範囲の

権限を持たなければならない．

　コメント：データ保護機関は，法令順守，監視，調査，救済，指導及び公教育等の分野について，一連の権限を持つ．機関は，単なる助言のみならず，法的又は行政的な結果を伴う監視権限を持たなければならない．」

2　モントルー宣言[(51)]

　データ保護・プライバシー・コミッショナーの第27回国際会議が，2005年9月14日から16日にかけて，スイスのモントルーで開催された．そこでは，9月16日にスイスの連邦データ保護コミッショナーが「モントルー宣言」(Montreux Declaration) を提案し，この会議において承認された．

　この宣言は，「グローバル化した世界における個人データ・プライバシーの保護：多様性を尊重するユニバーサルな権利」(The protection of personal data and privacy in a globalised world: a universal right respecting diversities) と題されている．

　この宣言は，ユニバーサルな性格を持つデータ保護諸原則の承認を促進することに同意し，17項目にわたり，一般的，具体的な状況，国際機関の諸原則等の認識に触れている．そして，最後の17項目で，こうした諸原則がとりわけ次のようなものであることを思い起こすと述べている．

> 「―適法かつ公正なデータ収集及び取扱いの原則 (Principle of lawful and fair data collection and processing)
> ―正確性の原則 (Principle of accuracy)
> ―目的明確化・制限の原則 (Principle of purpose-specification and-limitation)
> ―比例の原則 (Principle of proportionality)
> ―透明性の原則 (Principle of transparency)
> ―個人参加・特に関係者のアクセス権保障の原則 (Principle of individual participation and in particular the guarantee of the right of access of the person concerned)
> ―無差別の原則 (Principle of non-discrimination)

第7章　プライバシー保護の国際水準　　　　339

　―データ・セキュリティの原則（Principle of data security）
　―責任の原則（Principle of responsibility）
　―独立監視及び法的制裁の原則（Principle of independent supervision and legal sanction）
　―個人データの国際流通における十分なレベルの保護の原則（Principle of adequate level of protection in case of transborder flows of personal data）」

　このうち，最後から２つ目の「独立監視及び法的制裁の原則」について，日本は主務大臣制を採用し，間接罰を設けるにとどまっているため，遵守の有無が懸念されるところである．また，一番下の「十分なレベルの保護の原則」についても，EU 個人保護指令と同様，日本が「十分性」の認定を受けられるか否かという問題が残されている．一方，ヨーロッパで発展してきた独立の監視機関及び「十分なレベルの保護」基準は，世界的な基準となりつつあるということができる．

　そして，同宣言は，「したがって，データ保護・プライバシー・コミッショナーは，これらの諸原則のユニバーサルな性格の国際的認識を強める意思を表明する．コミッショナーは，個人データの取扱いに伴う個人の保護のためのユニバーサルな協定の発展を目指して，特に政府並びに国際的及び超国際的機関と協力することに合意する」とした．そして，この目的のために，コミッショナーは，次のようなことを訴えた．

　「a　国際連合に対し，執行可能な人権としてのデータ保護及びプライバシー権を詳細に明言した，法的拘束力を持つ文書を立案すること．
　b　世界中の各政府に対し，データ保護の基本原則に従い，また，それらの相互関係にも拡大したデータ保護及びプライバシーに関する法的文書の採択を促進すること．
　c　欧州評議会が，個人データの自動処理に係る個人の保護のための条約第23条に従い，データ保護立法を既に制定した欧州評議会の非加盟国に対し，同条約及びその追加付属書に加盟するよう要請すること．」

この国際会議では，データ保護及びプライバシーに関する権利をユニバーサルなものと捉え，上記諸原則を世界的に発展させることを目指している．これは，新しい国際的な動きであると見ることができる．日本は，まだ欧州評議会の招請を受けていないが，こうした世界的な動きに見合うだけの法的な対応も考えていかなければならない．

第5節　APEC プライバシー・フレームワーク

最近の動きとしては，アジア太平洋経済協力（Asia-Pacific Economic Cooperation, APEC. 21 エコノミー）の動きも注目される．APEC[52] の ECSG（E-Commerce Steering Group）のデータ・プライバシー・ワークショップでは，2004年10月29日に「APEC プライバシー・フレームワーク」（APEC Privacy Framework）が策定され，このフレームワークは，2005年11月16日に閣僚会議で承認された．

フレームワークは，4つの章で構成されており，それぞれは，第1章「序文」（preamble），第2章「適用範囲」（scope），第3章「APEC 情報プライバシー諸原則」（APEC information privacy principles），第4章「実施」（implementation）となっている．

序文では，「APEC の経済圏において，消費者の信頼を改善し，電子取引の成長を確実にするための主要な努力は，アジア太平洋地域における情報プライバシーの効果的な保護及び情報の自由な流れの双方に対する均衡及び促進を手助けするに違いないことを認識する」とし，そのための目的として，「個人情報のための適切なプライバシー保護措置を発展させる」「情報流通に対する不必要な障壁を作らないようにする」「多国籍企業が，データの収集，アクセス，利用，及び処理に対する統一的なアプローチを実践することを可能にする」「執行機関が情報プライバシー保護に関する使命を果たすことを可能にする」「情報プライバシーを促進し執行するための国際的枠組みを発展させ，APEC の経済圏及び取引相手における継続的な情報流通を維持する」ことを掲げた．

フレームワークは，OECD プライバシー・ガイドラインに準拠した形でのプライバシー保護原則として，9原則を挙げている．

(1) 第1原則　損害の回避（Preventing Harm）

　　この原則は，個人情報の保護が，当該情報の誤用による個人の損害を回避するために設計されなければならないこと，及び，個人情報の侵害に対する当該救済が，侵害の危険の可能性及び深刻さと均衡を取れていることを定める．

(2) 第2原則　通知（Notice）

　　この原則は，個人情報管理者において，個人情報を収集する事実や収集目的等を，個人へ通知すること，及び，収集前又は収集時，若しくは，収集後のなるべく早い時期に，通知を提供するための合理的な措置を講じることなどを定める．

(3) 第3原則　収集制限（Collection Limitations）

　　この原則は，個人情報の収集を収集目的に限定させること，当該情報が適法かつ公正な手段で収集されること，及び，適切な場合は，当該個人への通知又は当該個人から同意を得ることを定める．

(4) 第4原則　個人情報の利用等（Use of Personal Information）

　　この原則は，収集された個人情報が，収集目的及びそれに準じ又は関連する目的を満たすためにだけ利用されるべきことを定める．ただし，当該個人の同意がある場合，個人が要請したサービス又は製品を提供するために必要な場合，法律又は規則の権限に基づき，法的効果を表明し及び宣言する場合は例外とされる．

(5) 第5原則　選択（Choice）

　　この原則は，個人が，個人情報の収集，利用，及び提供に関する選択を行使する仕組みの提供を受けるべきことを定める．

(6) 第6原則　個人情報の完全性（Integrity of Personal Information）

　　この原則は，個人情報が，利用目的を達成するために，正確性，完全性及び最新性を保つべきことを定める．

(7) 第7原則　安全保護措置（Security Safeguards）

　　この原則は，個人情報管理者において，個人情報の紛失又は無権限アクセスといった危険に対する適切な安全保護措置を講じるべきことを定める．

(8) 第8原則　アクセス及び訂正（Access and Correction）

この原則は，個人情報へのアクセス権，正確性への異議申立権，及び，適切な場合には当該情報の訂正を要請する権利を定める。

(9)　第9原則　責任（Accountability）

この原則は，個人情報管理者が，諸原則を実施するための措置を講じる責任を定める。

(1)　Fair Credit Reporting Act of 1970, Pub. L. No. 91-508, 84 Stat. 1127（codified as amended at 15 U.S.C. § 1681 *et seq.* (2007)）.

(2)　Privacy Act of 1974, Pub. L. No. 93-579, 88 Stat. 1896（codified as amended at 5 U.S.C. § 552a (2007)）.

(3)　堀部政男「個人情報の法的保護」法とコンピュータ第20号（2002年）68頁。

(4)　堀部政男『プライバシーと高度情報化社会』（岩波新書，1988年）65-66頁。

(5)　原加盟国：オーストリア，ベルギー，カナダ，デンマーク，フランス，ドイツ，ギリシャ，アイスランド，アイルランド，イタリア，ルクセンブルク，オランダ，ノルウェー，ポルトガル，スペイン，スウェーデン，スイス，トルコ，イギリス，アメリカ。
　　その後の加盟国：日本（1964年），フィンランド（1969年），オーストラリア（1971年），ニュージーランド（1973年），メキシコ（1994年），チェコ（1995年），ハンガリー，ポーランド，韓国（1996年），スロバキア（2000年）。

(6)　OECD Guidelines on the Protection of Privacy and Transborder Flows of Personal Data, http://www.oecd.org/document/18/0,2340,en_2649_34255_1815186_1_1_1_1,00.html（last visited Nov. 8, 2007）。解説は，堀部・前掲注(4)65-81頁を参照。

(7)　解説メモランダム（Explanatory Memorandum）第50項。

(8)　解説メモランダム第51項。

(9)　解説メモランダム第52項。

(10)　解説メモランダム第53項。

(11)　解説メモランダム第54項。

(12)　解説メモランダム第55項。

(13)　解説メモランダム第56項。

(14)　解説メモランダム第57項。

(15)　解説メモランダム第58項。

(16)　解説メモランダム第59項。

(17)　解説メモランダム第60項。

(18)　解説メモランダム第61項。

(19)　解説メモランダム第62項。

(20)　堀部・前掲注(4)77-81頁。

(21)　田中英夫編『英米法辞典』（東京大学出版会，1991年）205頁。

第7章　プライバシー保護の国際水準　　　343

(22)　原加盟国のほか，ギリシャ，トルコ（1949年），アイスランド（1950年），ドイツ
（1951年），オーストリア（1956年），キプロス（1961年），スイス（1963年），マルタ
（1965年），ポルトガル（1976年），スペイン（1977年），リヒテンシュタイン（1978年），
サンマリノ（1988年），フィンランド（1989年），ハンガリー（1990年），ポーランド
（1991年），ブルガリア（1992年），エストニア，リトアニア，スロベニア，チェコ，ス
ロバキア，ルーマニア（1993年），アンドラ（1994年），ラトビア，モルドバ，アルバニ
ア，ウクライナ，マケドニア（1995年），ロシア，クロアチア（1996年），グルジア
（1999年），アルメニア，アゼルバイジャン（2001年），ボスニア・ヘルツェゴビナ
（2002年），セルビア（2003年），モナコ（2004年），モンテネグロ（2007年）が加盟して
いる．CoE個人保護条約は，後述のEU加盟国すべてが批准している．

(23)　閣僚委員会のオブザーバーは，ローマ教皇庁（1970年），カナダ（1996年），アメリ
カ（1996年），日本（1996年），メキシコ（1999年）．

(24)　個人保護条約のほか，第Ⅰ部第2章第3節で紹介したヨーロッパ人権条約の締結も
重要である．

(25)　第22条2項は，「この条約は，欧州評議会の5の加盟国が，前項の規定（著者注
──条約が加盟国の署名に付される旨）に従い，条約に拘束されることへの同意を表明
した日の後3ヶ月の期間が満了した翌月の第1日に発効する」と定める．

(26)　Convention for the Protection of Individuals with regard to Automatic Process-
ing of Personal Data: CETS No.:108, http://conventions.coe.int/Treaty/Commun/
ChercheSig.asp?NT=108&CM=1&DF=&CL=ENG （last visited Nov. 8, 2007）.

(27)　Convention for the Protection of Individuals with regard to Automatic Process-
ing of Personal Data, http://conventions.coe.int/Treaty/en/Treaties/Html/108.
htm （last visited Nov. 8, 2007）.

(28)　第5条は，OECDプライバシー・ガイドラインの定める収集制限の原則，データ
内容の原則，目的明確化の原則及び利用制限の原則に対応した規定を置いている．

(29)　アクセス権や訂正権など，OECDプライバシー・ガイドラインの公開の原則及び
個人参加の原則に対応した規定が置かれている．

(30)　OECDプライバシー・ガイドラインの解説メモランダム第20項．

(31)　Additional Protocol to the Convention for the Protection of Individuals with
regard to Automatic Processing of Personal Data: regarding supervisory authorities
and transborder data flows: CETS No.: 181, http://conventions.coe.int/Treaty/
Commun/ChercheSig.asp?NT=181&CM=1&DF=&CL=ENG （last visited Nov. 8,
2007）.

(32)　詳しくは，外務省の欧州連合（EU）のウェブ・ページ（http://www.mofa.go.jp/
mofaj/area//eu/index.html）参照．

(33)　議会の議員（定員732名）は，直接普通選挙によって選ばれる．任期は5年．欧州
委員会や閣僚理事会に対する質問や予算案の審議などを行う．また，欧州議会は，欧州
委員会を譴責することのできる唯一の機関であり，同委員会の不信任決議を採択し，総

辞職させる権限を持つ．欧州委員会や閣僚理事会に不当な行為があったと判断される場合には，欧州裁判所に提訴する権限も付与されている．

(34) 各加盟国を代表する閣僚各 1 名によって構成される．欧州連合理事会は，欧州委員会から提出された法案を審議・採択する最終決定権を持つ．必要に応じて，欧州委員会の提案を欧州議会又は経済社会評議会に諮問する．提出された法案が採択されると，規則，指令，決定などの形式を取り，EU 諸機関，加盟国政府及びその国民を拘束する．

(35) 1974年に設置された，加盟国の元首・首脳及び欧州委員会委員長で構成される首脳会議をいう．年 4 回の会議を開き，政策課題，政治的な協力を要する問題，閣僚理事会で合意し得なかった高度な政治的判断を必要とする問題などを協議する．

(36) 各加盟国から 1 名ずつ選出された委員で構成される．任期は 5 年で，委員は出身国の利益代表ではなく，EU の利益のためだけに行動することを義務づけられている．欧州委員会は，EU における執行機関であり，また EU 法の適用について監督する役割を担っている．必要とされる事項に関して，勧告や意見を提出し，欧州理事会における意思決定過程に参加する．法案提出権限を持つのは欧州委員会のみである．

各機関の組織概要については，国立国会図書館・議会官庁資料室のウェブ・サイト内の「EU（欧州連合）／European Council」のページ（http://www.ndl.go.jp/horei_jp/Countries/Eu/EU_top.htm）参照．

(37) 原加盟国：フランス，ドイツ，イタリア，オランダ，ベルギー，ルクセンブルク
第 1 次拡大（1973年）：イギリス，アイルランド，デンマーク
第 2 次拡大（1981年）：ギリシャ
第 3 次拡大（1986年）：スペイン，ポルトガル
第 4 次拡大（1995年）：オーストリア，フィンランド，スウェーデン
第 5 次拡大（2004年）：エストニア，ラトビア，リトアニア，ポーランド，チェコ，スロバキア，ハンガリー，スロベニア，マルタ，キプロス

(38) ルーマニア，ブルガリアが2007年に加盟．

(39) 岡村久道・新保史生『電子ネットワークと個人情報保護：オンラインプライバシー法入門』（経済産業調査会，2002年）97-98頁．EU 個人保護指令が採択されるまでの経過については，堀部政男「EU 個人保護指令と日本」『変革期のメディア』ジュリスト増刊1997年 6 月号358頁以下．

(40) Council Directive 95/46, 1995 O.J. (L 281) 0031-0050 (EC). なお，個人保護指令は，「指令」という形式で採択されたが，EU 法は，他にも，規則（regulation），決定（decision），勧告・意見（recommendation, opinion）という形式を持っている．拘束力の強い順でいえば，規則，指令，決定，勧告・意見となる．指令は，「達成すべき結果について，これを受領するすべての加盟国を拘束するが，方式及び手段については構成国の機関の権限に任せる」というものである．要するに，加盟国を拘束するが，適用に当たって国内での立法措置を必要とするものである．庄司克弘『EU 法　基礎編』（岩波書店，2003年）111-114頁参照．

また，EU 個人保護指令のほかに，1990年代には，国際連合が「電子計算機処理に係

第7章　プライバシー保護の国際水準　　345

る個人データ・ファイルに関するガイドライン」（Guidelines concerning computerized personal data files）を採択している．

(41)　堀部・前掲注(39)363頁．

(42)　指令の趣旨，目的，概要を説明している．邦訳は，藤原静雄「EU 個人情報保護指令前文」自治研究第76巻第11号（2000年）138頁以下参照．

(43)　processing は，指令第2条(b)号に定める定義との関係で，「取扱い」と訳した．ただし，automatic processing は「自動処理」と訳している．

(44)　邦訳は，堀部政男研究室「欧州連合（EU）個人情報保護指令の経緯とその仮訳」新聞研究1999年9月号17頁以下を参考に，一部改訳した．

(45)　藤原静雄「個人情報保護法と諸外国の個人情報保護法制」園部逸夫編，藤原静雄・個人情報保護法制研究会著『個人情報保護法の解説《改訂版》』（ぎょうせい，2005年）296頁．2007年に加盟したルーマニアは2001年に，ブルガリアは2002年に，個人データを保護するための法律を制定している．

(46)　Data Protection Working Party, *Opinion 3/2001 on the level of protection of the Australian Privacy Amendment* (*Private Sector*), adopted on 26th January 2001, WP40 (5095/00), http://ec.europa.eu/justice-home/fsj/privacy/docs/wpdocs/2001/wp40en.pdf (last visited Nov. 8, 2007).

(47)　Privacy Amendment Act 2004 (Act No. 49 of 2004).

(48)　Australian Law Reform Commission, *ALRC Issues Paper 31 Review of Privacy*, http://www.austlii.edu.au/au/other/alrc/publications/issues/31/13.html#Heading184 (last visited Nov. 8, 2007).

(49)　内閣府のウェブ・サイト内の「Act on the Protection of Personal Information」（2005年9月30日）のページ（http://www5.cao.go.jp/seikatsu/kojin/foreign/act.pdf），及び，'Cabinet Order stipulating the date of enforcement of a part of the Act on the Protection of Personal Information, Cabinet Order for the enforcement of the Act on the Protection of Personal Information'のページ（http://www5.cao.go.jp/seikatsu/kojin/foreign/cabinet-order.pdf）参照．

(50)　International Conference of Data Protection Commissioners, *Criteria and Rules for Credentials Committee and the Accreditation Principles*, adopted on 25 September 2001 and amended on 9 September 2002, http://privacyconference2007.gc.ca/PRIVACY-190100‐v1‐Accreditation_principles_and_committee_rules_ENG.pdf (last visited Nov. 8, 2007).

(51)　堀部政男「世界の個人情報保護法と日本：全面施行後の論議と2005年9月のモントレー宣言にも触れて」都市問題研究第58巻第1号（2006年）3頁以下．

(52)　2007年11月8日現在，21か国で構成される．オーストラリア，ブルネイ，カナダ，チリ，中国，香港，インドネシア，日本，韓国，マレーシア，メキシコ，ニュージーランド，パプアニューギニア，ペルー，フィリピン，ロシア，シンガポール，台湾，タイ，アメリカ，ベトナム．

第8章 考　　察

　第II部では，各国の個人情報保護法制の発展の礎を築いた議論として，1960年代後半における現代的プライバシー権の提唱，及び，1980年以降における国際機関の指針等を取り上げた．その結果は次のようにまとめることができる．

第1節　「現代的プライバシー権の議論」

　この章では，ウィリアム・M・ビーニー氏が発表した「プライバシーの権利とアメリカ法」(1966年)，アラン・F・ウェスティン博士の『プライバシーと自由』(1967年)，アーサー・R・ミラー教授の『プライバシーへの攻撃』(1971年) を取り上げ，現代的プライバシー権が何を議論していたかを捉え直した．

　とりわけ，ウェスティン博士の著書は，極めて有名である．博士は，①人間は，プライバシーへの欲求と他者へ情報を開示したいという欲求を調整してきたこと，②しかし，科学技術の発展に伴い，この均衡が崩れてきたことを指摘した．そして，政府による物理的監視（盗聴，電子的傍受，視覚的監視など），心理的監視（ポリグラフや人格テストなど），データ監視（コンピュータによる大規模な個人情報収集，交換など）の3つを検討対象に据えた．結論として，博士は，崩れてきたプライバシーの均衡を回復する1つの手段として立法化を掲げ，特に物理的監視に対する具体的な立法提案を4つの基本要素（技術的装置による不当な監視の禁止，監視装置を私的利用する場合の例外，法執行官による監視装置の利用，違反行為に対する救済）とともに説明している．

　この著書の中では，プライバシー権を保護する責任を負う独立機関の設置や，違反行為に対する救済が最重要である旨が論じられており，日本における今後の議論にとっても，示唆的な内容が含まれている．

　なお，ウェスティン博士の定義にはグループ又は組織が含まれているが，ミラー教授によって，その後は個人を主体とするものと理解されるようになった．

現代的プライバシー権については、論者によって様々に理解が分かれている。その本質を捉えるためには、保護法益、「コントロール」の意味、権利の性質等について、分析的に理解する必要がある。これらについては、終章を参照されたい。

第2節 「プライバシー保護の国際水準」

個人情報保護の国際水準の中で、世界的に最も有名なのは、1980年のOECDプライバシー・ガイドラインである。このガイドラインは、ミニマム・スタンダードとして、個人識別情報である「個人データ」を対象とし、その流れ及び内容に対する8原則を宣言した。ガイドラインのタイトルには「プライバシー」という言葉が使われているが、実際は「個人データ」を対象としたルールである。

ガイドラインの掲げた8原則は、収集に関しては、収集自体の制限と収集方法の制限を設け、それとの関連で目的の事前明確化が求められる（収集制限の原則、目的明確化の原則）。個人データの提供、利用その他の使用は収集目的に沿わなければならない（目的明確化の原則、利用制限の原則）。個人データが収集目的に適合しなくなったときは、消去又は無名化することが求められる（目的明確化の原則）。個人データの内容は、目的の範囲内での正確性、完全性、最新性が要求される（データ内容の原則）。これら個人データの処理及び内容について、安全保護措置が定められている（安全保護の原則）。また、データ主体には、個人データに対しアクセスする権利が付与され（個人参加の原則）[1]、それに対応し、データ管理者には、個人データに係る情報の提供が義務付けられる（公開の原則）。データ管理者は、これらの諸原則を実施するための責任を負う（責任の原則）、ということになる。

個人参加の原則はデータ主体の権利として定められているが、残り7原則は、データ管理者の義務として規定されている。

この8原則は、「ほぼ各国の法律を集約したもの」[2]、「1970年代に制定された個人情報保護法の最大公約数的保護原則」[3]であるとされ、現在においても、「民主主義国家における保護法の共通原則」[4]、「個人情報保護に関する事

実上の世界標準」[5] と言われており，個人情報保護法を考える際には必須の基本原則である．内容は，第6で紹介した現代的プライバシー権の考え方を取り入れていると評価することができる．

OECD プライバシー・ガイドラインの内容は，CoE 個人保護条約（及び2001年の追加議定書），EU 個人保護指令によって受け継がれ，ヨーロッパを中心に発展していった．CoE 個人保護条約も，EU 個人保護指令も，プライバシー権には言及しているが，実際の対象は OECD プライバシー・ガイドラインと同様「個人データ」である点，また，いずれの目的も情報の自由な流通と保護を目的に置いている点において共通する．

他方，CoE 個人保護条約（追加議定書を含む）や EU 個人保護指令が新たに追加した重要なルールは，「特別の種類のデータ」に関する処理を原則として禁止したこと，法執行を担う独立の監督機関の設置を謳ったこと，「十分なレベルの保護」を保障しない第三国へのデータ移転を禁止したことである．この3つの項目は，ヨーロッパ・ルールの特徴といってもよい．

中でも，「十分なレベルの保護」については，日本を含む「第三国」にも影響を与えることから，各国は，ヨーロッパ・ルールを視野に入れた形で，法整備を進めることとなった．しかし，2001年に，オーストラリアの法制度は，EU データ保護作業部会から十分性の基準を満たさないという判断を受けた．オーストラリアの法制度が拒否された理由は複数存在するが，第Ⅲ部の第11章で述べるように，日本の個人情報保護法にも当てはまる点は多い．したがって，日本の個人情報保護法が，十分性の基準を満たすか否かは，慎重に見守る必要がある．

他方，アメリカは，強力な外交力及び通商力という利点を生かして，セーフ・ハーバー協定を締結することによって，この基準をクリアした．しかし，EU は，セーフ・ハーバー原則に不満を残す結果になっていることや，日本にはアメリカほどの外交力や通商力が存在しないことから，アメリカと同様の手法を取ることは，現実的ではない．

アジアの動きとしては，APEC のプライバシー・フレームワークの採択を挙げることができる．しかし，このフレームワークは，ヨーロッパ型のような独立の監視機関や「十分なレベルの保護」を求めるものではない．むしろ，例

えば第4原則において，「収集目的に準じ又は関連する目的」のための二次利用を認めている点や，同原則の掲げる例外が広範であるという点で，OECD のプライバシー・ガイドラインよりも緩やかであるという点が指摘されている．

　最近の大きな動きは，「十分なレベルの保護」及び独立の監視機関の制度を含むデータ保護諸原則が，グローバル化を進展させていることである．データ保護・プライバシー・コミッショナー国際会議は，2001年に資格認定委員会の基準及び諸規則並びに認定の諸原則を公表し，その中で，監視機関について，法律に基づく公的機関であること，自主性・独立性を担保されなければならないこと，国際的枠組みに準拠すること，適切な法的権限を持つことを宣言し，ヨーロッパの求める基準を明らかにした．また，2005年のモントルー宣言は，データ保護及びプライバシーに関する権利をユニバーサルなものと捉え，国際機関の諸原則等を世界的に発展させることを目指している．この会議でまとめられた11の原則には，ヨーロッパ・ルールの特徴である「独立監視及び法的制裁の原則」「個人データの国際流通における十分なレベルの保護の原則」が含まれている．この会議でまとめられた諸原則は，それぞれの国のデータ保護諸原則を要約したものだと理解することができる．そして，この諸原則は，ユニバーサルな性格を持つ国際的な認識として，さらなる発展を遂げることが予測される．

　なお，国際会議のメンバーには，ヨーロッパ諸国に限らず，カナダ，オーストラリア，ニュージーランドなど，プライバシー・コミッショナーを持つ非ヨーロッパ諸国も参加しており，ヨーロッパ特有のルールともいえない点には注意すべきである．

　グローバル化は法執行の場面でも求められるようになってきている．OECD は，2007年6月12日，新たに越境協力勧告を採択した．そこでは，加盟国に対し，プライバシー法の執行に際して，越境協力を行うための国内的枠組みの改善や，通知，苦情照会，調査援助及び情報共有などの国際的な相互協力などを求めている．後に述べるように，日本の場合，民間を対象にした個人情報保護法には主務大臣制が取られているにとどまり，行政機関個人情報保護法には執行機関が全く存在しない．したがって，現在のところ，便宜的に内閣府が連絡機関となっているが，法執行の場面においても，日本は世界的に大きく取り残

第8章 考 察

されているといわざるを得ない状況である．

(1) 堀部政男『プライバシーと高度情報化社会』（岩波新書，1988年）65-76頁．
(2) 行政情報システム研究所編『世界の個人情報保護法：データ・プライバシー保護を
めぐる諸外国の動向』（ぎょうせい，1989年）289頁．
(3) 堀部政男「個人情報保護法制の国際比較──民間部門を中心として──問題提起：
シンポジウムの趣旨」比較法研究第64号（2003年）5頁．
(4) 堀部・前掲注(3) 5 - 6 頁．
(5) 新保史生『プライバシーの権利の生成と展開』（成文堂，2000年）284頁．

353

第Ⅲ部　個人情報保護法制の実現・展開

　第Ⅱ部では，個人情報保護法制の発展を築いた議論として，1960年代後半以降における現代的プライバシー権の提唱，及び，1980年代以降における国際水準の発展について，最近の動向を含めて検討した．そこで，第Ⅲ部では，イギリス，アメリカ，日本において，こうした立法化に向けた動きがどのような形で影響し，個人情報保護法制として実現・展開してきたか，また，それぞれの法制の内容について，比較しながら論じることにする．

第9章　イギリスのデータ保護法とその運用状況

　第9章では，まず，イギリスの法制化論議，及び，データ保護法について検討する．イギリスの法制度は，EUを中心とするヨーロッパの国際機関の影響を受けながら発展してきたことに特徴を持つ．

第1節　プライバシー権・データ保護の立法提案[1]

1　伝統的プライバシー権の立法化提案
　イギリスは，コモン・ロー上のプライバシー権を正面から認めることに対し，慎重な態度を示してきたが，1960年以降，制定法によって，伝統的なプライバシー権を承認するための取組みを行ってきた[2]．

1.1　マンクロフト卿の法案（Lord Mancroft's Bill）
　1961年2月14日，貴族院（House of Lords）に提出された[3]．全6条で構成される．
　法案は，「公衆が関心を持ちうるすべての事柄について情報を与えられる権

利を保障しつつ，人間の尊厳を維持するために望ましいと思われるその人物の
プライバシー侵害に対する，一層の保護をあらゆる個人に与えること」を目的
とする．

　この法案は，プレスから強い批判を受けたため，1961年3月13日，74対21の
圧倒的多数によって第2読会を通過し[4]，第3読会に送られたものの，政府
の支持を得られる見込みがなかったため廃案となった[5]．

1.2　アレキサンダー・ライオン氏の法案（Mr. Alexander Lyon's Bill）

　1967年2月8日，庶民院（House of Commons）に提出された[6]．全7条で
構成される．

　この法案は，「自己，その家族，又はその財産を他人から隔離することに対
し，不当かつ重大な侵害を加えることから人を保護すること」を目的とする．
そのような侵害があった場合は，被害を受けた者は，損害賠償及び差止命令を
求める訴権を付与される．

　しかし，この法案も，プレスから猛反対を受け，また政府の支持を受けられ
ず，第1読会以上には進まなかった．

1.3　ブライアン・ウォールデン氏の法案（Mr. Brian Walden's Bill）

　1969年11月26日，庶民院に提出された[7]．「プライバシー権を創設し，証拠
法に必然的な改正を加え，かつ，関連する諸目的のための法案」である．全11
条により構成される．

　この法案は，第9条第(1)項において，次のように，包括的プライバシー権を
定義する．

　「9(1)　『プライバシー権』とは，その人自身，その人の居宅，家族，他人
との関係並びに通信，財産及び事業に対する，次に掲げるものを含む侵入か
ら，あらゆる人が保護される権利をいう．
　　(a)　こっそり調べること，様子をうかがうこと，見張ること，絶えず付
きまとうこと
　　(b)　許可なく立ち聞きし，又は会話を記録すること
　　(c)　映像イメージを許可なく作成すること
　　(d)　許可なく文書を読み，又は複写すること

（e）　その人物に不快，迷惑，困惑をもたらすこと，又は，その人物への見方を誤らせることをもくろみながら，秘密情報又は事実（名前，身元，肖像を含む）を許可なく利用又は提供すること

（f）　他の者の利益のために，当該人物の名前，身元，又は肖像を無断で盗用すること」

　この権利を侵害された者は，違反者に対し，損害賠償，差止命令，得た利益の還元，文書の引渡命令による救済を求めることができる（第4条）.

　1970年1月23日，第2読会が行われた[8]．そこでは，言論の自由の観点から反対意見が出された．また，内務大臣のジェームス・キャラハン氏（Mr. James Callaghan）は，法案に対し，裁判所に与えるべき裁量の範囲が定かではないと指摘し，真に好ましくないとされる行為類型をより明確に定義づけるため，さらなる検討が必要だと述べた．後者の検討を必要とする意見は，多くの支持を集めた．

　結局，法案は，議員提出法案ではなく政府提出法案とすべきとされたことから，廃案となった．

　なお，キャラハン氏は，上記の検討を詳細に行うため，大法官及びスコットランドの国務大臣が，委員会を設置する予定であることを発表し，後述のヤンガー委員会が設置されることとなった．ヤンガー委員会は，ここで紹介する5つの法案（草案）を比較検討した結果，ウォールデン法案を，制定法における一般的プライバシー権を表すための最も有力な提案だと評価している[9].

1.4　「ジャスティス」のプライバシー権法案草案（Draft Right of Privacy Bill- "Justice"）

　国際法律家委員会（International Composition of Jurists）イギリス支部（ジャスティス）は，プライバシー委員会（Committee on Privacy）において，1970年1月16日，『プライバシーと法』（Privacy and the Law）という報告書を発表した．

　この報告書は，個人のひとりにしておかれる自由と，適法に知るべきあらゆる事柄についての情報を得るという他者の自由の均衡を図るために，立法によって，包括的なプライバシー権を創造すべきと結論付けている．

この報告書には，上記ウォールデン法案とほぼ同内容の，プライバシー権法案の草案が添付されていたが（全11条），議会には提出されなかった．

1.5　全国市民的自由評議会により準備されたプライバシー権法案草案（Draft Right of Privacy Bill—Prepared by the National Council for Civil Liberties）

全国市民的自由評議会（NCCL）は，人権擁護組織である．この草案は，「ある者のプライバシー権への不当な侵害からその者を保護することを承認・拡大し，これらの条項から新聞その他の種類の刊行物を免除し，かつ，裁判所及び審判所において認められる証拠の形式を限定する一定の条項を定めるための法案」である．全8条で構成される．

草案は，プライバシー権の定義を試み（第7条），騒音，悪臭，及び物理的な意味での他の諸妨害を扱おうと意図した．しかし，この試みは，それが解決するよりも多くの難しさを生み出すため，多くの点において再起草する必要があるとされ，議会は提出されなかった．

1.6　ヤンガー委員会における検討

以上のように，議員がプライバシー権法案を議員立法の形で提出し，また，全国的な団体が法案のドラフトを作成するなどの動きを見せたため，政府としても，プライバシー問題の検討に着手せざるを得なくなった．その直接の契機となったのが，ウォールデン法案を審議する第2読会における前述の議論であった[10]．

その結果設置されたのが，プライバシーに関する委員会（Committee on Privacy）である．この委員会の名称は，委員長のケネス・ヤンガー氏（Right Honorable Kenneth Younger）の名前を取って，ヤンガー委員会と呼ぶことができる．

ヤンガー委員会は，途中で委員の変動があったものの，16名の委員及び書記官2名で構成された．

ヤンガー委員会は，1970年5月13日，以下の任務を行うために任命された．

「私人及び私的機関による，又は，会社によるプライバシー侵害に対して，個々の市民及び商工業者にさらなる保護を与えるための立法が必要とされるかどうかを審議し，かつ，勧告すること．」[11]

第9章　イギリスのデータ保護法とその運用状況　　　357

この事項から分かるように，公的部門は検討対象に含まれていない．

　ヤンガー委員会は，任命翌日の5月14日より，合計37回の審議を重ね，1972年7月12日，『プライバシーに関する委員会の報告書』（Report of the Committee on PRIVACY）を発表した．

　この報告書は，当時のプライバシーの問題について，コンピュータ化の観点を含め，網羅的に検討したものとして，貴重な資料である．構成は，本編第I部ないし第IV部（全23章），及び，付録AないしQから構成され，全部で350頁に及ぶ膨大なものである．

　これらの中で，第23章「結論」（CONCLUSION）の最後には，多数意見（14名）の結論が述べられている．

　　「667　最後に，われわれは，本章の始めに述べたことを繰り返す．プライバシーはどのように定義されたとしても，自由な社会にとって本質的な諸価値を包含する．それは，社会全体の支持を要求する．しかし，法は，民主主義社会の傾向を決定する諸要件の1つに過ぎず，しばしば小さな要件である．教育，職業上の規範，及び，マスメディア並びに政治的民主主義の諸機関を通じた思想と議論の自由な交換によって，法が行動の規範を確立しまた維持することができるのと同じだけのことは，少なくとも行うことができる．われわれは，本報告書の中で，プライバシーを保護するために法に過大な信頼を置くことの危険を知っている，と説明してきた．われわれは，勧告の中で，プライバシーを保護するにあたって，しかるべき立場を法に与えてきたと信じるものであって，それをさらに拡大する必要性を認めないのである．」

　14名の多数意見に対して，2人の委員が反対意見（minority report）を発表した（1967年に法案を提出したアレキサンダー・ライオン氏，及び，ドナルド・ロス氏（Mr. Donald Ross））．

　ヤンガー委員会の報告書に対しては，さまざまな見方をすることができるが，「ザ・タイムズ」（The Times）は，社説において，報告を歓迎しながらも，一般的プライバシー権の確立を勧告することができなかったことを遺憾とし，原則的には，一般的な法を持つことが望ましい，と主張した[12]．

2　現代的プライバシー権の立法化提案

イギリスでは，ヤンガー報告書の多数意見により，プライバシーの法的保護の動きにブレーキをかけられた感が強くなったが，他方において，急速なコンピュータ化に伴うプライバシー侵害の新たな危機が認識されるようになり，伝統的なプライバシーの法的保護に加えて，コンピュータとの関係におけるプライバシー法的保護の問題がクローズ・アップされるようになった[13]．後者は，イギリスにおける現代的プライバシー権の立法化論議へと発展していった．

2.1　保守党法律家協会の提案

保守党法律家協会法律調査小委員会（Sub-Committee of the Legal Research Committee of the Society of Conservative Lawyers）は，1968年，小冊子『コンピュータと自由』（Computers and Freedom）を公表した．この冊子は，コンピュータとプライバシーの問題を法的に取り上げた最初のものであるとされている．

この小委員会の目的は，「個人データを記録しているコンピュータ・システムの抑圧的行為からの自由が，現在又は次の10年間に，私的個人に新しい権利を与え，又はそのようなシステムの運営が何らかの立法的規制に服すべきことを要求するか否かを検討すること」にあった．同委員会は，現行法の欠陥を指摘した後，10項目にわたる勧告を行った．その要旨は次のようになっている[14]．

「(1)　行政・立法政策として，誤った個人情報に対して以下の保護を確保すべきである．

(i)　本人へのプリント・アウトの交付

(ii)　各プリント・アウトには使用目的及び情報受領者の住所・名称が示されること

(iii)　裁判所又は審判所は，被害者の申請に基づいて情報の変更・抹消を命ずる権限を有すること

(iv)　裁判所又は審判所は，誤情報の過去の受領者に，変更・抹消が通報されるべきことを命ずる権限を有すること

(v)　情報の多目的利用は禁止されるべきこと

第9章　イギリスのデータ保護法とその運用状況　　359

(2)　制定法の規定は，個人情報を保持する一切のデータ・バンクを規制すべきである（例外：警察及び対抗的スパイ活動記録）.

(3)　同様の規制は，一切の地方又は公共機関の設立する一切の個人データ・バンクを規制すべきである.

(4)　制定法の規定は，個人所有データ・バンクの一定の部門にも適用されるべきである.

(5)　プリント・アウトから除外される，秘密情報として取り扱われるべきものは，その類型において明確性を要する.

(6)　プリント・アウトを要求する，いかなる立法においても，誤情報に抗議しなかったことをもって，その真実性の承認とみなされるべきではない.裁判所又は審判所は，秘密審理を行う権限を有すべきである.

(7)　プリント・アウトに特定された目的外への情報の利用は，それが立法により違法とされる場合には，刑事犯罪及び民事の訴訟原因となるべきである.

(8)　不当なプライバシー侵害を回避するために，各種機関からプールされた情報を保持する国家データ・バンク又は公共・地方機関データ・バンクは，次の規則に従うべきである.

　　(i)　いずれかの部省の職員が自己の義務の遂行に必要な情報しか得られないように，当該バンクへのアクセスを制限すること

　　(ii)　当該バンクが意図した目的に使用されるべきではないほどに時期はずれとなった情報の抹消を定めること

(9)　(8)の規則の遵守を確保するために，当該データ・バンクは，当該部省から独立した組織の管理下に置かれ，当該部省の長に責任を負わない独立機関により規制されるべきである.

(10)　私的所有データ・バンクについては，一般公衆にとって何が認めがたいかをあらかじめ立法化するよりも，収集される情報のタイプ・目的についての公衆の認識から，いかなる対抗的反応が生ずるかを見る方が良いであろう.」

10項目は，コンピュータ・データバンク規制の基本原則を示している，とい

われている．この委員会は，大量のデータを蓄積し，操作できるコンピュータ
の能力について検討し，情報独占の状況において私有された情報を規制するシ
ステムの必要性を指摘している．

2.2 データ監視法案 (Data Surveillance Bill)

ケネス・ベイカー氏 (Mr. Kenneth Baker) は，1969年5月6日，データ監
視法案 (Data Surveillance Bill 1969) を庶民院に提出した[15]．この法案は，上
記法律家協会案の冊子をもとに，情報を収集・保存するコンピュータである
「データ・バンク」，及びそれに収集される情報に対する規制権限を持つ登録官
(Registrar) を設けることを提案した．しかし，第2読会には至らなかった．

2.3 個人記録（コンピュータ）法案 (Personal Records (Computer) Bill)

ウィンデルシャム卿 (Lord Windlesham) が，1969年6月23日，ベイカー法
案と同一の内容で，貴族院に提出した法案である[16]．後に取り下げられた．

2.4 ジャスティスの提案

前述のジャスティスは，前掲の報告書『プライバシーと法』の付録Eの
「コンピュータと法」の中で，いくつかの基準を満たす個人情報の保護手段が
必要である，としている[17]．

2.5 個人情報規制法案 (Control of Personal Information Bill)

レズリー・ハックフィールド氏 (Mr. Leslie Huckfield) が，1971年2月2日，
庶民院に提出した[18]．

内容は，ベイカー法案とほぼ同様であるが，ハックフィールド法案では，よ
り強力な権限を持つデータ・バンク審判所 (Data Bank Tribunal) を創設しよ
うとするところに特徴がある．法案は，第1読会には提出されたものの，紹介
演説を行う時間が与えられず，それ以上の進展を見せなかった．ハックフィー
ルド氏は，1972年2月8日，同じ法案を庶民院に再提出している[19]．

2.6 ヤンガー報告書の勧告

ヤンガー報告書は，一般的プライバシー権の創設を勧告するに至らなかった
が，第20章で「コンピュータ」問題を検討した[20]．

まず，報告書は，コンピュータによる個人情報の処理において，コンピュー
タ利用者が自主的に採用すべきものして，次のような10の基本原則を掲げ
た[21]．

「1　情報は，特定の目的のために保有するものとみなされるべきであり，適切な許可がない限り，他の目的のために用いられるべきではない．かつ，

2　情報へのアクセスは，情報を提供した目的のために許可された者に限定すべきである．

3　情報を収集し，また保有する量は，特定の目的を達成するために必要最小限にすべきである．

4　統計目的のために情報を処理するコンピュータ・システムにおいて，識別データと残りのデータを分離するための設計及びプログラムにおいて，適切な対策を講じるべきである．

5　主体が自らに関して保有される情報について知らされうる手段を準備すべきである．

6　システムによって達成されるべき安全レベルは，あらかじめ，利用者が特定すべきであり，また，情報の意図的な濫用又は誤用に対する予防策を含むべきである．

7　監視システムは，セキュリティ・システム違反の探知を容易にするために提供すべきである．

8　情報システムの設計において，超えてはならない情報保有期間を特定すべきである．

9　保有されるデータは正確であるべきである．不正確を正し情報を最新化するための機構が存在すべきである．

10　価値判断を規約化することに注意を払うべきである．」

　しかし，ヤンガー委員会は，1972年当時の結論として，「619　……われわれは，自らの前に示された証拠に基づき，民間部門において使用されるコンピュータを，現在において，プライバシーに対する脅威であると結論付けることはできない．しかし，そのような脅威が，将来現実のものとなる可能性があることは認める」と述べるにとどまった[22]．

　他方，ヤンガー報告書は，ベイカー氏やハックフィールド氏の提案における登録，認可，調査を通じた詳細なコントロールに対して，将来は適当だとしても，現在では時期尚早であるとしたが，コンピュータ利用による個人情報の収

集・処理技術を監督するため，次のような勧告を行った．

　「621　したがって，われわれは，政府において，コンピュータを用いた個人情報の集積及び処理の発展及び技術を，検討に基づき維持する機構を設けるために，法律を制定すべきであることを勧告する．そのような機構は，独立した組織の形をとるべきであり，コンピュータの世界及び外部の世界の双方から，構成員を集めるべきである．便宜のため，われわれは，ここではそれを常設委員会と呼び，また，それが行うべきことについて我々が考える何かしらの事柄をいう場合に，役に立つであろう．」[23]

2.7　政府の白書『コンピュータとプライバシー』

　1975年12月，政府は，『コンピュータとプライバシー』(Computers and Privacy)[24] という白書（White Paper）を発表するとともに，その補遺として，『コンピュータ：プライバシーのための安全保護措置』(Computers: Safeguards for Privacy)[25] をも公表した．ヤンガー委員会は，民間部門におけるプライバシー問題の検討を委ねられたに過ぎなかったため，政府は，各省のコンピュータ・システムが保有し，又は保有する可能性の高い種類の情報について，その保存及び利用のルールを調査した．それをまとめたのが上記の白書である．後述のリンドップ報告書では，この白書の内容にしばしば言及している．

　政府は，白書の中で，次のように述べている．

　「政府は，機構の設立を取り入れた立法が必要であるとの結論を出した．その機構は，状況を検討し続けるのみならず，現存するすべての，また，将来の，個人情報を保有するコンピュータ・システムが，民間及び公的部門の双方において，当該情報主体のプライバシーのために，適切な安全保護措置を伴って運用されることを確実にするよう求めるものでもある．」[26]

　そして，政府は，立法に当たって，2つの要件を盛り込むよう提案した．第1は，個人情報を処理するコンピュータの利用に適用される一連の目的及び基準の設定，第2は，公的及び民間部門の双方において，コンピュータの利用を

監視する恒久的な法定機関の設立である．その機関は，コンピュータが，プライバシーのための適切な注意，及び，それらが持つ個人情報への必要な安全保護措置を伴って運用されることを確実にすることを目的とする．ただし，この第2要件について，恒久的な機関を設立するにはある程度の時間を要するため，政府は，最初は非法定かつ臨時のデータ保護委員会（Data Protection Committee）を設置し，次に恒久的なデータ保護委員会を創設すべきという見解を表明した[27]．

なお，各省のコンピュータ・システムが保有し，又は保有する可能性の高い種類の情報について，保存及び利用のルールを調査した結果は，補遺として公表された『コンピュータ：プライバシーのための安全保護措置』の中に収められている[28]．

2.8　情報自由及びプライバシー法案（Freedom of Information and Privacy Bill）

1977年2月16日に庶民院で第1読会が行われた[29]．

1970年代も後半に入ると，各国において，一方では，情報の自由・公開を求める動きに対応して何らかの手段が講じられるようになるとともに，他方では，プライバシー保護・データ保護に関する法律が制定され，又は法案が出されるようになってきたので，その両者を統一した法案が提出されるに至ったものと推測されている[30]．

2.9　リンドップ委員会の設立と提案[31]

上記『コンピュータとプライバシー』によって，政府は，非法定機関であるデータ保護委員会を設置したいという意向を明らかにした．そして，1976年2月12日には，データ保護委員会の委員長に，ケネス・ヤンガー氏を当てることが発表された．しかし，ヤンガー氏は，同年5月20日に急逝するという事態が生じた．そこで，内務大臣は，議会に対し，同年6月24日，ハットフィールド高等専門学校（Hatfield Polytechnic）の校長であるサー・ノーマン・リンドップ（Sir Norman Lindop）が委員長になることを承諾した旨を報告した．また，同年7月22日には，その他の委員の氏名を公表した[32]．

委員会は，委員長を含め12名の委員，補佐官1名，秘書官1名で構成された[33]．

新たに任命される委員会への諮問事項（terms of reference）は，短い文章で

抽象的につづられているのが通常とされているが，この委員会での諮問事項は，そうはなっておらず，委員に対する内務大臣の委嘱状（letter of invitation）の中で明らかにされている．そこでは，次のように記されている．

　「政府は，昨年12月に，コンピュータとプライバシーに関する白書（写しを同封しました）を公表しました．そこでは，公的又は民間部門におけるコンピュータの不適切な利用についての危惧は，現在の運用状況によっては正当化されないにせよ，コンピュータの誤用に起因するプライバシーへの潜在的な脅威があり，その潜在的な危険が現実になることを阻止するために現在何らかの手段がとられる必要があるとの政府の見解を述べています．政府は，民間及び公的部門の双方において，個人情報を保有するすべての現在及び将来のコンピュータ・システムが，プライバシーの適切な保護措置を講じて運用されるように確保するための機構を設ける立法の必要性がある，と考えています．そのような立法は，個人情報を処理するコンピュータの利用を規制する基準を決めることになる一群の目標の樹立を準備することになるでありましょう．その立法は，また，コンピュータがプライバシーの必要な保護措置を講じて運用されることを確保するためにコンピュータの利用を監督する恒久的な法定の機関（データ保護庁）を設置することになるでありましょう．
　第1段階として，政府は，恒久的な管理機構の最善の形態について政府に勧告し，また，恒久的な保護措置を確立する立法の中に組み入れられるべき目標を検討し精緻化するために，臨時の非法定の委員会——データ保護委員会として知られることになるでありましょう——を設置することを決めました．」[34]

通常の諮問事項とは異なるため，委員会は，内務省に対し，正式の諮問事項について尋ねたが，同省は次のように回答した．

　「委員会の委員長及び他の委員は，それぞれ，委嘱状の中で，委員会に委嘱した任務について若干の説明を受けている．『コンピュータとプライバシー』（Cmnd. 6353）という白書がかなり詳細にそれらの任務を明らかにし，

また，7月22日に発表されたプレス・ノーティスが，事実上，何が諮問事項であるかを示している.」(35)

第1回会議は，1976年7月27日に開催され，合計では50回にわたって開かれた.

データ保護委員会は，1978年12月，審議結果をまとめて『データ保護委員会の報告書』(REPORT OF THE COMMITTEE ON DATA PROTECTION) を発表した.

全体は，本編6部39章及び12の付録からなり，460頁に及ぶ膨大なものである.

リンドップ委員会の報告書は，データ保護法の制定を勧告し，その中で，データ保護庁 (Data Protection Authority, DPA) の設置及びデータ保護原則の提案を行った点に特色を持つが，その他の点を含め，立法に関する主要な提案は，第38章「主要な立法上の勧告」(PRINCIPAL LEGISLATIVE RECOMMENDATIONS) にまとめられている(36).

その一部を要約して紹介すると，次のようになっている.

法律の適用範囲（The scope of the statute） 38.01-38.06

38.01　法律は，連合王国における，利用者による個人データの自動処理を対象とする.

38.02　利用者と同様に，連合王国における個人データの自動処理 (automatic handling) を行い又は行わせるデータ処理局も対象とする.

38.03　データ主体とは，データと関係し又は関係しうる個人をいう.

法律上の義務，原則及び基準（Statutory duties, principles and criteria）38.07-38.10

38.08　次に掲げるものは，法律上の原則であるべきである.

データ主体の利益において

（1）データ主体は，自らに関連して処理される個人データ，データが必要とされる理由，利用方法，利用者，利用目的，利用期間を知るべきである.

(2) 個人データは，取得時に明らかにされ又はその後に許可された範囲及び目的のみをもって処理されるべきである．

(3) 処理される個人データは，利用目的のために，正確かつ完全であり，関連性及び適時性を持つべきである．

(4) 個人データは，明らかにされ又は許可された目的に必要なものを超えて処理されるべきではない．

(5) データ主体は，これらの原則の遵守を実証できるようにすべきである．

利用者の利益において

(6) 利用者は，不当な追加費用又は他の資源を伴うことなく，明らかにされ又は許可された目的の範囲内で，適法な利益又は義務を追求するために個人データを処理できるようにすべきである．

社会全体の利益において

(7) 社会全体は，個人データの処理から生じうるあらゆる利益を享受すべきであり，あらゆる偏見から守られるべきである．

これらの7項目は，後述する1984年データ保護法の定めるデータ保護原則へと引き継がれていった．

38.10 「『プライバシー』とは，いかなるデータ主体に関しても，自己についてのどのようなデータが他のどのような者に知られるか，また，それらの者がそれらのデータを利用することに関してどのような条件に基づくかを自ら決定する利益と定義されるべきである．」[37]

実施基準 (Codes of Practice) 38.11-38.15

登録 (Registration) 38.16-38.22

38.16 データ保護庁に時期及び範囲に対する一定の裁量を持たせた登録制を企画すべきである．

協議 (Consultation) 38.23-38.25

刑事的制裁 (Criminal sanctions) 38.26-38.28

付随的権限 (Ancillary powers) 38.29-38.31

聴聞 (Hearings) 38.32-38.33

判断 (Rulings) 38.34

データ保護庁の構成（Constitution of the DPA）38.35-38.50

　38.36　データ保護庁は，民間部門の利用者と同様，政府及び政府の利用者から独立すべきである．

　38.40　この法律は，データ保護庁が政府の使用人又は代理人となってはならない旨を宣言すべきである．

　38.50　データ保護庁は，議会に年次報告を提出すべきであり，それは公開されるべきである．

警察及び国家安全機構の記録（Records of the police and security services）38.51-38.53

医療，社会事業，雇用，統計及び研究への適用（Medical, social work, employment, statistical and research applications）38.54

国境を越えたデータ流通（Transborder data flows）38.55-38.58

データ処理局（Data handling bureaux）38.59-38.61

　38.59　データ処理局は，この法律の範囲に取り入れられるべきである．また，データ保護規則の遵守に，直接的な責任を負うべきである．

　38.60　実施規則の範囲に含まれる処理を行おうとするデータ処理局は，データ保護庁の登録を求められるべきである．

第三者又は公開の情報源から取得した情報（Information obtained from third parties or published sources）38.62

制限された特権（Qualified privilege）38.63

民事的救済（A civil remedy）38.64

適用除外（Contracting out）38.65

死亡及び清算（Death and liquidation）38.66-38.67

他の制定法との関連（Other statutory implications）38.68

　リンドップ委員会の報告書は，コンピュータ化に伴い，伝統的プライバシー権からデータ保護へと議論が発展する過渡期において，発表されたものといえる．そして，プライバシー及びデータ保護の概念については，報告書の第2章「プライバシーとデータ保護」（PRIVACY AND DATA PROTECTION）によって詳しく検討が加えられている．

リンドップ委員会の報告書は，プライバシーの概念について，「その概念は，定義をするのが困難であり，また，捉えどころがないことがわかった．1888年におけるクーリー裁判官の『ひとりにしておかれる権利』から1967年における国際法律家協会北欧会議の10項目のリストまで，多くの試みがなされてきた．ヤンガー委員会は，正確かつ包括的な定義を定式化するための試みをさらに行っても，何ら有益な目的にかなわないであろうという結論に達したが，われわれも，その見解に賛成する」[38]．

このように，リンドップ委員会は，ヤンガー委員会と同様，一般的なプライバシー権の定義をしても無駄である旨の考え方を取った．

しかし，リンドップ委員会は，アングロ・サクソンのプライバシーの概念に厳密に相当するものはないものの，データ保護の見地から議論を進めてきた点，及び，ヤンガー委員会がプライバシーの全分野を取り扱わなければならなかったことと比較して，リンドップ委員会の任務は，データ保護の分野を取り扱うことにある点を述べた．そして，プライバシーとデータ保護の重なり合う領域として，「情報プライバシー」（information privacy）又は「データ・プライバシー」（data privacy）という概念を用いた．そして，データ・プライバシーという言葉を，「自己に関するデータの流れをコントロールする個人の権利」（the individual's claim to control the circulation of data about himself）と定義づけた[39]．

報告書は，この定義に脚注を付し，ウェスティン博士が『プライバシーと自由』の中で述べた現代的プライバシー権の定義，及び，ミラー教授が『プライバシーへの脅威』の中で述べた定義に従ったことを認めている．

その上で，法律を制定する場合には，プライバシーに関する定義を定めることが望ましいとして，上記のような定義づけを行ったものである．

以上のように，リンドップ委員会の報告書は，データ保護法の制定に関する具体的かつ重要な立法提案を行ったが，1979年5月の総選挙の結果，マーガレット・サッチャー（Margaret Thatcher）氏の率いる保守党が勝利し，政権が交代したため，陽の目を見なかった[40]．

しかし，次に述べるように，1980年以降，データ保護法の制定へと動きが加速し，リンドップ委員会の報告書の提案は，1984年データ保護法へと引き継が

れることとなった.

第2節　1984年データ保護法の成立と概要(41)

1　成　　立

　1980年代に入ると，OECDプライバシー・ガイドラインや，CoE個人保護条約の採択によって，プライバシー保護をめぐる国際情勢に大きな変化が見られるようになった．なお，イギリスを含むCoE加盟国にとっては，拘束力を受ける関係で，OECDの勧告よりも，CoE個人保護条約による影響を強く受ける点に，注意が必要である．イギリスは，1981年5月14日，CoE個人保護条約に署名し，1987年8月26日に批准した（同年12月1日発効）．

　サッチャー首相は，このような国際情勢を受け，プライバシー保護法を制定する方針を固めた．1981年3月19日，内務大臣ウィリアム・ホワイトロー（William Whitelaw）は，庶民院に対し，個人データ保護の法律を提出する旨の文書回答を行った．これを受けて，政府は，1982年4月，『データ保護：立法に関する政府の提案』（DATA PROTECTION: The Government's Proposals for Legislation）という内務省白書を議会に提出した．

　白書は，立法提案の背景として，2点を掲げている．1点目は，コンピュータの誤用によって具体的に個人のプライバシーを脅かした事例はほとんど報告されていないが，コンピュータ利用の急速な発展に伴い，手作業の記録と比較して，プライバシーへの脅威が格段に高まったということである．2点目は，CoE個人保護条約が発効すれば，データ保護法を制定する国と同程度の個人情報安全保護措置を講じていない場合において，その国からのデータ移転を受けられず，連合王国内の企業が取引上不利益を被る可能性が生じてきたという点である．

　白書は，政府提案の中心的特徴を，個人情報を自動処理するデータシステムの全ての利用者に登録を求める点だと述べている(42)．

　この立法提案に基づき，データ保護法案は，1982年12月21日，エルトン卿（Lord Elton）によって貴族院に提出された．法案は，1983年3月24日の第3読会で可決され，庶民院に送付された．ところが，庶民院での委員会審議途中の

同年 5 月13日，議会が解散されたため，廃案となった．

　総選挙後の1983年 6 月23日，エルトン卿によって新たなデータ保護法案が提出され，同年11月 3 日，貴族院で可決された．庶民院では，1984年 6 月 5 日に可決されたが，修正が加えられたため，貴族院に回付された．貴族院では，この修正を同年 6 月29日に可決した．そして，データ保護法案は，同年 7 月12日，女王の裁可を経て，1984年データ保護法となった[43]．

2　概　　要

　1984年データ保護法の長称は，「個人に関する自動処理情報の利用及び当該情報に関するサービスの提供を規制するための法律」(An Act to regulate the use of automatically processed information relating to individuals and the provision of services in respect of such information) である．全 5 章43条，附則 1 ないし 4 から構成される．

　個人情報を保護する法律の制定方式は，1 つの法律で公的部門と民間部門の双方を対象とするオムニバス方式（統合方式），公的部門と民間部門を別の法律で規律するセグメント方式（分離方式），特定分野で個別の保護措置を講じるセクトラル方式（個別分野方式）に分かれる．オムニバス方式の立法例は，ヨーロッパ諸国に多く見られ，イギリスもその 1 つである．

　1984年データ保護法の特徴としては，次の点を挙げることができる[44]．

　(1)　公的部門，民間部門を問わず，コンピュータ処理される個人データを対象とすること（第 1 条）．

　(2)　そのような個人データを保有するデータ利用者（data user）又は他の者にデータに関するサービスを提供するコンピュータ・ビューロ（computer bureau）が一定の場合を除いてデータ保護登録官に登録しなければならないこと（第 4 条〜第 9 条）．

　(3)　データ利用者が個人データの利用についてデータ保護登録官を通して公開しなければならず，また，情報の適正な取扱いを行う等の諸原則（データ保護原則）に従わなければならないこと（附則 1 ）．

　(4)　その登録を扱い，データ保護についてオンブズマン的役割を果たすデ

ータ保護登録官を置いたこと（第10条～第12条，附則2）．

　(5)　データ主体が自己に関する情報にアクセスし，その誤りの訂正を求めることができるようになったこと（第21条～第25条）．

　(6)　不服申立てを審理するデータ保護審判所（Data Protection Tribunal）を置いたこと（附則2）．

　(7)　法律を段階的に施行したこと．

　(2)について，データ保護登録官（the Data Protection Registrar）は，登録等の関係で非常に重要な役割を持つ．登録官は，女王から独立した法執行機関であり，単独法人（corporation sole）[45] の地位を持つ（第36条，附則2）．女王陛下により開封勅許状（Letters Patent）に基づき任命される（第3条第(2)項）．開封勅許状とは，特権の付与又は権限の授与のため，国王又は政府から個人又は法人に与えられる文書のことである．他人が確認しやすいように開封（patent）となっている．

　登録官は，「データ利用者及びコンピュータ・ビューロを営む者が，データ保護原則の遵守を促進することについて，本法に基づく権能を遂行すること」を義務とする（第36条第(1)項）．具体的には，登録申請の受理及び拒否を行い（第7条），執行通知，登録抹消通知，移転禁止通知の送達といった監督権限を行使する（第10条～第12条）．その他，本法に基づく権能行使に関する年次報告の提出等の義務を負う（第36条第(5)項）．

　このデータ保護登録官に任命されたのはエリック・ハウ氏（Mr. Eric Howe）であり，1984年9月20日が任命日である[46]．

　(3)について，1984年データ保護法は，附則1第1部の中で，一般的な遵守事項としてデータ保護のための8原則を掲げる．本法の特徴の1つとされる．

　「データ利用者が保有する個人データ

　1　個人データに含まれることとなる情報は，公正かつ適法に取得され，また，個人データは，公正かつ適法に処理されなければならない．

　2　個人データは，1つ以上の明確かつ適法な目的のためにのみ保有されなければならない．

3 いかなる目的又は諸目的で保有される個人データも，その目的又は諸目的と矛盾する態様で利用され，又は提供されてはならない．

4 いかなる目的又は諸目的で保有される個人データも，その目的又は諸目的との関連において，適切かつ妥当でなければならず，また，過大であってはならない．

5 個人データは，正確であり，かつ，必要な場合には，最新に保たれなければならない．

6 いかなる目的又は諸目的で保有される個人データも，その目的又は諸目的に必要とされる期間を超えて保持されてはならない．

7 個人は，次に掲げる権利を与えられるものとする．

(a) 合理的な間隔で，かつ，不当な遅延又は経費を伴うことなく，

(i) 当該個人が主体である個人データを保有するか否かを，データ利用者から知らされること，及び，

(ii) データ利用者が保有するそのようなデータにアクセスすること，及び，

(b) 適当な場合には，当該データを修正し又は削除すること

データ利用者が保有する個人データ又はコンピュータ・ビューロを営む者が提供するサービスに関する個人データ

8 個人データへの無権限のアクセス又は変更，提供又は破壊，及び，個人データの不慮の滅失又は破壊に対して，適切な安全保護措置が講じられなければならない．」

これら8原則のうち，第7原則までは，データ利用者が保有する個人データに適用され，第8原則は，この個人データの他に，コンピュータ・ビューロを営む者がサービスを提供する個人データにも適用される（第2条第(2)項）．

(7)の段階的施行については，次の経過を辿っている[47]．

- ・1984年9月12日　　個人データの滅失や破壊等によって損害又は苦痛を被ったデータ主体の損害賠償請求権．
- ・1985年11月11日　　登録開始．
- ・1986年5月11日　　個人データの無登録保有の禁止，不正確な個人デー

タの訂正又は抹消請求権等.

・1987年11月11日　　データ主体のアクセス権，登録官の監督権.

3　当時の運用状況[48]

　登録官は，データ保護法の普及活動を行うため，毎年のようにブックレットの配布やキャンペーンを行い，その他，ニュースリリース，広告，ラジオやテレビのインタビューといった様々な活動に従事してきた．登録官は，1985年6月より年次報告書を作成し，1999年6月まで，合計15冊の年次報告書を公開してきた．

　初代登録官のエリック・ハウ氏は，第1次報告書（1985年6月）において，「初期の優先事項は，コンピュータ利用者の間における理解と認識のレベルを高めること」だと述べている[49]．登録については，申請見込件数として，約20万件の推計を出していた．

　実際に登録が開始したのは1985年11月11日からであるが，その1週間前には，おおよそ30万件から40万件の申請があるだろうとの予測が立てられており，1986年2月の時点では，最終的には54万8000件の申請があるだろうと見込まれていた．

　ところが，1986年6月10日の段階で，受取申請件数は，約13万6000件にとどまり，予想を下回る結果となった[50]．

　この時点で，予測と実際の登録申請件数の差異が生じた理由として，次の諸点が指摘されていた[51]．

・1984年データ保護法の趣旨がまだ必ずしも浸透していないこと．
・その趣旨を理解している大規模のデータ利用者は，大部分登録申請をしたと推測できるのに対し，小規模のデータ利用者がまだほとんど登録申請をしていないと見られること．
・法律の趣旨を理解しているにしてもその適用除外を受けて登録申請の必要がないと考えている者もいること．

　1994年から1995年の時期に入り，ようやく，登録受付件数は20万件を超えるに至った．登録開始から10年近くを要している．

　また，データ主体による法の認識率は，1986年から1993年までの間は30パー

セント台で推移し，その後1996年までが40パーセント台，その後ようやく60パーセント台へと達するに至った．一般国民への法律の普及が困難な作業であることを物語っている．

　データ保護法の浸透がスムーズに行かない理由として，堀部政男教授は，「データ保護法の運用状況を見ていて痛感するのは，この種の法律は一般の人々にとってはもとより，公的部門や民間部門の関係者にとっても理解され難いということである．イギリスでは，個人データの具体的侵害が頻発して法律ができたということではない．むしろ，具体的侵害として挙げうるものはほとんどなかった（具体的な例を聞いても挙げてくれた人はほとんどいなかった）．そのことが，真の理解を妨げていると見ることもできる」と指摘する[52]．

第3節　1998年データ保護法の成立と概要

1　1998年データ保護法の成立

　1984年データ保護法は，1995年のEU個人保護指令の制定を受けて，1998年に全面改正された．正式名称は，「当該情報の取得，保有，利用又は提供を含む，個人に関する情報の取扱いの規制のために新たな規定を設けるための法律」（An Act to make new provision for the regulation of the processing of information relating to individuals, including the obtaining, holding, use or disclosure of such information）である．

　モスティンのウィリアムズ卿（Lord Williams of Mostyn）は，1998年1月14日，データ保護法案を提出した．審議は，次のような経過を辿った．

　　貴族院
　　1998年1月14日　第1読会[53]
　　1998年2月2日　第2読会[54]
　　1998年2月23日及び25日　最高委員会（Grand Committee）[55]
　　1998年3月16日　最高委員会の報告を受けた上で，法案修正の検討を行った[56]．
　　1998年3月24日　第3読会．法案は可決され，庶民院に送られた．

第 9 章　イギリスのデータ保護法とその運用状況　　375

庶民院

1998年 3 月25日　第 1 読会

1998年 4 月20日　第 2 読会[57]

1998年 5 月 5 日から同年 6 月 4 日まで　常任委員会 (Standing Committee)[58]

1998年 7 月 2 日　常任委員会での修正を検討し，第3読会で可決した[59].

貴族院

1998年 7 月10日　庶民院から回付された修正を検討し，可決した[60].

女王の際可

1998年 7 月16日

　1995年 EU 個人保護指令は，1998年10月24日を国内法制定の履行期限と定めていたが，イギリスは，この期間内に国内法を成立させるに至った.

　1998年データ保護法は，第75条に基づき，可決日に一部施行され（第(2)項），残りは，主務大臣が命令で指定する日に施行（第(3)項）されることとなり，2000年 3 月 1 日に完全施行された.

　改正の特徴は，マニュアル処理されたデータであっても，「関連するファイリング・システムの一部として又はその一部を構成することを意図して記録されている情報」として法の対象としたこと，センシティブな個人情報の取扱いを厳格に規定したこと，登録から通知に変更して手続の簡素化を図ったことにある.

2　1998年データ保護法の構成

　1998年データ保護法[61]は，全 6 章，付則16から構成される.

第 I 章　序則 (Part 1　PRELIMINARY)

　　第 1 条～第 6 条

第 II 章　データ主体の権利その他 (Part II RIGHTS OF DATA SUBJECTS AND OTHERS)

　　第 7 条～第15条

第 III 章　データ管理者による通知 (Part III NOTIFICATION　BY　DATA

CONTROLLERS)

第16条～第26条

第IV章　適用除外（Part IV EXEMPTIONS）

第27条～第39条

第V章　執行（Part V ENFORCEMENT）

第40条～第50条

第VI章　雑則及び総則（Part VI MISCELLANEOUS AND GENERAL）

第51条～第54条　コミッショナーの権能（*Functions of Commissioner*）

第55条　個人データの不法な取得等（*Unlawful obtaining etc. of personal data*）

第56条～第57条　データ主体のアクセス権に基づき取得された記録（*Records obtained under data subject's right of access*）

第58条～第59条　コミッショナー又は審判所に提供される情報（*Information provided to Commissioner or Tribunal*）

第60条～第61条　違反に関する総則的規定（*General provisions relating to offences*）

第62条　1974年消費者信用法の改正（*Amendments of Consumer Credit Act* 1974）

第63条～第75条　一般（*General*）

附則（SCHEDULES）

附則1　データ保護原則（Schedule 1　The data protection principles）

附則2　第1原則の目的に関連する条件：個人データの取扱い（Conditions relevant for purposes of the first principle: processing of any personal data）

附則3　第1原則の目的に関連する条件：センシティブな個人データの取扱い（Conditions relevant for purposes of the first principle: processing of sensitive personal data）

附則4　第8原則が適用されない事例（Cases where the eighth principle does not apply）

附則5　データ保護コミッショナー及びデータ保護審判所（The Data Protection Commissioner and the Data Protection Tribunal)

附則6　不服申立手続（Appeal proceedings）

附則7　その他の例外事項（Miscellaneous exemptions）

附則8　経過措置（Transitional relief）

附則9　立入調査権（Powers of entry and inspection）

附則10　第53条に基づく援助に関する追加規定（Further provisions relating to assistance under section 53）

附則11　教育記録（Educational Records）

附則12　アクセスできる公的記録（Accessible public records）

附則13　2007年10月24日より前に効力を有する法律の修正（Modifications of Act having effect before 24th October 2007）

附則14　経過規定及び留保（Transitional provisions and savings）

附則15　小規模及び必然の改正（Minor and consequential amendments）

附則16　廃止及び撤回（Repeals and revocations）

3　適用対象

3.1　基本的な解釈規定

第1条は，基本的な解釈規定（Basic interpretative provisions）として，各種定義規定を置いている．この法律の適用対象である「データ」「個人データ」「データ管理者」「データ主体」「取扱い」等の定義は，次のようになっている（第(1)項）．

(1)　個人データ（personal data）

「データ」とは，「(a)当該目的のために与えられる指示に応じて自動的に動作する装置によって取り扱われる情報，(b)当該装置によって取り扱われるべきことを意図して記録される情報，(c)関連するノァイリング・システムの　部として若しくは関連するファイリング・システムの一部を構成すべきことを意図して記録される情報，又は，(d)上記第(a)号，第(b)号，若しくは第(c)号の各号には該当しないが第68条によって定義されるアクセス可能な記録の一部を構成する情報」をいう．

「個人データ」とは，「(a)当該データから，又は(b)データ管理者が保有し，若

しくは保有することになる可能性の高い当該データその他の情報から，識別できる生存する個人に関するデータであって，かつ，当該個人に関する意見の表明及び当該個人についてデータ管理者その他の者の意図の表示を含む」．たとえば，特定の者が「怠け者である」というのは，「当該個人に関する意見の表明」であり，「怠け者であるから，解雇する」というのは，「意図の表示」とされる[62]．

「個人データ」の定義は，識別可能な生存する個人に関する情報からなるデータを指し，この点は1984年法も1998年法も同じであるが，1998年法は，意図の表示を含む点で広く捉えられている．

また，「関連するファイリング・システム」（relevant filing system）とは，「情報が当該目的のために与えられる指示に応じて自動的に操作する装置によって取り扱われるわけではないが，個人への照会若しくは個人に関する基準への照会によって，特定の個人に関する特別の情報が容易にアクセスできるような方法で，その一連の情報が構築されている限度における，個人に関する一連の情報を意味する」．

以上をまとめると，「データ」は，自動処理されるものの他，関連するファイリング・システムの一部として記録されるマニュアル処理情報を含み，当該データが，生存する個人を識別する場合は，個人データに含まれることとなる．なお，関連するファイリング・システムは，特定個人の情報に容易にアクセスできる形で，一連の情報が構成されている場合を指すことから，すべてのマニュアル処理情報を含むわけではない．

⑵　**データ管理者**（data controller）

「データ管理者」とは，「第⑷項の規定に従い，（単独又は共同で又は他の者と協力して）何らかの個人データが取り扱われ又は取り扱われることになる目的及び態様を決定する者」をいう．個人，法人，権利能力なき社団を問わず，公的部門，民間部門をも問わない．本法は，原則として，あらゆるデータに関して，データ管理者に適用される（第5条）．

⑶　**データ主体**（data subject）

「データ主体」とは，「個人データの主体である個人」をいう．

⑷ 取扱い（processing）

「取扱い」とは，「情報又はデータに関して，情報若しくはデータの取得，記録若しくは保有，又は，情報若しくはデータの何らかの操作若しくは一連の操作を実施することをいい，次に掲げるものを含む．(a)情報若しくはデータの編成，修正若しくは変更，(b)情報若しくはデータの検索，参照若しくは利用，(c)伝送，頒布その他の利用可能にする方法による情報若しくはデータの提供，又は，(d)情報若しくはデータの配列，結合，封鎖，抹消若しくは破棄をいう」．

このように，「取扱い」は，データの取得から破棄に至るまでの一連の過程を含む広い概念として定義されており，1984年法の「処理」と比べ，その範囲は広い．

3.2 センシティブな個人データ

第2条は，センシティブな個人データ（Sensitive personal data）の定義を定める．

> 「2　本法において，『センシティブな個人データ』とは，次に掲げるものに関する情報を構成する個人データをいう．
>
> (a)　データ主体の人種又は民族的出自
>
> (b)　同人の政治的信条
>
> (c)　同人の宗教的信仰又は類似の性質を持つ他の信仰
>
> (d)　同人が労働組合のメンバーであるか否か（1992年労働組合及び労働関係（統一）法における意味の範囲内で）
>
> (e)　同人の身体又は精神の健康若しくは状態
>
> (f)　同人の性生活
>
> (g)　同人が犯罪を犯し若しくは犯したと申し立てられていること，又は，
>
> (h)　同人が犯した若しくは犯したと申し立てられている犯罪に対する訴訟手続，そのような訴訟手続による処分，若しくはそのような訴訟手続において裁判所が下した刑の宣告」

センシティブな個人データに関する定めは，1998年の新法で導入されたものである．

後述するが，センシティブ情報については，第1データ保護原則が，附則3の条件を満たすことを求めている．

3.3 特別目的

第3条は，特別目的（The special purposes）について定める．

> 「3　本法において，『特別目的』とは，次に掲げるものの1つ以上をいう．
> (a)　ジャーナリズムの目的
> (b)　芸術的目的，及び，
> (c)　文学的目的」

特別目的による個人データの取扱いには，特別の規定が設けられている．苦痛に対する賠償（第13条第(2)項第(b)号），適用除外（第32条），特別情報提出通知（第44条），特別目的のために取り扱われていない場合の書面による決定（第45条），執行通知送達の制限（第46条），訴訟手続の当事者となる個人に対するコミッショナーの援助（第53条）などである．特別目的に関して，法は，適用除外を認め，執行権限を弱くして表現の自由を保護する一方，訴訟手続の場面では，コミッショナーによる援助を認めることにより，表現の自由と個人データ保護の均衡を図っている．

3.4 コミッショナー及び審判所

第6条は，コミッショナー及び審判所（The Commissioner and the Tribunal）について定める．

> 「6(1)　1984年データ保護法第3条第1項により，データ保護記録官事務所として当初設置された事務所は，本法の目的のために存続しなければならない．しかし，データ保護コミッショナーの事務所として周知されることとする．また，本法では，データ保護コミッショナーは『コミッショナー』と呼ばれる．」

開封勅許状により女王陛下に任命される（第6条第(2)項）．

このコミッショナーは，政府から独立した法執行機関であり，その権能は，

第51条以下が定める.

「51(1) データ管理者による善良な実務の遂行を促進し, また, とりわけ, データ管理者による本法の義務の遵守を促進するように, 本法に基づき自らの権能を行使することは, コミッショナーの義務である.」

コミッショナーは, 国民に対する情報提供 (第51条第(2)項), 善良な実務に関する指針のための実施基準 (codes of practice for guidance as to good practice) の準備及び配布 (同条第(3)項) 等を行う. そして, コミッショナーに対しては, 議会の各院に対する年次報告 (第52条第(1)項), 特別目的のための取扱いに関する援助 (第53条), 国際協力 (第54条第(1)項) 等が求められている.

また, 後述のとおり, コミッショナーには, データ保護原則に違反したデータ管理者に対する執行通知 (第40条), 評価請求に基づく情報提出通知 (第43条), 特別の情報提出通知 (第44条) の送達が認められている. その他, 裁判所の令状に基づき, 本法違反のデータ管理者の物件に対する立入検査権が認められている (第50条, 附則9).

さらに, コミッショナーには, 違反者に対する訴追権限が付与されている (第60条第(1)項).

以上のような権能を持つコミッショナー, その職員, 代理人等は, 原則として, 取得した情報の機密性を守らなければならず (第59条第(1)項第(2)項), 故意又は過失により, これに違反して情報を提供した場合は, 有罪となる (同条第(3)項).

コミッショナーの地位, 任期, 俸給等は, 附則5第1部が定める. コミッショナーの地位は女王から独立し (附則5第1部第1条第(2)項), 任期は5年以内である (同第2条). 俸給や年金の支給は, 庶民院の決議で指定される (同第3条). コミッショナーは, 副コミッショナーを任命しなければならず, 他の事務官や職員数を指定することができる (同第4条第(1)項). 雇用条件は, コミッショナーが決定する (同第4条第(2)項). また, コミッショナーが印章又は署名を付して発行した証書は, 真正性が推定される (同第7条). その他, コミッショナーは, 会計帳簿及び決算報告書を策定し, 会計検査官は, 決算報告書の

写しに自らの報告書を付して，議会の各院に提出しなければならない（同第10条）．

3.5　審判所

審判所は，不服申立を審理する機関である．1984年法の時代から存在していたが，「本法の目的のため，データ保護審判所（本法では『審判所』という）は存続すべきである」とされた（第6条第(3)項）．

審判所の構成は，1名の長，大法官の定めた人数の副長，主務大臣の定めた数の他のメンバーである（同条第(4)項）．長及び副長は，7年以上の実務経験を持つ法律家が就任し，他のメンバーは，データ主体及びデータ管理者の利益代表者が務める（同条第(5)項第(6)項）．

審判所の地位，任期，俸給等は，附則5第2部が定める．審判所の構成員は，任命期間に従って役職を務めるものとし，議長又は副議長は，原則として70歳を任期満了とする（附則5第2部第12条第(3)項）．俸給及び手当は，議会の拠出した金銭から支払われる（同第13条）．

4　データ保護原則とその遵守

4.1　データ保護原則とは

第4条は，データ保護原則（The data protection principles）について定める．

データ保護原則は，附則1の第1部に述べられた原則のことをいい（第4条第(1)項），これらの原則は，附則1の第2部に従い解釈される（同条第(2)項）．そして，附則2（すべての個人データを対象）及び附則3（センシティブな個人データを対象）は，第1原則の目的に求める条件を述べ，附則4は，第8原則が適用されない事例を述べる（同条第(3)項，附則1第2部第14条）．

また，第27条(1)項で適用除外される場合を除き，「自らがデータ管理者となっているところのすべての個人データに関して，データ保護原則を遵守することは，データ管理者の義務であるべき」とされる（第4条第(4)項）．

そして，附則1の第1部は，データ保護原則として，8つの原則を掲げる．

「1　個人データは，公正かつ適法に取り扱われなければならず，特に，(a)少なくとも附則2に掲げる条件の1つが満たされ，かつ，(b)センシティブ

な個人データについては，少なくとも附則3に掲げる条件の1つもまた満たされなければ，取り扱ってはならない．

2　個人データは，1つ以上の特定かつ適法な目的のためにのみ取得されなければならず，また，その目的又はそれらの目的と適合しない態様でさらに取り扱われてはならない．

3　個人データは，それが取り扱われる目的又は諸目的に関して適切で，関連していなければならず，かつ，過剰であってはならない．

4　個人データは，正確で，かつ，必要な場合には，最新のものに保たれなければならない．

5　何らかの目的又は諸目的のために取り扱われる個人データは，その目的又は諸目的のために必要な期間よりも長く保有してはならない．

6　個人データは，本法に基づくデータ主体の権利に従って取り扱われなければならない．

7　個人データの無許可又は違法な取扱い，及び，個人データの偶発的な滅失，破壊又は毀損が生じないよう，適切な技術的かつ組織的な措置が講じられなければならない．

8　個人データは，ヨーロッパ経済地域以外の国又は地域が個人データの取扱いに関し，データ主体の権利及び自由について十分なレベルの保護措置を確保している場合を除き，その国又は地域に移転してはならない．」

4.2　データ保護原則の解釈

附則1の第2部は，データ保護原則の解釈を示している．

(1)　第1原則

第1原則は，個人データの取扱いの条件として，①公正な取扱い，②適法な取扱い，③附則2及び3の条件の1つを満たすことを求める．

①については，附則1の第2部が，「第1部の原則の解釈」として，第1条ないし第4条の定めを置く．特に，公正な取扱いの有無を判断するに当たっては，個人データの取得手段に注意を払わなければならない（附則1第2部第1条第(1)項．また，データ管理者において，実行可能な限りで，次の情報を，データ主体に提供し又はデータ主体が容易に入手可能な状態に置けば，公正に

取り扱われたものとして認められる．その情報とは，「(a)データ管理者の身元，(b)本法の目的のために，代理人の指名がなされた場合，その代理人の身元，(c)データの取扱いを意図した目的又は諸目的，及び，(d)データ主体に関する取扱いを公正にするために，データが取り扱われ又は取り扱われることとなる特定の状況を考慮して，必要とされるさらなる情報」である（同第2条）．

③について，附則2は，個人データ全体の取扱いに適用される条件であり，附則3は，センシティブ・データの取扱いに適用される条件である．

附則2の掲げる条件は，次のようになっており，データ管理者は，これらの要件の1つは満たさなければならない．

- ・データ主体の同意（第1条）
- ・データ主体が当事者となる契約の締結や履行のため（第2条）
- ・契約以外の法的義務を遵守するため（第3条）
- ・データ主体の重大な利益を保護するため（第4条）
- ・司法運営や制定法上の権能を行使する等のため（第5条）
- ・データ管理者又はデータを受領した第三者の適法な利益を追求するため（第6条）

例えば，労働者の個人データの取扱いに関しては，採用に当たって，求職者が個人データを提出するため，第1条の同意が満たされることとなる[63]．

附則3は，センシティブな個人データの取扱条件を定める[64]．例えば，「身体又は精神の健康若しくは状態に関する情報を構成する個人データ」は，センシティブな個人データに該当する．附則3の掲げる条件は，次のとおりである．

- ・データ主体の明示的な同意（第1条）
- ・雇用に関連する取扱いであって，法律上データ管理者に付与された権利を行使し，又は，課せられた義務を履行するため（第2条第(1)項）
- ・データ主体又は他の者の重大な利益を保護するため（第3条）
- ・非営利団体の適法な活動の過程で実施され，適切な安全保護その他の要件を満たす場合（第4条）
- ・個人データに含まれる情報が，データ主体の慎重な措置の結果として公知になった場合（第5条）
- ・法的手続等のため（第6条）

第 9 章　イギリスのデータ保護法とその運用状況　　385

- 司法運営等のため（第 7 条）
- 医療目的のために必要であり，健康専門職又はそれと同等の守秘義務を負う者が引き受けた場合（第 8 条）
- 異なる人種又は民族的出自を持つ人々の間における機会又は待遇の均等を促進し又は維持する等のため（第 9 条）
- 主務大臣の制定した命令によって取り扱われる場合（第10条）

(2)　第 2 原則

第 2 原則は，①特定かつ適法な目的のための取得，②データの取得目的と適合しない態様における取扱いの制限を内容とする．

個人データの取得目的は，附則 1 第 2 部第 2 条，又は，本則第III章に基づく通知の中で，特定されなければならない（附則 1 第 2 部第 5 条）．また，個人データの提供が，データの取得目的と両立するか否かを決定するに当たっては，データの受領者が意図した取扱目的に，注意を払わなければならない（同第 6 条）．

(3)　第 4 原則

第 4 原則は，個人データの正確・最新性を求める．

この解釈を示す附則 1 第 2 部第 7 条は，個人データの中に間違いが存在した場合であっても，データ管理者が第 4 原則違反を問われないための条件を定めている．

(4)　第 6 原則

第 6 原則は，個人データの取扱いについて，データ主体の権利に従うことを求める．1984年法のデータ保護原則は，第 7 原則において，個人データへのアクセス権を認めていたが，1998年法は，より包括的な文言となっている．

この解釈を示す附則 1 第 2 部第 8 条は，第 6 原則違反となる場合として，(a)個人データへのアクセス権に違反して，情報の提供を怠った場合，(b)損害又は苦痛を与える恐れのある個人データの取扱いを停止させる通知に違反し，又は，それに対応する通知を怠った場合などを定める．

(5)　第 7 原則

第 7 原則は，個人データのセキュリティを求める原則といえる．

その解釈を示す附則 1 第 2 部第 9 条ないし第12条は，次のようになっている．

「9 技術的発展及び措置の実施費用を考慮に入れ，その措置は，次に掲げるものに対して，適切な安全保護水準を確保しなければならない．

(a) 第7原則において述べられた，無許可若しくは違法な取扱い，又は偶発的な損失，破壊若しくは損傷の結果として生じるであろう損害，及び，

(b) 保護すべきデータの性質

10 データ管理者は，個人データにアクセスする自身の従業員の信頼性を確保するため，合理的な措置を講じなければならない．

11 個人データの取扱いが，データ管理者の代わりにデータ取扱者によって実施される場合は，データ管理者は，第7原則を遵守するため，次に掲げることを行わなければならない．

(a) 実施されることとなる取扱いを管理する技術的及び組織的安全措置に関して，十分な保証を提供するデータ取扱者を選択し，かつ，

(b) これらの措置の遵守を確実にするための合理的な措置を講じる．

12 個人データの取扱いが，データ管理者の代わりにデータ取扱者によって実施される場合，データ管理者は，第7原則を遵守しているとみなされるべきではない．但し，次に掲げる場合を除く．

(a) 取扱いが契約に基づき実施されており，

(i) それが書面により作成されるか，又は書面により証明され，かつ，

(ii) それに基づき，データ取扱者がデータ管理者からの指図のみに基づき行動する場合．

及び，

(b) 契約が，第7原則によってデータ管理者に課されるものと同等の義務を，データ取扱者に対し，遵守するよう要求する場合．」

これによって，データ管理者は，無許可の取扱い等の侵害行為に対する適切な安全レベルを確保しなければならず，従業員の監督，データ取扱者に個人データを扱わせる場合の技術的及び組織的安全保護措置などの対策を講じなければならない．

(6) 第8原則

第8原則は，1998年法で新たに設けられた原則であり，EU 個人保護指令第

25条が,「十分なレベルの保護」に達していない第三国への個人データ移転を禁止する定めを置いたことを受けたものである.

附則1第2部第13条から第15条は,その解釈を示している.中でも,第13条の定めは,次のようになっている.

「13 十分なレベルの保護とは,特に次に掲げる事項を考慮し,その場合のすべての状況において適切であるものをいう.
  (a) その個人データの内容
  (b) そのデータに含まれる情報の源である国又は地域
  (c) その情報の最終目的の国又は地域
  (d) データの取扱いを意図した目的及び期間
  (e) 問題の国又は地域において有効な法律
  (f) その国又は地域の国際的義務
  (g) その国又は地域において執行可能な,あらゆる関連の倫理規程又はその他の規則(一般的であるか,又は特定の場合を予定するか否かを問わない)
  (i) その国又は地域において,データに関して実施された安全保護措置」

他方,附則4は,第8原則の適用されない条件として,次の事柄を定めている.
・データ主体の同意(附則4第1条)
・データ主体とデータ管理者間の,契約の締結又は履行のため(同第2条)
・データ主体以外の者とデータ管理者が,データ主体のために契約を締結し,又は,履行するため(同第3条)
・重要な公の利益のため(同第4条)
・法的手続等のため(同第5条)
・データ主体の重大な利益を保護するため(同第6条)
・公開登録簿に基づく個人データの一部に関するものであり,登録簿の閲

覧条件が満たされる場合（同第 7 条）
- ・データ主体の権利及び自由のための適切な安全保護を確実にするものとして，コミッショナーが許可した場合（同第 8 条，第 9 条）

5　データ主体の権利

本編第 II 章は，データ主体の権利等を定める（第 7 条〜第15条）．

5.1　個人データへのアクセス権

第 7 条は，個人データへのアクセス権（Right of access to personal data）を定める．

「(1)　本条の以下の規定及び第 8 条及び第 9 条の規定に従い，個人には次に掲げる権利が付与される．

(a)　当該個人がデータ主体である個人データが，データ管理者によって又はデータ管理者のために，取り扱われているか否かを，あるデータ管理者から知らされること

(b)　その場合，データ管理者により次に掲げる説明書を付与されること

(i)　当該個人がデータ主体である個人データ

(ii)　当該個人データが取り扱われ又は取り扱われることとなる目的，及び，

(iii)　当該個人データが提供又は提供されうる受取人又は受取人の種類

(c)　分かりやすい書式で個人に伝えられること

(i)　当該個人がデータ主体である個人データを構成する情報，及び，

(ii)　そのようなデータの情報源に関してデータ管理者が利用可能な情報

(d)　例えば仕事の実績，信用力，信頼性若しくは行動のような，個人に関する事柄を評価する目的での，当該個人がデータ主体である個人データの自動的方法による取扱いが，個人に重大な影響を与える決定の唯一の基盤を構成し，又は構成しそうな場合は，当該決定に関連する理屈を，データ管理者から知らされること」

第9章 イギリスのデータ保護法とその運用状況 389

　第7条のアクセス権は，1984年の旧法よりも幅広く，かつ詳細な内容となっている．

　そして，アクセス権を行使するに当たって，データ主体は，文書による要請を行い，かつ，所定の手数料を支払わなければならない（第7条第(2)項）．本人確認に関する情報，及び，要求するデータの所在に関する情報をデータ管理者に提供する必要がある（同条第(3)項）．

　また，第7条第(1)項第(c)号(i)の関係では，補足規定を定める第8条第(2)項が，次のように定める．

　　「第7条第(1)項第(c)号(i)により課せられる義務は，データ主体に対し，恒久的な形式において，情報の写しを提供することによって遵守されなければならない．ただし，以下の場合はこの限りではない．(a)そのような写しの提供が不可能であるか，若しくは，不相応な努力を伴う，又は，(b)データ主体が他の形で同意している．第7条第(1)項第(c)号(i)で言及された情報が，説明なくしては理解できない用語で表現された場合，写しには，それらの言葉の説明を添付しなければならない．」

　これにより，データ主体は，個人データを構成する情報の膳写及び難解な用語の説明書を入手することができる．

　データ管理者は，このようなアクセス要請に対し，原則として，要請を受けた日から40日以内に応じなければならない（第7条第(8)項，第(10)項）．

　他方，第7条第(4)項は，第三者情報が含まれる場合について，例外を定める．

　　「(4)　データ管理者は，当該情報から特定しうる他の個人に関連する情報を提供しなければ，要請に従えない場合，当該要請に従う義務を負わない．ただし，以下の場合を除く．

　　　(a)　当該他の個人が，要請を出した人物への情報の提供に同意していた場合，又は，

　　　(b)　すべての状況において，他の個人の同意なくして要請に従うことが適切な場合」

なお，個人が，データ主体としてアクセス権を行使し，警察長又は主務大臣から，有罪判決又は警告等の刑事関連記録を取得した場合，その者を雇用しようとする者は，当該刑事関連記録を要求してはならない（詳しくは第56条参照）．

5.2 損害又は苦痛を与えるおそれのある取扱いを停止させる権利（Right to prevent processing likely to cause damage or distress）

第10条が定める．

「(1) 第(2)項に従い，個人はいかなる時も，データ管理者に対する書面での通知により，当該状況における適切な期間の最後に，以下の特定の理由を根拠として，同人がデータ主体となっているところのあらゆる個人データの取扱い，又は，特定目的のため若しくは特定方法における取扱いを，停止させ又は開始させないようにデータ管理者に義務付ける権利を付与される．

　(a) それらのデータの取扱い，又は，その目的のため若しくはその方法における取扱いが，同人又は他の者に重大な損害又は重大な苦痛を引き起こし又は引き起こす可能性が高く，かつ，

　(b) その損害又は苦痛が不当である」

データ管理者は，第(1)項の通知を受領してから21日以内に，通知を出した個人に対し「(a)データ主体の通知に応じたか，応じる意図があること，又は，(b)データ主体の通知が何らかの範囲で正当化されないと考える理由，及び，（もしあれば）それに応じたか又は応じる意図がある範囲」を述べる通知を交付しなければならない（同条第(3)項）．

5.3 ダイレクト・マーケティングの目的のための取扱いを停止させる権利（Right to prevent processing for purposes of direct marketing）

第11条が定める．

個人は，何時でも，書面での通知により，データ管理者に対し，自らをデータ主体とするところの個人データについて，ダイレクト・マーケティングを目的とした取扱いを停止させ又は開始させないように，求める権利を付与される（第11条第(1)項）．第10条と異なり，例外は設けられていない．

5.4 自動決定に関する権利 (Rights in relation to automated decision-taking)

第12条が定める．

データ主体は，データ管理者に対し，自らに関する評価（仕事の実績，信用力，信頼性，行動）などを行う目的で，自動的手段による取扱いのみに基づいて，自らに重大な影響を及ぼす決定を下さないよう，書面での通知により求めることができる（第12条第(1)項）．

以上の第7条，第10条，第11条，第12条の権利について，裁判所は，データ主体の申立てによって，違反したデータ管理者に対する遵守命令を下すことができる（第7条第(9)項，第10条第(4)項，第11条第(2)項，第12条第(8)項）．

5.5 修正，封鎖，削除及び破棄 (Rectification, blocking, erasure and destruction)

第14条が定める．

裁判所は，データ主体の申立てに基づき，データ管理者に対し，不正確な当該個人データを，修正，封鎖，削除，又は破棄するよう，命令することができる（第14条第(1)項）．

5.6 一定の要件を満たさないことに対する賠償 (Compensation for failure to comply with certain requirements)

第13条が定める．

個人は，データ管理者の本法違反によって損害や苦痛を被った場合，データ管理者に対し，損害賠償を求める権利を付与される（第13条第(1)項第(2)項）．

6 データ管理者による通知

第III章は，データ管理者による通知を定める（第16条～第26条）．

6.1 序則 (Preliminary)

第16条は，データ管埋者に関する登録事項を定める．

　「(1)　本章において，データ管理者に関する『登録事項』とは，次に掲げるものをいう．
　　(a)　その氏名及び住所
　　(b)　本法の目的のために，データ管理者が代理人を指名した場合は，そ

の代理人の氏名及び住所

(c)　データ管理者によって若しくはデータ管理者のために取り扱われているか，又は取り扱われることとなる個人データ，及び，それらが関係するデータ主体の種類若しくは諸種類の説明

(d)　データが取り扱われているか，又は取り扱われることとなる目的又は諸目的の説明

(e)　データ管理者がデータの提供を意図する又は提供を望むであろう，受領者又は諸受領者の説明

(f)　データ管理者が，直接又は間接に，データを移転するか，又は移転を意図し若しくは移転を望むであろう，欧州経済地域外の国又は領域の名称又は説明，及び，

(g)　以下のいずれかの場合における，その事実の陳述

(i)　第17条第(1)項の禁止が，同条第(2)項又は第(3)項によって免ぜられる状況において，個人データが取り扱われているか，又は取り扱われることが意図される場合，及び，

(ii)　通知が，これらのデータを対象外とする場合」

6.2　データ管理者による通知（Notification by data controllers）

第18条が定める．

「(1)　第19条に基づき保持される登録簿への記載を希望するデータ管理者はすべて，本条に基づき，コミッショナーに対し，通知をしなければならない．

(2)　本条に基づく通知には，通知規則に従い，次に掲げる事柄を明記しなければならない．

(a)　登録事項，及び，

(b)　第7データ保護原則を遵守するために講じられる措置の概要説明」

6.3　通知登録簿（Register of notifications）

第19条が定める．

第 9 章　イギリスのデータ保護法とその運用状況　　　　393

「(1)　コミッショナーは，以下を行わなければならない．

(a)　第18条に基づき通知をした者の登録簿を保持すること

(b)　同条に基づき，データ管理者としての記載がその時点で登録簿に載っていない者から，自らが受領した各通知に従って，登録簿に記載すること」

登録期間は原則として12ヶ月であり（第19条第(4)項，第(5)項），コミッショナーは，登録情報を，公衆の閲覧に供するよう便宜を与えなければならない（同条第(6)項）．

6.4　無登録取扱いの禁止（Prohibition on processing without registration）

第17条が定める．

「(1)　本条の次に掲げる規定に従い，データ管理者に関する登録が，第19条に基づきコミッショナーが保持する登録簿に記載されていない限り（又は第19条第(3)項により設けられた通知規則に基づき，そのように記載されているとの扱いを受けない限り），個人データを取り扱ってはならない．」

これに違反したデータ管理者は有罪となる（第21条第(1)項）．

以上により，データ管理者は，個人データを取り扱うに当たって，第16条に定める通知事項，及び，第7データ保護原則遵守のための措置を，コミッショナーに通知しなければならず（第18条），コミッショナーは，通知を行った者の登録簿を保持しなければならない（第19条）．データ管理者は，コミッショナーの登録簿に記載されなければ，個人データを取り扱ってはならない（第17条）．

6.5　一定の情報を閲覧に供するデータ管理者の義務（Duty of certain data controllers to make certain information available）

第24条が定める．データ管理者は，無登録取扱いの例外に該当し，コミッショナーへの通知を行わなかった場合，何人からであっても，書面での要請を受領してから21日以内に，無償かつ書面にて，要請を出した人物に対し，登録事項（第16条第(1)項第(g)号を除く）を提供しなければならない（第24条第(1)項）．

7 適用除外

第IV章は，適用除外を定める（第27条〜第39条）．

第27条の序則は，次のように定める．

「データ保護原則のいずれか又は第II章及び第III章のいずれかの規定における個人データ又は個人データの取扱いへの言及は，本章により，同原則又は他の規定から適用除外されるデータ又は取扱いに対する言及を含まない．」（第(1)項）

具体的には，国家安全保障（National security，第28条），犯罪及び課税（Crime and taxation，第29条），健康，教育及び社会事業（Health, education and social work，第30条），規制活動（Regulatory activity，第31条）[65]，ジャーナリズム，文学及び芸術（Journalism, literature and art，第32条）[66]，研究，歴史及び統計（Research, history and statistics，第33条）を目的とする場合は，データ保護原則，第II章及び第III章，第V章等の適用を除外される．

表現の自由との関係で特に関心が高いと思われる第32条の規定は，次のようになっている．

「第32条　ジャーナリズム，文学及び芸術

(1)　特別目的のためだけに取り扱われる個人データは，以下の場合，本項のあらゆる関連規定から適用除外される．

(a)　いかなる者が行うのであれ，ジャーナリスティックな，文学的な又は芸術的な題材を公開するために，取扱いが着手された場合

(b)　データ管理者が，表現の自由における公益の特別な重要性に特に配慮した上で，公開が公益に適うであろうと適切に考える場合

(c)　データ管理者が，いかなる状況であれ，その規定を遵守することが，特別目的に反しないと適切に考える場合

(2)　第(1)項は，以下の規定と関連する．

(a)　第7データ保護原則以外のデータ保護原則

(b)　第7条

第 9 章　イギリスのデータ保護法とその運用状況　　395

　　(c)　第10条

　　(d)　第12条，及び，

　　(e)　第14条(1)項ないし(3)項

　(3)　第(1)項第(b)号の目的のために，公開が公益に適うであろうとのデータ管理者の意見が適切であったか又は適切であるか否かを考慮する際，データ管理者による以下の実施基準への遵守を考慮することができる．

　　(a)　当該公開に関するもの

　　(b)　本項の目的のために，主務大臣が命令によって指定するもの

　(4)　第 7 条第(9)項，第10条第(4)項，第12条第(8)項若しくは第14条に基づき，又は第13条を根拠とする，データ管理者に対するあらゆる司法手続において，何時でも（「当該時」），手続に関係するあらゆる個人データが以下のように取り扱われているとデータ管理者が主張する場合，又は裁判所にとってそのように映る場合，裁判所は，第(5)項のいずれかの条件が満たされるまで，手続を停止するものとする．

　　(a)　特別目的のためだけに，かつ，

　　(b)　当該時の直前の24時間以内に，データ管理者が公開していなかった，ジャーナリスティックな，文学的又は芸術的な題材を誰かが公開するために，

　(5)　それらの条件とは，

　　(a)　当該データに関して，第45条に基づくコミッショナーの決定が発効すること，又は，

　　(b)　請求に基づき手続が停止した場合，同請求が取り下げられることをいう．

　(6)　本法の目的のために，『公開する』とは，ジャーナリスティックな，文学的又は芸術的な題材に関して，国民又は国民の一部が利用可能となることをいう．」

　特別目的の関連では，独立の定めが置かれている．コミッショナーは，個人データが，特別目的のためだけに取り扱われるのではないと判断した場合，書面によってその趣旨の決定を下すことができる（第45条第(1)項）．すなわち，コ

ミッショナーには，ジャーナリスティック，文学及び芸術目的であるか否かの決定権を付与されている，ということである．他方，特別目的のための個人データの取扱いに関し，データ管理者に対して，原則として執行通知を送達してはならないこととなっている（第46条第(1)項）．なお，第45条に基づく決定を受けたデータ管理者は，その決定に対して，審判所に不服を申し立てることができる（第48条第(4)項）．

　以上の適用除外については，それぞれの目的によって，適用除外の範囲が異なる点にも注意が必要である．これらのほかにも，法令により公衆の閲覧に供する情報（第34条），法により要求され又は法的手続等に関連して行われる提供（第35条），家庭内利用目的（第36条）にも，適用除外が認められる．さらに，主務大臣は，命令によってさらに例外事項を定める権限を付与されている（第38条）．

8　執　　行

　第Ⅴ章は，執行に関する規定を置く（第40条〜第50条）．

　第40条第(1)項は，執行通知（Enforcement notices）について，次のように定める．

　　「(1)　コミッショナーは，データ管理者がデータ保護原則のいずれかに違反し若しくは違反していると確信した場合，同人に対して通知（本法においては，『執行通知』という）を送達し，該当する原則又は諸原則を遵守させるため，次に掲げるいずれか一方又は両方を行うよう要求することができる．
　　(a)　通知に明記されるであろう期間内に，明記された措置を講じること，又は明記されるであろう期間の後は，明記された措置を講じないこと
　　(b)　明記されるであろう期間の後，個人データ，若しくは通知に明記された種類の個人データを取り扱わないこと，又は明記された目的のため若しくは明記された態様で取り扱わないようにすること」

　執行通知には，「(a)違反が行われた又は違反が行われているとコミッショナーが確信したデータ保護原則又は同諸原則，並びに，その結論に達した理由の

陳述，及び，(b)第48条によって与えられる不服申立権の詳細を盛り込まなければならない」（第40条第(6)項）．

また，コミッショナーは，不服申立期間が満了するまでの間，及び，不服申立がなされた場合は，その決着が付くまでの間，原則として執行通知の遵守を要求してはならない（同条第(7)項）．

執行通知のほかに，評価請求に基づく情報提出通知（第43条），特別の情報提出通知（第44条）に関する定めも置かれている．前者は，個人データの取扱いによって影響を受ける者の評価請求に基づき，データ保護原則の遵守の有無を確認するため，コミッショナーが，データ管理者に対し，指定情報を提出するよう要求する通知（情報提出通知）を送達することができるというものである．特別目的の取扱いの有無を評価する際には，特別の情報提出通知が送達される．

これらの執行通知，情報提出通知又は特別情報提出通知を遵守しなかった者は，違反行為で有罪とされる（第47条第(1)項）．

一方，執行通知，情報提出通知又は特別の情報提出通知の送達を受けた者は，審判所に対し，不服を申し立てることができる（第48条第(1)項）．審判所の決定に対して，不服申立人は，法律問題に関して，適切な裁判所に訴えを提起することができる（第49条第(6)項）．

また，執行通知の送達を受けた者は，不服申立期間が満了した後，コミッショナーに対し，書面により執行通知の取消し又は変更を申し立てることができる（第41条第(2)項）[67]．

9 雑則及び総則

第VI章は，雑則及び総則を定める（第51条～第75条）．

9.1 個人データの不法な取得等（Unlawful obtaining etc. of personal data）

第55条が定める．

「(1) 人は，データ管理者の同意を得ずに，故意又は認識ある過失により，次に掲げる行為を行ってはならない．

(a) 個人データ若しくは個人データに含まれる情報の取得又は提供，又

は，

(b)　個人データに含まれる情報を他の者に提供させること」

　このように，個人データを取得又は提供等を行う場合は，原則として，デー
タ管理者の同意を得なければならない．ただし，犯罪防止又は犯罪捜査目的の
場合，法的な根拠がある場合，公の利益において正当化される場合は，第(1)項
の適用はない（第55条第(2)項）．

　また，第(1)項に違反する行為，第(1)項に違反して個人データを取得した者が，
そのデータを売り渡す行為，第(1)項に違反して個人データを取得した者が，個
人データの販売を申し出る行為は，有罪とされる（同条第(3)項ないし第(5)項）[68]．

9.2　犯　罪

　第60条は訴追及び罰則（Prosecutions and penalties）を，第61条は役員等の
責任（Liability of directors etc.）を定める．

　「本法違反により有罪となる者は，次の罪に処せられる．
　　・附則 9 の第12条以外に違反した場合（第60条第(2)項）
　　(a)　陪審によらない有罪判決に基づき，法定最高額[69]を超えない罰金
　　(b)　起訴による有罪判決に基づく罰金
　　・附則 9 の第12条に違反した場合（同条第(3)項）
　　陪審によらない有罪判決に基づき，標準額の第 5 レベル[70]を超えない
　　罰金」

　また，無登録の取扱い，個人データの不法な取得等，執行通知不遵守などに
該当する場合，有罪判決を下した裁判所は，個人データの取扱いに関して用い
られ，又は，裁判所が犯罪遂行に関連すると考えた文書又は他の資料を，没収，
破棄又は消去するよう，命令することができる（同条第(4)項）．

　法人が違反行為を犯した場合，それを同意又は黙認等した取締役，支配人，
秘書官等の役職者は，有罪とされ，罰金に処せられる（第61条第(1)項）．

9.3　電子的又は他の手段による通知等の送信

　第64条は，電子的又は他の手段による通知等の送信（Transmission　of

notices etc. by electronic or other means）を定める．

「(1)　本条は，次に掲げるものに適用する．
(a)　第II章の規定に基づく通知又は要請
(b)　第24条第(1)項に基づく通知，若しくは，同項に基づき利用可能な事項，又は，
(c)　第41条第(2)項に基づく申立て
ただし，裁判所の規則に従い，送達が求められるものに対しては適用しない．
(2)　本条を適用する通知，要請，事項又は申立てを書面にすべきとする要件は，その通知，要請，事項又は申立ての本文が次に掲げる場合に，満たされる．
(a)　電子的手段によって送信され，
(b)　可読形式において受領され，
(c)　その後の参照のために利用可能である」

　すなわち，電子的形式での送信，可読形式での受領，その後の参照可能という要件を満たせば，データ主体の権利行使に関する通知又は要請，一定の情報を閲覧に供するデータ主体の義務に関する通知や，執行通知取消しの申立て等について，電子的手段を用いることが認められている．

10　命令・規則・規定の制定

　主務大臣には，命令・規則・規定の制定権限が付与されている（第67条）．例えば，適用除外（第10条第(2)項第(b)号，第12条第(5)項第(b)号，第32条第(3)項第(b)号，第38条），通知規則・手数料規則（第16条第(2)項），データ保護監督者の任命（第23条第(1)項第(a)号），審判所の構成員の任命（第6条第(4)項第(c)号），施行日（第75条第(3)項）等，様々な事項について，命令・規則・規定を置くことが認められている．

第4節　運用状況

1　年次報告書

1998年データ保護法第52条第(1)項は，コミッショナーに対し，毎年，議会の各院への年次報告を義務付けている[71].

2001年1月30日に情報コミッショナー（Information Commissioner）に名称を変更した後は，年次報告書の中に，2000年情報自由法（Freedom of Information Act 2000）[72] 関連の事項が盛り込まれるようになった．

1998年法成立時のコミッショナーは，エリザベス・フランス（Elizabeth France）氏であったが，2002年12月以降は，リチャード・トーマス（Richard Thomas）氏が務めている．

2001年報告書は，将来の課題として，電子政府の実現，データの質の向上，サイバー犯罪対応，情報自由法の普及などを取り上げた．電子政府の実現については，2005年までに，政府が行うすべてのサービスを電子化することが目標に据えられた．あわせて，国民の信頼を得られる制度にするため，データ保護基準の設定及び遵守が鍵とされた．

2002年報告書は，2001年9月11日のアメリカ同時多発テロを受け，テロ対応を第1の課題に挙げた．その他，保健分野のための指針，公開登録簿，法の執行，情報の自由，国際会議，詐欺的取引行為，新組織の発足にも言及している．

2003年報告書は，1万2000件もの評価請求や，個人情報を取り扱う事業者による多くの問い合わせ（電話だけでも約6万件）などを受け，情報コミッショナーの事務所（Information Commissioner's Office, ICO）が業務改善を図った旨を記している．また，この年には，政府の「社会保障カード」（entitlement cards）の構想，テロ対策のための通信データの保全に伴う懸念が指摘された．その他，雇用記録，職場監視，刑事司法，国際的発展，信用照会，FAXによる迷惑宣伝などが取り上げられている．なお，この年には，個人情報の不法入手及び販売を活力源とする組織産業（情報強盗（information blaggers））を取り締まるため，情報コミッショナー，労働厚生省（Department for Work and Pensions），内国歳入庁（Inland Revenue）が協力して，2002年3月まで，ベア

ード・プロジェクト（Baird Project）を実施し，多くの訴追に成功している．

　2004年報告書は，１年間の回顧として，データ保護法の普及を掲げた．報告書は，データ保護法の明快化かつ単純化，一般の認識率の向上，情報強盗の取締り，信用業界におけるデータ保護，職場監視に伴うプライバシー問題，健康記録，子どもの保護，スパム及びジャンクメール対策，個人情報の海外移転などを取り上げた．

　2005年報告書は，重要事項として，教育及び指針の策定を掲げ，従業員の健康に関する指針，個人の信用情報に関する指針，プレス苦情委員会によるジャーナリストを対象にしたデータ保護指針の公表について紹介した．また，コミッショナーは，監視社会の危険に焦点を当て，全国民の身分登録に伴う危険，子どもの情報をデータベース化して共有することへの懸念，飛行機の搭乗客データの正確性及び外国政府によるデータへのアクセス，スパムメールなどの問題を取り上げた．執行については，私立探偵，ソリシタ，偽のデータ保護業者に対する訴追が行われ，有罪認定が下されている．解決すべき課題としては，銀行のセキュリティの改善，信用記録の正確化，保険契約の自動更新に伴う信用情報の流用が挙げられた．

　2006年報告書では，コミッショナーの優先事項として，国の身分登録の創設を内容とする2006年身分カード法（Identity Cards Act 2006）⁽⁷³⁾が，データ保護法に準拠した形で確実に運用されるようにすること，情報管理における善良な実務を実現することが挙げられている．また，報告書は，子どものデータベースの実施計画が継続していることから，教育技術省（Department for Education and Skills）との密な接触を行ってきたこと，負債の削減と個人の私生活に関する権利の調整を図るため，金融サービス業界とともに取組を行ってきたことに触れている．

　2007年報告書では，前年に取り上げた問題に加えて，個人情報取引産業の取締りとの関係で，ICO が，2006年５月，議会に「プライバシーの価値は？」（What price privacy?）という報告書を提出し，不法な個人情報の取得，売買を働いた個人に対して拘禁刑を科すべきだと主張したことを述べている．1998年データ保護法第52条第(2)項は，「コミッショナーは適宜，議会の各院に，自らが適切と判断した権限に関して，他の報告書を提出することができる」との定

めを置くが，それに基づく初めての報告書である．また，同年12月には，「プライバシーの価値は今？」（What price privacy now?）という第2報告書を発表している．法務省（Department of Constitutional Affairs）は，「プライバシーの価値は？」の報告書を受け，2007年1月，法案提出の意思がある旨を発表した．

また，ICOは，2006年11月2日から3日にかけて，監視社会をテーマとして，第28回データ保護・プライバシー・コミッショナー国際会議（International Conference of Data Protection and Privacy Commissioners）をロンドンで主催した．2007年の3月には，ヨーロッパで最も優れたデータ保護コミュニケーターとして支持されたとのことである．

なお，情報コミッショナーの事務所は，2000年情報自由法，2003年プライバシー及び電子通信（EC指令）規則（Privacy and Electronic Communications (EC Directive) Regulations 2003)[74]，2004年環境情報規則（Environmental Information Regulations 2004)[75] に基づく任務を担うになったことに伴い，毎年スタッフを増員し，組織を拡大させている．

2 統 計

データ保護法の運用に関する主な統計事項は，通知件数，苦情/評価請求の受付件数，執行通知，訴追，認識率である．

通知件数は，2003年頃までの間，おおよそ約20万件前後で推移していたが，2003年から2004年にかけて，ようやく25万件を突破した．そして，最新の2007年の報告書では，総通知件数は28万7,000件を超えた旨が報告されている．

苦情/評価請求の受付件数は，年によって異なるが，1999年頃までは，概ね，2,000件台から4,000件台で推移し，1999年から2000年の時期に，約5,000件へと達した．その後は急速な伸びを示し，2000年から2001年は約9,000件，その後2004年頃までは1万1,000件から1万2,000件程度，2004年から2005年は約2万件，それ以降は，2万2,000件から2万4,000件程度となっている．

最近の傾向として，2006年から2007年の結果について補足すると，苦情のあった事業分野は，インターネットが13.32パーセント，金融が12.12パーセント，ダイレクト・マーケティングが10.32パーセント，電気通信が7.15パーセント

となっている．また，苦情の理由としては，アクセス権関連（28.94パーセント），データの正確性（17.55パーセント），迷惑勧誘電話（15.51パーセント），個人データの提供（10.05パーセント），迷惑勧誘ファックス（6.33パーセント），迷惑メール（5.94パーセント）の順である．処理に要する時間は，30日以内が66パーセント，90日以内が91パーセント，180日以内が98パーセントである．

　執行通知に関しては，ICO が最後の手段と考えていることから，年間に発せられる数は多くて5件程度である．また，執行通知の前に，準備的執行通知が発せられることもある．なお，2004年報告書以降，執行通知に関する数値は示されていないが，2007年報告書によれば，ICO は，2006年12月5日，同意なく勧誘電話をかけていた5社に対して，執行通知を発したとのことである．

　提訴件数・有罪認定件数は減少傾向にあるようである．2003年頃までは，数十件単位で提訴がなされ，有罪認定率も比較的高い値を示していたが[76]，2003年以降，有罪認定件数は減少し，10件ないしは15件程度となっている．なお，2007年の報告書によると，2006年7月から2007年1月までの有罪認定件数は，14件である．また，違反行為は，概ね，未登録による保有・取扱いや，個人データの不法な取得等で占められている．

　事業者の法の認識率は，概ね9割を越える数字となっており，非常に高い値を示している．一方，データ主体（日本の法律でいう「本人」に該当する）の法の認識率は，施行年である2000年の段階では3割弱という数字であったが，徐々に上昇し，2002年から2003年の時期に7割を超すに至った．2007年報告書では，データ管理者は94パーセント，データ主体は82パーセントの数字を示している．

　以上のほか，2007年報告書では，コミッショナーのサービスの満足度も公表している．データ管理者については，128事業者のうち，素晴らしい（Excellent）が9パーセント，とても良い（Very Good）が23パーセント，良い（Good）は34パーセント，まあまあ（Fair）が20パーセント，悪い（Poor）が15パーセント，知らないが0パーセントであった．個人については，202人を基準としており，それぞれ，14パーセント，22パーセント，20パーセント，12パーセント，28パーセント，3パーセントとなっている．

3 データ保護法の運用

データ保護法の執行機関は，情報コミッショナーである．2006年3月，総務省行政管理局の委託に基づき，財団法人行政管理研究センターが実施した調査研究において，上席課長（指導推進担当．Senior Guidance and Promotion Manager）のデイビッド・エヴァンズ（David Evans）氏及び指導推進官（Guidance and Promotion Officer）のステファン・ダグラス（Stephen Douglas）氏に，インタビューを行う機会を得た．インタビューの時点では，ICO は，全体で約250人のスタッフを抱える．うち，データ保護法担当のスタッフは100人強，情報自由法担当のスタッフは約80名，残りはその他を担当しているとのことであった．また，2007年1月には，内閣府の国民生活審議会から，「諸外国等における個人情報保護制度の運用実態に関する検討委員会・報告書」が発表されている．

これらの結果に基づき，データ保護法の運用状況について，次のようにまとめてみた．

3.1 運用の方法・普及活動

データ主体及びデータ管理者ともに，法律への関心度は非常に高いが，データ管理者の中には，消極的な反応を示す者もある．その場合，ICO は，当該データ管理者とミーティングを行い，①データ保護法を守ることによって評判を高め，事業にもプラスの効果を与える，②データ保護法は新しい対応を求めるものではなく，例えばデータの正確性は，従来の対応を継続してもらえば良い等と説明し，懸念を払拭している．実際に，法律に基づく執行を行うこともあるが，可能な限り話し合いによってデータ保護法の理解を求めている．

また，ICO は，データ保護法を普及させるため，キャンペーン，宣伝活動，定期的な会合，講演，実施基準その他指導文書の配布など，実に様々な試みを行っている．また，プレスリリースを公表し，インターネットに掲載するほか，関連事業者への送付，週刊誌への掲載などを行っている．ICO が最近出したものとしては，CCTV（Closed Circuit Television）の実施基準，及び，雇用実施基準（Employment Practices Code）である．

ICO のホームページのうち，「ドキュメント・ライブラリー」（Document Library）の中の「データ保護」のページには，実例集（Practical application），

第9章　イギリスのデータ保護法とその運用状況　　405

専門家向け詳細ガイド（Detailed specialist guides）等の項目の中に，実務指針など多数の関連文書が挙げられている．この中に，後述する「データ保護の俗説と本当の対応」（Data Protection myths and realities）も掲載されている．その他，ICO は，年に300回程度の研修会を開いているとのことである[77]．

3.2　過剰反応（誤解）

データ保護法に問題があると言われた事例が存在する．いずれも2003年終わりころに発生した．

(1)　ソーハム殺人事件（Soham Murder）

この事件は，問題人物であるイアン・ハントレー（Ian Huntley）という男のデータを，ハンバーサイド（Humberside）警察が削除していたというものである．ハントレーは，以前，ハンバーサイドに住み，数度にわたり性犯罪の容疑で逮捕されたという経歴を持っていた．ただし，有罪判決を下されたことはなかった．後に，ハントレーは，南方へ移り，ソーハム[78]の学校で，偽名を使って働き始めた．学校は，男の経歴を調べたが，ハンバーサイド警察がデータを消去していたため，問題人物であることを発見できなかった．ハントレーは，2003年12月17日，ジェシカ・チャップマン（Jessica Chapman）及びホリー・ウェルズ（Holly Wells）という2名の女児を殺害した罪で有罪認定を受けた．

ハンバーサイド警察の長官であるデイビッド・ウエストウッド（David Westwood）氏は，第5データ保護原則に基づいて消去した旨を発表し，データ保護法を批判した．

内務大臣（Home Secretary）は，事件の翌日，警察がハントレーの経歴に関する情報を処理した方法，及び，ハントレーを地方の学校に最終的に雇用するに至った身元調査の方法について，独立の調査を行う旨を発表した．その調査チームの長として，教育雇用省（Department for Education and Employment）の前政務次官であるサー・マイケル・ビシャード（Sir. Michael Bichard）を長に任命した．

ビシャード審問（Bichard Inquiry）は，2004年1月13日より，同年3月30日まで，計17回にわたって実施され，同年7月14日，内務大臣への報告が行われた．報告書は同年7月22日に公開されている．報告の中で，ビシャード氏は，

データ保護法には責任がなく，ハンバーサイド警察のミスであったことを明らかにした．

警察は，解釈の誤りを認め，上記発表を撤回している[79]．

⑵ **ブリティッシュ・ガス事件**

2003年12月頃に発生した事件である．2人の老人がガス代を支払えなかったため，ガスの元栓を切られた．ブリティッシュ・ガス（British Gas, BG）は，元栓を切った事実を，政府の社会福祉事業（Social Service）に報告しなければならないこととなっている．しかし，BGは報告を怠り，その結果，2人の老人は死亡した．BGは，データ保護法に基づき情報を提供しなかったと主張し，この事件はマスコミでも大きく取り上げられた．

最終的に，BGは公表事実を撤回した．

以上2件の事件によって，データ保護法の評判は相当なダメージを受けた．しかし，現在は，事件発生前と比較して，80ないし85パーセントほどは，評判を回復していると思われる．

これらの事件から，ICOは，指導文書に法律用語を使わず，単純かつ分かり易く説明することを，さらに心がけるようになった．

⑶ **「データ保護の俗説と本当の対応」**

ICOのホームページでは，「データ保護の俗説と本当の対応」と称し，事業者が慎重になりすぎて情報を提供しない5つのケースについて，概ね次のような内容で，本当の対応が公表されている[80]．

俗説①「データ保護法は，両親が学校で写真を撮ることを禁じている．」
【本当の対応】
・純粋に私的な目的での利用は法の対象外である．
・両親，友人，家族等は家庭用のアルバムを作る目的であれば，学校の行事に参加している子どもや友人の写真を撮影することが認められる．
・データ保護法は，写真が学校や大学で公に利用される場合に適用される．例えば，通行証に用いるために，氏名のような個人の情報とともに画像を保存する場合などである．法律が適用される場合であっても，通常は撮影者が許可を求めることで足りる．

俗説②「データ保護法は，事業者が顧客の情報を第三者に提供することを一切禁じている．」

【本当の対応】

・第三者でも個人情報にアクセスする権利を認められていれば，事業者がその者に個人情報を提供することは妨げない．

・事業者は，顧客の情報を明らかにすることについて注意すべきである．個人情報の市場が存在しており，詐欺によって他者の情報を得ようとする不謹慎な者たちも存在する．

・したがって，事業者は，銀行口座情報のように，従業員が顧客である個人の情報を明らかにするという決定を下す場合は，従業員の話している相手が，確実に自らの顧客又はその代理人（例えば，口座保有者が権限を与えた証拠がある場合）であるか否かを確かなものにするために適切な安全保護措置を講じなければならない．従業員は，個人情報を提供する現実的必要性があるか否かを考慮すべきである．

・ある人物が頻繁に親戚又は配偶者を代理して行動する場合，パスワードを用いるなどして，権限付与の証拠を当該事業者に提供することが可能か否かを確認すべきである．

俗説③「データ保護法は，両親が子どもの成績を見ることを禁止している．」これは，デイリー・テレグラフが，2005年9月30日，フルートの試験を受けた11歳の少女が自らの試験結果を確かめることができないと報道したケースに関するものである．試験委員会は，データ保護法を引き合いに出し，申込みをした人物であるフルートの教師のみが結果を見ることができると回答した．

【本当の対応】

・法律は，試験委員会が生徒やその母親に結果を渡すことを禁止していない．試験委員会は，当該生徒の自宅住所に送ることによって，正しい人物への情報開示を確実にすることができた．この件で，生徒の母親があえて自分の娘の試験結果を開示するよう，情報主体のアクセス請求を出さなければならないというのは，明らかに不公正かつ不要である．しかし，少なくとも，データ保護のアクセス権は，彼女に与えられた情報取

得権を確実にした.

俗説④「データ保護法は，司祭が祈禱の途中で病気の信者の名前を読み上げることを禁止している.」これは，デイリー・テレグラフが，2005年9月30日，ローマカトリック教会で，司祭が祈りの際に病気の信者のために名前を読み上げることをやめるよう言われたことを報道したものに関する件である．その理由は，データ保護法に基づく訴追を懸念したことにあった.

【本当の対応】

・データ保護法は，主に電子的に保有された個人情報を対象にしている．地元教会の信者に関するこの類の情報は，コンピュータや複雑な紙のファイリングシステムには保存されないことが多く，そのため，このような形態の個人情報は規制の対象外である．もしその情報が法律の適用対象であったとしても，本人が祈禱の最中に名前を読み上げられることについて歓迎していれば問題ない．しかし，もし本人が祈禱の最中に名前を呼ばれることを明示的に拒否している場合や，司祭が，信者が名前を読み上げられたくないことを察することができる場合には，その意思を尊重すべきである.

俗説⑤「データ保護法は，加害者の情報を被害者に教えることについて禁止している.」これは，自分の車を傷つけた人物を見つけようとした車の所有者が，全国紙及び地方紙から取材を受けたケースである．その車は無保険者であり，所有者の私道で若者が故意に破壊したことが報道された．警察は犯人を逮捕したが，車の損傷を直すために民事訴訟を提起しようとする所有者に対し，当該若者に関する情報の提供を拒否した．警察は，その理由としてデータ保護法を引き合いに出した.

【本当の対応】

・警察が，要注意の加害者の情報について1998年データ保護法を理由に被害者に教えないという主張は誤っている．同法は，民事訴訟が予定されている場合に，関係者の個人情報を提供する際の障壁ではない．警察は個人情報の提供については常に注意する必要があるが，内務省から「どのような個人情報は被害者に提供してよいか」ということについて明確

第9章　イギリスのデータ保護法とその運用状況　　409

な指針を示されている．
　・ICO は，本件について警察と交渉し，後に個人情報の提供を行わせた．

　以上のように，ICO は中にはマスメディアに取り上げられたものを含め，
誤解を招き易い事例をもとに，正しい対応をホームページ上で呼びかけている．
なお，俗説①から③について，ICO は実務指針（practical guidance）を出して
対応しているとのことである．

3.3　アクセス権

　電子的手段によりアクセス権を行使する際の手続は，個々のデータ管理者に
委ねられており，統一的な方法は取られていない．
　データ主体がデータ管理者に対して提起したアクセス権関連の訴訟について
は，以下の 3 件が有名である．
　・ドュラント対金融サービス局事件（Durant v. Financial Services Author-
　　ity）[81]　　2003年12月 8 日，控訴院判決．
　・ジョンソン対医療防衛連合事件（Johnson v Medical Defence Union
　　Ltd.）[82]　　2004年 2 月，高等法院大法官部判決．
　・スミス対ロイヅ Tsb 銀行事件（Smith v. Lloyds Tsb Bank plc）[83]
　　2005年 2 月23日，高等法院大法官部判決．
　裁判所は，いずれも，データ保護法を狭く解釈し，原告側を敗訴させた．こ
れらの判決に対する ICO スタッフの見解は様々であり，統一的な解釈は導か
れていない．
　このうち，控訴院判決の下されたドュラント対金融サービス局事件の概要を
紹介すると，次のとおりである．

⑴　事案の概要

　マイケル・ジョン・ドュフント（Michael John Durant）は，バークレーズ銀
行（Barclays Bank plc）の顧客であったが，両者の間で訴訟が発生し，1993年
にドュラントが敗訴した．その後，ドュラントは，再度訴訟を提起するに当た
って有利な資料を得るために，2000年 7 月又は 8 月頃，銀行等の監督機関であ
る金融庁（Financial Service Authority, FSA）に対し，バークレーズ銀行から
取得した書類の開示を求めた．FSA は，調査を行ったが，守秘義務を根拠と

してドュラントに対する調査結果の通知を拒んだ。なお，FSA は，1998年デー
タ保護法に基づき，データ管理者の登録を行っている。

2000年10月，ドュラントは，FSA の苦情申立委員会に対し，当該拒否に関
する苦情を申し立てたが，同年11月に退けられた。

ドュラントは，2001年9月及び10月，データ保護法第7条に基づき，電子的
及びマニュアルファイル双方の形式で，FSA に対して個人データの開示を求
めた。同年10月，FSA は，ドュラントに対し，コンピュータ形式で保持され
る書類の写しを提供した。ただし，書類のいくつかは，他人の名前を開示しな
いように編集されていた。また，FSA は，4つのカテゴリーに分けられたマ
ニュアルファイルについては，開示を拒否した。その理由は，「個人データ」
の定義における「個人の」に該当しないことにあり，仮に該当したとしても，
「関連するファイリングシステム」の一部を構成する「データ」ではないとい
うことにあった。

ローズ地方裁判所裁判官（Rose J.）は，1998年データ保護法第7条第(9)項
に基づく開示請求を退けたため，ドュラントは，不服を申し立てた。エドモン
トン・カウンティ裁判所（Edmonton County Court）のゼイダム裁判官
（Zeidam J.）は，2002年10月24日の判決において，ドュラントに対し，1つの
手紙を除いて，コンピュータ化された資料において編集された情報に対する権
利はないと判断した。4つのマニュアルファイルについては，「関連するファイ
リング・システム」の一部ではないとして，全てを退けた。2003年3月20日，
ワード控訴院裁判官（Ward L.J.）は，ドュラントに対する控訴許可を出した。

(2) 判決要旨

控訴院民事部[84]は，2003年12月8日，全員一致でドュラントの控訴を棄却
した。

本件の争点は，①1998年データ保護法第1条第(1)項に定める「個人データ」
とは何か，②第1条第(1)項に定める「関連するファイリング・システム」とは
何か，③編集の問題について，データ管理者は，第7条第(1)項に基づく個人デー
タの開示請求に対応する際に，どのような根拠で同条第(4)項第(b)号の定める
「全ての適切な状況」であると考えるのか，④裁量の問題について，裁判所は，
違法に同条第(1)項に基づく請求を拒否したデータ管理者に対する遵守を命じる

ために，どのような原則に基づいて，同条第(9)項に基づく裁量を行使するのか．重要なのは①及び②である．

オールド控訴院裁判官（Auld L.J.）は，争点①については次のように判断した．

裁判官は，第7条の目的について，データ主体において，データ管理者の当該取扱いが違法にそのプライバシーを侵害しているか否かを確認できるようにすることであると指摘した上で，「個人データ」への該当性は，個人識別性ではなく，個人に「関する」か否かによると述べた．そして，それは「個人の私生活又は家族生活，ビジネス又は専門職業的資格であるか否かを問わず，彼のプライバシーに影響を与える情報である」場合に該当するとした．その際の考慮事項として，次の2点を挙げている．

「第1は，重要な意味において，その情報が個人の経歴に関するものであるか否かである．すなわち，何ら私的な意味を持たない事柄又は出来事，その人物のプライバシーが損なわれたといい得ないものに関する人生の出来事を越えて，データ主体と推定される人物に関する記録がなされることである」．

「第2は，焦点の1つである．当該情報について，その人物が関与したかもしれない他の者，又は，その人物が加わり又は関与したかもしれない何かしらの取引若しくは出来事——例えば，本件では，他の何らかの個人若しくは団体の行動の調査で，その人物が行ったかもしれないもの——よりもむしろ，データ主体と推定される人物を中心に捉えるべきである」．

裁判官は，以上のように述べた上で，本件の事情に鑑みて，ドュラントが開示を求めた情報は，法が意味するところの「個人データ」ではないと判断した．

争点②について，裁判官は，「関連するファイリング・システム」は，次に掲げるものに限定されるとした．

(1)　第7条に基づく個人の請求に関する個人データを意味し得る特定情報が，そのシステム内に保持されているか否か，また，もしそうである場合，その中にファイルが保持されているか否かについて，調査の最初で明示的に特定するという方法で，システムの一部を形成するファイルが構成され又は参照されること，及び，

(2)　システムが，それ自身の構造又は参照する仕組みの一部として，個人の

ファイルの中に，申立人に関する特定の基準又は情報が容易に示され得るか否か，またその場所を，容易に特定するに足る精緻かつ詳細な方法を持つこと」．

裁判官は，本件で問題となったファイルはこれらの要件を満たさないとした．

また，裁判官は，争点③については「個人データ」を構成しないことなどを理由として，争点④については，３つの争点を検討した結果，もはや論じる必要はないとして，それぞれデュラントの主張を退けた．

⑶ 検 討

ICO は，エドモント・カウンティ裁判所の段階から，この事件に関心を寄せており[85]，裁判所の判断を狭いと評価した．特に，控訴院判決については，裁判所が，個人識別性ではなく，個人に「関する」点に焦点を当てたことを取り上げてコメントを出している．

また，ICO は，控訴院判決を受け，「『デュラント』事件と1998年データ保護法の解釈に対するその影響」（The 'Durant' Case and its impact on the interpretation of the Data Protection Act 1998）と題する指針を出している[86]．

また，前記「諸外国等における個人情報保護制度の運用実態に関する検討委員会報告書」によれば，次のような評価が下されているとのことであった[87]．「イギリスでは，"控訴裁判所の解釈は狭すぎる"という評釈が目立つようである．これは，データ保護法よりも狭い解釈であり，EU データ保護指令に基づく個人データの定義から外れるような場合があるとのことである．そうであるならば，イギリスの1998年データ保護法は EU データ保護指令に違反することにもなる．この問題はまだ解決されていないということである」．

3.4 適用除外

特別目的の１つであるジャーナリズムについては，表現の自由に配慮し，柔軟に対応している．データ保護法制定時に，ジャーナリズムから厳しい反対を受けることはなかった．ジャーナリズム側において，表現の自由の行使上支障があれば，自らの費用を持って提訴するため，ICO に事件が持ち込まれることは，ほとんどない．

他方，ジャーナリズムがデータ主体のプライバシーを侵害した場合は，ICO ではなく，プレス苦情委員会（Press Complaint Commission）が対応している．同委員会は，苦情を受けた際，当該行為が，自ら制定した行動規範に違反した

第9章　イギリスのデータ保護法とその運用状況　　　413

か否かを確認し，対処する．有名なものとしては，キャンベル対 MGN 社
(Campbell v. MGN) 事件[88]，ダグラス対ハロー！社 (Douglas v. Hello!) 事
件[89]がある．また，ある時，デイリー・テレグラフ (Daily Telegraph) は，
ジョージ・ガロウェイ (George Galloway) 議員がフセインから賄賂を受け取
ったという報道を行った．ガロウェイ議員は，名誉毀損に基づく裁判を起こし，
控訴院で15万ポンドの賠償を得た[90]．このように，自ら訴訟を起こして解決
するという方法も取られる．

3.5　運用・執行上の問題

　一般に違反行為が問題となるのは，第55条の個人データの不法な取得である．
3つのパターンに分けられる．

- 元従業員が，元勤務先の情報を持ち出す場合．例えば，職業安定所
  (employment agency) に勤めていた人物が，顧客情報を持ち出して，競業
  を開始するなど．
- なりすましを行って情報を引き出す場合．例えば，友人になりすまして銀
  行から口座情報を引き出すなど．
- 金銭の支払いと引き換えに情報を引き出す場合．例えば，私立探偵が，企
  業や自治体などに勤める人物に，金銭を支払い，情報を引き出すなど．

　コミッショナーの権限の1つとして，執行通知の送達が認められている．し
かし，コミッショナーは，違反行為を認めても，まずは，電話，手紙，会合の
実施といった手段によって，データ管理者に対して改善を求めており，データ
管理者は，これらの緩やかな手段によって，対応することが多い．執行通知は，
法律上の権限の1つとして認められているものの，これらの手段によっても改
善が認められない場合に，最後の手段として行使される．したがって，実際に
執行通知が発布されるケースは，極めて少ない．なお，執行通知に不服のある
管理者は，審判所へ申し立てる権利を持つが，現在のところ，不服を申し立て
てから実際に審問が行われるまでに，2ヶ月程度を要している．

　執行上問題となる点は，時間がかかるということである．調査自体に時間を
要する上に，執行通知や審判所の手続を経ると，相当な期間を要してしまう．
しかし，データ保護法上，コミッショナーは，調査から審判を終える間の違反
行為を停止させるための，法的な手段を付与されていない．そこで，コミッシ

ョナーは，違反行為を仮に停止させる措置を設けるため，法改正を働きかけよ
うとしている．現在は，関係省庁に照会中である．

(1) 飯塚和之・堀部政男「イギリスにおける行政とプライバシー」ジュリスト第589号
（1975年）81頁以下，堀部政男「イギリスにおけるプライバシーの法的保護：リンドッ
プ報告書を中心として」内田力蔵先生古稀記念『現代イギリス法』（成文堂，1979年）
33頁以下，同「イギリスの1984年データ保護法：その概要と運用状況」田中英夫先生還
暦記念『英米法論集』（東京大学出版会，1987年）29頁以下を参照した．
(2) *Report of the Committee on Privacy* (Cmnd. 5012, 1972) pp.195-201. プライバ
シー権を制定法上承認するために，どのような立法提案がなされてきたかについては，
この報告書に詳しく掲載されている．以下，委員長の名を冠して，Younger Report と
略称することがある．なお，これから紹介する５つの法案・草案の原文は，Younger
Report の付属書Ｆにも添付されている．
(3) HL Deb. vol. 228 col. 716 (14 February 1961).
(4) HL Deb. vol. 229 cols. 607-662 (13 March 1961).
(5) 第２読会の状況は，戒能通孝「プライヴァシーとその範囲」戒能通孝・伊藤正己編
著『プライヴァシー研究』（日本評論新社，1962年）101頁以下．
(6) HC Deb. vol. 740 cols. 1565-1568 (8 February1967).
(7) HC Deb. vol. 792 col. 430 (26 November1969).
(8) HC Deb. vol. 794 cols. 861-960 (23 January 1970).
(9) Younger Report, p. 201.
(10) 堀部・前掲注(1)「イギリスにおけるプライバシーの法的保護」37頁．
(11) Younger Report, p. 1.
(12) The Times, July 13, 1972, Editorial.
(13) 堀部・前掲注(1)「イギリスの1984年データ保護法」33頁．
(14) 『コンピュータと自由』の内容は，次の文献を参照．
Conserbative Political Centre, *Price of Privacy*, Appendix Ⅰ (1971); Computer
threat to Freedom, The Times, Dec. 2, 1968. 堀部・前掲注(1)「イギリスにおける
プライバシーの法的保護」40頁．10項目の要旨は飯塚・堀部・前掲注(1)84-85頁によっ
た．
(15) HC Deb. vol. 783 cols. 285-288 (6 May 1969).
(16) HL Deb. vol. 303 col. 8 (23 June 1969).
(17) *Privacy and the Law*, Appendix E (1970). 堀部・前掲注(1)「イギリスにおける
プライバシーの法的保護」40頁．
(18) HC Deb. vol. 810 col. 1465 (2 February1971).
(19) HC Deb. vol. 830 cols. 1139-1142 (8 February1972).
(20) Younger Report, pp. 177-192.

第9章　イギリスのデータ保護法とその運用状況　　　415

(21)　Younger Report, pp. 183-184.

(22)　*Ibid.*

(23)　Younger Report, p. 191.

(24)　Home Office, *Computers and Privacy* (Cmnd. 6353, 1975).

(25)　Home Office, *Computers: Safeguards for Privacy* (Cmnd. 6354, 1975).

(26)　*Computers and Privacy*, p. 3.

(27)　*Ibid.* p. 9.

(28)　補遺の目次は，第1章　導入 (Introduction)，第2章　中央政府のコンピュータ (Central Government Computers)，第3章　健康保険のコンピュータ (Health Service Computers)，第4章　警察のコンピュータ (Police Computers)，第5章　地方政府のコンピュータ (Local Government Computers)，第6章　国営産業のコンピュータ (National Industry Computers)，第7章　連合王国におけるコンピュータの利用及び手続 (Computer Use and Procedures in UK)，第8章　海外の研究及び実務 (Studies and Practices Abroad) となっている.

(29)　HC Deb. vol. 926 cols. 522-524 (16 February1977). N.L.J., Feb. 24, 1977, p. 190.

(30)　堀部・前掲注(1)「イギリスにおけるプライバシーの法的保護」42頁.

(31)　*Report of the Committee on Data Protection* (Cmnd. 7341, 1978). 以下，委員長の名を冠して Lindop Report と略称することがある. 詳細は，堀部・前掲注(1)「イギリスにおけるプライバシーの法的保護」42頁以下.

(32)　Lindop Report, p. 3.

(33)　Lindop Report, Appendix 1.

(34)　Lindop Report, p. 6.

(35)　Lindop Report, p. 7.

(36)　Lindop Report, pp. 289-296.

(37)　Lindop Report, p. 291.

(38)　Lindop Report, p. 9.

(39)　Lindop Report, pp. 9-10.

(40)　堀部・前掲注(1)「イギリスの1984年データ保護法」34-35頁.

(41)　1984年データ保護法成立までの詳細及び同法の特徴などは，堀部政男「イギリスの個人情報保護法――一九八四年データ保護法の運用状況を中心として」ジュリスト第879号（1987年）35頁以下，同・前掲注(1)「イギリスの1984年データ保護法」29頁以下，飯塚和之「イギリスの個人情報保護制度」堀部政男編著『情報公開・プライバシーの比較法』（日本評論社，1996年）153頁以下など多数. 邦訳は，社団法人行政情報システム研究所編『世界の個人情報保護法　プライバシー保護をめぐる最新の動向と背景』（ぎょうせい，1989年）229頁以下を参考に，一部改訳した.

(42)　*Data Protection: The Government's Proposals for Legislation*, p. 4 (1982).

(43)　Data Protection Act 1984, c. 35.

(44) 堀部・前掲注(41)35頁.

(45) 単独法人とは，単独の構成員よりなる法人のことをいう．法によって定められた承継者の地位にある者に，自然人は有することのできない一定の法的な資格と永続性を与える．国王（King）や司教（bishop）等がその例である．田中英夫編『英米法辞典』（東京大学出版会，1991年）202頁より．

(46) 堀部・前掲注(41)「イギリスの個人情報保護法」37-38頁.

(47) 堀部・前掲注(41)「イギリスの個人情報保護法」36-37頁.

(48) *The first report of the Data Protection Commissioner on the 16th year of operation of the Data Protection Act 1984* (2000). この報告書は，1984年データ保護法が16周年を迎えた際に公表されたものであり，その中に，1985年以降における年次報告が要約されている．

(49) エリック・ハウ氏は，1994年に退任し，新たに，エリザベス・フランス（Elizabeth France）氏が選任された．

(50) 詳しくは，堀部・前掲注(41)「イギリスの個人情報保護法」39頁以下，同・前掲注(1)「イギリスの1984年データ保護法」56頁以下.

(51) 堀部・前掲注(1)「イギリスの1984年データ保護法」58頁.

(52) 堀部・前掲注(41)「イギリスの個人情報保護法」40頁.

(53) HL Deb. vol. 584 col. 1056 (14 January 1998).

(54) HL Deb. vol. 585 cols. 436-455, 462-479 (2 February 1998).

(55) HL Deb. vol. 586 cols. CWH1-64 (23 February 1998). HL Deb. vol. 586 cols. CWH65-134 (25 February 1998).

(56) HL Deb. vol. 587 cols. 465-487, 495-543 (16 March 1998).

(57) HC Deb. vol. 310 cols. 529-535 (20 April 1998).

(58) 常任委員会での議論の状況は，イギリス議会のウェブ・サイト（http://www.publications.parliament.uk/pa/cm199798/cmstand/d/cmdata.htm）を参照.

(59) HC Deb. vol. 315 cols. 576-621 (2 July 1998).

(60) HL Deb. vol. 591 cols. 1477-1519 (10 July 1998).

(61) Data Protection Act 1998, c. 29.

(62) 堀部政男「個人情報の法的保護」法とコンピュータ第20号（2002年）70頁.

(63) 堀部・前掲注(62)「個人情報の法的保護」72頁.

(64) センシティブ・データの定義は，本則第2条を参照.

(65) 金融サービス提供に関する不正行為に起因する，財産上の損失から国民を保護するために，法律に基づく公的職務を行う場合などがこれに該当する．

(66) 第3条の特別目的に該当する．

(67) 申立てがなくとも，コミッショナーは，自ら，執行通知を取り消し又は変更することができる（第41条第(1)項）．

(68) 第(5)項の売渡目的で，個人データを販売し又は販売する可能性を表示した広告は，データ販売の申し出とみなされる（第(6)項）．

第9章　イギリスのデータ保護法とその運用状況　　**417**

(69)　陪審によらない有罪判決の場合における標準基準（standard scale）は，1982年刑事裁判法（Criminal Justice Act 1982, c.48）の第37条第(2)項に定められており，当時の最高額は，第5基準の1,000ポンドであった．しかし，1991年刑事裁判法（Criminal Justice Act 1991, c.53）第17条第(2)項により改正され，第5基準は5,000ポンドとなった．

(70)　前掲注(69)により，5,000ポンドである．

(71)　いずれも，情報コミッショナーのウェブ・サイトから入手することができる（http://www.ico.gov.uk/about_us/who_we_are/corporate_information/annual_reports.aspx）．

(72)　Freedom of Information Act 2000, c. 36.

(73)　Identity Cards Act 2006, c. 15.

(74)　Privacy and Electronic Communications (EC Directive) Regulations 2003 (S. I. 2003 No. 2426).

(75)　Environmental Information Regulations 2004 (S.I. 2004 No. 3391).

(76)　1999年から2000年には，130件の有罪認定がなされているが，1人が81件の違反行為を犯したことによる．

(77)　「諸外国等における個人情報保護制度の運用実態に関する検討委員会・報告書」は，第20次国民生活審議会個人情報保護部会第14回資料2-1（http://www5.cao.go.jp/seikatsu/shingikai/kojin/20th/20070305kojin2-1.pdf）参照．また，同報告書29頁参照．

(78)　ケンブリッジ近辺の町の名前である．

(79)　Information Commissioner, *Annual Report* (2004) p. 31. ビシャード審問については，以下のウェブ・サイト（http://www.bichardinquiry.org.uk/）参照．

(80)　概要の邦訳は，「諸外国等における個人情報保護制度の運用実態に関する検討委員会・報告書」43～44頁を参考にした．

(81)　*Durant v. Financial Services Authority* [2003] EWCA Civ 1746. Information Commissioner, *Annual Report* (2003) pp. 81-83.

(82)　Cited in *Johnson v. Medical Defence Union Ltd.* [2004] EWHC 2509 (Ch).

(83)　*Smith v. Lloyds Tsb Bank plc* [2005] EWHC 246 (Ch).

(84)　オールド控訴院裁判官（Auld L.J.），ママリー控訴院裁判官（Mummery L.J.），バックストン控訴院裁判官（Buxton L.J.）．

(85)　エドモント・カウンティ裁判所の判決については，2003年の年次報告書81-83頁，控訴裁判所の判決については，2004年の年次報告書43 45頁参照．

(86)　指針については，以下のウェブ・サイト（http://www.ico.gov.uk/upload/documents/library/data_protection/detailed_specialist_guides/the_durant_case_and_its_impact_on_the_interpretation_of_the_data_protection_act.pdf）参照．

(87)　「諸外国等における個人情報保護制度の運用実態に関する検討委員会・報告書」31頁参照．

(88)　Information Commissioner, *Annual report* (2002) pp. 69, 76-81. 貴族院判決

は，*Campbell v. MGN Ltd.* [2004] UKHL 22. 全体の解説は，ジョン・ミドルトン「イギリスの1998年人権法とプライバシーの保護」一橋法学第 4 巻第 2 号（2005年）54頁以下．

(89) Information Commissioner, *Annual Report* (2002) p. 60; Information Commissioner, *Annual Report* (2003) pp. 88-90. 控訴院判決は，*Douglas v. Hello!* [2005] EWCA Civ 595. ジョン・ミドルトン・前掲注(88)「イギリスの1998年人権法とプライバシーの保護」67頁以下．

(90) *Galloway v. Telegraph Group Ltd.* [2006] EWCA Civ 17.

第10章 アメリカのプライバシー保護諸法

　第Ⅱ部第6章で見たように，現代的プライバシー権は，監視社会への懸念から登場したものである．この概念を具体的に論じたウェスティン博士は，著書の中で立法提案を行い，ミラー教授も法律の必要性を説いた．

　これらに呼応するように，アメリカは，1970年以降，プライバシー保護法を数多く成立させるようになった．公的部門に関しては，1974年プライバシー法 (Privacy Act of 1974) が成立し，民間部門に関しては，自主規制を基本とし，特に機密性が高い情報を扱う分野において，数多くの個別法が成立されている．この方式は，規制対象を限定して個別領域ごとに立法措置を講じる方式であって，セクトラル方式と呼ばれる．

　また，世界における個人情報保護法制発展は，第Ⅱ部第7章で論じた国際水準の発達と深く関係する．とりわけ，ヨーロッパは，EU個人保護指令以降，民間部門と公的部門を1つの包括的な法律によって規制する形式の立法を多く成立させた．これをオムニバス方式[1]と呼んでおり，世界の趨勢となっている．また，公的部門と民間部門をそれぞれ別の法律で規制する立法方式をセグメント方式という．

　セクトラル方式の長所は，特に保護が必要な領域に限定して規制することを可能にする点である．他方で，個別領域ごとに制定するため，関連業界や利益団体の影響，さらには政治状況の影響を多分に受けやすいという短所も存在する[2]．アメリカは，セクトラル方式に基づいて，数多くの個別法を成立させており，この点が，アメリカにおけるプライバシー保護諸法の特徴の1つとなっている．

　以上の点を踏まえ，この章では，主に連邦レベルのプライバシー保護諸法について，最近の動きを含めて検討し，EUの個人保護指令に対応すべく締結されたセーフ・ハーバー協定について整理を行い，さらには最近の議論にも触れることにする．

なお，合衆国憲法にはプライバシーの権利は明文化されていないが，アラスカ州[3]，アリゾナ州[4]，カリフォルニア州[5]，フロリダ州[6]，ハワイ州[7]，イリノイ州[8]，ルイジアナ州[9]，モンタナ州[10]，サウス・カロライナ州[11]，ワシントン州[12]の憲法は，プライバシーの権利を明記している．

内容は，①プライバシーの権利を宣言したもの，②私事の干渉，自宅への侵入からの自由を保障したもの，③ひとりにしておかれる権利を保障したもの，④不合理な捜索，差押えからの自由とともにプライバシーを掲げるものに分けることができる．①に該当するのはアラスカ州，カリフォルニア州，ハワイ州，モンタナ州であり，②に該当するのは，アリゾナ州，ワシントン州，③に該当するのは，フロリダ州，④に該当するのはハワイ州，イリノイ州，ルイジアナ州，サウス・カロライナ州となっている（ハワイ州は①と④で重複する）．

第1節　公的部門のプライバシー保護立法[13]

1　1974年プライバシー法[14]の成立

アメリカにおいて，公的部門の個人情報を保護するための法律は，1974年プライバシー法である．

アメリカでは，1950年代から1960年代にかけて，コンピュータ化が急速に進み，合衆国政府の各行政機関も，それぞれの行政目的を達成するために，多くの個人データをコンピュータ・データとして蓄積するようになった．

中でも，個人データのコンピュータ化の著しく進んでいる社会福祉，医療保険などの行政分野を所管する合衆国保健教育福祉省（United States Department of Health, Education, and Welfare, DHEW（当時））[15]では，自動個人データ・システムに関する長官の諮問委員会（Secretary's Advisory Committee on Automated Personal Data Systems）を設置し，個人データのコンピュータ処理をめぐる問題を検討してきた．そして，同委員会は，1973年7月，「記録，コンピュータ及び市民の権利」（Records, Computers, and the Rights of Citizens）[16]という報告書を発表した．この報告書は，全9章，付録AないしIからなる大部の資料であるが，このうち，第3章が「プライバシーのための安全保護」（Safeguards for Privacy）を記している．

第10章　アメリカのプライバシー保護諸法　　421

　報告書は，民間及び公的部門の両者において，個人に関する情報を含む自動データ・システムの利用が発展していることにより，基本的自由の侵害を伴う潜在的な悪影響を懸念し，特別な安全保護措置の必要性を強調した．そして，次のような勧告がなされた．

　「現行法のもとでは，個人のプライバシーは，恣意的又は濫用的な記録保管業務に対して，不十分な保護が与えられているにすぎない．こういう理由から，また，コンピュータ時代にふさわしい記録保管業務の基準確立の必要性という理由からも，すべての自動個人データ・システムに対する，合衆国の『公正情報業務に関する法』（Code of Fair Information Practice）の制定を勧告する．」

　この認識に基づき，報告書は，自動個人データ・システムに対する「保護措置要件」（"Safeguard Requirements"）として法的効力が与えられることになるであろう5つの基本原則を基礎に置いた．プライバシー法の各規定は，この5原則が基本となっている．

　「(1)　その存在自体が秘密になっているいかなる個人データ記録保管システム（personal data record-keeping systems）も存在してはならない．
　(2)　個人は，自己に関するいかなる情報が記録の中にあり，またそれがどのように利用されているかを見出す方法がなければならない．
　(3)　個人がある1つの目的のために取得された自己に関する情報がその承諾なしにその他の目的のために利用され，又は使用されることを防止する方法がなければならない．
　(4)　個人が自己に関する識別可能な情報の記録を訂正又は修正する方法がなければならない．
　(5)　識別可能な個人データの記録を作り出し，保有し，利用し，又は頒布するいかなる組織も，データの信頼性をその意図した用途のために確保しなければならず，また，そのデータの誤用を防止するための合理的な予防措置を講じなければならない．」[17]

報告書は，この5原則を提言するに当たって，個人のプライバシー概念の再定義に言及しており，その中で，ウェスティン博士の定義を取り上げている．1974年プライバシー法には，この現代的プライバシー権の考え方が生かされているといえる．

1974年プライバシー法は，第93議会（1973年から1974年）の中で，他の数多くのプライバシー関係法案とともに審議され，1974年12月31日に成立し，1975年9月27日に全面施行された[18]．

この法律は，1999年まで繰り返し改正されているが，中でも，1988年コンピュータ・マッチング及びプライバシー保護法により大幅に改正された．

2　1974年プライバシー法の構成

1974年プライバシー法のタイトルは，「合衆国の記録の濫用から個人のプライバシーを保護し，個人が合衆国の行政機関の保有する自己に関する記録へのアクセスを与えられることを定め，プライバシー保護調査委員会を設置する等のため，第552条のaを追加して合衆国法律集第5編を改正するための法律」(An Act to amend title 5, United States Code, by adding a section 552a to safeguard individual privacy from the misuse of Federal records, to provide that individuals be granted access to records concerning them which are maintained by Federal agencies, to establish a Privacy Protection Study Commission, and for other purposes) と題されている．短称は，「1974年プライバシー法」である．この法律は，タイトルに「プライバシー」を使っているが，後に述べるように，保護の対象は「記録システム」となっている点に注意が必要である．

この法律は，次のとおり，全9条で構成されるが，この中で，合衆国法律集に編纂されたのは，第3条の部分のみであって，他の規定は，Public　Law No.93-579に所収されている．なお，合衆国法律集第5編に追加された第552条のaのうち，第(o)項ないし第(t)項は，1988年コンピュータ・マッチング及びプライバシー保護法によって改正され，第(u)項及び第(v)項は，同法により追加された規定である．第(a)項，第(e)項，第(f)項も，同法により一部改正されている．

第10章　アメリカのプライバシー保護諸法　　423

第1条　法律の名称

第2条　(a)合衆国議会の認識事項（Congressional findings）

　　　　(b)立法目的（Statement of purpose）

第3条　合衆国法律集第5編への追加条項

　第552条のa　個人に関して保持される記録（Records maintained on individuals)

(a)　定義（Definitions）

(b)　提供の条件（Conditions of disclosure）

(c)　一定の提供に関する記載（Accounting of certain disclosures）

(d)　記録へのアクセス（Access to records）

(e)　行政機関の義務（Agency requirements）

(f)　行政機関の規則（Agency rules）

(g)　民事上の救済措置（Civil remedies）

(h)　法定代理人の権利（Rights of legal guardians）

(i)　刑事罰（Criminal penalties）

(j)　一般の適用除外（General exemptions）

(k)　特定の適用除外（Specific exemptions）

(l)　公文書記録（Archival records）

(m)　政府の受託業者（Government contractors）

(n)　住所録（Mailing lists）

(o)　マッチングの取決め（Matching agreements）

(p)　検証及び調査結果を争う機会（Verification and opportunity to contest findings）

(q)　制裁（Sanctions）

(r)　新規システム及びマッチング・プログラムに関する報告（Report on new systems and matching programs）

(s)　2年ごとの報告（Biennial report）

(t)　他法の効力（Effect of other laws）

(u)　データ完全性委員会（Data Integrity Boards）

(v)　行政管理予算庁の責任（Office of Management and Budget responsibilities)

第4条　合衆国法律集の条文見出しの改正

第5条　プライバシー保護調査委員会（Privacy Protection Study Commission）[19]

第6条　行政管理予算庁の責任（1988年コンピュータ・マッチング及びプライバシー保護法に基づき，合衆国法律集第5編に第552条のa第(v)項が挿入されたことによって，廃止）

第7条　社会保障番号の提供（Disclosure of Social Security Number）

第8条　施行期日（Effective date）

第9条　経費（Appropriation）

3　合衆国議会の認識・立法目的

1974年プライバシー法の第2条は，第(a)項において合衆国議会の認識を，第(b)項において本法の6つの目的を定める[20]．

「(a)　合衆国議会は，次に掲げる事実を認識する．

(1)　個人のプライバシーは，合衆国の行政機関による個人情報の収集，保有，利用及び頒布により直接の影響を受ける．

(2)　コンピュータ及び高度化した情報技術の利用の増大は，政府の能率的運営にとって不可欠である一方，個人情報の収集，保有，利用又は頒布によって生じ得る個人のプライバシーに対する弊害は，ますます深刻化してきた．

(3)　個人の就職，保険加入，並びに，クレジット取得を確保する機会，及び，その人物が適正手続の権利その他の法的保護を確実にする機会は，一定の情報システムの濫用により危機に瀕している．

(4)　プライバシー権は，合衆国憲法により保障される個人の権利であり，基本的権利である．また，

(5)　合衆国の行政機関の保有する情報システムにおいて特定される個人のプライバシーを保護するため，合衆国議会が，これらの行政機関による情報の収集，保有，利用及び頒布を規制することが必要かつ妥当である．」

第10章　アメリカのプライバシー保護諸法　　　425

「(b)　この法律は，合衆国の行政機関に対し，法律に別段の定めがある場合
を除き，次に定めることを義務付けることにより，個人のプライバシーの
侵害に対して個人に一定の保護措置を講ずることを目的とする．

(1)　個人に対し，これらの行政機関により，自己に関するいかなる記録
が収集，保有，利用又は頒布されるかに関する決定を認めること．

(2)　個人に対し，これらの行政機関により，特定目的のために取得され
た自己に関する記録が，その同意なしに他の目的のために使用され，又は
利用されることを防止することを認めること．

(3)　個人に対し，合衆国の行政機関の記録に含まれる自己に関する情報
にアクセスし，その全部又は一部の写しを入手し，かつ，当該記録の訂正
又は修正を認めること．

(4)　識別可能な個人情報の記録を収集，保有，利用，又は頒布するに当
たって，当該活動が必要かつ適法な目的のためであること，情報がその予
定されている利用に関して適時性及び正確性を有すること，及び，当該情
報の誤用を防止するために適切な保護措置が講じられることを，確保する
方法で行なわれること．

(5)　本法の定める記録に関する義務からの適用除外は，当該適用除外に
対し，特定の法律上の権限によって決定された重要な公共政策上の必要性
がある場合にのみこれを認めること，及び，

(6)　この法律に基づく個人の権利を侵害する故意の又は意図的な活動の
結果として生じた損害に対する民事訴訟に応じること．」

これらの目的は，プライバシー法の掲げる 8 原則及びそれを具体化する規定
の中に生かされている．

4　定　　義

合衆国法律集第 5 編に挿入された第552条の a は，第(a)項で定義を定めてお
り，主な定義は次のとおりである[21]．

・「行政機関」（agency）とは，本編第552条第(f)項に定める行政機関をい
う（第(1)号）．

- 「個人」(individual) とは，合衆国国民又は適法に永住を認められた外国人をいう（第(2)号）．
- 「保有する」(maintain) とは，保有，収集，利用又は頒布を含む（第(3)号）．
- 「記録」(record) とは，教育，財務取引，病歴，犯歴又は職歴などを含む（ただしそれに限定されないが），個人に関する情報についてのあらゆる項目であり，収集され又は分類されたものであって，行政機関が保有するものをいう．その個人に関する記録には，当該個人の氏名又は識別番号，記号，その他指紋，声紋，又は写真等，個人別に付された識別項目が含まれる（第(4)号）．
- 「記録システム」(system of records) とは，行政機関の管理下に置かれる記録の集合であって，そこから，個人の氏名又は何らかの識別番号，記号，その他個人別に付された識別項目によって，情報が検索されるものをいう（第(5)号）．
- 「定型的利用」(routine use) とは，記録の提供に関して，記録の収集目的と矛盾しない目的のための当該記録の利用をいう（第(7)号）．
- 「マッチング・プログラム」(matching program) という用語は，次に掲げるものをいう（第(8)号）．

(A)(i) 以下のいずれかを目的として，2つ又はそれ以上の自動記録システム，又は1つの記録システムと連邦以外の記録とを，コンピュータによって照合すること．

(I) 連邦給付事業に基づく金銭又は物品の援助又は支払の関連で，申請者，受取人・受益者，参加者又はサービスの提供者が，法令及び規則の要件に適合しているか，又は，それらを引き続き遵守しているかを証明し，又は確認すること．

(II) そのような連邦給付事業に基づく支払いの取戻し又は未納債務の取立て．

(ii) 2つ又はそれ以上の自動処理される合衆国政府職員記録システム若しくは給与支払記録システム，又は，1つの合衆国政府職員記録若しくは給与支払記録と連邦以外の記録とをコンピュータによって照合するこ

第10章　アメリカのプライバシー保護諸法　　427

と.

(B)　（省略）[22]

この中で最も頻繁に登場するものの1つが,「記録システム」である. これは, 個人の識別情報によって情報を検索できる記録の集合であり, いわば, 検索可能な個人情報の集まりということができる. 上述のように, 法律のタイトルは「プライバシー法」であるが, この法律の保護対象は,「記録システム」となっている.

「行政機関」には, すべての行政省, 軍事省, 合衆国政府法人, 合衆国政府の規制を受ける法人若しくは合衆国政府の行政部における他の機関（大統領を含む）又はすべての独立規制委員会が含まれる[23].

5　プライバシー法の8原則[24]

DHEW の報告書が提案した5原則によって, 1974年プライバシー法の基本的な枠組みの提供を受けた合衆国議会は, 必要と考えられる他の原則を含めた8原則を採用している. 同法に基づき設置された「プライバシー保護調査委員会」(Privacy Protection Study Commission) は, 1977年7月,「情報化社会における個人のプライバシー」(Personal Privacy in an Information Society) という報告書を発表し, その第13章「国民と政府の間の関係：1974年プライバシー法」(The Relationship Between Citizen and Government: The Privacy Act of 1974) の中で, プライバシー法の8原則を次のように述べた[25].

「(1)　その存在自体が秘密になっている個人データ記録保管システムは, いかなるものも存在してはならず, また, ある組織の個人データ記録保管の方針, 業務及びシステムに関して公開の政策がとられなければならない（公開の原則）.

(2)　個人的に識別可能な形で自己に関する情報が記録保管組織により保有されている個人は, その情報を閲覧し, 複写する権利を有するものとする（個人アクセスの原則）.

(3)　自己に関する情報が記録保管組織により保有されている個人は, その情報の内容を訂正又は修正する権利を有するものとする（個人参加の原則）.

（4）　個人に関して組織が収集できる情報の種類に制限を設け，また，組織がそのような情報を収集する方法に関しても一定の要件を設けるものとする（収集制限の原則）．

（5）　記録保管組織内における個人に関する情報の内部的利用に対し制限を設けるものとする（利用制限の原則）．

（6）　記録保管組織が行なうことのできる，個人に関する情報の外部提供に対し制限を設けるものとする（提供制限の原則）．

（7）　記録保管組織は，個人に関する情報の収集，保有，利用及び頒布が必要かつ適法であって，また，その情報自体が最新かつ正確であることを保障する合理的かつ適切な情報管理の方針及び業務を確定することに，肯定的な責任を負わなければならないものとする（情報管理の原則）．

（8）　記録保管組織は，その個人データの記録保管方針，業務及びシステムに対する責任を負うものとする（責任の原則）．」

　各原則は，プライバシー法の1つ又は複数の規定の中で明らかにされており，適用に当たっては，個人，組織及び社会の利益を衡量することが求められている．

　この8原則については，法律で明記されたわけではなく，プライバシー保護調査委員会の報告書によって述べられたに過ぎないという意味で，イギリスのデータ保護法が，法律の中で8原則を掲げた点とは異なっている[26]．しかし，プライバシー保護調査委員会の報告書は，現代的プライバシー権を具体化するものとして，非常に重要な意味を持つものである．このような，プライバシー保護について8原則を掲げるというこの方式は，OECD プライバシー・ガイドラインで採用されたこともあって，ポピュラーになった[27]．

5.1　公開の原則

　個人データ記録システムの公開は，DHEW の報告書が掲げる第1の原則であり，プライバシー法の主要な目的でもある．

　この原則の目的は，合衆国の行政機関の記録保有政策，業務及びシステムを，公衆の監視に供すること，及び，市民に対し，自分に関する記録が存在する可能性の高いシステムを認識させることにある．

第10章　アメリカのプライバシー保護諸法　　　429

　公開の政策は，①年次システム告示（annual system notice），②「プライバ
シー法による告知」（"Privacy Act Statement"），③新規システム及びマッチン
グ・プログラムに関する報告（Report on new systems and matching programs），
及び，④合衆国政府に対する大統領の2年毎の報告（Biennial report）の中に
具体化されている．なお，後述のコンピュータ・マッチング法は，マッチン
グ・プログラムの取決めに関する文書の写しを，国民の閲覧に供することとな
っており[28]，公開の原則を実現するものといえる．

　①は，行政機関に対し，記録システムの設置又は変更をしたときは，システ
ムの名称及び所在地，保有されている個人・記録の種別，個人の記録に対する
アクセス方法等を連邦公示録（Federal Register）[29]に公示するよう義務付け
るものである[30]．

　②は，行政機関が個人に情報の提供を求める場合における通知事項として，
提出を求める根拠，強制的か任意的かの別，利用目的，提供しないことにより
本人に与える影響等を定める[31]．この義務は，情報の提出要求に応じるかそ
れともそれを争うかという決定をするのに十分な情報を与えることを目的とし
ているが，公衆がこのような知識を持つことは，データ収集への参加の機会を
増大し，提供される情報の信頼度を高め，政府のシステム運用に対する公衆の
憤慨と疑念を和らげ，また，公衆が行政機関の方針を批評することを奨励する
ことになるであろう，と言われている．この規定は，「公開の原則」の一環を
なすばかりでなく，個人の情報を収集する際の行政機関の責務も明らかにして
いる[32]．

　③は，記録システム又はマッチング・プログラムの設置等を行おうとする行
政機関に対し，その計画が個人のプライバシーその他の権利に及ぼす影響を評
価するため，その計画（正副2通）を，あらかじめ，下院政府活動委員会，上
院政府関係委員会及び行政管理予算庁に通知することを義務付ける[33]．この
義務は，行政機関の記録保管業務を事前に監視することを目的とする．

　④は，大統領に対し，行政管理予算庁長官が講じた措置，個人のアクセス権
及び訂正権の行使状況，記録システムの変更又は追加等を記載した報告書を，
2年に1回，下院議長及び上院臨時議長に提出することを義務付けている[34]．
これは，プライバシー法の運用実態を明らかにするものである．

5.2 個人アクセスの原則

　個人アクセスの原則は，DHEW の報告書が掲げている第 2 の原則に対応しており，プライバシー法第 2 条第(b)項第(3)号の目的規定の中でも謳われている[35]．

　合衆国法律集第 5 編第552条の a 第(d)項第(1)号がこれを具体化する．

　この規定に基づき，個人は，行政機関に対し，自己に関する情報についてのアクセス請求を出すことによって，当該行政機関が保有する自己の情報を閲覧し，写しを入手することが認められる．次に述べる個人参加の原則の前提となるものである．なお，行政機関は，アクセスに対応するための手続に関する規則を設けなければならない[36]．

　この原則については，プライバシー法の成立以前から，既に，1967年情報自由法（Freedom of Information Act of 1967, FOIA）[37] によって実現されてきた．しかし，当時，FOIA は，個人アクセスの原則という点ではいくつかの欠陥を有していたと指摘されている．第 1 に，行政機関は，政府部内で検討中の情報の一部と考えられるものの発表を拒絶することができた．いくつかのケースでは，このために，個人に関するかなりの量の情報が，本人にファイルを見せる以前に抜き取られる結果となった．第 2 に，FOIA の初期の時代においては，人事上及び医療上のファイルを個人に開示することは，その個人のプライバシーに対する明らかに不当な侵害になるという理由で，ファイルの開示を拒絶する行政機関もあった．1974年プライバシー法は，これらの欠陥をある程度まで是正した，といえる[38]．

5.3 個人参加の原則

　個人参加の原則は，DHEW の報告書の中では，第 4 原則に対応するもので，この法律の中では，記録の修正・訂正権を意味する．

　この原則は，個人アクセスの原則と同様，1974年プライバシー法第 2 条第(b)項第(3)号の目的規定の中で謳われている[39]．合衆国法律集第 5 編第552条の a 第(d)項第(2)号が具体化する．この中で，行政機関は，個人が自己に関する記録の修正を請求することを認め，個人が，正確性（accuracy），関連性（relevance），適時性（timeliness），完全性（completeness）を欠くと信じる部分を訂正し，訂正請求を却下する場合は，その理由及び再審査請求手続等を個人に

第10章　アメリカのプライバシー保護諸法　　431

通知しなければならない[40]．

　この規定は，「個人が行政機関に自ら提供するものの内容に対しある程度の管理（絶対的管理ではないが）をすることができるばかりでなく，行政機関が他の情報源から自己に関して取得するものについても確かめることができる」と捉えられている[41]．

　なお，個人参加の原則を定めるものではないが，正確性，関連性，適時性，完全性との関連では，合衆国法律集第 5 編第552条の a 第(e)項第(5)項及び第(6)項も規定を置いている（第(5)項については，情報管理の原則参照）[42]．

5.4　収集制限の原則

　収集制限の原則は，行政機関が収集する情報の種類に制限を課し，情報収集の方法にも一定の条件を設けるというものである．この原則は，DHEW の報告書では取り上げられていないが，OECD の1980年プライバシー・ガイドラインの 8 原則で，最初に掲げられるなど，プライバシー法では重要な原則の 1 つとなっている．

　この原則は，4 つの内容に分けることができる．

　第 1 に，行政機関の義務を定める合衆国法律集第 5 編第552条の a 第(e)項は，第(1)号において，記録システムを保有する各行政機関に対し，「法律又は大統領行政命令によって達成が要求される，行政機関の目的の達成に関連がありかつ必要な，個人に関する情報のみをその記録中に保有しなければならない」と定める[43]．

　この規定は，行政機関が保有する情報をできるだけ少なくするというものである．

　第 2 に，同項第(2)号は，「当該情報が，連邦政策のもとで，個人の権利，利益及び特権に関して不利益な決定をもたらす可能性があるときは，最大限可能な限り，対象となる個人から直接に情報を収集しなりればならない」と定める[44]．直接収集主義を定めるものである．

　第 3 は，公開の原則の中で述べたとおり，識別可能な個人情報を要求する場合は，合衆国法律集第 5 編第552条の a 第(e)項第(3)号に基づき，「プライバシー法による告知」をしなければならない．

　第 4 は，プライバシー法の第 7 条，及び，個人が合衆国憲法修正第 1 条（宗

教・言論・出版・集会・請願の自由）の権利を行使する場合における情報の収集制限の中に表れている．

プライバシー法第 7 条は，個人が社会保障番号（social security number）の提供を拒絶した場合に，行政機関が個人の権利，利益又は特権を拒否してはならないこと，及び，行政機関が個人に社会保障番号の提供を求める場合に，その提供が強制的か任意的かの別，法律上その他の根拠，番号の用途等を個人に通知しなければならないことを定める．

後者に関しては，合衆国法律集第 5 編第552条の a 第(e)項第(7)号が定める．行政機関は，原則として，修正第 1 条により保障されている権利を個人が行使する態様を説明する記録を保有してはならない．

5.5　利用制限の原則

利用制限の原則は，DHEW の報告書の中では，第 3 原則に対応する．この原則は，1974年プライバシー法第 2 条第(b)項第(2)号の目的規定の中にも掲げられている．

利用制限の原則の中に挙げたように，ここでいう「利用」とは，行政機関内部の利用を意味している．したがって，利用制限の原則は，行政機関内部における個人情報の利用に制限を設けなければならないということであって，たとえ合法的に入手した情報でも内部において無制限に使用してはならないことを要求している[45]．

この原則を直接に具体化する規定は存在しないが，例えば，「保有」の定義の中には「利用」も含まれており，保有に関する規定は，同時に，利用をも対象としている[46]．また，前記「プライバシー法に基づく告知」の中には，情報の利用目的も掲げることとなっている[47]．さらに，次の提供制限の原則は，目的外利用の一場面を定めるものでもある．

このように，利用制限の原則は，プライバシー法の諸原則全体の中に表わされた重要な原則となっている．

5.6　提供制限の原則

提供制限の原則は，利用制限の原則と同様，DHEW の報告書の中で，第 3 原則が対応している．

前述のとおり，「利用」は，行政機関内部における利用を意味していたが，

「提供」は，行政機関が外部に対して情報を提供することをいう．外部提供に制限を設けるのが，この原則の役割である．

　提供制限の原則については，合衆国法律集第 5 編第552条の a 第(b)項が定めており，個人の書面による請求又は書面による事前同意がない限り，行政機関は，他者に個人情報を提供してはならないという原則禁止主義が採用されている．

　他方で，同項は，「ただし，次に掲げる記録の提供は，この限りでない」とし，行政機関が個人の同意がなくとも外部に提供できる12の場合を列挙している．

①記録を保有する行政機関の職員が，職務の遂行上記録を必要とする者に提供する場合．

②情報公開に関する規定に基づき提供が要求される場合．

③定型的利用に供するために提供する場合．

④国勢調査又は関連活動を実施するために国勢調査局（Bureau of the Census）へ提供する場合．

⑤統計調査又は報告記録としてのみ利用され，かつ，匿名化された記録の移転を受けることを，書面であらかじめ確約した受領者へ提供する場合．

⑥国立公文書館（National Archives and Records Administration）へ提供する場合，又は，合衆国公文書保管者（Archivist of the United States）又はその指定する者の評価に供する場合．

⑦民事上又は刑事上の法執行活動のために提供を行う場合．

⑧個人の健康又は安全に影響を及ぼす急迫な状況を示した者に提供する場合．

⑨合衆国議会のいずれかの院の委員会等へ提供する場合．

⑩会計検査の義務を遂行するために会計検査院長（Comptroller General）又はその代理人に提供する場合．

⑪正当な管轄権を有する裁判所の命令に従い提供する場合．

⑫法律の規定に基づき，消費者信用報告機関に提供する場合．

434　　　　　　　第Ⅲ部　個人情報保護法制の実現・展開

それぞれの例外は，かなり限定的なように読めるが，解釈の仕方いかんによっては，記録の提供が可能な場合が多くなるおそれもあると評価されている[48]．

5.7　情報管理の原則

情報管理の原則は，DHEW 報告書の中の，第 5 原則に対応している．この原則は，1974年プライバシー法第 2 条第(b)項第(4)号によっても，情報の適時性及び完全性の維持，誤用を防止するための保護措置が求められている[49]．

この原則を具体化するのは，合衆国法律集第 5 編第552条の a 第(e)項第(5)号及び同項第(10)号である．行政機関は，正確性，関連性，適時性及び完全性をもって，記録を保有する義務を負い，記録の安全性又は完全性を確保するために，適切な行政上，技術上及び物理上の保護措置を確立しなければならない．

5.8　責任の原則

責任の原則は，行政機関がその個人データの記録保管の政策・義務に対して責任を負うべきであるということ，又は，特定するならば，他の 7 つの政策原則の遵守に対して責任を負うべきであるということを意味している[50]．

この原則については，1974年プライバシー法の目的を定める第 2 条第(b)項第(6)号の定めがあるほか，合衆国法律集の中では，民事上の救済方法[51]（Civil remedies）や刑事罰（Criminal penalties）[52] に関する規定がこれを具体化している．

民事上の救済との関連で，合衆国最高裁判所が下した比較的最近の判決としては，2004年のドウ対チャオ事件（Doe v. Chao）[53] が存在する．合衆国最高裁は，2004年 2 月24日，プライバシー法の賠償規定[54] に基づき，法定最低額の損害賠償である1,000ドルの付与を受けるためには，「現実の損害」を証明しなければならないと判断している．この判決は，プライバシー法の文言を忠実に解釈したものであるが，他方で，国民の権利行使に大きなハードルを課すものであり，事実上，政府機関による違法な社会保障番号の提供に対して，何らの救済も与えないことを意味するという批判も加えられている[55]．

6　データ・マッチングに関する改正

1974年プライバシー法は，1988年コンピュータ・マッチング及びプライバシ

ー保護法（Computer Matching and Privacy Protection Act of 1988）によって，マッチング・プログラムに関する改正が行なわれた（1988年10月18日成立）[56]．

「マッチング・プログラム」とは，「2つ又はそれ以上の自動記録システム，又は1つの記録システムと連邦以外の記録とを，コンピュータによって照合すること」をいう[57]．

合衆国の行政機関は，①マッチング・プログラムを実施する際，受領機関又は連邦外機関との間で書面による取り決めを行い，その写しを国民の閲覧に供すること[58]，②マッチング・プログラムの設定又は重大な変更を行う際，行政管理予算庁等へ届け出ること[59]，③大統領から下院議長及び上院臨時議長に対し，運用に関連する報告を行うこと（2年に1回）[60]，④合衆国法律集の施行を監督・調整するために，データ完全性委員会（Data Integrity Board）を設置すること[61]などを義務付けられている．

コンピュータ・マッチング及びプライバシー保護法は，1990年11月5日に成立した同法の改正規定（Computer Matching and Privacy Protection Amendments of 1990）[62]により，検証及び調査結果を争う機会に関する手続が，より明確化された．

これによって，連邦の行政機関，連邦外行政機関，提供機関は，①行政機関が独立の立場でマッチング・プログラムによって作成された情報の確認を行い，又は，データ完全性委員会が，行政管理予算庁の長官が出した指針に従っていると決定するまで，②個人が調査結果及びそれを争う機会に関する告知を受けるまで，③個人が当該通知に対応するために，法律又は規則がそのプログラムに対して定めた期間が満了するまで，マッチング・プログラムによって作成された情報に基づき，当該個人に対する不利益処分を下してはならないこととなった[63]．

7　そ の 他

以上掲げた法律のほかに，1987年コンピュータ・セキュリティ法（Computer Security Act of 1987）というものが存在する（1988年1月8日成立）[64]．

長称は，「規格基準局内でのコンピュータ基準計画，政府全体のコンピュータ・セキュリティ，合衆国政府のコンピュータ・システムの管理・運営・利用

に関与する人々のセキュリティ事項の訓練等を定めるための法律」(To provide for a computer standards program within the National Bureau of Standards, to provide for Government-wide computer security, and to provide for the training in security matters of persons who are involved in the management, operation, and use of Federal computer systems, and for other purposes) である.

第2節　民間部門のプライバシー保護立法[65]

アメリカにおいて，民間部門のプライバシー保護は，原則として自主規制に委ねられているが，機密性の高い分野では，分野ごとに個別法が制定されている．ここでは，金融，情報通信，医療分野における主な法律を紹介し，最近注目を集めているセキュリティ侵害法にも触れる．

1　信用・金融分野

1.1　1970年公正信用報告法 (Fair Credit Reporting Act of 1970)[66]

1970年10月26日成立.

合衆国議会は，「消費者信用報告機関は，公正かつ公平にその重大な職責を行使し，消費者のプライバシー権の尊重を確実にする必要性がある」ことなどを認識し，1968年消費者信用保護法 (Consumer Credit Protection Act of 1968)[67] を改正することにより，1970年公正信用報告法を成立させた．現代的プライバシー権立法化のさきがけとなった法律である．

この法律により，消費者信用報告機関は，消費者信用取引，人事，保険その他の情報が，消費者にとって公正かつ公平な態様で，秘密保護，正確性，関連性，適切な用途との関連でやり取りされるため，合理的措置を講じるよう義務付けられた．同法は，2003年12月4日，2003年公正及び正確な信用取引法 (Fair and Accurate Credit Transactions Act of 2003)[68] により改正され，ID窃盗（なりすまし）の防止に関する規定が追加された．

連邦取引委員会 (Federal Trade Commission, FTC) は，この法律の解釈及び実施に関する規則を制定している[69].

1.2 1978年金融プライバシー権利法 (Right to Financial Privacy Act of 1978)[70]

1978年11月10日成立.

この法律が成立するきっかけとなったのは,銀行預金者の記録の無令状押収と修正第4条違反が問題となった,1976年4月21日判決の合衆国対ミラー事件 (United States v. Miller)[71] である.合衆国最高裁判所は,①本件で提出命令の対象となったのは,銀行の業務記録であり,預金者の個人資料ではない,②預金者は,口座を開く際に,自分に関する事柄を自発的に第三者である銀行に提供したため,銀行の記録に関して適法なプライバシーの期待を持たないという判断を下し,預金者の請求を退けた.

その結果,金融機関が保有する個人情報に対し,政府機関がアクセスすることは,実質的には無制限で行なわれることとなった.そこで,こうした問題に対処すべく,本法が制定され,合衆国政府が金融機関の記録を取得するためには,本人の同意を得るか又は令状によることを義務付けられるに至った.

1.3 1999年金融サービス近代化法 (Financial Services Modernization Act of 1999, Gramm-Leach Bliley Act)[72]

1999年11月12日成立.

長称は,「系列の銀行,証券会社,保険会社,及び他の金融サービス業者に対して裁量的枠組みを提供することにより,金融サービス業界の競争を促進する等のため法律」(An Act to enhance competition in the financial services industry by providing a prudential framework for the affiliation of banks, securities firms, insurance companies, and other financial service providers, and for other purposes) である.

この法律は,金融分野の規制緩和に伴い,銀行,保険,証券取引等の業務を行うための新たな金融機関の設立を認め,金融商品のワン・ストップ・サービスの実現などを目指したものである.金融機関は,顧客の個人情報の提供や保護に関するプライバシー保護方針 (privacy policy) を明示するよう義務付けられている[73].また,消費者は,金融機関が系列外の第三者と情報共有を行う際のオプト・アウト (opt-out) を認められている[74].

この法律は,FTC を含む8つの連邦の機関及び州に対し,金融プライバシー規則 (Financial Privacy Rule) と安全保護規則 (Safeguards Rule) の運用及

438 　　　　第Ⅲ部　個人情報保護法制の実現・展開

び執行を委ねている．

2　情報通信分野[75]

2.1　通信法とその改正

(1)　1934年通信法 (Communications Act of 1934)[76]

　1934年6月19日成立．

　長称は，「有線又は無線による州際及び外国との通信に規制を設ける等のための法律」(An Act to provide for the regulation of interstate and foreign communication by wire or radio, and for other purposes) である．

　この法律の成立は，前述した1928年のオルムステッド対合衆国事件の判決[77]が契機となっている．合衆国議会は同法を制定することによって，通信の無権限公表又は利用に関する規定を設け，電話盗聴に法的規制を課した[78]．同法は，後述の1984年ケーブル通信政策法，1991年電話消費者保護法，及び，1996年電気通信法によって改正された．

(2)　1984年ケーブル通信政策法 (Cable Communications Policy Act of 1984)[79]

　1984年10月30日成立．長称は，「1934年通信法を改正し，ケーブル・テレビに関する全国的政策を定めるための法律」(An Act to amend the Communications Act of 1934 to provide a national policy regarding cable television) である．

　ケーブル・システムは，ケーブル加入者の個人識別情報 (personal identifiable information) を収集，保管する多大な能力を有していることから，加入者の視聴嗜好が監視される可能性や，加入者の事前同意なくしてその個人識別情報が提供されるといった問題が存在する．この法律は，そうした問題に対処すべく制定された．

　合衆国法律集第47編第551条は，1934年通信法の改正規定を列挙し，その第4章で「加入者のプライバシー保護」を定めている[80]．そこでは，ケーブル会社に対し，加入者の個人情報の収集・利用等についての年1回の通知，個人情報の収集，提供に当たっての事前同意の取得，加入者のアクセス権等が義務付けられている．

(3)　1991年電話消費者保護法 (Telephone Consumer Protection Act of 1991)[81]

　1991年12月20日成立．

第10章　アメリカのプライバシー保護諸法　　439

長称は，「1934年通信法を改正し，電話装置の利用に関する一定の常習的行為を禁止するための法律」(An Act to amend the Communications Act of 1934 to prohibit certain practices involving the use of telephone equipment) である．

同法は，自動電話装置やファクシミリを利用した勧誘を制限し，ファクシミリやコンピュータ等を用いた受信者の求めによらない広告を禁止するとともに，電話勧誘を受ける加入者のプライバシー保護のために，連邦通信委員会 (Federal Communications Commission, FCC) が規則を制定すること等に関する定めを置いている[82]．

(4)　1996年電気通信法 (Telecommunication Act of 1996)[83]

1996年2月8日成立．

長称は，「アメリカの電気通信を用いる消費者に対して，低価格かつ高品質のサービスを確実にすること，及び，新しい電気通信技術の急速な発展を促すことを目的として，競争を促進し，規制を緩和するための法律」(An Act to promote competition and reduce regulation in order to secure lower prices and higher quality services for American telecommunications consumers and encourage the rapid deployment of new telecommunications technologies) である．

同法は，「通信」(communication) という文言を「電気通信」(telecommunication) へと改め，新たに，顧客情報のプライバシー (privacy of consumer information) に関する規定[84]を設けた．電気通信事業者には，守秘義務，目的外利用の禁止，顧客の開示請求への対応などが義務付けられている．

2.2　1968年総合犯罪防止及び街頭安全法 (Omnibus Crime Control and Safe Streets Act of 1968) 及びその改正

(1)　1968年総合犯罪防止及び街頭安全法[85]

1968年6月19日成立．

長称は，「犯罪発生を減少させることにおいて，州及び地方政府を支援し，あらゆる地位に立つ政府の法執行及び刑事司法制度の有効性，公平性及び協調性を高める等のための法律」(An Act to assist State and local governments in reducing the incidence of crime, to increase the effectiveness, fairness, and coordination of law enforcement and criminal justice systems at all levels of government, and for other purposes) である．

同法の第3編「電話盗聴及び電子的監視」(Wiretapping and Electronic Surveillance) は，有線及び口頭での通信に関するプライバシー保護を定め，無令状による電話盗聴及び電子的監視を禁止している．

(2) **1986年電子通信プライバシー法 (Electronic Communications Privacy Act of 1986)**[86]

1986年10月21日成立．

長称は，「一定の通信傍受，他の形による監視について，合衆国法律集第18編を改正する等のための法律」(An Act to amend title 18, United States Code, with respect to the interception of certain communications, other forms of surveillance, and for other purposes) である．上記1968年法の改正法である．

同法は，1968年法の保護対象に，電子通信 (electronic communication) を追加し，その傍受を犯罪として処罰する．あわせて，同法は，蓄積された通信への不正アクセスを禁止し，「ペン・レジスター」(電話利用記録装置) 及び追跡装置の利用を原則的に禁止する規定を設けた．

2.3 子どもの保護[87]**：1998年子どもオンライン・プライバシー保護法 (Children's Online Privacy Protection Act of 1998, COPPA)**

1998年10月21日成立[88]．

COPPA は，FTC の勧告を受けて成立した．同法は，商業目的のウェブ・サイトやオンライン・サービスの管理者を対象として，13歳未満の子どもからインターネット上を通じて個人情報を収集する場合，事前に親の同意を得ることを義務づけるとともに，親に対して，子どもが提供した個人情報のアクセス権を認めている．

FTC は，この法律を実施するための子どもオンライン・プライバシー規則 (Children's Online Privacy Protection Rule)[89] を制定し，この規則は，2000年4月21日に施行された．

なお，COPPA と同日に成立した法律として，1998年子どもオンライン保護法 (Child Online Protection Act of 1998, COPA)[90] というものがある．COPPA は，合衆国法律全集 (Statutes at Large) の中では，第112巻の2681-728頁以下に載っているが，COPA は，それに続く第112巻の2681-736頁以下に記載されている．

第10章　アメリカのプライバシー保護諸法　　441

　COPA は，何人であっても，商業目的を持って，17歳未満の未成年者に有
害な性的情報を，未成年者が入手可能な形で，インターネットを通じて故意に
流す行為を禁止し，違反者に対する罰則（5万ドル又は6月以下の拘禁刑）を定
めている．しかし，アメリカ自由人権協会は，同法が施行される1998年11月29
日から約1ヶ月前の，同年10月22日，修正第1条違反を主張して，同法の執行
停止を求める訴訟を提起し（アシュクロフト対アメリカ自由人権協会事件，Ash-
croft v. ACLU)[91]，この事件は長期にわたって争われた[92]．最終的に，合衆
国最高裁判所は，2004年6月29日，①COPA の代わりに，フィルタリング・
ソフトウェアを利用するなど，より制限的でない他の代替手段が存在すること，
②執行差止めが覆されれば，言論の自由に重大な萎縮効果が生じることなどを
理由に，COPA の執行差止めを認めた合衆国控訴裁判所の判決を支持した．
現在，この法律は執行差止めとなっている．

2.4　迷惑メール（スパム・メール）防止法

　2003年12月16日成立．

　短称は，「2003年受信者の求めによらないポルノグラフィー及びマーケティ
ングによる侵害規制法，又は，2003年キャン・スパム法」(Controlling the
Assault of Non-Solicited Pornography and Marketing Act of 2003, or the
"CAN-SPAM Act of 2003")[93]，長称は，「インターネットを通じた受信者の求
めによらない商用電子メールの送信に関し，制限及び罰則を科すことで，州際
通商を規制する法律」(An Act to regulate interstate commerce by imposing
limitations and penalties on the transmission of unsolicited commercial electronic
mail via the Internet）である．

　スパム・メール禁止法案は，1997年の「受信者の求めによらない商用電子メ
ール選択法案」(Unsolicited Commercial Electronic Mail Choice Act of 1997)[94]
を皮切りに，数多くのものが議会に提出されてきた．しかし，長期間にわたり，
法律として成立するものは表れず，2003年の終わりにようやく陽の目を見たの
が，この法律である．

⑴　成　立

　CAN-SPAM Act の法案は，2003年4月10日，バーンズ（Burns）上院議員
とワイデン（Wyden）上院議員により提出された．法案は修正を重ねながら審

議され，最終案として，同年12月8日，下院でも可決された．最終的に，同年12月16日，ブッシュ大統領の署名により法律として成立した．施行日は，2004年1月1日である．

同法は，いわゆるオプトアウトを採用した法律である．

(2) 合衆国議会の認定と政策

「合衆国議会の認定と政策」（Congressional findings and policy）では，次のような認識事項及び決定事項が掲げられた[95]．

電子メールの利便性及び有用性は，商取引の発展・成長に類をみない機会を提供する反面，受信者の求めによらない商用電子メールを急増させ，受信者やインターネット・サービス・プロバイダ（Internet Service Provider, ISP）に経済的損害を与え，受信者に対しては，不快感，誤解を与え，電子メールへの信頼を失わせる．そして，これまで制定された州法は，基準や条件が異なるため，スパム・メールの対処に成功してこなかった．そこで，合衆国議会は，「①商用電子メールの全国的な規制は，政府にとって大きな利益となること，②商用電子メールの送信者は，メールの送信元又は内容について，受信者に誤解を与えるべきではないこと，③商用電子メールの受信者は，同じ送信元から，新たな商用電子メールの受信を拒否する権利を持つこと」を決定した．

(3) 概 要

「略奪的及び濫用的な商用電子メールの禁止」（Prohibition against predatory and abusive commercial e-mail）[96] に関する規定は，合衆国刑法典を改正し，電子メールに関連する詐欺及び関連活動を処罰対象とする．具体的には，州際通商又は外国通商において，無権限で保護されたコンピュータにアクセスし，故意に多数の商用電子メールを送信する行為，5件以上のアカウントや2件以上のドメイン名を登録し，送信元情報を偽った多数の商用電子メールを送信する行為等は，5年又は3年又は1年以下の拘禁刑に処され，罰金の対象にもされる．拘禁刑と罰金は併科され得る．犯罪行為により得た財産，犯罪行為に供された財産等は没収される．なお，「多数」とは，24時間以内に100通，30日以内に1,000通，1年以内に1万通を越える電子メールを意味すると定義されている．

「商用電子メールの利用者のための他の保護措置」（Other protections for

users of commercial elecrtronic mail)[97] に関する規定は，商用電子メール送信にあたっての遵守事項を定める．

虚偽又は誤解を与えるヘッダー情報，虚偽的な件名の表示，受信拒否から10営業日以上後の商用電子メール送信，受信拒否者のアドレス提供は禁止される．一方，オプトアウトのための返信用アドレス又はそれに匹敵する機能を包含すること，商用電子メールに，広告であることの識別表示・オプトアウトの権利・実社会上の郵便住所を掲載することを義務付けられる．また，受信者のアドレスを，ウェブ・サイトなどから自動取得し，若しくは，「辞書アタック」により自動生成した上での送信，又は，送信者のアカウントを複数登録した上での送信は，加重違反行為とみなされる．さらに，性的志向を持つ商用電子メールについては，受信者が事前に積極的な同意を与えていない限り，FTC が事前に指定した表示又は印を件名に表示しないまま送信する行為は，違法とされる．

「故意に，虚偽又は誤解を与える通信情報を伴う電子メールにより促進された事業」(Businesses knowingly promoted by electronic mail with false or misleading transmission information)[98] に関する規定は，虚偽又は誤解を与える通信情報を伴った商用電子メールの通信において，商品やサービスの販売を促進する行為を違法とする．

「法執行全般」(Enorcement generally)[99] に関する規定では，FTC に対する執行権限や，司法長官又は州の代理人に対する訴訟提起権等を定める．損害賠償は，州の住民が被った現実の金銭的損失，又は，法定賠償の多い方とされる．なお，「商用電子メールの利用者のための他の保護措置」の違反行為に対しては，ISP も訴訟提起権を持つ．

「他の法律への効果」(Effect on other laws)[100] に関する規定は，州法に対する優先を定める．すなわち，詐欺的行為を禁ずる部分を除き，商用電子メールを規制する州法，規則等にすべて優先する．

「電子メール受信拒否登録簿」(Do-not-e-mail registry)[101] に関する規定では，FTC に対し，この法律の成立日から 6 ヶ月以内に，電子メール拒否登録簿の設置に関する計画を立案し，成立日から 9 ヶ月を経過した後に，登録簿を実施する権限を付与している．これは，FTC の設定した「電話拒否登録簿」

に類似した制度である．しかし，FTC は，2004年6月に議会に提出した報告書の中で，全国電子メール受信拒否登録簿の設置は，スパム問題に有益な効果を与えず，スパマーが電子メールシステムの構造を活用する能力に鑑みれば，民間市場による実務的かつ効果的な認証基準の開発が必要であるという結論を下している[102]．

「携帯に対する適用」（Application to wireless）[103] に関する規定は，携帯電話あての受信者の求めによらない商用電子メールから消費者を保護するために，オプトアウトを内容とする規則を制定し，公布する権限を，FCC に付与している．FCC は，この法律の実施規則を制定した[104]．

2.5 セキュリティ侵害通知（Notice of Security Breach Law）に関する法律

最近では，個人情報に関するセキュリティ侵害（漏えい事故）が生じた場合に，その旨の通知を義務付ける法律を制定する州が増えてきている．

最初にこれに取り組んだのは，カリフォルニア州であった．同州は，2002年9月26日に州の民事法典（California Civil Code）を改正し，セキュリティ侵害通知に関する規定を設けた．施行は，2003年7月1日である．

カリフォルニア州の消費者問題課（California Department of Consumer Affairs）のプライバシー保護事務局（Office of Privacy Protection）は，2007年2月，「個人情報に関連するセキュリティ侵害の通知についての実務勧告」（Recommended Practices on Notice of Security Breach Involving Personal Information）という報告書を発表した．報告書は，その中で，セキュリティ侵害による ID 窃盗（なりすまし）によって，被害者は多くの時間や労力を費やす旨を指摘し，この法律を，最近の州法の中で最も重要なプライバシー法の1つであると位置づけている．個人情報の不正利用に伴う被害を食い止める役割を果たすものである．

この法律が編纂されたカリフォルニア州民法典（California Civil Code）の第1798.29条第(a)項によれば，州の機関において，コンピュータデータであって，暗号化されていない個人情報が，無権限の人間によって取得された，又は，取得されたことが合理的に疑われる場合に，カリフォルニア州の住民に対し，可急的速やかに，システムのセキュリティ侵害について通知しなければならない旨を定める[105]．

システムのセキュリティ侵害とは，コンピュータ化された個人情報の安全性，機密性，及び，完全性を侵す無権限取得を意味する[106]．

通知の方法は，文書，電子的通知，代替的通知の３種類が認められる．電子的通知は，合衆国法律集第15編第7701条に定める電子記録及び電子署名に関する規定に従っているものをいい，代替的通知は，通知を提供する経費が25万ドル以上要することなどを当該機関が証明した場合に，電子メール，当該機関のウェブ・サイトへの掲載等の方法を認めたものである[107]．

また，第1798.82条は，カリフォルニア州で事業を行う個人又は事業者に対しても，機関と同様の通知義務を定めている[108]．違反により被害を受けた者は，民事訴訟を提起し，損害を回復することができる[109]．違反事業者又は違反をもくろんだ事業者は，禁止命令の対象となる[110]．

カリフォルニア州では，2005年２月15日に，大手のデータベース企業であるチョイスポイント（Choicepoint）という会社から，16万3,000件もの個人情報が漏えいする事件が発生し，州の住人に対して，同法に基づく通知が行われている[111]．

上記報告書によれば，この法律が施行されたことによって，情報セキュリティが一般の関心を集めるようになり，組織も，セキュリティ侵害の主な原因であるノートパソコンその他の持ち運び可能な機器の盗難や紛失に対して，より注意を払うようになったとのことである．また，セキュリティ侵害を被るデータのうち，圧倒的に多いのが，社会保障番号であり，これが深刻ななりすまし問題をもたらしている．

その後，各州も同様の法律を制定する動きを見せ，2007年８月22日時点において，37州及びコロンビア特別区が法律の制定を実現している[112]．

また，連邦レベルでも，セキュリティ侵害の際に通知を義務付ける法案が多数提出されている．第110連邦議会（2007年〜2008年）では，2007年個人データへの危険通知法案（Notification of Risk to Personal Data Act of 2007）[113]，2007年個人データのプライバシー及びセキュリティ法案（Personal Data Privacy and Security Act of 2007）[114]，2007年データセキュリティ法案（Data Security Act of 2007）[115] などが提出された．

2.6 その他

以上のほかには，1986年コンピュータ詐欺及び濫用法（Computer Fraud and Abuse Act of 1986）[116] が存在する（1986年10月16日成立）．

長称は，「接続機器及びコンピュータに関する詐欺及び関連活動に対する追加的処罰を定める等の目的で，合衆国法律集第18編を改正するための法律」（An Act to amend title 18, United States Code, to provide additional penalties for fraud and related activities in connection with access devices and computers, and for other purposes）である．

この法律は，連邦政府機関のコンピュータへの意図的かつ無権限のアクセス等を処罰する．

3 医療分野

アメリカでは，2003年4月14日，医療分野を対象とした HIPAA プライバシー・ルールが施行され，医療業界に大きな影響を与えている．

3.1 成 立

1996年8月21日，連邦法として，1996年健康保険の移動性及び責任性に関する法律（Health Insurance Portability and Accountability Act of 1996, HIPAA）[117] が成立した．HIPAA 第261条〜264条は，連邦厚生省長官（Secretary of Health and Human Services）に，健康情報の電子的交換，プライバシー保護及びセキュリティ保護に関する基準の公表を求めている．これらはまとめて，医療事務簡素化（Administrative Simplification）規定として知られている．

HIPAA は，連邦厚生省長官に，合衆国議会が1999年8月21日までに，プライバシー法を制定しなければ，個人識別可能な健康情報を規制するプライバシー・ルールを公布しなければならないとしている．合衆国議会のプライバシー法は実現しなかったため，連邦厚生省長官は，プライバシー・ルールの中間要綱案を策定し，同年11月3日，パブリック・コメントを得る目的で公表し，2000年12月28日，プライバシー・ルールを公表した．その後，2002年3月27日，連邦厚生省は，プライバシー・ルールの一部改訂案を公表し，パブリック・コメントを求めた後，2002年8月14日，最終規則を公表した．施行日は2003年4

第10章　アメリカのプライバシー保護諸法　　　447

月14日である．

　なお，プライバシー・ルール制定により，これまでに制定された州法上の抵触部分は，プライバシー・ルールに専占されることになった．ただし，州法がより手厚い保護を定めている場合は，従来どおり，州法の規定が適用される．

3.2　目的及び適用対象

　プライバシー・ルールの主要目的は，良質な医療の提供や促進，及び，公衆衛生や福祉を保護するために必要とされる医療情報の流れを認める一方で，個人の医療情報の適切な保護を図ることにあり，「対象事業者」(covered entity)による「保護健康情報」(protected health information)[118]の「利用及び提供」(use, disclosure)[119]，「個人の健康情報に対するアクセス」(access of individuals to protected health information) に関する基準を設定したルールである．

　「対象事業者」とは，「健康保険機関 (health plan)，保健医療情報センター(health care clearinghouse)，本節により対象とされる取引に関連して，電子的形式で健康情報を移転させる保健提供者 (health care provider) の三者」をいい[120]，公的，民間の区別はない．

3.3　利用及び提供に関する原則

　プライバシー・ルール上，対象事業者は，保護健康情報を利用・提供するに当たって，原則として，保護健康情報の主体である個人から，同ルールの基準を満たす書面上の許可を取得しなければならない．そして，対象事業者が許可を得た場合であっても，利用及び提供は，許可の範囲内に限定される[121]．

　この許可文書には，利用又は提供される情報の説明，利用または提供を許可された人の名称，対象事業者が利用又は提供を行うことのできる相手の名称，利用又は提供の目的，許可の有効期限又は効力喪失事由，当該人物の署名及び日付等を記載しなければならない[122]．

3.4　利用及び提供に関する例外

　匿名化とは，個人又は個人の親戚，雇用者，又は，世帯構成員の情報から，氏名や住所といった18の識別項目を取り除くこと，かつ，対象事業者において，当該情報が，単独又は他の情報との組み合わせにより，情報主体である個人を特定するために利用されうることを，現実に認識していないこと，という２つの条件を満たす場合等に認められる[123]．

なお，匿名化情報については，再識別化が認められているものの，これは，改めて全く別の識別符号を付すことを意味し，個人に関連する情報に由来することは認められていない[124]．匿名化情報は，保護健康情報ではないことから，プライバシー・ルールの適用対象外となる．

3.5 必要最小限の要件

保護健康情報の利用，提供が認められる場合であっても，プライバシー・ルールは，必要最小限基準の充足をも求めている．すなわち，対象事業者は，利用に当たっては，職場内で保護健康情報を必要とする者，必要とする情報を特定しなければならず，また，提供に当たっては，提供される保護健康情報の限定を意図した判断基準を定め，その基準に従って，個別ベースで提供の要請を審査しなければならない[125]．

4　その他

以上のほかに，教育分野では，1974年家族の教育権及びプライバシー法 (Family Educational Rights and Privacy Act of 1974)[126] が存在する（1974年8月21日成立）．

この法律は，生徒の教育記録のプライバシー保護を目的としており，連邦教育省が実施する基金を受け取るすべての学校に適用される．

また，報道分野では，1980年プライバシー保護法 (Privacy Protection Act of 1980)[127] が存在する（1980年10月13日成立）．この法律の長称は，「人々が保有する文書資料への政府による捜索及び差押えを制限し，本法の規定違反により被害を被った人々に救済を与える等のための法律」(An Act to limit governmental search and seizure of documentary materials possessed by persons, to provide a remedy for persons aggrieved by violations of the provisions of this Act and for other purposes) である．この法律の名称には，「プライバシー保護」という言葉が使われているが，その内容は，政府による押収から，報道機関の保有する情報を保護するものとなっている[128]．

さらに，当時の政治状況を背景に成立した法律としては，1988年ビデオ・プライバシー保護法 (Video Privacy Protection Act of 1988)[129] が存在する（1988年11月5日成立）．

第10章　アメリカのプライバシー保護諸法　　449

　この法律は，合衆国最高裁裁判官の候補になったロバート・ヘロン・ボーク
(Robert Heron Bork) 氏のレンタル・ビデオ記録の調査が行なわれ，報道機関
にその情報が流れたことをきっかけに成立したものである．ボーク氏は，女性
の中絶の自由を憲法上のプライバシー権として認めた1973年のロー対ウェイド
事件（Roe v. Wade)[130] について，憲法上のプライバシー権の存在を否定する
見解を表明していたことから，最高裁裁判官の適格性が，上院で激しく議論さ
れていた[131]．そこで，上記の調査が行なわれたことが，同法成立の背景とな
っている．

　同法によって，レンタル・ビデオ業者は，本人の文書による同意や，裁判所
の発する令状による場合等を除き，利用者に関する個人識別情報を提供するこ
とを禁じられ，違反した場合は2,500ドルを下限とする損害賠償責任を負うこ
ととなった．このような背景によって法律が成立するのは，セクトラル方式を
取るアメリカにおける１つの特徴となっている．

第３節　セーフ・ハーバー原則[132]

1　セーフ・ハーバー協定の締結

　既に見たとおり，アメリカの民間部門における個人情報保護法制は，自主規
制を基本とし，特に機密性が高い情報を扱う分野で個別法を制定するというセ
クトラル方式を採用しており，オムニバス方式による欧州のアプローチとは大
きく異なっている．

　しかし，1995年に採択された EU 個人保護指令第25条第１項は，「加盟国は，
取り扱われている又は移転後の取扱いが予定されている個人データの第三国へ
の移転は，本指令の他の規定に従って採択された国内規定の遵守を損なうこと
なく，当該第三国が十分なレベルの保護措置を確保している場合に限って，行
うことができることを定めなければならない」という規定を設けるに至った．
そして，この指令は，EU 加盟国に対し，1998年10月24日を国内法制定の履行
期限と定めていた．

　アメリカは，EU のこうした動きに対し，自国内の事業者と EU 加盟国間に
おける個人データの流通に障害を来たすことを懸念した．特に，当時，電子商

取引分野におけるアメリカ・EU 間の国際取引は，2 兆円にも上っており[133]，「十分なレベルの保護措置」の基準に適合しないことを理由に EU 加盟国からの個人データ移転を制限されれば，多大な経済的な損失が生じることは必至であった．他方，国際取引の制限による経済的損失は，EU 側にとっても同じことであった．

　そこで，アメリカ商務省（U.S. Department of Commerce）は，EU に対して「セーフ・ハーバー協定」を提案し，EU 側も，この原則を十分性の基準に適合するものとして受け入れる方向で，検討を行うこととなった．形式的には，EU 個人保護指令第25条第 6 項に基づく十分性の認定作業である[134]．

　両者の交渉は，1998年11月から開始され，約 2 年間もの長期間にわたって，様々なやりとりが行われた．主な争点は，①自主規制の遵守を誰がチェックするのか，②EU の市民が権利侵害を受けた時の救済方法（実効性），③裁判管轄，④目的外利用の是非，⑤データ主体の開示請求権の範囲等であった[135]．

　十分性の評価は，EU 指令第29条に基づいて設置された「個人データの取扱いに係る個人の保護に関する作業部会」（Working Party on the Protection of Individuals with regard to the Processing of Personal data）が検討してきた．作業部会は，1999年 1 月26日[136]及び同年 5 月 3 日[137]に採択された文書において，セクトラル方式と自主規制のみでは，十分性の基準に適合しないという見解を繰り返し明らかにしていた．そして，作業部会は，同年 6 月 7 日採択の文書では，商務省が明らかにしたセーフ・ハーバー原則の FAQs に対する意見を明らかにし[138]，また，同年 7 月 7 日付採択文書では，同年 7 月14日に行われる会合に向けた作業部会の懸念事項に関する報告を行った[139]．

　さらに，作業部会は，同年12月 3 日採択文書において[140]，同年11月15日及び16日付でアメリカが発表したセーフ・ハーバー原則の草案及び FAQs の最新版を検討した．この中で，作業部会は，アメリカの草案や FAQs にはまだ不十分な点があるとして，「セーフ・ハーバー」の適用範囲を明らかにすることや，適切に権限を付与された公的機関による執行等に関する改善項目を指摘している．

　このような経過を経て，アメリカ商務省と欧州委員会域内市場理事会（European Commission's Internal Market Directorate）は，2000年 3 月14日，協定の

仮合意に至った.

　この合意について，アメリカ商務省は，同年3月17日，次のような見解を明らかにした[141]．セーフ・ハーバー協定の正式な採択には，さらなる時間を要するであろう．EU側は，データ保護機関や欧州議会との協議を要し，欧州委員会及び加盟国による承認を経ることが必要となる．同時に，商務省は，国内の他の省庁と協議を行い，協定文書に関するパブリックコメントを求める．また，金融サービスの分野では，欧州委員会との協議の継続が必要である．

　商務省はこのように述べ，EUとの協議を行う間に，データの流通が阻まれることがないように期待していることを強調した．

　一方，EUの作業部会は，同年3月16日付採択文書において，長時間を割いて検討を行ってきたことや，ヨーロッパ国民の個人データの取扱いに関する保護の重要性を強調する[142]とともに，同日付の別の採択文書では[143]，セーフ・ハーバーの適用範囲の完全な明確化や，例外を限定することなど，さらなる改善にも言及した．そして，両当事者間では，その後も最終案の採択に向けた調整が行われた．正式なセーフ・ハーバー協定は，アメリカでは，同年7月24日[144]と9月19日[145]の連邦公示録で公示され，欧州委員会では同年7月28日に公表され，ようやく発効するに至った．

　この交渉の評価について，アメリカ側は，①セーフ・ハーバー参加者はEU法とアメリカ法の二重のプライバシー基準に悩む必要がなくなったこと，②アメリカ国内での認定・法解釈であること，③企業にとっては，予見可能性とコストの面での利点があるなど，一定の評価をしているとのことであった．これに対して，EU側は，一定の評価はしつつも，作業部会はなお幾つかの点に不満を残している．欧州議会は，2000年6月22日，EU委員会決定案についての決議という形でこの不満を取り上げ，①セーフ・ハーバーがFTCと商務省の所管の企業にのみ関係する（銀行や電気通信分野は除外される）こと，公に利用可能なデータ（登記，電話等）は例外とされている（FAQ15）こと，③セーフ・ハーバー違反に対して損害賠償が得られることが確実には結論付けられていないなどの点を指摘し，決定が適当な時期に見直されるべきことを求めている[146]．

　こうした経過を経て，結局，アメリカは，EU個人保護指令の十分性の基準

をクリアするため，セクトラル方式を維持しつつ，一種の契約的アプローチを
採用することとなった．この間，アメリカ国内では，プライバシーを保護する
ための多くの法案が提出されたが，大部分は廃案となった．その背景として，
アメリカの個人情報保護法制に対する一般的認識が，個人情報の自由な流通を
重視していることにあると指摘されている[147]．

　他方，EUが，厳格な十分性の基準を求めながらも，結局アメリカの提案を
受け入れた理由は，アメリカとの通商関係や情報の流通等の現状を無視するこ
とができず，結果的に，アメリカの提示した枠組みに同意せざるを得なかった
という事情があったからとされている[148]．いわば，セーフ・ハーバー協定は，
強大な通商力及び外交力を持つアメリカ特有の解決手法ということができる．

2　セーフ・ハーバー原則の内容

2.1　構　成

　セーフ・ハーバー原則及びその関連文書は，2000年7月24日付連邦公示録に
掲載されており，その構成は，次のようになっている．

　　セーフ・ハーバー・プライバシー原則（Safe Harbor Privacy Principles）
　　　　付属文書（Annex）
　　　よくある質問とその回答（Frequently Asked Questions（FAQs））
　　1　センシティブなデータ（Sensitive Data）
　　2　報道関係の適用除外（Journalistic Exceptions）
　　3　二次的責任（Secondary Liability）
　　4　投資銀行及び会計監査（Investment Banking and Audits）
　　5　データ保護機関の役割（The Role of Data Protection Authorities）
　　6　自主的な証明（Self-Certification）
　　7　証明（Verification）
　　8　アクセス（Access）
　　9　人事（Human Resources）
　　10　第17条の契約（Article 17 contracts）
　　11　紛争解決及び執行（Dispute Resolution and Enforcement）

第10章　アメリカのプライバシー保護諸法　　453

12　選択―オプト・アウトの時機（Choice-Timing of Opt-out）

13　旅行情報（Travel Information）

14　医薬品及び医療用具（Pharmaceutical and Medical Products）

15　公の記録及び一般に入手可能な情報（Public Record and Publicly Available Information）

2.2　概　要

　セーフ・ハーバーが適用対象とする情報は，個人データ及び個人情報である．それらは，指令の範囲内において識別され又は識別可能な個人に関するデータのことをいい，アメリカの組織がEUから受領し，あらゆる形態で記録するものを指す．なお，組織がマニュアル処理をするファイリング・システム内の個人情報については適用除外となっている．

　セーフ・ハーバーへの加入を認められると，EUからアメリカへ個人データを移転する際に，セーフ・ハーバー原則が適用される．ただし，適用されるのは，加入後のデータ移転のみである．

　加入するか否かは，完全に組織の判断に委ねられている．加入を希望する組織は，プライバシー原則を遵守した自主規制のプライバシー・プログラムに参加するか，又は，セーフ・ハーバーに適合するような自主規制によるプライバシー・ポリシーを制定することを要する．

　いずれの場合も，セーフ・ハーバーの資格を得ようとする組織は，自ら，セーフ・ハーバーを遵守していることを商務省に対して証明することが必要となる．遵守を自主的に証明した日から，組織は，セーフ・ハーバーの利益を享受することが認められる．

　加入した組織は，セーフ・ハーバーによる利益の享受を確実にするため，毎年，商務省に対し，文書で，遵守事項に同意していることを証明しなければならない．

　このようにして，セーフ・ハーバーに加盟し，遵守事項に従う組織は，「十分性」の要件を満たすものとみなされる．

　商務省は，セーフ・ハーバー原則に定められた要件を満たしている組織の「セーフ・ハーバー・リスト」を保有し，これをウェブ・サイトに掲載する．

2007年10月19日現在のリスト掲載事業者は，1,294件となっている．

　セーフ・ハーバーに加入した組織が，遵守事項に違反した場合は，連邦取引委員会法第5条[149]が定める虚偽及び欺瞞的商取引の禁止に基づき，違反行為ごとに1万ドル以下の民事罰[150]や，違反行為の停止命令などの法的制裁を受ける．

2.3　プライバシー原則[151]

　セーフ・ハーバー・プライバシー原則は，7つの原則から構成されており，その主な内容は，次のようになっている[152]．

(1)　告知 (Notice)

　「組織は，個人に関する情報の取得及び利用の目的，質問又は苦情を申し出る際の組織への連絡方法，情報を提供する第三者の種別，当該情報の利用及び提供を制限するために組織が個人に付与する選択及び手段を，個人に通知しなければならない」．

　この告知は，組織が個人から最初に個人情報を取得しようとした時又は当該情報が利用可能となった直後に，明確かつ明示的な用語によって行わなければならないとされている．

(2)　選択 (Choice)

　「組織は，個人に対して，その個人情報が，(a)第三者へ提供されるか否か，又は，(b)本来の取得目的又は事後的に個人が承認した目的と矛盾する目的のために利用されるか否かについて，選択（オプト・アウト）する機会を提供しなければならない」．

　特定の機微情報（医療又は健康状態，人種又は民族的出自，政治思想，宗教又は哲学的信条，労働組合への加入事実，又は個人の性生活を特定する情報など）の場合は，積極的又は明示的（オプト・イン）な選択が与えられなければならないとされている．

　ただし，機微情報であっても，常にオプト・インが強制されるとは限らず，以下のような場合は，例外とされている（FAQ1参照）．

・データ主体又は他の者の重要な利益が関わる場合．
・法的主張又は防御を証明するために必要な場合．
・治療又は診断を提供するために求められる場合．

第10章　アメリカのプライバシー保護諸法　　　455

- 財団，協会又は他の非営利的団体が，政治的，哲学的，宗教的又は労働組合の目的で，適法な活動を行う過程において，その目的との関連で，組織のメンバー又はその組織と頻繁に連絡を取る人物のみが当該処理に関わり，かつ，データ主体の同意なく第三者にデータが提供されないことを条件とする場合．
- 労働法の分野における組織の義務を履行するために必要な場合．
- 個人が明示的に公にしたデータに関連する場合．

(3) 外部への移転（Onward Transfer）

「第三者へ情報を提供することに対して，組織は，通知及び選択の原則を適用しなければならない．組織が，情報を，末尾の注で説明を付した代理人として活動する第三者に，移転することを望んだ場合，次に掲げる事柄を条件として，情報を移転することができる．すなわち，第三者が諸原則に同意し，若しくは，指令あるいは他の適切な認定に従うことを最初に確認した場合，又は，第三者に対して，少なくとも，関連する諸原則によって求められるものと同等のプライバシー保護レベルを提供することを要求する文書による合意を，当該第三者と交わした場合」．

組織は，この条件に従っている場合は，第三者の違反行為があったとしても，その事実を認識し又は認識すべきであった場合，及び，合理的な予防措置を講じていなかった場合を除き，責任を免れることができる．

(4) セキュリティ（Security）

「個人情報の作成，保持，利用又は頒布を行う組織は，その滅失，誤用及び無権限アクセス，提供，改変及び破損から保護するために，合理的な予防措置を講じなければならない」．

(5) データの完全性（Data Integrity）

「諸原則に従い，個人情報は，その利用目的に関連するものでなければならない．組織は，取得目的又は個人が事後的に承認した目的に矛盾する方法で個人情報を処理してはならない．それらの目的に必要な範囲で，組織は，データが利用目的，正確性，完全性及び最新性を確実にするために，合理的な措置を講じるべきである」．

(6) アクセス (Access)

「個人は，組織が保有する自らに関する情報へのアクセスを認められ，それが不正確な場合には，訂正，修正又は削除を行うことができる．ただし，問題の場合において，個人のプライバシーへの危険よりも，当該情報へのアクセスを提供することが不相応な負担若しくは費用を要する場合，又は，当該個人以外の者の権利が侵害される場合は，この限りでない」．

この原則に関しては，FAQs8が解説を行っている．

FAQ8では，アクセス権は絶対的な保障ではないこと，組織のデータベースへのアクセスを認めるものではないこと，公開記録には必ずしもアクセス原則を適用する必要はないこと，その他費用請求などを説明している．特に，ここでは，アクセスを拒否できる場合として，国家安全保障・防衛・公共の安全，研究又は統計上の目的，犯罪予防・捜査，民事裁判の妨げとなる場合などが列挙されている．ただし，アクセスを拒否できる場合は限定的とされている．組織は，拒否理由を明確に示すことを義務付けられており，拒否を主張する場合は，その証明責任を負わなければならない．

(7) 執行 (Enforcement)

「プライバシーを効果的に保護するためには，諸原則の遵守を確実にするための仕組み，当該データにかかわる個人が，諸原則の不遵守によって影響を被った場合の遡求権，及び，組織が原則を遵守していない場合の結果を設けなければならない」．

この仕組みには，最低限，①個人の苦情及び紛争が解決され，法律等によって損害賠償を認められる仕組みが，容易に利用可能であること，②事業者によるプライバシー保護策の実施状況のフォローアップ，③組織が原則に違反したことによって生じた問題に対する救済義務等を盛り込まなければならない，とされている．また，組織による遵守を確実にするため，制裁は十分に厳格なものでなければならない．

2.4 報道機関の適用除外

合衆国憲法修正第1条は，言論・出版の自由を保障していることから，セーフ・ハーバー原則のFAQ2では，報道機関について，次のような形での適用除外を認めている．

第10章 アメリカのプライバシー保護諸法　　457

「合衆国憲法修正第１条によって具体化された出版の自由の権利は，プライバシーの利益の保護と交錯する問題であり，修正第１条は，合衆国市民や組織の活動との関連で，これらの利益を衡量しなければならない．出版・放送又はその他の公然性を有する通信形態において，報道の素材のために集められた個人情報は，利用の有無を問わず，メディアの記録文書から広められた既公開の素材の中に見出された情報と同様に，セーフ・ハーバー諸原則の義務に服さない」．

第４節　アメリカのプライバシー保護立法と最近の議論

以上見てきたように，アメリカは，世界的趨勢であるオムニバス方式とは対照的に，セクトラル方式，すなわち，規制対象を限定して個別領域ごとに立法措置を講じる方式を採用している．

一方，アメリカでも包括的なプライバシー保護法を提唱する動きがなかったわけではない．この点について，ウェスティン博士は，1967年の段階では，政府による監視に対抗する形で，現代的プライバシー権の立法化を提唱したが，分野ごとのアプローチと包括的なアプローチのいずれか１つを選択することは，必要ないと述べるにとどまっていた．

しかし，1980年代に入ると，電気通信及び情報技術が劇的に変化し，コンピュータ化の強い影響が生じたため，アメリカの法的枠組みに異論を唱える者も出るようになった．例えば，フォーダム大学法科大学院（Fordham University School of Law）のジョエル・R・リーデンバーグ（Joel R. Reidenberg）教授は，1992年に発表した論文の中で，ヨーロッパ方式と比較した上で，アメリカのプライバシー保護法の問題点を指摘している．教授は，アメリカがセクトラル方式を採用したのは，私的活動に対する政府の干渉を好まないという伝統に根ざすことを理解しつつも，あらゆる産業で個人情報の処理が行われるようになった時代において，情報プライバシー権が連邦法及び州法の複雑な体系下に組み込まれていること，それらの法律が特定領域しか対象としていないこと，さらに州間の異なる規制が混乱を生じさせることを懸念し，連邦レベルでの一貫したプライバシー保護法の制定を提案している[153]．

また，リーデンバーグ教授は，カリフォルニア大学バークレー校ボールト・ホール法科大学院（University of California, Berkeley, School of Law (Boalt Hall)）のポール・M・シュワルツ（Paul M. Schwartz）教授とともに，1996年に『データ・プライバシー法』（Data Privacy Law）を発表した．この著書は，1995年 EU 個人保護指令の採択を受け，国際的な個人データの流通が増大する中で，ヨーロッパのアプローチと比較した場合のアメリカ法の問題点を様々な観点から指摘している[154]．リーデンバーグ教授は，2000年に発表した論文の中で，1990年代に生じたインターネットの飛躍的発展による国際的なデータ流通に着目し，長期的に見れば，プライバシー問題は，情報社会のための管理基準に関する世界的な意見の一致へと進むであろうと述べている[155]．

アメリカには，電子プライバシー情報センター（Electronic Privacy Information Center, EPIC）[156] が存在する．EPIC は，1994年に設立された非営利の人権擁護団体であり，市民の自由，プライバシー保護，修正第1条及び憲法上の諸権利に関する問題を調査し，日常的に情報を提供している．EPIC の常任理事を務めるマーク・ローテンバーグ（Mark Rotenberg）氏は，下院の国際関係委員会（Committee on International Relations）に対し，1998年5月7日，EU 個人保護指令とプライバシーについて，意見を述べた[157]．ローテンバーグ氏は，この中で，プライバシー権がアメリカで確立された基本的な人権であるという理解のもと，1995年 EU 個人保護指令への他国の対応などを紹介し，アメリカでも包括的な立法を検討すべき時期が到来したことを指摘している．

カナダの西オンタリオ大学（University of Western Ontario）の名誉教授であるデイビッド・H・フラハーティ（David H. Flaherty）氏は，1989年に，『監視社会におけるプライバシー保護：ドイツ連邦共和国，スウェーデン，フランス，カナダ及びアメリカ合衆国』（Protecting Privacy in Surveillance Societies: The Federal Republic of Germany, Sweden, France, Canada and the United States）という著書を発表した[158]．この中では，監視社会におけるプライバシー保護のために，公的部門の規制に焦点を当て，ドイツ，スウェーデン，フランス，カナダ，アメリカの法的対応を比較・検討し，データ保護法の必要性や，独立の第三者機関が果たす役割などに触れている．

他方，表現の自由への配慮や，プライバシー保護のための経費がかかること，

政府の介入は歴史的に回避されてきたことを理由に，ヨーロッパ方式に従う必要はないとする意見も存在する[159]．

　統一的な立法の可否に関する議論は，現在でも続いており，アメリカ企業の観点からは，1995年 EU 個人保護指令のような国内法ができた場合に生じる混乱の可能性は予測困難であるとされている[160]．結果として，現在に至るも，アメリカはオムニバス方式を採用していない．

　また，個人情報のほかの側面として，シュワルツ教授は，個人情報を商品としてとらえる考えが強くなってきている点を指摘する．教授は，2004年にハーバード・ロー・レビューに発表した論文[161]の中で，個人情報の商品化に関連する実例（ID チップ，スパイウェア，アドウェアなど）を取り上げ，個人情報の財産化を発展しつつ，情報プライバシーを十分に保護するための提案を行った．教授は，財産化された個人情報について，個人のプライバシーを尊重したマーケットを形成し，民主的秩序を維持するための 5 つの要素として，①個人情報の譲渡を制限する個人の権利，②取引条件の提供を義務付ける規程のルール，③マーケットへの参加から抜け出す権利，④マーケットの濫用を阻止するための損害賠償制度，⑤個人情報のマーケットを取り締まり，プライバシー侵害を罰するための制度の創設を提案している．

　ジョージ・ワシントン法科大学院（George Washington University Law School）のダニエル・J・ソロブ（Daniel J. Solove）准教授は，2004年に『デジタル人間：情報化時代における技術とプライバシー』（The Digital Person : Technology and Privacy in the Information Age）という著書[162]を発表した．ここでは，コンピュータによりデジタル化された個人に関する詳細なデータの集積（"digital dossiers"）をめぐる問題を捉え，古いプライバシー概念に基づく法律では，digital dossiers がもたらしたプライバシー問題を解決できないとし，長年続いているプライバシー概念の再考察を提案している．

　リーデンバーグ教授，シュワルツ教授，ソロブ准教授，ジョージタウン大学（Georgetown University）法学部のジュリー・E・コーエン（Julie E. Cohen）教授[163]等が参加するものに，「情報プライバシー法プロジェクト」（Information Privacy Law Project）がある．このプロジェクトは，研究者の集まりであって，デジタル技術の発展により，個人情報の収集，利用，提供が増大したことに着

目し，「情報プライバシー」法を定義し，明確な学術研究分野として確立することを目指すものである．各研究者の見解は多くの点で違いを見せているが，プロジェクトは，次の2点において共通している．

(1) 自己決定権としてのプライバシーと，情報プライバシーを区別する．情報プライバシーを，自分に関する情報をコントロールする個人の権利とし，主に，不法行為法上のプライバシー，州及び連邦上のプライバシー保護立法，修正第1条及び同第4条の保障する憲法上の保護に依拠する．

(2) 情報プライバシー法の研究者は，技術的又は知的財産権を背景としてプライバシー権にアプローチをする傾向にあり，法的な示唆に加えて，情報規制の技術的側面に関心を寄せている．

ソロブ准教授の上記著書は，まだ継続中の研究ではあるが，プロジェクトの最近の重要な研究成果の1つである．

ソロブ准教授は，digital dossiers によりもたらされた問題をより効果的に捉えるために，ジョージ・オーウェルの小説『1984年』が用いた「ビッグ・ブラザー」ではなく，フランツ・カフカの小説「審判」にヒントを得て，新しい比喩を提案した．そこでは，ソロブ准教授は，知らない間に digital dossiers により自らに関する決定が下されてしまい，本人は何らのコントロールを及ぼす術を持たないことについて，次のように表現した．「個人情報の利用及び流通の伝播は，カフカ風の官僚主義の世界を創り出す．そこでは，われわれは，ますます力をなくし傷つきやすくなり，個人情報はわれわれのコントロールの外に置かれるにとどまらず，それ自身が適切にコントロールされていない官僚主義的手法にも服することとなる」[164]．

そして，ソロブ准教授は，この問題意識をもとに，プライバシー保護については，個別の権利侵害の問題ではなく，情報の流れを取り扱う社会構造の問題として大きく捉えるべきだと説いている．すなわち，個人と事業者，個人と政府の間の力関係，及び，情報がどのように流通され，収集され，ネットワーク化されるかを決定する規制の枠組みを構築する必要があると主張している．具体的には，次のような提案がなされた．

民間部門については，①個人データを収集する企業には信認義務を課すべきである，②「公正情報業務に関する法」(codes of "fair information practices"）は個人情報の流れをよりグローバルな形で規制すべきである，③連邦の機関は「個人情報の収集及び利用を規制」すべきである．公的部門については，制定法及び憲法を用いて，修正第1条に基づく公的記録へのアクセス並びに利用，及び，われわれの digital dossiers に対する政府のアクセスに対し，「政府による第三者の記録の収集及び利用を効果的に規制する」ことを「監督する仕組み」を義務付けることによって，規制の枠組みを作るべきである．

　ただし，これらに対して，情報プライバシーは自己決定権としてのプライバシーから多くの示唆を得られることや，プライバシーを社会的価値として捉えた場合に，権利概念が不明確となるといった批判が存在している[165]．

　さらに最近の議論の傾向としては，「セキュリティ対プライバシー」を挙げることができる．アメリカでは，2001年9月11日に発生したアメリカ同時多発テロの影響により，ナショナル・セキュリティが強調され，個人のプライバシーよりも国家の安全が重視されるようになってきている．この傾向に歯止めをかけた1つの例が，アメリカ自由人権協会対国家安全保障局（ACLU v. NSA）事件において，ミシガン州東地区合衆国地方裁判所（United States District Court for the Eastern District of Michigan, Southern Division）が2006年8月17日に下した判決であった[166]．

　この事件は，アメリカ国家安全保障局が，裁判所の令状を取らないままにアメリカ国内の電話及びインターネット通信を傍受してきた行為が争われたものであるが，合衆国地裁は，この行為に対し，言論の自由，プライバシーを侵害し，三権分立にも抵触するとして，通信傍受の差止めを命じた．NSAは上訴し，ACLUは交差上訴をした．しかし，第6巡回区合衆国控訴裁判所は，2007年7月6日，原告は訴訟原因を十分に述べていないことなどを理由に，連邦の裁判所に訴訟を提起する立場にないと判断し，管轄違いによる棄却の指示を付して破棄・差戻しの判決を下した[167]．

　(1)　スウェーデンの1973年データ法（1998年に新法），イギリスの1984年データ保護法（1998年に新法），フィンランドの1987年個人データファイル法（1999年に新法，2000年改正）ほか多数．
　(2)　岡村久道・新保史生『電子ネットワークと個人情報保護：オンラインプライバシー

法入門』（経済産業調査会，2002年）121-122頁.

(3) Alaska Const. art. I , § 22.

(4) Ariz. Const. art. II , § 8.

(5) Cal. Const. art. I , § 1.

(6) Fla. Const. art. I , § 23.

(7) Haw. Const. art. I , §§ 6，7.

(8) Ill. Const. art. I , §§ 6，12.

(9) La. Const. art. I , § 5.

(10) Mont. Const. art. II , § 10.

(11) S.C. Const. art. I , § 10.

(12) Wash. Const. art. I , § 7.

(13) 本節の内容は，堀部政男『現代のプライバシー』（岩波新書，1980年）52頁以下，同「アメリカの1974年プライバシー法：その8原則と運用状況と中心として」伊藤正己先生還暦記念『英米法の諸相』（東京大学出版会，1980年）301頁以下，総務庁行政管理局行政情報システム参事官室監修『世界の個人情報保護法 プライバシー保護をめぐる最新の動向と背景』（ぎょうせい，1989年）37頁以下，阪本昌成『プライヴァシーの権利』（成文堂，1982年）119頁以下を参考にした．1974年プライバシー法の邦訳は，これらを参考に，一部改訳した．

(14) Privacy Act of 1974, Pub. L. No. 93-579, 88 Stat. 1896 (codified as amended at 5 U.S.C. § 552a (2007)).

(15) 1979年に，教育省が独立し，合衆国保健教育福祉省は，新たに，合衆国保健社会福祉省（United States Department of Health and Human Services）に改組された．

(16) Secretary's Advisory Committee on Automated Personal Data Systems, HEW, *Records, Computers, and the Rights of Citizens* (1973) .

(17) *Id*. at 41.

(18) 5 U.S.C. § 552a (2007) .

(19) 1977年に改正されている．Pub. L. No. 95-38, 91 Stat. 179 (1977) (codified as amended at 5 U.S.C. § 552a (2007)) .

(20) Privacy Act of 1974 § 2.

(21) 第(8)号以下は，1988年コンピュータ・マッチング及びプライバシー保護法により新設された．

(22) (B)は，個人識別を伴わない統計データを作成するためのマッチング等に関する例外を定めている．

(23) 5 U.S.C. § 552 (f)(1) (2007) .

(24) 堀部・前掲注(13)「アメリカの1974年プライバシー法」301頁以下.

(25) Privacy Protection Study Commission, *Personal Privacy in an Information Society* 501 (1977) .

(26) イギリスとアメリカの掲げる諸原則は，同じ8原則でも，その内容を異にしている．

第10章　アメリカのプライバシー保護諸法　　463

(27)　堀部政男『プライバシーと高度情報化社会』（岩波新書，1988年）32-34頁．

(28)　5 U.S.C. § 552a (o) (2007)．

(29)　連邦公事録法（44 U.S.C. §§ 1501-1511 (2007)）及び連邦公事録行政委員会
（Administrative Committee of Federal Register）の諸規則（1 C.F.R. §§ 1.1-
22.7 (2005)）に基づき，連邦公事庁（Office of the Federal Register）によって月曜
日から金曜日までの毎日発行されている刊行物で，日本の官報のようなものである．

(30)　5 U.S.C. § 552a (e)(4) (2007)．

(31)　5 U.S.C. § 552a (e)(3) (2007)．

(32)　堀部・前掲注(13)「アメリカの1974年プライバシー法」313-314頁．

(33)　5 U.S.C. § 552a (r) (2007)．

(34)　5 U.S.C. § 552a (s) (2007)．

(35)　Privacy Act of 1974 § 2(b)(3).

(36)　5 U.S.C. § 552a (f)(1)-(3) (2007)．

(37)　5 U.S.C. § 552 (2007)．

(38)　堀部・前掲注(13)「アメリカの1974年プライバシー法」315頁．

(39)　Privacy Act of 1974 § 2(b)(3).

(40)　5 U.S.C. § 552a (d)(2) (2007)．

(41)　堀部・前掲注(13)「アメリカの1974年プライバシー法」317-318頁．

(42)　第(5)項は後述するため，第(6)項を紹介しておく．「(6)　本条第(b)項第(2)号に従い頒
布する場合を除き，行政機関以外の者に対して個人に関する記録を頒布するに先立ち，
当該記録が正確かつ完全で，適時性を持ち，行政機関の目的に関連したものであること
を確実にするために，適切な努力を払わなければならない．」

(43)　5 U.S.C. § 552a (e)(1) (2007)．

(44)　5 U.S.C. § 552a (e)(2) (2007)．

(45)　堀部・前掲注(13)「アメリカの1974年プライバシー法」319頁．

(46)　5 U.S.C. § 552a (a)(3) (2007)．

(47)　5 U.S.C. § 552a (e)(3)(B) (2007)．

(48)　堀部・前掲注(13)「アメリカの1974年プライバシー法」322頁．

(49)　Privacy Act of 1974 § 2(b)(4).

(50)　堀部・前掲注(13)「アメリカの1974年プライバシー法」323頁．

(51)　5 U.S.C. § 552a (g) (2007)．

(52)　5 U.S.C. § 552a (i) (2007)．

(53)　Doe v. Chao, 540 U.S. 614 (2004)．

(54)　合衆国法律集第5編第552条のa 第(g)項第(1)号は，合衆国政府が民事責任を負う4
つの場合を設けており，同号(D)は，包括的な規定として，プライバシー法の規定を遵守
しなかったことにより，人が「不利益な影響」を被った場合における違反行為を定める．
同条第(g)項第(4)号(A)は，同条第(g)項第(1)号(C)又は(D)に基づき提起された訴訟において，
当該行政機関が「故意又は意図的」な態様で行動したと認定された場合，合衆国政府は，

第III部　個人情報保護法制の実現・展開

拒絶又は不履行の結果として個人が被った現実的損害賠償の責任を負うと定めている.ただし,いかなる場合でも,権利回復を認められた者に対しては,総額1,000ドルを下らない金額が付与される.

(55)　Haeji Hong, *Dismantling the Private Enforcement of the Privacy Act of 1974: Doe v. Chao*, 38 ARKON L. REV. 71 (2005).

(56)　Computer Matching and Privacy Protection Act of 1988, Pub. L. No. 100-503, 102 Stat. 2507 (codified as amended at 5 U.S.C. § 552a (2007)).

(57)　5 U.S.C. § 552a (a)(8) (2007).

(58)　5 U.S.C. § 552a (o) (2007).

(59)　5 U.S.C. § 552a (r) (2007).

(60)　5 U.S.C. § 552a (s) (2007).

(61)　5 U.S.C. § 552a (u) (2007).

(62)　Pub. L. 101-508, 104 Stat. 1388 (codified as amended at 5 U.S.C. § 552a (2007)).

(63)　5 U.S.C. § 552a (p) (2007).

(64)　Computer Security Act of 1987, Pub. L. No. 100-235, 101 Stat. 1724 (codified as amended in scattered sections of 15 U.S.C. and 40 U.S.C.).

(65)　岡村・新保・前掲注(2)121頁以下.

(66)　Fair Credit Reporting Act of 1970, Pub. L. No. 91-508, 84 Stat. 1127 (codified as amended at 15 U.S.C. § 1681 *et seq.* (2007)). 公正信用報告法については,阪本昌成『プライヴァシー権論』(日本評論社,1986年) 287頁以下を参照.

(67)　Consumer Credit Protection Act of 1968, Pub. L. No. 90-321, 82 Stat. 146 (15 U.S.C. 1601 *et seq.* (2007)).

(68)　Fair and Accurate Credit Transactions Act of 2003, Pub. L. No. 108-159, 117 Stat. 1952 (codified as amended at 15 U.S.C. § 1681 *et seq.* (2007)).

(69)　16 C.F.R. §§ 600-698 (2006).

(70)　Right to Financial Privacy Act of 1978, Pub. L. No. 95-630, 92 Stat. 3697 (codified as amended at 12 U.S.C. §§ 3401-3422 (2007)).

(71)　United States v. Miller, 425 U.S. 435 (1976).

(72)　Financial Services Modernization Act of 1999, Pub. L. No. 106-102, 113 Stat. 1338 (codified as amended in scattered sections of 12 U.S.C., 15 U.S.C., 16 U.S.C.).

(73)　15 U.S.C. 6803 (2007).

(74)　15 U.S.C. 6808 (2007).

(75)　岡村・新保・前掲注(2)359-371頁.

(76)　Communications Act of 1934, Pub. L. No. 73-416, 48 Stat. 1064 (codified as amended at 47 U.S.C. § 151 *et seq.* (2007)).

(77)　Olmstead v. United States, 277 U.S. 438 (1928).

第10章　アメリカのプライバシー保護諸法　　　465

(78)　47 U.S.C. § 605（2007）．

(79)　Cable Communications Policy Act of 1984, Pub. L. No. 98-549, 98 Stat. 2779（codified as amended at 47 U.S.C. § 551 *et seq.*（2007））．

(80)　47 U.S.C. § 551(a)-(e)（2007）．

(81)　Telephone Consumer Protection Act of 1991, Pub. L. No. 102-243, 105 Stat. 2394（codified as amended at 47 U.S.C. § 227（2007））．

(82)　FCC のウェブ・サイトのうち，電話勧誘に関する政策のページ（http://www.fcc.gov/cgb/policy/telemarketing.html）参照．

(83)　Telecommunication Act of 1996, Pub. L. No. 104-104, 110 Stat. 56（codified as amended at 47 U.S.C. § 151 *et seq.*（2007））．

(84)　47 U.S.C. § 222（2007）．

(85)　Omnibus Crime Control and Safe Streets Act of 1968, Pub. L. No. 90-351, 82 Stat. 197（codified as amended in scattered sections of 5 U.S.C., 18 U.S.C. and 42 U.S.C.）．

(86)　Electronic Communications Privacy Act of 1986, Pub. L. 99-508, 100 Stat. 1848（codified as amended at 18 U.S.C. § 2510 *et seq.*（2007））．

(87)　紙谷雅子「インターネット上の未成年に有害な情報を年齢確認手段を用いて規制する Child Online Protection Act（COPA）の暫定的差し止め」ジュリスト第1292号（2005年）156-163頁．

(88)　Children's Online Privacy Protection Act of 1998, Pub. L. No. 105-277, 112 Stat. 2681-728（codified as amended at 15 U.S.C. §§ 6501-6506（2007））．

(89)　Children's Online Privacy Protection Rule, 16 C.F.R. §§ 312-1-312-12（2006）．

(90)　Child Online Protection Act of 1998, Pub. L. No. 105-277, 112 Stat. 2681-736.

(91)　Ashcroft v. ACLU, 542 U.S. 656（2004）．

(92)　ペンシルヴァニア州東地区合衆国地方裁判所は，1999年 2 月 1 日，COPA の執行差止めを認め，第 3 巡回区合衆国控訴裁判所も，2000年 6 月22日にこの判決を支持した．しかし，合衆国最高裁判所は，2002年 5 月13日，この判断を覆し，控訴裁判所に差し戻した．これに対し，差戻審の控訴裁判所は，2003年 3 月 6 日，執行差止めを認めた地方裁判所の判断を再び支持した．

(93)　Controlling the Assault of Non-Solicited Pornography and Marketing Act of 2003, Pub. L. No. 108-187, 117 Stat. 2699（codified as amended at 15 U.S.C. §§ 7701-7713（2007））．

(94)　Unsolicited Commercial Electronic Mail Choice Act, S.771, 105th Cong.（1997）．

(95)　15 U.S.C. § 7701（2007）．

(96)　15 U.S.C. § 7703（2007）, 18 U.S.C. 1037（2007）．

(97)　15 U.S.C. § 7704（2007）．

(98)　15 U.S.C. § 7705（2007）．

(99) 15 U.S.C. § 7706 (2007).

(100) 15 U.S.C. § 7707 (2007).

(101) 15 U.S.C. § 7708 (2007).

(102) Federal Trade Commission, *National Do Not Email Registry a Report to Congress*, http://www.ftc.gov/reports/dneregistry/report.pdf # search =%22Do %20 not %20E-mail %20Registry %22 (last visited Nov. 16, 2007).

(103) 15 U.S.C. § 7712 (2007).

(104) 16 C.F.R. § 316 (2006).

(105) Cal. Civ. Code § 1798.29(a) (2006).

(106) Cal. Civ. Code § 1798.29(d) (2006).

(107) Cal. Civ. Code § 1798.29(g) (2006).

(108) Cal. Civ. Code § 1798.82 (2006).

(109) Cal. Civ. Code § 1798.84(b) (2006).

(110) Cal. Civ. Code § 1798.84(e) (2006).

(111) チョイスポイント事件については，以下のウェブ・サイト (http://www.privacyrights.org/ar/CPResponse.htm) を参照．

(112) 消費者同盟 (Consumers Union) のウェブ・サイトのうち，セキュリティ侵害通知の州法に関するページ (http://www.consumersunion.org/campaigns/Breach_laws_May05.pdf) を参照．

制定済みの州は，アリゾナ州，アーカンソー州，カリフォルニア州，コロラド州，コネチカット州，デラウエア州，コロンビア特別区，フロリダ州，ジョージア州，ハワイ州，アイダホ州，イリノイ州，インディアナ州，カンザス州，ルイジアナ州，メイン州，マサチューセッツ州，ミシガン州，ミネソタ州，モンタナ州，ネブラスカ州，ネバダ州，ニューハンプシャー州，ニュージャージー州，ニューヨーク州，ノースカロライナ州，ノースダコダ州，オハイオ州，オクラホマ州，ペンシルバニア州，ロードアイランド州，テネシー州，テキサス州，ユタ州，バーモント州，ワシントン州，ウィスコンシン州，ワイオミング州である．

(113) Notification of Risk to Personal Data Act, S.239, 110th Cong. (2007).

(114) Personal Data Privacy and Security Act, S.495, 110th Cong. (2007).

(115) Data Security Act, S.1260, 110th Cong. (2007); Data Security Act, H.R. 1685, 110th Cong. (2007).

(116) Computer Fraud and Abuse Act of 1986, Pub. L. No. 99-474, 100 Stat. 1213 (codified as amended at 18 U.S.C. § 1030 (2007)).

(117) Health Insurance Portability and Accountability Act of 1996, Pub. L. No. 104 -191, 110 Stat. 1936 (codified as amended in scattered sections of 29 U.S.C., 42 U.S.C.).

(118) 個人識別可能な健康情報を意味する (45 C.F.R. § 160.103 (2005).).

(119) 利用は，情報を保持する事業者内での共有等，提供は，情報を保有する事業者外

第10章　アメリカのプライバシー保護諸法　467

への公表等を意味する（45 C.F.R. § 160.103（2005））．

(120)　45 C.F.R. § 160.103（2005）．

(121)　45 C.F.R. § 164.508(a)(1), (b)(1), (c)(1)(2)（2005）．

(122)　45 C.F.R. § 164.508(c)(1)（2005）．

(123)　45 C.F.R. § 164.514(a)‑(b)（2005）．統計専門家が，個人が識別されて情報が使われることはないと判断し，分析手法及び結果を文書化した場合にも認められる．

(124)　45 C.F.R. § 164.514(c)（2005）．

(125)　45 C.F.R. § 164.514(d)（2005）．

(126)　Family Educational Rights and Privacy Act of 1974, Pub. L. No. 93‑380, 88 Stat. 571 (codified as amended at 20 U.S.C. § 1232g（2007））．

(127)　Privacy Protection Act of 1980, Pub. L. No. 96‑440, 94 Stat. 1879 (codified as amended at 42 U.S.C. § 2000aa（2007））．

(128)　この法律が制定されるきっかけとなった判決は，ザーチャー対スタンフォード・デイリー事件である．Zurcher v. Stanford Daily, 436 U.S. 547 (1978)．合衆国最高裁判所は，犯罪の嫌疑を受けていない新聞社の事務所の捜索であっても，修正第1条及び修正第4条に違反するものではないと判断した．

(129)　Video Privacy Protection Act of 1988, Pub. L. No. 100‑618, 102 Stat. 3195 (codified as amended at 18 U.S.C. § 2710（2007））．岡村・新保・前掲注(2)130頁．

(130)　Roe v. Wade, 410 U.S. 113 (1973)．

(131)　Robert Bork, The Tempting of America 111‑116 (1990)．

(132)　セーフ・ハーバー協定の詳細は，岡村・新保・前掲注(2)145頁以下，藤原静雄「個人情報保護法と諸外国の個人情報保護法制」園部逸夫編，藤原静雄・個人情報保護法制研究会著『個人情報保護法の解説《改訂版》』（ぎょうせい，2005年）291頁以下．

(133)　岡村・新保・前掲注(2)153頁以下．

(134)　EU個人保護指令第25条第6項は，「委員会は，第31条第2項に定める手続に従って，第三国が私生活，個人の基本的な自由及び権利を保護することを目的とした国内法，特に本条第5項に定められた交渉の結果に基づいて締結した国際公約を理由として，本条第2項の意味における十分な保護レベルを保障していると認定することができる」と定める．

(135)　藤原・前掲注(132)304‑305頁．

(136)　Data Protection Working Party, *Opinion 1/99 concerning the level of data protection in the United States and the ongoing discussions between the European Commission and the United States Government*, adopted on 26 January 1999, WP15（5092/98），http://ec.europa.eu/justice_home/fsj/privacy/docs/wpdocs/1999/wp15en.pdf (last visited Oct. 18, 2007)．

(137)　Data Protection Working Party, *Opinion 2/99 on the Adequacy of the "International Safe Harbor Principles" issued by the US Department of Commerce on 19th April 1999*, adopted on 3 May 1999, WP19（5047/99），http://ec.europa.

eu/justice_home/fsj/privacy/docs/wpdocs/1999/wp19en.pdf (last visited Oct. 18, 2007).

(138) Data Protection Working Party, *Opinion 4/99 on The Frequently Asked Questions to be issued by the US Department of Commerce in relation to the proposed "Safe Harbor Principles"*, adopted on 7 June 1999, WP21 (5066/99), http://ec.europa.eu/justice_home/fsj/privacy/docs/wpdocs/1999/wp21en.pdf (last visited Oct. 18, 2007).

(139) Data Protection Working Party, *Working document on the current state of play of the ongoing discussions between the European Commission and the United States Government concerning the "International Safe Harbor Principles"*, adopted on 7 July 1999, WP23 (5075/99), http://ec.europa.eu/justice_home/fsj/privacy/docs/wpdocs/1999/wp23en.pdf (last visited Oct. 18, 2007).

(140) Data Protection Working Party, *Opinion 7/99 On the Level of Data Protection provided by the "Safe Harbor" Principles as published together with the Frequently Asked Questions (FAQs) and other related documents on 15 and 16 November 1999 by the US Department of Commerce*, adopted on 3 December 1999, WP27 (5146/99), http://ec.europa.eu/justice_home/fsj/privacy/docs/wpdocs/1999/wp27en.pdf (last visited Oct. 18, 2007).

(141) http://www.export.gov/safeharbor/aaron317letter.htm (last visited Oct. 18, 2007).

(142) Data Protection Working Party, *Opinion 3/2000 On the EU/US dialogue concerning the "Safe harbor" arrangement*, adopted on 16th March 2000, WP31 (5019/00), http://ec.europa.eu/justice_home/fsj/privacy/docs/wpdocs/2000/wp31en.pdf (last visited Oct. 18, 2007).

(143) Data Protection Working Party, *Opinion 4/2000 on the level of protection provided by the "Safe Harbor Principles"*, adopted on 16th May 2000, WP32 (CA07/434), http://ec.europa.eu/justice_home/fsj/privacy/docs/wpdocs/2000/wp32en.pdf (last visited Oct. 18, 2007).

(144) International Trade Administration, Issuance of Safe Harbor Principles and Transmission to European Commission Part III, 65 Fed. Reg. 45,666 (Jul. 24, 2000).

(145) International Trade Administration, Issuance of Safe Harbor Principles and Transmission to European Commission; Procedures and Start Date for Safe Harbor List, 65 Fed. Reg. 56,534 (Sep. 19, 2000).

(146) 藤原・前掲注(132)305-306頁.

(147) 岡村・新保・前掲注(2)150-151頁.

(148) 岡村・新保・前掲注(2)156頁.

(149) 15 U.S.C. §§ 41-58 (2007).

第10章　アメリカのプライバシー保護諸法　　469

(150)　15 U.S.C. § 45(m) (2007).

(151)　邦訳は，岡村・新保・前掲注(2)534頁以下を参考に，一部改訳した．

(152)　原文には，より長い説明が付されている．

(153)　Joel R. Reidenberg, *Privacy in the Information Economy: A Fortress or Frontier for Individual Rights?*, 44 FED. COMM. L.J. 195 (1992). この論文の発表当時はフォーダム大学法学部の助教授であった．

(154)　PAUL M. SCHWARTZ & JOEL R. REIDENBERG, DATA PRIVACY LAW (1996). この著書の発表当時，シュワルツ氏は，アーカンソー大学の法学部教授（フェイエットビル，University of Arkansas School of Law (Fayetteville)) であり，リーデンバーグ氏は，フォーダム大学法学部の助教授であった．

(155)　Joel R. Reidenberg, *Symposium: Cyberspace and Privacy: A New Legal Paradigm ? Resolving Conflicting International Data Privacy Rules in Cyberspace*, 52 STAN. L. REV. 1315 (2000).

(156)　EPIC は，ワシントン D.C. (Washington, D.C) に本部を持つ．ローテンバーグ氏は，設立当初からのメンバーである．

(157)　Testimony and Statement for the Record of Marc Rotenberg, Director, Electronic Privacy Information Center and Adjunct Professor, Georgetown University Law Center on the European Union Data Directive and Privacy Before the Committee on International Relations, U.S. House of Representatives, May 7, 1998, http://www.epic.org/privacy/intl/rotenberg-eu-testimony-598.html (last visited Nov. 15, 2007).

(158)　DAVID H. FLAHERTY, PROTECTING PRIVACY IN SURVEILLANCE SOCIETIES (1989).

(159)　*See, e.g.*, Fred H. Cate, *The Changing Face of Privacy Protection in the European Union and the United States*, 33 IND. L. REV. 174 (1999). 他の文献としては，FRED H. CATE, PRIVACY IN THE INFORMATION AGE (1997). この書籍は，プライバシー保護を実現するのは政府の規制ではなく個人の責任であることを念頭に置き，通知，同意，説明責任を3本柱とした基本的な法の制定について論じている．また，EU 個人保護指令のような規制方式には反対している．

(160)　Flora J. Garcia, *Bodil Lindqvist: A Swedish Churchgoer's Violation of the European Union's Data Protection Directive Should Be a Warning to U.S. Legislators*, 15 FORDHAM INTELL. PROP. MEDIA & ENT. L.J. 1205, 1241 (2005).

(161)　Paul M. Schwartz, *Property, Privacy, and Personal Data*, 117 HARV. L. REV. 2055 (2004).

(162)　DANIEL J. SOLOVE, THE DIGITAL PERSON (2004).

(163)　コーエン教授は，知的財産法，データ・プライバシー法を専門としており，知的プライバシー (intellectual privacy) に関する研究も行っている．Julie E. Cohen, *DRM and Privacy*, 18 BERKELEY TECH. L.J. 575 (2003).

(164)　SOLOVE, *supra* note (162), at 96.

第III部　個人情報保護法制の実現・展開

(165)　ソロブ准教授の著書の分析としては，次のものが詳しい．Neil M. Richards, *The Information Privacy Law Project*, 94 GEO. L.J. 1087（2006）．

(166)　ACLU v. NSA, 438 F.Supp.2d 754（E.D. Mich. 2006）．

(167)　ACLU v. NSA, 493 F.3d 644（6th Cir. 2007）．

第11章　日本における個人情報保護法制の実現・展開

　前章までは，イギリス及びアメリカにおける個人情報保護法制の実現・展開を整理した．本章では，その検討結果を踏まえて，日本における個人情報保護論議の実現とその課題を論じることとする．なお，本書では，2003年5月23日に成立した個人情報保護関連5法のうち，主たる法律である個人情報保護法と行政機関個人情報保護法を取り上げる．

第1節　個人情報保護法制の実現

1　従来の取組

　堀部政男教授の分類によると，日本におけるプライバシー・個人情報保護論議に関する時期区分は，次のように整理されている[1].

第1期　プライバシー権認識・制度化提唱期（1950年代〜1970年代中葉）
　(1)　プライバシー権認識期（1950年代・1960年代）
　(2)　プライバシー権制度化提唱・無関心期（1970年代前半・中葉）
第2期　プライバシー権制度化提唱・実現期（1970年代中葉〜1980年代以降）
　(1)　個人情報保護制度化提唱・関心増大期（1970年代中葉）
　(2)　個人情報保護制度化実現・進展期（1980年代以降）
第3期　行政機関個人情報保護法検討制定・個人情報保護ガイドライン策定・都道府県個人情報保護制度化期（1980年代中葉以降）
　(1)　行政機関個人情報保護法検討・制定期（1980年代中葉以降）
　(2)　個人情報保護ガイドライン検討策定期（1980年代後半以降）
　(3)　都道府県個人情報保護条例制定期（1990年以降）

第4期　民間部門個人情報保護法検討・ガイドライン改正期（1990年代後半以降）

第5期　個人情報保護基本法制提案・議論期（1999年以降）

(1) 高度情報通信社会推進本部個人情報保護検討部会検討・中間報告（1999年7月〜同年11月）

(2) 高度情報通信社会推進本部個人情報保護法制化専門委員会検討・大綱（2000年2月〜同年10月）

(3) 個人情報保護法案閣議決定・国会提出・成立期（2001年3月以降）

第6期　個人情報保護法施行準備期（2003年〜2005年）

第7期　個人情報保護法運用期（2005年以降）

　1960年代以降，判例上のプライバシー論議が展開する一方で，1970年代に入ると，個人情報保護法制の実現に向けた取組も進められるようになった。この取組が，住民基本台帳の電算化等に伴う市町村の電算条例から出発している点は，日本の特徴である。

　堀部教授の時期区分によると，第1期及び第2期に該当する。

　地方公共団体の取組を見ると，1973年6月の徳島市「電子計算組織運営審議会条例」，1975年3月の国立市「電子計算組織の運営に関する条例」[(2)]，1984年6月の春日市「個人情報保護条例」，1985年6月の川崎市「個人情報保護条例」が相次いで成立した。都道府県レベルでは，1990年3月に，神奈川県が初の「個人情報保護条例」を公布した。

　1970年代以降に制定されるようになった個人情報保護条例の制定団体数は，1980年には49団体，1985年には227団体，1990年には692団体へと増加していった。その後，増加のスピードが速まり，1995年には1,129団体，2000年には1,748団体となった[(3)]。2006年4月1日時点で，都道府県47団体及び市町村1,843団体すべてが個人情報保護条例を制定している[(4)]。

　当初の条例は，電子計算機処理に関する個人情報保護を内容としていたが，川崎市の条例以降，マニュアル処理情報をも対象にする条例が現れるようになり，また，神奈川県の条例を嚆矢として，民間部門をも規制対象とするものも見られるようになった。

第11章　日本における個人情報保護法制の実現・展開　　473

　条例の内容は，個人情報システムの設置・変更，収集・記録規制，利用・提供規制，維持管理規制，自己情報の開示・訂正等，処理状況の公表，外部委託，個人情報処理に係る職員等の責務，罰則に関するもの等となっている．

　また，各個人情報保護条例の特徴として，有識者からなる個人情報保護審査会や審議会などの附属機関を設置している点を挙げることができる．これらは条例の運用をチェックする役割を担っている．

　このように，各地方公共団体の個人情報保護条例は，国レベルの立法化に先立って制定が進められた．ただし，条例は，「法律の範囲内」で制定権が付与されるにとどまること（憲法第94条），特定の地域にしか適用されないこと，地域ごとに規定上の差が生じうるという限界も存在する．

　国レベルでは，行政管理庁行政管理局（当時）が，学識経験者を中心とした「プライバシー保護研究会」（座長・加藤一郎東京大学法学部教授（当時））を立ち上げ，『プライバシー保護の現状と将来　個人データの処理に伴うプライバシー保護対策』（財団法人地方自治情報センター，1980年）を発表した．この研究成果は，情報化社会の到来を踏まえ，プライバシー保護のための新たな制度的対応の必要性を提案したものである．

　また，経済企画庁国民生活局（当時）は，委託研究を通じて，『民間部門における個人情報の保護　情報商品としての個人情報の収集，提供等に伴うプライバシー保護等に関する総合実態調査』（大蔵省印刷局，1987年）を発表した．実際に研究に当たったのは，「データ・プライバシー保護研究委員会」（主査・堀部政男一橋大学教授（当時））である．この研究成果は，主に民間部門を対象とした調査研究を行い，個人情報保護に関する立法化の必要性を明確に打ち出した．

　いずれの研究成果も，当時のプライバシー・個人情報保護をめぐる国内的動向・国際的動向を詳細にまとめたものとして貴重である．

　こうした研究成果などを経て，1988年12月9日，「行政機関の保有する電子計算機処理に係る個人情報の保護に関する法律」（以下「旧行政機関法」という）[5] が制定された．OECD プライバシー・ガイドラインは，民間部門を排除しているわけではなかったが，日本においては民間部門の規制は時期早尚との政府の判断に基づき，行政に対する国民の信頼確保の一方策として，行政機

関法のみが制定されたという事実が重要とされている[6].

しかし，この法律は，コンピュータ処理情報の「個人情報ファイル」のみを対象とすること，思想・信条などの情報の収集制限規定が存在しないこと，個人情報ファイルの保有などに関する総務長官（当時）への事前通知・個人情報ファイル簿の作成及び閲覧などにつき広汎な例外が認められていること，訂正等は「申出」制度に過ぎず法的な訂正請求権は認められていないことなど，個人情報保護の観点からは不十分さを否めないとの批判も存在していた[7]．ほかにも，刑事罰の規定がなく，教育・医療情報が開示請求の対象外であるといった問題点も存在していた．

2　個人情報保護法の成立

その後，インターネット社会の進展，住民基本台帳法の改正による国民総背番号制への懸念，EU個人保護指令の「十分なレベルの保護」の問題，国内における個人情報漏えい事件の多発といった状況を受け，1999年以降に入ると，個人情報保護法の立法化が議論されるようになった．

この過程は，堀部教授の分類によると，第3期から第5期に該当する．

ちなみに，1980年代中葉以降の「第3期　行政機関個人情報保護法検討制定・個人情報保護ガイドライン策定・都道府県個人情報保護制度化期」は，個人情報保護ガイドライン策定期となっている．この時期には，民間部門を対象とした個人情報保護法は存在していなかったが，民間事業者によって，個人に関する情報が無断で収集，利用される事態が見られるようになった．そこで，通商産業省（当時）の機械情報産業局長の懇談会である情報化対策委員会の個人情報保護部会は，1989年4月18日，「民間部門における電子計算機処理に係る個人情報の保護についての指針」を公表した．この指針は，6項目から構成される簡易なものではあったが，国の機関が出したという意味で重要である．

1990年代後半以降は，「第4期　民間部門個人情報保護法検討・ガイドライン改正期」へと入る．前記指針は，「民間部門における電子計算機処理に係る個人情報の保護に関するガイドライン」（平成9年3月4日通商産業省告示第98号）として全面改正され，公表された．新しい指針は，全10章，24条で構成される．1998年6月には，通商産業省機械情報産業局（当時）から解説書も出さ

れた．これは，個人情報保護法が成立するまでは，業界団体の定めるガイドラインの模範としての役割を果たしていた．

3　個人情報保護検討部会の中間報告

このような状況の中，内閣は，1999年7月14日，高度情報通信社会推進本部長（小渕恵三内閣総理大臣（当時））決定に基づき，個人情報保護検討部会（以下「検討部会」という）を開催することとした．高度情報通信社会推進本部は，内閣総理大臣を本部長とし，1994年8月に，日本の高度情報通信社会の構築に向けた施策を総合的に推進するとともに，情報通信の高度化に関する国際的な取組に積極的に協力することを目的に，内閣に設置された組織である．

1998年6月には，同推進本部の電子商取引等検討部会において，「電子商取引等の推進に向けた日本の取組み」がまとめられ，その中で，プライバシーの保護の必要性が以前にも増して急速に高まっている旨が指摘された．これを受け，同年11月，同推進本部において，「高度情報通信社会推進に向けた基本方針」が決定され，その中で，プライバシーの保護に関し，「政府としては，民間による自主的取組みを促進するとともに，法律による規制も視野に入れた検討を行っていく」ことが必要とされた．また，1999年4月には，この基本方針のアクション・プランが決定され，電子商取引等推進のための環境整備のうち，プライバシー保護に関して，個人情報保護のあり方を検討するため，同年中に検討部会を設置することとされた．

一方，近年，個人情報の流出や漏えいなど，不適正な取扱いの事例が見られるようになり，社会問題化するケースが出てきた．このことなどを背景として，第145回国会の住民基本台帳法改正法案の審議過程において，民間部門をも対象とした個人情報の保護の必要性が強く認識されるに至り，政府としても，総理答弁において，個人情報保護のあり方について総合的に検討した上で，法整備を含めたシステムを速やかに整えていく旨の方針を明らかにした．具体的に，第145回国会の中で，小渕恵三内閣総理大臣（当時）は，「本法案〔住民基本台帳法の一部を改正する法律案──筆者注〕におきましてもプライバシー保護に格段の配慮を行っているところでありますが，これまでの国会審議を踏まえ，特に住民基本台帳ネットワークのシステムの実施に当たりましては，民間部門を

も対象とした個人情報保護に関する法整備を含めたシステムを速やかに整える
ことが前提であると認識をいたしております」と発言している（1999年6月10
日衆議院地方行政委員会）．また，小渕総理大臣は，同年6月28日付参議院本会
議においても，「政府といたしましては，早急に検討の場を設け，民間部門を
も対象とした個人情報保護に関する法整備を含めたシステムを速やかに整える
ため，議員御指摘のとおり，本問題は政府一体となって取り組むべき重要な問
題であるとの認識のもとに総合的に検討を進めてまいる所存であります」と繰
り返し述べている．さらに，小渕総理は，この日の答弁の中で，プライバシー
権についても，「プライバシーの権利は確立された考え方があるとは言いがた
いものでありますが，一般的に，一，個人の秘密が公開されないこと，二，自
己の情報を知り，コントロールし得ること等の概念が含まれているものと認識
いたしており」と述べている．政府としても，現代的プライバシー権の必要性
を認識していたと考えられる発言である．

　このような総理答弁などを受けて，1999年5月には，公明党が個人情報保護
法の施行を条件として，住民基本台帳法改正法案に賛成する方針を示し[8]，
自治省（当時）も，民間部門を含めた個人情報保護の法制化はぜひ必要である
との見解を示した[9]．

　以上の経緯から，高度情報通信社会推進本部の下に個人情報保護検討部会が
設置され，各省庁によるそれぞれの取組の間の整合性を確保する必要もある点
などを踏まえ，民間部門をも対象とした個人情報保護に関する法整備を含めた
システムを速やかに整えるとの観点から，政府全体として，個人情報の保護・
利用のあり方を総合的に検討することとなった[10]．なお，この推進本部は
2000年7月7日に廃止され，新たに情報通信技術（IT）戦略本部が設置され
た[11]．

　第1回会合は，1999年7月23日に首相官邸で開かれた．本部長である小渕総
理大臣が挨拶した後，座長には堀部政男中央大学法学部教授（当時）が選任さ
れ，座長を含む14名のメンバーで検討が行われることとなった[12]．

　検討部会は，1999年7月23日から2000年10月10日まで，12回にわたって開催
され，第9回会合の開かれた1999年11月19日，中間報告が取りまとめられた．
その後の検討は，個人情報保護法制化専門委員会（委員長・園部逸夫元最高裁判

所裁判官）に委ねられた．検討部会の第10回会合は，2000年 6 月 9 日に開催され，第12回（同年10月10日）までにわたって，同専門委員会の策定した「個人情報保護基本法制に関する大綱案」に関する意見交換が行われた．

ここでは，中間報告の取りまとめられた第 9 回までの会合の経過を見ることとする[13]．

第 1 回（1999年 7 月23日）

会議の進め方，個人情報保護の国際的動向とわが国の現状，及び，個人情報保護に関して各委員の持つ基本的な認識について，討議が行われた．

第 2 回（1999年 8 月 6 日）

当面の進め方について議論が交わされた後，現状と問題点，望ましい個人情報保護システムのあり方，法制化を検討すべき対象分野，保護すべき個人情報の範囲，規制内容，罰則のあり方とその適用範囲，自主規制の実効性，行政機関による監督のあり方といった各論点について，討議が行われた．

第 3 回（1999年 8 月27日）

警察庁，自治省（当時），東京都，神奈川県，郵政省（当時），文部省（当時）に対し，個人情報の取扱実態や個人情報保護への取組について，ヒアリングが行われた．特にここでは，民間分野の活動には地域を越えた広がりがあること，国の取組がないために地方公共団体の条例で民間を規制しているという発言があり，国の立法の必要性が強調された[14]．

第 4 回（1999年 9 月 7 日）

大蔵省（当時），通商産業省（当時），金融監督庁（当時），厚生省（当時），総務庁（当時），運輸省（当時），経済企画庁（当時），労働省（当時）に対し，個人情報保護への取組について，ヒアリングが行われた．

第 5 回（1999年 9 月21日）

医療関係団体（愛知県がんセンター，日本医師会），信用情報関係団体（全国銀行協会，全国信用情報センター連合会，株式会社シー・アイ・シー），消費者団体（全国消費生活相談員協会），経済団体（経済団体連合会（当時）），日本弁護士連合会に対し，民間の各分野における個人情報保護への考え方について，ヒアリングが行われた．日弁連からは，公的部門にも民間部門にも，中立公正な第三者機関を設置し，運用をチェックする仕組みが必要であるとの意見が出されて

いる[15].

第6回（1999年10月6日）

日本放送協会，日本民間放送連盟，日本雑誌協会，新聞・通信8社の報道機関に対し，個人情報保護への考え方について，ヒアリングが行われた．

これらの団体は，すべて，憲法上保障された表現の自由を阻害するとの懸念から，包括的な個人情報保護法に対する懸念を表明した．特に，日本民間放送連盟は，情報収集，すなわち取材の自由に法的規制がかかることへの反対意見を示した．他方，新聞・通信8社は，表現の自由を重視した上で，個人情報保護のための基本法については，必要であるとの見解を述べた[16].

第7回（1999年10月20日）

前回までの審議を踏まえ，堀部座長から提示された「個人情報の保護について（骨子・座長私案）」（「堀部試案」と呼ばれることもある）の検討が行われた．この私案は，個人情報保護法制のグランドデザインとなったものであり，メディアが事前にスクープするほどの関心を集め，新聞の社説でも取り上げられた[17].

1999年10月21日付朝日新聞朝刊社説（第5面）は，「座長私案を出発点に個人情報保護」と題する記事を掲載した．そこでは，座長私案を「おおむね現実的で，妥当な提案である」と評価し，「理念や規範をきちんと盛り込んだ基本法をつくるのが望ましい」と述べ，最後には「報道する側が考えなければならない対応とは何か．報道機関に対しても，重い問いかけがなされたと受け止めたい」という言葉で締めくくっている．

座長私案の全体構成及び主要な項目は，次のとおりである．

「I　はじめに
　　(1)　検討部会設置の経緯と検討経過
　　(2)　個人情報保護を巡る内外の状況
　　(3)　個人情報を保護するに当たっての考慮すべき視点
　　(4)　個人情報保護制度の速やかな整備の必要性
　II　個人情報保護制度の基本的考え方
　1　個人情報保護の目的

第11章　日本における個人情報保護法制の実現・展開　　479

2　保護すべき個人情報の範囲

3　個人情報保護のために確立すべき原則

　　（個人情報保有者の責務）

　(1)　個人情報の収集

　　ア　収集目的の明確化

　　イ　適法かつ公正な手段による収集

　　ウ　収集目的の本人による確認

　　エ　本人以外からの収集の制限（本人の利益保護）

　(2)　個人情報の利用等

　　ア　明確化された目的以外の利用・提供の制限

　　イ　目的外利用・提供の場合の本人同意及び本人の利益保護

　(3)　個人情報の管理等

　　ア　データ内容の適正化，最新化

　　イ　漏洩防止等の適正管理（処理の外部委託の場合等の保護措置を含む）

　(4)　本人情報の開示等

　　ア　個人情報の保有状況の公開

　　イ　本人からの開示，訂正の求め

　　ウ　本人からの自己情報の利用・提供拒否の求め

　(5)　管理責任及び苦情処理

　　ア　管理責任及び責任者の明確化

　　イ　苦情処理・相談窓口の設置及びその適正な処理

　　（国民の責務）

　(6)　国民の果たすべき役割と責務

　　（国の責務）

　(7)　国の果たすべき役割と責務

　　（地方公共団体の責務）

　(8)　地方公共団体の果たすべき役割と責務

III　個人情報保護システムのあり方

1　基本的考え方

2　個別法のあり方

　　(1)　個別法の整備が望まれる分野

　　(2)　望ましい個別法のあり方（内容，水準，実効性担保措置等）

　　3　自主規制

　　(1)　自主的な取組みの促進

　　(2)　望ましい自主規制のあり方（内容，水準，実効性担保措置等）

Ⅳ　今後の進め方等

　　1　複層的な救済システムのあり方の検討

　　2　悪質な不適正処理等を行った者に対する制裁措置の検討

　　3　法制的，専門的な検討のための「専門部会」の設置及び「担当室」
　　　の設置

　　4　パブリックコメントの収集」

　この中で，「Ⅰ　はじめに」の「(3)　個人情報を保護するに当たっての考慮
すべき視点」では，「①保護の必要性と利用面等の有用性のバランス，②技術
革新の進展や商取引の高度化，社会システムの高度化・複雑化等による個人情
報の利用分野の拡大，③グローバルスタンダードとの整合性」が挙げられ，①
によって，個人情報保護の基本的考え方である「保護と利用のバランス」が示
された．より具体的には，「Ⅱ　個人情報保護制度の基本的考え方」の「1
個人情報保護の目的」において，「(1)個人情報の保護は，個人の尊厳が重んじ
られるという人権の一部に由来しており，とりわけ，急速にネットワーク化が
進む現代社会の中においては，個人情報は，個人の人格の一部として適切な保
護が図られることが重要である．(2)一方，適切な保護のルールの下，個人情報
の利用，提供，流通等を図っていくことは，現代のネットワーク社会の中にお
いて利便性の高い豊かな国民生活を実現していくために必要となる社会的基盤
である．また，その適切な利用等を通じて，様々な社会システムの公正さを確
保し，一層の公平性，透明性の向上を図っていくことも必要である」と記され
ている．

　「Ⅱ　個人情報保護制度の基本的考え方」の「3　個人情報保護のために確
立すべき原則」では，現在の法律の基本となる個人情報の収集，利用等，管理

等，本人情報の開示等，管理責任及び苦情処理について，個人情報を保有する者の責務が明確化された．なお，メディアから反対を受けた「報道・出版（第21条：言論，出版その他一切の表現の自由）」への適用については，学術・研究（第23条：学問の自由）など」とともに，「その適用関係に関し，憲法上の考え方についてさらに検討する必要がある」と記された．

　そして，IIまでの検討を踏まえ，「III　個人情報保護システムのあり方」の「1　基本的考え方」として，「法律の整備を図るとともに，民間における業界や事業者等の自主的取り組みを促進し，全体としてこれらを組み合わせて最適なシステムとして構築することを基本とする」ことが示された．その上で，案の1として「・全体を包括する「指針」（閣議決定等）の策定，・各分野ごとの個別法の整備（規制又はガイドライン），・各分野ごとの業界，事業者等の自主規制等の促進」，案の2として「・全体を包括する基本法（原則等のみ）の制定，・各分野ごとの個別法（規制又はガイドライン），・各分野ごとの業界，事業者等の自主規制等の促進」が提案され，それぞれのメリット及びデメリットの指摘がなされた．各案は，骨子の中でも重要部分と位置づけられている．なお，罰則，規制措置の創設については，次の諸点により，当時の段階では問題が多いため，慎重に考えざるを得ないとされた．

　「・そもそも罰則の創設には謙抑的であるべきであり，他の手段によって実効性担保が全く期待できない場合に限り，その創設を検討することが適切と考えられること．
　　・分野を問わず一律に罰則等の規制措置を設けることについては，構成要件の明確化の観点から，前提として全分野を通じた登録制度や届出制度の創設が必要となる可能性が高いこと．
　　・登録・届出制度を前提とせず，広く薄く適用する罰則を創設した場合は，その抑止効果には限界があり，特に，違法承知のアウトサイダーに対しては十分な効果が期待できず，全体としての実効性は必ずしも高くないこと．
　　・一般多数の事業者にとっては自由な事業活動の阻害要因となるなど，他の保護されるべき権利・利益が損なわれるおそれがあること．」

「III　個人情報保護システムのあり方」の「2　個別法のあり方」については，機密性が高く，かつ，漏えいの場合の被害の大きい分野として，信用情報分野，医療情報分野，電気通信分野が掲げられた．これらは，衆議院及び参議院の各個人情報保護に関する特別委員会の附帯決議において，個別法を早急に検討すべき分野として指定されることとなった．

「III　個人情報保護システムのあり方」の「3　自主規制」では，各分野において，保護の水準向上を目指した積極的な取組を促進していくことが必要であると記された．これは，個人情報保護法制の基本的考え方が，法律の整備と自主的取組を複合した最適なシステムを想定しており，かつ，法的規制の場合は，その性質上，最低限の規範，規制を定めざるを得ないことを理由とする．すなわち，法的規制と比較すれば，自主規制は，当該分野の保護の水準を反映した規制が可能であることに加え，先進的な取組を標準化することも期待できるものであることから，とされている．

最後に，「IV　今後の進め方」では，事業者，民間団体，省庁又は地方公共団体，最終的には国において，それぞれが苦情処理窓口や紛争処理機関を設けること，将来の課題として，悪質事業者に対する刑事罰等，専門部会又は担当室の設置，パブリックコメントの収集についての提案がなされた．

第8回（1999年11月9日）

「個人情報の保護について（中間報告案）」が検討された．この案は，座長私案を具体化したものである．この会合で，全分野を包括する基本法（原則等のみ）を制定する案の2を採用することが決定し，また，報告書の表題を「我が国における個人情報保護システムの在り方について（中間報告）」とすることが了承された．

第9回（1999年11月19日）

「個人情報の保護について（中間報告案）」が検討された．この会合で，中間報告が取りまとめられた．

中間報告のうち，「II　個人情報保護システムの基本的考え方」は，「1　個人情報保護の目的」，「2　保護すべき個人情報の範囲」，及び「3　個人情報保護のために確立すべき原則」を扱っている．3の諸原則の中で，表現の自由との関係では，次のような指摘がなされた．

第11章　日本における個人情報保護法制の実現・展開　　483

「※1(1)から(5)については，これらを個人情報保有者に適用される原則とする場合にあっては法的に様々な検討課題があるので，その適用関係に係る考え方を全体的に整理した上で，法制的な観点から検討する必要がある……イ次のような個別法等に規定のない分野については，(1)から(5)の基本原則のそれぞれについて具体的にどのような支障が生じるかを検証した上で，憲法上の考え方を踏まえつつ，それぞれの分野における個人情報の利用の程度と保護の現状のバランスをも考慮しながら，各原則の適用除外の要否等について，法制的に検討する必要がある．

・報道・出版（第21条：言論，出版その他一切の表現の自由）
・学術・研究（第23条：学問の自由）など」

4　個人情報保護法制化専門委員会の大綱

上記中間報告に基づき，2000年1月27日，個人情報保護法制化専門委員会（以下「専門委員会」という）が開催されることになった．堀部教授は，検討部会の座長として，専門委員会に常時出席することになった．

専門委員会は，2000年2月4日の第1回会合で，園部逸夫元最高裁判所裁判官を委員長に選任し，その後，同年10月11日まで，全28回の会議を開き，検討を続けた．その途中の同年6月2日（第17回会合）には，「個人情報保護基本法制に関する大綱案（中間整理)」をまとめている．各会合は，次のような審議過程をたどった[18]．

第1回（2000年2月4日）

委員長が選出され，今後の進め方等についての議論が行われた．

第2回（2000年2月7日）

国際機関，諸外国の動向・現状についての報告があり，議論が行われた．

第3回（2000年2月16日）〜第7回（2000年3月17日）

各分野（信用，医療，電気通信，教育等）における取組状況の報告があり，また，関係団体，関係省庁へのヒアリングが行われた．

第8回（2000年3月22日）

欧州主要国における個人情報保護の現状に関する報告があり，議論が行われた．

第 9 回（2000年 3 月30日）～第14回（2000年 5 月12日）

　個人情報の取扱いのあり方，事後救済，個人情報保護の必要性と法目的，
「プライバシー権」と「自己情報コントロール権」，保有主体，対象情報，個別
法，条例との関係等に関する議論が行われた．

第15回（2000年 5 月19日）～第17回（2000年 6 月 2 日）

　中間整理案に関する議論が行われた．

第18回（2000年 6 月23日）～第23回（2000年 7 月28日）

　2000年 6 月 2 日付の中間整理に対し，同年 6 月 9 日に行われた個人情報保護
検討部会における意見交換に関する報告があり，また，関係省庁や関係団体へ
のヒアリングが行われた．

第24回（2000年 9 月 8 日）～第28回（2000年10月11日）

　第24回までの間に行われたパブリックコメントの結果を含め，大綱案に対す
る議論が行われた．

　法制化専門委員会は，以上のような審議を経て2000年10月11日，「個人情報
保護基本法制に関する大綱」をとりまとめた．その構成は，次のようになって
いる．

　「1．目的
　　2．基本原則
　　（1）利用目的による制限
　　（2）適正な方法による取得
　　（3）内容の正確性の確保
　　（4）安全保護措置の実施
　　（5）透明性の確保
　　3．個人情報取扱事業者（仮称）の義務等
　　（1）利用目的による制限及び適正な取得
　　（2）適正な管理
　　（3）第三者提供の制限
　　（4）公表等
　　（5）開示

第11章　日本における個人情報保護法制の実現・展開　　485

　(6)　訂正等

　(7)　利用停止等

　(8)　苦情の処理

　(9)　苦情の処理等を行う団体の認定

　4．　政府の措置及び施策

　(1)　国の行政機関の保有する個人情報の保護

　(2)　独立行政法人等に対する措置

　(3)　法制上の措置等

　(4)　個人情報の保護の推進に関する基本方針の策定等

　(5)　主務大臣の指示等

　5．　地方公共団体の措置

　(1)　地方公共団体の保有する個人情報に関する施策

　(2)　区域内の事業者及び住民に対する支援等

　(3)　国及び地方公共団体の協力

　6．　罰則

　7．　その他

　(1)　適用除外について

　(2)　苦情・紛争処理の仕組みについて」

　こうして見ると，大綱は，基本法と個別法を中核とした中間報告に対し，一般法的部分として，「3．　個人情報取扱事業者（仮称）の義務等」を付加した点が異なっている．この「個人情報取扱事業者（仮称）の義務等」は，法律が成立した後に，その適用をめぐって様々な反応をもたらすことになった．

　以上が政府における検討の概要である，堀部教授は，2002年4月9日付毎日新聞[119]の中で，主務大臣による監視・監督について述べている．ここでは，フランスの情報自由国家委員会や，イギリスの情報コミッショナー，アメリカの連邦取引委員会の役割が紹介されている．教授は，「日本の政府における検討でも議論になったが，行政改革の激しい嵐が吹いている状況では，独立機関設置の提案は現実的ではなかった」とし，国会で独立機関の議論をすべきであると述べている．

5 個人情報保護法案の国会提出・成立

　政府は，法制化専門委員会の大綱を受け，2001年3月27日，「個人情報の保護に関する法律案」を閣議決定し，国会に提出した（第151回国会）.

　なお，行政機関については，1988年の旧行政機関個人情報保護法が存在していた. 中間報告では，同法の見直しも提言したが，別途，総務大臣政務官の研究会である行政機関等個人情報保護法制研究会が，2001年4月18日から，同法の改正を含めた検討を行い，同年10月26日に，「行政機関等の保有する個人情報の保護に関する法制の充実強化について」をとりまとめた.

　これに基づき，2002年3月15日には，「行政機関の保有する個人情報の保護に関する法律案」，「独立行政法人等の保有する個人情報の保護に関する法律案」，「情報公開・個人情報保護審査会設置法案」，「行政機関の保有する個人情報の保護に関する法律等の施行に伴う関係法律の整備等に関する法律案」が提出された（第154回国会）.

　これら4つの法案は，継続審議となっている個人情報保護法案とともに，2002年4月25日から国会で審議され始めたが，同年7月31日終了の通常国会では，継続審議の手続がとられることになり，さらに，同年10月18日に召集された臨時国会では，最終日の同年12月13日に廃案となった（第155回国会）. そこで，政府は，2003年1月20日召集の通常国会において，与党の修正要綱を受け，2003年3月7日に，修正法案を閣議決定し，国会に提出した（第156回国会）. なお，修正前の法案は，OECDプライバシー・ガイドラインに則り，すべての者を対象とした基本原則として，第4条から第8条（利用目的による制限，適正な取得，正確性の確保，安全性の確保，透明性の確保）を設けていたものの，修正法案では削除された.

　その後，個人情報保護関係5法案は，同年5月6日付衆議院本会議，また，同年5月23日付参議院本会議でそれぞれ可決され，法律として成立した. この関係5法は，同年5月30日公布された. 個人情報保護法は，公布と同時に一部施行され，2005年4月1日，「個人情報取扱事業者の義務等」を含む規定が全面施行となった. 堀部教授の時期区分によると，成立以降は，「第6期　個人情報保護法施行準備期（2003年〜2005年）」，施行以後は「第7期　個人情報保護法運用期（2005年以降）」に分類されている.

第11章　日本における個人情報保護法制の実現・展開　　487

第2節　個人情報保護法の概要[20]

1　構　　成

個人情報保護法[21]は，次の構成が取られている．

第1章　総則（第1条～第3条）
第2章　国及び地方公共団体の責務等（第4条～第6条）
第3章　個人情報の保護に関する施策等
　第1節　個人情報の保護に関する基本方針（第7条）
　第2節　国の施策（第8条～第10条）
　第3節　地方公共団体の施策（第11条～第13条）
　第4節　国及び地方公共団体の協力（第14条）
第4章　個人情報取扱事業者の義務等
　第1節　個人情報取扱事業者の義務（第15条～第36条）
　第2節　民間団体による個人情報の保護の推進（第37条～第49条）
第5章　雑則（第50条～第55条）
第6章　罰則（第56条～第59条）
附則

2　基　本　法

個人情報保護法のうち，第1章から第3章までの規定は，「基本法」といわれるものであり，第4章以下の規定が「一般法」と呼ばれる性格のものである．「基本法」部分の概要は，次のようになっている．

2.1　第1章　総　　則

(1)　目的（第1条）

第1条　この法律は，高度情報通信社会の進展に伴い個人情報の利用が著しく拡大していることにかんがみ，個人情報の適正な取扱いに関し，基本理念及び政府による基本方針の作成その他の個人情報の保護に関する

施策の基本となる事項を定め，国及び地方公共団体の責務等を明らかにするとともに，個人情報を取り扱う事業者の遵守すべき義務等を定めることにより，個人情報の有用性に配慮しつつ，個人の権利利益を保護することを目的とする．

　この法律は，インターネット社会の進展に伴い個人情報の利用が著しく拡大していることを背景としており，「個人情報の有用性」と「個人の権利利益の保護」とのバランスをとることを目的としている．

⑵　定義（第2条）

㋐　対象情報

　第2条第1項，第2項，第4項及び第5項が定める．

　　第2条　この法律において「個人情報」とは，生存する個人に関する情報であって，当該情報に含まれる氏名，生年月日その他の記述等により特定の個人を識別することができるもの（他の情報と容易に照合することができ，それにより特定の個人を識別することができることとなるものを含む．）をいう．

　　2　この法律において「個人情報データベース等」とは，個人情報を含む情報の集合物であって，次に掲げるものをいう．

　　　一　特定の個人情報を電子計算機を用いて検索することができるように体系的に構成したもの

　　　二　前号に掲げるもののほか，特定の個人情報を容易に検索することができるように体系的に構成したものとして政令で定めるもの

　　4　この法律において「個人データ」とは，個人情報データベース等を構成する個人情報をいう．

　　5　この法律において「保有個人データ」とは，個人情報取扱事業者が，開示，内容の訂正，追加又は削除，利用の停止，消去及び第三者への提供の停止を行うことのできる権限を有する個人データであって，その存否が明らかになることにより公益その他の利益が害されるものとして政令で定めるもの又は1年以内の政令で定める期間以内に消去すること

なるもの以外のものをいう.

　以上のように，法律は，「個人情報」「個人データ」「保有個人データ」を区別している．最も基本となる定義は「個人情報」であるが，これは，生存する個人を識別できる情報であって，非常に幅広い概念であり，事業者の取り扱う多くの情報がこれに含まれる．「個人データ」は，検索可能な個人情報の集合物（個人情報データベース）を構成する情報であり，コンピュータ情報のみならず，マニュアル情報も含まれる．さらに，「保有個人データ」は，「個人データ」の中でも，個人情報取扱事業者が開示，訂正等の権限を有する個人データとなっている．
　また，次に見るように，「個人情報」「個人データ」「保有個人データ」の適用は，「第４章　個人情報取扱事業者の義務等」の規定との関係で，それぞれ異なる点にも注意しなければならない.

- 「個人情報」が適用される規定
  第15条（利用目的の特定）
  第16条（利用目的による制限）
  第17条（適正な取得）
  第18条（取得に際しての利用目的の通知等）
  第31条（個人情報取扱事業者による苦情の処理）
- 「個人データ」が適用される規定
  第19条（データ内容の正確性の確保）
  第20条（安全管理措置）
  第21条（従業者の監督）
  第22条（委託先の監督）
  第23条（第三者提供の制限）
- 「保有個人データ」が適用される規定
  第24条（保有個人データに関する事項の公表等）
  第25条（開示）
  第26条（訂正等）
  第27条（利用停止等）

第28条（理由の説明）

第29条（開示等の求めに応じる手続）

第30条（手数料）

(イ)　対象者

　第4章の義務規定の適用を受ける者は，第2条第3項の定める「個人情報取扱事業者」である．また，法律に基づき，開示の求め等を行使できるのは，同条第6項の定める「本人」である．

　　3　この法律において「個人情報取扱事業者」とは，個人情報データベース等を事業の用に供している者をいう．ただし，次に掲げる者を除く．

　　一　国の機関

　　二　地方公共団体

　　三　独立行政法人等（独立行政法人等の保有する個人情報の保護に関する法律（平成15年法律第59号）第2条第1項に規定する独立行政法人等をいう．以下同じ．）

　　四　地方独立行政法人（地方独立行政法人法（平成15年法律第118号）第2条第1項に規定する地方独立行政法人をいう．以下同じ．）

　　五　その取り扱う個人情報の量及び利用方法からみて個人の権利利益を害するおそれが少ないものとして政令で定める者

　　6　この法律において個人情報について「本人」とは，個人情報によって識別される特定の個人をいう．

　第3項第5号については，個人情報の保護に関する法律施行令[22]第2条が，「法第二条第三項第五号の政令で定める者は，その事業の用に供する個人情報データベース等を構成する個人情報によって識別される特定の個人の数（括弧内省略）の合計が過去6月以内のいずれの日においても5,000を超えない者とする」と定めている．

　したがって，個人情報取扱事業者とは，個人情報データベース等を事業の用に供している者であって，国，地方公共団体等のほか，取り扱う個人情報が少ない一定の者（特定の個人の数が過去6ヶ月以内のいずれの日においても5,000人

第11章　日本における個人情報保護法制の実現・展開　　491

を超えない者）を除いた者ということになる．

(3)　基本理念（第3条）

　第3条　個人情報は，個人の人格尊重の理念の下に慎重に取り扱われるべきものであることにかんがみ，その適正な取扱いが図られなければならない．

　個人情報を取り扱うに当たっての拠るべき姿勢を示したものである．

　これについては，「個人情報の保護に関する基本方針」（2004年4月2日閣議決定）が，「1　個人情報の保護に関する施策の推進に関する基本的な方向」，「(2)　個人情報保護法の理念と制度の考え方」の中で，「個人が「個人として尊重される」ことを定めた憲法第13条の下，慎重に取り扱われるべきことを示す」と述べている．個人情報保護法の理念が，憲法の個人の尊厳に由来するということは，座長私案で謳われていたことでもある．

2.2　第2章　国及び地方公共団体の責務等

　第2章は，第4条ないし第6条から構成される．

　第4条は「国の責務」，第5条は「地方公共団体の責務」，第6条は「法制上の措置等」を定める．

　このうち，第6条は，第1項で旧行政機関個人情報保護法の改正，第2項で独立行政法人等個人情報保護法の法制化を定めていたが，実現されたことから削除された．現在は，「政府は，個人情報の性質及び利用方法にかんがみ，個人の権利利益の一層の保護を図るため特にその適正な取扱いの厳格な実施を確保する必要がある個人情報について，保護のための格別の措置が講じられるよう必要な法制上の措置その他の措置を講ずるものとする」という定めが残されている（削除前の第3項）．これは，個別法等の根拠規定である．

　また，衆議院及び参議院の各個人情報の保護に関する特別委員会は，個人情報保護法が成立する際の附帯決議の中で，医療，金融・信用，情報通信等の分野における個別法の早急な検討を謳っている．

　今のところ，どの分野においても個別法は成立しておらず，そのような具体的な動きもないようである．一方で，2006年6月に内閣府が発表した「平成17年度個人情報の保護に関する法律施行状況の概要」[23] によると，地方公共団体や国民生活センターに寄せられた，個人情報に関する苦情相談は，合計で1万4,028件であった．そのうち，苦情相談の対象となった事業分野は，特に適

正な取扱いを確保すべき個別分野（医療，金融・信用，情報通信）が4,046件（全体の28.8％）となっており，関心の高さが伺われる結果となっている．苦情数の多い順に挙げると，情報通信が1,970件，金融・信用が1,734件，医療は342件であった．

2007年9月に内閣府が発表した「平成18年度個人情報の保護に関する法律施行状況の概要」[24] においても，総苦情件数1万2,876件のうち，3分野に関するものが3,279件（27.1％）であった．苦情数の多い順に，情報通信が1,914件（14.9％），金融・信用が1,308件（10.2％），医療が268件（2.1％）となっている．

2.3　第3章　個人情報の保護に関する施策等

第3章は，第7条ないし第14条から構成される．

⑴　第1節　個人情報の保護に関する基本方針（第7条）

第7条第1項は，「政府は，個人情報の保護に関する施策の総合的かつ一体的な推進を図るため，個人情報の保護に関する基本方針（以下「基本方針」という．）を定めなければならない」と定める．前記のとおり，政府は，2004年4月2日に「個人情報の保護に関する基本方針」を閣議決定し，その中で，個人情報保護法が憲法第13条の個人の尊厳に基づくことを明らかにしている．

⑵　第2節　国の施策（第8条～第10条）

第2節は，地方公共団体等への支援（第8条），苦情処理のための措置（第9条），個人情報の適正な取扱いを確保するための措置（第10条）を定める．

⑶　第3節　地方公共団体の施策（第11条～第13条）

第3節は，地方公共団体等が保有する個人情報の保護（第11条），区域内の事業者等への支援（第12条），苦情の処理のあっせん等（第13条）を定める．

地方公共団体の個人情報保護条例は，1970年代から制定され始めたが，個人情報保護法のもとでは，第11条が根拠となっている．

⑷　第4節　国及び地方公共団体の協力（第14条）

第14条は，「国及び地方公共団体は，個人情報の保護に関する施策を講ずるにつき，相協力するものとする」と定めている．

以上が「基本法」と呼ばれる第1章から第3章の概要である．この基本法部分は，2003年5月30日の公布の日から施行された（附則第1条）．

3　一　般　法

第 4 章以下は,「一般法」と呼ばれる部分である.

3.1　第 4 章　個人情報取扱事業者の義務等

⑴　第 1 節　個人情報取扱事業者の義務

第15条ないし第36条で構成される.この義務規定は,個人情報保護法の立法段階から,その解釈をめぐって非常に大きな注目を集めた.

㈎　利用目的の特定(第15条),利用目的による制限(第16条)

第15条と第16条は,OECD プライバシー・ガイドラインの掲げる 8 原則のうち,「目的明確化の原則」を具体化するものである.ただし,「収集目的は,収集時よりも遅くない時点において明確化」しなければならないと定める OECD プライバシー・ガイドラインとは異なり,次に記す第15条は,「個人情報を取り扱うに当たって」,利用目的を「できる限り」特定しなければならないと定めるにとどまっている.

第15条の定めは,次のようになっている.

> 第15条　個人情報取扱事業者は,個人情報を取り扱うに当たっては,その利用の目的(以下「利用目的」という.)をできる限り特定しなければならない.
> 2　個人情報取扱事業者は,利用目的を変更する場合には,変更前の利用目的と相当の関連性を有すると合理的に認められる範囲を超えて行ってはならない.

また,第16条第 1 項は,「個人情報取扱事業者は,あらかじめ本人の同意を得ないで,前条の規定により特定された利用目的の達成に必要な範囲を超えて,個人情報を取り扱ってはならない」と定める.ただし,合併その他の事由により他の個人情報取扱事業者から事業を承継することに伴って個人情報を取得した場合(第 2 項)のほか,次の場合(第 3 項)は例外となっている.

> 3　前二項の規定は,次に掲げる場合については,適用しない.
> 一　法令に基づく場合

二 人の生命，身体又は財産の保護のために必要がある場合であって，
本人の同意を得ることが困難であるとき．

三 公衆衛生の向上又は児童の健全な育成の推進のために特に必要があ
る場合であって，本人の同意を得ることが困難であるとき．

四 国の機関若しくは地方公共団体又はその委託を受けた者が法令の定
める事務を遂行することに対して協力する必要がある場合であって，
本人の同意を得ることにより当該事務の遂行に支障を及ぼすおそれが
あるとき．

利用目的は，個人情報の取扱い関する規律の要となるものである．第15条は，個人情報取扱事業者が個人情報を取り扱うに当たって，その利用目的をできる限り特定すべきことを定めるとともに，その変更も一定の合理的な範囲にとどめなければならないことを定めている[25]．利用目的の変更は，個人情報の有用性を過度に損なわないように配慮したものであるが，無限定の変更を許せば，利用目的を特定させる実質的な意義を失わせるため，社会通念上妥当な範囲での変更を許したものである[26]．

そして，第16条では，利用の際にも，自らが特定した利用目的の達成に必要な範囲に限定し，無限定な個人情報の取扱いを未然に防止することを目的としている．

ただし，第3項は，他の権利利益を保護する必要性が上回る場合として，4つの適用除外を定めている．また，この適用除外は，第三者提供の制限の適用除外を定める第23条第1項各号と同内容である．これは，第三者提供自体が利用目的の一種であり，目的外利用には第三者提供を伴うことが多いことに基づいている[27]．

(イ) 適正な取得（第17条）

第17条 個人情報取扱事業者は，偽りその他不正の手段により個人情報を
取得してはならない．

第17条は，OECD プライバシー・ガイドラインが定める8原則のうち「収

集制限の原則」に対応した規定である．これは，個人情報の不適切な取扱いによる本人の権利利益の侵害を未然に防止するという観点から，個人情報の取扱いのうち，最初の取得段階で，適正な手段によることを義務付けたものである．

不正な手段とは，社会的相当性を欠く手段であり，社会通念によって判断される．不正には不適法が含まれる[28]．適正な方法については，個人情報の性質，利用方法，取扱者の適正な業務の実施の必要性等を勘案した上で判断すべきとされている[29]．

なお，第17条には，OECD の「収集制限の原則」にあるような，「データ主体に知らしめ又は同意を得た上で，収集されるべき」とする規定は存在しない．

(ウ) **取得に際しての利用目的の通知等（第18条）**

第18条第１項及び第２項の規定は次のとおりである．

> 第18条　個人情報取扱事業者は，個人情報を取得した場合は，あらかじめ
> その利用目的を公表している場合を除き，速やかに，その利用目的を，
> 本人に通知し，又は公表しなければならない．
> 2　個人情報取扱事業者は，前項の規定にかかわらず，本人との間で契約
> を締結することに伴って契約書その他の書面（括弧内省略）に記載され
> た当該本人の個人情報を取得する場合その他本人から直接書面に記載
> された当該本人の個人情報を取得する場合は，あらかじめ，本人に対し，
> その利用目的を明示しなければならない．ただし，人の生命，身体又は
> 財産の保護のために緊急に必要がある場合は，この限りでない．

第18条は，OECD プライバシー・ガイドラインの８原則のうち，「公開の原則」に対応するとともに，開示等の本人関与の仕組みと一体となって，「個人参加の原則」にも対応している．

この規定は，個人情報を取得した際の利用目的の通知又は公表を原則としつつ，本人から直接個人情報を取得する場合は，利用目的を明示するよう求めている．個人情報の取扱いに関する要である利用目的を，本人が知り得るようにすることによって，個人情報の透明かつ適正な取扱いを確保するという趣旨である[30]．

なお，第３項は，利用目的を変更した場合は，変更された利用目的について，本人に通知又は公表することを個人情報取扱事業者に義務付けている．

㈐　データ内容の正確性の確保（第19条）

> 第19条　個人情報取扱事業者は，利用目的の達成に必要な範囲内において，個人データを正確かつ最新の内容に保つよう努めなければならない．

第19条は，OECD プライバシー・ガイドラインの８原則のうち，「データ内容の原則」に対応している．個人情報が不正確なままに利用されるということは，個人情報取扱事業者の利益にならないのみならず，本人に不測の損害を及ぼす可能性がある[31]．そこで，本条が設けられるに至った．この規定は，努力義務を定めている．

㈑　安全管理措置（第20条），従業者の監督（第21条），委託先の監督（第22条）

> 第20条　個人情報取扱事業者は，その取り扱う個人データの漏えい，滅失又はき損の防止その他の個人データの安全管理のために必要かつ適切な措置を講じなければならない．
> 第21条　個人情報取扱事業者は，その従業者に個人データを取り扱わせるに当たっては，当該個人データの安全管理が図られるよう，当該従業者に対する必要かつ適切な監督を行わなければならない．
> 第22条　個人情報取扱事業者は，個人データの取扱いの全部又は一部を委託する場合は，その取扱いを委託された個人データの安全管理が図られるよう，委託を受けた者に対する必要かつ適切な監督を行わなければならない．

第20条から第22条は，OECD プライバシー・ガイドラインの８原則のうち，「安全保護の原則」に対応するものである．これらの規定は，IT 化に伴い，個人情報の大量漏えいや改ざん等の危険が高まったことや，実際に顧客情報の大量流出が社会問題となった事例などを踏まえて設けられた．

第20条の内容としては，安全管理についての従業者の責任及び権限の明確化

第11章　日本における個人情報保護法制の実現・展開　　497

といった組織的安全管理措置，従業者に対する教育・訓練等の人的安全管理措置，入退室管理等の物理的安全管理措置，アクセス制御，不正ソフトウェア対策等の技術的安全管理措置などが挙げられる[32]．第21条は，制度やシステムの運用が最終的には人に依存していること，また，第22条は，業務のアウトソーシングが一般的に行われていることに基づき，従業者や委託先の監督義務が明文化された[33]．

(カ)　第三者提供の制限（第23条）

第23条　個人情報取扱事業者は，次に掲げる場合を除くほか，あらかじめ本人の同意を得ないで，個人データを第三者に提供してはならない．

一　法令に基づく場合

二　人の生命，身体又は財産の保護のために必要がある場合であって，本人の同意を得ることが困難であるとき

三　公衆衛生の向上又は児童の健全な育成の推進のために特に必要がある場合であって，本人の同意を得ることが困難であるとき

四　国の機関若しくは地方公共団体又はその委託を受けた者が法令の定める事務を遂行することに対して協力する必要がある場合であって，本人の同意を得ることにより当該事務の遂行に支障を及ぼすおそれがあるとき

2　個人情報取扱事業者は，第三者に提供される個人データについて，本人の求めに応じて当該本人が識別される個人データの第三者への提供を停止することとしている場合であって，次に掲げる事項について，あらかじめ，本人に通知し，又は本人が容易に知り得る状態に置いているときは，前項の規定にかかわらず，当該個人データを第三者に提供することができる．

一　第三者への提供を利用目的とすること．

二　第三者に提供される個人データの項目

三　第三者への提供の手段又は方法

四　本人の求めに応じて当該本人が識別される個人データの第三者への提供を停止すること．

3　個人情報取扱事業者は，前項第二号又は第三号に掲げる事項を変更する場合は，変更する内容について，あらかじめ，本人に通知し，又は本人が容易に知り得る状態に置かなければならない．

4　次に掲げる場合において，当該個人データの提供を受ける者は，前三項の規定の適用については，第三者に該当しないものとする．

一　個人情報取扱事業者が利用目的の達成に必要な範囲内において個人データの取扱いの全部又は一部を委託する場合

二　合併その他の事由による事業の承継に伴って個人データが提供される場合

三　個人データを特定の者との間で共同して利用する場合であって，その旨並びに共同して利用される個人データの項目，共同して利用する者の範囲，利用する者の利用目的及び当該個人データの管理について責任を有する者の氏名又は名称について，あらかじめ，本人に通知し，又は本人が容易に知り得る状態に置いているとき．

5　個人情報取扱事業者は，前項第三号に規定する利用する者の利用目的又は個人データの管理について責任を有する者の氏名若しくは名称を変更する場合は，変更する内容について，あらかじめ，本人に通知し，又は本人が容易に知り得る状態に置かなければならない．

第23条は，個人情報取扱事業者の義務の中でも，最も高い関心を集めている規定であり，利用目的による制限を定める第16条の特則である．OECDプライバシー・ガイドラインの中では，「目的明確化の原則」及び「利用制限の原則」に対応する．

この規定は，無制限に個人データが第三者に提供されれば，本人に関する他のデータとの結合・加工が容易であることから，提供後において当該個人データがどのように使用され流通するか不明の状態に置かれる結果，本人にとって不測の権利利益の侵害をもたらす可能性が増大する[34]．そこで，本人の事前同意を原則とした．他方で，個人情報の有用性に配慮する趣旨から，次のような様々な例外が設けられている．

・第16条第3項と同内容の例外（第1項第1号ないし第4号）．

これは，第三者提供が，目的外利用の一態様であり，特則に位置づけられていることに基づく．

- ・本人の求めに応じて第三者提供を停止することとしており，その旨を含む一定の事項を本人に事前通知等している場合（第2項）．

本人の意思によって，事後的に第三者提供を停止する仕組みを，オプトアウトと呼ぶ．また，第2項は，住宅地図作成・販売業者や，ダイレクトメール用の名簿を作成・販売する事業者等を想定したものである[35]．

- ・委託の場合，合併等の場合，特定の者と共同利用する場合（共同利用する旨その他一定の事項を通知等している場合．第4項第1号ないし第3号）．

民間企業では，大量の個人データの処理を外部委託するケースが一般に行われており，こうした委託については，第22条によって，委託先に対する監督義務が課せられている．そこで，委託先を「第三者」から外すことによって，個人情報の有用性を図っている．合併等の場合は，事業承継に伴って個人データが一体的に移転されることが通例であることに基づく．共同利用については，個人データが一定グループ内で取り扱われる場合であって，グループ内の事業者の範囲や管理責任等を明確にしている場合に，共同利用者を第三者提供の規律から除外するというものである[36]．

㊎　**公表等（第24条），開示（第25条），訂正等（第26条），利用停止等（第27条）**

第24条から第30条は，OECDプライバシー・ガイドラインの8原則のうち，「公開の原則」及び「個人参加の原則」に対応している．なお，第24条第2項から第30条は，本人関与の仕組みと呼ばれる[37]．

(a)　**公表等（第24条）**

個人情報取扱事業者は，保有個人データに関し，当該個人情報取扱事業者の氏名又は名称，すべての保有個人データの利用目的，開示等の求めに応じる手続等を本人の知り得る状態に置かなければならない（第1項）．また，本人から，当該本人が識別される保有個人データの利用目的の通知を求められたときは，本人に対し，遅滞なく，これを通知しなければならない（第2項）．

個人情報取扱事業者は，その個人情報の取扱いに関する事項を対外的に明らかにすることによって，取扱いの公正性を確保することができる．また，通知・公表等の制度は，その後の開示や訂正の求めの基礎となる仕組みとしても

500 第III部 個人情報保護法制の実現・展開

重要である[38].

(b) 開示 (第25条)

第25条 個人情報取扱事業者は，本人から，当該本人が識別される保有個
人データの開示（当該本人が識別される保有個人データが存在しないと
きにその旨を知らせることを含む．以下同じ．）を求められたときは，
本人に対し，政令で定める方法により，遅滞なく，当該保有個人データ
を開示しなければならない．ただし，開示することにより次の各号のい
ずれかに該当する場合は，その全部又は一部を開示しないことができる．
一 本人又は第三者の生命，身体，財産その他の権利利益を害するおそ
れがある場合
二 当該個人情報取扱事業者の業務の適正な実施に著しい支障を及ぼす
おそれがある場合
三 他の法令に違反することとなる場合
2 個人情報取扱事業者は，前項の規定に基づき求められた保有個人デー
タの全部又は一部について開示しない旨の決定をしたときは，本人に対
し，遅滞なく，その旨を通知しなければならない．
3 他の法令の規定により，本人に対し第1項本文に規定する方法に相当
する方法により当該本人が識別される保有個人データの全部又は一部を
開示することとされている場合には，当該全部又は一部の保有個人デー
タについては，同項の規定は，適用しない．

開示制度の趣旨は，通知，公表等の仕組みとともに，個人情報の取扱いの透
明性を図ることにある．あわせて，開示制度は，訂正，利用停止等の前提とな
る手続でもある[39]．また，本人の側から見れば，現代的プライバシー権を実
質的に具体化するものともいえる．そういう意味で，開示制度は，個人情報取
扱事業者の義務の中でも，最も重要な定めの1つである．
ところで，第25条は，本人による開示の「求め」に，個人情報取扱事業者が
応じる義務を負うという規定であり，正面から本人の開示請求権を認めるとい
う形にはなっていない．後述の行政機関法とは，この点において異なっている．

開示の「求め」が裁判に訴え出ることのできる具体的権利として認められるか否かの解釈については，争いがある．

　肯定説の根拠は，①法文上，請求権ではなく義務という体裁になっている理由は，開示等の規定が入れられている第4章1節が「個人情報取扱事業者の義務」という表題となっていることとの統一性を図るためである[40]，②労働安全衛生法第102条，保険業法第297条等のように，私人間において，「求め」に対して，これに応ずる義務を相手方が負うこととされている場合は他にも存在する……義務の体裁が取られているのは，保有個人データを適正に取り扱うという個人情報取扱事業者の義務の実効性担保手段としての位置づけをしているからである[41]，③この法律で権利が創設されたと考えても，権利は人格権に根拠をもつものとして考えても，結論的には変わらない[42]，ということにある．一方の否定説は，①開示等の履行義務が確保されない場合は，各苦情処理や主務大臣の報告聴取，助言，勧告，命令といった制度を活用するほか，個人情報取扱事業者による個人情報の取扱いによって，本人の権利利益を侵害している事実があれば，民法等の一般的解釈により，民事上の救済等を受けることもあり得る[43]，②個人情報保護法は，あくまでも主務大臣による行政的規制を通じて，本人関与の機会を創出したものであって，本人に対して民事救済のための請求権を与えることを直接の趣旨としたものではない[44]，③個人情報保護法が一体何を定める法律であるのか，とりわけ，訴訟上の救済手段を増やしたことになるのかについては，かなり疑問である[45]，などと述べている．

　立法過程では，座長私案の段階から，「Ⅱ　個人情報保護制度の基本的考え方」のうち「3　個人情報保護のために確立すべき原則」の「(4)　本人情報の開示等」について，「※2(4)の原則（本人からの開示，訂正，利用・提供の拒否の求め）について，特に立法化をする場合にあっては，これらの求めを法律上の「請求権」として構成するか，又は事業者（個人情報保有者）の行為規範とするかについて，法制的な検討が必要である」と指摘されていた．その後の大綱に至っても，「3　個人情報取扱事業者（仮称）の義務等」の「(5)　開示」について，「「透明性の確保」の観点から，個人情報取扱事業者が保有する個人データについて本人が開示を求められる仕組みを整備するものである．訂正等及び利用停止等とも合わせ，これらの仕組みにより，個人情報の適正な取扱いが当

事者間で実効性をもって担保されることが期待される」と記載されるにとどまっている.

この論点について，2007年6月27日，東京地方裁判所は，個人情報保護法第25条第1項に基づく開示請求を否定する判決を下した[46].

事案は，ある眼科医院で診療を受けた原告らが，当該医院の開設者である被告医療社団法人に対し，個人情報保護法第25条1項に基づき，自己の診療録の開示を求めるとともに，被告が診療録の開示拒否を原告らに遅滞なく通知する義務を怠ったことにより精神的苦痛を被ったとして，慰謝料各10万円の支払いを求めたというものである.

東京地方裁判所は，①個人情報取扱事業者が法第25条等の規定に違反した場合には，当該事業者や業界団体による自主的解決及び主務大臣による行政上の監督の仕組みが設けられている，②法第29条は，個人情報保護取扱事業者が開示の求めを受け付ける方法を定めることができる旨を，第30条は，手数料徴収の規定を置いていることから，直接に裁判上の開示請求を認めることは，このような受付方法の定めを無意味にする，③開示制度は個人情報取扱事業者の行政機関（主務大臣）に対する義務であって，文言上も，個人が請求権を有する旨を規定したものではないことを理由に，原告の請求を棄却した.

以上の理由付けは，いずれも適切なものと考えられる.第1に，個人情報保護法は，行政取締法規であって，直接に私人間の権利義務関係を定める法律ではない.開示等の求めは，個人情報取扱事業者が，本人の求めに応じる義務を，行政法上負うという関係にあり，違反した場合は，主務大臣の勧告，命令，これに従わなければ刑事罰という効果が生じるものである.第2に，文言上の区別も存在する.旧行政機関法は，第13条の開示を「請求権」として，第17条の訂正等を，法的な請求権を持たない「申出」の制度としてそれぞれ規定し，あえて1つの法律の中で区別を設けていることから，従来より，文言の違いに意味を持たせてきたと考えるのが自然な解釈である.そして現行法を見ても，行政機関法や独立行政法人法は，開示請求権を明記するが，個人情報保護法は，開示の「求め」という文言を使い，開示を個人情報取扱事業者の義務として定めている.

しかし，現行法上の解釈において，具体的権利を付与することができないと

しても，権利を付与すべきでないという意味ではない．むしろ問題なのは，不明瞭な文言だという点である．開示制度は，透明性の確保を図る上で，また，現代的プライバシー権を実質的に実現する上で，極めて重要な制度である．OECD プライバシー・ガイドラインも，個人情報へのアクセスと異議を唱える権利を最も重要な安全保護手段とみなしており，制度の重要性を強調している．したがって，現行の文言を拝し，請求権を明文化した開示制度を創設すべきである．

　ところで，肯定説の中に，人格権に根拠を置くことができるという考え方が存在する．人格権とは，主として生命・身体・健康・自由・名誉・プライバシーなど人格的属性を対象とし，その自由な発展のために，第三者による侵害に対し保護されなければならない諸利益の総体であり[47]，これが侵害された場合は，不法行為法上の保護が与えられるほか，差止請求権の根拠となると考えるのが一般的である．第Ⅰ部第4章第2節で紹介した「逃亡」事件判決のように，人格権に基づく個人情報の抹消・訂正を認める裁判例もある．また，プライバシー権は人格権の1つであり，個人情報保護法はプライバシー権を背景にしていることからすれば，開示請求権を具体的権利として解釈することもあり得る．

　ここは非常に難しい点ではあるが，現行の個人情報保護法の性格や文言の問題は無視することはできない．また，特に侵害事例の発生していない場面で，開示請求という積極的な権利の根拠をどこまで人格権に求めることができるかという点は，さらなる検討が必要である．したがって，法改正による解決が適切であると考える．

(c) 訂正等（第26条）

　個人情報取扱事業者は，本人から，当該本人が識別される保有個人データの内容が事実でないという理由によって，当該保有個人データの内容の訂正，追加又は削除（以下「訂正等」という）を求められた場合，利用目的の達成に必要な範囲内において，遅滞なく必要な調査を行い，その結果に基づき，当該保有個人データの内容の訂正等を行うことを義務付けられている（第1項）．第26条は，訂正等という形での本人関与を認めることを通じて，第19条の定める「データ内容の正確性の確保」の実効性を担保している．

(d) 利用停止等（第27条）

個人情報取扱事業者は，本人から，第16条（利用目的による制限），第17条（適正な取得）違反があった場合における保有個人データの「利用の停止又は消去」，第23条第1項（第三者提供の制限）違反があった場合における保有個人データの「第三者への提供の停止」を求められた場合，その求めに理由があることが判明したときは，遅滞なく対応することを義務付けられている（第1項及び第2項）[48]．本人の権利利益の侵害に関する将来的な危険の発生を抑止しようとするものである．

(e) その他

第28条は，本人からの上記の求めに応じない場合等において，理由を説明する努力義務，第29条は，開示等の求めに応じる手続，第30条は手数料に関する定めを置いている．

(ク) 苦情の処理（第31条）

第31条は，個人情報の取扱いに関する苦情の適切かつ迅速な処理を求めている．

個人情報の取扱いをめぐって，個人情報取扱事業者と本人の間に生じるトラブルは，基本的には私人間の問題として当事者間で扱われるべきものである．また，その迅速な解決を図る上でも，まずは当事者間で解決されることが望ましい．このようなことから，事業者自身による苦情処理は，苦情の解決を求めるための多様なルートの中で，最も重要な規定である[49]．

(ケ) 主務大臣の関与（第32条～第35条）

主務大臣とは，個人情報取扱事業者が行う事業等の所管大臣のことをいう（第36条）．

主務大臣に与えられた権限は，次のとおりである．

- この節の規定の施行に必要な限度における報告を徴収し（第32条），必要な助言を行う（第33条）．
- 個人情報取扱事業者が義務規定（努力義務や個人情報取扱事業者の便宜を図った規定を除く）に違反し，個人の権利利益保護のため必要がある場合に，違反行為の中止等を勧告することができる（第34条第1項）．
- 勧告を受けた個人情報取扱事業者が，正当な理由なく勧告に従わず，個

人の重大な権利利益の侵害が切迫していると認められる場合には，命令を下すことができる（第34条第2項）．

・利用目的による制限（第16条），適正な取得（第17条），安全管理措置等（第20条ないし第22条），第三者提供の制限（第23条第1項）の違反があった場合で，緊急性が認められるときは，勧告を経ずに命令を下すこともできる（第34条第3項）．

主務大臣が個人情報保護法に基づく勧告を下した初のケースは，みちのく銀行の事件である．金融庁は，2005年5月20日，約130万件の顧客情報の入ったCD-ROM を紛失したみちのく銀行に対して，①個人データの安全管理のための措置の実効性確保，②個人データの安全管理を図るための従業者に対する監督の徹底を勧告した．内閣府の「平成18年度個人情報の保護に関する法律施行状況の概要」によると，2007年3月31日までの間に勧告の下されたものは4件存在する．なお，命令を下したケースは，まだ存在しないようである．

他方で，このような主務大臣の権限は，表現の自由，学問の自由，信教の自由，及び，政治活動の自由を妨げてはならないとされ（第35条第1項），後掲の適用除外規定（第50条第1項各号）に掲げる者に個人情報を提供する行為には，その権限を行使しないこととなっている（第35条第2項）．

なお，修正前の個人情報保護法案第40条第1項では，「主務大臣は……自由を妨げることがないよう配慮しなければならない」となっていたが，修正後の法案では，「妨げてはならない」という表記に改められ，さらに第2項を設けることによって，報道機関等に個人情報を提供する行為についても，主務大臣の権限は及ばないこととなった．

(2) 第2節 民間団体による個人情報の保護の推進

第37条から第49条が定める．

認定個人情報保護団体とは，個人情報取扱事業者の個人情報の適正な取扱いの確保を目的として，所定の認定業務を行うために，主務大臣の認定を受けた団体である（第37条）．内閣府の平成18年度の施行状況概要によると，2007年3月31日現在，財団法人日本データ通信協会等，合計34の事業者団体が認定個人情報保護団体に認定されている．

所定の認定業務とは，業務の対象となる個人情報取扱事業者（対象事業者）

の個人情報の取扱いに関する苦情の処理（第37条第1項第1号，第42条），個人情報の適正な取扱いの確保に寄与する事項についての対象事業者に対する情報の提供（第37条第1項第2号），その他対象事業者の個人情報の適正な取扱いの確保に関して必要な業務（同項第3号）となっている．また，認定団体は，対象事業者の氏名又は名称を公表しなければならず（第41条第2項），個人情報保護指針の作成・公表の努力義務も課せられている（第43条）．

　主務大臣は，認定個人情報保護団体に対しても，第2節の規定の施行に必要な限度における報告聴取（第46条），業務の実施の方法の改善，個人情報保護指針の変更等についての命令（第47条），認定基準に適合しなくなった場合，命令に従わない場合等における認定取消し（第48条）といった関与を認められている．

3.2　第5章　雑則

　第50条ないし第55条により構成される．

　第50条第1項は，適用除外を定める．本法が目的とする「個人情報の有用性に配慮しつつ，個人の権利利益を保護することを目的とする」の中で，個人情報の有用性を実現する規定である．憲法の保障を受ける報道の自由，表現の自由，学問の自由，信教の自由，政治活動の自由等を損なわないようにすることを趣旨とする．

　　第50条　個人情報取扱事業者のうち次の各号に掲げる者については，その
　　　個人情報を取り扱う目的の全部又は一部がそれぞれ当該各号に規定する
　　　目的であるときは，前章の規定は，適用しない．
　　一　放送機関，新聞社，通信社その他の報道機関（報道を業として行う
　　　個人を含む．）　報道の用に供する目的
　　二　著述を業として行う者　著述の用に供する目的
　　三　大学その他の学術研究を目的とする機関若しくは団体又はそれらに
　　　属する者　学術研究の用に供する目的
　　四　宗教団体　宗教活動（これに付随する活動を含む．）の用に供する
　　　目的
　　五　政治団体　政治活動（これに付随する活動を含む．）の用に供する

目的

　ここでいう「前章の規定」とは，第4章のことであり，「第1節　個人情報取扱事業者の義務等」及び「第2節　民間団体による個人情報の保護の推進」のすべての適用が除外される．

　また，第1項第1号に規定する「報道」とは，「不特定かつ多数の者に対して客観的事実を事実として知らせること（これに基づいて意見又は見解を述べることを含む．）をいう」とされ，意味内容が特定された（第2項）．

　当初の個人情報保護法案には，ジャーナリストのような著述を行う者が入っておらず，また，「報道機関」に個人を含むか否か，及び，「報道」の定義も明確ではなかったこともあり，メディア関係者から強い反対を受けていた．そこで，修正法案では，適用除外について，「報道機関」に，「報道を業として行う個人を含む」ことを明らかにするとともに，新たに「著述を業として行う者」が「著述の用に供する目的」で個人情報を取り扱う場合を追加した（第1項第1号及び第2号）．さらに，「報道」の定義を新設するに至った（第2項）．

　第1項第2号の「著述」には，小説，詩，論文，評論等のジャンルを問わず，人の知的活動により，創作的な要素を含んだ内容を言語を用いて表現することすべてを含むとされている[50]．

　このように，報道，著述，政治，宗教の各分野は，適用除外を受けることとなったが，これらの分野における個人情報保護の必要性が低いということではない．これらの憲法上の自由に個人情報保護が一歩譲ったということにすぎない．したがって，それゆえにこそ，適用除外の事業者であっても，安全管理，苦情処理等のために必要な措置を自ら講じ，その内容を公表するよう努力義務を課せられている（第50条第3項）[51]．

　なお，適用除外を受ける事業者は，その活動上，大量の個人情報を取り扱う機会を多く持つことも事実である．適用除外を受ける者が個人情報の取扱いに関する問題を発生させた場合には，当事者間の話し合いによるか，プライバシー侵害に基づく訴えによって，決着が図られることになる．その際には，自主的な取組の妥当性が裁判所によって判断されることとなる．

3.3 第6章 罰則

第56条ないし第59条が定める．本法の定める罰則は間接罰である．すなわち，違反行為があった場合，まずは自主的な是正が求められ，主務大臣から，助言，勧告，命令があり，個人情報取扱事業者が命令に従わないときに，初めて罰則が適用される．

具体的には，主務大臣の命令に違反した個人情報取扱事業者は，6月以下の懲役又は30万円以下の罰金に処せられる（第56条）．また，報告義務に違反した個人情報取扱事業者又は認定個人情報保護団体は，30万円以下の罰金に処せられる（第57条）．その他，両罰規定も設けられている（第58条）．

直接罰の導入については，自由民主党政務調査会「e-Japan重点計画特命委員会　情報漏洩罪検討プロジェクトチーム（座長：山口俊一衆議院議員）」において，2006年2月15日，個人情報保護法改正案の概要が発表されるなど，一時は積極的な動きが見られた．しかし，その後議論は進展せず，第20次国民生活審議会個人情報保護部会が2007年6月29日付で公表した「個人情報保護に関する取りまとめ（意見）」によって，法改正は行われないこととなったため，現在のところ，直接罰の導入の可能性はほとんどない．

4 附則

現在は第1条から第6条で構成される．

第1条は，施行期日を定める．この法律は，公布の日（2003年5月30日）から施行されるが，第4章から第6章までの規定は，公布後2年以内に施行することとなっていた．前述のように，第4章以下の一般法部分は，2005年4月1日から施行された．

第2条から第6条は，経過措置を定める．なお，第7条は，内閣府の所掌事務等に本法施行関係の事務を追加することを定めていたが，削除された．

第3節　行政機関個人情報保護法の概要[52]

1 旧行政機関個人情報保護法の改正と新法の構成

行政機関については，既に，1988年12月9日に成立した旧行政機関個人情報

第11章　日本における個人情報保護法制の実現・展開　　509

保護法（行政機関の保有する電子計算機処理に係る個人情報の保護に関する法律)[53]が存在していたが，前述のとおり，個人情報保護の観点からは不十分であるとの批判があった。

　そこで，2003年5月に成立した行政機関個人情報保護法によって，1988年の旧行政機関法は全面改正された。新しく制定された行政機関法は，個人情報保護法の傘下に入るものとして，個人情報保護法第6条第1項及び附則第7条（いずれも現在は削除）に基づき制定されたものである。

　法制に盛り込まれるべき内容の骨子及びその趣旨をまとめたのは，総務省の「行政機関等個人情報保護法制研究会」（座長・茂串俊元内閣法制局長官（当時））である[54]。ここでは，行政機関個人情報保護法のみならず，独立行政法人等個人情報保護法に盛り込むべき内容も検討された。

　この研究会は，2001年10月26日に研究会報告書を発表し，行政機関等の保有する個人情報の保護に関する法制の充実強化を内容とした法案の骨子をまとめている。

　行政機関個人情報保護法等の理解のためには，上記研究会における基本的視点が，第1に，旧個人情報保護法案の基本原則の趣旨を公的部門に適合するよう具体化し，また，個人情報取扱事業者の義務等に関する規定との整合性を確保すること，第2に，情報公開法の宿題である個人情報の本人開示の問題を解決すること，第3に，情報公開法の存在が条文の構成等に影響を与えていることに留意する必要がある，とされている[55]。

　個人情報保護法を除く上記4法に関する法案は，2002年3月15日，閣議決定され，第154国会に提出された。そして，同年4月25日から個人情報保護法案とともに審議されたが，同年12月13日，審議未了・廃案となった（第155国会）。その後，個人情報保護法案と行政機関個人情報保護法案に関する修正が加えられ，改めて，2003年3月7日，5つの法案は国会提出された（第156国会）。行政機関個人情報保護法に対する修正は，行政機関の職員等に対して新たに処罰規定を設けることのみであった。審議は同年4月8日から開始し，同年5月23日，5つの法案は可決・成立した。

　行政機関個人情報保護法は，全5章（53条）及び附則から構成される。

第1章　総則（第1条，第2条）

第2章　行政機関における個人情報の取扱い（第3条～第9条）

第3章　個人情報ファイル（第10条，第11条）

第4章　開示，訂正及び利用停止

　第1節　開示（第12条～第26条）

　第2節　訂正（第27条～第35条）

　第3節　利用停止（第36条～第41条）

第4節　不服申立て（第42条～第44条）

第5章　雑則（第45条～第52条）

第6章　罰則（第53条～第57条）

附則

2　第1章　総則

第1条及び第2条で構成される．

　第1条は，この法律の目的として，「行政機関において個人情報の利用が拡大していることにかんがみ，行政機関における個人情報の取扱いに関する基本的事項を定めることにより，行政の適正かつ円滑な運営を図りつつ，個人の権利利益を保護すること」を掲げている．個人情報保護法のいう「個人情報の有用性」は，行政機関個人情報保護法では，「行政の適正かつ円滑な運営」となる．

　第2条は，用語の定義を定める（第2条）．

　「行政機関」とは，内閣府以外の国のすべての行政機関をいい，旧行政機関個人情報保護法が対象外としていた会計検査院も含まれている（第1項）．

　「個人情報」とは，「生存する個人に関する情報であって，当該情報に含まれる氏名，生年月日その他の記述等により特定の個人を識別することができるもの（他の情報と照合することができ，それにより特定の個人を識別することができることとなるものを含む．）をいう」と定められている（第2項）．個人情報保護法は，「他の情報と<u>容易に</u>照合することができ，それにより特定の個人を識別することができることとなるものを含む」となっているが，この法律は，照合可能であれば個人情報に含めることができるため，個人情報保護法よりも

範囲が広い.

「保有個人情報」とは,「行政機関の職員が職務上作成し,又は取得した個人情報であって,当該行政機関の職員が組織的に利用するものとして,当該行政機関が保有しているものをいう」と定められている.ただし,行政文書(行政機関の保有する情報の公開に関する法律(平成11年法律第42号)第2条第2項に規定する行政文書)に記録されているものに限られる(第3項).

保有個人情報は,個人情報の適正な取扱いや,本人による開示・訂正等の請求の基礎となる重要な概念である.「保有」とは,当該個人情報について事実上支配している(当該個人情報の利用,提供,廃棄等の取扱いについて判断する権限を有している)状態である[56]と理解されている.

新法の定義は,旧行政機関個人情報保護法と異なり,マニュアル処理情報を含むこととなり,対象情報の範囲が,情報公開法上の「行政文書」と対応するに至った.

ここで,情報公開法第2条第2項の「行政文書」とは,「行政機関の職員が職務上作成し,又は取得した文書,図画及び電磁的記録(電子的方式,磁気的方式その他人の知覚によっては認識することができない方式で作られた記録をいう.以下同じ.)であって,当該行政機関の職員が組織的に用いるものとして,当該行政機関が保有しているものをいう」と定められている.ただし,官報,白書,新聞,雑誌,書籍その他不特定多数の者に販売することを目的として発行されるもの(第1号)や,政令で定める公文書館その他の機関において,政令で定めるところにより,歴史的若しくは文化的な資料又は学術研究用の資料として特別の管理がされているもの(第2号)は除かれる.行政の円滑な運営に配慮したものである[57].

「個人情報ファイル」とは,保有個人情報を含む情報の集合物であって,一定の事務の目的を達成するために,特定の保有個人情報を検索(マニュアル処理情報の場合は容易に検索)することができるように体系的に構成したものをいう(第4項).

「本人」とは,「個人情報によって識別される特定の個人をいう」と定められている(第2条第5項).

民間事業者を対象にした個人情報保護法と比較すると,「個人情報ファイル」

に対応する概念は,「個人情報データベース等」である.したがって,「保有個人情報」に対応するのが「個人データ」ということになる.法文を一見すると,両者には大きな違いがないようにも読める.

しかし,「個人データ」は,「個人情報データベース等」を構成する個人情報であると定義されており,元となる「個人情報データベース等」は,個人情報を含む情報の集合物であること,検索可能性(マニュアル情報の場合は検索容易性),体系的な構成という要件が設けられているにとどまる.一方の「保有個人情報」については,その定義自体に,職務上の作成・取得,組織的な利用,行政文書,という限定が付されている.「個人情報ファイル」は,限定の付された保有個人情報を検索可能なように(マニュアル情報の場合は検索容易性)体系的に構成した集合物であり,さらに,「一定の事務の目的を達成するため」という要件も設けられている.

保有個人情報に限定が付されることによって,行政機関については,例えば,業務用であっても,個人で利用する携帯電話は対象外であるし,各業務用のパソコン上に格納されている情報も除外される.さらには,職場や自宅のパソコン内にある多数の中間成果物,すなわち,書きかけのワープロ文書類,作りかけの表計算文書等の多くの文書類も,組織的利用の対象ではないことから適用除外となる[58].

このように,法律の要となる情報について,行政機関個人情報保護法では狭く,一般の個人情報保護法では広い,ということが指摘されている.

3 第2章 行政機関における個人情報の取扱い

第3条ないし第9条で構成される.

それぞれは,「個人情報保有の制限等」(第3条),「利用目的の明示」(第4条),「正確性の確保」(第5条),「安全確保の措置」(第6条),「従業者の義務」(第7条),「利用及び提供の制限」(第8条),「保有個人情報の提供を受ける者に対する措置要求」(第9条)となっている.

3.1 個人情報保有の制限等

第3条第1項は,「行政機関は,個人情報を保有するに当たっては,法令の定める所掌事務を遂行するために必要な場合に限り,かつ,その利用の目的を

第11章　日本における個人情報保護法制の実現・展開　　　513

できる限り特定しなければならない」と定める.

　利用目的の特定義務は, 個人情報保護法第15条に対応するものである. しか
し, 個人情報ファイルに記録されている場合は, 個人情報ファイル単位で利用
目的が記載され, それ以外の散在情報については, それが記録された行政文書
の利用目的に包含されることから, 改めて利用目的を特定することを要しない
と考えられており, その点で実際上の違いが存在する[59].

3.2　利用目的の明示

　第4条第1項は,「行政機関は, 本人から直接書面 (括弧内省略) に記録され
た当該本人の個人情報を取得するときは, 次に掲げる場合を除き, あらかじめ,
本人に対し, その利用目的を明示しなければならない」と定める. 利用目的を
通知・公表する義務 (個人情報保護法第18条第1項) に対応する規定が置かれて
いない点は個人情報保護法と異なる. 行政機関におけるすべての個人情報の利
用目的は, 既に設置法等で明らかにされており, 取得段階で改めて本人に通知
又は公表する意義は乏しいこと, 行政機関においては, 多くの場合直接本人か
ら個人情報を取得しているため, 本人は利用目的を容易に知り得る場合が多い
こと, 個人情報ファイル簿の閲覧・公表制度を設けており, また, 本人から個
人情報を直接書面で取得するときは利用目的を本人に明示することとしている
から, 改めて設ける必要はないというのが, 立案者の説明とされている[60].

　また, 取得の関係でいえば, 行政機関個人情報保護法には, 適正な取得に関
する規定は存在しない. 立案者は,「行政機関が, 法令を遵守して, 適法かつ
適正に個人情報の取得に当たることは, 日本国憲法上の要請である (第73条第
1号において「内閣は法律を誠実に執行し」と規定されている). また, 行政機関
の職員が法令を遵守すべきことは, 国家公務員法第98条 (法令遵守義務) 等他
の法令により規律されている. 本法において, 基本法第17条に相当する規定を
設けなかったのは, このように行政機関及び行政機関の職員が不適法な個人情
報の取得をしてはならないという法規範が既に存在していることから改めて規
定しなかったものである. 第36条は, 保有個人情報が「適法に取得されたもの
でない」ことを利用停止請求の要件としており, 明文の規定はないものの, 適
法取得の規範を前提としている」と説明する[61].

　これについては, 立法段階で, 日本弁護士連合会等から「官」の無謬性を当

然の前提とするものとして，厳しい批判を受けてきている．民間部門も他の法令を遵守しなければならないことは同じであるため，上記説明は理由がないという批判もある．また，2002年5月に発覚した「防衛庁リスト」（防衛庁が情報公開請求者の身元を調査して個人情報リストを作成し，庁内 LAN に掲示した）問題で，国家公務員法による処罰が困難であることが明らかとなった[62]．

3.3 正確性の確保・安全確保の措置・従業者の義務

正確性の確保（第5条）は，個人情報保護法のデータ内容の正確性の確保（個人情報保護法第19条）に対応する規定である．

安全確保の措置（第6条），従業者の義務（第7条）は，個人情報保護法の安全管理措置（個人情報保護法第20条），従業者の監督（同第21条），委託先の監督（同第22条）に対応している．

3.4 利用及び提供の制限

⑴ 原 則

第8条は，個人情報保護法の利用目的による制限（個人情報保護法第16条），第三者提供の制限（同第23条）に対応する規定である．

第8条第1項は，「行政機関の長は，法令に基づく場合を除き，利用目的以外の目的のために保有個人情報を自ら利用し，又は提供してはならない」という原則を定める．

立案者によれば，保有個人情報が本来の利用目的以外の目的のために利用・提供された場合，本人の予期せぬ利用等による不安・懸念を生じさせるのみならず，悪用によるプライバシーの侵害や財産上の権利侵害等をもたらす危険性を増大させる．このため，法令に基づく場合を除き，利用目的以外の利用・提供を原則として禁止したものである．また，他の「法令に基づく場合」に目的外利用・提供を認めたのは，他の法令のそれぞれの立法目的から，保有個人情報の利用・提供を可能としており，合理性が認められるからだと説明されている[63]．

⑵ 例 外

第8条第2項は，利用及び提供が認められる場合を定める．

　　　2　前項の規定にかかわらず，行政機関の長は，次の各号のいずれかに該

当すると認めるときは，利用目的以外の目的のために保有個人情報を自ら利用し，又は提供することができる．ただし，保有個人情報を利用目的以外の目的のために自ら利用し，又は提供することによって，本人又は第三者の権利利益を不当に侵害するおそれがあると認められるときは，この限りでない．

一　本人の同意があるとき，又は本人に提供するとき．

二　行政機関が法令の定める所掌事務の遂行に必要な限度で保有個人情報を内部で利用する場合であって，当該保有個人情報を利用することについて相当な理由のあるとき．

三　他の行政機関，独立行政法人等，地方公共団体又は地方独立行政法人に保有個人情報を提供する場合において，保有個人情報の提供を受ける者が，法令の定める事務又は業務の遂行に必要な限度で提供に係る個人情報を利用し，かつ，当該個人情報を利用することについて相当な理由のあるとき．

四　前三号に掲げる場合のほか，専ら統計の作成又は学術研究の目的のために保有個人情報を提供するとき，本人以外の者に提供することが明らかに本人の利益になるとき，その他保有個人情報を提供することについて特別の理由のあるとき．

　この中で，第２号は，「法令の定める所掌事務の遂行に必要な限度で……相当な理由のあるとき」，第３号は，「他の行政機関……に保有個人情報を提供する場合において……提供を受ける者が……利用することについて相当な理由のあるとき」，第４号は「その他……特別の理由のあるとき」，となっている．業務遂行のために「相当な理由」があれば，又はその他の場合でも「特別の理由」があれば保有個人情報を利用できることとなっており，かつ，その有無は当該行政機関が判断するので，利用制限の歯止めにならないという批判が多いと言われている[64]．

　ただし，違法な目的変更，目的外利用・提供に対しては，利用停止請求権が認められていること（第36条以下），この請求は行政手続法第５条の「申請」に該当することの重要性も指摘されている．行政手続法の要請として，行政機関

の長は，相当の関連性，相当の理由について，できる限り具体的に審査基準を定め，特別の支障がない限りそれを公にしなければならないこととなっている[65]。

この規定の解釈には，「個人の権利利益の保護」と「行政の適正かつ円滑な運営」のバランスの難しさが現れているが，本人が利用停止請求権を行使することにより，保有個人情報の適正な利用・提供をいかに担保することができるか否かによると思われる。

なお，個人情報保護法の第16条及び第23条を見ると，「相当な理由」や「特別な理由」による例外は存在せず，また，業務遂行に必要な場合が例外として挙げられていない。その一方で，オプトアウトの制度が設けられている。

行政機関個人情報保護法にオプトアウトの規定が存在しない理由は，行政機関から不特定の第三者に提供を行う場合は，法令に基づく場合，本人の同意に基づく場合，特別の政策目的に基づく場合が通常であることから，わざわざ規定する必要はないことにある[66]。

⑶　オンライン結合を制限する規定の不存在

行政機関個人情報保護法には，オンライン結合を制限する規定が存在しない。衆議院，参議院の各個人情報の保護に関する特別委員会において，「保有個人情報の目的外の利用及び提供が所定の要件に該当するか否かの判断は慎重かつ客観的に行うとともに，利用目的が異なる二以上の個人情報ファイルを電子計算機を用いて照合し，又は結合する場合には，個人の権利利益を侵害しないよう十分に留意すること」という附帯決議が存在するにとどまる。

これに関する立案者の説明は，「IT を活用した個人情報の利用の拡大は，多様化する行政需要に対応した行政サービスの向上や行政運営の効率化に大きく寄与しており，個人情報の流通に限り物理的な結合を禁止することは，実態に即しないし，合理性を欠く。むしろ，オンライン結合に関する議論の背景において重要な点は，個人情報をみだりに利用・提供させないことである。その観点から，本法では，利用目的以外の利用・提供を原則禁止しており……」というものである[67]。

しかし，前章でも述べたように，アメリカでは，1988年コンピュータ・マッチング及びプライバシー保護法によって，1974年プライバシー法を大幅に改正

し，マッチング・プログラムに関する新たな規定を設けている．

また，国内でも，地方公共団体レベルでは，オンライン結合禁止の規定を置く団体が圧倒的多数である．例えば，神奈川県の個人情報保護条例は，第9条の利用・提供制限規定に加え，第10条第1項において，オンライン結合禁止の規定を置く．ここでは，「実施機関は，公益上の必要があり，かつ，個人の権利利益を侵害するおそれがないと認められるときでなければ，オンライン結合（当該実施機関が管理する電子計算機と実施機関以外の者が管理する電子計算機その他の機器とを通信回線を用いて結合し，当該実施機関が保有する個人情報を当該実施機関以外の者が随時入手し得る状態にする方法をいう．次項において同じ．）による個人情報の提供を行ってはならない」と定められている．

こうしてみると，国の行政機関のみにオンライン結合制限の規定が全く存在しないという現状は，規定のバランスを欠くと言わざるを得ない．

4　第3章　個人情報ファイル

第10条及び第11条で構成される．これらは，個人情報保護法には存在しない規定である．

第10条第1項は，「行政機関（括弧内省略）が個人情報ファイルを保有しようとするときは，当該行政機関の長は，あらかじめ，総務大臣に対し，次に掲げる事項を通知しなければならない」と定める．ここでいう個人情報ファイルには，マニュアル処理ファイルは除かれる（同条第2項第11号）．

通知事項とは，個人情報ファイルの名称，当該行政機関の名称，個人情報ファイルの利用目的，個人情報ファイルに記録される項目，個人情報ファイルに記録される個人情報の収集方法，記録情報の提供先，開示請求等を受理する組織の名称及び所在地等となっている．この規定の趣旨は，法運用の統一性・法適合性を確保するための調整という観点から，総務大臣に事前チェックを委ねようとする趣旨である．

ただし，この規定に対しては，第10条第2項で，非常に広範な例外が設けられている．例外は11項目に及ぶが，高度の秘密保持の要請がある場合（第1号及び第2号），又は，本人の権利利益の侵害のおそれが小さい場合（第3号ないし第11号）に分類される[68]．いわゆる1年以内に消去される短期保有ファイル

（第 6 号）や，1,000人に満たない小規模ファイル（第 9 号，政令第 5 条）[69] の適用除外は議論があったところであるが，今後の運用を見守る必要があるといわれている[70]．

第11条は，行政機関の長に対し，当該行政機関が保有している個人情報ファイルについて，個人情報ファイル簿を作成し，公表することを義務付けている．

このように，行政機関には，利用目的ごとに個別のファイルとして区分管理するとともに，それぞれファイルの名称，利用目的，保有課名，記録項目・範囲，取得方法，提供先など詳細な事項を公表することを義務づけられている．

第11条の個人情報ファイル簿には，マニュアル処理ファイル簿も含まれる．しかし，第11条も，第10条と同様の例外を適用するとともに，さらに 2 つの適用除外を追加している（第11条第 2 項第 2 号及び第 3 号）．

5　第 4 章　開示，訂正及び利用停止

本人関与制度である．この制度は，実質的に現代的プライバシー権が実現される典型的な場面といってよい．

行政機関個人情報保護法は，開示，訂正，利用停止といった本人関与制度に関する規定を多く設けている点を特徴に持つ．個人情報保護法では，各請求の手続や判断の基準について，その自主性を尊重し，必要最小限のものを規定し，具体的には事業者が定めることとしているのと対照的である．

第 1 節は開示（第12条ないし第26条），第 2 節は訂正（第27条ないし第35条），第 3 節は利用停止（第36条ないし第41条），第 4 節は不服申立て（第42条ないし第44条）という構成になっている．

開示，訂正，利用停止の各制度は，いずれも，「何人も」「自己を本人とする保有個人情報」「行政機関の長に対し」「請求することができる」と記載されており，本人の請求権であることが明らかとなっている．これに対し，個人情報保護法は，「求め」という文言を用いているため，前述のように，請求権の存否には争いがある．

旧行政機関個人情報保護法は，訂正について，行政機関に調査義務を課す「申出」制度としていたが，改正法によって請求権制度に拡大された．また，利用停止請求権制度が新設された点，開示請求権が，医療・教育情報のほか，

書面に記載されているものを含むすべての保有個人情報に拡大された点も重要である．

　上記の開示，訂正，利用停止を請求するためには，各行政機関の長に対して，所定の事項を記載した書面を提出し，あわせて本人確認書類を提示・提出する必要がある（第13条，第28条，第37条）．

　これを受けた行政機関の長は，応じるか否かを所定の期限内（請求があった日から原則として30日以内）に決定し，書面でその決定を通知する（第18条，第19条，第30条，第31条，第39条，第40条）．

　なお，訂正及び利用停止の各請求は，開示請求に基づく開示決定を前置しなければならず，各請求は，開示を受けた日から90日以内に行わなければならない（第27条第3項，第36項第3項）．なお，個人情報保護法上の訂正及び利用停止は，そのような前置を必要としていない．

　上記各制度のうち，開示制度には，第14条各号で不開示情報の規定が置かれている．不開示となるケースは，開示請求者の生命，健康，生活又は財産を害するおそれがある場合（第1号），開示請求者以外の個人情報が含まれる場合（第2号），法人等又は開示請求者以外の事業を営む個人の情報であって，開示によってその者たちの正当な利益を害する場合（第3号），国家安全や他国との信頼関係を害するおそれがある場合（第4号），犯罪予防等に支障を来たす場合（第5号）となっている．

　このような開示，訂正及び利用停止の決定等について，個人は行政不服審査法による不服申立てを行うことができる．この申立てがあったときは，当該不服申立てに対する裁決又は決定をすべき行政機関の長は，情報公開・個人情報保護審査会設置法に基づき設置された情報公開・個人情報保護審査会に諮問しなければならない（第42条）．民間部門では，請求に対する決定に不服がある場合に，事業者による自主的な苦情処理を基本としているのに対し，行政機関では，苦情処理のほか，このように審査会によるチェックの仕組みが存在している．

6　第5章　雑則

　第45条ないし第52条によって構成され，適用除外その他が定められている．

7 第6章 罰則

第53条ないし第57条が定める．

修正前の行政機関個人情報保護法案では，刑事罰は存在せず，「偽りその他不正の手段により，開示決定に基づく保有個人情報の開示を受けた者は，10万円以下の過料に処する」という規定のみが設けられていた．その趣旨は，国家公務員法の服務規定（第82条の懲戒，第98条の法令遵守等，第100条の守秘義務，第109条の罰則）や刑法（第193条ないし第196条の職権濫用罪，第258条の公用文書毀棄罪）によって担保されるということにあった．

しかし，国会審議の過程で「官に甘く，民に厳しい」との批判があったほか，前記「防衛庁リスト」問題をきっかけとして，行政機関個人情報保護法でも，公務員の違反行為に直接罰則を適用すべきであるという世論が起こった．

その結果，①第53条は，行政機関の職員等が，コンピュータ処理された個人情報ファイルの不正な提供をした場合に，2年以下の懲役又は100万円以下の罰金，②第54条は，行政機関の職員等が，不正な利益を図る目的での個人情報の提供又は盗用をした場合に，1年以下の懲役又は50万円以下の罰金，③第55条は，行政機関の職員が，職権を濫用して，職務以外の用に供する目的で個人の秘密を収集する行為に対し，1年以下の懲役又は50万円以下の罰金をそれぞれ科すこととなり，また，④第56条は，国外犯処罰を定めるに至った．第57条は，前記の過料に関する定めである．

(1) 堀部政男「インターネットとプライバシー・個人情報の保護」同編著『インターネット社会と法』（新世社，第2版，2006年）110～111頁．

(2) 堀部政男『プライバシーと高度情報化社会』（岩波新書，1988年）111頁．

(3) 総務省報道資料「個人情報の保護に関する条例の制定状況（平成15年4月1日現在）」(http://www.soumu.go.jp/s-news/2003/030926_3) 参照．

(4) 総務省報道資料「地方公共団体における個人情報保護条例の制定状況等（平成18年4月1日現在）」(http://www.soumu.go.jp/s-news/2006/060517_1.html) 参照．

(5) 昭和63年12月16日法律第95号．

(6) 藤原静雄『逐条 個人情報保護法』（弘文堂，2003年）4頁．

(7) 佐藤幸治『憲法』（青林書院，第3版，1995年）455頁．

(8) 朝日新聞1999年5月26日朝刊2面．

(9) 朝日新聞1999年5月28日夕刊2面．

第11章　日本における個人情報保護法制の実現・展開　　521

(10)　個人情報保護検討部会設置の経緯については，高度情報通信社会推進本部個人情報
　　保護検討部会が1999年11月19日に発表した「我が国における個人情報保護システムの在
　　り方について（中間報告）」のうち「2　個人情報保護検討部会の設置の経緯」によっ
　　た．

(11)　2001年1月6日からは，高度情報通信ネットワーク社会形成基本法（IT 基本法）
　　に基づく高度情報通信ネットワーク社会推進戦略本部（IT 戦略本部）が置かれている．

(12)　この2日前の1999年7月21日の毎日新聞夕刊2面は，特集記事で「漏えいに罰則な
　　く　丸裸のプライバシー」という記事を掲載している．また，同じ紙面で，堀部教授は，
　　「法，社会，技術で総合的な対応を」と題するコメントを寄せている．

(13)　検討部会の議事録・議事要旨は，情報通信技術戦略本部のウェブ・サイト内の「個
　　人情報保護検討部会」のページ（http://www.kantei.go.jp/jp/it/privacy/index.
　　html）参照．

(14)　自治大臣官房情報政策室の井筒郁夫室長（当時）の発言による（http://www.
　　kantei.go.jp/jp/it/privacy/991116gijiroku3.html）．

(15)　個人情報保護検討部会第5回議事録の中の，森田明弁護士，北澤義博弁護士の発言
　　による（http://www.kantei.go.jp/jp/it/privacy/991215gijiroku5.html）．

(16)　朝日新聞東京本社編集局鈴木規雄次長（当時）の発言による（http://www.kantei.
　　go.jp/jp/it/privacy/dai6/125gijiroku6.html）．

(17)　堀部政男「住民基本台帳法の改正と個人情報保護」ジュリスト第1168号（1999年）
　　83頁，同「電子取引とプライバシー」ジュリスト第1183号（2000年）83頁．

(18)　専門委員会の議事録，議事要旨は，情報通信技術戦略本部のウェブ・サイト内の
　　「個人情報保護法制化専門委員会」のページ（http://www.kantei.go.jp/jp/it/privacy/
　　houseika/index.html）参照．

(19)　毎日新聞2002年4月9日朝刊24面．

(20)　法律の解説については，堀部・前掲注(1)105頁以下，園部逸夫編，藤原静雄・個人
　　情報保護法制研究会著『個人情報保護法の解説　改訂版』（ぎょうせい，2005年），藤
　　原・前掲注(6)，宇賀克也『個人情報保護法の逐条解説』（有斐閣，第2版，2005年），
　　岡村久道『個人情報保護法』（商事法務，2004年），鈴木正朝『個人情報保護法とコンプ
　　ライアンス・プログラム』（商事法務，2004年）を参考にした．
　　なお，本来であれば，法文を紹介する際の条項には漢数字を用いなければならないが，
　　本論文は横書きであるため，号以外については算用数字を用いた．

(21)　平成15年5月30日法律第57号．

(22)　平成15年12月10日政令第507号．

(23)　内閣府の個人情報の保護のウェブ・サイト内の「平成17年度個人情報の保護に関す
　　る法律施行状況の概要」のページ（http://www5.cao.go.jp/seikatsu/kojin/17-sekou.
　　pdf）参照．

(24)　同じく，「平成18年度個人情報の保護に関する法律施行状況の概要」のページ
　　（http://www5.cao.go.jp/seikatsu/kojin/18-sekou.pdf）参照．

(25) 園部・前掲注(20)116頁.

(26) 園部・前掲注(20)120頁, 宇賀・前掲注(20)82頁.

(27) 岡村・前掲注(20)143, 161, 209頁.

(28) 園部・前掲注(20)127頁.

(29) 「個人情報保護基本法制に関する大綱」のうち「2. 基本原則」の「(2) 適正な方法による取得」の説明参照.

(30) 園部・前掲注(20)129頁.

(31) 園部・前掲注(20)135頁.

(32) 詳しくは, 鈴木・前掲注(20)196頁以下.

(33) 園部・前掲注(20)137頁以下.

(34) 岡村・前掲注(20)210頁.

(35) 園部・前掲注(20)149頁以下, 岡村・前掲注(20)218頁以下, 宇賀・前掲注(20)113頁以下等.

(36) 園部・前掲注(20)143-157頁.

(37) 岡村・前掲注(20)237頁以下.

(38) 藤原・前掲注(6)94頁.

(39) 園部・前掲注(20)165頁, 藤原・前掲注(6)97頁.

(40) 岡村・前掲注(20)238頁以下.

(41) 宇賀・前掲注(20)128-129頁.

(42) 藤原・前掲注(6)97-98頁.

(43) 本文中の紹介は要約であるため, 詳しくは, 園部・前掲注(20)167-168頁を参照されたい.

(44) 鈴木・前掲注(20)233頁.

(45) 夏井高人「個人情報保護法第50条(適用除外)に関する要件事実的検討」判タ第1131号(2003年)68頁. この論文は, 開示請求権の具体的権利性を, 要件事実の観点から分析し, 否定的な結論を導いている.

(46) 東京地判平成19年6月27日判時第1978号27頁.

(47) 五十嵐清『人格権法概説』(有斐閣, 2003年)10頁.

(48) ただし, 利用の停止又は消去については, 違反を是正するに必要な限度で足りる.

(49) 園部・前掲注(20)194頁.

(50) 園部・前掲注(20)251頁.

(51) 藤原・前掲注(6)145-146頁.

(52) 本法の解説は, 堀部・前掲注(1)124頁以下, 社団法人行政情報システム研究所編『行政機関等個人情報保護法の解説』(ぎょうせい, 2005年), 藤原・前掲注(6)155頁以下, 宇賀・前掲注(20)233頁以下, 岡村・前掲注(20)309頁以下を参考にした.

(53) 昭和63年12月16日法律第95号.

(54) 総務省のウェブ・サイト内の「行政機関・独立行政法人等の個人情報の保護」のページ(http://www.soumu.go.jp/gyoukan/kanri/a_05_f.htm)参照.

第11章　日本における個人情報保護法制の実現・展開　　523

(55)　藤原・前掲注(6)156頁.
(56)　行政情報システム研究所・前掲注(52)19-20頁.
(57)　宇賀・前掲注(20)235頁.
(58)　鈴木正朝「個人情報保護法制の総合的研究」(2006年度情報セキュリティ大学院大学博士論文)400頁.
(59)　岡村・前掲注(20)316頁，宇賀・前掲注(20)238-239頁，藤原・前掲注(6)160-161頁.
(60)　岡村・前掲注(20)317-318頁.
(61)　行政情報システム研究所・前掲注(52)23-24頁.
(62)　岡村・前掲注(20)318頁．毎日新聞2002年5月29日朝刊3面.
(63)　行政情報システム研究所・前掲注(52)38頁.
(64)　岡村・前掲注(20)322頁.
(65)　藤原・前掲注(6)163頁.
(66)　岡村・前掲注(20)322-323頁.
(67)　行政情報システム研究所・前掲注(52)43-44頁.
(68)　岡村・前掲注(20)324頁.
(69)　平成15年12月25日政令第548号.
(70)　藤原・前掲注(6)165頁.

第12章　考　察

　第III部では，イギリス，アメリカ，日本における個人情報保護法制の実現・展開を検討した．その結果，次のようなことが明らかとなった．

第1節　「イギリスのデータ保護法とその運用状況」

　第I部第2章で見たように，イギリスの裁判所は，判例法上のプライバシー権の承認には消極的であり，立法に委ねるという態度を一貫して維持してきた．ここでいうプライバシー権は，伝統的プライバシー権のことである．

　一方，立法をめぐるイギリスの議論は，1960年代初期から始まった．当初は，伝統的プライバシー権を承認するための立法提案がなされ，実際に提出された法案の中には，私事の公開を防止し，又は隔絶を保護するものや，包括的プライバシー権を提唱するものもあった（アレキサンダー・ライオン氏の1967年の法案，ブライアン・ウォールデン氏の1969年の法案）．しかし，いずれの法案も，言論の自由の観点からの反対に遭い，プライバシー権についてはより明確な定義づけが必要であるという指摘を受けるなどによって，廃案となった．

　こうした立法提案の動きを受けて，ヤンガー委員会が設置された．この委員会のメンバーは，民間部門を対象としたプライバシー保護法が必要か否かを検討するために任命され，1970年5月から，約2年間にわたって検討を重ねた．そして，1972年7月，『プライバシーに関する委員会の報告書』が発表された．この報告書は，プライバシーの概念，プライバシー侵害の諸側面など，実に様々な事柄を検討した結果，法に過大な期待を置くことを危険視し，教育や職業規範などの他の手段を通じて，プライバシー保護は可能であると述べ，立法の必要はないと結論付けた．

　こうして，伝統的プライバシー権を立法化する試みは，失敗した．

　他方，1960年代後半から，現代的プライバシー権を提案する複数の法案が提

出されるようになった．それらはコンピュータ化の脅威に着目し，個人データの保護を目的としている．中には，コンピュータの利用を監視する登録官や，データ・バンク審判所を設けようとするものが登場した（ベイカー氏の1969年データ監視法案，ハックフィールド氏の1971年個人情報規制法案）．ヤンガー委員会の報告書も，法制定は時期尚早だとしつつも，コンピュータがプライバシーに対する将来の脅威になることを認識し，個人情報のコンピュータ処理を監視する機関を設ける法律を制定すべきと勧告している．また，政府は，1975年に『コンピュータとプライバシー』という白書を発表し，①個人情報を処理するコンピュータの利用に適用される一連の目的及び基準の設定，②コンピュータの利用を監視する恒久的な法定機関の設立を提案した．

　政府の白書を受け，1976年にリンドップ委員会が組織され，公的部門及び民間部門双方を対象にして，個人情報を処理するコンピュータの利用を規制する立法内容を検討することとなった．リンドップ委員会は，1976年から約2年にわたって会議を開き，1978年に『データ保護委員会の報告書』を発表した．ヤンガー委員会の報告書は，プライバシーを極めて広い概念として捉えていたが，リンドップ報告書は，プライバシーとデータ保護の重なり合う領域として「情報プライバシー」又は「データ・プライバシー」という言葉を使い，データ・プライバシーを「自己に関するデータの流れをコントロールする個人の権利」と定義づけた．これは，ウェスティン博士やミラー教授の定義に従ったものとされている．リンドップ報告書は，政権交代の影響を受けて陽の目を見なかったが，現代的プライバシー権を実現するための法律の内容を詳しく論じており，1984年データ保護法の礎を築いたものとして重要である．

　このように，イギリスにおける現代的プライバシー権の立法化については，個人情報のコンピュータ処理を監視する機関を設けるところから議論が発展してきた，とまとめることができる．監視機関が重視されるのは，このような発展過程に由来するとも考えられる．

　1980年代に入ると，OECD プライバシー・ガイドライン，加盟国に対して拘束力を持つ CoE 個人保護条約の影響を受け，イギリス政府もデータ保護法の制定に向けた本格的な動きを見せるようになった．そして，イギリスは，立法提案を始めてから20年以上の時を経て，1984年データ保護法を成立させた．

第12章 考 察　　527

　この法律は，個人データ（生存する個人を識別できるデータであって，コンピュータ処理されるもの）を対象に，データ利用者（データを保有する者）に対し，個人データの処理に関する8つのデータ保護原則の遵守を求め，かつ，データ保護登録官への登録を義務付けている．また，データ主体（個人データの主体である個人）に対しては，アクセス権や訂正・抹消請求権などを認めている．全体を通じて，現代的プライバシー権の考え方を詳細に具体化したものとなっている．

　その後，1984年データ保護法は，EU個人保護指令の採択を受け，1998年に全面改正された．改正法の大きな特徴は，①一定のマニュアル処理情報を「関連するファイリング・システム」を構成する情報として法の適用対象にしたこと，②センシティブな個人情報の取扱いを厳格に規定したこと，③登録から通知に変更して手続の簡素化を図ったことにある．1998年法も，EU個人保護指令に沿った形で，附則1の第1部において，8つのデータ保護原則を設けている．

　イギリスのデータ保護法の特徴を挙げると，第1は，ヨーロッパの一員としての法のあり方があらわれているという点である．1984年法は，前記CoE条約に対応して制定され，1998年法は，EU個人保護指令に対応して制定された．立法形式がオムニバス方式（民間部門と公的部門を1つの包括的な法律によって規制する方式）であるのも，ヨーロッパ型に対応している．

　第2に，内容面については，独立の立場にある情報コミッショナー（2001年1月30日まではデータ保護登録官の事務所）に法執行権限が委ねられている点である．これもヨーロッパ・ルールの特徴の1つである．情報コミッショナーは，法律違反があった場合の訴追権限など，強力な権限を付与されている．

　データ保護法の運用面を見ると，情報コミッショナーの事務所は，年次報告を出している．この報告書は，毎年のようにキャンペーンを実施し，小冊子を配布するなどの普及促進活動を掲載している．しかし，年次報告によれば，特に1984年法の段階では，登録数が当初の予測よりもはるかに下回っており，また，小規模事業者や個人による法の認識率がなかなか上昇しなかったことが明らかとなっている．

　この結果から，当時のデータ保護登録官は，法律の普及に相当な苦労を要し

たことが分かる．初期の段階にデータ保護法が理解を得られなかったのは，法律の内容の難しさもさることながら，法律自体が，何らかの事件を契機に成立したものではないことも挙げることができるであろう．

　1998年法の時代に入ると，徐々に，法律の認識が高まり，2003年度には，通知登録簿への記入数が25万件を超えた．この時期になって，ようやく1984年法当初の見込みに近づいたこととなる．現在では，データ管理者については90パーセント以上，データ主体については70パーセント以上が，法律に基づくデータ主体の権利を認識するに至っている．

　ところで，1998年データ保護法については，2003年頃に，誤解（過剰反応）に相当する大きな事件が発生している．1件は，警察が問題人物の情報を消去していた結果，2名の女児が殺害された事件（ソーハム殺人事件），もう1件は，ブリティッシュ・ガスが，ガス代を支払えなかった2名の老人の情報を政府の社会福祉事業に提供しなかった結果，当該老人らが死亡した事件（ブリティッシュ・ガス事件）である．いずでもイギリス国内では大きく報道された．前者については，独立の調査チームが設けられ，当該チームにより，警察側の解釈が間違いであったことが発表された．後者については，ブリティッシュ・ガスがデータ保護法の解釈を誤っていたことを認めた．また，ICOは，ホームページの中で，「データ保護の俗説と本当の対応」と称するページを公表している．1984年法の時代から考えると，データ保護法について約20年もの歴史を持つイギリスでさえ，法律の誤解が大きな事件を引き起こしており，個人情報を対象にした法律を正しく理解することが，いかに難しいかを物語っている．

　表現の自由との関係について見ると，1998年法第32条は，「ジャーナリズム，文学及び芸術」に関する特別な規定を設けている．すなわち，個人データがこれらの目的のためだけに取り扱われる場合，データ管理者は，データ保護原則（セキュリティを定める第7原則を除く），個人データへのアクセス権，損害又は苦痛を与えるおそれのある取扱いを停止させる権利，自動決定に関する権利，修正，封鎖，削除及び破棄に関する適用除外を受けることができる（同条第(1)項，第(2)項）．

　中でも，同条第(1)項第(b)号は，「データ管理者が，表現の自由における公の利益の特別な重要性に特に配慮した上で，公開が公の利益に適うであろうと適

切に考える場合」を挙げており，公益性を要件に盛り込んでいる．公の利益に適うであろうというデータ管理者の意見が適切であったか，又は適切であるか否かを考慮する際には，当該公開に関するデータ管理者の実施基準であって，主務大臣が命令で指定するものを考慮することが可能である（同条第(3)項）．

　ただし，「ジャーナリズム，文学及び芸術」であったとしても，無制限の適用除外が認められているわけではなく，コミッショナーは，個人データが，特別目的のためだけに取り扱われていないと判断した場合，いつでも，書面によってその趣旨の決定を下すことができる（第45条(1)項）．決定が下された場合は，適用除外は認められない．

　責任規定については，第13条が，一定の要件を満たさないことに対する賠償を定めており，データ管理者の本法違反によって損害や苦痛を被った個人に対する損害賠償請求権を付与している．後述するアメリカの法制度にも損害賠償の規定が存在するが，日本の個人情報保護法にはそのような規定は存在しない．

　以上のとおり，イギリスは，立法化にも運用にも相当な時間と労力を割いて，国際的な基準に適合させるべく努力を重ねてきた．伝統的プライバシー権の立法化は成功せず，現代的プライバシー権の立法化は成功したこと，独立の監視機関が法執行のための重要な役割を果たしていることは，わが国にとっても参考になる．

　また，判例法との比較でいえば，イギリスは，判例法によって伝統的プライバシー権を実質的に保護し，制定法によって現代的プライバシー権を保護しており，それぞれの役割を分化させている点が特徴となっている．

第2節 「アメリカのプライバシー保護諸法」

　連邦議会は，1970年以降，プライバシー保護法を，数多く成立させるようになった．公的部門を対象にした法律は，1974年プライバシー法である．特に，1973年に発表された連邦保健教育福祉省（当時）の報告書は，ウェスティン博士の定義を取り入れており，成立した1974年プライバシー法も，目的の1つに，「個人に対し，これらの行政機関により，自己に関するいかなる記録が収集，保有，利用又は頒布されるかに関する決定を認めること」を掲げている．物理

的監視ではなく，コンピュータ化に対応して成立した法律ではあるが，第II部第6章で取り上げた現代的プライバシー権の議論が生かされたということができる．

この法律は，タイトル，議会の認識事項，法律の目的の中に「プライバシー」という言葉を用いているが，実際は，検索可能な個人識別情報の集まりである「記録システム」の取扱いに関するルールを定めている．個人識別情報を対象にするという意味では，イギリスのデータ保護法と共通する．

また，1974年プライバシー法は，8原則を具体化したものだと理解されている．それらは，公開の原則，個人アクセスの原則，個人参加の原則，収集制限の原則，利用制限の原則，提供制限の原則，情報管理の原則，責任の原則である．8原則といえば，OECDプライバシー・ガイドラインが有名であるが，それ以前に，アメリカにおいて採用されていた方式である点には注目される．OECDの掲げた8原則と，プライバシー法の8原則は，若干言葉の用法を異にするが，その内容は概ね共通している．

さらに，この法律は，表現の自由との関係でも規定を設けている．連邦の行政機関は，宗教・言論・出版・集会・請願の自由を個人が行使する態様を説明した記録を，保有することを原則として禁じられている（合衆国法律集第552条のa第(e)項第(7)号）．収集制限の原則に関わる規定である．

この法律には，連邦政府の民事責任に関する規定が存在し，最低賠償額は1,000ドルであるが（合衆国法律集第552条のa第(g)項），現実の損害を証明しない限り，賠償を得ることはできないと解釈されている（2004年のドウ対チャオ事件）．

1974年プライバシー法は，1988年に，データ・マッチングに対応するための大幅改正が行われた．日本の行政機関個人情報保護法（行政機関の保有する個人情報の保護に関する法律）は，これに相当する規定を設けていない．

民間部門に関しては，自主規制を基本とし，金融，通信，医療といった特に機密性が高い情報を扱う分野では，数多くの個別法が成立している．

最近は，情報の安全管理との関連で，多くの州でセキュリティ侵害法が成立し，連邦レベルではセキュリティ侵害法案が提出されている．情報漏えいが発生した場合に，被害者である個人への通知を義務付けることにより，二次的な

不正利用の制限が期待される．一方，日本では，例えば，国土交通省が2004年
12月2日に公表した「個人情報の取扱いを確保するために国土交通省所管分野
における事業者等が講ずべきガイドライン」の中で，個人データの漏えい等が
発生した場合の事実関係の通知を義務付けているが，法律上の規定は存在しな
い．日本に導入する場合には，事業者の負担増加との兼ね合いで規律を設ける
必要がある．

　このようなアメリカの立法形式は，セクトラル方式と呼ばれる．世界の趨勢
は，オムニバス方式であり，これを採用したイギリスとは対照的である．

　ちなみに，イギリスでは，そもそも裁判所がプライバシー権を承認しないと
いう態度を堅持し，立法への期待を寄せていたことから，現代的プライバシー
権については，1984年データ保護法（1998年に新法）によって解決することと
なった．国際機関の動向を含め，イギリスにはオムニバス方式の立法を行う状
況が揃っていたといってもよい．

　これに対し，アメリカにはそのような状況は存在せず，個別の事情に対応す
る形で成立した法律が多い．例えば，特定の裁判がきっかけとなったものとし
ては，1978年金融プライバシー権利法，1934年通信法，1968年総合犯罪防止及
び街頭安全法がある．また，政治状況の影響を受けて成立した法律としては，
1988年ビデオ・プライバシー保護法が知られている．

　ところで，州の憲法レベルでは，一般的な形でプライバシー権を定めるもの
が多い．分類すると，①プライバシーの権利を宣言したもの，②私事の干渉，
自宅への侵入からの自由を保障したもの，③ひとりにしておかれる権利を保障
したもの，④不合理な捜索，差押えからの自由とともにプライバシーを掲げる
ものに分けることができる．法律で具体的に定める場合は，個人を識別する情
報を対象にする必要があるが，憲法で定める場合は，「プライバシー権」が明
記され，文言も抽象的なものが使われている．

　アメリカは，EU個人保護指令の「十分なレベルの保護」基準に対しては，
外交力と通商力を生かして，セーフ・ハーバー協定を締結することで解決した．
セーフ・ハーバー原則は，次に述べるようにFTC法に基づく法的な裏づけを
持つものであるが，そもそもセーフ・ハーバーへの加入が組織の判断に任され
ており，自主規制的性格の強いものである．

一方，セクトラル方式をとるアメリカでも，法執行は独立の機関に委ねるという点で，イギリスとの間に共通点を見出すことができる．例えば，FTC は，FTC 法第 5 条に基づき，セーフ・ハーバー原則違反の事業者に対する法的制裁を求める権限を持つほか，1970年公正信用報告法，1999年金融サービス近代化法，1998年子どもオンライン・プライバシー保護法については，プライバシー保護を内容とした規則の制定・運用を通じて，法を執行している．FTC には，2003年 CAN-SPAM Act の法執行権限も委ねられている．法執行には独立の機関が必要であるとの認識に基づくものと考えられる．

こうして，現在でも，アメリカはオムニバス方式を採用しないまま今日に至っているが，包括的なプライバシー保護法を提唱する動きがなかったわけではない．1967年の段階で，ウエスティン博士は，分野ごとのアプローチにも包括的なアプローチにも戦術的な利点があることから，いずれか 1 つを選択する必要はないと述べるにとどまっていた．しかし，EPIC の常任理事であるマーク・ローテンバーグ氏は，1998年 5 月 7 日に，下院の国際関係委員会に対して，EU 個人保護指令に対応すべく包括的立法を制定すべきことを提言している．また，フォーダム大学のジョエル・R・リーデンバーグ教授は，現行のアメリカ法の体系では適用に困難をきたしていることや，国際的な個人データ流通を懸念し，統一的なプライバシー保護法の制定を提案している．また，リーデンバーグ教授を含む研究者で組織された「情報プライバシー法プロジェクト」では，「情報プライバシー法」を定義し，学術分野として確立することを目指している．ソロブ准教授は，グローバル化と監督機関の必要性を説いており，アメリカの中でもヨーロッパを中心とした世界的潮流に乗ろうとする動きが見られる．

さらに最近の傾向としては，2001年 9 月11日に発生した同時多発テロを受け，「セキュリティ対プライバシー」の議論が浮上している．アメリカ国内では，同時多発テロの影響によってナショナル・セキュリティが強調され，個人のプライバシーよりも国家の安全が重視されるようになってきている．最近の例では，第 6 巡回区合衆国控訴裁判所において，2007年 7 月 6 日，NSA による無令状の通信傍受を差し止める判断を下したミシガン州東地区合衆国地方裁判所の判決を破棄・差し戻している．

第12章　考　察　　　　533

　以上の結果を判例法との関係で整理すると，アメリカの場合は，憲法上のプライバシー権に自己決定権が含まれるものの，基本的には，伝統的プライバシー権は判例法によって，現代的プライバシー権は立法によって保護している，とまとめることができる．

第3節　「日本における個人情報保護法制の実現・展開」

　この章では，日本の個人情報保護法制が実現するまでの過程，個人情報保護法及び行政機関個人情報保護法の内容や課題を検討した．

　日本の個人情報保護法制の特徴を挙げるとすれば，まず，1970年以降，条例が重要な役割を果たしてきたことである．1990年代以降，条例制定のスピードが速まり，2006年4月1日現在，都道府県47団体及び市町村1,843団体すべてが個人情報保護条例を制定している．しかし，条例には，制定権に憲法上の制限があること，特定地域にしか適用されないこと，地域ごとに規定上の差が生じうること等の限界も存在し，国レベルの法律の制定が望まれるところであった．

　国レベルでは，1970年代終わり頃から1980年代にかけて，「プライバシー保護研究会」や，「データ・プライバシー保護研究委員会」が，プライバシー・個人情報保護をめぐる国内的動向・国際的動向を詳細にまとめ，国の立法化に向けた提言を行っている．こうした研究成果などを経て，1988年には旧行政機関個人情報保護法が成立するに至った．しかし，それでもなお，この法律に対しては個人情報保護の観点から不十分さが否めないという批判が存在していた．

　その後，2003年に個人情報保護関連5法が制定されるまで，個人情報を対象とした法律が作られることはなかった．この間，日本は，旧行政機関個人情報保護法，各都道府県の個人情報保護条例，通商産業省（当時）が1989年に発表した「民間部門における電子計算機処理に係る個人情報の保護についての指針」（1998年に「民間部門における電子計算機処理に係る個人情報の保護に関するガイドライン」に全面改正）によって対応してきた．国レベルでの本格的な法律の制定に，極めて長期間を要したことになる．

　そして，いよいよ，1999年7月から，内閣の高度情報通信社会推進本部個人

情報保護検討部会が，民間部門をも対象に含めた個人情報保護法制の実現に向けた検討を始めることとなった．検討部会から法律の成立に至る過程については，繰り返しになるため省略するが，紆余曲折を経て，2003年5月23日にようやく成立した．

こうして見ると，イギリスでは伝統的プライバシー権の立法化提案から20年以上を経てからデータ保護法を成立させたが，日本における本格的な個人情報保護法制も，同じように，長期間を経て実現することとなった．個人情報を対象とした国の法律を作ることが，いかに難しいかを感じさせる年月である．

日本の個人情報保護法制は，アメリカからは30年，イギリスからは20年以上遅れている．ようやく，日本は，OECDのプライバシー・ガイドライン以来検討を進めてきた法整備を実現させ，国際的水準に足並みをそろえるための第一歩を踏み出した．また，個人情報保護法の一般法部分の規律は，様々な事業者からの非常に大きな関心を集めたことから，従前と比較すれば，個人情報保護意識は格段に高まったといえる．しかし，2007年6月29日付「個人情報保護に関する取りまとめ（意見）」により，日本は，当面の間，現行法のままでの運用改善に取り組むこととなった．踏み出した第一歩を止めてしまったともいえる．

他方で，日本の個人情報保護法制には，多くの検討課題が残されている．

まず，国外に目を向けた場合の課題である．

第1は，OECDプライバシー・ガイドラインとの関係である．個人情報保護法は，このガイドラインをはじめとする諸外国の動向を意識した規定を設けており，現代的プライバシー権の考えを取り入れたものとなっている．しかし，この法律は，世界的なミニマムスタンダードとされるこのガイドラインでさえ，完全には具体化していない．

例えば，個人情報保護法第15条と第16条は，「目的明確化の原則」に対応するものであり，この中でも第15条第1項は，「個人情報取扱事業者は，個人情報を取り扱うに当たっては，その利用の目的（以下「利用目的」という。）をできる限り特定しなければならない」と定めている．しかし，「収集目的は，収集時よりも遅くない時点において明確化」しなければならないと定める同原則よりも緩やかな内容となっている．

また，同法第17条は，「偽りその他不正の手段により個人情報を取得してはならない」と定めるにとどまり，収集制限の原則にあるような，「データ主体に知らしめ又は同意を得た上で，収集されるべき」とする規定は存在しない．

さらに，責任の原則を具体化するような民事救済の規定も存在しない．

第2は，EU個人保護指令第25条の「十分なレベルの保護」を満たすか否かである．個人情報保護法とEU個人保護指令の違いについては，例えば，次の点を挙げることができる．

①個人情報取扱事業者となるか否かの分水嶺が，個人情報の取扱数（5,000件）によって決まる．EU個人保護指令は，数による適用の制限を設けていない．

②センシティブ・データの規定が存在しない．EU個人保護指令は，第8条で「特別な種類のデータの取扱い」という規定を設け，人種又は民族的出自，政治的見解，宗教的又は思想的信条，労働組合への加入，健康又は性生活に関する個人データの取扱いを原則的に禁止している．

③独立した法執行官が存在せず，通知・登録制度も存在しない．EU個人保護指令第18条ないし第21条は，監督機関への通知義務を定めており，第28条は，独立した監督機関に関する定めを置いている．

④ダイレクト・マーケティングを対象にしたルールが存在しない．EU個人保護指令第14条は，ダイレクト・マーケティング目的での個人データの取扱いに対する異議申立権を認めている．

⑤開示等の制度に個人の権利が認められるか否かが明確ではない．これは，OECDプライバシー・ガイドラインの「個人参加の原則」にも当てはまることであるが，EU個人保護指令第12条は，データ主体のアクセス権を定めている．

⑥間接罰にとどまる．EU個人保護指令第24条は，罰則に関する規定を置くが，日本の方式が適切な措置と評価されるか否かには疑問が残される．

その他，日本の法律は⑦個人情報・個人データ・保有個人データという3種の定義を設け，それぞれに異なる規制を設けていることも，外国から見て分かりにくい点と思われる．①②④⑤については，オーストラリアの法制度が拒否された理由から見ても，懸念が残される．最近のグローバル化の動きに鑑みて

も，③や⑥は最も批判を受けるところではないかと予想される．

第3は，最も大きな問題であり，モントルー宣言の中でも，日本が，「独立監視及び法的制裁の原則」及び「個人データの国際流通における十分なレベルの保護の原則」を満たしていないことである．序章で述べたように，個人情報保護法のあり方を考えるに当たっては，国際水準に目を向け，グローバルな視点を最優先すべきである．前者については終章で論じることとし，後者については上記のとおりである．

ここから先は，国内的観点から，行政機関個人情報保護法の課題について述べる．

まず，オンライン結合に関する制限規定が存在しない．アメリカの1974年プライバシー法は，1988年にデータ・マッチングを対象とした大幅改正を行った．この改正では，連邦の行政機関がデータ・マッチングを行う場合に，書面による取り決めを交わすことや，データ完全性委員会を設置することなどを定めている．国内でも，地方公共団体の条例レベルでは，オンライン結合禁止の規定を置く団体が圧倒的多数である．国外・国内の動向を考えると，行政機関法のみが規定を持たないことに，説得的理由があるとは思われない．

また，個人情報保護法と比較すれば，行政機関法は，①保有個人情報や個人情報ファイルの定義が限定的である，②個人情報ファイルの制度に例外が多い，③適正な取得規定が存在しない，④個人情報ファイル単位で利用目的を特定し，総務大臣への事前通知，作成・公表すればよい，といった点で緩やかであることが指摘される．

最も問題なのは，⑤行政機関個人情報保護法に監督制度が存在しないということである．国際的にはデータ保護・プライバシー・コミッショナーのような監督機関を設置する国が多く存在する中で，民間部門を対象にした個人情報保護法は，主務大臣制を採用しているが，独立・専門の機関ではなく，執行権限も弱いことなどから，国際的な水準を満たす監督機関としては認められていない．最も厳しい個人情報管理が求められるべき行政機関個人情報保護法が，セルフチェックの体制であることは，極めて大きな問題ではないかと考えられる．

日本の個人情報保護法の到達点は，国レベルの本格的な法制が実現したことにある．一方，上記のような多くの課題も残されている．ようやく実現した法

制を実りあるものにするためには，法律自体をどのような形で見直していくかにかかっている．

終　章　個人情報保護法の理念と将来展望

　本章では，第Ⅰ部から第Ⅲ部までの検討結果を踏まえ，また，若干の新しい
文献の考察を通じて，プライバシー権，個人情報保護法の保護対象及び権利の
性質を論じる．その上で，序章で取り上げた個人情報保護法の理念型との比較
において，日本における個人情報保護法の将来展望を述べる．各部の検討結果
の詳細は，考察の章を参照されたい．

第1節　日本が歩んだ第三の道

　本書の中で，プライバシー・個人情報保護法の歴史的発展を扱った目的は，
判例法・制定法の役割を明確にし，かつ，国外との関係で日本の位置づけを明
らかにすること，さらには，プライバシー・個人情報保護法の発展に関する今
後の方向性を示唆することにあった．日本の判例をめぐる課題は，第Ⅰ部第5
章で，個人情報保護法の課題は，第Ⅲ部第12章で整理を行っている．

　改めて過去約100年間におけるプライバシー・個人情報保護法の歴史的発展
を総合してみると，①1890年にマスメディアに対抗する形で伝統的プライバシ
ー権が提唱され，②それが判例法を通じて発展し，③1960年代半ばに政府の監
視に対抗する形で現代的プライバシー権が提唱され，④1980年代以降，国際水
準が発展し，⑤それらが個人情報を保護するための法制度として具体化してき
た，ということが明らかとなった．

　イギリスでは，判例法上，私生活や私事に対する一定の保護を図るにとどま
り，長期間にわたって，プライバシー保護に十分な役割を果たすことができな
かった．そのような中で1984年データ保護法（1998年に新法）が成立したこと
から，イギリス国民の個人情報の保護については，制定法が重要な役割を担う
ようになった．特に，イギリスの場合は，立法化にも運用にも相当な時間と労
力を割き，ヨーロッパの国際機関の水準に適合させるべく努力を重ねてきたと

いう歴史を持つ．

　一方，アメリカは，判例法によって，憲法及び不法行為法における様々な意味のプライバシー権を承認してきた．自己決定権がカテゴリに含まれるという意味で，憲法上のプライバシー権は，現代的プライバシー権的要素を含むということができ，それは1つの特徴ではある．ただし，現代的プライバシー権は，判例法上の権利ではない．

　他方，制定法を見ると，公的部門については，1974年プライバシー法が存在する．しかし，アメリカは，民間部門についてはセクトラル・アプローチを採用し，領域ごとに法律を制定している．ウェスティン博士が現代的プライバシー権を立法によって実現すべきことを提唱したこともあってか，それぞれの法律の内容は，この権利を具体化したものとなっている．

　以上の傾向はイギリスとは対照的である．アメリカの判例法は重要な役割を担っており，制定法は，部分的な機能を果たすにとどまっている，ということができる．

　視点を変えて，イギリスとアメリカの共通点を整理すると，①判例法上，プライバシー権が議論されるようになった当初は，財産権と結びついた形で論じられていたこと，②現代的プライバシー権は判例法上認められず，制定法上も明言はされていないが，この権利の考えが制定法の内容に取り入れられたこと，さらに，③制定法と判例法の役割が分かれていることがいえる．①と③は日本と異なるが，②は日本にも当てはまる．

　日本では，1964年の『宴のあと』事件以降，主に私的事実の公開との関係で，不法行為法上のプライバシー侵害が争われてきた．日本の裁判所は，他の根拠には依拠せず，プライバシーを不法行為法上の権利ないしは利益として承認した．さらに，主に住基ネット関連の裁判の中で，現代的プライバシー権を認めるものが登場したことは特徴的である．

　個人情報保護法については，国際機関等の影響を受けながら，長期間をかけて発展させてきたが，公的部門と民間部門を別の法律で規律し，他方で，分野を特定しない包括規制の形であることから，日本は，イギリスともアメリカとも異なる第三の道を選んだ，ということができる．

終　章　個人情報保護法の理念と将来展望　　541

第2節　プライバシー・個人情報の本質

1　保護対象及び権利の性質をめぐる問題

　わが国の個人情報保護に関する法制度の議論は，プライバシー権の歴史的な位置づけを捉えることから始まっており，「プライバシー」と「個人情報」という概念は極めて密接な関係にある．しかし，それぞれが一体何を保護対象としているのか，また，それはどのような性質の権利であるかについては，論者によって様々に意見が分かれている．

　プライバシー権は，多彩な権利であり，人の地位や状況によって保護の必要性が異なることから，その概念を位置づけることは容易ではない．特に，個人情報保護法がにわかに脚光を浴びたことによって，現代的プライバシー権の捉え方が多様化しているようである[1]．また，「個人情報」は，法律上定義付けられた概念であることから，プライバシーと比較すれば明確だとも思われがちだが，「個人を特定し得る情報」は，極めて広い概念とも評され，ともすれば事業者の取り扱うほとんどの情報が個人情報に該当することとなる．そこで，第Ⅰ部から第Ⅲ部の検討結果を踏まえつつ，伝統的プライバシー権，現代的プライバシー権，個人情報保護に関連する国際水準や法律について，保護対象及び権利の性質を検討する．繰り返しになる部分もあるが，論じる上で必要な場合は述べることとした．

2　伝統的プライバシー権

2.1　ウォーレン＆ブランダイスの「プライバシーの権利」[2]

　1890年のウォーレン＆ブランダイス論文では，プライバシー権は，「ひとりにしておかれる権利」として表現されている．この言葉は，クーリー裁判官の『不法行為法論』第2版の中で用いた表現が使われたものである．

　『不法行為法論』は，個人の平和や平穏が乱されることに対する個人の不可侵権として，「ひとりにしておかれる権利」を捉えている．「不可侵」という言葉からすれば，ここでいうプライバシー権は，消極的な性質を持つものとして理解することができる．

また，ウォーレン＆ブランダイス論文は，イエロー・ジャーナリズムが横行し，個人の私生活や肖像が無断で暴露されるようになった事態を憂慮して書かれたものであり，論文中でも「公開」という言葉を多数回にわたって用いていることから，主に「公開」からの保護を目的としたものである．

一方，この論文は，プライバシー権について，「各個人が通常，自己の思想や心情，感情をどの程度他人に伝えるべきかを決定する権利」又は「公開の行為を完全にコントロールする」権利と述べている．これは，後に述べるように，個人に決定権を与えるという意味において，必ずしも消極的ではない．

権利の性質について，ウォーレン＆ブランダイス論文は，「個人的な書面や他のすべての個人的な作品を，窃盗や物理的な占有からではなく，あらゆる形式における公開から保護するという原則は，実際は，私有財産の原則ではなくて，不可侵の人格の原則である」と述べ，財産権と区別している．論文は，知的財産法や名誉毀損法との比較や，19世紀のイギリスの諸判決などを参考にしながら論述を進め，結論として，独立したプライバシー権を，不法行為法による保護に求めた．

2.2 プロッサーの「プライバシー」[3]

1960年にプロッサー教授がカリフォルニア・ロー・レビューに発表した「プライバシー」と題する論文は，アメリカで提起された多くのプライバシー関連訴訟を不法行為の観点から整理・分類し直したものとして，極めて有名である．その4類型は，次のように説明されている．

1　原告の隔離若しくは孤独，又は彼の私的事柄に対する不法侵入．
2　原告に関する恥ずかしい私的事実の公開．
3　公開によって，原告を公衆に誤認させること．
4　被告の利益のために，原告の氏名又は肖像を盗用すること．

保護対象は，①隔離，孤独，私的事柄，②私的事実，③原告（写真，氏名，肖像等），④氏名又は肖像である．侵害行為は，それぞれ，①不法侵入，②公開，③公衆に誤認させる形での公開，④被告の利益のための盗用，となる．プロッサー教授は，これらの侵害行為は，ほとんど共通点を持たないが，「ひと

終　章　個人情報保護法の理念と将来展望　　543

りにしておかれる」という原告の権利を妨害するという点では共通すると述べ
ている．ただし，純粋なプライバシー侵害事案は，「不法侵入」及び「私的事
実の公開」であり，ウォーレン＆ブランダイス論文もこれらを想定して執筆さ
れている．

　権利の性質について，プロッサー教授は，一身専属性を持つことや，個人に
のみ認められることなどを指摘していることから，ウォーレン＆ブランダイス
論文と同様，人格権的に捉えていたと考えられる．

　一方，ブラウステイン氏は，1964年に発表した「人間の尊厳の一側面として
のプライバシー──プロッサー学部長への１つの回答」の中で，プロッサーの
４類型に対して，統一的な原理を発見できなかったことを批判的に論じた．

　ブラウステイン氏は，①プライバシーの基礎は人間の尊厳及び人格の保護と
いう価値にあること，②プライバシーにより保護されるのは財産や名誉ではな
く精神的利益であること，③プライバシーは１つの不法行為であることを主張
している．

2.3　アメリカの判例法

　伝統的プライバシー権は，判例法上認めるか否かという場面で議論されてき
た．そして，権利の提唱国アメリカは，不法行為法上も憲法上もプライバシー
権を承認した．

　不法行為法上のプライバシー権については，現在でも，「ひとりにしておか
れる権利」と理解され，プロッサーの４類型に沿った判断が下されている．
1905年のペイブシック対ニュー・イングランド生命保険会社事件判決は，プラ
イバシー権を自然法に由来する権利として承認し，憲法上の適正手続規定にそ
の根拠を置いた．1931年のメルビン対レイド事件判決は，憲法上の幸福追求権
を根拠とし，かつ，過去の判例の立場を８項目にわたって要約・整理している．

　憲法上のプライバシー権については，プロッサーのような代表的な論考は登
場しなかったが，諸判例を分析すると，侵害態様によって，「通信の秘密」の
侵害，「無令状捜索・差押え」，「自己決定権」の侵害，「私的事実の公開」に分
けることができる．憲法上のプライバシー権の特徴は，「自己決定権」の分野
で特有の発展を見せたことにあり，この類型は，現代的プライバシー権の議論
と親和性を持つ．「半影論」を用いてプライバシー権の存在を認めた1965年の

グリズウォルド対コネチカット州事件判決は，「自己決定権」の侵害に関する事案であった．

3 現代的プライバシー権

3.1 ビーニーの「プライバシーの権利とアメリカ法」[4]

　ビーニー教授が1966年に発表した「プライバシーの権利とアメリカ法」の中で定義されたプライバシー権によると，保護対象は，①自己の思想，書き物，氏名，肖像，その他本人であることを示すもの，②自己に関する又は自己が個人的に責任を負っている者に関する情報，③物理的に又はより巧妙な方法で自己の生活空間や自己の選ぶ活動領域であり，非常に広く捉えられている．

　権利内容については，他人が自己に関する情報を利用できる程度を決定する権限を，自己が有しているという意味で，積極的だと説明されている．

　権利の性質との関連で，ビーニー教授は，「プライバシーと尊厳」という表現を使い，人間生活を送る上で全ての人に与えられるべき本質的価値であるとしている．

3.2 ウェスティンの『プライバシーと自由』

　ウェスティン博士は，1967年に発表した『プライバシーと自由』の中で，「プライバシーとは，個人，グループ又は組織が，自己に関する情報を，いつ，どのように，また，どの程度他人に伝えるかを自ら決定できる権利である」と定義した．

　博士の定義を紐解くと，保護の対象は，「自己に関する情報」である．具体的に，博士は，プライバシーの基本的状態を，「孤独」，「親密さ」，「匿名性」，及び，「沈黙」であるとした．「孤独」は，個人が集団から離れ，他人の観察から自由になること，「親密さ」は，個人が小さな集団の一部として活動し，夫婦や家族，友達など，２人以上の間で，親密で打ちとけた関係を築くために集団を隔離すること，「匿名性」は，個人が公の場所に存在し，又は公的活動を行っていながらも，個人の特定や監視から自由でいる状態を求め，見出すこと，「沈黙」は，望まない侵入に対して心理的な障壁を作ることである．「沈黙」が最も繊細なプライバシーの状態とされている．「自己に関する情報」といえば幅広く理解されがちであるが，基本的には私的な状態を保護するために用いら

終　章　個人情報保護法の理念と将来展望　　　545

れたと理解することができる．

　また，博士は，これらの状態を保護することによって得られるプライバシーの効果を，①個人の自律，②感情的自由，③自己評価，及び，④通信の制限及び保護の4つに分類することが可能である，と述べている．①は，人の個性，基本的尊厳，人間としての価値，及び，その人の神聖な人格を守る社会過程を維持する必要性における基本的な信念のことをいう．②は，社会生活が個人に多くの緊張をもたらすことから，様々な形で感情を自由にするために，肉体的及び精神的な健康が，プライバシーの時間を要求することをいう．③は，各個人が自らの経験を意味のある傾向に集約し，自らの個性を事象に生かすということである．④は，2つの側面を持つ．第1は，個人が，配偶者，家族，親しい友人，仕事上の親しい仲間等，自らの信じる人たちと，秘密や親密な関係を共有するために，必要な機会を提供されることである．第2は，最も親密なものから最も正式かつ公的なものへと及ぶ対人関係の状況において，精神的距離に関する必要な境界線を置くことである．

　なお，博士は，「組織のプライバシー」を認めている．博士は，民主主義社会において自らに割り当てられた，独立かつ責任ある機関の役割を果たすために「組織のプライバシー」が必要であると述べている．そして，個人の場合と同様，①組織の自律性，②公的役割からの解放，③意思決定のための評価期間，④保護された通信が組織にも当てはまるとしている[5]．

　このように，ウェスティン博士のいうプライバシー権は，基本的には私的な状態を保護するものであり，個人に対し，自律性，自己実現，精神的安定を与えるために，自らに関する情報の提供について，自ら決定できる権利として理解すべきと考えられる．

3.3　ミラーの『プライバシーへの攻撃』

　ミラー教授は，1971年に発表した『プライバシーへの攻撃』の中で，「自己に関する情報の流れをコントロールする個人の能力」という言葉を用いたことから，現代的プライバシー権は，自己情報コントロール権と理解されるようになった．この著書は，コンピュータ化の脅威に着目したものである．

3.4　現代的プライバシー権の新しい傾向[6]

　「情報プライバシー法プロジェクト」では，情報プライバシーを，自分に関

する情報をコントロールする個人の権利とし，主に，不法行為法上のプライバシー，州及び連邦上のプライバシー保護立法，修正第１条及び同第４条の保障する憲法上の保護に依拠する．そして，この権利を自己決定権としてのプライバシーと明確に区別する．

このプロジェクトに参加する研究者の１人であるダニエル・ソロブ准教授は，『デジタル人間：情報化時代における技術とプライバシー』の中で，デジタル化された個人に関するデータの集積によって，個人情報が本人のコントロール外に置かれるのみならず，個人情報自身がコントロールされていない状況を懸念し，社会構造の問題として，情報の流れを取り扱う規制の枠組みを構築する必要があると論じた．現代的プライバシー権は，当初は，私的な情報を保護するための自己決定権として提唱されたといってもよいが，その後，自己情報コントロール権と呼ばれるようになり，その理解は論者によってまちまちであった．ソロブ准教授の著書は，両者の概念を区別しようとする１つの試みである．

4 イギリスの議論

4.1 ウィンフィールドの「プライバシー」

イギリスにおいても，独立のプライバシー権を提唱した論文は存在しており，1930年に，不法行為法の権威であるパーシー・H・ウィンフィールド（Percy H. Winfield）氏が発表した「プライバシー」という論文が有名である[7]．

ウィンフィールド氏は，「プライバシーの侵害は，その人自身又はその人の財産を，一般から隔離することに対する不当な侵入」であると定義し，財産権上のプライバシーと人に関するプライバシーの違いを論じている．前者については，私有財産に対する侵害事例が取り上げられ，契約違反や，不法侵害，ニューサンス，過失（negligence）といった不法行為，さらには著作権，特許権，刑事法による救済が可能であり，それらによって十分に保護されていると結論付けた．後者については，独立した不法行為とし，特別な損害の証明なくして訴訟提起可能とすべきだという提唱がなされた．ここでは，①真実性の有無は重要ではない，②裁判官には侵害行為の十分な証拠があるか否かを決定する権利が付与されるべきである，③プライバシー権は，明示的又は黙示的に権利放棄可能とすべきである，④名誉毀損法の問題としてよく知られている公平な批

評及び免責については，慎重に適用されるべきであることが論じられている．

　保護対象はその人が隔離された状態，権利内容は不当な侵入を受けないことであり，プロッサーの分類の中では第1類型に属するといえる．

4.2　ワックスの業績

　伝統的プライバシー権，現代的プライバシー権，個人情報を総合的に検討したイギリスの研究業績としては，ワックス教授の著書が存在する．教授は，1980年に，『プライバシーの保護』という著書を，1989年には，『個人情報：プライバシーと法』という著書を発表した．1980年には「プライバシー」という言葉が使われていたが，1989年には「個人情報」という言葉が登場している．

　『プライバシーの保護』では，侵入，公開，コンピュータ等様々な問題が検討された．しかし，ワックス教授は，プライバシーという概念の曖昧さゆえに，種々の異なる問題をプライバシーという1つの傘に含めることは賢明ではないとし，イギリス法の中に取り込むことへの疑問を呈した[8]．とりわけ，プロッサーの4類型のうち，名誉毀損に近接する「公衆の誤認」や，本質的には財産的違法行為である「盗用」は，私的な情報を侵害するものではないことから，プライバシーに含めるべきではなく[9]，それらは，個人識別性の侵害であることを指摘した[10]．

　また，教授は，プライバシー権の承認には否定的であったが，個人情報については次のように述べている．

　　「法的（又は超法的な）保護は，個人の『プライバシー』ではなく，『個人情報』の公開及び誤用に対して与えられるべきである．個人情報は，個人に関連し，その人物が，私的又は秘密であると考え，それゆえにその伝達を控え又は少なくとも制限しようとするであろうと適切に期待する事実，情報又は意見である，と定義することができる．」[11]

　『個人情報：プライバシーと法』は，「プライバシー」という法的概念の曖昧さに着目し，より実効的な代替手段として，問題の中心を「個人情報」の保護に位置づけ，プライバシーをめぐる諸問題の解決に取り組んだ．ワックス教授は，『プライバシーの保護』と同様，プロッサーの4類型が理論的一貫性を欠

くと批判し，自らの視点で「信頼違反」「私的事実の公開」「個人情報の収集」「監視による不法侵入」に分類し，それぞれについての検討を加えている．

　この著書では，現代的プライバシー権が取り上げられ，ウェスティン博士の定義等への検討が加えられた．しかし，自己の情報の流れをコントロールすることと，事実を知られることの間には区別が存在することを理由に，自己情報コントロール権については否定的な結論が取られた[12]．また，個人情報は，次のように定義されている．

　　「『個人情報』とは，事実，情報，又は意見から構成され，それらは，個人と関連し，また，その人物が私的又は機微であると考えることが合理的に予測され，そしてその結果，収集，利用，又は伝達を控え又は少なくとも制限することを望むものである．」[13]

　著書は，コンピュータ・データの誤用を規制する効果的な手段を提供するか否かという観点から，個人情報に対する財産権を検討している．しかし，信頼違反等の適切な法的保護が存在することから，新しい財産権を論じる必要はないと結論付けられた[14]．

　『プライバシーの保護』と『個人情報：プライバシーと法』の定義を比較すると，秘密（confidential）が機微（sensitive）へといい換えられたが，基本的には，個人に関連する私的又は秘密性を持つ情報として捉えられている．また，保護対象の行為は，伝達（circulation）から，収集（collection），利用（use），伝達へと拡大された．

4.3　1998年人権法[15]

　イギリスの裁判所は，一般的プライバシー権の承認を否定したものの，1998年人権法の施行によって，「信頼違反」の解釈の中に，ヨーロッパ人権条約第8条第1項の定める「私生活及び家族生活を尊重される権利」と同第10条第1項の定める「表現の自由」を取り込み，実質的に，プライバシー権を承認することとなった．2004年のキャンベル対 MGN 社事件では，貴族院が，このアプローチによってキャンベルの請求を認めている．

　1998年人権法第8条第1項は，「すべての者は，その私的な家庭生活，住居，

終　章　個人情報保護法の理念と将来展望　　549

及び通信を尊重してもらう権利を持つ」と定める．これがイギリスのプライバシー権であり，保護対象は，私的な家庭生活，住居，及び通信である．

5　個人情報保護

5.1　国際水準

　最も指導的な役割を果たした1980年 OECD プライバシー・ガイドラインは，「個人データ」を対象とし，その流れ及び内容に対する 8 原則を宣言した．ガイドラインのタイトルには「プライバシー」という言葉が使われているが，実際は「個人データ」を対象としたルールであり，個人データとは，「識別された，又は，識別されうる個人（データ主体）に関連するすべての情報」をいう（第 1 条第 b 項）．

　1995年 EU 個人保護指令は，「十分なレベルの保護」の規定との関係で，世界的に有名となった．この指令は，第 2 条第(a)項の「定義」の中で，個人データについて，「識別された，又は，識別されうる自然人（データ主体）に関するすべての情報をいう；識別されうる自然人とは，とりわけ，個人識別番号，又は，その人の肉体的，生理的，精神的，経済的，文化的，若しくは社会的アイデンティティに特有な 1 つ以上の要素を参照することよって，直接又は間接に識別することができる者をいう」と定義している．

　このように，各国の法制の基礎となった国際水準を見ると，個人情報を保護する法律が対象とするのは，識別可能な個人に関する全ての情報，ということになる．

5.2　イギリスのデータ保護法[16]

　イギリスの個人情報保護法は，1984年データ保護法（1998年に新法）である．1984年法は，個人データ（生存する個人を識別できるデータであって，コンピュータ処理されるもの）を対象に，データ利用者（データを保有する者）に対し，個人データの処理に関する 8 つのデータ保護原則の遵守を求め，かつ，データ保護登録官への登録を義務付けている．データ主体（個人データの主体である個人）には，アクセス権や訂正・抹消請求権などを認めている．

　ところで，データ保護法が制定されるまでのプロセスにおいて，イギリス政府の委嘱を受け，1976年から1978年にかけて，データ保護委員会，別名「リン

ドップ委員会」が開催された．リンドップ委員会は，1978年12月，審議結果を
まとめて『データ保護委員会の報告書』を発表している．

　この報告書は，法律を制定する場合には，プライバシーに関する定義を定め
ることが望ましいとして，次のように述べた．

　　「『プライバシー』とは，いかなるデータ主体に関しても，自己についての
　どのようなデータが他のどのような者に知られるか，また，それらの者がそ
　れらのデータを利用することに関してどのような条件に基づくかを自ら決定
　する利益と定義されるべきである．」

　報告書は，プライバシーとデータ保護の重なり合う領域として，「情報プラ
イバシー」又は「データ・プライバシー」という概念を取り上げ，「自己に関
するデータの流れをコントロールする個人の権利」と定義づけた．報告書は，
この定義に脚注を付し，ウェスティン博士，及び，ミラー教授の定義に従った
と述べている．なお，アメリカにおいて，現代的プライバシー権は，自己決定
権から情報の流れをコントロールする権利へと発展してきたが，この報告書で
は，明確な形では区別されていない．

　1984年データ保護法は，1995年EU個人保護指令の採択を受け，1998年に全
面改正された．改正法の特徴は，①一定のマニュアル処理情報を「関連するフ
ァイリング・システム」を構成する情報として法の適用対象にしたこと，②セ
ンシティブな個人情報の取扱いを厳格に規定したこと，③登録から通知に変更
して手続の簡素化を図ったことにある．

　とはいえ，データ管理者に8つのデータ保護原則の遵守を求めている点，情
報コミッショナーへの通知を義務付けている点，また，データ主体にアクセス
権等を付与している点は共通であり，基本的な考え方に変更はない．

5.3　アメリカの諸法律

　ウェスティン博士及びミラー教授の優れた研究業績によって，アメリカでは，
1970年以降，現代的プライバシー権を実現させるための法律を数多く成立させ
るようになった．それらは，個人情報を保護するための諸法律でもある．

　公的部門を規律する1974年プライバシー法は，法律のタイトルを「プライバ

シー」としながらも，個人識別情報を検索できる記録システムを適用対象とする．この法律が制定される過程において，合衆国保健教育福祉省は，自動個人データ・システムに関する長官の諮問委員会を設置し，同委員会は，1973年7月，「記録，コンピュータ及び市民の権利」という報告書を発表した．この中で，個人のプライバシー概念の再定義がなされており，ウェスティン博士による現代的プライバシー権の定義が登場している．

また，民間部門を対象にした法律の中で，比較的新しく，かつ著名なものとしては，HIPAA プライバシー・ルールが存在する．このルールが対象とする「保護健康情報」とは，個人識別可能な健康情報を意味しており，医療分野における個人情報のことである．

5.4 センシティブ・データ

国際機関のガイドライン等や各国の法律では，センシティブ・データの取扱いに関して，より厳格なルールを定めるものがある．

OECD プライバシー・ガイドラインでは，草案を作成した「国際的なデータの障壁とプライバシー保護に関する専門家会合」が，センシティブ性の基準に関する多くの議論を行った．しかし，普遍的にセンシティブとみなされるデータのまとまりを定義することはできなかったため，これに関する規定は設けられなかった．

EU 個人保護指令は，第8条「特別な種類のデータの取扱い」の第1項において，「加盟国は，人種又は民族的出自，政治的見解，宗教的又は思想的信条，労働組合への加入を明らかにする個人データの取扱い，及び，健康又は性生活に関するデータの取扱いを禁止しなければならない」と定める．

この指令を受けて成立したイギリスの1998年データ保護法は，第2条「センシティブな個人データ」の規定を置いている．同条には，指令の掲げる上記情報に加え，個人が罪を犯し若しくは犯したと申し立てられていること，又は，その犯罪に対する訴訟手続，それに基づく処分，裁判所が下した刑の宣告も含まれている．

アメリカと EU の間で締結されたセーフ・ハーバーの第2原則では，医療又は健康状態，人種又は民族的出自，政治思想，宗教又は哲学的信条，労働組合への加入事実，又は個人の性生活を特定する情報などの第三者提供，目的外利

用について，オプト・インを求めている．

6 財産権理論とプライバシー・個人情報

6.1 伝統的プライバシー権と財産権理論

プライバシー権の性質を考察するに当たって，財産権理論との関係を整理する必要がある．

伝統的プライバシー権が発展する過程において，財産権理論の登場した時代があった．アメリカの裁判所は，捜査機関による通信傍受との関連で，1886年のボイド対合衆国事件以来，財産権と結びつけた形でのプライバシー概念を採用し，①「捜索・差押え」の対象物を「有体物」に限定し，②「捜索・差押え」に「物理的侵入」を伴う「不法侵害」を必要とするという考えを堅持してきた．この考え方は，1967年のカッツ対合衆国事件によって覆された．

イギリスでは，1960年代頃までは，土地への立ち入りや，営利目的による肖像の無断利用，氏名権の侵害といった事例において，財産権侵害や名誉毀損，詐称通用といった既存の法理に依拠する形で争われてきた．例えば，ウォーレン＆ブランダイス論文に大きな示唆を与えたものとしては，1849年のアルバート公対ストレンジ事件が存在する．この事件の判決では，ヴィクトリア女王及び原告アルバート公が私的に所有していたエッチングに関して，目録と説明を付したカタログを公開する行為に対し，財産権侵害を理由とする差止めが認められた．

6.2 現代的プライバシー権と財産権理論

財産権理論は，現代的プライバシー権の性質を基礎付ける際にも登場する．

ウェスティン博士は，『プライバシーと自由』の第12章「すべての事実の総合」のうち，「コンピュータとプライバシー」の節の中で財産権理論を検討した[17]．この節は，大規模な個人データの収集及び集中的な処理，及び，それに基づく意思決定がなされることを懸念し，不当な侵入から個人のプライバシーを保護するために，情報システムに対するコントロールを実現する可能性を検証したものである．そのための方法として，入力，保存，出力に関するシステム設計に加えて，法及び倫理的制限が必要とされる．後者の関係で財産権理論との関連を述べた箇所が登場し，それは，次のようになっている．

終　章　個人情報保護法の理念と将来展望　　553

　将来のためのより広い原則として、「個人情報について、個人的な人格を決定する権利として考えた場合は、財産権として定義づけられるべきである。それは、公的、私的機関からのあらゆる干渉を制限することと、財産権に関する法がうまく工夫されてきたところの、適切手続の保障を伴う」。

　財産権として定義付けることにより、個人には、重要な中央ファイルに自らの情報が保存される場合に通知を受け、当該情報を点検し、正確性について異議を唱える権利等、また、場合によっては、名誉毀損的な情報システムにおいて、自分のファイルを開設されること自体に対して異議を唱える権利を付与される。そして、情報保有者の活動の透明性は、情報保有手続における公平性と配慮を保障するための最良の方策であることが指摘されている。

　上記の説明によれば、プライバシー権には、「人格を決定する権利」と「財産権」の二面性が存在するようにも読める。博士が財産権を論じた背景には、コンピュータ化された個人情報が処理される場合に、情報の開示・訂正等、個人に対する適正な手続を保障するための根拠を提供することにあったと考えられる。ただし、著書全体の文脈を見ると、博士は、プライバシー権を財産権として論じているわけではない。むしろ、「人の個性」「基本的尊厳」「人間としての価値」「その人の神聖な人格」という表現が複数回用いられている。この節の中でも、博士は、「大きな政府、大きな民間企業、大きな社会科学でさえもが、以前の社会統制における柔軟で向き合った態度に取って代わるようになった。この状況において、個人の人格は、個人の匿名性の究極的な盾としての個性を守るための最後の砦である」と述べている[18]。このことからすれば、人格権としてのプライバシー権をより強固な形で保護するために、擬制的に財産権を論じたと理解すべきではないかと考えられる。

　ウェスティン博士の掲げた財産権理論は、ミラー教授の『プライバシーへの脅威』で取り上げられたが、ミラー教授は、「新しい皮袋に入れた古いワイン─プライバシーの『財産権論』(Old Wine in New Bottles─"Property" Theories of Privacy)」と評し、これを否定的に捉えている。具体的に、財産権理論を基礎付ける最大の意義は、情報が濫用された際の提訴権をデータ主体に付与することにあるが、①財産権理論は、ウォーレン＆ブランダイスの初期の議論で、既に不適切として退けられていること、②データを求める組織に義務を課すこ

とよりも，自分のことは自分で守るべきという個人責任をもたらすこと，③連邦法がなければ州法によって規制されるが，保護対象が不統一であったり，適用法令が不確実であったりすること，④商業上価値あるリストを作り出すのは，データ主体ではなく第三者としての企業であるため，データ主体に財産権を認める裏づけがないという問題点が指摘された．

　ウォーレン＆ブランダイス論文は，芸術作品等の公開を禁止することによって得られるのが精神の平和又は安心感であることを理由に，財産権理論を否定しており，ミラー教授も，プライバシー保護の目的は，個人に感情的又は心理的安定をもたらすことにあると述べている．教授は，結局，財産権理論は，根本的に異なる目的のために理論的発展を遂げてきたものであって，その法律上の原則をゆがめることで，プライバシー保護という難解な問題を解くために試みられたものに過ぎないという結論を取った[19]．

6.3　個人情報と財産権理論

(1)　ブランズコムの「誰が情報を所有するか」

　プライバシー・個人情報の両者と関係するが，財産権との関係を著書の中心テーマに据えて論じたものとしては，アン・ウェルズ・ブランズコム（Anne Wells Branscomb）氏が1994年に発表した「誰が情報を所有するか——プライバシーからパブリックアクセスまで——」（Who owns Information? From Privacy to Public Access）という著書がある．ブランズコム氏は，通信及びコンピュータを専門とする弁護士であり，アメリカ法律家協会（American Bar Association）の通信法部会（Communications Law Division）の議長を務めた人物でもある．

　この著書は，過去20年間の技術発展を通じて，情報というものが，他の財産を取り扱う際の道具から，主要な資産そのものへと変貌したことを捉え，情報資産（Information assets）に対する所有権を前提とした新しい法的枠組みを作るべきだと提唱した．その中では，名前及び住所，電話番号，病歴，肖像，電子メッセージ，テレビ番組，宗教情報，コンピュータ・ソフトウェア，政府情報について，それぞれが誰に帰属するかが論じられており，プライバシーのみならず，知的財産の取扱いや政府情報へのアクセスの問題も取り上げられた．なお，この著書において，プライバシー法は，主に，人の私的領域を政府の侵

終　章　個人情報保護法の理念と将来展望　　555

入から保護するものとして理解されている．

　また，ブランズコム氏は，ウェスティン博士やミラー教授が個人情報に所有権を認めるという考えについて論じたことを引用し，次のような法的原則を掲げた[20]．

①秘密性（Secrecy）：情報開示を防止する権利

②プライバシー（Privacy）：不快かつ無許可の侵入を防止する権利

③機密性（Confidentiality）：情報開示を制限する権利，他者が主体の同意なくして情報を取得することを防止する権利

④周知（Publicity）：その人物が選択した時及び場所において，情報を開示して共有財産にする権利

⑤営利性（Commerciality）：公正な価格で情報を売る権利

⑥入手可能性（Accessibility）：情報取得権

⑦相互主義（Reciprocity）：与えた価値と引換えに，価値を受け取る権利

⑧完全性（Integrity）：情報の正確性及び信頼性をコントロールする権利

⑨情報の交換可能性（Interoperability）：情報移転における透明性を保つ権利

⑩責任（Responsibility）：責任を持って行動する義務

⑪法的責任（Liability）：苦痛の補償を受ける権利

⑫共通点（Commonality）：情報を公有財産として共有する権利

⑬公平性（Equity）：権利侵害でないものを不正行為としない権利

　この著書では，情報は価値ある資産であることが強調されており，商業的に実現可能な商品として捉える方法が検討されている．具体的には，情報の取扱いに関する「オプト・イン」又は「オプト・アウト」システムの採用，個人情報の提供を保留する権利，私的情報環境への侵入を防止するための適法な権利，公の利益のために開示すべき情報の範囲，アクセス可能な情報，情報提供に対する補償ないしはロイヤリティー等の仕組みを作るべきことが主張されている．

⑵　最近の議論

　個人情報の1つの側面として，シュワルツ教授は，個人情報を商品として捉える考えが強くなってきている点を指摘し，財産化された個人情報に関するマーケット・ルールを提案した[21]．

日本の最近の研究成果でも，個人情報の財価性に着目したアプローチが見られる．徳島文理大学総合政策学部専任講師の橋本誠志氏の『電子的個人データ保護の方法』は，ネットワーク上に個人データが流出すると瞬時に拡散してしまう点に着目し，①個人データの流出直後に直接流出した個人データに作用し，当該データ流出によるプライバシー侵害への発展と被害拡大の防止を目的とし，②従来の事前規制型の個人情報保護制度と司法による事後救済手続間のタイムラグを解消する新たな個人情報保護制度の設計を試みるべく，"Property Rights Approach" を提唱した[22]．このアプローチは，個人データに財価性を認め，データ主体（本人）に財産権（最も特徴的なものは処分権限）を付与し，事業者による個人データの収集・利用は，事前のデータ主体との交渉プロセスを経て，明確な同意を得た上でなければ，利用できないとするものである．橋本氏は，このアプローチを前提に，インターネットで交換された個人データの利用に対するライセンス制の導入を提案し，差止めによる救済や懲罰的賠償制度などを論じた．

第3節　検討結果

以上，網羅的ではないが，イギリス及びアメリカの主要な文献，法律，国際水準等を参考に，プライバシー・個人情報の本質を探るべく，一応の整理を行った．

その結果を踏まえると，保護対象及び権利の性質については，次のようにまとめることができる．

1　保護対象としての状態・情報

様々な論者の見解を見てくると，伝統的プライバシー権は，主に，私生活，私的領域，私的事実，思想・心情，肖像，氏名等を保護対象とする．ただし，プライバシー権を承認したアメリカの判例法上，不法行為の場面では「誤認」や「盗用」からの保護が，憲法の場面では「自己決定権」の侵害からの保護が論じられており，純粋に私的な性質を持つもの以外にも保護を与えていた，ということができる．実際に，権利の存在を認めた判決は，「盗用」に関するも

のであった．

　現代的プライバシー権の保護対象については，提唱期から論者の見解が異なっており，また，提唱期と現在においても，理解が異なるようである．特に，自己情報コントロール権といわれるようになってからは，「自己情報」や「コントロール」の概念が多義的であることから，理解が多様化したとも考えられる．

　提唱期において，ビーニー教授は非常に幅広く捉えたが，ウェスティン博士は，自己に関する情報とはいいつつも，孤独，親密さ，匿名性，沈黙を保護対象に置いた．ミラー教授は，主にコンピュータ情報を念頭に置きながら，「自己に関する情報」「自分の生活に影響を及ぼす情報」という言葉を用いた．

　最近の議論の中で，ソロブ准教授は，「自分に関する情報」を個人情報と同義と捉えた．

　個人情報（個人データ）の定義について，国際機関の勧告・指令，及び，イギリス，アメリカにおける法律を見ると，いずれも，生存する個人を識別できる情報とされており，概ね統一的である．また，個人情報の中でもセンシティブ・データと呼ばれるものは，人種又は民族的出自，政治的見解，宗教的又は思想的信条，労働組合への加入，健康又は性生活，犯罪に関する情報等を意味する．

　一方で，1974年プライバシー法やOECDプライバシー・ガイドラインのように，プライバシーというタイトルを用いながらも個人情報を保護するものがあれば，ワックス教授のように，個人情報という言葉を用いて私的な情報を保護しようとするものもある．

　このように，プライバシー，自己情報，個人情報，センシティブ・データの内容についての理解は様々であり，とりわけ，現代的プライバシー権の保護対象は，私的な情報から個人情報へと拡大してきた．

　そして，概念相互の関係は混沌としているのが，今も昔も変わらない状況である．あえて整理を試みるとすれば，①プライバシー[23]は自己情報[24]や個人情報よりも狭い，②プライバシーはセンシティブ・データに近い，③自己情報と個人情報はほぼ同義に捉えられるようになっている，④センシティブ・データは個人情報の一部である，⑤プライバシーは主観的な概念であるが，自己情

報，個人情報，センシティブ・データは客観的な概念である，ということができるであろう[25].

　ところで，一部の論者からは，「プライバシー」情報のみを対象とした法律を制定すべきという主張がなされている．果たしてそうであろうか．

　第III部までの検討結果からいえることは，①プライバシーという概念は，イギリスの例に見られるように，内包外延が不明確であり，立法化するには定義が不確定であるということから，法律による制度化は実現しなかったという歴史がある，②プライバシーという概念が多義的であるからこそ，訴訟の場面において，表現の自由との衡量などを柔軟に行うことができた，ということである．したがって，法律として制度化する際に，プライバシーという概念を盛り込むと，かえって概念を硬直化させるおそれがあり，適切ではない．やはり，個人を特定し得る情報を個人情報とし，法律の適用対象とすべきである．

　ちなみに，CoE 個人保護条約，EU 個人保護指令や，イギリスの1998年データ保護法に倣って，日本でも，センシティブ情報を法律の適用対象にすることはあり得る．しかし，これらは，個人情報一般に規制をかけることを前提に，センシティブ情報にはさらなる厳格なルールを適用しようとするものであって，センシティブ情報のみを保護対象にするという意味ではない．

2　「コントロール」の意味

　現代的プライバシー権は，自己情報コントロール権ともいわれている．そのためか，「コントロール」という言葉からすると，「管理」や「統制」のような強力な権利のような印象を受けることもあり，これらを捉えて，自分に関する全ての情報を絶対的にコントロールできる権利だと考える向きもある．実際に，ミラー教授は「自己に関する情報の流れをコントロールする個人の能力」という言葉を使った．しかし，「コントロール」を字義通りに捉えるのは正しい理解ではない．

　ミラー教授は，個人が自己に関する情報のコントロールを奪われたならば，奪った者に服従せざるを得なくなるという意味で説明を行っている．そして，教授の著書を全体的に理解すれば，個人に対して積極的に個人情報を管理統制する権利を与えるという意味ではなく，情報技術の発展によって情報が勝手に

終　章　個人情報保護法の理念と将来展望　559

流出するようになったことに対して歯止めをかけよう，という文脈で使われていることに注意しなければならない．教授の意図するところは，情報の勝手な流通に対して，個人に何かしらの関与を認めようとすることにあったと考えられる．特定の個人の情報は種々様々な社会関係の中で形成されるものであって，現代的プライバシー権は，絶対的なものでもなければ，情報という特性上，排他的支配権が成立するわけでもない(26)．

　また，現代的プライバシー権は，伝統的プライバシー権と深く関係する．現代的権利の提唱期の議論は，ビーニー教授やウェスティン博士の定義にあるように，自らに関する何らかの情報を他人に伝える行為について，自分で決定することを内容とする．そして，ウェスティン博士は，ウォーレン＆ブランダイス論文の「コモン・ローは，各個人が通常，自己の思想や心情，感情をどの程度他人に伝えるべきかを決定する権利を保障している」という記述を引用する(27)．この説明との比較でいえば，博士の定義は，「自己の思想，信条，感情」を「自己に関する情報」へと拡大し，「いつ，どのように，また，どの程度」という記述を加えているが，自らに関する何らかの情報を他人に伝える行為について，自分で決定するという要素は共通する．

　一方，ウォーレン＆ブランダイス論文においても，「コモン・ローの保護によって，著者，作曲家や美術家は，公開という行為を完全にコントロールすることができ，また，彼自身の裁量によって，そもそも公開すべきかどうかを決定することができる」と述べていることから，プライバシー権を必ずしも消極的なものとして捉えていたわけではない．私生活や肖像の無断公開から保護を受けることは，自らがそれらの公開の可否及びその範囲を決定することでもある．

　以上をまとめると，自己情報「コントロール」権は，字義から印象付けられる強力な権利というよりは，むしろ，ウォーレンとブランダイス論文のいうプライバシー権から発祥したものであり，伝統的プライバシー権概念の中に，現代的プライバシー権の萌芽を見ることができる．また，プライバシー権は，伝統的権利が現代的権利に取って代わられたのではなく，両者を総合した権利と理解しなければならない．

3　人格権的アプローチと財産権的アプローチ

　伝統的プライバシー権について，提唱者であるウォーレン＆ブランダイス論文が引用した19世紀のイギリスの判決は，先例に沿った判断を下す必要性から，財産権に言及してきた．しかし，同論文は，権利の本質を「不可侵の人格の原則」であるとし，不法行為法による保護を求めた．

　伝統的権利の根拠を財産権に求める議論は，判例法上，権利の基礎付けが明確でない時代に生じたものに過ぎず，アメリカは独立したプライバシー権を承認し，イギリスは信頼違反を主な訴訟原因とすることによって，財産権理論からの脱却を果たした．

　伊藤正己博士は，その著書『プライバシーの権利』[28]の中で，財産権理論に対して次のような問題点を指摘し，権利の根拠に据えることを否定している．

　　「この考え方に固執するときには，イギリス法の場合のように，プライバシーの権利の健全な成長を阻害することになろう．第一に，この考え方が適切に機能しうるのは……プライバシーの権利に含まれるとしても，その周辺の場合である．近時，このような場合を，プライバシーの権利ではなく，パブリシティ（publicity）の権利と称するのもこのためである……それは，人格権としてのプライバシーの権利の本質を不明確にし，純然たるプライバシーの権利の基礎付けに窮することになると思われる．
　　第二に，財産権的把握によって損害の金銭的評価が容易になることも，かえってそれによって真の問題をみうしなうおそれを大きくする……金銭的計量に固執することは，その損害額も軽少になり，真の救済を与ええなくなるであろう……すなわち，プライバシーが財産的利益を含むから法が保護するのではなくて，法が保護するから，それが一種の財産的利益化するのである．」

　現代的プライバシー権について，その根拠を財産権に求める見解のメリットとしては，ウェスティン博士が述べるように，現代的権利を最も直接的に実現するアクセス権や訂正の権利を個人に認めることができる，ということにある．情報技術が発展した社会において，自らの情報にアクセスする権利は必須であ

終　章　個人情報保護法の理念と将来展望

る．

　ブランズコム氏が「情報資産」という表現を使い，個人情報を含めて財産的に価値のある情報を提供するからにはそれなりの見返りを求めるべきだという発想も理解することができる．橋本氏のように，個人情報に財価性を認め，ライセンス制度を導入すれば，インターネット上に個人情報が流出した際の効果的救済を期待することができる．

　しかし，権利の本質というものを捉えようとした場合，プライバシー権を財産権と見るべきではない．それは個人情報についても同様である．前記のとおり，ウエスティン博士は，プライバシー権の根拠を明示的に財産権に求めたものとはいえず，また，ミラー教授によって，財産権理論は否定されている．

　伝統的プライバシー権・現代的プライバシー権の議論を通じて，プライバシーを保護することで得られる利益は，個人の心理的・精神的安定や自律性であると説かれてきた．それについての異論はないと思われる．これが，プライバシー権を人格権として捉えるゆえんである．

　また，財価性の認められる情報のみを保護対象とすれば，プライバシーや個人情報と呼ばれるものの一部を保護することしかできない．独立したプライバシー権が論じられるようになったのは，従来の法理では解決できない性質の侵害から個人を保護しようとしたのであって，ここで改めて財産権理論に依拠すれば，独立の地位を見出したプライバシー権の基礎を揺るがすことになってしまう．

　伊藤博士による「プライバシーが財産的利益を含むから法が保護するのではなくて，法が保護するから，それが一種の財産的利益化するのである」という指摘は，現代的プライバシー権についても当てはまるといえる．他の法理に依拠してきたイギリスでさえも，ワックス教授によって財産権理論は否定されている．

　したがって，ウォーレン＆ブランダイス論文，アメリカの判例や日本の判例で論じられてきたように，プライバシー権は，人格権を根拠に置くと理解するのが適切と考えられる．今後は，人格権と捉えた場合の内容を詳細化することが課題となる．

　以上から，①法律の保護対象は個人情報とすべきである，②自己情報「コン

トロール」権は，情報の勝手な流通に対して歯止めをかけるために提唱された権利である，③この権利を背景に持つのが個人情報を保護するための諸原則であり，個人情報保護法である，④権利の性質は人格権である，ということが明らかとなった．個人情報保護の理念型であるモントルー宣言も，①～④を前提に理解しなければならない．

第4節　個人情報保護法の将来展望

　本書は，モントルー宣言の掲げた11原則が，個人情報保護法制の理念型であるという前提に立っている．日本の法制度は，適法かつ公正なデータ収集及び取扱いの原則，正確性の原則，目的明確化・制限の原則，透明性の原則，データ・セキュリティの原則などを一定の範囲で実現している．しかし，類似の原則を含む OECD プライバシー・ガイドラインとの比較から明らかとなったように，日本の法制度は，諸原則を十分に満たしているとはいえず，個人情報保護の先進国と同等の保障を与えられるようなレベルにもない．日本の個人情報保護法の改正論議は見送られたが，多くの課題が残されている．また，国内から見た問題点も多数存在することから，個人情報保護法をめぐる諸課題を短期間で解決することは不可能といわざるを得ない．

　そこで，本書では，その締めくくりとして，モントルー宣言の中でもとりわけ重要と考えられる2つの点に焦点を絞り，個人情報保護法の現代的課題を解決するための第一歩となる提案を行いたい．

1　独立の監視機関の設置

　モントルー宣言は，「独立監視及び法的制裁の原則」「個人データの国際流通における十分なレベルの保護の原則」を諸原則の中で明言した点が注目される．後者については，第Ⅲ部第12章第3節で既に論じたとおりである．そこで，前者の原則から監視機関の設置を提言したい．

　データ保護・プライバシー・コミッショナー国際会議による，資格認定委員会の基準及び諸規則並びに認定の諸原則によれば，監視機関の要件として，法律に基づく公的機関であること，自主性・独立性を担保すること，国際的枠組

みに準拠すること，適切な法的権限を持つことが求められている．

　監視機関の歴史を持つのはイギリスである．イギリスにおける立法化論議は，個人情報のコンピュータ処理を監視する機関を設置することから議論が発展してきた．データ保護法は，1984年法の時代から独立の監視機関に法執行を委ね，長期間をかけて法律の普及・浸透を図ってきた．情報コミッショナーは，上記の要件をいずれも満たしている．

　また，OECDの2007年越境協力勧告に基づき，加盟国は，プライバシー法の執行に関する越境協力を求められていることから，単一の法監視機関が存在することが望ましい．

　一方，日本の個人情報保護法は，独立の監視機関を持たず，緩やかな監督権限を持つ主務大臣制と，民間の自主規制の組み合わせを採用している．行政機関個人情報保護法は，全くのセルフチェックである．第20次国民生活審議会の個人情報保護部会では，「個人情報保護に関する取りまとめ（意見）」において，「自主性・独立性や，適切な範囲の機能及びその実施の法的な権限による担保の観点から，我が国の機関がこの要件を充足することは困難であると考えられる」という結論が下された．

　独立性の根拠はいろいろな形で説明されるが，①中立・公正の確保，②高度の専門的知識に基づく法運用，③相対立する利害の調整などがある．

　個人情報の分野でいえば，個人情報の勝手な流通に歯止めをかけ，保護と利用のバランスを図るべく，中立・公正な立場からの利害調整機能は必要である．また，個人情報保護法の全面施行直後に過剰反応・過少反応が生じたことから明らかとなったように，事業者が，個人情報を対象とした法律を的確に理解し，正しく運用することは，たやすいことではない．他方，個人情報を保護する際には，表現の自由や営業活動の自由，行政の円滑な運営など，情報を利用する側の権利利益との調整が不可欠である．そして，これらの調整は極めて専門的であることから，外部の干渉なしに行われなければならない．

　そして，監視機関を設置することによる最も大きなメリットは，第三の道を歩んだ日本が官民統一的な議論を実現できることにある．

　したがって，日本においても，国際的基準を満たし，かつ，適正な法運用を実現するためには，法律に基づく独立・専門の機関が必要であると考えられる．

ところで，日本にも職権行使の独立性を認められた法執行機関は存在する．公正取引委員会や国家公安委員会等の行政委員会は，内閣府の外局に属するが，その１つの例である．情報コミッショナーの制度と最も近いのは，行政委員会といえる．

その他，特許庁は，経済産業省の外局として，専門的立場から特許の審査・審判等を行っている．このように，他の分野の例を参考にしながら，個人情報保護法の運用・執行体制を，改めて見直す必要がある．

2　開示制度の権利化

モントルー宣言の中でもう１つ着目すべきは，「個人参加・特に関係者のアクセス権保障の原則」である．個人参加の原則は，アクセス権，及び，消去，修正，完全化，補正を求める権利を定めた原則である．「特に関係者のアクセス権」とあるように，重視すべきはアクセス権，すなわち開示請求権である．

OECDプライバシー・ガイドラインの８原則の中でも「個人参加の原則」が存在し，それは，最も重要なプライバシーに関する安全保護手段と位置づけられており，法的又は類似の手続を伴わない形で簡単に行使できる原則であるべきとされる．

EU個人保護指令は，第12条でデータ主体のアクセス権を定めている．イギリスの1998年データ保護法は，本則第II章に「データ主体の権利」という章を設け，個人データへのアクセス権等に関する規定を設けている．いずれも，データ管理者に対する義務ではなく，個人の権利と謳っている．

これに対し，日本の状況を見ると，個人情報保護法第４章「個人情報取扱事業者の義務等」は，個人情報取扱事業者に対する義務という形で規定を設けており，個人参加の原則を含め，個人の権利は定めていない．最近では，東京地方裁判所2007年６月27日判決によって，個人情報保護法第25条第１項に基づく開示請求を裁判手続により求めることはできないという判決が下された．

しかし，既に述べたように，個人情報保護法の背景にあるのは現代的プライバシー権であり，本来は個人の権利である．そして，この権利を最も直接的に実現するのが開示制度である．ウェスティン博士が財産権理論を唱えた背景には，開示等の権利を効果的に保障することにあった．

終　章　個人情報保護法の理念と将来展望　　565

以上から，請求権を明文化した開示制度を創設すべきである．

結　　語

本書では，グローバルな視点から，可能な限り大局的な見地に立ち，個人情報保護法の理念と現代的課題について論じてきた．本書の内容が，国内的視点からの他の様々な問題提起とともに，今後の日本における個人情報保護法制の発展に何かしらの寄与ができれば幸いである．

(1)　棟据快行ほか「プライバシーをめぐる今日的状況とプライバシー理論の現在」法律時報第78巻第 4 号（2006年） 4 頁以下．
(2)　第 I 部第 1 章参照．
(3)　第 I 部第 3 章第 2 節参照．
(4)　3.1ないし3.3は，第 II 部第 6 章参照．
(5)　Alan F. Westin, Privacy and Freedom 42–51 (1967).
(6)　第III部第10章第 4 節参照．
(7)　Percy H. Winfield, "Privacy" (1931) 47 L.Q.R. 23.
(8)　Raymond Wacks, *The Protection of Privacy* (Sweet & Maxwell, London, 1980), p. 7.
(9)　*Ibid*. p. 21.
(10)　*Ibid*. pp. 166–175.
(11)　*Ibid*. p. 22.
(12)　Raymond Wacks, *Personal Information: Privacy and the Law* (Clarendon Press, Oxford, 1989), p. 15.
(13)　*Ibid*. p. 26.
(14)　*Ibid*. pp. 42–49.
(15)　第 I 部第 2 章第 3 節．
(16)　第III部第 9 章．
(17)　Westin, *supra* note (5), at 321 326.
(18)　Westin, *supra* note (5), at 322.
(19)　Arthur R. Miller, The Assault on Privacy 211–216 (1971).
(20)　Anne W. Branscomb, Who Owns Information ? 180 (1989).
(21)　第III部第10章第 4 節参照．
(22)　橋本誠志『電子的個人データ保護の方法』（信山社，2007年）135頁以下．
(23)　ここでは伝統的プライバシー権の保護対象のうち，私的領域や私的事実を前提とす

る．

(24) 個人情報とほぼ同義と捉えられるようになった時代以降のものを前提とする．

(25) 先行研究として，堀部政男教授の『プライバシーと高度情報化社会』（岩波新書，1988年）54頁以下参照．

(26) 堀部政男『現代のプライバシー』（岩波新書，1988年）62頁．

(27) WESTIN, *supra* note (5), at 346.

(28) 伊藤正己『プライバシーの権利』（岩波書店，1963年）53-54頁．

索　引

アルファベット

APEC → アジア太平洋経済協力
　　——プライバシー・フレームワーク　340
CoE → 欧州評議会
　　——個人保護条約　315,349,526
digital dossiers　459
EPIC　458,532
EU → 欧州連合
　　——個人保護指令　322,349,527,549
ID窃盗　436
OECD → 経済協力開発機構
　　——プライバシー・ガイドライン　301,
　　　348,526,530,534,549,551

ア　行

アクセス権　326,388,409,447,455,527,528,
　　549,564
アジア太平洋経済協力（APEC）　340,349
アメリカ商務省　450
安全
　　——確保の措置　514
　　——管理措置　496
　　　　性　328
　　——保護の原則　306

イエロー・ジャーナリズム　26,28,257,542
異議申立権　327
委託先の監督　496
一身専属性　543
一般法　493
伊藤正己　74,171,192,208,218
違法収集証拠排除の原則　131
違法性阻却事由　212
医療　530
インターネット・サービス・プロバイダ
　　（ISP）　442

ウィンフィールド　546
ウェスティン，アラン・F.　284,347,368,526,
　　554,550,552
ウォーレン，サミュエル・D.　25
ウォーレン&ブランダイス論文　25,257,541

オーウェル，ジョージ　460
欧州委員会　320
欧州議会　320
欧州評議会　315
欧州連合（EU）　319,320
　　——理事会　320
公の存在　171
　　——の理論　262
公の利益　76,155,192,528
オプト・アウト　335,437
オプト・イン　552
オムニバス方式　370,419,527,531
オルムステッド-ゴールドマン法理　124,
　　264
オンライン結合　516,536

カ　行

害意ある虚言　73
開示　449,500,518
　　——の求め　500
戒能通孝　208
開封勅許状　371
外部への移転　455
過剰　383
　　——反応　7,405
　　——保護　7
過少反応　7
家族の教育権及びプライバシー法（1974年）
　　448

索　引

合衆国憲法　121
　修正第1条　150
　修正第4条　122
　修正第5条　122
　修正第14条　122
家庭生活　28
環境情報規制（2004年）　402
勧告　302
　——付属文書　303
監視　547
　——機関　318,331,349,563
　——社会　402
監督制度　536
管理者　324
関連するファイリング・システム　378,527,
　550

機微　548
基本法　487
行政委員会　564
行政機関　425,510
　旧——法　473
　——個人情報保護法　508,533,536
　——等個人情報保護法制研究会　509
　——の保有する電子計算機処理に係る個人情
　　報の保護に関する法律　473
行政取締法規　280
行政文書　511
記録，コンピュータ及び市民の権利　420,551
記録システム　422,426,530
金融　530
　——サービス近代化法（1999年，Gramm-
　　Leach Bliley Act)　437,532
　——プライバシー権利法（1978年）　437,
　　531

クーリー，トマス・M.（裁判官）　25,29,258,
　541
苦情の処理　504
グローバル・スタンダード　13,15
グローバル化　350

経済協力開発機構（OECD)　301,562
芸術　394,528,529
契約違反　49,51
ケーブル通信政策法（1984年）　438
健康保険の移動性及び責任性に関する法律
　（1996年，HIPAA プライバシー・ルール)
　446,551
現実的悪意の法理　179,273
現代的プライバシー権　220,248,258,277,
　283,347,358,527,531,539,540
憲法　121
言論の自由　79,150,181

公開　33,61,257,542
　——の原則　307,427,428,530
公共性の理論　262
公衆の誤認　153,271
公人　212
公正
　——情報業務に関する法　421
　——信用報告法（1970年）　436,532
　——取引委員会　564
　——な取扱い　383
公的
　——記録　171
　——人物　155
　——部門　370,420,540
高度情報通信社会推進本部　475
公表等　499
幸福追求権　271,543
国際水準　301,348,539
国際適用における基本原則　309
国際的なデータの障壁とプライバシー保護に関
　する専門家会合　304
告知　454
国内適用における基本原則　304
国民生活審議会　5
個人　426
　——アクセスの原則　427,430,530
　——参加の原則　308,427,430,530,564

——識別情報　348,530
——識別性　547
個人情報　488,510,557
——データベース等　488
——取扱事業者　490
——取扱事業者の義務等　493
——の収集　548
——の保護に関する基本方針　4,491
——の保護に関する法律施行状況の概要　491
——の保護に関する法律施行令　490
——の保護について（骨子・座長私案）　478
——ファイル　511,517
——保護基本法制に関する大綱案（中間整理）　4,483
——保護検討部会　3,475
——保護条例　472
——保護に関する取りまとめ（意見）　6,534,563
——保護法　471,533
——保護法制化専門委員会　4,483
——保有の制限等　512
個人データ　323,348,377,488,527,549
——の国際流通　303
——の不法な取得等　397
——・ファイリング・システム　323
　センシティブな——　379,382
個人データの取扱いに係る個人の保護に関する作業部会　322,450
個人の尊厳　211
個人の不可侵権　31
個人のプライバシー保護　301
子どもオンライン・プライバシー保護法（1998年，COPPA）　440,532
子どもオンライン保護法（1998年，COPA）　440
コモン・ロー　32
コントロール　33,542,545,558
コンピュータ
——化　545

——詐欺及び濫用法（1986年）　446
——・セキュリティ法（1987年）　435
——と自由　358
——とプライバシー　362,526,552
——・ビューロ　370,372
——：プライバシーのための安全保護措置　362
——・マッチング及びプライバシー保護法（1988年）　434

サ　行

財産権　259,540,552,560
最新性　385
削除　528
差押え　130,263,543
差止　36,42,232,278
——請求　55
——命令　52
詐称通用　73,261
佐藤幸治　209
暫定的差止命令　73
3要件　261

資格認定委員会の基準及び諸規制並びに認定の諸原則　336
自己決定権　263,543
自己情報　557
自己情報コントロール権　220,248,277,283,368,553
私生活及び家族生活を尊重される権利　89,264
自然法　192
思想表現の自由市場　219
執行　394,456
——通知　394
私有財産の原則　35
私的事実の公開　145,153,263,271,543,548
自動決定に関する権利　391,528
自動個人データ・システムに関する長官の諮問委員会　420
自動処理　324,369,378
氏名　73,261

──報道　279
ジャーナリズム　394,528,529
社会共有　76,77,262
社会保障カード　400
従業者
　──の監督　496
　──の義務　512
収集制限の原則　304,428,431,530
十分なレベルの保護　321,330,349,386,531,
　535,549
　──基準　319
　──措置　333,383
　──の原則　339,350,562
住民基本台帳ネットワーク　248,281
出版の自由　150,181
取得に際しての利用目的の通知等　495
守秘義務　68,76,81
主務大臣　504
　──の関与　504
遵守命令　391
肖像　58,70,261
情報・コンピュータ及び通信政策委員会　311
情報管理の原則　428,434,530
情報コミッショナー　332,380,394,395,400,
　527
　──の事務所（ICO）　400
情報自由法（2000年）　402
情報セキュリティ及びプライバシーに関する作
　業部会　311
情報通信技術（IT）戦略本部　476
情報プライバシー　368,526,550
　──法プロジェクト　459,532,545
処罰　52
シルバー・プラッター基準　162
人格権　211,553,560,562
人権法（1998年）　87,264
信託違反　25,36,49,51,259
審判所　380,382
信頼違反　25,49,51,52,55,67,90,259,261,
　548
心理的監視　290,347

末延三次　208
スパム・メール　401,441

正確性の確保　512
制定法　539,540
生命の権利　28
セーフ・ハーバー　551
　──・プライバシー原則　330,452
　──・リスト　453
　──協定　349,449,531
責任の原則　309,428,434,530
セキュリティ　307,385,455
　──侵害　444
　──侵害法　444,530
　──対プライバシー　461,532
セクトラル方式　370,419,531
セグメント方式　370,419
センシティブ・データ　335,384,527,551,
　557
選択　454

総合犯罪防止及び街頭安全法（1968年）
　130,439,531
組織のプライバシー　545
園部逸夫　4,483
ソーハム殺人事件　405,528
ソロブ，ダニエル・J.　459,546
損害賠償　52

タ　行
第三国　321,329,386
第三者提供の制限　497
第三の道　540
対象事業者　447
第2次不法行為リステイトメント　156,271
ダイレクト・マーケティング　328,335
　──の目的　390
単独法人　371

知的財産法　32,60,260
チョイスポイント　445

索　引　　571

著作権　33,36,52,73

追加議定書　318
通信　439,530
　——の秘密　122,263,543
　——法（1934年）　126,438,531
通信傍受法（1985年）　107
通知　328,391,392,527
　——登録簿　392

提供制限の原則　428,432,530
訂正　499,503,518
　——・抹消請求権　527,549
適正な取扱い　383
　——取得　494
適用除外　506,519
データ・バンク　359
データ・プライバシー　368,526,550
　——保護研究委員会　473,533
データ・マッチング　530
データ監視　291,347
データ管理者　303,378
データ主体　378,527,549
　——の権利　383
データ内容
　——の原則　305,325
　——の正確性の確保　469
データ保護
　——委員会　550
　——委員会の報告書　365,526,550
　——原則　365,382,527,549
　——コミッショナー　380
　——庁　365
　——登録　527
　——登録官　371,527
　——の俗説と本当の対応　406,528
　——・プライバシー・コミッショナー
　　536
　——法（1984年）　369,526,531,549
　——法（1988年）　374
　——：立法に関する政府の提案　369

データ利用者　370,527
電気通信法（1996年）　439
電子
　——的監視　265,440
　——的盗聴　124,128,264
　——プライバシー情報センター　458
　——メール受信拒否登録簿　443
伝統的プライバシー権　257,353,525,539
電話消費者保護法（1991年）　438
電話盗聴　124,264,440

盗用　154,271
登録　527
　——事項　391
毒樹の果実の法理　126
特別な種類のデータ　318,326,349,551
特別目的　380,395
匿名化　447
　——情報　83
独立監視及び法的制裁の原則　339,350,562
トーマス，リチャード　400
取扱い　379
取扱者　324

ナ　行
日本国憲法　211
ニューサンス　75
ニューヨーク市民権法　190
認定個人情報保護団体　505
年次報告書　400

ハ　行
ハイブリッド型　280
ハウ，エリック　371,373
破棄　528
バギング　127
8原則　303,348,371,427,530
罰則　508,520
パブリシティ権　187,271
半影論　139,270,543
判例法　67,121,539,540

ビッグ・ブラザー　460
ビデオ・プライバシー保護法（1988年）　448
ひとりにしておかれる権利　25,28,30,257,
　368,541
ビーニー，ウィリアム・M.　283,347,544
秘密　104,328,548
表現の自由　89,212,264,277,279,528,548

フィルタリング・ソフトウェア　441
封鎖　528
不可侵の人格の原則　35,271
不正競争に関する第3次リステイトメント
　187
附則　508
附帯決議　4
物理的監視　290,347
不法監禁　69
不法行為　169
　──法　260
　──法論　30,258,541
不法侵害　69,124,264
不法侵入　123,152,271
　監視による──　548
プライバシー　557
　──及び電子通信（EC指令）規制（2003
　　年）　402
　──執行機関　313
　──と自由　284,347,368,544
　──に関する委員会　356,357,525
　──の権利　25
　──・フレームワーク　349
　──への脅威　368
　──への攻撃　287,347,545
　──法（1974年）　420,529,551
　──保護研究会　473,533
　──保護調査委員会　427
　──保護法（1980年）　448
　──保護法執行における越境協力勧告
　　311,563
　──保護方針　437
フランス，エリザベス　400

ブランダイス，ルイス・D.　25
ブリティッシュ・ガス事件　406,528
プレス苦情委員会　97
プロッサー，ウィリアム・L.　150,259,542
　──の4類型　150
文学　394,528,529

ペン・レジスター　440

放棄の理論　262
暴行　69
報道　507
　──機関　456,507
　──の自由　80
保護健康情報　447
保守党法律家教会法律調査小委員会　358
保有　426
　──個人情報　511
　──個人データ　488
堀部私案　3,478
堀部政男　3,474
本案的差止命令　80
本人　511

マ　行

マスメディア　539
マッチング・プログラム　426,435

身分カード法（2006年）　401
ミラー，アーサー・R.　287,347,368,526,
　545,550,553
民間部門　370,436,540
　──における電子計算期処理に係る個人情報
　　の保護に関するガイドライン　474

無登録取扱いの禁止　393
無令状捜索　130,263,543

名誉毀損　70,179
　文書による──　70,72,76,261
　──法　32,60,260

索　引　　573

迷惑メール防止法　→　スパム・メール
メディア規制法　　8

モアズ基準　　153
黙示契約違反　　25,36,52,55,259
目的明確化の原則　　305
モデル小説　　210
モントルー宣言　　2,338

ヤ　行
ヤンガー委員会　　356,525
ヤンガー報告書　　360

有体物　　124,264

ヨーロッパ・ルール　　527
ヨーロッパ人権委員会　　109
ヨーロッパ人権裁判所　　87
ヨーロッパ人権条約　　88

ラ　行
利用及び提供　　447

――の制限　　512
利用制限の原則　　306,428,432,530
利用停止　　499,504,518
利用目的
　――による制限　　493
　――の特定　　493
　――の明示　　512
リンドップ
　――委員会　　363,526,550
　――報告書　　526

連邦通信委員会（FCC）　　439
連邦取引委員会（FTC）　　436,443

ワ　行
ワイヤ・タッピング　　127
我が国における個人情報保護システムの在り方
　について（中間報告）　　482
ワックス，レイモンド　　75,76,81,547

日本判例索引

外国判例と異なり，裁判所による年代順で整理してある．

最高裁判所

最判昭和41年6月23日民集20巻5号1118頁 ·······························224
最判昭和44年6月25日刑集23巻7号975頁··································235
最判昭和56年4月14日民集35巻3号620頁·································223
最判昭和56年4月16日刑集35巻3号84頁 ································223
最判昭和61年6月11日民集40巻4号827頁·································235
最判昭和56年4月14日民集35巻3号620頁（中京区長前科照会事件）·············217,253,276
最判昭和61年6月11日民集40巻4号872頁（北方ジャーナル事件）···············231,254,278
最判昭和63年6月1日民集42巻5号277頁（殉職自衛官合祀拒否事件）·············220,253,276
最判昭和63年12月20日判時1302号94頁（「とらわれの聞き手」事件）···········218,253,276
最判平成6年2月8日民集48巻2号149頁（『逆転』事件）·····················223,254
最決平成14年7月11日判例地方自治265号11頁（宇治市住民基本台帳データ大量流出事件）·······239,255
最判平成14年9月24日判時1802号60頁（『石に泳ぐ魚』事件）················232,254,278
最判平成15年3月14日民集57巻3号229頁··································237,255,279
最判平成15年9月12日民集57号8号973頁（早稲田大学講演会名簿提出事件）··········242,255

高等裁判所

東京高決昭和45年4月13日高民23巻2号172頁（『エロス＋虐殺』上映禁止仮処分事件）········214,253,276
東京高決平成16年3月31日判時1865号12頁（週刊文春販売差止仮処命令申立事件）··········236,255
大阪高判昭和51年12月21日民集35巻3号647頁（中京区長前科照会事件）···········217,253
東京高判昭和54年3月14日高民32巻1号33頁（『落日燃ゆ』事件）···············253
広島高判昭和57年6月1日民集42巻5号404頁（殉職自衛官合祀拒否事件）··········220,253
大阪高判昭和58年5月31日判タ504号105頁（「とらわれの聞き手」事件）··········218,253
東京高判昭和63年3月24日判時1268号15頁（「逃亡」事件）················220,253,277
東京高判平成元年9月5日高民42巻3号325頁（『逆転』事件）················222,253
東京高判平成4年2月3日金法1347号27頁（東洋信託銀行事件）···············227,254
仙台高判平成9年8月29日労判729号76頁·································227,254,277
大阪高判平成12年2月29日判時1710号121頁 ·····························237,255,279
名古屋高判平成12年6月29日民集57巻3号265頁····························237,255,279
東京高判平成13年2月15日判時1741号68頁（『石に泳ぐ魚』事件）··············232,254
東京高判平成13年7月18日判時1751号75頁（「あしながおじさん」公益法人常勤理事事件）········232,254
大阪高判平成13年12月25日判例地方自治265号11頁（宇治市住民基本台帳データ大量流出事件）239,255
東京高判平成14年1月16日判タ1083号295頁（早稲田大学講演会名簿提出事件）··········241,255
東京高判平成14年7月17日民集57巻8号1045頁（早稲田大学講演会名簿提出事件）·········241,255

日本判例索引

東京高判平成16年3月23日判時1855号104頁（早稲田大学講演会名簿提出事件）・・・・・・・・・・・・・・・・・・・243,255
名古屋高判平成16年5月12日判時1870号29頁・・238,255
札幌高判平成17年11月11日公刊物未登載（北海道警個人情報漏えい事件）・・・・・・・・・・・・・・・・・・245,255
大阪高判平成18年11月30日判時1962号11頁・・249,255
名古屋高判金沢支部平成18年12月11日判時第1962号40頁・・・・・・・・・・・・・・・・・・・・・・・・・・・・・・・・・・・249,256
大阪高判平成19年6月21日公刊物未登載（Yahoo!BB 個人情報漏えい事件）・・・・・・・・・・・・・・・・246,255
東京高判平成19年8月28日公刊物未登載（TBC 個人情報漏えい事件）・・・・・・・・・・・・・・・・・・・・・248,255

地方裁判所

東京地判昭和39年9月28日下民集15巻9号2317頁（『宴のあと』事件）・・・・・・・・・・・・・・・・・・・・・・209,253
東京地決昭和45年3月14日高民23巻2号189頁（『エロス＋虐殺』上映禁止仮処分事件）・・・・・・・・214,253,276
東京地判昭和48年2月19日判時713号83頁（日経マグロウビル事件）・・・・・・・・・・・・・・・・・・・・・・・・216,253
京都地判昭和50年9月25日民集35巻3号637頁（中京区長前科照会事件）・・・・・・・・・・・・・・・・・・・・217,253
東京地判昭和52年7月19日高民32巻1号40頁（『落日燃ゆ』事件）・・・・・・・・・・・・・・・・・・・・・・・・・・216,253
山口地判昭和54年3月22日民集42巻5号336号（殉職自衛官合祀拒否事件）・・・・・・・・・・・・・・・・・・220,253
大阪地判昭和56年4月22日判時1013号77頁（「とらわれの聞き手」事件）・・・・・・・・・・・・・・・・・・・・218,253
東京地判昭和59年10月30日判時1137号29頁（「逃亡」事件）・・・・・・・・・・・・・・・・・・・・・・・・・・・・・・220,253
東京地判昭和62年9月30日判時1250号144頁（京王百貨店事件）・・・・・・・・・・・・・・・・・・・・・・・・・・・253,221
東京地判昭和62年11月20日民集48巻2号218頁（『逆転』事件）・・・・・・・・・・・・・・・・・・・・・・・222,253,277
東京地判平成2年8月29日判時1382号92頁（東急百貨店事件）・・・・・・・・・・・・・・・・・・・・・・・・・・225,254,277
横浜地判川崎支部平成2年11月29日判時1374号89頁・・・・・・・・・・・・・・・・・・・・・・・・・・・・・・・・・・・・・・227,254
東京地判平成3年3月28日判時1382号98頁（東洋信託銀行事件）・・・・・・・・・・・・・・・・・・・・・・・227,254,277
仙台地判平成7年12月7日判タ901号153頁・・・227,254,277
神戸地決平成9年2月12日判時1604号127頁（「タカラヅカおっかけマップ」事件）・・・・・・・・・・・254,272,278
東京地判平成9年6月23日判時1618号97頁（「ジャニーズ・ゴールド・マップ」事件）・・・・・・・228,254,278
東京地判平成10年11月30日判時1686号68頁（「ジャニーズおっかけマップ・スペシャル」事件）
　　　・・229,254,278
大阪地判平成11年6月9日判時1679号54頁・・・237,255,279
東京地判平成11年6月22日判時1691号91頁（『石に泳ぐ魚』事件）・・・・・・・・・・・・・・・・・・・・・・・・232,254
神戸地判平成11年6月23日判時1700号99頁・・・248,255
名古屋地判平成11年6月30日民集第57巻第3号254頁・・・・・・・・・・・・・・・・・・・・・・・・・・・・・・・237,255,279
京都地判平成13年2月23日判例地方自治265号11頁（宇治市住民基本台帳データ大量流出事件）
　　　・・・239,255
東京地判平成13年4月11日判タ1067号150頁（早稲田大学講演会名簿提出事件）・・・・・・・・・・・・・・240,255
東京地判平成13年10月17日民集57巻8号994頁（早稲田大学講演会名簿提出事件）・・・・・・・・・・・・241,255
大阪地判平成16年2月27日判時1857号92頁・・・249,255
東京地決平成16年3月19日判時1865号18頁（週刊文春販売差止仮処分命令申立事件）・・・・・・・・・・236,254
札幌地判平成17年4月28日判例地方自治268号28頁（北海道警個人情報漏えい事件）・・・・・・・・・・・244,255
名古屋地判平成17年4月28日公刊物未登載・・250,256
金沢地判平成17年5月30日判タ1199号87頁・・・249,255
名古屋地判平成17年5月31日判タ1194号108頁・・250,256

日本判例索引

福岡地判平成17年10月14日判時1916号91頁 ……………………………………………251,256
大阪地判平成18年2月9日公刊物未登載 ……………………………………………251,256
千葉地判平成18年3月20日公刊物未登載…………………………………………252,256
大阪地判平成18年5月19日判時1948号122頁（Yahoo!BB 個人情報漏えい事件）…………245,255,280
東京地判平成19年2月8日判時1964号113頁（TBC 個人情報漏えい事件）……………………247,255
さいたま地判平成19年2月16日公刊物未登載…………………………………………252,256

外国判例索引

日本判例と異なり，裁判事件名による順で整理してある．

アルファベット

A 対 B 及び C 事件（A v. B and C）‥‥‥‥‥‥‥‥‥‥‥‥‥‥‥‥‥‥‥‥‥92,116,264

ETW 社対ジーエイ出版社事件（ETW Corp. v. Jireh Publishing, Inc.）‥‥‥‥‥‥‥195,205

NAACP 対アラバマ州事件（NAACP v. Alabama）‥‥‥‥‥‥‥‥‥‥‥137,199,269

R 対カーン事件（R v. Khan（Sultan））‥‥‥‥‥‥‥‥‥‥‥‥‥‥‥110,120,264

R 対サング事件（R v. Sang）‥‥‥‥‥‥‥‥‥‥‥‥‥‥‥‥‥‥‥‥110,120

R 対保健省事件（R. v. Department of Health, Ex p. Source informatics Ltd.）‥‥‥‥83,115,263

R 対ランピング事件（R v. Rumping）‥‥‥‥‥‥‥‥‥‥‥‥‥‥‥‥‥‥120

X 対 Y 事件（X v. Y）‥‥‥‥‥‥‥‥‥‥‥‥‥‥‥‥‥‥‥‥68,79,114,263

Z 対フィンランド事件（Z v. Finland）‥‥‥‥‥‥‥‥‥‥‥‥‥‥‥‥‥100,118

ア　行

アーガイル公爵夫人対アーガイル公爵事件（Duchess of Argyll v. Duke of Argyll）‥‥‥‥74,114,262

アーチャー対ウィリアムズ事件（Archer v. Williams）‥‥‥‥‥‥‥‥‥‥‥‥‥93,264

アバーネシー対ハッチンソン事件（Abernethy v. Hutchinson）‥‥‥‥‥36,58,63,259

アルバート公対ストレンジ事件（Prince Albert v. Strange）‥‥‥‥‥33,40,64,259,260

ウィークス対合衆国事件（Weeks v. United States）‥‥‥‥‥‥‥‥‥‥‥‥131,198

ウィリアムズ対セトル事件（Williams v. Settle）‥‥‥‥‥‥‥‥‥‥‥‥73,114,262

ウィルソン対レイン事件（Wilson v. Layne）‥‥‥‥‥‥‥‥‥‥‥‥‥136,199

ウェインライト対内務省事件（Wainwright v. Home Office）‥‥‥‥‥‥‥85,115,263

ウッドワード対ハッチンス事件（Woodward v. Hutchins）‥‥‥‥‥76,114,262,263

ウルフ対コロラド州事件（Wolf v. Colorado）‥‥‥‥‥‥‥‥‥‥‥‥‥130,198

オルムステッド対合衆国事件（Olmstesd v. United States）‥‥‥‥‥‥‥124,197,268

カ　行

ガーツ対ロバート・ウェルチ社事件（Gertz v. Robert Welch, Inc.）‥‥‥‥‥‥‥186,202

カーティス出版社対バッツ事件（Curtis Publishing Co. v. Butts）‥‥‥‥‥‥‥186,202

カイロ対合衆国事件（Kyllo v. United States）‥‥‥‥‥‥‥‥‥‥‥‥‥134,269

カショーギ対スミス事件（Khashoggi v. Smith）‥‥‥‥‥‥‥‥‥‥‥‥78,114,263

カッツ対アメリカ合衆国事件（Katz v. United States）‥‥‥‥‥‥108,120,130,197,267,268

ガリーラ対オナシス事件（Galella v. Onassis）‥‥‥‥‥‥‥‥‥‥‥162,202,272

カントレル対フォレスト・シティ出版社事件（Cantrell v. Forest City Publishing Co.）
‥‥‥‥‥‥‥‥‥‥‥‥‥‥‥‥‥‥‥‥‥‥‥‥‥‥‥‥‥‥185,187,202,273

キャンベル対 MGN 社事件（Campbell v. MGN Ltd.）‥‥‥‥‥‥‥94,104,116,264

ギル対ハースト出版社事件（Gill v. Hearst Publishing Co.）·····················174,202

クイーンズベリー公対シェビア事件（Duke of Queensberry v. Shebbeare）··········38,58,63

グリズウォルド対コネチカット州事件（Griswold v. Connecticut）···········139,200,267,269

ケイ対ロバートソン事件（Kaye v. Robertson）·····························82,115,263

ゲーツ対ディスカバリー・コミュニケーションズ事件（Gates v. Discovery Communications, Inc.）
··178,201

ゴールドマン対合衆国事件（Goldman v. United States）·······················127,197

ココ対A.N.クラーク（技術者）社事件（Coco v. A.N. Clark （Engineers） Ltd.）
·····································67,84,104,112,116,261,266

コックス放送社対コーン事件（Cox Broadcasting Corp. v. Cohn）·······174,177,178,202,273

コレリ対ウォール事件（Corelli v. Wall）···································70,113

サ 行

サイディス対F-R出版社事件（Sidis v. F-R Pub. Corp.）···········153,171,202,272

ザクチニー対スクリップス・ハワード放送社事件（Zacchini v. Scripps Howard Broadcasting
Co.）···193,196,205,274

シェーズ対モーニング・コール社事件（Scheetz v. Morning Call, Inc.）·············149,201

シェンク対スイス事件（Schenk v. Switzerland）···························112,120

司法長官対ガーディアン新聞社事件（Attorney General v. Guardian Newspapers）······68,112,261

シム対H.J.ハインツ社事件（Sim v. H.J. Heinz Co. Ltd.）···················73,113,261

ジョージア州対ランドルフ事件（Georgia v. Randolph）·····················135,199

ジョン・レノン対ニュース・グループ新聞社及びシンシア・トゥイスト事件（John Lennon v. News
Group Newspapers Ltd. and Cynthia Twist）·······················77,114

ジョンソン対医療防衛連合事件（Johnson v. Medical Defence Union Ltd.）··········409,417

シルバーマン対合衆国事件（Silverman v. United States）···················130,197,268

スタンリー対ジョージア州事件（Stanley v. Georgia）······················131,198,269

ステファンズ対アヴェリー事件（Stephens v. Avery）······················80,115,263

スパーン対ジュリアン・メッスナー社事件（Spahn v. Julian Messner, Inc.）··········184,202

スミス対デイリー・メール出版社事件（Smith v. Daily Mail Publishing Co.）·······176,178,201

スミス対ロイヅTsb銀行事件（Smith v. Lloyds Tsb Bank plc）···············409,417

タ 行

第1次ナードン対合衆国事件（Nardone v. United States）·····················126,197

第2次ナードン対合衆国事件···126,197

タイム社対ヒル事件（Time, Inc v. Hill）···············182,187,194,201,273,274

ダグラス対ハロー！社事件（Douglas v. Hello!）···············102,116,118,264

タック対プリースター事件（Tuck v. Priester）···············51,57,64,259,260

ダン＆ブラッドストリート社対グリーンモス・ビルダーズ建設会社事件（Dun & Bradstreet, Inc v.
Greenmoss Builders, Inc.）·································186,202

ダンロップ・ラバー社対ダンロップ事件（Dunlop Rubber Company Ltd. v. Dunlop）···71,113,261

デ・メイ対ロバーツ事件（De May v. Roberts）···················157,201,270

外国判例索引　581

ティークストン対 MGN 社事件（Theakston v. MGN Ltd）……………………………90,115,264
ディタマン対タイム社事件（Dietemann v. Time, Inc）………………160,202,272,274
ティッピング対クラーク事件（Tipping v. Clarke）………………………………………49,64
ドゥ対ニューヨーク市人権委員会事件（Doe v. city of New York Commission on Human
　　Rights）………………………………………………………………………………147,201,270
ドックレル対ドゥガール事件（Dockrell v. Dougall）………………………………………70,113
デュラント対金融サービス局事件（Durant v. Financial Services Authority）……………409,417
トリー対 J.S.フライ・アンド・サンズ社事件（Tolley v. J.S. Fry and Sons Ltd.）………72,113,262

ナ　行

内国歳入庁長官対ロスミンスター社事件（Inland Revenue Commissioners v. Rossminster Ltd.）
……………………………………………………………………………………………77,114,262
ニクソン対総務庁長官事件（Nixon v. Administrator of General Services）……………147,201
ニューヨーク・タイムズ社対サリバン事件（New York Times Co. v. Sullivan）
………………………………………………………………………………179,185,186,194,201

ハ　行

バートニッキ対ボッパー事件（Bartnicki v. Vopper）…………………163,178,202,272
バーンスタイン男爵対スカイビューズ・アンド・ゼネラル社事件（Bernstein of Leigh　(Baron) v.
　　Skyviews & General Ltd.）………………………………………………………74,114,262
ハドソン対パルマー事件（Hudson v. Palmer）…………………………………132,198,269
ハリス対シアトル市事件（Harris v. Seattle）……………………………………………187,202
ハリソン対ラトランド公爵事件（Harrison v. Duke of Rutland）……………………69,112
パルマー対ナショナル・スポーティング・クラブ社事件（Palmer v. National Sporting Club Ltd.）
……………………………………………………………………………………………71,113
ピアース対シスター協会事件（Pierce v. Society of Sisters）……………………140,200
ピアソン対ドッド事件（Pearson v. Dodd）……………………………………158,201,272
フロリダ・スター対 B.J.F.事件（Florida Star v. B.J.F.）……………176,178,201,273,274
ペイプシック対ニュー・イングランド生命保険会社事件（Pavesich v. New England Life Insur-
　　ance Co.）………………………………………………149,191,205,260,267,270,274
ヘリーウェル対ダービシャー警察長事件（Hellewell v. Chief Constable of Derbyshire）……84,115
ボイド対合衆国事件（Boyd v. United States）………………123,141,196,200,268,269
ポープ対カール事件（Pope v. Curl）……………………………………………………38,63
ポラード対フォトグラフィック社事件（Pollard v. Photographic Co.）………………55,65,259
ボワーズ対ハードウィック事件（Bowers v. Hardwick）…………………………144,200
ボンド対合衆国事件（Bond v. United States）……………………………………133,198

マ　行

マカロック対ルーイス・メイ（製造流通）社事件（McCulloch v. Lewis A. May (Produce Distribu-
　　tors Ltd.）…………………………………………………………………………………73,113
マップ対ハイオ州事件（Mapp v. Ohio）……………………………………………130,198

マノーラ対スティーブンス事件 (Manola v. Stevens.) ……………………………………188,202
マルグレート対ハイ・ソサイエティ雑誌社事件 (Margret v. High Society Magazine, Inc.)
………………………………………………………………………………………194,205,274
マレー対ヒース事件 (Murray v. Heath) ……………………………………………………57,58,65
マローン対ロンドン警視総監事件 (Malone v. Metropolitan Police Commissioner)
………………………………………………………………………………109,119,264,268
ミュラー対オレゴン事件 (Muller v. Oregon) …………………………………………………27,62
ミラー対 NBC 事件 (Miller v. NBC) ………………………………………………162,202,272
ミラー対テイラー事件 (Millar v. Taylor) …………………………………………………28,46
メイヤー対ネブラスカ州事件 (Meyer v. Nebraska) ……………………137,140,199,200,269
メルビン対レイド事件 (Melvin v. Reid) …………………149,150,153,166,202,271,272,276
モリソン対モート事件 (Morison v. Moat) ………………………………………………………54,65
モンソン対マダム・トゥーソー社事件 (Monson v. Madame Tussaud Ltd.) ……………70,112,261

ラ 行

ラビング対バージニア州事件 (Loving v. Virginia) ……………………………………142,200,269
ランピング対公訴局長官事件 (Rumping v. Director of Public Prosecutions) …………107,119,264
ロウ対ウェイド事件 (Roe v. Wade) ………………………………………………142,200,269
ローズ対グラハム事件 (Rhodes v. Graham) ……………………………………………108,120
ローゼンブラット対ベア事件 (Rosenblatt v. Baer) ………………………………………186,202
ローゼンブルーム対メトロメディア社事件 (Rosenbloom v. Metromedia, Inc.) …………186,202
ローレンス対テキサス州事件 (Lawrence v. Texas) ……………………………………144,200
ロバーソン対トチェスター・フォールディング・ボックス社事件 (Roberson v. Rochester Folding
Box Co.) ……………………………………149,151,154,167,183,188,202,270,274

ワ 行

ワーレン対ロウ事件 (Whalen v. Roe) ……………………………………………145,201,270
ワイズ対合衆国事件 (Weiss v. United States) ……………………………………127,197
ワイヤット対ウィルソン事件 (Wyatt v. Wilson) …………………………………………………34

著者略歴
1974年　神戸市に生まれる。
2007年　中央大学大学院法学研究科国際企業関係法専攻博士後期課程修了，博士（法学）。
　　　　2004年11月以降，情報セキュリティ大学院大学助手・助教を経て，
現　在　情報セキュリティ大学院大学講師
主　著　『インターネット社会と法［第2版］』（共著，新世社，2006）
　　　　「プライバシー権の提唱とその背景」中央大学『大学院研究年報』（法学研究科篇）35号（2006）

個人情報保護法の理念と現代的課題
―プライバシー権の歴史と国際的視点―

2008年5月15日　第1版第1刷発行

著　者　石　井　夏生利（いしい　かおり）

発行者　井　村　寿　人

発行所　株式会社　勁　草　書　房（けい　そう）

112-0005 東京都文京区水道 2-1-1　振替 00150-2-175253
（編集）電話 03-3815-5277／FAX 03-3814-6968
（営業）電話 03-3814-6861／FAX 03-3814-6854
平文社・牧製本

Ⓒ ISHII Kaori 2008

Printed in Japan

〈㈱日本著作出版権管理システム委託出版物〉
本書の無断複写は著作権法上での例外を除き禁じられています。
複写される場合は，そのつど事前に㈱日本著作出版権管理システム
（電話03-3817-5670、FAX03-3815-8199）の許諾を得てください。

＊落丁本・乱丁本はお取替いたします。
　　　　http://www.keisoshobo.co.jp

個人情報保護法の理念と現代的課題
プライバシー権の歴史と国際的視点

2024年9月20日　オンデマンド版発行

著　者　石　井　夏生利

発行者　井　村　寿　人

発行所　株式会社　勁　草　書　房

112-0005 東京都文京区水道2-1-1　振替 00150-2-175253
　　　　　（編集）電話 03-3815-5277／FAX 03-3814-6968
　　　　　（営業）電話 03-3814-6861／FAX 03-3814-6854
　　　　　印刷・製本　（株）デジタルパブリッシングサービス

ⒸISHII Kaori 2008　　　　　　　　　　　　　　　　　AM272

ISBN978-4-326-98613-2　Printed in Japan

|JCOPY| ＜出版者著作権管理機構 委託出版物＞

本書の無断複写は著作権法上での例外を除き禁じられています。
複写される場合は、そのつど事前に、出版者著作権管理機構
（電話 03-5244-5088、FAX 03-5244-5089、e-mail: info@jcopy.or.jp）
の許諾を得てください。

※落丁本・乱丁本はお取替いたします。
　　　　https://www.keisoshobo.co.jp